KARL MAYS WERKE IV.2

KARL MAYS WERKE

HISTORISCH-KRITISCHE AUSGABE
für die
KARL-MAY-STIFTUNG

Herausgegeben
von der
Karl-May-Gesellschaft

ABTEILUNG IV
REISEERZÄHLUNGEN
BAND 2

DURCHS WILDE KURDISTAN

REISEERZÄHLUNG
von
KARL MAY

Herausgegeben von
Florian Schleburg, Marcus Höhn
und Joachim Biermann

KARL-MAY-VERLAG
BAMBERG • RADEBEUL
2019

Herausgeber dieses Bandes:
Joachim Biermann

Bearbeiter dieses Bandes:
Dr. Florian Schleburg und
Marcus Höhn

Geschäftsführender Herausgeber
der Historisch-kritischen Ausgabe:
Joachim Biermann
im Auftrag der Karl-May-Gesellschaft

Zweite, verbesserte und erweiterte Auflage, März 2019
Copyright © 2019
bei der Karl-May-Gesellschaft e. V., Radebeul,
für die Karl-May-Stiftung, Radebeul
Verlegt im Karl-May-Verlag, Bamberg
Satz: Karl-May-Verlag, Bamberg
Druck und Einband:
Beltz Bad Langensalza GmbH, Bad Langensalza
Printed in Germany. Alle Rechte vorbehalten.
ISBN 978-3-7802-2052-3

Inhalt

Durchs wilde Kurdistan

Reiseerzählung

von

Karl May

ERSTES KAPITEL

Der Opfertod des Heiligen.

Wir kehrten von dem Besuche des Häuptlings der Badinankurden zurück. Als wir auf der letzten Höhe ankamen und das Tal der Teufelsanbeter überblicken konnten, bemerkten wir ganz in der Nähe des Hauses, welches dem Bey gehörte, einen ungeheuren Haufen von Reisholz, der von einer Anzahl von Dschesidi immer noch vergrößert wurde. Pir Kamek stand dabei und warf von Zeit zu Zeit ein Stück Erdharz hinein.

»Das ist sein Opferhaufen,« meinte Ali Bey.

»Was wird er opfern?«

»Ich weiß es nicht.«

»Vielleicht ein Tier?«

»Nur bei den Heiden werden Tiere verbrannt.«

»Dann vielleicht Früchte?«

»Die Dschesidi verbrennen weder Tiere noch Früchte. Der Pir hat mir nicht gesagt, was er verbrennen wird, aber er ist ein großer Heiliger, und was er tut, wird keine Sünde sein.«

Noch immer ertönten von der gegenüberliegenden Höhe die Salven der ankommenden Pilger, und noch immer wurde denselben im Tale geantwortet; und doch bemerkte ich, als wir unten ankamen, daß dieses Tal kaum noch mehr Menschen zu fassen vermöge. Wir übergaben unsere Tiere und gingen nach dem Grabmale. An dem Wege, welcher zu demselben führte, lag ein Springbrunnen, der von Platten eingefaßt war. Auf einer derselben saß Mir Scheik Khan und sprach mit einer Anzahl von Pilgern, die in ehrerbietiger Haltung und Entfernung vor ihm standen.

»Dieser Brunnen ist heilig, und nur der Mir, ich und die Priester dürfen auf diesen Steinen sitzen. Zürne also nicht, wenn du stehen mußt!« sagte Ali zu mir.

»Eure Gebräuche werde ich achten.«

Als wir uns nahten, gab der Khan den Umstehenden ein Zeichen, worauf sie Platz machten, so daß wir zu ihm kommen konnten. Er erhob sich, kam uns einige Schritte entgegen und reichte uns die Hände.

»Willkommen bei eurer Rückkehr! Nehmt Platz zu meiner Rechten und Linken!«

Er deutete dem Bey zur Linken, sodaß mir die rechte Seite übrig blieb. Ich setzte mich auf die geheiligten Steine, ohne daß ich bei einem der Anwesenden den geringsten Verdruß darüber bemerkt hätte. Wie sehr stach ein solches Verhalten gegen dasjenige ab, welches man bei den Mohammedanern zu beobachten hat.

»Hast du mit dem Häuptling gesprochen?« fragte der Khan.

»Ja. Es ist alles in der besten Ordnung. Hast du den Pilgern bereits eine Mitteilung gemacht?«

»Nein.«

»So wird es Zeit sein, daß die Leute sich versammeln. Gib den Befehl dazu!«

»Ich bin der Regent des Glaubens, und alles andere ist deine Sache. Ich werde dir den Ruhm, die Gläubigen beschützt und die Feinde besiegt zu haben, niemals verkürzen.«

Auch dies war eine Bescheidenheit, welche bei den mohammedanischen Imams niemals zu finden ist. Ali Bey erhob sich und schritt von dannen. Während ich mich mit dem Khan unterhielt, bemerkte ich eine Bewegung unter den Pilgern, welche mit jeder Minute größer wurde. Die Frauen blieben an ihren Plätzen stehen, die Kinder ebenso; die Männer aber stellten sich am Bache entlang auf, und die Anführer der einzelnen Stämme, Zweige und Ortschaften bildeten einen Kreis um Ali Bey, der ihnen die Absichten des Mutessarif von Mossul bekannt machte. Dabei herrschte eine Ruhe, eine Ordnung, wie bei der Parade einer europäischen Truppe, ganz verschieden von dem lärmenden Durcheinander, welches man sonst bei orientalischen Kriegern zu sehen und zu hören gewohnt ist. Nach einiger Zeit, in welcher die Anführer den Ihrigen die Mitteilung und die Befehle des Bey überbracht hatten, ging die Versammlung ohne Unordnung wieder auseinander, und ein jeder begab sich an den Platz, den er vorher inne gehabt hatte.

Ali Bey kam zu uns zurück.

»Was hast du befohlen?« fragte der Khan.

Der Gefragte streckte den Arm aus und deutete auf einen Trupp von vielleicht zwanzig Männern, die den Pfad emporstiegen, auf dem wir vorhin herabgekommen waren.

»Siehe, das sind Krieger aus Aïran, Hadschi Dsho und Schura Khan, welche diese Gegend sehr gut kennen. Sie gehen den Türken entgegen und werden uns von deren Kommen rechtzeitig benachrichtigen. Auch gegen Baadri hin habe ich Wachen stehen, so daß es ganz unmöglich ist, uns zu überraschen. Bis es Nacht wird, ist noch drei Stunden Zeit, und das genügt, um alles Ueberflüssige nach dem Tale Idiz zu bringen. Die Männer werden aufbrechen, und Selek wird ihnen den Weg zeigen.«

»Werden sie bei dem Beginne der heiligen Handlungen zurückgekehrt sein?«

»Ja; das ist sicher.«

»So mögen sie gehen!«

Nach einiger Zeit schritt ein sehr, sehr langer Zug von Männern, welche Tiere mit sich führten oder verschiedene Habseligkeiten trugen, an uns vorüber, wo sie, immer einer nach dem andern, hinter dem Grabmale verschwanden. Dann kamen sie über demselben auf einem Felsenpfade wieder zum Vorschein, und man konnte von unserem Sitz aus ihren Weg verfolgen, bis derselbe oben in den hohen dichten Wald verlief.

Jetzt mußte ich mit Ali Bey gehen, um das Mahl einzunehmen. Nach demselben trat der Baschi-Bozuk zu mir.

»Herr, ich muß dir etwas sagen!«

»Was?«

»Uns droht eine große Gefahr!«

»Ah! Welche?«

»Ich weiß es nicht; aber diese Teufelsmänner haben mich seit einer halben Stunde mit Augen angesehen, welche ganz fürchterlich sind. Es sieht grad so aus, als ob sie mich töten wollten!«

Da der Buluk Emini seine Uniform trug, so konnte ich mir das Verhalten der von den Türken bedrohten Dschesidi sehr leicht erklären; doch war ich vollständig überzeugt, daß ihm nichts geschehen werde.

»Das ist schlimm!« meinte ich. »Wenn sie dich töten, wer wird dann den Schwanz deines Esels bedienen?«

»Herr, sie werden den Esel auch mit erstechen! Hast du nicht gesehen, daß sie die meisten Büffel und Schafe, die vorhanden sind, bereits getötet haben?«

»Dein Esel ist sicher, und du bist es auch. Ihr gehört zusammen, und man wird euch nicht auseinanderreißen.«

»Versprichst du mir dies?«

»Ich verspreche es dir!«

»Aber ich hatte Angst, als du vorhin abwesend warst. Gehst du wieder fort von hier?«

»Ich werde bleiben; aber ich befehle dir, stets hier im Hause zu sein und dich nicht unter die Dschesidi zu mischen, sonst ist es mir unmöglich, dich zu beschützen!«

Er ging, halb und halb getröstet, von dannen, der Held, den der Mutessarif mir zu meinem Schutze mitgegeben hatte. Aber es kam auch noch von einer andern Seite eine Warnung: Halef suchte mich auf.

»Sihdi, weißt du, daß es Krieg geben wird?«

»Krieg? Zwischen wem?«

»Zwischen den Osmanly und den Teufelsleuten.«

»Wer sagte es?«

»Niemand.«

»Niemand? Du hast doch wohl gehört, was wir heute früh in Baadri bereits davon gesprochen haben?«

»Nichts habe ich gehört, denn ihr spracht türkisch, und diese Leute sprechen die Sprache so aus, daß ich sie nicht verstehen kann. Aber ich sah, daß es eine große Versammlung gab und daß nach derselben alle Männer die Waffen untersuchten. Nachher haben sie ihre Tiere und Güter fortgeschafft, und als ich zu Scheik Mohammed Emin hinauf auf die Plattform kam, war er beschäftigt, die alte Ladung aus seinen Pistolen zu nehmen, um sie gegen eine neue zu vertauschen. Sind dies nicht genug Zeichen, daß man eine Gefahr erwartet?«

»Du hast recht, Halef. Morgen früh beim Anbruch des Tages werden die Türken von Baadri und auch von Kaloni her über die Dschesidi herfallen.«

»Und das wissen die Dschesidi?«

»Ja.«

»Wie hoch zählen die Türken?«

»Fünfzehnhundert Mann.«

»Es werden viele von ihnen fallen, da ihr Plan verraten ist. Wem wirst du helfen, Sihdi, den Türken oder den Dschesidi?«

»Ich werde gar nicht kämpfen.«

»Nicht?« erwiderte er getäuscht. »Darf ich nicht?«

»Wem willst du helfen?«

»Den Dschesidi.«

»Ihnen, Halef? Ihnen, von denen du glaubtest, daß sie dich um das Paradies bringen würden?«

»O Sihdi, ich kannte sie nicht; jetzt aber liebe ich sie.«

»Aber es sind Ungläubige!«

»Hast du selbst nicht stets jenen geholfen, die gut waren, ohne zu fragen, ob sie an Allah oder an einen andern Gott glauben?«

Mein wackerer Halef hatte mich zum Moslem machen wollen, und jetzt sah ich zu meiner großen Freude, daß er sein Herz für ein ganz und gar christliches Gefühl geöffnet hatte. Ich antwortete ihm:

»Du wirst bei mir bleiben!«

»Während die andern kämpfen und tapfer sind?«

»Es wird sich für uns vielleicht Gelegenheit finden, noch tapferer und mutiger zu sein, als sie.«

»So bleibe ich bei dir. Der Buluk Emini auch?«

»Auch er.«

Ich stieg hinauf auf die Plattform zu Scheik Mohammed Emin.

»Hamdullillah, Preis sei Gott, daß du kommst!« sagte er. »Ich habe mich nach dir gesehnt wie das Gras nach dem Tau der Nacht.«

»Du bist stets hier oben geblieben?«

»Stets. Es soll mich niemand erkennen, weil ich sonst verraten werden möchte. Was hast du neues erfahren?«

Ich teilte ihm alles mit. Als ich geendet hatte, deutete er auf seine Waffen, welche vor ihm lagen.

»Wir werden sie empfangen!«

»Du wirst dieser Waffen nicht bedürfen.«

5 »Nicht? Soll ich mich und unsere Freunde nicht verteidigen?«

»Sie sind stark genug. Willst du vielleicht in die Hände der Türken, denen du kaum entgangen bist, fallen, oder soll dich eine Kugel, ein Messerstich treffen, damit dein Sohn noch länger in der Gefangenschaft von Amadijah schmachtet?«

10 »Emir, du sprichst wie ein kluger, aber nicht wie ein tapferer Mann!«

»Scheik, du weißt, daß ich mich vor keinem Feinde fürchte; es ist nicht die Angst, welche aus mir spricht. Ali Bey hat von uns verlangt, daß wir uns vor dem Kampfe hüten sollen. Er hegt 15 übrigens die Ueberzeugung, daß es gar nicht zum Kampfe kommen werde, und ich bin ganz derselben Meinung wie er.«

»Du denkst, die Türken ergeben sich ohne Widerstand?«

»Wenn sie es nicht tun, so werden sie zusammengeschossen.«

»Die Offiziere der Türken taugen nichts, aber die Soldaten 20 sind tapfer. Sie werden die Höhen stürmen und sich befreien.«

»Fünfzehnhundert gegen vielleicht sechstausend Mann?«

»Wenn es gelingt, sie zu umzingeln!«

»Es wird gelingen.«

»So müssen wir also mit den Frauen nach dem Tale Idiz 25 gehen?«

»Du ja.«

»Und du?«

»Ich werde hier zurückbleiben.«

»Allah kerihm! Wozu? Das würde dein Tod sein!«

30 »Das glaube ich nicht. Ich bin im Giölgeda padischahnün, besitze die Empfehlungen des Mutessarif und habe einen Buluk Emini bei mir, dessen Anwesenheit schon genügend wäre, mich zu schützen.«

»Aber was willst du hier tun?«

35 »Unheil vermeiden, wenn es möglich ist.«

»Weiß Ali Bey davon?«

»Nein.«

»Oder der Mir Scheik Khan?«

»Auch nicht. Sie erfahren es noch immer zur rechten Zeit.«

Ich hatte wirklich große Mühe, den Scheik zur Billigung meines Vorhabens zu überreden. Endlich aber gelang es mir.

»Allah il Allah! Die Wege des Menschen sind im Buche vorgeschrieben,« meinte er; »ich will dich nicht bewegen, von diesem Vorhaben abzulassen, aber ich werde hier bei dir bleiben!«

»Du? Das geht nicht!«

»Warum?«

»Sie dürfen dich nicht finden.«

»Dich auch nicht.«

»Ich habe dir bereits auseinandergesetzt, daß ich keine Gefahr laufe; dich aber, wenn du erkannt wirst, erwartet ein anderes Los.«

»Das Ende des Menschen steht im Buche verzeichnet. Soll ich sterben, so muß ich sterben, und dann ist es gleich, ob es hier geschieht oder dort in Amadijah.«

»Du willst in dein Unglück rennen, aber du vergissest, daß du auch mich darein verwickelst.«

Dies schien mir der einzige Weg, seiner Hartnäckigkeit beizukommen.

»Dich? Wieso?« fragte er.

»Bin ich allein hier, so schützen mich meine Firmans; finden sie aber dich bei mir, den Feind des Mutessarif, den entflohenen Gefangenen, so habe ich diesen Schutz verloren und verwirkt. Dann sind auch wir verloren, du und ich, alle beide!«

Er blickte nachdenklich vor sich nieder. Ich sah, was sich in ihm gegen den Rückzug nach dem Tale Idiz sträubte, aber ich ließ ihm Zeit, einen Entschluß zu fassen. Endlich sagte er mit halber, unsicherer Stimme:

»Emir, hältst du mich für einen Feigling?«

»Nein. Ich weiß ja, daß du tapfer und furchtlos bist.«

»Was wird Ali Bey denken?«

»Er denkt ganz so wie ich, ebenso Mir Scheik Khan.«

»Und die andern Dschesidi?«

»Sie kennen deinen Ruhm und wissen, daß du vor keinem Feinde fliehest. Darauf kannst du dich verlassen!«

»Und wenn man an meinem Mute zweifeln sollte, wirst du mich verteidigen? Wirst du öffentlich sagen, daß ich mit den Frauen nach Idiz gegangen bin, nur um dir zu gehorchen?«

»Ich werde es überall und öffentlich sagen.«

»Nun wohl, so werde ich tun, was du mir vorgeschlagen hast!«

Er schob resigniert die Flinte von sich fort und wendete sein Angesicht wieder dem Tale zu, das sich bereits in den Schatten des Abends zu hüllen begann.

Gerade jetzt kamen die Männer zurück, welche vorher nach Idiz gegangen waren. Sie bildeten einen Zug einzelner Personen, der sich im Tale vor uns auflöste.

Da erscholl vom Grabe des Heiligen her eine Salve, und zu gleicher Zeit kam Ali Bey herauf zu uns mit den Worten:

»Es beginnt die große Feier am Grabe. Es ist noch nie ein Fremder dabei zugegen gewesen, aber der Mir Scheik Khan hat mir im Namen aller Priester die Genehmigung erteilt, euch einzuladen.«

Das war nun allerdings eine sehr hohe Ehre für uns; aber Scheik Mohammed Emin lehnte sie ab:

»Ich danke dir, Herr; aber es ist dem Moslem verboten, bei der Anbetung eines andern als Allah zugegen zu sein.«

Er war ein Moslem; aber er hätte diese Abweisung doch in andre Worte kleiden können. Er blieb zurück, und ich folgte dem Bey.

Als wir aus dem Hause traten, bot sich uns ein seltsamer, unbeschreiblich schöner Anblick dar. So weit das Tal reichte, flackerten Lichter unter und auf den Bäumen, am Wasser unten und auf jedem Felsen in der Höhe, um die Häuser herum und auf den Plattformen derselben. Das regste Leben aber herrschte am Grabmale des Heiligen. Der Mir hatte an der ewigen Lampe des Grabes ein Licht angebrannt und trat damit heraus in den innern Hof. An diesem Lichte zündeten die Scheiks und Kawals ihre Lampen an; von diesen liehen wieder die Fakirs ihre Flammen, und nun traten sie alle heraus in das Freie, und Tausende strömten herbei, um sich an den heiligen Feuern zu reinigen.

Wer den Lichtern der Priester nahe zu kommen vermochte, fuhr mit der Hand durch die Flamme derselben und bestrich dann mit dieser Hand die Stirn und die Gegend des Herzens. Männer strichen dann zum zweitenmal durch die Flamme, um den Segen derselben ihren Frauen zu bringen. Mütter taten ganz dasselbe für ihre Kinder, welche nicht die Kraft besaßen, durch die dichte Menge zu dringen. Und dabei herrschte ein Jubel, eine Freude, die gar nichts Anstößiges hatte.

Auch das Heiligtum wurde illuminiert. In jede der zahlreichen Mauernischen kam eine Lampe zu stehen, und über die Höfe hinweg zogen sich lange Girlanden von Lampen und Flammen. Jeder Zweig der dort befindlichen Bäume schien der Arm eines riesigen Leuchters zu sein, und Hunderte von Lichtern liefen an den beiden Türmen bis zu den Spitzen derselben empor, zwei riesige Girandolen bildend, deren Anblick ein zauberischer war.

Die Priester hatten jetzt, zwei Reihen bildend, im inneren Hofe Platz genommen. Auf der einen Seite saßen die Scheiks in ihren weißen Anzügen und ihnen gegenüber die Kawals. Diese letzteren hatten Instrumente in der Hand, abwechselnd je einer eine Flöte und der andere ein Tamburin. Ich saß mit Ali Bey unter der Rebenlaube. Wo Mir Scheik Khan war, konnte ich nicht bemerken.

Da ertönte aus dem Innern des Grabes ein Ruf, und die Kawals erhoben ihre Instrumente. Die Flöten begannen eine langsame, klagende Melodie zu spielen, wozu ein leiser Schlag auf das Tamburin den Takt angab. Dann folgte plötzlich ein lang ausgehaltener viertöniger Akkord; ich glaube, es war ein Terzquartsextakkord, zu welchem auf den Tamburins mit den Fingerspitzen getrillert wurde, erst pianissimo, dann piano, stärker, immer stärker bis zum Fortissimo, und dann fielen die Flöten in ein zweistimmiges Tonstück ein, für welches keiner unserer musikalischen Namen paßt, dessen Wirkung aber doch eine sehr angenehme und befriedigende war.

Am Schlusse dieses Stückes trat Mir Scheik Khan aus dem Innern des Gebäudes heraus. Zwei Scheiks begleiteten ihn. Der eine trug ein hölzernes Gestell vor ihm her, das einem Notenpulte glich; dieses wurde in die Mitte des Hofes gesetzt. Der andere trug ein kleines Gefäß mit Wasser und ein anderes, offenes, rundes, worin sich eine brennende Flüssigkeit befand. Diese beiden Gefäße wurden auf das Pult gestellt, zu dem Mir Scheik Khan trat.

Er gab mit der Hand ein Zeichen, worauf die Musik von neuem begann. Sie spielte eine Einleitung, nach welcher die Priester mit einer einstimmigen Hymne einfielen. Leider konnte ich mir ihren Inhalt nicht notieren, da dies aufgefallen wäre, und der eigentliche Wortlaut ist meinem Gedächtnisse entschwunden. Sie war in arabischer Sprache verfaßt und forderte zur Reinheit, zum Glauben und zur Wachsamkeit auf.

Nach derselben hielt Mir Scheik Khan eine kurze Ansprache an die Priester. Er schilderte in kurzen Worten die Notwendigkeit, seinen Wandel von jeder Sünde rein zu halten, Gutes zu tun an allen Menschen, seinem Glauben stets treu zu bleiben und ihn gegen alle Feinde zu verteidigen.

Dann trat er zurück und setzte sich zu uns unter den Weinstock. Jetzt brachte einer der Priester einen lebenden Hahn herbei, der mittels einer Schnur an das Pult befestigt wurde; zur Linken von ihm wurde das Wasser und zur Rechten das Feuer gestellt.

Die Musik begann wieder. Der Hahn hockte in sich gekehrt am Boden; die leisen Klänge der Flöten schien er gar nicht zu beachten. Da wurden die Töne stärker, und er lauschte. Den Kopf aus dem Gefieder ziehend, blickte er sich mit hellen, klugen Augen im Kreise um und bemerkte dabei das Wasser. Schnell fuhr er mit dem Schnabel in das Gefäß, um zu trinken. Dieses freudige Ereignis wurde durch ein helles, jubelndes Zusammenschlagen der Tamburins verkündet. Dies schien das musikalische Interesse des Tieres zu erregen. Der Hahn krümmte den Hals und horchte aufmerksam. Dabei bemerkte er, daß er sich in einer gefahrvollen Nähe der Flamme befand. Er wollte sich zurückziehen, konnte aber nicht, da er festgehalten wurde. Darüber ergrimmt, richtete er sich auf und stieß ein lautes »Kik-ri-kih!« hervor, in welches die Flöten und Tamburins einfielen. Dies schien in ihm die Ansicht zu erwecken, daß man es auf einen musikalischen Wettstreit abgesehen habe. Er wandte sich mutig gegen die Musikanten, schlug die Flügel und schrie abermals. Er erhielt dieselbe Antwort, und so entwickelte sich ein Tongefecht, welches den Vogel schließlich so erzürnte, daß er unter einem wütenden Gallicinium sich losriß und in das Innere des Grabes floh.

Die Musik begleitete diese Heldentat mit dem allerstärksten Fortissimo; die Stimmen der Priester fielen jubelnd ein, und nun folgte ein Finale, welches allerdings ganz geeignet war, sowohl die Musikanten als auch die Sänger zu ermüden. Am Schluß des Stückes küßten die Kawals ihre Instrumente.

Sollte dieses laute, stürmische Finale auf irgend eine Weise einmal Gelegenheit gegeben haben, die Dschesiden mit den unlautern Cheragh Sonderan, oder wie es in kurdischer Sprache lautet, Tscherah sonderahn[1] zu verwechseln? Das religiöse Gefühl eines Christen sträubt sich allerdings gegen die Vorführung dieses Vogels, aber etwas Immoralisches habe ich dabei nicht beobachten können.

Jetzt sollte der Verkauf der Kugeln erfolgen, von denen ich bereits gesprochen habe. Vorher aber traten die Priester herbei und machten Ali Bey und mir ein Geschenk davon. Er erhielt sieben und ich sieben. Sie waren vollständig rund und mit einem arabischen Worte versehen, das man mit einem spitzigen Instrumente eingegraben hatte. Von meinen sieben Kugeln zeigten vier das Wort »El Schems«, die Sonne.

Der Verkauf fand im äußeren Hofe statt, während im Innern des ummauerten Raumes die Instrumente und der Gesang noch ertönten. Ich verließ das Heiligtum. Ich dachte, daß das Tal von der Höhe aus einen wundervollen Anblick bieten müsse, und ging, um mir Halef zur Begleitung zu holen. Ich fand ihn auf der Plattform des Hauses bei dem Buluk Emini sitzen. Sie schienen sich in einem sehr animierten Gespräch zu befinden, denn ich hörte ihn sagen:

»Was? Ein Russe wäre es gewesen?«

»Ja, ein Russikow, dem Allah den Kopf abschneiden möge; denn wenn er nicht gewesen wäre, so hätte ich meine Nase noch! Ich haute wie wütend um mich; dieser Kerl aber holte

[1] Lichtauslöscher.

nach meinem Kopfe aus; ich wollte ausweichen und trat zurück. Der Hieb, welcher den Kopf treffen sollte, traf bloß die – – – «

»Hadschi Halef!« rief ich.

Es machte mir wirklich Spaß, die berühmte Geschichte von der Nase auch einmal unterbrechen zu können. Die beiden sprangen auf und traten auf mich zu.

»Du sollst mich begleiten, Halef; komm!«

»Wohin, Sihdi?«

»Dort hinauf zur Höhe, um zu sehen, wie sich die Illumination des Tales ausnimmt.«

»O Emir, laß mich mit dir gehen!« bat Ifra.

»Ich habe nichts dagegen. Vorwärts!«

Wir stiegen die nach Baadri zu gelegene Höhe hinan. Ueberall trafen wir Männer, Frauen und Kinder mit Fackeln und Lichtern, und von allen wurden wir mit einer wirklich kindlichen Freude begrüßt und angeredet. Als wir die Höhe erreichten, bot sich uns ein geradezu unbeschreiblicher Anblick dar. Mehrere der Dschesidi waren uns gefolgt, um uns zu leuchten: ich aber bat sie, zurückzugehen oder ihre Fackeln zu verlöschen. Wer den Genuß vollständig haben wollte, mußte sich selbst im Dunkeln befinden.

Da unten im Tale flutete Flamme an Flamme. Tausend leuchtende Punkte kreuzten, hüpften und schlüpften, tanzten, schossen und flogen durcheinander, klein, ganz klein tief unten, je näher aber zu uns, desto größer werdend. Das Heiligtum wallte förmlich von Glanz und Licht, und die beiden Türme leckten empor in das Dunkel der Nacht wie flammende Hymnen. Dazu ertönte von unten herauf zu uns das dumpfe Wogen und Brausen der Stimmen, oft unterbrochen von einem lauten, nahen Jubelrufe. Ich hätte stundenlang hier stehen und mich an diesem Anblicke weiden und ergötzen können.

»Was ist das für ein Stern?« ertönte da neben mir eine Frage in kurdischer Sprache.

Einer der Dschesidi hatte sie ausgesprochen.

»Wo?« fragte ein anderer.

»Siehe die Rea kadisahn[1] da rechts!«

---

1 Milchstraße.

»Ich sehe sie.«

»Unter ihr flammte ein heller Stern auf. Jetzt wieder! Siehst du ihn?«

»Ich sah ihn. Es ist der Kjale be scheri.«[1]

Die vier Sterne, welche in unserm Sternbilde den Rücken des Bären bilden, heißen nämlich bei den Kurden »der Alte«. Sie meinen, daß sein Kopf hinter einer benachbarten Sternengruppe versteckt sei. Die drei Sterne, welche bei uns den Schwanz des großen Bären bilden (oder die Deichsel des »Wagens«, wie dieses Sternbild auch genannt wird), heißen bei ihnen die »zwei Brüder und die blinde Mutter des Alten«.

»Der Kjale be scheri? Der hat doch vier Sterne!« meinte der erste Frager. »Es wird Kumikji schiwan[2] sein.«

»Der steht höher. Jetzt leuchtet es wieder. Ah, wir sind irr; es ist ja im Süden! Es wird Meschin[3] sein.«

»Meschin hat auch mehrere Sterne. Was meinst du, Herr, daß es ist?«

Diese Frage war an mich gerichtet. Mir schien das Phänomen auffällig.

Die Fackeln und Lichter unter uns warfen einen Schein in die Höhe, der es uns unmöglich machte, die Sterne genau zu erkennen. Der Glanz aber, welcher von Zeit zu Zeit da drüben aufblitzte, um sofort wieder zu verschwinden, war intensiv. Er glich einem Irrlichte, das plötzlich aufleuchtete und augenblicklich wieder verlöschte. Ich beobachtete noch eine Weile und wandte mich dann zu Halef:

»Hadschi Halef, eile sofort hinab zu Ali Bey und sage ihm, daß er sehr schnell zu mir heraufkommen möge! Es handle sich um etwas Wichtiges.«

Der Diener verschwand mit schnellen Schritten, und ich trat noch eine Strecke weiter vor, teils, um den vermeintlichen Stern besser beobachten zu können, teils auch, um allen weiteren Fragen zu entgehen.

---

1 Wörtlich: der Alte ohne Kopf (große Bär).
2 Venus.
3 Waage.

Glücklicherweise hatte Ali Bey gehört, daß ich herauf-
gegangen sei, und den Entschluß gefaßt, mir zu folgen. Halef
traf ihn eine nur kleine Strecke unter uns und brachte ihn zu
mir.

5 »Was willst du mir zeigen, Emir?«

Ich streckte den Arm aus.

»Blicke fest dorthin! Du wirst einen Stern aufblitzen sehen.
Jetzt!«

»Ich sehe ihn.«

10 »Er ist wieder fort. Kennst du ihn?«

»Nein. Er liegt sehr tief und gehört zu keinem Bilde.«

Ich trat an einen Busch und schnitt einige Ruten ab. Die
eine davon steckte ich in die Erde und stellte mich dann einige
Schritte vorwärts von ihm auf.

15 »Kniee genau hinter dieser Rute nieder. Ich werde in der
Richtung in welcher der Stern wieder blitzt, eine zweite aufstek-
ken. – Sahst du ihn jetzt?«

»Ja. Ganz deutlich.«

»Wohin soll die Rute? Hierher?«

20 »Einen Fußbreit weiter nach rechts.«

»Hierher?«

»Ja; das ist genau.«

»So! Nun beobachte weiter!«

»Jetzt sah ich ihn wieder!« meinte er nach einer kleinen Weile.

25 »Wo? Ich werde eine dritte Rute stecken.«

»Der Stern war nicht am alten Platze. Er war viel weiter links.«

»Wie weit? Sage es!«

»Zwei Fuß von der vorigen Rute.«

»Hier?«

30 »Ja.«

Ich steckte die dritte Rute ein, und Ali Bey beobachtete
weiter.

»Jetzt sah ich ihn wieder,« meinte er bald.

»Wo?«

35 »Nicht mehr links, sondern rechts.«

»Gut! Das war es, was ich dir zeigen wollte. Jetzt magst du
dich wieder erheben.«

Die andern hatten meinem sonderbaren Gebaren mit Verwunderung zugesehen, und auch Ali Bey konnte den Grund desselben nicht einsehen.

»Warum lässest du mich dieses Sternes wegen rufen?«

»Weil es kein Stern ist!«

»Was sonst? Ein Licht?«

»Nun, wenn es nur ein Licht wäre, würde es schon merkwürdig sein; aber es ist eine ganze Reihe von Lichtern.«

»Woraus vermutest du dies?«

»Ein Stern kann es nicht sein, weil es tiefer steht, als die Spitze des Berges, der dahinter liegt. Und daß es mehrere Lichter sind, hast du ja aus dem Experimente gesehen, das wir vorgenommen haben. Da drüben gehen oder reiten viele Leute mit Fackeln oder Laternen, von denen zuweilen die eine oder die andere herüberblitzt.«

Der Bey stieß einen Ausruf der Verwunderung aus.

»Du hast recht, Emir!«

»Wer mag es sein?«

»Pilger sind es nicht, denn diese würden auf dem Wege von Baadri nach Scheik Adi kommen.«

»So denke an die Türken!«

»Herr! Wäre es möglich?«

»Das weiß ich nicht, denn diese Gegend ist mir unbekannt. Beschreibe sie mir, Bey!«

»Hier grad aus geht der Weg nach Baadri, und hier weiter links der nach Aïn Sifni. Teile diesen Weg in drei Teile; gehe das erste Drittel, so hast du diese Lichter dann dir zur Linken nach dem Wasser zu, welches von Scheik Adi kommt.«

»Kann man am Wasser entlang reiten?«

»Ja.«

»Und auf diese Weise nach Scheik Adi kommen?«

»Ja.«

»So ist ein großer, ein sehr großer Fehler vorgekommen!«

»Welcher?«

»Du hast Vorposten gestellt nach Baadri und Kaloni hin, aber nicht nach Aïn Sifni zu.«

»Dorther werden die Türken nicht kommen. Die Leute von Aïn Sifni würden es uns verraten.«

»Aber wenn die Türken nicht nach Aïn Sifni gehen, sondern bei Dscheraijah den Khausser überschreiten und dann zwischen Aïn Sifni und hier das Tal zu erreichen suchen? Mir scheint, sie würden dann dieselbe Richtung nehmen, in der sich dort jene Lichter bewegen. Siehe, sie sind bereits wieder nach links vorgerückt!«

»Emir, deine Vermutung ist vielleicht die richtige. Ich werde sofort mehrere Wachen vorschicken!«

»Und ich werde mir einmal diese Sterne näher betrachten. Hast du einen Mann, der diese Gegend genau kennt?«

»Niemand kennt sie besser als Selek.«

»Er ist ein guter Reiter; er soll mich führen!«

Wir stiegen so schnell wie möglich hinab. Der letztere Teil der Unterredung war von uns leise geführt worden, so daß niemand, und besonders auch der Baschi-Bozuk nicht, etwas davon vernommen hatte. Selek war bald gefunden; er erhielt ein Pferd und nahm seine Waffen zu sich. Auch Halef mußte mit. Ich konnte mich auf ihn mehr als auf jeden Andern verlassen. Zwanzig Minuten später, nachdem ich den Stern zuerst gesehen hatte, jagten wir auf dem Wege nach Aïn Sifni dahin. Auf der nächsten Höhe blieben wir halten. Ich musterte das Halbdunkel vor uns und sah endlich das Aufleuchten wieder. Ich machte Selek auf dasselbe aufmerksam.

»Emir, das ist kein Stern, das sind auch keine Fackeln, denn diese würden einen umfangreicheren Schein verbreiten. Das sind Laternen.«

»Ich muß hart an sie heran. Kennst du die Gegend genau?«

»Ich werde dich führen; ich kenne jeden Stein und jeden Strauch. Halte dich nur hart hinter mir, und nimm dein Pferd stets hoch!«

Er wandte sich von dem Wasser nach rechts, und nun ging es über Stock und Stein im Trabe vorwärts. Es war ein sehr böser Ritt, aber bereits nach einer reichlichen Viertelstunde konnten wir genau mehrere Lichter unterscheiden. Und nach einer zweiten Viertelstunde, während welcher uns dieselben hinter einem vor uns liegenden Bergrücken verschwunden waren, langten wir auf dem letzteren an und sahen nun sehr deutlich, daß wir einen ziemlich langen Zug vor uns hatten. Von wem derselbe gebildet wurde, war von hier aus nicht zu unterscheiden; das aber bemerkten wir, daß er plötzlich verschwand und nicht wieder erschien.

»Gibt es dort wieder einen Hügel?«

»Nein. Hier ist Ebene,« antwortete Selek.

»Oder eine Vertiefung, ein Tal, in welchem diese Lichter verschwinden können?«

»Nein.«

»Oder ein Wald – – –«

»Ja, Emir,« fiel er schnell ein. »Dort, wo sie verschwunden sind, liegt ein kleines Olivenwäldchen.«

»Ah! Du wirst mit den Pferden hier bleiben und auf uns warten. Halef aber begleitet mich.«

»Herr, nimm mich auch mit,« bat Selek.

»Die Tiere würden uns verraten.«

»Wir binden sie an!«

»Mein Rappe ist zu kostbar, als daß ich ihn ohne Aufsicht lassen dürfte. Und übrigens verstehst du auch das richtige Anschleichen nicht. Man würde dich hören oder gar sehen.«

»Emir, ich verstehe es!«

»Sei still!« meinte da Halef. »Auch ich dachte, ich verstände es, mich mitten in ein Duar zu schleichen und das beste Pferd wegzunehmen; aber als ich es vor dem Effendi machen mußte, habe ich mich schämen müssen, wie ein Knabe! Aber tröste dich, denn Allah hat nicht gewollt, daß aus dir eine Eidechse werde!«

Wir ließen die Gewehre zurück und schritten voran. Es war gerade so licht, daß man auf fünfzig Schritte einen Menschen so leidlich erkennen konnte. Vor uns tauchte nach vielleicht zehn Minuten ein dunkler Punkt auf, dessen Dimensionen von Schritt zu Schritt zunahmen – das Olivenwäldchen. Als wir so weit heran waren, daß wir es in fünf oder sechs Minuten zu erreichen vermocht hätten, hielt ich an und lauschte angestrengt. Nicht der mindeste Laut war zu vernehmen.

»Gehe genau hinter mir, daß unsere Personen eine einzige Linie bilden!«

Ich hatte nur Jacke und Hose an, beide dunkel; auf dem Kopfe trug ich den Tarbusch, von dem ich das Turbantuch abgewunden hatte. So war ich nicht so leicht vom dunklen Boden zu unterscheiden. Mit Halef war ganz dasselbe der Fall.

Lautlos glitten wir weiter. Da vernahmen wir das Geräusch knackender Aeste. Wir legten uns nun auf die Erde nieder und krochen langsam vorwärts. Das Knacken und Brechen wurde lauter.

»Man sammelt Aeste, vielleicht gar, um ein Feuer zu machen.«

»Gut für uns, Sihdi!« flüsterte Halef.

Bald erreichten wir den hinteren Rand des Gehölzes. Das Schnauben von Tieren und Männerstimmen wurden hörbar. Wir lagen soeben hart neben einem dichten Buschwerke. Ich deutete auf dasselbe und sagte leise: »Verbirg dich hier, und erwarte mich, Halef.«

»Herr, ich verlasse dich nicht; ich folge dir!«

»Du würdest mich verraten. Das unhörbare Schleichen ist in einem Walde schwieriger als auf offenem Felde. Ich habe dich nur mitgenommen, um mir den Rückzug zu decken. Du bleibst liegen, selbst wenn du schießen hörst. Wenn ich dich rufe, so kommst du so schnell wie möglich.«

»Und wenn du weder kommst noch rufest?«

»So schleichst du dich nach einer halben Stunde vorwärts, um zu sehen, was mit mir geschehen ist.«

»Sihdi, wenn sie dich töten, so schlage ich alle tot!«

Diese Versicherung hörte ich noch, dann war ich fort; aber noch hatte ich mich nicht sehr weit von ihm entfernt, so hörte ich eine laute, befehlende Stimme rufen:

»Et atesch – brenne an, mache Feuer!«

Diese Stimme kam aus einer Entfernung von vielleicht hundert Fuß. Ich konnte also unbesorgt weiter kriechen. Da vernahm ich das Prasseln einer Flamme und bemerkte zugleich einen lichten Schein, der sich zwischen den Bäumen fast bis zu mir verbreitete. Das erschwerte mir natürlich mein Vorhaben bedeutend.

»Taschlar atesch tschewresinde – lege Steine um das Feuer!«
befahl dieselbe Stimme.

Diesem Befehle wurde jedenfalls sofort Folge geleistet, denn
der lichte Schein verschwand, so daß ich nun besser vorwärts
konnte. Ich schlich mich von einem Stamme zum andern und
wartete hinter einem jeden, bis ich mich überzeugt hatte, daß ich
nicht bemerkt worden sei. Glücklicherweise war diese Vorsicht
überflüssig; ich befand mich nicht in den Urwäldern Amerikas,
und die guten Leute, welche ich vor mir hatte, schienen nicht
die mindeste Ahnung zu haben, daß es irgend einem Menschen-
kinde einfallen könne, sie zu belauschen.

So avancierte ich immer weiter, bis ich einen Baum erreichte,
dessen Wurzeln so zahlreiche Schößlinge getrieben hatten, daß
ich hinter denselben ein recht leidliches Versteck zu finden hoffte. Wünschenswert war dies besonders deshalb, weil ganz in der
Nähe des Baumes zwei Männer saßen, auf die ich es abgesehen
hatte, zwei türkische Offiziere.

Mit einiger Vorsicht gelang es mir, mich hinter den Schöß-
lingen häuslich niederzulassen, und nun konnte ich die Szene
vollständig überblicken.

Draußen vor dem kleinen Gehölze standen – vier Gebirgskanonen oder vielmehr zwei Kanonen und zwei Haubit-
zen, und am Saume des Gehölzes waren ungefähr zwanzig
Maultiere angebunden, die zum Transporte dieser Geschütze
erforderlich gewesen waren. Man braucht zu einem Geschütze gewöhnlich vier bis fünf Maultiere; eins muß das Rohr,
eins die Lafette und zwei bis vier müssen die Munitionskästen
tragen.

Die Kanoniere hatten es sich bequem gemacht; sie lagen auf
dem Boden ausgestreckt und plauderten leise miteinander. Die
beiden Offiziere aber wünschten Kaffee zu trinken und ihren
Tschibuk zu rauchen; darum war ein Feuer gemacht worden,
über welchem ein kleiner Kessel auf zwei Steinen stand. Der
eine der beiden Helden war ein Hauptmann und der andere ein
Leutnant. Der Hauptmann hatte ein recht biederes Aussehen;
er kam mir gerade so vor, als sei er eigentlich ein urgemütlicher,
dicker, deutscher Bäckermeister, der auf einem Liebhabertheater

den wilden Türken spielen soll und sich dazu für anderthalbe Mark vom Maskenverleiher das Kostüm geliehen hat. Mit dem Leutnant war es ganz ähnlich. Just so wie er mußte eine sechzigjährige Kaffeeschwester aussehen, die auf den unbegreiflichen Backfischgedanken geraten ist, in Pumphosen und Osmanly-Jacke auf die Redoute zu gehen. Es war mir ganz so, als müsse ich jetzt hinter dem Baume hervortreten und sie überraschen mit den geflügelten Worten:

»Schön guten Abend, Meister Mehlhuber; 'pfehle mich, Fräulein Lattenstengel; 'was Neues? Danke, danke, werde so frei sein!«

Freilich waren die Worte, welche ich zu hören bekam, etwas weniger gemütlich. Ich lag ihnen so nahe, daß ich alles hören konnte.

»Unsere Kanonen sind gut!« brummte der Hauptmann.

»Sehr gut!« flötete der Leutnant.

»Wir werden schießen, alles niederschießen!«

»Alles!« ertönte das Echo.

»Wir werden Beute machen!«

»Viel Beute!«

»Wir werden tapfer sein!«

»Sehr tapfer!«

»Wir werden befördert werden!«

»Hoch, äußerst hoch!«

»Dann rauchen wir Tabak aus Persien!«

»Tabak aus Schiras!«

»Und trinken Kaffee aus Arabien!«

»Kaffee aus Mokka!«

»Die Dschesidi müssen alle sterben!«

»Alle!«

»Die Bösewichter!«

»Die Buben!«

»Die Unreinen, die Unverschämten!«

»Die Hunde!«

»Wir werden sie töten!«

»Morgen früh gleich!«

»Natürlich, das versteht sich!«

Ich hatte nun genug gesehen und gehört; darum zog ich mich zurück, erst langsam und vorsichtig, dann aber rascher. Ich erhob mich dabei sogar von der Erde, worüber Halef sich nicht wenig wunderte, als ich bei ihm ankam.

»Wer ist es, Sihdi?«

»Artilleristen. Komm; wir haben keine Zeit!«

»Gehen wir aufrecht?«

»Ja.«

Wir erreichten bald unsere Pferde, stiegen auf und kehrten zurück. Die Strecke nach Scheik Adi wurde jetzt natürlich viel schneller zurückgelegt, als vorhin. Wir fanden dort noch dasselbe rege Leben.

Ich hörte, daß Ali Bey sich beim Heiligtum befinde, und traf ihn mit dem Mir Scheik Khan in dem inneren Hofe desselben. Er kam mir erwartungsvoll entgegen und führte mich zum Khan.

»Was hast du gesehen?« fragte er.

»Kanonen!«

»Oh!« machte er erschrocken. »Wie viele?«

»Vier kleine Gebirgskanonen.«

»Welchen Zweck haben sie?«

»Scheik Adi soll damit zusammengeschossen werden. Während die Infanteristen von Baadri und Kaloni angreifen, soll die Artillerie jedenfalls da unten am Wasser spielen. Der Plan ist nicht schlecht, denn von dort aus läßt sich das ganze Tal bestreichen. Es handelte sich nur darum, die Geschütze unbemerkt über die Höhen zu bringen; dies ist gelungen; man hat sich der Maultiere bedient, mit deren Hilfe die Kanonen in einer Stunde von dem Lagerplatze aus bis nach Scheik Adi gebracht werden können.«

»Was tun wir, Emir?«

»Gib mir sofort sechzig Reiter mit und einige Laternen, so siehst du binnen zwei Stunden die Geschütze mit ihrer Bedienung hier in Scheik Adi!«

»Gefangen?«

»Gefangen!«

»Herr, ich gebe dir hundert Reiter!«

»Nun wohl, gib mir sofort achtzig, und sage ihnen, daß ich sie unten am Wasser erwarte.«

Ich ging und traf Halef und Selek noch bei den Pferden.

»Was wird Ali Bey tun?« fragte Halef.

»Nichts. Wir selbst werden tun, was getan werden soll.«

»Was ist das, Sihdi? Du lachst! Herr, ich kenne dein Gesicht; wir holen die Kanonen?«

»Allerdings! Ich möchte aber die Kanonen haben, ohne daß Blut vergossen wird, und darum nehmen wir achtzig Reiter mit.«

Wir ritten dem Ausgange des Tales zu, wo wir nicht lange warten durften, bis die achtzig kamen.

Ich sandte Selek mit zehn Mann voran und folgte mit den andern eine Strecke hinter ihnen. Wir erreichten, ohne einen Feind zu sehen, die Anhöhe, auf der Selek vorhin auf uns gewartet hatte, und stiegen ab. Zunächst sandte ich einige Leute aus, welche für unsere eigene Sicherheit zu wachen hatten; dann ließ ich zehn Mann bei den Pferden zurück und gebot ihnen, den Platz ohne meinen Befehl nicht zu verlassen, und nun schlichen wir andern auf das Wäldchen zu. In passender Entfernung vor demselben angekommen, wurde Halt gemacht, und ich ging allein vorwärts. Wie vorher gelangte ich auch diesmal ohne Hindernis zu dem Baume, unter dem ich bereits gelegen hatte. Die Türken lagen in einzelnen Gruppen beisammen und plauderten. Ich hatte gehofft, daß sie schliefen. Die militärische Wachsamkeit und die Erwartung des bevorstehenden Kampfes ließen sie jedoch nicht schlafen. Ich zählte mit den Unteroffizieren und den beiden Offizieren vierunddreißig Mann und kehrte zu den Meinen zurück.

»Hadschi Halef und Selek, geht und holt eure Pferde! Ihr reitet einen Bogen und kommt an der andern Seite des Wäldchens vorüber. Man wird euch anhalten. Ihr sagt, daß ihr euch verirrt habt und zu dem Feste nach Scheik Adi kommen wollt. Ihr werdet so die Aufmerksamkeit der Osmanly von uns ab und auf euch lenken. Das übrige ist unsere Sache. Geht!«

Die übrigen ließ ich zwei lange, hintereinanderstehende Reihen bilden, die den Zweck hatten, das Gehölz von drei Seiten zu umfassen. Ich gab ihnen die nötige Anweisung, worauf wir uns zu Boden legten und vorwärts krochen.

Natürlich kam ich am schnellsten voran. Ich hatte meinen Baum wohl bereits seit zwei Minuten erreicht, als laute Hufschläge erschallten. Das Feuer brannte noch immer; darum war es mir möglich, die ganze Szene leidlich zu überblicken. Die beiden Offiziere hatten wahrscheinlich während der ganzen Zeit meiner Abwesenheit geraucht und Kaffee getrunken.

»Scheik Adi ist ein böses Nest!« hörte ich den Hauptmann sagen.

»Ganz bös!« antwortete der Leutnant.

»Die Leute beten dort den Teufel an!«

»Den Teufel; Allah zerhacke und zerquetsche sie!«

»Das werden wir tun!«

»Ja, wir werden sie zerreißen!«

»Ganz und gar!«

Bis hierher konnte ich die Unterhaltung vernehmen, dann aber hörte man das erwähnte Pferdegetrappel. Der Leutnant hob den Kopf empor.

»Man kommt!« sagte er.

Auch der Hauptmann lauschte.

»Wer mag das sein?« fragte er.

»Es sind zwei Reiter; ich höre es.«

Sie erhoben sich, und die Soldaten taten dasselbe. In dem Scheine, den das Feuer hinauswarf, wurden Halef und Selek sichtbar. Der Hauptmann trat ihnen entgegen und zog seinen Säbel.

»Halt! Wer seid ihr?« rief er sie an.

Sie waren sofort von den Türken umringt. Mein kleiner Halef betrachtete sich die Offiziere vom Pferde herunter mit einer Miene, welche mich erraten ließ, daß sie auf ihn den gleichen Eindruck machten, den sie auch auf mich hervorgebracht hatten.

»Wer ihr seid, habe ich gefragt!« wiederholte der Hauptmann.

»Leute!« antwortete Halef.

»Was für Leute?«

»Männer!«

»Was für Männer?«

»Reitende Männer!«

»Der Teufel verschlinge euch! Antwortet besser, sonst erhaltet ihr die Bastonnade! Also wer seid ihr?«

»Wir sind Dschesidi,« antwortete jetzt Selek mit kleinlauter Stimme.

»Dschesidi? Ah! Woher?«

»Aus Mekka.«

»Aus Mekka? Allah il Allah! Gibt es dort auch Teufelsanbeter?«

»Grad fünfmalhunderttausend.«

»So viele! Allah kerihm; er läßt viel Unkraut unter dem Weizen wachsen! – Wohin wollt ihr?«

»Nach Scheik Adi.«

»Ah, habe ich euch? Was wollt ihr dort?«

»Es wird dort ein großes Fest gefeiert.«

»Ich weiß es. Ihr tanzt und singt mit dem Teufel und betet dabei einen Hahn an, der durch das Feuer der Dschehennah ausgebrütet worden ist. Steigt ab! Ihr seid meine Gefangenen!«

»Gefangen? Was haben wir getan?«

»Ihr seid Söhne des Teufels. Ihr müßt geprügelt werden, bis euer Vater von euch gewichen ist. Herunter von den Pferden!«

Er griff selbst zu, und die beiden Männer wurden förmlich von den Pferden heruntergezogen.

»Gebt eure Waffen her!«

Ich wußte, Halef würde das nie tun, selbst unter den gegenwärtigen Verhältnissen nicht. Er sah suchend nach dem Feuer hin, und so hob ich den Kopf so weit empor, daß er mich erblickte. Nun wußte er, daß er sicher sein könne. Aus dem vielen leisen Rascheln hinter mir hatte ich bereits erkannt, daß die Meinen das Lager vollständig umschlossen hatten.

»Unsere Waffen?« fragte Halef. »Höre, Jüs Baschi, erlaube, daß wir dir etwas sagen!«

»Was?«

»Das können wir nur dir und dem Mülasim mitteilen.«

»Ich mag nichts von euch erfahren!«

»Es ist aber wichtig, sehr wichtig!«

»Was betrifft es?«

»Höre!«

Er flüsterte ihm einige Worte in das Ohr, welche den augenblicklichen Erfolg hatten, daß der Hauptmann einen Schritt zurücktrat und den Sprecher mit einer gewissen achtungsvollen Miene musterte. Später erfuhr ich, daß der schlaue Halef geflüstert hatte: »Euern Geldbeutel betrifft es!«

»Ist das wahr?« fragte der Offizier.

»Es ist wahr!«

»Wirst du darüber schweigen?«

»Wie das Grab!«

»Schwöre es mir!«

»Wie soll ich schwören?«

»Bei Allah und dem Barte des – – doch nein, ihr seid ja Dschesidi. So schwöre es mir beim Teufel, den ihr anbetet!«

»Nun wohl! Der Teufel weiß es, daß ich nachher nichts sagen werde!«

»Aber er wird dich zerreißen, wenn du die Unwahrheit sagst! Komm, Mülasim; kommt, ihr beiden!«

Die vier Männer traten zum Feuer herbei; ich konnte jedes ihrer Worte vernehmen.

»Nun, so rede!« gebot der Hauptmann.

»Laß uns frei! Wir werden dich bezahlen.«

»Habt ihr Geld?«

»Wir haben Geld.«

»Wißt ihr es nicht, daß dieses Geld bereits mir gehört? Alles, was ihr bei euch führt, ist unser.«

»Du wirst es nie finden. Wir kommen von Mekka her, und wer eine solche Reise macht, der weiß sein Geld zu verbergen.«

»Ich werde es finden!«

»Du wirst es nicht finden, selbst wenn du uns tötest und alles ganz genau durchsuchen lässest. Die Teufelsanbeter haben sehr gute Mittel, ihr Geld unsichtbar zu machen.«

»Allah ist allwissend!«

»Aber du bist nicht Allah!«

»Ich darf euch nicht freilassen.«

»Warum?«

»Ihr würdet uns verraten.«

»Verraten? Wie so?«

»Seht ihr nicht, daß wir hier sind, um einen Kriegszug zu unternehmen?«

»Wir werden dich nicht verraten.«

»Aber ihr wollt nach Scheik Adi gehen!«

»Sollen wir nicht?«

»Nein.«

»So sende uns, wohin es dir beliebt!«

»Wolltet ihr nach Baaweiza gehen und dort zwei Tage warten?«

»Wir wollen es.«

»Wie viel wollt ihr uns für eure Freiheit zahlen?«

»Wie viel verlangst du?«

»Fünfzehntausend Piaster[1] für jeden.«

»Herr, wir sind sehr arme Pilger. So viel haben wir nicht bei uns!«

»Wie viel habt ihr?«

»Fünfhundert Piaster können wir dir vielleicht geben.«

»Fünfhundert? Kerl, ihr wollt uns betrügen!«

»Vielleicht bringen wir auch sechshundert zusammen.«

»Ihr gebt zwölftausend Piaster und keinen Para weniger. Das schwöre ich euch bei Mohammed. Und wollt ihr nicht, so lasse ich euch so lange prügeln, bis ihr sie gebt. Ihr habt gesagt, daß ihr Mittel besitzt, euer Geld unsichtbar zu machen; ihr habt also viel bei euch, und ich habe das Mittel, eure Piaster wieder sichtbar zu machen!«

Halef tat, als erschrecke er.

»Herr, tust du es wirklich nicht billiger?«

»Nein.«

»So müssen wir es dir geben!«

»Ihr Schurken, jetzt sehe ich, daß ihr viel Geld bei euch habt! Nun werdet ihr nicht für zwölftausend Piaster frei, sondern ihr müßt das geben, was ich zuerst verlangte, nämlich fünfzehntausend.«

---

1 Dreitausend Mark ungefähr.

»Verzeihe, Herr, das ist zu wenig!«

Der Hauptmann sah den kleinen Hadschi Halef ganz erstaunt an.

»Wie meinst du das, Kerl?«

»Ich meine, daß ein jeder von uns mehr wert ist, als fünfzehntausend Piaster. Erlaube, daß wir dir fünfzigtausend geben!«

»Mensch, bist du verrückt?«

»Oder hunderttausend!«

Der Bäckermeister-Jüs Baschi blies ganz ratlos die Backen auf, blickte dem Leutnant in das hagere Gesicht und fragte ihn:

»Leutnant, was sagst du?«

Dieser hatte den Mund offen und gestand freimütig:

»Nichts, ganz und gar nichts!«

»Ich auch nichts! Diese Menschen müssen ungeheuer reich sein!«

Dann wandte er sich wieder zu Halef:

»Wo habt ihr das Geld?«

»Mußt du es wissen?«

»Ja.«

»Wir haben einen bei uns, der für uns bezahlt. Du kannst ihn aber nicht sehen.«

»Allah beschütze uns! Du meinst den Teufel!«

»Soll er kommen?«

»Nein, nein, niemals! Ich bin kein Dschesidi, ich verstehe nicht, mit ihm zu reden! Ich würde tot sein vor Schreck!«

»Du wirst nicht erschrecken, denn dieser Scheïtan kommt in der Gestalt eines Menschen. Da ist er schon!«

Ich hatte mich hinter dem Baume erhoben, und mit zwei schnellen Schritten stand ich vor den beiden Offizieren. Sie fuhren entsetzt auseinander, der eine nach rechts und der andere nach links. Da ihnen aber meine Gestalt doch nicht ganz und gar schrecklich vorkommen mochte, so blieben sie stehen und starrten mich wortlos an.

»Jüs Baschi,« redete ich sie an, »ich habe alles gehört, was ihr heute abend gesprochen habt. Ihr sagtet, Scheik Adi sei ein böses Nest!«

Ein schwerer Atemzug erscholl als einzige Antwort.

»Ihr sagtet, Allah möge dort die Leute zerhacken und zerquetschen.«

»Oh, oh!« ertönte es.

»Ihr sagtet ferner, ihr wolltet die Bösewichter, die Buben, die Unreinen, die Unverschämten, die Hunde niederschießen und große Beute machen!«

Der Mülasim war halb tot vor Angst, und der Jüs Baschi konnte nichts als stöhnen.

»Ihr wolltet dann befördert werden und Tabak aus Schiras rauchen!«

»Er weiß alles!« brachte der dicke Hauptmann angstvoll hervor.

»Ja, ich weiß alles. Ich werde euch befördern. Weißt du, wohin?«

Er schüttelte den Kopf.

»Nach Scheik Adi, zu den Unreinen und Unverschämten, die ihr töten wolltet. Jetzt sage ich zu euch das, was ihr vorhin zu diesen beiden Männern sagtet: Ihr seid meine Gefangenen!«

Die Soldaten konnten sich den Vorgang nicht erklären; sie standen in einem dichten Knäuel beisammen. Der Wink, den ich bei meinen letzten Worten gab, genügte. Die Dschesidi brachen hervor und umringten sie. Nicht ein einziger dachte daran, Widerstand zu leisten. Alle waren ganz verblüfft. Die Offiziere aber ahnten nun doch den wahren Sachverhalt und griffen in den Gürtel.

»Halt, keine Gegenwehr!« ermahnte ich sie, indem ich den Revolver zog. »Wer zur Waffe greift, wird augenblicklich niedergeschossen!«

»Wer bist du?« fragte der Hauptmann.

Er schwitzte förmlich. Der brave Fallstaff dauerte mich einigermaßen, und die Don Quixote-Gestalt neben ihm gleichfalls. Um ihre Beförderung war es nun geschehen.

»Ich bin euer Freund und wünsche deshalb, daß ihr nicht von den Dschesidi niedergeschossen werdet. Gebt eure Waffen ab!«

»Aber wir brauchen sie doch!«

»Wozu?«

»Wir müssen damit die Geschütze verteidigen!«

Dieser beispiellosen Naivität war nicht zu widerstehen, ich mußte laut auflachen. Dann beruhigte ich sie:

»Seid ohne Sorgen; wir werden die Kanonen behüten!«

Es ward zwar noch einiges hin und her gesprochen, dann aber streckten sie doch die Waffen.

»Was werdet ihr mit uns tun?« fragte jetzt der besorgte Jüs Baschi.

»Das kommt ganz auf euer Verhalten an. Vielleicht werdet ihr getötet, vielleicht aber auch erlangt ihr Gnade, wenn ihr gehorsam seid.«

»Was sollen wir tun?«

»Zunächst meine Fragen der Wahrheit gemäß beantworten.«

»Frage!«

»Kommen noch mehr Truppen hinter euch?«

»Nein.«

»Ihr seid wirklich die einzigen hier?«

»Ja.«

»So ist der Miralai Omar Amed ein sehr unfähiger Mensch. In Scheik Adi halten mehrere tausend Bewaffnete, und hier schickt er dreißig Männer mit vier Kanonen gegen sie. Er mußte euch wenigstens einen Alai Emini mit zweihundert Mann Infanterie als Bedeckung mitgeben. Dieser Mann hat gemeint, die Dschesidi seien so leicht zu fangen und zu töten, wie die Fliegen. Welche Befehle hat er euch gegeben?«

»Wir sollen die Geschütze unbemerkt bis an das Wasser schaffen.«

»Und dann?«

»Und dann an demselben aufwärts gehen, bis eine halbe Stunde vor Scheik Adi.«

»Weiter!«

»Dort sollen wir warten, bis er uns einen Boten sendet. Darauf müssen wir bis zum Tale vorrücken und die Dschesidi mit Kugeln, Kartätschen und Granaten beschießen.«

»Das Vorrücken ist euch gestattet; ihr werdet sogar noch weiter kommen als nur bis zum Eingange des Tales. Das Schießen aber werden Andere übernehmen.«

Nun es einmal geschehen war, ergaben sich die Türken als echte Fatalisten ganz ruhig in ihr Schicksal. Sie mußten zusammentreten und wurden von den Dschesidi eskortiert. Die Geschützstücke waren auf die Maultiere geladen worden und folgten unter Bedeckung. Natürlich machten wir uns wieder beritten, als wir bei den Pferden ankamen.

Eine halbe Stunde vor dem Tale von Scheik Adi ließ ich die Kanonen unter dem Schutze von zwanzig Mann zurück. Es geschah dies um des Boten willen, welcher von dem Miralai erwartet wurde.

Gleich an dem Eingange zum Tale trafen wir auf eine bedeutende Menschenmenge. Das Gerücht von unserer kleinen Expedition hatte sich sehr bald unter den Pilgern verbreitet, und man hatte sich hier versammelt, um das Ergebnis so bald wie möglich zu vernehmen. Infolgedessen war auch jedwedes Schießen im Tale eingestellt worden, sodaß nun eine tiefe Stille herrschte. Man wollte die Schüsse hören, falls es zwischen uns und den Türken zu einem ernstlichen Kampfe kommen sollte.

Der erste, welcher mir entgegenkam, war Ali Bey.

»Endlich kommst du,« rief er sichtlich erleichtert; dann setzte er besorgt hinzu: »aber ohne Kanonen! Und auch Leute fehlen!«

»Es fehlt kein Mann, und auch kein einziger ist verwundet.«

»Wo sind sie?«

»Bei Halef und Selek draußen bei den Geschützen, die ich zurückgelassen habe.«

»Warum?«

»Dieser Jüs Baschi hat mir erzählt, daß der Miralai an die Stelle, wo die Kanonen stehen, einen Boten senden werde. Sie sollen dann vorrücken und Scheik Adi mit Vollkugeln, Kartätschen und Granaten beschießen. Hast du Leute, welche ein Geschütz zu bedienen verstehen?«

»Genug!«

»So sende sie hinaus. Sie mögen mit den Türken die Kleidung wechseln, den Boten gefangen nehmen und dann sofort einen Schuß lösen. Dies wird für uns das sicherste Zeichen sein, daß der Feind nahe ist, und diesen selbst wird es zu einem übereilten Angriff verleiten. Was tust du mit den Gefangenen?«

»Ich schicke sie fort und lasse sie bewachen.«

»Im Tale Idiz?«

»Nein. Diesen Ort darf keiner sehen, der nicht ein Dschesidi ist. Aber es gibt eine kleine Schlucht, in der es möglich ist, die Gefangenen durch nur wenige Leute fest zuhalten. Komm!«

In seinem Hause erwartete mich ein sehr reichliches Nachtessen, wobei mich seine Frau bediente. Er selbst war nicht zugegen, denn er mußte die Umkleidung der Gefangenen beaufsichtigen, welche dann abgeführt wurden. Diejenigen, welche die Uniformen der Türken erhielten, waren geschulte Kanoniere und rückten bald ab, um sich zu den Geschützen zu begeben.

Die Sterne begannen bereits zu erbleichen, als Ali Bey zu mir kam.

»Bist du bereit, aufzubrechen, Emir?«

»Wohin?«

»Nach dem Tale Idiz.«

»Erlaube, daß ich hier bleibe!«

»Du willst mitkämpfen?«

»Nein.«

»Dich uns nur anschließen, um zu sehen, ob wir tapfer sind?«

»Ich werde mich euch auch nicht anschließen, sondern hier in Scheik Adi bleiben.«

»Herr, was denkst du!«

»Ich denke, daß dies das Richtige sein wird.«

»Man wird dich töten!«

»Nein. Ich stehe unter dem Schutze des Großherrn und des Mutessarif.«

»Aber du bist unser Freund; du hast die Artilleristen gefangen genommen; das wird dir das Leben kosten!«

»Wer wird das den Türken erzählen? Ich bleibe hier mit Halef und dem Baschi-Bozuk. So kann ich für euch vielleicht mehr tun, als wenn ich in euren Reihen kämpfe.«

»Du magst recht haben, Emir; aber wenn wir schießen, kannst auch du verwundet oder vielleicht gar getötet werden!«

»Das glaube ich nicht, denn ich werde mich hüten, mich euern Kugeln auszusetzen.«

Da öffnete sich die Türe, und ein Mann trat herein. Er gehörte zu den Posten, welche Ali Bey ausgestellt hatte.

»Herr,« meldete er ihm, »wir haben uns zurückgezogen, denn die Türken sind bereits in Baadri. In einer Stunde sind sie hier.«

»Kehre zurück, und sage den Deinen, daß sie immer in der Nähe der Türken bleiben, sich aber von ihnen nicht sehen lassen sollen!«

Wir gingen vor das Haus. Die Frauen und Kinder zogen an uns vorüber und verschwanden hinter dem Heiligtume. Da kam ein zweiter Bote atemlos gelaufen und meldete:

»Herr, die Türken haben Kaloni längst verlassen und marschieren durch die Wälder. In einer Stunde können sie hier sein.«

»Postiert euch jenseits des ersten Tales, und zieht euch, wenn sie kommen, zurück. Die Unserigen werden euch oben erwarten!«

Der Mann kehrte zurück, und der Bey entfernte sich auf einige Zeit. Ich stand am Hause und sah auf die Gestalten, die an mir vorüberzogen. Als die Frauen und Kinder vorbei waren, schlossen sich ihnen lange Reihen von Männern an, zu Fuße und zu Pferde; aber sie verschwanden nicht hinter dem Heiligtume, sondern erstiegen die nach Baadri und Kaloni gelegenen Höhen, um den Türken das Tal freizugeben. Es war ein eigentümliches Gefühl, das ich beim Anblick dieser dunklen Gestalten empfand. Ein Licht nach dem andern wurde ausgeblasen; eine Fakkel nach der andern erlosch, und nur das Grabmal mit seinen beiden Türmen streckte seine flammende Doppelzunge noch immer zum Himmel empor. Ich war allein hier. Die Angehörigen des Bey waren fort; der Buluk Emini schlief droben auf der Plattform, und Halef war noch nicht zurück. Da aber hörte ich den Galopp eines Pferdes. Halef sprengte heran. Als er absaß, erdröhnten von unten herauf zwei starke, krachende Schläge.

»Was war das, Halef?«

»Die Bäume stürzen. Ali Bey hat befohlen, sie zu fällen, um unten das Tal zu schließen und die Kanonen gegen einen Angriff der Türken zu schützen.«

»Das ist klug gehandelt! Wo sind die andern von den zwanzig?«

»Sie mußten auf Befehl des Bey bei den Geschützen zurückbleiben, und er hat außerdem noch dreißig andere Männer zu ihrer Bedeckung beordert.«

»Also zusammen fünfzig Mann. Diese könnten schon einen Angriff aushalten.«

»Wo sind die Gefangenen?« fragte Halef.

»Bereits fort, unter Aufsicht.«

»Und diese Männer hier ziehen schon zum Kampfe?«

»Ja.«

»Und wir?«

»Bleiben hier zurück. Ich bin begierig, die Gesichter der Türken zu sehen, wenn sie bemerken, daß sie in die Falle geraten sind.«

Dieser Gedanke schien Halef zu befriedigen, sodaß er nicht über unser Hierbleiben murrte. Er mochte sich auch sagen, daß dieses Bleiben wohl gefährlicher sei, als der Anschluß an die Streiter.

»Wo ist Ifra?« fragte Halef noch.

»Er schläft auf der Plattform.«

»Er ist eine Schlafmütze, Sihdi, und darum wird ihm sein Hauptmann den Esel gegeben haben, welcher die ganze Nacht hindurch schreit. Weiß er bereits etwas von dem, was geschehen wird?«

»Ich glaube nicht. Er soll auch nicht wissen, wie weit wir dabei beteiligt waren; verstehst du?«

Da kam Ali Bey noch einmal zurück, um sein Pferd zu holen. Er machte mir noch allerlei Vorstellungen, die aber nichts fruchteten, und so war er gezwungen, mich zu verlassen. Er tat dies mit dem herzlichsten Wunsche, daß mir nichts Böses geschehen möge, und versicherte wiederholt, er würde alle fünfzehnhundert Türken niederschießen lassen, wenn ich von ihnen ein Leid erdulden müsse. Zuletzt bat er mich, das große weiße Tuch, das in der Stube hing, auf die Plattform des Hauses, die er von der Höhe ganz gut überblicken konnte, zu legen, zum Zeichen, daß ich mich wohl befinde. Sollte das Tuch fortgenommen werden, so werde er schließen, daß ich mich in Gefahr befinde und sofort demgemäß handeln.

41

Nun stieg er auf und ritt davon, der letzte von all den Seinen.

Der Tag begann zu grauen; der Himmel lichtete sich, und wenn man zu ihm emporblickte, vermochte man bereits die einzelnen Aeste der Bäume zu unterscheiden. Droben an der gegenüberliegenden Talwand verhallten die Hufschläge von Ali Beys Pferd. Ich war nun, da auch mein Dolmetscher mich verlassen mußte, mit den beiden Dienern ganz allein in jenem vielbesprochenen Tale eines geheimnisvollen und auch jetzt mir immer noch rätselhaften Kultus. Allein? Ganz allein? War es wirklich so, oder hörte ich nicht Schritte dort in dem kleinen El Schems geweihten Hause?

Eine lange, weiße Gestalt trat hervor und blickte sich um. Da sah sie mich und kam auf mich zu. Ein langer, schwarzer Bart hing ihr über die Brust herab, während das Haupthaar schneeweiß über den Rücken wallte. Es war Pir Kamek; ich erkannte ihn jetzt.

»Du noch hier?« fragte er, als er vor mir stand, mit beinahe harter Stimme. »Wann folgest du den andern nach?«

»Ich bleibe hier.«

»Du bleibst? Warum?«

»Weil ich euch hier mehr nützen kann, als auf andere Weise.«

»Das ist möglich, Emir; aber dennoch solltest du gehen!«

»Ich richte dieselbe Frage an dich: Wann gehest du den andern nach?«

»Ich bleibe.«

»Warum?«

»Hast du dort den Scheiterhaufen nicht gesehen?« antwortete er finster. »Er hält mich zurück.«

»Warum er?«

»Weil es nun an der Zeit ist, das Opfer zu bringen, wegen dessen ich ihn errichten ließ.«

»Die Türken werden dich ja stören!«

»Sie werden mir sogar das Opfer bringen, und ich werde heute den wichtigsten Tag meines Lebens feiern.«

Fast wollte es mir unheimlich werden bei dem Klange dieser hohlen Stimme. Ich überwand jedoch dieses Gefühl und fragte:

42

»Wolltest du nicht heute noch mit mir über dein Buch sprechen, welches mir Ali Bey geliehen hatte?«

»Kann es dir Freude machen und Nutzen bringen?«

»Gewiß!«

»Emir, ich bin ein armer Priester; nur dreierlei gehört mir: mein Leben, mein Kleid und das Buch, von dem du redest. Mein Leben bringe ich dem Reinen, dem Mächtigen, dem Erbarmenden zurück, der mir es geliehen hat; mein Kleid überlasse ich dem Elemente, in welchem auch mein Leib begraben wird, und das Buch schenke ich dir, damit dein Geist mit dem meinigen sprechen könne, wenn Zeiten, Länder, Meere und Welten uns von einander trennen.«

War dies nur eine blumige, orientalische Ausdrucksweise, oder sprach aus ihm wirklich die Ahnung eines nahen Todes? Es überlief mich ein Schauder, den ich nicht abschütteln konnte.

»Pir Kamek, deine Gabe ist groß; fast kann ich sie nicht annehmen!«

»Emir, ich liebe dich. Du wirst das Buch erhalten, und wenn dein Blick auf die Worte fällt, die meine Hand geschrieben hat, so denke an das letzte Wort, welches diese Hand schreiben wird in das Buch, darinnen verzeichnet steht die blutige Geschichte der Dschesidi, der Verachteten und Verfolgten.«

Ich konnte nicht anders, ich mußte ihn umarmen.

»Ich danke dir, Pir Kamek! Auch ich liebe dich, und wenn ich dein Buch öffne, so wird vor mich treten deine Gestalt, und ich werde hören alle Worte deines Mundes, die du zu mir gesprochen hast. Jetzt aber solltest du Scheik Adi verlassen, denn noch ist es nicht zu spät!«

»Sieh dort das Heiligtum, in welchem Der begraben liegt, welcher verfolgt und getötet wurde. Er ist nie geflohen. Steht nicht auch in deinem Kitab, daß man sich nicht fürchten soll vor jenen, die nur den Leib töten können? Ich bleibe hier, da ich weiß, daß die Osmanly mir nicht zu schaden vermögen. Und wenn sie mich töteten, was wäre es? Muß nicht der Tropfen emporsteigen zur Sonne? Stirbt nicht El Schems, die Glänzende, täglich, um auch täglich wieder aufzuerstehen? Ist nicht der Tod der Eingang in eine lichtere, in eine reinere Welt? Hast du jemals gehört, daß ein Dschesidi von einem andern sagt, daß er gestorben sei? Er sagt nur, daß er verwandelt sei; denn es gibt weder Tod noch Grab, sondern Leben, nichts als Leben. Darum weiß ich auch, daß ich dich einst wiedersehen werde!«

Nach diesen Worten schritt er schnell davon und kam hinter der Außenmauer des Grabmales außer Sicht.

Ich trat in das Gebäude und ging nach der Plattform. Droben vernahm ich Stimmen. Halef und Ifra redeten miteinander.

»Ganz allein?« hörte ich den letzteren fragen.

»Ja.«

»Wohin sind die andern, die vielen, die Tausende?«

»Wer weiß es!«

»Aber warum sind sie fort?«

»Sie sind geflohen.«

»Vor wem?«

»Vor euch.«

»Vor uns? Hadschi Halef Omar, ich verstehe nicht, was du sagest!«

»So will ich dir es deutlicher sagen: Sie sind geflohen vor deinem Mutessarif und vor deinem Miralai Omar Amed.«

»Aber warum denn?«

»Weil der Miralai kommt, um Scheik Adi zu überfallen.«

»Allah akbar, Gott ist groß, und die Hand des Mutessarif ist mächtig! Sage mir, ob ich bei unserem Emir bleiben darf, oder ob ich unter dem Miralai kämpfen muß!«

»Du mußt bei uns bleiben.«

»Hamdullillah, Preis und Dank sei Allah, denn es ist gut sein bei unserm Emir, den ich zu beschützen habe!«

»Du? Wann hast du ihn denn beschützt?«

»Stets, so lange er unter meinem Schirme wandelt!«

Halef lachte und erwiderte:

»Ja, du bist der Mann dazu! Weißt du, wer der Beschützer des Emir ist?«

»Ich!«

»Nein, ich!«

»Hat ihn nicht der Mutessarif selbst in meine Obhut gegeben?«

»Hat er sich nicht selbst unter meinen Schutz begeben? Und wer gilt da mehr, der Sihdi oder dein Nichtsnutz von Mutessarif?«

»Halef Omar, hüte deine Zunge! Wenn ich dieses Wort dem Mutessarif sage!«

»Glaubst du, ich werde mich dann vor ihm fürchten? Ich bin Hadschi Halef Omar Ben Hadschi Abul Abbas Ibn Hadschi Dawuhd al Gossarah!«

»Und ich heiße Ifra, gehöre zu den tapfern Baschi-Bozuk des Großherrn und wurde für meine Heldentaten zum Buluk Emini ernannt! Für dich sorgt nur eine Person, für mich aber sorgt der Padischah und der ganze Staat, den man den osmanischen nennt!«

»Ich möchte wirklich wissen, welchen Vorteil du von dieser Fürsorge hast!«

»Welchen Vorteil? – Ich will es dir auseinandersetzen! Ich erhalte einen Monatssold von fünfunddreißig Piastern und täglich zwei Pfund Brot, siebzehn Lot Fleisch, drei Lot Butter, fünf Lot Reis, ein Lot Salz, anderthalb Lot Zutaten nebst Seife, Oel und Stiefelschmiere!«

»Und dafür verrichtest du Heldentaten?«

»Ja, sehr viele und sehr große!«

»Die möchte ich sehen!«

»Was? Du glaubst das nicht! Wie bin ich da zum Beispiel um meine Nase gekommen, welche ich nicht mehr habe! Das war nämlich bei einem Streite zwischen den Drusen und Maroniten des Dschebel Libanon. Wir wurden hingeschickt, um Ruhe und Achtung der Gesetze zu erkämpfen. In einer dieser Schlachten schlug ich wie wütend um mich herum. Da holte ein Feind nach meinem Kopfe aus. Ich wollte ausweichen und trat zurück, und nun traf der Hieb statt meinen Kopf meine Na – – – ooh – aah – – was war das?«

»Ja, was war das? Ein Kanonenschuß!«

Halef hatte recht; es war ein Kanonenschuß, der den kleinen Buluk Emini um den Schluß seiner interessanten Erzählung gebracht hatte. Das war jedenfalls der Signalschuß, den unsere Artilleristen abgegeben hatten, um uns anzuzeigen, daß der

Adjutant des Miralai von ihnen gefangen genommen worden sei. Die beiden Diener kamen sofort von oben heruntergeeilt.

»Sihdi, man schießt!« rief Halef, nach den Hähnen seiner Pistolen sehend.

»Mit Kanonen!« fügte Ifra hinzu.

»Schön! Holt die Tiere herein und schafft sie nach dem innern Hof!«

»Auch meinen Esel?«

»Ja. Dann schließt ihr die Tür!«

Ich selbst holte den weißen Shawl und breitete ihn oben auf der Plattform aus. Dann ließ ich mir einige Decken kommen und legte mich in der Weise darauf, daß ich von unten nicht bemerkt werden konnte. Die beiden Diener nahmen später unweit von mir Platz.

Es war mittlerweile so licht geworden, daß man ziemlich deutlich sehen konnte. Der Nebel wallte bereits im Tale auf; aber noch immer brannten die Lichter und Flammen des Heiligtums, ein Anblick, der dem Auge wehe zu tun begann.

So vergingen fünf, ja zehn erwartungsvolle Minuten. Da hörte ich drüben am Abhange ein Pferd wiehern, noch eins, und dann antwortete ein drittes hüben von der andern Seite. Es war klar: die Truppen rückten zu gleicher Zeit an beiden Seiten in das Tal hernieder. Die Befehle des Miralai wurden mit großer Pünktlichkeit befolgt.

»Sie kommen!« meinte Halef.

»Ja, sie kommen!« bestätigte Ifra. »Herr, wenn sie uns nun für Dschesidi halten und auf uns schießen?«

»Dann lässest du deinen Esel hinaus, an welchem sie dich sofort erkennen werden!«

Kavallerie war jedenfalls nicht dabei; die Pferde, welche gewiehert hatten, waren Offizierspferde. Man hätte das Pferdegetrappel hören müssen. Nach und nach aber ließ sich ein Geräusch bemerken, das immer hörbarer wurde. Es war der Tritt vieler Menschen, die näher kamen.

Endlich ertönten Stimmen von dem Grabmale her, und zwei Minuten später vernahmen wir den Marschschritt einer geschlossenen Kolonne. Ich erhob den Kopf und schaute hinab.

Es waren vielleicht zweihundert Arnauten, prächtige Gestalten mit wilden Angesichtern, angeführt von einem Alai Emini und zwei Hauptleuten. Sie zogen in geschlossenen Gliedern das Tal hinab. Hinter ihnen kam aber eine Bande Baschi-Bozuk, die sich nach rechts und links zerstreute, um die unsichtbaren Bewohner des Tales aufzusuchen. Dann folgte eine kleine Kavalkade von lauter Offizieren: zwei Jüs Baschi, zwei Alai Emini,[1] zwei Bimbaschi,[2] ein Kaimakam,[3] mehrere Kol Agassi[4] und an der Spitze der Truppe ein langer, hagerer Mensch, mit einem außerordentlich grob zugehackten Gesichte, in der reichen, von Gold strotzenden Uniform eines Regimentskommandeurs.

»Das ist der Miralai Omar Amed!« meinte Ifra in achtungsvollem Tone.

»Wer ist der Zivilist an seiner Seite?« fragte ich.

An der Seite des Obersten nämlich ritt ein Mann, dessen Züge höchst auffällig waren. Ich weiß, daß man einen Menschen nicht mit einem Wesen aus dem Tierreiche vergleichen soll; aber es gibt wirklich menschliche Physiognomien, welche ganz unwillkürlich an bestimmte Tiere erinnern. Ich habe Gesichter gesehen, die etwas Affen-, Bullenbeißer- und Katzenartiges hatten; ich habe bei gewissen Gesichtsschnitten sofort an einen Ochsen, einen Esel, eine Eule, ein Wiesel, ein Rüsseltier oder einen Fuchs oder Bären denken müssen. Mag man nun Phrenolog und Physiognomiker sein oder nicht, man wird doch bald bemerken, daß auch die Haltung, der Gang, die Ausdrucksweise, das ganze Tun und Treiben eines solchen Menschen eine gewisse Aehnlichkeit mit der Art und Weise des Tieres besitzt, an das man durch die Physiognomie erinnert wurde. Das Gesicht des Mannes nun, den ich jetzt sah, hatte etwas Raubvogelähnliches; es war ganz das eines Stößers.

---

1 Regimentsquartiermeister oder Rang-Major.
2 Major oder Bataillonschef.
3 Oberstleutnant.
4 Stabsoffizier, Adjutant.

»Es ist der Makredsch[1] von Mossul, der Vertraute des Mutessarif,« antwortete der Buluk Emini.

Was wollte, oder was sollte dieser Makredsch mit den Truppen hier? Ich konnte meinen Vermutungen darüber nicht nachhängen, denn jetzt ertönte plötzlich ein Kanonenschuß und noch einer. Ein wirres Heulen, Schreien und Rufen erscholl, und dann hörte ich ein Stampfen, als ob viele Menschen im Galoppe herbeigesprungen kamen. Die Kavalkade hatte grad unter meinem Beobachtungsposten angehalten.

»Was war das?« rief der Miralai.

»Zwei Kanonenschüsse!« antwortete der Makredsch.

»Sehr richtig!« bemerkte der Oberst spöttisch. »Ein Offizier wäre wohl schwerlich auf diese Antwort gekommen. Aber, Allah, was ist das!«

Die Arnauten, welche soeben erst vorüber marschiert waren, kamen in größter Unordnung und schreiend zurückgeflohen; vier unter ihnen blutig und zerfetzt, alle aber von höchstem Schreck ergriffen.

»Halt!« donnerte der Oberst. »Was ist geschehen?«

»Man hat mit Kartätschen auf uns geschossen. Der Alai Emini ist tot und ebenso einer der Hauptleute; der andere liegt verwundet dort.«

»Allah onlari boza-uz – Allah vernichte sie! Auf ihre eigenen Leute zu feuern! Ich lasse sie alle totpeitschen. Nasir Agassi, reite vor und kläre diese Hunde auf!«

Dieser Befehl war an einen der Kol Agassi gerichtet, die sich in seinem Gefolge befanden. Es war derselbe, den ich am Bache von Baadri überrascht und dem ich dann wieder zu seiner Freiheit verholfen hatte. Er gab seinem Pferde die Sporen, kehrte aber in kürzester Zeit wieder zurück.

»Herr, es sind nicht die Unserigen, sondern es sind Dschesidi, welche geschossen haben. Sie ließen mich herankommen und riefen es mir zu.«

»Wo sind unsere Geschütze?«

---

1 Vorsteher des Gerichtshofes.

»Die befinden sich in ihren Händen; mit ihnen haben sie geschossen; sie haben die Geschütze heute nacht dem Jüs Baschi abgenommen.«

Der Oberst stieß einen fürchterlichen Fluch hervor.

»Dieser Halunke soll es mir büßen! Wo ist er?«

»Gefangen mit allen seinen Leuten.«

»Gefangen? Mit allen? Also ohne sich gewehrt zu haben!«

Er stieß seinem Pferde vor Wut die Sporen so in die Weichen, daß es kerzengerade emporstieg, dann fragte er weiter:

»Wo sind die Dschesidi, die Teufelsmänner, diese Giaurs unter den Giaurs? Ich wollte sie fangen, peitschen, töten, aber keiner läßt sich sehen! Sind sie verschwunden? Man wird sie finden. Vorher aber holt mir die Geschütze zurück! Die von Diarbekir haben sich geschlossen. Vorwärts mit ihnen, und dann die Hunde von Kjerkjuk hinterher!«

Der Kol Agassi sprengte zurück, und sofort setzten sich die Infanteristen von Diarbekir in Bewegung. Der Oberst ging mit seinem Stab zur Seite. Sie marschierten an ihm vorüber. Weiter konnte ich nichts sehen, da das Tal eine Wendung machte; aber kaum war eine Minute vorüber, so dröhnte ein Kanonenschuß, ein zweiter, dritter und vierter, und dann erfolgte ganz dieselbe Szene wie vorher: die Verschonten und Leichtverwundeten kamen zurückgeflohen, indem sie die Toten und Schwerverwundeten hinter sich ließen. Der Oberst ritt mitten unter sie hinein und züchtigte sie mit der flachen Klinge seines Säbels.

»Steht, ihr Feiglinge; steht, sonst schicke ich euch mit eigener Hand in die Dschehennah! Agassi, die Dragoner herunter!«

Der Adjutant eilte davon. Die Flüchtigen sammelten sich, und viele der Baschi-Bozuk kamen herbei, um zu melden, daß sie alle Gebäude leer gefunden hätten.

»Zerstört die Nester; brennt alles nieder, und sucht mir Spuren. Ich muß wissen, wo diese Ungläubigen hingekommen sind!«

Jetzt war es Zeit für mich, wenn ich überhaupt hier etwas nützen sollte.

»Halef, wenn mir etwas Uebles geschieht, so nimmst du dieses weiße Tuch hinweg. Es ist ein Zeichen für Ali Bey!«

Nach diesen Worten richtete ich mich empor und wurde sofort bemerkt.

»Ah,« rief der Miralai, »da ist ja einer! Komm herunter, du Sohn eines Hundes; ich will Auskunft haben!«

Ich nickte und trat zurück.

»Halef, du verschließest die Türe hinter mir und lässest ohne meine Erlaubnis niemand ein. Wenn ich deinen Namen rufe, öffnest du sofort!«

Ich nahm ihn mit hinab und trat vor das Haus; die Türe schloß sich hinter mir. Sofort hatten die Offiziere einen Kreis um mich gebildet.

»Wurm, der du bist, antworte auf meine Fragen, sonst lasse ich dich schlachten!« befahl mir der Oberst.

»Wurm?« fragte ich ruhig. »Nimm und lies!«

Er blitzte mich wütend an, ergriff aber doch den großherrlichen Ferman. Als er das Siegel erblickte, drückte er das Pergament an seine Stirn, aber nur leicht und beinahe verächtlich, und überflog den Inhalt.

»Du bist ein Franke?«

»Ein Nemtsche.«

»Das ist gleich! Was tust du hier?«

»Ich kam, um die Gebräuche der Dschesidi zu studieren,« antwortete ich, indem ich den Paß wieder in Empfang nahm.

»Wozu das! Was geht mich dieses Bu-djeruldi an! Warst du in Mossul beim Mutessarif?«

»Ja.«

»Hast du von ihm die Erlaubnis, hier zu sein?«

»Ja. Hier ist sie.«

Ich reichte ihm das zweite Blatt entgegen; er las es und gab es mir wieder.

»Das ist richtig; aber – – – «

Er hielt inne, denn es prasselte jetzt drüben am Abhang ein sehr kräftiges Gewehrfeuer los, und zu gleicher Zeit vernahmen wir den Hufschlag schnell gehender Pferde.

»Scheïtan! Was ist das da oben?«

Diese Frage war halb an mich gerichtet; daher antwortete ich:

»Es sind die Dschesidi. Du bist umzingelt, und jeder Widerstand ist vergebens.«

Er richtete sich im Sattel auf.

»Hund!« brüllte er mich an.

»Laß dieses Wort, Miralai! Sagst du es noch einmal, so gehe ich!«

»Du bleibst!«

»Wer will mich halten? Ich werde dir jede Auskunft erteilen, aber wisse, daß ich nicht gewohnt bin, mich unter einen Miralai zu stellen. Ich habe dir gezeigt, unter welchem Schutze ich stehe, und sollte dies nicht helfen, so weiß ich mich selbst zu schützen!«

»Ah!«

Er erhob die Hand, um nach mir zu schlagen.

»Halef!«

Mit diesem lauten Rufe drängte ich mich zwischen die Pferde hindurch; die Türe öffnete sich, und kaum hatte ich sie hinter mir zugeschoben, so knirschte die Kugel einer Pistole im Holze. Der Miralai hatte auf mich geschossen.

»Das galt dir, Sihdi!« meinte Halef besorgt.

»Komm herauf!«

Noch während wir die Treppe erstiegen, vernahmen wir draußen ein wirres Rufen, untermischt mit Rossegestampf, und als ich oben anlangte, sah ich die Nachhut der Dragoner hinter der Krümmung des Tales verschwinden. Es war der reine Wahnsinn, sie gegen die Geschütze zu jagen, die nur durch einen Schützenangriff von den Seiten des Berges aus hätten zum Schweigen gebracht werden können. Der Miralai war sich über seine Situation ja gar nicht klar, und ein Glück war es für ihn, daß Ali Bey das Leben der Menschen schonen wollte; denn droben am Heiligtume und auf den Pfaden bis zur halben Höhe des Berges standen die Türken so dicht, daß jede Kugel der Dschesidi ein oder gar mehrere Opfer finden mußte.

Da erdröhnte der Donner der Kanonen von neuem. Die Kartätschen und Granaten mußten, wenn gut gerichtet war, eine fürchterliche Verwüstung unter den Reitern hervorbringen, und dies bestätigte sich nur gar zu bald; denn der ganze untere Teil

51

des Tales bedeckte sich mit fliehenden Reitern, laufenden Dragonern und reiterlosen Pferden.

Jetzt war der Miralai ganz steif vor Wut und Entsetzen; aber es mochte ihm dabei die Erkenntnis kommen, daß er anders zu handeln habe. Er bemerkte meinen Kopf, der nach unten schaute, und winkte mir. Ich erhob mich wieder.

»Komm herab!«

»Wozu?«

»Ich habe dich zu fragen.«

»Und auf mich zu schießen?«

»Es galt nicht dir!«

»Nun wohl, so frage! Ich werde dir von oben antworten; du hörst dann meine Worte ebenso deutlich, als wenn ich bei dir stünde. Aber« – und dabei gab ich Halef, der mich sofort verstand, einen Wink – »aber siehst du diesen Mann? Er ist mein Diener; er hat die Büchse in der Hand und zielt auf dich. Sobald sich eine einzige Waffe gegen mich erhebt, erschießt er dich, Miralai, und dann werde ich grad so sagen wie du, nämlich: Es galt nicht dir!«

Halef kniete hart am Rande der Plattform und hielt seine Büchse auf den Kopf des Obersten gerichtet. Dieser wechselte die Farbe, ob vor Angst oder vor Wut, das weiß ich nicht.

»Tut das Gewehr fort!« rief er.

»Es bleibt!«

»Mensch, ich habe fast zweitausend Soldaten hier; ich kann dich zermalmen!«

»Und ich habe diesen einen bei mir; ich kann dich mit einem Winke zu deinen Vätern senden!«

»Die Meinen würden mich fürchterlich rächen!«

»Es würden viele von ihnen zugrunde gehen, ehe es ihnen gelänge, in dieses Haus zu dringen. Uebrigens ist das Tal von viertausend Kriegern umschlossen, denen es ein Leichtes ist, euch innerhalb einer halben Stunde aufzureiben.«

»Wie viele, sagst du?«

»Viertausend. Schau hinauf auf die Höhen! Siehst du nicht Kopf an Kopf? Dort steigt ein Mann hernieder, der mit seinem weißen Turbantuche weht. Es ist gewiß ein Bote des Bey von

Baadri, der mit dir verhandeln soll. Gewähre ihm ein sicheres Geleite, und empfange ihn der Sitte gemäß; das wird zu deinem Besten dienen!«

»Ich brauche deine Lehren nicht. Die Rebellen sollen nur kommen! Wo sind die Dschesidi alle?«

»Laß dir erzählen! Ali Bey hörte, daß du die Pilger überfallen solltest. Er sandte Boten aus und ließ die Truppen aus Mossul, Diarbekir und Kjerkjuk beobachten. Die Frauen und Kinder wurden in Sicherheit gebracht. Er stellte deinem Anzuge nichts in den Weg, aber er verließ das Tal und schloß dasselbe ein. Er ist dir weit überlegen an Anzahl der Krieger und auch in Beziehung auf das Terrain. Er befindet sich in Besitz deiner Artillerie mit ihrer ganzen Munition. Du bist verloren, wenn du nicht freundlich mit seinem Abgesandten verhandelst!«

»Ich danke dir, Franke! Ich werde erst mit ihm verhandeln und dann auch mit dir. Du hast das Bu-djeruldi des Großherrn und den Ferman des Mutessarif und machst doch gemeinschaftliche Sache mit ihren Feinden. Du bist ein Verräter und wirst deine Strafe finden!«

Da drängte Nasir Agassi, der Adjutant, sein Pferd zu ihm heran und sagte ihm einige Worte. Der Oberst deutete auf mich und fragte:

»Dieser wäre es gewesen?«

»Er war es. Er gehört nicht zu den Feinden; er ist zufällig ihr Gast und hat mir das Leben gerettet.«

»So werden wir weiter darüber reden. Jetzt aber kommt in jenes Gebäude!«

Sie ritten nach dem Tempel der Sonne, stiegen vor demselben ab und traten ein.

Mittlerweile war der Parlamentär, von Fels zu Fels springend, in grader Linie herab in das Tal und über den Bach herübergekommen. Er trat auch in den Tempel ein. Kein Schuß fiel; es herrschte Ruhe, und nur der Schritt der Soldaten ertönte, welche sich von dem oberen Teile des Tales, wo sie sich zu sehr bloßgestellt sahen, mehr nach unten ausbreiteten.

Wohl über eine halbe Stunde verging. Da trat der Parlamentär wieder in das Freie, aber nicht allein, sondern er wurde – geführt.

Man hatte ihn gebunden. Der Miralai, welcher auch am Eingange des Gebäudes erschien, blickte sich um, sah den Scheiterhaufen und deutete auf denselben. Es wurden zehn Arnauten herbeigerufen; diese nahmen den Mann in ihre Mitte und schleppten ihn zum Holzstoß. Während mehrere ihn hielten, griffen die anderen nach ihren Gewehren – er sollte erschossen werden.

»Halt!« rief ich zum Obersten hinüber. »Was willst du tun? Er ist ein Abgesandter, also eine unverletzliche Person!«

»Er ist ein Rebell, wie du. Erst er, dann du; denn nun wissen wir, wer die Artilleristen überfallen hat!«

Er winkte; die Schüsse krachten; der Mann war tot. Da aber geschah etwas, was ich nicht erwartet hatte: durch die Soldaten drängte sich ein Mann. Es war der Pir Kamek. Er erreichte den Scheiterhaufen und kniete bei dem Toten nieder.

»Ah, ein zweiter!« rief der Oberst und schritt hinzu. »Erhebe dich, und antworte mir!«

Weiter konnte ich nichts hören, denn die Entfernung wurde zu groß. Ich sah nur die feierlichen Gesten des Pir und die zornigen des Miralai. Dann bemerkte ich, daß der erstere die Hände in den Haufen steckte, und einige Sekunden später züngelte eine Flamme blitzschnell an demselben empor. Eine Ahnung durchzuckte mich. Großer Gott, sollte er ein solches Opfer, eine solche Strafe, eine solche Rache an dem Mörder seiner Söhne und seines Weibes gemeint haben!

Er wurde ergriffen und von dem Haufen weggerissen, aber bereits war es zu spät, die Flamme zu löschen, die in dem Erdpeche eine furchtbare Nahrung gefunden hatte. In der Zeit von kaum einer Minute war sie bereits zur hellen Lohe geworden, welche hoch zum Himmel schlug.

Der Pir stand umringt und festgehalten; der Miralai schien den Platz verlassen zu wollen. Da aber kehrte er um und ging zu dem Priester zurück. Sie sprachen zusammen, der Oberst erregt, der Pir aber ruhig und mit geschlossenen Augen. Doch plötzlich öffnete er sie, warf die zwei, welche ihn hielten, von sich und packte den Oberst. Mit der Körperkraft eines Riesen hob er ihn empor – zwei Sprünge, und er stand vor dem Scheiterhaufen; noch einer – sie verschwanden in der lohenden Glut, die über ihnen zusammenschlug. Eine Bewegung im Innern derselben ließ vermuten, daß die beiden dem Flammentode Geweihten miteinander kämpften; der eine, um sein Leben zu retten, der andere, um ihn sterbend festzuhalten.

Es war mir, als sei ich bei der grimmigsten Winterkälte in das Wasser gestürzt. Also darum war dieser Tag »der wichtigste seines Lebens«, wie er, der Priester, zu mir gesagt hatte! Ja, der wichtigste Tag des Lebens ist derjenige, an welchem man dieses Leben verläßt, um sich den brandenden Fluten der Ewigkeit anzuvertrauen. Also diese fürchterliche Rache an dem Miralai war das »letzte Wort«, welches seine Hand verzeichnen sollte in jenes Buch, darinnen verzeichnet steht die blutige Geschichte der Dschesidi, der Verachteten und Verfolgten? Also dieses Feuer war das »Element«, in dem sein Leib begraben werden sollte, und dem er darum auch sein Kleid überlassen wollte?

Schrecklich! Ich schloß die Augen. Ich mochte nichts mehr sehen, nichts mehr wissen; ich ging hinunter in die Stube und legte mich auf das Polster, mit dem Gesicht an die Wand. Noch einige Zeit lang war es draußen verhältnismäßig ruhig, dann aber begann das Schießen von neuem. Mich ging das nichts an. Wenn mir Gefahr drohte, würde mich Halef ganz sicher benachrichtigen. Ich sah nur die langen weißen Haare, den wallenden schwarzen Bart und die goldblitzende Uniform in dem Brodem des Scheiterhaufens verschwinden. Mein Gott, wie wertvoll, wie unendlich kostbar ist ein Menschenleben, und dennoch, – dennoch – dennoch – – – !

So verging eine geraume Zeit; da hörte das Schießen auf, und ich vernahm Schritte auf der Treppe. Halef trat ein.

»Sihdi, du sollst auf das Dach kommen!«

»Weshalb?«

»Ein Offizier verlangt nach dir.«

Ich stand auf und begab mich wieder hinauf. Ein einziger Blick belehrte mich über den Stand der Dinge. Die Dschesidi hielten nicht mehr die Höhen besetzt, sie waren vielmehr nach und nach hernieder gestiegen. Hinter jedem Stein, hinter jedem Baum oder Strauch hielt sich einer verborgen, um aus dieser sichern Stellung seine Kugel zu versenden. Im untern Teile des

Tales hatten sie sogar, durch die Geschütze gedeckt, bereits die Sohle erreicht und sich in dem Gebüsch am Bache eingenistet. Es fehlte nur noch eins: wenn die Geschütze nur eine kurze Strecke noch herauf avancierten, so konnten mit einigen Salven sämtliche Türken vernichtet werden.

Vor dem Hause stand Nasir Agassi.

»Herr, wirst du noch einmal mit uns sprechen?« fragte er.

»Was habt ihr mir zu sagen?«

»Wir wollen einen Boten zu Ali Bey senden, und weil der Miralai, dem Allah das Paradies schenken möge« – er deutete dabei nach dem noch immer qualmenden Scheiterhaufen – »den Boten der Dschesidi getötet hat, so kann keiner von uns gehen. Willst du es tun?«

»Ich will. Was soll ich sagen?«

»Der Kaimakam wird es dir befehlen. Er führt jetzt das Kommando und ist in jenem Hause. Komm herüber!«

»Befehlen? Euer Kaimakam hat mir nicht das mindeste zu befehlen. Was ich tue, das tue ich freiwillig. Der Kaimakam mag kommen und mir sagen, was er mir zu sagen hat. Dieses Haus steht ihm offen, aber nur ihm und höchstens noch einer zweiten Person. Wer sich sonst naht, den lasse ich niederschießen.«

»Wer ist außer dir im Hause?«

»Mein Diener und ein Kawaß des Mutessarif, ein Baschi-Bozuk.«

»Wie heißt er?«

»Er ist der Buluk Emini Ifra.«

»Ifra? Mit seinem Esel?«

»Ja,« lachte ich.

»So bist du der Fremdling, welcher den arnautischen Offizieren die Bastonnade erlassen hat und die Freundschaft des Mutessarif erlangte?«

»Ich bin es.«

»So warte ein wenig, Herr! Der Kaimakam wird gleich kommen.«

Es währte wirklich nur kurze Zeit, so trat der Kaimakam drüben aus dem Tempel und kam auf das Haus zu. Nur der Makredsch begleitete ihn.

»Halef, öffne ihnen, und führe sie in die Stube. Die Tür schließest du wieder, und dann kehrst du hierher zurück. Sollte sich ein Unberufener dem Hause nähern, so schießest du auf ihn!«

Ich ging hinab. Die beiden Männer traten ein. Sie waren hohe Beamte; das durfte mich jedoch nicht kümmern; ich empfing sie daher in sehr gemessener Haltung und winkte ihnen nur, sich niederzulassen. Als sie dies getan hatten, fragte ich, ohne sie besonders willkommen zu heißen:

»Mein Diener hat euch eingelassen. Hat er euch gesagt, wie man mich zu nennen hat?«

»Nein.«

»Man nennt mich hier Hadschi Emir Kara Ben Nemsi. Wer ihr seid, weiß ich. Was habt ihr mir zu sagen?«

»Du bist ein Hadschi?« fragte der Makredsch.

»Ja.«

»Du warst also in Mekka?«

»Ja. Siehst du nicht den Kuran an meinem Halse hangen und das kleine Fläschchen mit dem Wasser des Zem-Zem?«

»Wir glaubten, du seist ein Giaur!«

»Seid ihr gekommen, mir dies zu sagen?«

»Nein. Wir bitten dich, in unserem Auftrage zu Ali Bey zu gehen.«

»Werdet ihr mir sicheres Geleite geben?«

»Ja.«

»Mir und meinen Dienern?«

»Ja.«

»Was soll ich ihm sagen?«

»Daß er die Waffen strecken und zum Gehorsam gegen den Mutessarif zurückkehren möge.«

»Und dann?« fragte ich, neugierig, was noch kommen werde.

»Dann soll die Buße, welche der Gouverneur über ihn verhängt, so gnädig wie möglich sein.«

»Du bist der Makredsch von Mossul, und dieser Mann ist Kaimakam und Befehlshaber der Truppen, welche hier stehen. Er ist es, welcher mir seine Aufträge zu erteilen hat, nicht aber du.«

»Ich bin bei ihm als Beauftragter des Mutessarif.«

Der Mann mit der Stößerphysiognomie warf sich bei diesen Worten so viel wie möglich in die Brust.

»Hast du schriftliche Vollmacht?«

»Nein.«

»So giltst du hier so wenig wie jeder andere!«

»Der Kaimakam wird es mir bezeugen!«

»Nur eine schriftliche Vollmacht kann dich legitimieren, sonst nichts. Geh, und hole dir dieselbe. Der Mutessarif von Mossul wird nur einem Manne von Kenntnissen erlauben, ihn zu vertreten.«

»Willst du mich beleidigen?«

»Nein. Ich will nur bestätigen, daß du kein Offizier bist, von militärischen Dingen nichts verstehst und hier also schweigst.«

»Emir!« rief er, indem er mir einen wütenden Blick zuwarf.

»Soll ich dir die Wahrheit meiner Worte beweisen? Ihr seid so eingeschlossen, daß kein einziger von euch entkommen kann; es bedarf nur einer kleinen halben Stunde, so seid ihr hilflos in die Erde hineingeschossen. Und bei einem solchen Stande der Dinge soll ich dem Bey sagen, daß er die Waffen strecken soll? Er würde mich für wahnsinnig halten. Der Miralai, dem Allah gnädig und barmherzig sein möge, hat fünfzehnhundert wackere Krieger durch seine Unvorsichtigkeit in das Verderben geführt. Dem Kaimakam fällt die ehrenvolle Aufgabe zu, sie diesem Verderben zu entreißen; wenn ihm dies gelingt, so hat er wie ein guter Offizier und wie ein Held gehandelt. Mit hochtrabenden Worten aber, hinter denen Furcht und Heimtücke lauern, wird es ihm nicht gelingen. Ich habe nur mit ihm zu reden. In militärischen Angelegenheiten soll nur ein Krieger zu bestimmen haben.«

»Und doch sollst du auch mich anhören!«

»Ich wüßte nicht, worin!«

»Es sind auch Dinge zu verhandeln, welche das Gesetz betreffen, und ich bin ein Makredsch!«

»Sei, was du willst! Du kannst mir keine Vollmacht zeigen, und darum sind wir miteinander fertig!«

Ich hatte einen entschiedenen Widerwillen gegen diesen Menschen, aber es wäre mir nicht eingefallen, demselben einen so kräftigen Ausdruck zu geben, wenn er anders aufgetreten wäre und ich nicht eine sehr deutliche Ahnung gehabt hätte, daß er die meiste Schuld an den gegenwärtigen Verhältnissen trage. Warum hatte sich dieser Gerichtsmensch überhaupt der Expedition angeschlossen? Doch wohl nur, um die Dschesidi nach ihrer etwaigen Ueberwindung auf dem Wege des moslemitischen Gesetzes die Uebermacht der Osmanly fühlbarer zu machen.

Ich wandte mich nun an den Kaimakam:

»Was soll ich dem Bey sagen, wenn er mich fragt, warum ihr Scheik Adi überfallen habt?«

»Weil wir uns zwei Mörder holen wollen, und weil die Dschesidi den Haradsch[1] nicht regelmäßig bezahlen.«

»Er wird sich über die Gründe sehr wundern. Die Mörder müßt ihr bei euch selbst suchen; das wird er euch beweisen, und den Haradsch konntet ihr auf einem andern Wege erlangen. Was soll ich ihm von deinen jetzigen Entschlüssen sagen?«

»Sage ihm, daß er mir einen Mann senden möge, mit dem ich über die Bedingungen verhandeln kann, unter denen ich abziehe!«

»Und wenn er mich nach der Grundlage dieser Bedingungen fragt?«

»Ich verlange im Namen des Mutessarif unsere Geschütze zurück; ich verlange für jeden unserer Toten oder Verwundeten ein Sühnegeld; ich verlange den verweigerten Haradsch, und ich verlange die Auszahlung einer Summe, die ich noch bestimmen werde, als Brandschatzung.«

»Allah kehrim, Gott ist gütig! Er hat dir einen Mund gegeben, welcher sehr gut zu fordern weiß. Du brauchst mir weiter nichts zu sagen; es ist genug, und das übrige magst du Ali Bey selbst mitteilen. Ich werde sofort zu ihm gehen und euch die Antwort entweder selbst bringen oder sie euch durch einen Boten wissen lassen.«

»Sage ihm nur noch, daß er unsere Artilleristen frei lassen und ihnen ihren Schreck vergüten muß!«

---

1 Eine auf Nicht-Mohammedaner gelegte Taxe.

»Ich werde ihm auch dies noch mitteilen; aber ich befürchte, daß er von euch auch eine Vergütung der Ueberraschung verlangt, welche ihr ihm bereitet habt. Jetzt sind wir fertig; ich werde mich aufmachen, warne euch aber vorher noch in einer Beziehung: Wenn ihr in Scheik Adi Schaden anrichtet, dann wird der Bey gegen euch keine Schonung kennen.«

Ich stand auf. Sie taten dasselbe und gingen.

Jetzt rief ich Halef und Ifra herab, welche die Tiere satteln mußten. Dies nahm nur kurze Zeit in Anspruch. Dann verließen wir das Haus und stiegen auf.

»Haltet hier; ich komme gleich zurück!«

Nach diesen Worten ritt ich zunächst ein Stück das Tal hinab, um die Wirkung der Geschütze in Augenschein zu nehmen. Sie war eine grauenhafte, doch wurde sie dadurch gemildert, daß die Dschesidi die verwundeten Türken aufgehoben hatten, um ihnen möglichst Hilfe angedeihen zu lassen. Wie anders wäre es wohl gewesen, wenn den Osmanly ihr Ueberfall geglückt wäre! Ich wandte mich ab, trotzdem mir die Sieger von ihrer Verschanzung her erfreut zu riefen, nahm Halef und Ifra auf und ritt nun am Bache hinan, um auf den Weg nach Baadri zu gelangen; denn da oben auf dieser Seite mußte ich den Bey vermuten.

Als ich an dem Tempel vorüberkam, stand der Kaimakam mit seinem Stabe vor demselben. Er winkte mir, und ich ritt zu ihm hin.

»Sage dem Scheik noch, daß er eine Summe bezahlen muß als Sühne für den Tod des Miralai!«

»Ich glaube sehr, daß der Makredsch von Mossul sich große Mühe gibt, immer neue Forderungen zu entdecken, und ich vermute, daß der Bey eine sehr bedeutende Sühne verlangen wird für seinen ermordeten Parlamentär. Doch werde ich ihm deine Worte sagen.«

»Du hast einen Baschi-Bozuk bei dir?«

»Wie du siehst!«

»Wer hat ihn dir gegeben?«

»Der Mutessarif.«

»Brauchst du ihn noch?«

»Ja.«

»Wir brauchen ihn auch.«

»So hole dir einen Befehl vom Gouverneur. Wenn du mir diesen vorzeigst, werde ich dir den Buluk Emini zurückgeben!«

Ich ritt weiter und kam an lauter finsteren Gesichtern vorüber. Gar manche Hand zuckte nach dem Dolche, aber Nasir Agassi begleitete mich, bis ich in Sicherheit war, dann aber nahm er Abschied.

Der Abschied war kurz, denn die Zeit drängte.

»Effendi, werden wir uns wiedersehen?« fragte Nasir Agassi.

»Allah weiß alles, auch dieses, wir aber nicht.«

»Du bist mein Retter; ich werde dich nie vergessen und danke dir. Sollten wir uns einmal wiedersehen, so sage mir dann, ob ich dir dienen kann.«

»Gott schütze dich! Vielleicht sehe ich dich einmal als Miralai; dann möge deiner ein besseres Kismet warten, als das des Omar Amed!«

Wir reichten einander die Hände und schieden. Auch ihn habe ich zu einer Zeit wieder gesehen, wo ich am wenigsten an ihn dachte.

Nur wenige Schritte weiter empor trafen wir hinter einem Busche den ersten Dschesidi, welcher sich so weit herangewagt hatte, um beim Wiederbeginn des Kampfes ein sicheres Ziel zu haben. Es war der Sohn Seleks, mein Dolmetscher.

»Emir, bist du wohl erhalten?« rief er mir entgegen.

»Ganz wohl. Hast du das Buch des Pir Kamek bei dir?«

»Nein. Ich habe es an einem Ort versteckt, an dem es keinen Schaden leiden kann.«

»Aber wenn du gefallen wärest, so wäre es verloren gewesen!«

»Nein, Effendi. Ich habe Mehreren offenbart, wo es liegt, und diese hätten dir es mitgeteilt.«

»Wo ist der Bey?«

»Oben auf der Klippe, von welcher aus man das Tal am besten überblicken kann. Erlaube, daß ich dich führe!«

Er nahm das Gewehr über die Schulter und schritt voran. Wir erreichten die Höhe, und es war von Interesse, hier hinabzublicken auf die Verstecke, hinter denen die Dschesidi standen, saßen, hockten und lagen, ganz bereit, bei dem Zeichen ihres

Anführers den Kampf nun im vollen Ernste zu beginnen. Hier kam man noch besser als unten zu der Ueberzeugung, daß die Türken verloren wären, wenn es ihnen nicht gelänge, mit ihren Gegnern einig zu werden. Hier an derselben Stelle hatte ich mit Ali Bey gestanden, als wir die vermeintlichen Sterne beobachteten, und jetzt, nur wenige Stunden später, stand die kleine Sekte, welche es gewagt hatte, den Kampf mit den Truppen des Großherrn aufzunehmen, bereits als Sieger da.

Wir ritten nun links weiter, bis wir zu einem Felsen gelangten, der sich ein weniges über den Rand des Tales hervorstreckte. Hier saß der Bey mit seinem Stabe, welcher nur aus drei barfüßigen Dschesidi bestand. Er kam mir erfreut entgegen.

»Ich danke dem Allgütigen, der dich gesund und unversehrt erhalten hat!« sagte er herzlich. »Ist dir Uebles begegnet?«

»Nein, sonst hätte ich dir das Zeichen gegeben.«

»Komm her!«

Ich stieg ab und folgte ihm auf den Felsen. Man konnte von hier aus alles deutlich sehen, das Heiligtum, das Haus des Bey, da unten die Batterie hinter der Verschanzung und die beiden Seitenwände des Tales.

»Siehst du die weiße Stelle auf meinem Hause?« fragte er.

»Ja. Es ist der Shawl.«

»Wäre er verschwunden, so hätte ich ein Zeichen gegeben, und fünfhundert meiner Leute wären Sturm hinabgelaufen, unter dem Schutze der Kanonen, welche den Feind zurückgehalten hätten.«

»Ich danke dir, Bey. Es ist mir nichts geschehen, als daß der Miralai einmal nach mir schoß; aber ohne mich zu treffen.«

»Das soll er büßen!«

»Er hat es bereits gebüßt.«

Ich erzählte ihm alles, was ich gesehen hatte, und berichtete ihm auch die Worte, in denen der Abschied des Pir von mir enthalten war. Er hörte aufmerksam und in tiefster Bewegung zu; aber als ich geendet hatte, sagte er nichts als:

»Er war ein Held!«

Dann versank er in ein tiefes Sinnen, aus welchem er erst nach einer Weile wieder erwachte.

»Und was sagst du? Sie haben meinen Boten getötet?«

»Sie haben ihn hingerichtet, erschossen.«

»Wer hat den Befehl dazu erteilt?«

»Jedenfalls der Miralai.«

»O lebte er noch!« knirschte er. »Ich ahnte, daß dem Boten etwas widerfahre. Ich hatte ihm gesagt, daß ich den Kampf wieder beginnen werde, wenn er binnen einer halben Stunde nicht zurückgekehrt sei. Aber ich werde ihn rächen; ich werde jetzt das Zeichen geben, daß nun endlich Ernst gemacht werden soll!«

»Warte noch, denn ich habe vorher mit dir zu reden. Der Kaimakam, welcher jetzt das Kommando führt, hat mich zu dir gesandt.«

Ich erzählte ihm nun wortgetreu meine ganze Unterredung mit dem Oberstleutnant und dem Makredsch. Als ich nun den letzteren in Erwähnung brachte, zog er die Augenbrauen finster zusammen, doch hörte er mich ruhig bis zu Ende an.

»Also der Makredsch ist dabei! O, nun weiß ich, wem wir das alles zu verdanken haben! Er ist der schlimmste Feind der Dschesidi; er haßt sie; er ist ihr Vampyr, ihr Blutsauger, und er hat auch jenem Morde die Wendung gegeben, welche zur Handhabe geworden ist, durch diesen Ueberfall eine Kontribution von uns zu erzwingen. Aber meine Gesandtschaft, welche nach Stambul gegangen ist, wird auch zum Anadoli Kasi Askeri[1] gehen, um ihm einen Brief von mir zu überbringen, den mir der Pir Kamek noch geschrieben hat. Beide kannten sich und hatten sich lieb, und der Pir ist lange Zeit sein Gast gewesen. Er weiß die Lüge von der Wahrheit zu unterscheiden und wird uns Hilfe bringen.«

»Das wünsche ich dir von Herzen. Aber wen wirst du zu dem Kaimakam senden? Ein gewöhnlicher Mann darf es nicht sein, sonst wird er überlistet.«

»Wen ich senden werde, fragest du? Niemand werde ich senden, keinen Menschen. Nur ich selbst werde mit ihm sprechen. Ich bin das Haupt der Meinen; er ist der Anführer der Seinen,

---

1 Oberrichter der asiatischen Türkei.

und wir beide haben zu entscheiden. Aber ich bin der Sieger, und er ist der Besiegte; er mag zu mir kommen!«

»So ist es recht!«

»Ich werde ihn hier erwarten. Ich werde ihm freies Geleit geben; aber wenn er in dreißig Minuten nicht zur Stelle ist, so lasse ich die Beschießung beginnen und halte nicht eher ein, als bis keiner der Osmanly mehr lebt!«

Er trat zu seinen Adjutanten und sprach kurze Zeit mit ihnen. Darauf entfernten sich zwei von ihnen. Der eine ergriff einen weißen Shawl, legte seine Waffen ab und stieg links da hinab, wo ich jetzt heraufgekommen war; der andere aber schritt längs des Randes der Höhe hin und klimmte dann rechts hinab nach dem Punkte hin, an welchem die Geschütze standen.

Nun gab Ali Bey einigen Dschesidi, welche in der Nähe hielten, den Befehl, ein Zelt für uns zu errichten. Die zu demselben gehörigen Requisiten lagen bereit. Während sie seinem Gebote Folge leisteten, bemerkte ich, daß sich unten die Verschanzung öffnete. Die Kanonen wurden durch die entstandene Lücke vorgezogen und avancierten längs des Baches bis an die Linie derjenigen Dschesidi, welche auf der Sohle des Tales festen Fuß gefaßt hatten. Dort gab es mehrere Felsblöcke, welche mit einigen schnell umgehauenen Bäumen eine neue Verschanzung bildeten.

Es waren seit der Absendung des Dschesidi noch nicht zwanzig Minuten vergangen, so nahte sich der Kaimakam. Er war von drei türkischen Soldaten begleitet, und an seiner Seite ritt – der Makredsch. Das war eine große Unklugheit von dem letzteren; ich sah es dem finsteren Blicke an, mit welchem Ali Bey ihn betrachtete.

Der Bey trat in das Zelt, welches mittlerweile aufgerichtet worden war, und ließ sich auf den Teppich nieder, welcher den Fußboden desselben bildete. Ich empfing die Kommenden. Die drei Soldaten blieben vor dem Zelte halten; die beiden andern aber traten ein.

»Sallam!« grüßte der Kaimakam.

Der Makredsch grüßte nicht. Er als der Vorsteher eines großherrlichen Gerichtshofes erwartete, daß der Bey der Teufelsanbeter ihn bewillkommnen werde. Dieser aber nahm weder von ihm Notiz, noch beantwortete er den Gruß des Oberstleutnants. Er deutete nur auf den Teppich und meinte:

»Kaimakam, komar-sen – du darfst dich setzen!«

Der Angeredete nahm in würdevoller Weise Platz, und der Makredsch ließ sich an seiner Seite nieder.

»Du hast uns gebeten, zu dir zu kommen,« begann der Offizier. »Warum bist du nicht zu uns gekommen?«

»Du irrst!« antwortete Ali Bey sehr ernst. »Ich habe dich nicht gebeten, sondern ich habe dir nur kund getan, daß ich die Osmanly niederkartätschen lassen werde, wenn du nicht kommst. Ist das eine Bitte? Du fragst ferner, warum ich nicht zu dir gekommen bin. Wenn ich von Scheik Adi nach Mossul komme, werde ich dich aufsuchen und nicht verlangen, daß du dich zu mir bemühest; du bist von Mossul nach Scheik Adi gekommen und wirst die Gesetze der Höflichkeit kennen, welche dir gebieten, dich zu mir zu bemühen. Deine Frage veranlaßt mich übrigens, dir gleich die Stellung klar zu machen, von welcher aus wir gegenseitig zu einander sprechen werden. Du bist ein Diener, ein Beamter des Großherrn und des Mutessarif, ein Offizier, der im günstigen Falle ein Regiment kommandiert; ich aber bin ein freier Fürst der Kurden und Oberfeldherr aller meiner Krieger. Glaube darum nicht, daß dein Rang höher sei, als der meinige – «

»Ich bin nicht ein Diener des – – – «

»Schweige! Ich bin gewohnt, daß man mich hört und mich ausreden läßt; merke dir das, Kaimakam! Du bist ohne alles Recht und ohne vorherige Ankündigung in mein Gebiet eingebrochen, wie ein Dieb, wie ein Räuber mit bewaffneter Hand. Einen Räuber fange und töte ich, ganz wie es mir gefällt; da du aber ein Diener des Großherrn und des Mutessarif bist, so will ich vorher, ehe ich meine ganze Macht entwickle, in Güte mit dir reden. Daß du noch lebst, du und die Deinen, das habt ihr nur meiner Milde und Nachsicht zu verdanken. Nun sage, wer das Recht hat, zu erwarten, daß der andere zu ihm komme, du oder ich!«

Der Kaimakam machte ein ganz erstauntes Gesicht, denn eine solche Ausführung hatte er jedenfalls nicht erwartet.

Er besann sich noch, was er sagen solle; doch der Makredsch, über dessen Stößerphysiognomie es wie ein flammender Grimm zuckte, ergriff das Wort:

»Ali Bey, was wagest du! Du nennst uns Diebe und Mörder, uns, die wir als Vertreter des Padischah und des Generalgouverneur hier sitzen! Nimm dich in acht, sonst wirst du es bereuen!«

Der Bey wandte sich in vollkommenster Ruhe an den Offizier:

»Oberstleutnant, wer ist dieser Verrückte?«

Der Gefragte machte eine erschrockene Gebärde.

»Wahre deine Zunge, Ali Bey! Dieser Effendi ist der Makredsch von Mossul!«

»Du scherzest! Ein Makredsch muß im Besitze seiner Besinnung sein. Der Makredsch von Mossul hat den Mutessarif zu dem Kriegszuge gegen mich beredet; er würde, wenn er nicht verrückt ist, es nie wagen, zu mir zu kommen; denn er muß wissen, was in diesem Falle seiner wartet!«

»Ich scherze nicht. Er ist es wirklich.«

»Ich sehe, daß du weder träumst, noch betrunken bist; darum muß ich dir glauben. Aber bedenke, daß ich nur dich allein zu mir gefordert habe!«

»Er ist mit mir gegangen als Vertreter und Abgesandter des Mutessarif.«

»Das ist möglich, denn du sagest es; aber kannst du mir es beweisen?«

»Ich sage und bezeuge es!«

»Das darf hier nichts gelten. Ich vertraue dir; aber ein jeder andere, der in einer solchen oder in einer ähnlichen Angelegenheit zu mir kommt, muß beweisen können, daß er das Recht und den Auftrag hat, mit mir zu verhandeln; sonst läuft er Gefahr, daß ich ihn so behandle, wie ihr meinen ersten Boten behandelt habt.«

»Ein Makredsch kann niemals in eine solche Gefahr kommen!«

»Ich werde dir das Gegenteil beweisen!«

Er klatschte in die Hände, und sogleich trat der Dschesidi ein, welcher den Kaimakam geholt hatte.

»Hast du dem Kaimakam ein sicheres Geleite versprochen?«

»Ja, Herr.«

»Wem noch?«

»Keinem.«

»Den drei Soldaten nicht, welche draußen stehen?«

»Nein, und dem Makredsch auch nicht.«

»Die drei werden abgeführt; sie sind gefangen; und diesen Mann, welcher sich für den Makredsch von Mossul ausgibt, nimmst du auch mit. Er ist schuld an allem, auch an der Ermordung meines Parlamentärs.«

»Ich protestiere!« rief der Kaimakam.

»Ich werde mich zu verteidigen und auch zu rächen wissen,« drohte der Makredsch, indem er einen Dolch zog, den er im Gürtel stecken hatte.

In demselben Augenblick aber hatte sich Ali Bey emporgeschnellt und schlug ihm die Faust mit solcher Gewalt in das Gesicht, daß der Getroffene rückwärts niederstürzte.

»Hund, wagst du es, in meinem Zelte die Waffe gegen mich zu ziehen! Fort, hinaus mit ihm!«

»Halt!« gebot der Kaimakam. »Wir sind gekommen, zu unterhandeln; es darf uns nichts geschehen!«

»Auch mein Bote kam zu euch, um zu unterhandeln, und dennoch habt ihr ihn ermordet, habt ihn als einen Verräter hingerichtet. Hinaus mit diesem Menschen!«

Der anwesende Dschesidi faßte den Makredsch und schaffte ihn fort.

»So werde auch ich gehen!« drohte der Kaimakam.

»So gehe! Du wirst die Deinen unverletzt erreichen; aber ehe du zu ihnen kommst, werden ihrer viele getötet sein. Emir Kara Ben Nemsi, tritt hinaus auf den Felsen, und erhebe die Rechte. Es ist das Zeichen, daß die Kanonade beginnen soll!«

»Bleib!« wandte sich der Kaimakam schnell zu mir. »Ihr dürft nicht schießen.«

»Warum nicht?« fragte Ali Bey.

»Das wäre Mord, denn wir können uns nicht wehren.«

»Das wäre kein Mord, sondern Strafe und Vergeltung. Ihr wolltet uns überfallen, ohne daß wir eine Ahnung davon hatten;

67

ihr kamt mit Säbeln, Flinten und Kanonen, um uns niederzu-
hauen, niederzukartätschen. Nun aber eure Kanonen sich in
unseren Händen befinden, nun ihr von uns gebührenderweise
empfangen worden seid, sagt ihr, derjenige, welcher schießt, sei
ein Mörder! Kaimakam, lasse dir zürnen, aber lasse dich nicht
verlachen!«

»Du wirst den Makredsch freigeben!«

»Er ist Repressalie für den gemordeten Parlamentär!«

»Du wirst ihn töten?«

»Vielleicht. Es kommt ganz darauf an, ob wir beide uns verständigen.«

»Was verlangst du von mir?«

»Ich bin bereit, deine Zugeständnisse zu vernehmen.«

»Zugeständnisse? Wir sind gekommen, um Forderungen zu
machen!«

»Ich habe dich bereits gebeten, dich nicht auslachen zu lassen! Sage mir zunächst, aus welchem Grunde ihr uns überfallen
habt!«

»Es sind Mörder unter euch.«

»Ich weiß, welchen Fall du meinst, aber ich sage dir, daß du
falsch unterrichtet bist: nicht zwei von den Unserigen haben
einen der Eurigen, sondern drei der Eurigen haben zwei der
Unserigen ermordet. Ich habe bereits dafür gesorgt, euch dies
beweisen zu können; denn der Kiajah[1] des Ortes, wo die Tat
geschehen ist, wird in kurzer Zeit mit den Angehörigen der Ermordeten hier sein.«

»Vielleicht ist dies ein anderer Fall!«

»Es ist nur der nämliche, aber der Makredsch hat ihn ver-
dreht. Er wird es nicht wieder tun. Und wenn es so wäre, wie
du sagst, so ist dies ganz und gar kein Grund, mit bewaffneter
Macht unser Gebiet zu überfallen.«

»Wir haben noch einen zweiten Grund.«

»Welchen?«

»Ihr habt den Haradsch nicht bezahlt.«

»Wir haben ihn bezahlt. Was nennst du überhaupt Haradsch?

1 Vorsteher.

68

Wir sind freie Kurden; was wir zahlen, das zahlen wir freiwillig. Wir haben die Kopfsteuer bezahlt, welche jeder, der nicht ein Moslem ist, für seine Befreiung vom Militärdienste zu entrichten hat. Nun wollt ihr auch den Haradsch, und doch ist dieser nichts anderes als diese bereits entrichtete Kopfsteuer! Und wenn ihr in eurem Rechte wäret, und wenn wir dem Mutessarif eine Steuer schuldig geblieben wären, ist dies eine genügende Veranlassung, uns zu überfallen? Muß er da just Scheik Adi überfallen, wo jetzt Tausende von Menschen sind, die nicht nach Mossul gehören, und die ihm auf keinen Fall etwas schuldig sind? Kaimakam, du und ich, wir beide wissen sehr genau, was es eigentlich ist, was der Gouverneur von uns will: Geld und Beute. Es ist ihm nicht gelungen, uns zu berauben, und so wollen wir also nicht weiter über seine Gründe sprechen. Du bist weder ein Jurist noch ein Steuereinnehmer; du bist Offizier, und darum habe ich mit dir nur das zu besprechen, was deine militärische Aufgabe betrifft. Du sollst reden, und ich werde hören!«

»Ich habe von dir den Haradsch und die Mörder zu verlangen, sonst muß ich auf Befehl des Mutessarif Scheik Adi und alle Ortschaften der Dschesidi zerstören und einen jeden töten, der mir Widerstand leistet.«

»Und alles mit dir nehmen, was die Dschesidi besitzen?«

»Alles!«

»So lautet der Befehl des Gouverneurs?«

»So lautet er.«

»Und du wirst ihn erfüllen?«

»Mit allen Kräften.«

»Tue es!«

Er erhob sich, zum Zeichen, daß die Unterredung beendet sei. Der Kaimakam machte eine Bewegung, ihn zurückzuhalten.

»Was wirst du beginnen, Bey?«

»Du wirst die Dörfer der Dschesidi zerstören und die Einwohner derselben berauben, und ich, das Oberhaupt der Dschesidi, werde meine Untertanen zu beschützen wissen. Ihr seid ohne vorherige Anmeldung bei mir eingebrochen; ihr verteidigt das mit Gründen, welche Lügen sind; ihr wollt sengen und brennen, rauben und morden; ihr habt sogar meinen Boten getötet, eine

Tat, welche ganz und gar gegen das Recht der Völker ist. Daraus folgt, daß ich euch nicht als Krieger betrachten kann, sondern als Räuber behandeln muß; Räuber aber schießt man einfach über den Haufen. Wir sind fertig! Kehre zu den Deinen zurück. Jetzt stehst du noch unter meinem Schutze; dann aber bist du vogelfrei!«

Er verließ das Zelt und erhob den Arm. Die Artilleristen mochten längst auf dieses Zeichen gewartet haben – ein Kanonenschuß krachte, und noch einer.

»Herr, was tust du?« rief der Kaimakam. »Du brichst den Waffenstillstand, noch während ich bei dir bin!«

»Haben wir einen Waffenstillstand abgeschlossen? Habe ich dir nicht gesagt, daß wir fertig sind? Hörst du? Das waren Kartätschen – und das Granaten; dieselben Geschosse, welche für uns bestimmt waren; nun aber treffen sie euch. Allah hat gerichtet; er trifft den Sünder mit demselben Streiche, mit dem dieser gesündigt hat. Du hörst das Schreien deiner Leute. Geh zu ihnen, und befiehl ihnen, unsere Dörfer zu zerstören!«

Wirklich schien der dritte und vierte Schuß außerordentlich gewirkt zu haben; das konnte man aus dem wilden Heulen schließen, welches aus der Tiefe scholl.

»Halt ein, Ali Bey! Gib das Zeichen, mit dem Feuer wieder einzuhalten, damit wir weiter verhandeln können!«

»Du kennst den Befehl des Mutessarif, und ich kenne meine Pflicht; wir sind fertig.«

»Der Mutessarif hat seine Befehle nicht mir, sondern dem Miralai gegeben, und nun ist es meine Pflicht, meine Leute nicht wehrlos niederschießen zu lassen. Ich muß sie zu retten suchen.«

»Willst du diesen Gedanken fest halten, so bin ich bereit, die Verhandlung wieder aufzunehmen.«

»So komm herein!«

Ali Bey wand sein Turbantuch los und wehete damit nach unten, dann ging er wieder in das Zelt.

»Was verlangst du von mir?« fragte der Kaimakam.

Der Bey blickte nachdenklich zur Erde, dann antwortete er:

»Nicht du bist es, dem ich zürne, und darum möchte ich dich schonen; jedes endgültige Uebereinkommen aber, welches wir treffen könnten, würde dein Verderben sein, weil meine Bedingungen für euch mehr als ungünstig sind. Darum werde ich nur mit dem Mutessarif selbst verhandeln, und du bist aller Verantwortung ledig.«

»Ich danke dir, Bey!«

Der Kaimakam schien kein schlimmer Mann zu sein; er war froh, daß der Angelegenheit eine solche Wendung gegeben wurde, und darum kam sein Dank ganz sichtlich aus einem aufrichtigen Herzen.

»Aber eine Bedingung habe ich natürlich auch an dich,« fuhr Ali fort.

»Welche?«

»Du betrachtest dich und deine Truppen als kriegsgefangen und bleibst mit ihnen in Scheik Adi, bis ich mich mit dem Mutessarif geeinigt habe.«

»Darauf gehe ich ein, denn ich kann es verantworten. Der Miralai ist an allem schuld; er ist zu unvorsichtig vorgegangen.«

»Du gibst also die Waffen ab?«

»Das ist schimpflich!«

»Könnt ihr als Kriegsgefangene die Waffen behalten?«

»Ich erkläre mich nur insoweit für kriegsgefangen, als ich in Scheik Adi bleibe und keinen Durchbruch versuche, bis ich weiß, wie der Mutessarif über uns verfügen wird.«

»Der Durchbruch würde dein Verderben sein; er würde euch aufreiben.«

»Bey, ich will ehrlich sein und zugeben, daß unsere Lage eine sehr schlimme ist; aber weißt du, was tausend Mann vermögen, wenn sie zur Verzweiflung getrieben werden?«

»Ich weiß es, aber es kommt dennoch keiner von euch davon.«

»Aber es wird auch mancher von euch fallen! Und bedenke, daß dem Mutessarif noch das Linien- und Dragonerregiment zur Verfügung steht, dessen größter Teil in Mossul zurückgeblieben ist. Rechne dazu die Hilfe, welche er aus Kjerkjuk und Diarbekir, aus Sulimanijah und andern Garnisonen erhalten kann; rechne dazu die Artillerie, welche ihm noch zur Verfügung steht, und du wirst einsehen, daß du zwar Herr der jetzigen Situation bist, es aber wohl nicht bleiben wirst.«

»Soll ich auf einen Sieg und seine Ausnutzung verzichten, weil ich später vielleicht geschlagen werden kann? Der Mutessarif mag mit seinen Regimentern kommen; ich werde ihm sagen lassen, daß es euch das Leben kostet, wenn er mich nochmals angreift. Und wenn ihm weitere Hilfe zur Verfügung steht, so ist dies bei mir ebenso der Fall. Du weißt, daß es nur meines Aufrufes bedarf, um so manchen tapfern Stamm der Kurden zur Erhebung gegen ihn zu bringen. Doch ich liebe den Frieden und nicht den Krieg. Ich habe zwar heute Dschesidi aus ganz Kurdistan und den angrenzenden Provinzen um mich versammelt und könnte die Fackel des Aufstandes unter sie schleudern; aber ich tue es nicht, sobald der Mutessarif mir erlaubt, die Rechte der Meinigen zu wahren. Ich will dir und deinen Truppen jetzt noch die Waffen lassen; aber ich habe einem Verbündeten Gewehre versprochen, und die wird der Gouverneur auf alle Fälle liefern müssen.«

»Wer ist dieser Verbündete?«

»Kein Dschesidi verrät seinen Freund. Also du behältst deine Waffen, aber alle Munition lieferst du mir ab, und dafür verspreche ich dir, für den Proviant zu sorgen, dessen du bedarfst.«

»Gebe ich dir die Munition, so ist es genau so, als ob du auch die Waffen hättest!«

Ali Bey lächelte.

»Wohl, so sollst du auch die Munition behalten; doch sage ich dir: wenn deine Leute Hunger bekommen und du mich um Proviant bittest, so werde ich dir denselben nur gegen Flinten, Pistolen, Degen und Messer verkaufen. Also auf diese Weise seid ihr nicht kriegsgefangen, sondern wir schließen nur einen Waffenstillstand ab.«

»So ist es, und darauf kann ich eingehen.«

»Du siehst, daß ich sehr nachsichtig bin. Nun aber höre meine Bedingungen: Ihr bleibt im Tale Scheik Adi; ihr bleibt ohne alle Verbindung mit außen; ihr enthaltet euch aller Feindseligkeit gegen die Meinigen; ihr ehrt unsere Heiligtümer und unsere Wohnungen; erstere dürft ihr gar nicht betreten und die letzteren nur mit meiner Erlaubnis; der Waffenstillstand dauert so lange, bis euch ein Befehl des Mutessarif zugeht, und zwar wird dieser

Befehl euch in meiner Gegenwart gegeben; jeder Fluchtversuch, auch eines Einzelnen, und jede Zuwiderhandlung gegen unsere Vereinbarung hebt den Waffenstillstand sofort auf; ihr behaltet eure gegenwärtige Stellung und ich die meinige. Dagegen mache ich mich verbindlich, daß ich bis zu der angegebenen Zeit mich aller Feindseligkeiten enthalten werde. Bist du einverstanden?«

Nach einem kurzen Bedenken und einigen unwesentlichen Hinzufügungen und Ausführungen nahm der Kaimakam die Bedingungen an. Er verwandte sich sehr für den Makredsch und verlangte die Auslieferung desselben, doch ging Ali nicht darauf ein. Es wurde Papier herbeigeschafft; ich entwarf den Vertrag, und beide unterzeichneten, der eine durch die Unterschrift seines Namens und der andere mit seinem Bu-kendim.[1] Dann kehrte der Offizier in das Tal zurück, wobei es ihm erlaubt wurde, seine drei Soldaten wieder mitzunehmen.

Nun wartete Pali auf die Befehle seines Vorgesetzten.

»Willst du mir einen Brief an den Mutessarif schreiben?« fragte mich dieser.

»Gern! Was willst du ihm mitteilen?«

»Die jetzige Lage seiner Truppen. Dann sollst du ihm sagen, daß ich mit ihm zu verhandeln wünsche, daß ich ihn entweder hier erwarte oder in Dscherraijah mit ihm zusammentreffen will. Er darf aber eine Begleitung von höchstens fünfzig Mann mitbringen und hat sich aller Feindseligkeiten zu enthalten. Die Zusammenkunft findet übermorgen bis zum Mittag statt. Versäumt er, zu kommen, so töte ich den Makredsch und lasse seine Truppen ihre eigenen Kartätschen fühlen. Dies geschieht auch dann, sobald ich bemerke, daß er gesonnen ist, die Feindseligkeiten fortzusetzen. Kannst du dies schreiben?«

»Ja.«

»Ich werde Pali noch ganz besondere Aufträge erteilen. Schreibe so schnell wie möglich, damit er bald aufbrechen kann!«

Einige Minuten später saß ich im Zelte und schrieb mit meinem Bleistifte, nach orientalischer Manier das Papier auf dem

---

1 Wörtlich: »Dieses ich selbst« oder »Dieses bin ich selbst« – ein statt der Namensunterschrift geltendes Zeichen.

Knie, von der Rechten zur Linken hinüber den Brief an den Gouverneur, der sicher beim Lesen desselben keine Ahnung hatte, daß er von seinem Schützlinge verfaßt worden war. Und kaum eine halbe Stunde später jagte das Pferd, welches Pali trug, im Galopp auf dem Wege nach Baadri hin. –

Das Fest der Dschesidi hatte eine außerordentliche Störung erfahren, aber das Bedauern darüber war nicht so groß, wie die Freude, daß es gelungen war, das große Unglück abzuwenden, welches der Versammlung in Scheik Adi gedroht hatte.

»Was wird nun aus dem Feste?« fragte ich Ali Bey. »Die Osmanly können noch mehrere Tage lang da unten verweilen müssen, und eine so lange Zeit dürften die Dschesidi doch nicht warten wollen.«

»Ich werde ihnen ein Fest geben, welches größer ist, als sie erwartet haben,« antwortete er. »Weißt du den Weg nach dem Tale Idiz noch genau?«

»Ja.«

»Du hast Zeit. Reite hin, und hole Mir Scheik Khan mit den Scheiks und Kawals herbei. Wir wollen sehen, ob sich die Ueberreste des Pir Kamek finden lassen, und sie im Tale Idiz begraben.«

Das war allerdings ein Gedanke, welcher bei den Dschesidi zünden mußte, und mir war es außerordentlich lieb, bei dem Begräbnisse eines Dschesidi gegenwärtig sein zu können. Ich nahm nur Halef mit, den Buluk Emini aber ließ ich zurück.

Zwar hatte ich gesagt, daß der Weg nach dem Tale Idiz mir bekannt sei, aber ich war ja nicht von Scheik Adi, sondern von Baadri aus dorthin gekommen. Jedenfalls glaubte der Bey, daß ich mit dem Sohne Seleks über Scheik Adi geritten sei, und ich klärte ihn nicht auf, weil es mir Vergnügen machte, zu sehen, ob ich das Tal finden werde, ohne den Weg zu kennen. In der Richtung konnte ich mich nicht irren, und die Spuren der Dschesidi vom Tage vorher mußten mich ja ganz genau führen. Ich ritt also an der Kante des Tales hin, bis ich oberhalb des Heiligtums anlangte. Bis hierher kam ich an zahlreichen Dschesidi vorüber, die den Abhang eng besetzt hielten; dann aber wandte ich mich links in den Wald hinein. Einem geübten Auge war es selbst vom

Pferde herab nicht schwer, die Spur zu erkennen. Wir folgten ihr und langten bald an der Stelle an, an der ich mit meinem Dolmetscher hinabgestiegen war. Hier stand eine Wache, die den Auftrag hatte, jeden Unberufenen abzuweisen. Wir stiegen von den Pferden und ließen sie oben.

Als wir die Steilung hinunterkletterten, bot sich uns ein seltsamer, lebensvoller Anblick dar. Tausende von Frauen und Kindern hatten sich in den malerischsten Stellungen dort unten gelagert. Pferde grasten; Rinder weideten; Schafe und Ziegen kletterten an den Felsen herum; aber kein Laut war zu hören, denn ein Jeder redete leise, damit das Versteck ja nicht durch einen unvorsichtigen Laut verraten werde. Am Wasser saß Mir Scheik Khan mit seinen Priestern. Sie empfingen mich mit großer Freude; denn sie hatten bisher nur erfahren, daß der Angriff des Feindes allerdings mißlungen sei, aber einen ausführlichen Bericht hatten sie noch nicht erhalten.

»Ist das Heiligtum erhalten?«

Das war die erste Frage, die der Khan an mich richtete.

»Das Heiligtum ist unversehrt, und ebenso alle anderen Gebäude.«

»Wir hörten das Schießen. Ist viel Blut geflossen?«

»Nur das der Osmanly.«

»Und die Unsrigen?«

»Ich habe nicht gehört, daß einer während des Kampfes verletzt worden sei. Zwei allerdings sind tot, doch starben sie nicht im Streite.«

»Wer ist es?«

»Der Sarradsch[1] Hefi aus Baazoni und – – «

»Hefi aus Baazoni? Ein frommer, fleißiger und tapferer Mann. Nicht im Kampfe? Wie starb er denn?«

»Der Bey sandte ihn als Parlamentär zu den Osmanly, und sie erschossen ihn. Ich mußte zusehen, ohne ihn retten zu können.«

Die Priester neigten die Häupter, falteten die Hände und schwiegen. Nur Mir Scheik Khan sagte mit ernster, tiefer Stimme:

---

[1] Sattelmacher.

»Er ist verwandelt. El Schems wird ihm hier nicht mehr leuchten, aber er wandelt unter den Strahlen einer höheren Sonne in einem Lande, wo wir ihn wiedersehen werden. Dort gibt es weder Tod noch Grab, weder Schmerz noch Kummer; dort ist ewig Licht und Wonne; denn er ist bei Gott!«

Diese Art und Weise, die Nachricht von dem Tode eines Freundes hinzunehmen, war ergreifend. Nicht ein böses Wort traf die Mörder. Diese Priester trauerten, aber sie gönnten dem Toten seine Verwandlung. Einer solchen Ergebenheit ist der Islam niemals fähig; sie konnte nur eine Folge der christlichen Ideen und Anschauungen sein, welche die Dschesidi aufgenommen und festgehalten haben.

»Und wer ist der Andere?« fragte nun der Khan.

»Du wirst erschrecken!«

»Ein Mann erschrickt nie vor dem Tode, denn der Tod ist der Freund des Menschen, das Ende der Sünde und der Anfang der Seligkeit. Wer ist es?«

»Pir Kamek.«

Sie zuckten dennoch alle wie unter einem plötzlichen Schmerze, aber keiner sagte ein Wort. Auch jetzt sprach Mir Scheik Khan zuerst wieder:

»Ewlija dejischtirmis – der Heilige ist verwandelt. Chüda bujurdi – Gott hat es gewollt! Erzähle uns seinen Tod!«

Ich berichtete so ausführlich, als ich nur konnte. Sie hörten alle tief ergriffen zu, und dann bat der Khan:

»Brüder, laßt uns seiner gedenken!«

Sie senkten die Köpfe tief herab. Beteten sie? Ich weiß es nicht; aber ich sah, daß die Augen mehrerer sich befeuchteten und daß ihre Rührung wohl eine wahre und herzliche war. Man hat behauptet, daß nur der Deutsche das besitze, was man »Gemüt« nennt. Wenn dies wahr sein sollte, so waren diese Dschesidi den Deutschen sehr ähnlich. Wie wollte ich es ihnen gönnen, wenn die göttliche Milde und Klarheit des Christentums die Schatten ihrer Täler erleuchten und die Spitzen ihrer Berge vergolden dürfte!

Erst nach einer längeren Weile wich ihre Andacht der gewöhnlichen Stimmung, so daß ich wieder zu ihnen reden konnte:

»Nun sendet mich Ali Bey, um euch zu ihm zu holen. Er will es versuchen, ob die Ueberreste des Heiligen noch zu finden sind, damit sie in diesem Falle heute noch begraben werden.«

»Ja, das ist eine wichtige Aufgabe, welche wir zu lösen haben. Die Gebeine des Pir dürfen nicht da ruhen, wo diejenigen des Miralai liegen!«

»Ich befürchte sehr, daß wir nicht Gebeine, sondern nur Asche finden werden!«

»So laßt uns eilen!«

Wir brachen auf, das heißt, sämtliche Priester und Kawals; die Fakirs aber blieben zur Beaufsichtigung von Idiz zurück. Als wir oberhalb Scheik Adi bei dem Zelte des Bey anlangten, sprach dieser mit einem Mann, den er an den Kaimakam mit der Frage gesendet hatte, ob die Türken den Priestern der Dschesidi erlauben würden, den Scheiterhaufen zu untersuchen. Der Offizier hatte bejahend geantwortet und nur die Bedingung ausgesprochen, daß die betreffenden Personen keine Waffen bei sich führen sollten.

Ali Bey konnte die Scheiks nicht begleiten, da er stets anderweit zur Disposition sein mußte. Ich bat, mich anschließen zu dürfen, und das wurde mir gern gestattet. Fast hätte man die Hauptsache vergessen: ein Gefäß, welches die Asche des Heiligen aufnehmen sollte. Auf eine darauf bezügliche Frage zeigte der Bey, daß er auch bereits an diesen Umstand gedacht habe.

»Mir Scheik Khan, du weißt, daß der berühmte Töpfer Rassat in Baazoni meinem Vater Hussein Bey eine Urne machte, die einst seinen Staub aufnehmen soll, wenn es Zeit ist, ihn aus dem Grabe zu entfernen, damit er nicht mit dem Mehle des Sarges vermengt und verunreinigt werde. Diese Urne ist ein Meisterstück des berühmten Töpfers und wohl wert, die Ueberreste des Heiligen aufzunehmen. Sie steht in meinem Hause zu Baadri, und ich habe bereits Boten ausgesandt, sie herbeizuholen. Sie wird ankommen, noch ehe ihr am Scheiterhaufen eure Arbeit beendet habt.«

Dies war genügend, und so setzte sich die Prozession nach niederwärts in Bewegung. Wir kamen bei der Batterie vorüber und langten an dem Orte an, wo der »Heilige« sich und seinen Feind der Rache geopfert hatte. Wir sahen einen Aschenhügel, aus dem die halb verbrannten Stummel starker Hölzer hervorragten. Vor demselben lag die Leiche des erschossenen Parlamentärs. Die Hitze des Feuers hatte wohl seine Kleider, nicht aber seinen Körper zerstört. Er wurde entfernt, eine Arbeit, bei der unsere Geruchsnerven nicht wenig zu leiden hatten.

Die Asche war erkaltet. Die nahe liegenden Häuser lieferten die nötigen Werkzeuge, und nun begann man eine vorsichtige, nur Zoll für Zoll fortschreitende Wegräumung der Aschendecke. Diese Abräumung mußte so sorglich vorgenommen werden, daß sie eine sehr lange Zeit in Anspruch nahm, während welcher ein Dschesidi mit einem Maultiere anlangte, auf dessen Rücken die Urne befestigt war. Ihre Form glich über dem Fuße derjenigen eines umgestürzten Glasschirmes, wie wir sie auf unseren Lampen zu sehen pflegen, und darauf ruhte ein Deckel, den eine Sonne krönte. Auf diesem Gefäße waren eine Abbildung und einige Worte im Kurmangdschi eingebrannt.

Es schien mir ganz unmöglich, die Ueberreste des »Heiligen« von denen des Scheiterhaufens zu unterscheiden; allein ich sollte mich bei dieser Annahme geirrt haben. Als die Asche beinahe bis zum Boden herab fortgeräumt worden war, wurden zwei formlose Klumpen bloßgelegt, denen die Priester ihre ganze Aufmerksamkeit zuwandten. Sie schienen nicht ins reine kommen zu können, und Mir Scheik Khan winkte mich hinzu.

Es war keine leichte Aufgabe, diese Gegenstände genau zu untersuchen; man mußte sich Mund und Nase dabei verschließen. Wir hatten wirklich die Körper der beiden Toten vor uns. Sie waren halb verbraten und halb verkohlt, auf ein Drittel ihrer früheren Größe zusammengeschrumpft und von einer ziemlich starken Kruste umgeben, welche, wie sich bei der näheren Untersuchung ergab, aus den unverbrennlichen Bestandteilen des Erdpeches und der daran angeklebten Asche bestand.

»Es sind die Toten,« meinte ich. »Ihr habt es diesem Erdpeche zu verdanken, daß ihr euren ›Heiligen‹ begraben könnt.«

»Aber welcher ist es?«

»Sucht ihn heraus!«

Ich wollte sehen, wie weit der Scharfsinn dieser Männer gehe. Sie gaben sich die größte Mühe, vermochten es aber nicht, die scheinbar schwierige und doch so leichte Frage zu entscheiden.

»Es ist unmöglich, den Pir zu erkennen,« meinte endlich der Khan in ziemlicher Ratlosigkeit. »Wir müssen entweder darauf verzichten, seiner Asche die gebührende Ehre zu erweisen, oder wir sind gezwungen, beide Körper in die Urne zu legen, Freund und Feind, den Frommen und den Gottlosen. Oder weißt du einen bessern Rat, Emir Kara Ben Nemsi?«

»Ich weiß einen.«

»Wie lautet er?«

»Nur allein die Gebeine des Pir in die Urne zu tun.«

»Aber du hast ja gehört, daß wir dieselben nicht von denen des Miralai unterscheiden können!«

»Das ist ja nicht schwer! Dieser hier ist der ›Heilige‹, und dieser hier ist der Türke.«

»Woraus erkennst du das? Kannst du es beweisen?«

»So sicher, wie ihr es nur wünschen möget. Der Pir hatte keine Waffen bei sich; der Miralai aber trug seinen Säbel, einen Dolch und zwei Pistolen. Seht ihr die krumm gezogenen Pistolenläufe und die Messerklinge an diesem Körper kleben? Die Schäfte und der Griff sind verbrannt. Und hier grad unter ihm sieht die Säbelspitze aus der Asche heraus. Dieser ist also unbedingt der Miralai gewesen.«

Jetzt nun wunderten sich die Dschesidi, daß sie nicht selbst auch auf diesen so einfachen Gedanken gekommen waren. Sie alle ohne Ausnahme stimmten meiner Ansicht bei und machten sich daran, die Reste des Pir in die Urne zu bringen.

Während des ganzen Vorganges hatte der Kaimakam mit mehreren seiner Offiziere in der Nähe gehalten. Ihm wurde die Leiche seines früheren Vorgesetzten überlassen, und dann kehrten wir wieder zur Höhe zurück. Dort bat Ali Bey den Khan um seine Befehle in Beziehung auf die Bestattungsfeierlichkeit.

»Wir müssen sie auf morgen verschieben,« antwortete dieser.

»Warum?«

»Pir Kamek war der Frömmste und der Weiseste unter den Dschesidi; er soll würdig bestattet werden, und dazu ist es heute zu spät. Ich werde anordnen, daß man ihm im Tale Idiz ein Grabmal errichte, und dieses kann erst morgen fertig sein.«

»So wirst du Maurer und Zimmerleute brauchen?«

»Nein. Wir werden einen einfachen Bau aus Felsblöcken errichten, der keines Kittes bedarf, und jeder Mann, jedes Weib und auch ein jedes Kind soll einen Stein dazu herbeibringen, je nach seinen Kräften, damit keiner der versammelten Pilger ausgeschlossen werde, dem Verwandelten das ihm gebührende Denkmal zu stiften.«

»Aber ich brauche die Krieger zur Bewachung der Türken!« wendete Ali Bey ein.

»Sie werden sich ablösen; dann stehen dir immer genug von ihnen zu Gebote. Laß uns beraten, welche Gestalt wir dem Baue geben!«

Da ich hierbei unbeteiligt war, suchte ich meinen Dolmetscher auf, um mir das Manuskript des Verstorbenen geben zu lassen. Er hatte es in das Innere eines hohlen Thinarbaumes versteckt, und wir ließen uns in der Nähe desselben nieder, wo ich meinen Sprachübungen ungestört obliegen konnte.

Darüber verging der Tag, und der Abend kam heran. Auf den Höhen, die das Tal von Scheik Adi umgaben, leuchtete ein Wachtfeuer neben dem andern auf. Es war den Türken unmöglich, zu entkommen, selbst wenn der Kaimakam gegen sein Versprechen die Nacht zu einem Durchbruche hätte benutzen wollen. Die Zeit der Dunkelheit verging ohne alle Störung, und am Morgen kehrte Pali zurück. Die Schnelligkeit und Ausdauer seines guten Pferdes hatte die Entfernung zwischen Scheik Adi und Mossul bedeutend abgekürzt. Ich hatte in dem Zelte des Bey geschlafen und befand mich noch dort, als der Bote eintrat.

»Hast du den Mutessarif getroffen?« fragte ihn Ali.

»Ja, Herr; noch spät am Abend.«

»Was sagte er?«

»Erst wütete er und wollte mich tot peitschen lassen. Dann ließ er viele Offiziere und seinen Diwan effendisi[1] kommen, mit

1 Versammlung der Räte.

denen er sich lange Zeit beraten hat. Dann durfte ich zurückkehren.«

»Bei dieser Beratung warest du nicht zugegen?«

»Nein.«

»Welche Antwort hast du erhalten?«

»Einen Brief an dich.«

»Zeige ihn!«

Pali zog ein Schreiben hervor, welches mit dem großen Möhür
mutessarifün[1] verschlossen war. Ali Bey öffnete und betrachtete die Zeilen. In dem großen Schreiben lag ein kleiner, offener
Brief. Er reichte mir beide Schriftstücke.

»Lies du, Emir! Ich bin begierig, zu erfahren, was der Mutessarif beschlossen hat.«

Die Zuschrift war von dem Schreiber des Statthalters verfaßt
und von dem letzteren unterzeichnet worden. Er versprach, am
andern Morgen mit zehn Mann Begleitung in Dscherraijah zu
sein, und stellte die Bedingung, daß Ali Bey auch nur von einer so geringen Anzahl begleitet werde. Er erwartete, daß der
Ausgleich ein friedlicher sein werde, und bat, dem Kaimakam
den inneliegenden schriftlichen Befehl zu übergeben. Dieser
enthielt die allerdings sehr friedliche Weisung, bis auf weiteres
jede Feindseligkeit einzustellen, den Ort Scheik Adi zu schonen und die Dschesidi als Freunde zu behandeln. Angeschlossen war dann die Bemerkung, diesen Befehl recht genau zu
lesen.

Ali Bey nickte befriedigt mit dem Kopfe.

Nach einer kleinen Pause machte der Dschesidi-Häuptling
seinem vollen Herzen mit den Worten Luft:

»Wir haben gewonnen und dem Mutessarif eine nachhaltige
Lehre erteilt; merkst du dies, Emir? Der Kaimakam soll diesen
Brief erhalten, und morgen werde ich in Dscherraijah sein.«

»Wozu dem Kaimakam diese Zuschrift geben?«

»Sie gehört ihm.«

»Ist aber überflüssig, da er sich ja bereits verbindlich gemacht
hat, das zu tun, was ihm hier geboten wird.«

---

1 Siegel der Statthalterschaft.

»Er wird es um so sicherer und treuer tun, wenn er sieht, daß es auch der Wille des Mutessarif ist.«

»Ich muß dir gestehen, daß dieser schriftliche Befehl meinen Verdacht erweckt.«

»Warum?«

»Weil er überflüssig ist. Und wie eigentümlich klingen die letzten Worte, daß der Kaimakam den Befehl ja ganz genau lesen möge!«

»Dies soll uns von dem guten Willen des Mutessarif überzeugen und den Kaimakam zum pünktlichsten Gehorsam ermuntern.«

»Diese Pünktlichkeit ist selbstverständlich, und darum scheint mir der Befehl mehr als überflüssig.«

»Dieser Brief gehört nicht mir; der Gouverneur hat ihn meiner Ehrlichkeit anvertraut, und der Kaimakam soll ihn erhalten.«

Es war, als wolle der Zufall diesem Vorsatze des Bey seine ganz besondere Genehmigung erteilen, denn gerade jetzt meldete ein eintretender Dschesidi:

»Herr, es kommt ein Reiter aus dem Tal herauf.«

Wir gingen hinaus und erkannten nach einiger Zeit in dem Nahenden den Kaimakam, der allerdings ohne alle Begleitung heraufgeritten kam. Wir erwarteten ihn im Freien.

»Seni selamlar-im – ich begrüße dich!« sagte er beim Absteigen erst zum Bey und dann auch zu mir.

»Chosch geldin-sen, effendi – sei willkommen, Herr!« antwortete Ali. »Welcher Wunsch führt dich zu mir?«

»Der Wunsch meiner Krieger, welche kein Brot zu essen haben.«

Das war ohne alle Einleitung gesprochen. Ali lächelte leise.

»Ich mußte das erwarten. Aber hast du dir gemerkt, daß ich Brot nur gegen Waffen verkaufe?«

»So sagtest du; aber du wirst dennoch Geld nehmen!«

»Was der Bey der Dschesidi sagt, das weiß er auch zu halten. Du brauchst Speise, und ich brauche Waffen und Munition. Wir tauschen, und so ist uns beiden dann geholfen.«

»Du vergissest, daß ich die Waffen und die Munition selbst brauche!«

»Und du vergissest, daß ich des Brotes selbst bedarf! Es sind viele tausend Dschesidi bei mir versammelt; sie alle wollen essen und trinken. Und wozu brauchst du die Waffen? Sind wir nicht Freunde?«

»Doch nur bis zum Schlusse des Waffenstillstandes!«

»Wohl auch noch länger. Emir, ich bitte dich, ihm den Brief des Gouverneur einmal vorzulesen!«

»Ist ein Brief von ihm angekommen?« fragte der Oberstleutnant schnell.

»Ja. Ich sandte einen Boten, welcher jetzt zurückgekommen ist. Lies, Emir!«

Ich las das Schreiben, das ich noch bei mir hatte, vor. Ich glaubte, in der Miene des Kaimakam eine Enttäuschung zu bemerken.

»So wird also Friede zwischen uns werden!« meinte er.

»Ja,« antwortete der Bey. »Und bis dahin wirst du dich freundlich zu uns verhalten, wie dir der Mutessarif noch besonders gebietet.«

»Besonders?«

»Er hat einen Brief beigelegt, den ich dir geben soll.«

»Einen Brief? Mir?« rief der Offizier. »Wo ist er?«

»Der Emir hat ihn. Laß ihn dir geben!«

Schon stand ich im Begriff, ihm das Schreiben hinzureichen; aber die Hast, womit er danach langte, machte mich denn doch stutzig.

»Erlaube, daß ich ihn dir vorlese!«

Ich las, aber nur bis zu der letzten Bemerkung, welche meinen Verdacht so sehr erregt hatte. Doch da fragte er:

»Ist dies alles? Steht weiter nichts da?«

»Noch zwei Zeilen. Höre sie!«

Ich las nun bis zu Ende und hielt dabei den Blick halb auf ihn gerichtet. Nur einen kurzen Moment lang öffneten sich seine Augen weiter als gewöhnlich, aber ich wußte nun sicher, daß dieser Satz irgend eine uns unbekannte Bedeutung habe.

»Dieser Brief gehört mir. Zeige ihn her!«

Bei diesen Worten griff er so schnell zu, daß ich kaum Zeit behielt, meine Hand mit dem Papiere zurückzuziehen.

»Warum so eilig, Kaimakam?« fragte ich, ihn voll ansehend.
»Haben diese Zeilen etwas so sehr Wichtiges zu bedeuten, daß
du deine ganze Selbstbeherrschung verlierst?«

»Nichts, gar nichts haben sie zu bedeuten; aber dieses Schreiben ist doch mein!«

»Der Mutessarif hat es dem Bey gesandt, und auf diesen allein
kommt es an, ob er es dir geben oder dich nur mit dem Inhalte
bekannt machen will.«

»Er hat es dir ja bereits gesagt, daß ich den Brief erhalten soll!«

»Da dieses Papier dir so wichtig zu sein scheint, trotzdem du
seinen Inhalt bereits kennst, so wird er mir erlauben, es zuvor
einmal genau zu betrachten.«

Mein Verdacht hatte sich noch mehr befestigt. Anstatt gehoben zu werden, war er bereits zu einer bestimmten Vermutung
geworden. Ich hielt das Papier mit seiner Fläche senkrecht zwischen das Auge und die Sonne; ich konnte nichts Auffälliges bemerken. Ich befühlte und beroch es, aber ohne Erfolg. Nun hielt
ich es wagrecht so, daß ich die darauf fallenden Sonnenstrahlen
mit dem Auge auffing, und da endlich zeigten sich mir mehrere,
allerdings nur einem sehr scharfen Blicke bemerkbare Stellen,
welche zwar mit der Farbe des Papiers beinahe verschwammen, aber dennoch die Gestalt von Schriftzeichen zu haben
schienen.

»Du wirst das Papier nicht bekommen!« sagte ich zum Kaimakam.

»Warum nicht?«

»Weil es eine geheime Schrift enthält, welche ich untersuchen
werde.«

Er verfärbte sich.

»Du irrst, Effendi!«

»Ich sehe es genau!« Und um ihn zu versuchen, fügte ich hinzu: »Diese geheime Schrift wird zu lesen sein, wenn ich das Papier in das Wasser halte.«

»Tue es!« antwortete er mit einer sichtbaren Genugtuung.

»Du hast dich durch die Ruhe deiner Worte verraten, Kaimakam. Ich werde das Papier nun nicht in das Wasser, sondern über
das Feuer halten.«

84

Ich hatte es getroffen; das erkannte ich an dem nicht ganz unterdrückten Erschrecken, welches sein zu offenes Gesicht überflog.

»Du wirst den Brief ja dabei verbrennen und zerstören!« mahnte er.

»Trage keine Sorge! Ein Effendi aus dem Abendlande weiß mit solchen Dingen recht wohl umzugehen.«

Der Bey war ganz erstaunt.

»Glaubst du wirklich, daß dieser Brief eine verborgene Schrift enthält?«

»Laß ein Feuer anmachen, so werde ich es dir beweisen!«

Noch war Pali zugegen. Auf einen Wink Alis suchte er dürre Aeste zusammen und steckte sie in Brand. Ich kauerte mich nieder und hielt das Papier vorsichtig über die Flammen. Da tat der Kaimakam einen schnellen Sprung auf mich zu und suchte es mir zu entreißen. Ich hatte das erwartet, wich ebenso schnell zur Seite, und er fiel strauchelnd zu Boden. Sofort kniete Ali Bey auf ihm.

»Halt, Kaimakam!« rief er; »du bist falsch und treulos; du bist jetzt zu mir gekommen, ohne dich vorher meines Schutzes zu versichern, und ich mache dich zu meinem Gefangenen!«

Der Offizier wehrte sich, so gut er es vermochte, aber wir waren ja drei gegen einen, und zudem kamen auch andere Dschesidi, welche in der Nähe gehalten hatten, herbei. Er wurde entwaffnet, gebunden und in das Zelt geschafft.

Nun konnte ich mein Experiment vollenden. Die Flamme erhitzte das Papier beinahe bis zum Versengen, und nun kamen sehr deutliche Worte zum Vorscheine, welche an dem Rande der Zeilen standen.

»Ali Bey, siehst du, daß ich recht hatte?«

»Emir, du bist ein Zauberer!«

»Nein; aber ich weiß, wie man solche Schriften sichtbar machen kann.«

»O, Effendi, die Weisheit der Nemtsche ist sehr groß!«

»Hat der Mutessarif dieses Zauberstück nicht ebenso verstanden? Es gibt Stoffe, aus denen man eine Tinte machen kann, welche nach dem Schreiben verschwindet und mit einem andern

Mittel gezwungen wird, wieder sichtbar zu werden. Die Wissenschaft, welche diese Mittel kennt, heißt Chemie oder Scheidekunst. Sie wird bei uns mehr gepflegt als bei euch, und darum haben wir auch bessere Mittel als ihr. Wir kennen viele Arten von geheimen Schriften, welche sehr schwer zu entdecken sind; die euren aber sind so einfach, daß keine große Klugheit dazu gehört, eure unsichtbaren Worte sichtbar zu machen. Rate einmal, womit diese Worte geschrieben worden sind.«

»Sage es!«

»Mit Harn.«

»Unmöglich!«

»Wenn du mit dem Harne eines Tieres oder eines Menschen schreibst, so verschwindet die Schrift, sobald sie eingetrocknet ist. Hältst du das Papier dann über das Feuer, so werden die Züge schwarz, und du kannst sie lesen.«

»Wie lauten diese Worte?«

»Ich komme übermorgen, um zu siegen.«

»Ist dies wahr? Irrest du dich nicht?«

»Hier steht es deutlich!«

»Wohlan, so gib mir diesen Brief!«

Er ging in großer Erregung einigemal auf und ab; dann blieb er wieder vor mir stehen.

»Ist dies Verrat oder nicht, Emir?«

»Es ist Heimtücke.«

»Soll ich diesen Mutessarif vernichten? Es liegt in meiner Hand!«

»Du wirst es dann mit dem Padischah zu tun bekommen!«

»Effendi, die Russen haben ein Wort, welches lautet: ›der Himmel ist hoch, und der Zar ist weit‹. So ist es auch mit dem Padischah. Ich werde siegen!«

»Aber du wirst viel Blut vergießen. Sagtest du mir nicht kürzlich, daß du den Frieden liebst?«

»Ich liebe ihn, aber man soll ihn mir auch lassen! Diese Türken kamen, um uns die Freiheit, das Eigentum und das Leben zu rauben; ich habe sie dennoch geschont. Jetzt spinnt man neuen Verrat. Soll ich mich nicht wehren?«

»Du sollst dich wehren, aber nicht mit dem Säbel!«

»Womit sonst?«

»Mit diesem Briefe. Tritt mit demselben vor den Mutessarif, und er wird besiegt und geschlagen sein.«

»Er wird mir einen Hinterhalt legen und mich gefangen nehmen, wenn ich morgen nach Dscherraijah gehe!«

»Wer hindert dich, dasselbe auch mit ihm zu tun? Er ist dir sicherer als du ihm, denn er hat keine Ahnung, daß du seine Absichten kennst.«

Ali Bey sah eine ganze Weile nachdenklich vor sich nieder; dann antwortete er:

»Ich werde mich mit Mir Scheik Khan besprechen. Willst du mit mir nach dem Tale Idiz reiten?«

»Ich reite mit.«

»Vorher aber will ich diese Menschen da unten unschädlich machen. Tritt nicht mit ein, sondern erwarte mich hier!«

Warum sollte ich ihn nicht in das Zelt begleiten? Seine Hand lag am Dolche und sein Auge blickte entschlossen. Wollte er mich verhindern, eine rasche Tat zu verhüten? Ich stand wohl eine halbe Stunde allein, und während dieser Zeit hörte ich die zornigen Töne einer sehr erregten Unterhaltung. Endlich kam er wieder. Er hatte ein Papier in der Hand und gab es mir.

»Lies! Ich will hören, ob es ohne Falschheit ist.«

Es enthielt die kurze, gemessene Weisung an die befehligenden Offiziere, alle Waffen und auch die Munition sofort an diejenigen Dschesidi zu übergeben, deren Anführer diesen Befehl vorzeige.

»Es ist richtig. Aber wie hast du das erlangt?«

»Ich hätte ihn und den Makredsch sofort erschießen lassen und die Kanonade begonnen. In einer Stunde wären wir mit ihnen fertig gewesen.«

»Nun bleibt er gefangen?«

»Ja. Er wird mit dem Makredsch bewacht.«

»Und wenn sich die Seinen nicht fügen?«

»So werde ich meine Drohung wahr machen. Bleibe hier, bis ich zurückkehre, und du wirst sehen, ob mich die Türken respektieren.«

Er erteilte noch einige Befehle und stieg dann nach der Batterie hinab. In der Zeit von zehn Minuten waren alle Dschesidi kampfbereit. Die Schützen lagen mit aufgenommenen Schießgewehren in ihren Verstecken, und die Artilleristen standen zum Schusse fertig bei den Geschützen. Ihre Verschanzung öffnete sich, um gegen zweihundert Dschesidi und wohl an die dreißig Maulesel durchzulassen. Diese Tiere bestanden meist aus denen, die wir mit den Kanonieren gefangen genommen hatten. Der Zug blieb in einiger Entfernung halten, während der Anführer desselben vorschritt und den Platz aufsuchte, wo sich die Offiziere der Osmanen befanden.

Ich konnte von meinem Standpunkte aus dies alles sehr genau beobachten. Es gab eine ziemlich lange Zeit der Verhandlung. Dann jedoch traten die Soldaten in Trupps zusammen, welche einer nach dem andern bis in die Nähe der Maultiere vormarschierten, um dort die Waffen abzulegen. Dies lief nun allerdings nicht ganz glatt und ruhig ab, besonders da auch sämtliche Chargen gezwungen waren, sich von Säbel und Pistole zu trennen; aber es blieb nur bei leeren Kraftworten, da die Türken wußten, daß jeder tatsächliche Widerstand mit Kartätschen gebrochen werden solle.

Ali Bey war kaum eine Stunde lang entfernt gewesen, so kehrte er zurück. Ihm folgten die mit den Waffen beladenen Maultiere, deren Treiber beordert waren, die kostbare Beute nach dem Tale Idiz zu bringen. Auch der Kaimakam wurde von einigen Kriegern in Sicherheit gebracht. Man führte ihn dorthin, wo der Makredsch das Glück hatte, die Gesellschaft des dicken Artilleriehauptmannes und seines tapfern Leutnants zu genießen. Er konnte mit diesen beiden auf Beförderung warten und unterdessen »Tabak aus Schiras« rauchen.

Nun machten auch wir uns auf den Weg. Halef ritt mit. Mein Baschi-Bozuk war nicht zu sehen; jedenfalls hatte er aus Langeweile seinen Esel spazieren geritten. Auf dem Wege nach dem Tale Idiz begegneten wir einer langen Reihe zurückkehrender Dschesidi. Sie hatten ihren Beitrag zum Baue des Grabmales geleistet und sollten nun zu demselben Zwecke eine gleiche Anzahl ihrer Gefährten ablösen. Sie teilten uns mit, daß der Bau rasch vor sich schreite.

Als wir den Eingang erreichten, bot sich uns das Bild eines sehr bewegten Lebens dar. In der Mitte desselben war eine große Anzahl von Frauen versammelt, die auf großen, flachen Steinen Mehl aus Körnern bereiteten; andere saßen an Gruben, die sie durch Feuer erhitzten, um Brot zu backen; noch andere machten Fackeln oder richteten die Lampen und Laternen, die man vorgestern aus Scheik Adi mitgenommen hatte, zu der bevorstehenden Feier her. Am regsamsten aber ging es im oberen Teile des Tales zu, wo das Grabmal errichtet wurde. Es stellte eine ungeheure Felspyramide dar, deren hintere Seite sich an die steile Wand des Felsens lehnte. Das Fundament bestand aus großen Blöcken, deren Transport und Aufbau jedenfalls bedeutenden Kraftaufwand gekostet hatte. In der Mitte der voraussichtlichen Höhe war ein hohler Raum gelassen, der die Gestalt einer zwölfstrahligen Sonne hatte und von deren Mittelpunkt die Urne aufgenommen werden sollte. Mehrere hundert Männer arbeiteten daran, und noch mehr Frauen und Kinder waren beschäftigt, Steine herbeizuwälzen, oder hingen wie Eichhörnchen an den Vorsprüngen der Felsenwand, um von oben herab dem Baue förderlich zu sein.

Die Priester waren teils mit der Beaufsichtigung des Werkes beschäftigt, teils legten sie selbst mit Hand an. Mir Scheik Khan saß in der Nähe der Pyramide. Wir gingen zu ihm. Ali Bey erzählte ihm die heutigen Vorkommnisse und zeigte ihm auch die beiden Schreiben des Mutessarif. Der Khan versank in tiefes Nachdenken; dann aber fragte er:

»Was wirst du tun, Ali Bey?«

»Du bist der ältere und der weisere; ich komme, mir deinen Rat zu erbitten.«

»Du sagst, ich sei der ältere. Das Alter liebt die Ruhe und den Frieden. Du sagst, ich sei der weisere. Die größte Weisheit ist der Gedanke an den Allmächtigen und Allgütigen. Er macht den Schwachen stark; er beschützt den Unterdrückten; er will nicht, daß der Mensch das Blut seines Bruders vergieße.«

»Sind diese Türken unsere Brüder? Sie, die wie wilde Tiere über uns und die Unserigen herfallen?«

»Sie sind unsere Brüder, obgleich sie nicht als Brüder an uns handeln. Tötest du einen Bruder, der dir übel will?«

5 »Nein.«

»Du sprichst mit ihm freundlich oder streng, aber du forderst nicht sein Leben. So sollst du auch mit dem Mutessarif reden.«

»Und wenn er nicht auf mich hört?«

»Der Allerbarmer gab dem Menschen den Verstand, um zu
10 denken, und ein Herz, um zu fühlen. Wer nicht die Rede eines anderen überdenkt, und wer nicht die Gefühle seines Bruders empfindet, der hat den Erbarmenden verlassen und verleugnet, und dann, erst dann darf der Zorn und die Strafe über ihn kommen.«

15 »Mir Scheik Khan, ich werde nach deinen Worten handeln!«

»So wiederhole ich meine Frage: Was wirst du tun?«

»Ich werde mit zehn Männern nach Dscherraijah gehen, mir aber genug Krieger folgen lassen, um den Mutessarif gefangen zu nehmen. Vorher aber, bereits noch heute, werde ich Kund-
20 schafter nach Mossul, Kufjundschik, Telkeif, Baaweiza, Ras ul Aïn und Khorsabad senden, die mich rechtzeitig von seinen Plänen benachrichtigen werden. Ich werde in Liebe mit ihm reden, dann mit Strenge, wenn er nicht hört. Achtet er auch dann nicht auf mich, so lasse ich ihn seinen geheimen Brief sehen und gebe
25 das Zeichen, ihn zu ergreifen. Während ich bei ihm bin, werden meine Männer Dscherraijah umringen. Er kann mir nicht entgehen.«

»Vielleicht wird er auch Kundschafter senden, um zu erfahren, wie du dich auf die Zusammenkunft mit ihm vorbereitest.«
30 »Er wird nichts erfahren, denn meine Leute werden bereits während der Nacht von hier abgehen, und zwar nicht auf der Straße über Baadri, sondern rechts bis fast nach Bozan hinüber. Sie werden am Morgen am Bache im Westen von Dscherraijah sein.«

35 »Und wer wird während deiner Abwesenheit in Scheik Adi befehligen?«

»Willst du es tun?«

»Ich will.«

Das klang so einfach. Hier übergab der weltliche Beherrscher der Dschesidi ihrem geistlichen Regenten seine Gewalt ohne die leiseste Regung einer kleinlichen Eifersucht, ohne alles Mißtrauen und Bedenken. »Willst du?« fragte der eine. »Ich will,« antwortete der andere. Welchen Klang mag wohl das Wort »Kulturkampf« in einem der Dialekte dieser Teufelsanbeter haben!

Es wurde nun die Verproviantierung der in Scheik Adi eingeschlossenen Türken besprochen und dann das heutige Fest. Unterdessen wanderte ich von Gruppe zu Gruppe, um einen oder den andern sprachlichen Fund zu tun. Da kam es hinter mir herangekeucht, und eine nach Atem schnappende Stimme rief:

»Weiche aus, Sihdi!«

Ich wandte mich um. Es war mein Halef, der seine ganze Körperkraft anstrengte, ein mächtiges Felsstück vor sich herzurollen.

»Was tust du hier?« fragte ich erstaunt.

»Mein Beitrag zum Monument.«

»Wird er angenommen? Du bist ja kein Dschesidi!«

»Sehr gern! Ich habe gefragt.«

»So hole ich auch einen Stein!«

Nicht weit von unserm Standorte lag ein ziemlicher Felsbrokken. Ich legte die Waffen und das Oberkleid ab und machte mich daran, ihn fortzuschaffen. Er wurde von den Scheiks mit Dank angenommen und, nachdem ich mit dem Dolche meinen Namen eingegraben hatte, mit Anwendung von Seilen emporgezogen, wo er seine Stellung grad über der Sonne bekam.

Mittlerweile hatte Ali Bey den Zweck seines Besuches erreicht. Er wollte wieder aufbrechen und fragte mich, ob ich ihn begleiten oder lieber hier bleiben wolle.

»Wie werde ich die Feierlichkeit am besten beobachten können?« fragte ich ihn.

»Wenn du mit mir gehest,« antwortete er. »Die Urne wird heute abend beim Glanze der Fackeln und Laternen von Scheik Adi nach dem Tale Idiz übergeführt.«

»Ich denke, sie ist bereits hier!«

»Nein. Sie steht am kühlen Wasser im Walde und wird erst in das Heiligtum gebracht.«

»Trotz der Türken?«

»Sie können uns nicht hindern.«

»So reite ich mit.«

»Du hast bis zum Abend Zeit. Willst du mir eine Liebe erweisen?«

»Gern, im Falle es mir möglich ist!«

»Du weißt, daß ich dem Häuptling der Badinan-Kurden Gewehre versprochen habe. Wirst du den Ort finden, wo er seine Hütten hat?«

»Sehr leicht. Jedenfalls braucht man gar nicht bis dorthin zu reiten, da er den Paß und die Seitentäler besetzen wollte. Es wird übrigens an der Zeit sein, ihm einmal Nachricht zu geben.«

»Willst du dies übernehmen?«

»Ja.«

»Und ihm seine Gewehre bringen?«

»Wenn du sie mir anvertraust!«

»Er soll hundert haben und auch Munition dazu. Drei Maultiere können dies tragen. Wie viele Männer wünschest du als Begleitung?«

»Ist ein Angriff oder sonst eine Feindseligkeit zu erwarten?«

»Nein.«

»Gib mir zehn Krieger mit. Ich werde auch Mohammed Emin mitnehmen, der dort von der Höhe kommt.«

Ich hatte vorhin erfahren, daß der Scheik der Haddedihn auf die Jagd gegangen sei. Ich war überhaupt in den letzten Tagen gar nicht mit ihm zusammengetroffen. Er wollte sich so wenig wie möglich zeigen, damit seine Anwesenheit nicht öffentlich zur Sprache komme, und er hatte wohl auch sein Vorurteil gegen die Teufelsanbeter nicht ganz überwunden. Darum war es ihm lieb, daß er mit mir gleich wieder aufbrechen konnte.

Es währte nur kurze Zeit, so waren die Maultiere beladen, und unser kleiner Zug setzte sich in Bewegung. Zunächst hielten wir auf Scheik Adi zu, und dann wichen wir links ab, um den Weg nach Kaloni zu gewinnen. Meine Vermutung bestätigte sich; ich traf eine Anzahl der Badinankurden bereits auf der ersten Höhe hinter Scheik Adi und wurde von ihnen zu ihrem Häuptlinge geführt, der mich dieses Mal mit sehr großer Ehrerbietung empfing. Ich mußte bei ihm bleiben, um ein Mahl einzunehmen, das uns sein Weib bereitete. Er war mit den Gewehren sehr zufrieden und zeigte sich ganz besonders erfreut über den Säbel des Kaimakam, den Ali Bey mir als Extrageschenk für ihn mitgegeben hatte. Mohammed Emin fand an den Badinankurden ein solches Wohlgefallen, daß er sich entschloß, hier zurückzubleiben und mich zu erwarten, obgleich er nicht Kurdisch verstand. Ich versuchte nicht, ihm abzuraten, da seine Anwesenheit in Scheik Adi doch noch von den Türken bemerkt und dann der eigentliche Zweck unsers Rittes in die Berge gefährdet werden konnte. Ich kehrte also ohne ihn zurück.

Der Tag war doch so ziemlich vergangen, als ich wieder bei Ali Bey anlangte und ihm von den Badinan berichtete. Ich bemerkte, daß die Türken sich mehr nach der Mitte des Tales zurückgezogen und das Heiligtum also frei gegeben hatten.

»Wann beginnt die Feier?« fragte ich den Bey.

»Sobald es dunkel geworden ist. Nimm deine Gewehre mit; es wird viel geschossen.«

»Gib mir eins von den deinigen. Ich muß meine Patronen schonen, die ich hier nicht durch neue ersetzen kann.«

Ich war wirklich sehr neugierig auf diese Begräbnisfeierlichkeit, deren Zeuge ich werden sollte. Es war ja sehr leicht möglich, daß vor mir noch niemals ein Europäer dem Begräbnisse eines der angesehensten Teufelsanbeter beigewohnt hatte. Ich saß an der Kante des Tales und blickte hinab, bis sich die Schatten der Nacht niedersenkten. Da leuchteten rundum die Wachtfeuer wieder auf, und zugleich wuchs über dem Heiligtume langsam eine Doppelpyramide von Lichtern empor, grad so wie am ersten Abend, den ich in Scheik Adi zugebracht hatte. Die beiden Türen des Grabmales wurden mit Lampen behangen.

»Komm!« ermunterte mich Ali Bey, der mit einigen Bevorzugten zu Pferde stieg.

Der Baschi-Bozuk blieb zurück. Halef begleitete uns. Wir ritten in das Tal hinab und langten vor dem Heiligtume an, welches vollständig erleuchtet worden war. Der Platz vor demselben wurde von einer doppelten Reihe bewaffneter Dscheside eingeschlossen, um jedem Türken den Zutritt zu versagen. Im Heiligtume selbst befand sich nur Mir Scheik Khan mit den Priestern; andern außer Ali Bey und mir war der Eintritt nicht gestattet. Im innern Hofe standen zwei eng nebeneinander gekoppelte Maultiere, die ein quer über ihre Rücken liegendes Gestell trugen, auf welchem die Urne befestigt war. Um diese beiden Tiere hatten die Priester einen Kreis gebildet. Sie begannen bei unserm Erscheinen in sehr langsamem Tempo einen monotonen Gesang, in welchem die Worte »dschan dedim – ich gebe meine Seele hin« sehr oft wiederkehrten. Nach demselben wurden die Maultiere mit Wasser aus dem heiligen Brunnen getränkt und erhielten einige handvoll Körner, um anzudeuten, daß der, den sie trugen, eine weite Reise vor sich habe. Nun machte der Mir Scheik Khan einige Zeichen mit der Hand, deren Bedeutung ich nicht verstand, und jetzt begann ein zweiter Gesang, leise und harmonisch. Er hatte vier Absätze, deren jeder mit den Worten: »Tu Chode dehabini, keif inim – du liebst Gott, genieße Ruhe« begann. Leider verstand ich zu wenig Kurdisch, um das Ganze begreifen und merken zu können.

Als dieser Gesang beendet war, gab der Khan ein Zeichen. Er stellte sich an die Spitze; zwei Scheiks nahmen die Maultiere am Zügel; ihnen folgten paarweise die andern Scheiks und Kawals, denen sich Ali Bey mit mir anschloß. Der Zug setzte sich in Bewegung und wurde, als er aus dem Heiligtume trat, von einer Salve der Wachehaltenden empfangen.

Sofort krachten auf den Höhen Hunderte von Schüssen, und aber Hunderte trugen die Botschaft, daß wir aufgebrochen seien, dem Tale Idiz entgegen.

Wir zogen langsam zur Höhe empor. Als wir den Weg nach dem Tale erreichten, bot sich uns ein zauberischer Anblick dar. Die Dschesidi hatten von Scheik Adi bis Idiz ein Spalier gebildet, dessen Doppelglieder ungefähr dreißig Schritte auseinander standen. Jeder dieser Männer trug eine Fackel und eine Flinte, und jedes dieser Glieder schloß sich unter Abfeuern der Gewehre hinter uns an. So bildete sich ein Zug, der mit jedem Augenblicke und mit jedem Schusse immer länger wurde. Das Licht der Fackeln schmückte den dunkeln Wald, welcher hier meist aus hohen Eichen bestand, mit unbeschreiblichen Tinten, und der Donner der Salven wurde von den dunkeln Gründen des tiefen Forstes ununterbrochen zurückgeworfen.

Wahrhaft überwältigend aber wurde das Schauspiel, als wir endlich das Tal erreichten. Dasselbe schien der mächtige Krater eines Vulkanes zu sein, in dessen Grunde riesige Flammen loderten, zwischen denen Tausende von Geistern mit Leuchten und Lichtern irrten. Ein mehrtausendstimmiger Ruf hieß uns willkommen und in der Zeit einiger Sekunden hatten sich sämtliche Lichter zu beiden Seiten der Talsohle geordnet. Der große, weite Kessel war förmlich tageshell erleuchtet. Das größte Licht aber verbreiteten zwei gigantische Feuer, deren Flammen, von riesigen Scheiterhaufen genährt, zu beiden Seiten der Felsenpyramide an der nackten Wand des Tales empor kletterten. Es überkam mich jenes »süße Grauen«, welches, wohltuend und niederbeugend zu gleicher Zeit, das Menschenherz ergreift, sobald etwas Erhabenes hereingreift in die Grenzen unserer kleinen, inneren Welt.

Wir zogen den Abhang hinunter, zwischen dem wallenden Meere der Fackeln hindurch, und hielten vor dem Denkmale. In der sonnenförmigen Aushöhlung desselben standen zwei Priester, deren weiße Gewänder von dem dunkeln Gestein lebhaft abstachen. Hoch oben hatten sich mehrere Männer postiert, welche die Seile hielten, an denen die Urne emporgezogen werden sollte.

Sobald die Maultiere vor der Pyramide anlangten, verstummten die Schüsse; es trat eine tiefe Stille ein. Die Urne wurde abgeladen und an die Seile befestigt. Ein anderes Seil, unten an die Urne gebunden, diente dazu, das zerbrechliche Gefäß von den Steinen abzuhalten. Der Mir Scheik Khan winkte, und die Seile wurden angezogen. Die Urne schwebte höher und höher und erreichte die Sonne. Die Priester griffen zu und zogen sie hinein. Sie wurde von ihnen aufgestellt, und dann hingen sie sich selbst an die Seile, um herabgelassen zu werden.

Nun gab der Khan das Zeichen, daß er sprechen wolle. Er hielt eine kurze Rede. Seine langsam, deutlich und sehr laut gesprochenen Worte klangen über das ganze Tal dahin, und obgleich ich die wenigsten derselben verstand, fühlte ich mich doch unter dem Eindrucke des außergewöhnlichen Vorganges tief ergriffen. Als er geendet hatte, begann der Chor der Priester einen freudigen Gesang, von welchem ich nur den Refrain der einzelnen Teile verstehen konnte: »Ro dehele – die Sonne geht auf.« Bei dem letzten Tone erhoben alle die Hände, und da krachte aus allen Gewehren eine Salve, wie ich eine solche noch nie gehört hatte.

Damit war die eigentliche Feierlichkeit beendet. Nun aber begann sich das Leben erst zu regen. Es gibt nichts, womit ich diese Nacht im Tale Idiz vergleichen könnte, diese Nacht der Flammen und Fackeln zwischen himmelan strebenden Felsen, diese Nacht der Fragen und Klagen unter den Verachteten und Geschmähten, diese Nacht unter den Bekennern einer Anbetungsform, deren Grundzug in der irre geleiteten und daher unbefriedigten Sehnsucht nach jenem Lichte besteht, das einst den drei Scheiks leuchtete, die, vielleicht aus dem nämlichen Lande, in dem ich mich jetzt befand, nach Bethlehem pilgerten, um vor der Krippe das Bekenntnis abzulegen: »Wir haben im Morgenlande seinen Stern gesehen und sind gekommen, ihn anzubeten.«

Ich saß bei den Priestern bis lange nach Mitternacht; dann erloschen die Fackeln, und die Feuer fielen zusammen. Nur die beiden Flammen am Denkmale brannten noch, als ich mich unter einem Baume in meinen Burnus wickelte, um den Schlaf zu suchen. Da oben stand die Urne mit den Gebeinen des »Heiligen«. Dieser »Merd-esch-Scheïtan« war der Unterrichtetste unter allen seinen Glaubensgenossen, und dennoch hatte er den rechten Weg zur Wahrheit nicht finden können.

Wie glücklich sind Jene zu preisen, deren Wiege bereits an diesem Wege steht, und doch wie schwer wird es ihnen oft, dieses Glück zu erkennen und zu schätzen! Ich schloß die Augen, und es gelang mir endlich, einzuschlafen; aber ich träumte von Fackelzügen und Salven, von Scheiterhaufen und Urnen, aus denen Gerippe stiegen, die mich, den Christen, mit Grinsen umtanzten. Sie wollten mich ergreifen; da aber erschien der Pir Kamek, wehrte sie von mir ab und sagte:

»Er hat ein heiliges Kitab, darinnen geschrieben steht: ›Oghuldschikler, sizi oranizde sewyn-iz – Kindlein, liebet euch ⁵ untereinander!‹« – – –

ZWEITES KAPITEL

Dojan.

Prester Johann, von Gottes und unseres Herrn Jesu Christi Gnaden König der Könige, an Alexios Komnenos, Statthalter zu Konstantinopel. Gesundheit und glückliches Ende.

Unsere Majestät hat in Erfahrung gebracht, daß du von unserer Herrlichkeit gehört hast und daß dir über unsere Größe Mitteilungen gemacht worden sind. Was wir zu wissen wünschen, ist, ob du mit uns am wahren Glauben hängst und in allen Dingen an unsern Herrn Jesum Christum glaubst.

Wenn du zu wissen wünschest die Größe und Herrlichkeit unserer Macht und welchen Umfang unsere Länder haben, so wisse und glaube, ohne zu zweifeln, daß wir sind Prester Johann, der Diener Gottes, daß wir an Reichtum alles unter dem Himmel und an Tugend und Macht alle Könige der Erde übertreffen. Siebenzig Könige sind uns zinspflichtig. Wir sind ein frommer Christ und beschützen und unterstützen mit Almosen jeden armen Christen, der sich in dem Bereiche unserer Gnade befindet. Wir haben ein Gelübde getan, das Grab unsers Herrn, wie es sich für den Ruhm unserer Majestät gebührt, mit einer großen Armee zu besuchen und gegen die Feinde des Kreuzes Christi Krieg zu führen, sie zu demütigen und seinen heiligen Namen zu erhöhen.

Unsere Herrlichkeit regiert über die drei Indien, und unsere Besitzungen gehen über das äußerste Indien hinaus, in welchem der Körper des heiligen Apostels Thomas ruht; von dort aus über die Wildnis, welche sich nach dem Aufgange der Sonne zu erstreckt, und geht rückwärts, nach Sonnenuntergang zu, bis Babylon, das verlassene, ja sogar bis zum Turme zu Babel.

Zweiundsiebenzig Provinzen gehorchen uns, von denen einige christliche Provinzen sind, und jede hat ihren eigenen König. Und alle ihre Könige sind uns zinspflichtig. In unsern Ländern werden Elefanten, Dromedare und Kamele gefunden, und fast alle Arten von Tieren, die es unter dem Himmel gibt. In unsern Ländern fließt Milch und Honig. In einem Teile unseres Staates kann kein Gift schaden; in einem andern wachsen alle Arten von Pfeffer; ein anderer ist so dicht mit Hainen versehen, daß er einem Walde gleicht, und er ist in allen Teilen voller Schlangen. Dort ist auch eine sandige See ohne Wasser. Drei Tagereisen von dieser See entfernt sind Gebirge, von denen Ströme von Steinen herabkommen. In der Nähe dieser Gebirge befindet sich eine Wüste zwischen unwirtbaren Hügeln. Unter diesen fließt ein unterirdischer Bach, zu dem kein Zugang ist, und dieser Bach fällt in einen größeren Fluß, in den Leute aus unsern Besitzungen hineingehen und Edelsteine in großem Ueberflusse darin finden. Ueber diesen Fluß hinaus wohnen zehn Stämme Juden, welche, obgleich sie behaupten, ihre eigenen Könige zu haben, dessen ungeachtet unsere Diener und uns zinspflichtig sind.

In einer andern unserer Provinzen, in der Nähe der heißen Zone, sind Würmer, welche in unserer Sprache Salamander genannt werden. Diese Würmer können nur im Feuer leben und machen ein Gehäuse um sich herum, wie die Seidenwürmer. Dieses Gehäuse wird von unsern Palastdamen fleißig gesponnen, und es gibt die Zeuge zu unsern Kleidern. Es kann aber nur im hellen Feuer gewaschen werden.

Vor unserer Armee werden dreizehn große Kreuze von Gold und Edelsteinen hergetragen; wenn wir aber ohne Staatsgefolge ausreiten, wird nur ein Kreuz, welches nicht mit Figuren, Gold und Juwelen geziert ist, damit wir immer unseres Herrn Jesu Christi eingedenk seien, und eine mit Gold gefüllte Silbervase, damit alle Leute wissen, daß wir der König der Könige sind, vor uns hergetragen.

Alljährlich besuchen wir den Leib des heiligen Daniel, welcher in Babylon in der Wüste ist. Unser Palast ist von Ebenholz und von Schittimholz und kann vom Feuer nicht beschädigt werden. An jedem Ende seines Daches sind zwei goldene Aepfel, und in jedem Apfel zwei Karfunkel, damit das Gold bei Tage scheinen und die Karfunkel bei Nacht leuchten mögen. Die größeren Tore sind von mit Horn gemischtem Sardonyx, damit niemand mit Gift eintreten könne; die kleineren sind von Ebenholz. Die Fenster aber sind von Kristall. Die Tische sind von Gold und Amethyst, und die Säulen, welche sie tragen, von Elfenbein. Das Zimmer, in welchem wir schlafen, ist ein wundervolles Meisterstück aus Gold, Silber und jeder Art von Edelsteinen. In ihm brennt beständig Weihrauch. Unser Bett ist von Saphir. Wir haben die schönsten Frauen. Täglich unterhalten wir dreißigtausend Menschen, außer den gelegentlichen Gästen. Und alle diese beziehen täglich Summen aus unserer Kämmerei zur Unterhaltung ihrer Pferde und zu anderweitiger Verwendung. Während jedes Monats werden wir von sieben Königen (von jedem der Reihe nach), von fünfundsechzig Herzogen und von dreihundertfünfundsechzig Grafen bedient. In unserem Saale speisen täglich zu unserer Rechten zwölf Erzbischöfe und zu unserer Linken zwanzig Bischöfe, außerdem noch der Patriarch von Sankt Thomas, der Protopapas von Salmas und der Archiprotopapas von Susa, in welcher Stadt der Thron unseres Ruhmes und unser kaiserlicher Palast sich befindet. Aebte, der Zahl nach mit den Tagen des Jahres im Einklange, verwalten das geistliche Amt vor uns in unserer Kapelle. Unser Mundschenk ist ein Primas und König; unser Haushofmeister ist ein Erzbischof und ein König; unser Kammerherr ist ein Bischof und ein König; unser Marschall ist ein Archimandrit und ein König; und unser Küchenmeister ist ein Abt und ein König; wir aber nehmen einen niedrigeren Rang und einen demütigeren Namen an, auf daß wir unsere große Demut zeigen.«

So lautet im Auszuge ein Brief, den der berühmte, aber geschichtlich vielleicht doch fragliche Tatarenkönig Presbyter Johann an den griechischen Kaiser geschrieben hat oder doch geschrieben haben soll. Mag der Brief untergeschoben sein oder nicht, er enthält neben verschiedenen belustigenden Merkwürdigkeiten, die ihren Grund in den falschen Anschauungen früherer Jahrhunderte haben, doch auch Tatsachen und Einzelheiten, welche von Marco Polo, Sir John Mandeville und andern Reisenden oder Forschern bestätigt worden sind, und ich wurde lebhaft an ihn erinnert, als ich jetzt auf der östlichen Höhe von Scheik Adi hielt und einen Blick nach Morgen richtete, wo sich die Berge von Surgh, Zibar, Haïr, Tura Ghara, Baz, Dschelu, Tkhoma, Karitha und Tijari erhoben.

In den Tälern, welche zwischen ihnen liegen, wohnen die letzten jener christlichen Sektierer, denen dieser Tatarenkönig angehörte. Zu seiner Zeit waren sie mächtig und einflußreich; die Sitze ihrer Metropolitanen lagen über den ganzen asiatischen Kontinent zerstreut, von den Küsten des kaspischen Meeres bis zu den chinesischen Seen und von den allernördlichsten Grenzen Skythiens bis zum äußersten südlichen Ende der indischen Halbinsel. Sie waren die Ratgeber Mohammeds und seiner Nachfolger. Die christlichen Anklänge des Kuran sind meist ihren Büchern und Lehren entnommen. Aber mit dem Falle der Kalifen brach auch ihre Macht zusammen, und zwar mit reißender Schnelligkeit; denn ihre innere, geistliche Konstitution entbehrte der göttlichen Reinheit, welche die Kraft eines unbesiegbaren Widerstandes verleiht. Bereits unter der Regierung des Kassan, der ein Sohn des Arghun und ein Enkel des berühmten Eroberers von Baghdad, Hulaku Khan, war, begannen die Verfolgungen gegen sie. Dann aber brach der große Tamerlan unbarmherzig über sie herein. Mit unersättlicher Wut verfolgte er sie, zerstörte ihre Kirchen und brachte alle, denen es nicht gelang, in die unzugänglichen Berge Kurdistans zu entkommen, mit dem Schwerte um. Die Urenkel dieser Entkommenen leben noch heute an Plätzen, die Festungen verglichen werden können. Sie, die Ueberreste des einst so mächtigen assyrischen Volkes, sehen allzeit das Schwert der Türken und den Dolch der Kurden über sich schweben und haben in neuerer Zeit Grausamkeiten zu ertragen gehabt, bei deren Erzählung sich die Haare sträuben. Einen großen Teil der Schuld daran haben jedenfalls jene überseeischen Missionare zu tragen, die ihren Schul- und Bethäusern das Ansehen von Fortifikationen gaben und dadurch das Mißtrauen der dortigen Machthaber erweckten. Damit und durch ähnliche Unvorsichtigkeiten haben sie sowohl ihrem Werke als auch den Anhängern desselben gleich großen Schaden bereitet.

Auf meinem Ritt nach Amadijah kam ich voraussichtlich auch in Ortschaften, die von diesen chaldäischen Christen bewohnt wurden; Grund genug, an jenen Brief zu denken, der ihre

Vergangenheit am lebhaftesten illustriert. Einst Minister und Berater von Fürsten und Kalifen, sind sie jetzt, soweit sie nicht unter dem Schutz und Schirm und Einfluß Anderer stehen, so ohne alle innere und äußere Kraft, daß Männer wie der berüchtigte Beder Khan Bey und sein Verbündeter Abd el Summit Bey die fürchterlichsten Metzeleien unter ihnen anrichten konnten, ohne den geringsten Widerstand zu finden. Und doch hätte das schwer zugängliche Terrain, das sie bewohnen, ihnen die erfolgreichste Verteidigung an die Hand gegeben.

Wie ungleich männlicher hatten sich dagegen die Dschesidi verhalten!

Nach jener Flammennacht im Tale Idiz war Ali Bey nach Dscherraijah geritten, scheinbar nur von zehn Männern begleitet. Aber noch vor seinem Aufbruche hatte er eine hinreichende Anzahl von Kriegern in die Nähe von Bozan vorausgesandt.

Der Mutessarif war wirklich mit einer gleich großen Begleitung eingetroffen, aber Ali Bey hatte durch seine Kundschafter erfahren, daß zwischen Scio Khan und Ras ul Aïn eine beträchtliche Truppenmacht zusammengezogen worden sei, um noch desselben Tages nach Scheik Adi vorzugehen. Auf diese Kunde hin hatte er den Mutessarif einfach einschließen lassen und zum Gefangenen gemacht. Um seine Freiheit wieder zu erhalten, hatte dieser sich nun gezwungen gesehen, alle hinterlistigen Pläne aufzugeben und auf die friedlichen Vorschläge des Bey einzugehen.

Die Folge davon war, daß das unterbrochene Fest der Dschesidi wieder aufgenommen und mit einem Jubel begangen wurde, dessen Zeuge Scheik Adi wohl noch nie gewesen war.

Nach Ablauf dieser Feste wollte ich nach Amadijah aufbrechen, erfuhr aber, daß Mohammed Emin sich in den Bergen von Kaloni den Fuß vertreten hatte, und so war ich gezwungen, drei Wochen lang seine Wiederherstellung abzuwarten. Indes ging mir diese Zeit nicht ungenützt vorüber, da sie mir die höchst willkommene Gelegenheit bot, mich mit dem Kurdischen vertrauter als bisher zu machen.

Endlich benachrichtigte mich der Haddedihn durch einen Boten, daß er zum Aufbruche bereit sei, und so hatte ich mich in aller Frühe aufgemacht, um ihn bei dem Häuptlinge der Badinankurden abzuholen. Mein Abschied von den Dschesidi war ein herzlicher, und ich mußte versprechen, auf der Rückkehr noch einige Tage bei ihnen zu verweilen. Zwar hatte ich mir jede Begleitung verbeten, aber Ali Bey ließ es sich nicht nehmen, mich wenigstens zu den Badinan zu bringen, um auch Mohammed Emin Lebewohl sagen zu können.

Jetzt also hielten wir auf der östlichen Höhe von Scheik Adi und ließen die Ereignisse der letzten Wochen an uns vorüberfliegen. Was werden die nächsten Tage bringen? Je weiter nach Nordost hinauf, desto wilder werden die Bergvölker, die keinen Ackerbau kennen und nur von Raub und Viehzucht leben. Ali Bey mochte mir diesen Gedanken von der Stirn ablesen.

»Emir, du gehst beschwerliche und gefährliche Wege,« meinte er. »Wie weit hinauf willst du in die Berge?«

»Zunächst nur bis nach Amadijah.«

»Du wirst noch weiter müssen.«

»Warum?«

»Dein Werk in Amadijah mag gelingen oder nicht, so bleibt die Flucht dein Los. Man kennt den Weg, welchen der Sohn Mohammed Emins einzuschlagen hat, um zu seinen Haddedihn zu gelangen, und man wird ihm denselben verlegen. Wie willst du dann reiten?«

»Ich werde mich nach den Umständen zu richten haben. Wir könnten nach Süden gehen und auf dem Zab Ala oder zu Pferde längs des Akra-Flusses entkommen. Wir könnten auch nach Norden gehen, über die Berge von Tijari und den Maranan-Dagh, und dann den Khabur und den Tigris überschreiten, um durch die Salzwüste nach dem Sindschar zu kommen.«

»In diesen Fällen aber werden wir dich niemals wiedersehen!«

»Gott lenkt die Gedanken und Schritte des Menschen; ihm sei alles anheimgestellt!«

Wir ritten weiter. Halef und der Baschi-Bozuk folgten uns. Mein Rappe hatte sich weidlich ausruhen können. Er hatte früher nur Balahat-Datteln gefressen und sich jetzt an anderes Futter gewöhnen müssen, war mir aber doch fast ein wenig zu fleischig geworden und zeigte einen Ueberfluß an Kräften, so daß ich ihn derb zwischen die Schenkel nehmen mußte. Ich war übrigens halb neugierig und halb besorgt, wie er sich bewähren werde, wenn es gälte, die Schneeberge Kurdistans zu überwinden.

Wir langten bald bei den Badinan an und wurden von ihnen mit gastlicher Fröhlichkeit empfangen. Mohammed Emin war reisefertig, und nachdem wir noch ein Stündchen geplaudert, geschmaust und geraucht hatten, brachen wir auf. Ali Bey gab uns allen, und mir zuletzt, die Hand. Im Auge stand ihm eine Träne.

»Emir, glaubst du, daß ich dich lieb habe?« fragte er bewegt.

»Ich weiß es; aber auch ich scheide in Wehmut von dir, den meine Seele lieb gewonnen hat.«

»Du gehst von hinnen, und ich bleibe; aber meine Gedanken werden dich begleiten, meine Wünsche werden weilen in den Spuren deiner Füße. Du hast Abschied genommen von dem Mir Scheik Khan, aber er hat mir seinen Segen mit gegeben, daß ich ihn im Augenblicke des Scheidens auf dein Haupt legen soll. Gott sei mit dir und bleibe bei dir zu aller Zeit und auf allen Wegen; sein Zorn treffe deine Feinde, und seine Gnade erleuchte deine Freunde! Du gehst großen Gefahren entgegen, und der Mir Scheik Khan hat dir seinen Schutz versprochen. Er sendet dir diesen Melek Ta-us, damit er dir als Talisman diene. Ich weiß, du hältst diesen Vogel nicht für ein Götzenbild, sondern für ein Zeichen, an welchem du als unser Freund erkannt wirst. Jeder Dschesidi, welchem du diesen Ta-us zeigest, wird für dich sein Gut und sein Leben opfern. Nimm diese Gabe, aber vertraue sie keinem andern an, denn sie ist für dich allein bestimmt! Und nun lebe wohl, und vergiß nie diejenigen, welche dich lieben!«

Er umarmte mich, stieg dann schnell auf sein Pferd und ritt, ohne sich umzusehen, von dannen. Es war mir, als sei ein Stück meines Herzens mit ihm davon gegangen. Es war ein großes, ein sehr großes Geschenk, das mir der Mir Scheik Khan durch ihn gemacht hatte. Wie viel ist über das Vorhandensein eines Melek Ta-us gestritten worden! Und hier hatte ich dieses rätselhafte Zeichen in meiner eignen Hand. Es war ein ganz ungewöhnliches Vertrauen, dessen mich der Khan würdigte, und es verstand sich ganz von selbst, daß ich mich der Figur nur im äußersten Notfalle bedienen würde.

Sie war aus Kupfer und stellte einen Vogel dar, der seine Schwingen zum Fluge entfaltete, und auf dem unteren Teile zeigte sich das Kurmangdschi-Wort »Hemdscher«, d. i. Freund oder Genosse, eingegraben. Eine seidene Schnur diente dazu, sie um den Hals zu befestigen.

Die Badinan wollten uns eine Strecke weit das Geleit geben; ich mußte es gestatten, machte aber die Bedingung, daß sie bei ihrem Dorfe Kalahoni umkehren sollten. Dieses liegt vier Stunden von Scheik Adi entfernt. Seine Häuser waren fast ausnahmslos aus Stein gebaut und hingen wie riesige Vogelnester zwischen den Weingärten hoch über dem Flußbette des Gomel. Sie erhielten ein sehr durables Aussehen durch die riesigen Steinblöcke, welche als Oberschwellen der Türen und als Ecken des Gebäudes dienten.

Hier wurde Ade gesagt, dann ritten wir zu vieren weiter.

Auf einem sehr steilen Wege, der unsern Tieren große Beschwerden bereitete, erreichten wir das kleine Dörfchen Bebozi, das auf dem Gipfel einer bedeutenden Höhe liegt. Es gibt hier eine katholische Kirche, denn die Einwohner gehören zu den Chaldäern, die bekehrt worden sind. Wir wurden von ihnen sehr freundlich aufgenommen und erhielten unentgeltlich Trank und Speise. Sie wollten mir einen Führer mitgeben; da ich dies aber ablehnte, so wurde mir der Weg zum nächsten Orte so genau beschrieben, daß wir ihn gar nicht verfehlen konnten.

Er führte uns zunächst längs der Höhe hin durch einen Wald von Zwergeichen und stieg dann in das Tal hinab, in welchem Cheloki liegt. In diesem Orte machten wir einen kurzen Halt, und ich nahm den Baschi-Bozuk vor:

»Buluk Emini, höre, was ich dir sage!«

»Ich höre es, Emir!«

»Der Mutessarif von Mossul hat dir den Befehl gegeben, für alles zu sorgen, was ich brauchen werde. Du hast mir bisher noch keinen Nutzen gebracht; von heute an aber wirst du deines Amtes warten.«

»Was soll ich tun, Effendi?«

»Wir werden diese Nacht in Spandareh bleiben. Du reitest voraus und trägst Sorge, daß bei meiner Ankunft alles für mich bereitet ist. Hast du mich verstanden?«

5 »Sehr gut, Emir!« antwortete er mit amtlicher Würde. »Ich werde eilen, und wenn du kommst, wird dich das ganze Dorf mit Jubel empfangen.«

Er stieß seinem Esel die Fersen in die Seiten und trollte von dannen.

10 Von Cheloki bis hinüber nach Spandareh ist nicht weit, aber doch brach die Nacht bereits herein, als wir dieses große Kurdendorf erreichten. Es hat seinen Namen von der großen Anzahl von Pappeln, die dort vorkommen; denn Spidar, Spindar und auch Spandar heißt im Kurmangdschi die Weißpappel. Wir 15 fragten nach der Wohnung des Kiajah, erhielten aber statt einer Antwort nur grimmige Blicke.

Ich hatte meine Frage türkisch ausgesprochen; jetzt wiederholte ich sie kurdisch, indem ich nach dem Malkoegund, welches Dorfältester bedeutet, fragte. Dies machte die Leute augenblick-20 lich willfähriger. Wir wurden vor ein größeres Haus geführt, wo wir abstiegen und eintraten. In einem der Räume wurde ein sehr lautes Gespräch geführt, das wir sehr deutlich hören konnten. Ich blieb stehen und horchte.

»Wer bist du, du Hund, du Feigling?« rief eine zornige Stim-25 me. »Ein Baschi-Bozuk bist du, der auf einem Esel reitet. Das ist für dich eine Ehre, für den Esel aber eine Schande; denn er trägt einen Kerl, der dümmer ist, als er. Und du kommst herbei, mich hier zu vertreiben!«

»Wer bist denn du, he?« antwortete die Stimme meines tap-30 fern Ifra. »Du bist ein Arnaute, ein Gurgelabschneider, ein Spitzbube! Dein Maul sieht aus wie das Maul eines Frosches; deine Augen sind Krötenaugen; deine Nase gleicht einer Gurke, und deine Stimme klingt wie das Schreien einer Wachtel! Ich bin ein Buluk Emini des Großherrn; was aber bist denn du? Ein Kha-35 waß, ein einfacher Khawaß, weiter nichts.«

»Mensch, ich drehe dir das Gesicht auf den Rücken, wenn du nicht schweigest! Was geht dich meine Nase an? Du hast gar keine! Du sagst, dein Gebieter sei ein sehr großer Effendi, ein Emir, ein Scheik des Abendlandes? Man darf nur dich betrachten, dann weiß man, wer er ist! Und du kommst, mich hier fortzujagen?«

»Und wer ist denn dein Gebieter? Auch ein großer Effendi aus dem Abendlande, sagst du? Ich aber sage dir, daß es im ganzen Abendlande nur einen einzigen großen Effendi gibt, und das ist mein Herr. Merke dir das!«

»Höre,« begann eine dritte Stimme sehr ernst und ruhig; »ihr habt mir zwei Effendi angemeldet. Der eine hat eine Schrift vom Onsul[1] der Franken, die vom Mutessarif unterzeichnet worden ist; das gilt. Der andere aber ist im Giölgeda padischahnün; er hat Schriften vom Onsul, vom Großherrn, vom Mutessarif und hat auch das Recht auf den Disch-parassi; das gilt noch mehr. Dieser letztere wird hier bei mir wohnen; für den anderen aber werde ich eine Schlafstätte in einem andern Hause bereiten lassen. Der eine wird alles umsonst erhalten; der andere aber wird alles bezahlen.«

»Das leide ich nicht!« klang die Stimme des Arnauten. »Was dem einen geschieht, das wird dem andern auch geschehen!«

»Höre, ich bin hier Nezanum[2] und Gebieter; was ich sage, das gilt, und kein Fremder hat mir Vorschriften zu machen. Söjledim – ich habe gesprochen!«

Jetzt öffnete ich die Tür und trat mit Mohammed Emin ein.

»Ivari 'l kher – guten Abend!« grüßte ich. »Du bist der Herr von Spandareh?«

»Ich bin es,« antwortete der Dorfälteste.

Ich deutete auf den Buluk Emini.

»Dieser Mann ist mein Diener. Ich habe ihn zu dir gesandt, um mir deine Gastfreundschaft zu erbitten. Was hast du beschlossen?«

»Du bist der, welcher unter dem Schutze des Großherrn steht und das Anrecht auf den Disch-parassi hat?«

»Ich bin es.«

1 Konsul.
2 Vorsteher.

»Und dieser Mann ist dein Begleiter?«

»Mein Freund und Gefährte.«

»Habt ihr viele Leute bei euch?«

»Diesen Buluk Emini und noch einen Diener.«

»Ser sere men at – Ihr seid mir willkommen!« Er erhob sich von seinem Sitze und reichte uns die Hand entgegen. »Setzt euch nieder an mein Feuer, und laßt es euch in meinem Hause gefallen! Ihr sollt ein Zimmer bekommen, wie es euer würdig ist. Wie hoch schätzest du deinen Disch-parassi?«

»Für uns beide und den Diener sei er dir geschenkt, aber diesem Baschi-Bozuk wirst du fünf Piaster[1] geben. Er ist der Beauftragte des Mutessarif, und ich habe nicht das Recht, ihm das Seinige zu entziehen.«

»Herr, du bist nachsichtig und gütig; ich danke dir. Es soll dir nichts mangeln an dem, was zu deinem Wohle gehört. Doch erlaube, daß ich mich eine kleine Weile mit diesem Khawassen entferne!«

Er meinte den Arnauten. Dieser hatte uns sehr finster zugehört; jetzt nun zürnte er:

»Ich gehe nicht fort; ich verlange das gleiche Recht für meinen Herrn!«

»So bleibe!« meinte der Nezanum einfach. »Wenn aber dein Gebieter keine Wohnung findet, so ist es deine Schuld.«

»Was sind diese beiden Männer, welche sagen, daß sie unter dem Schutze des Großherrn stehen? Araber sind es, welche in der Wüste rauben und stehlen und hier in den Bergen die Herren spielen – – – «

»Hadschi Halef!« rief ich laut.

Der kleine Diener trat ein.

»Halef, dieser Khawaß wagt es, uns zu schmähen; wenn er noch ein einziges Wort sagt, welches mir nicht gefällt, so gebe ich ihn in deine Hand!«

Der Arnaut, der bis unter die Zähne bewaffnet war, blickte mit offenbarer Verachtung auf Halef herab.

»Vor diesem Zwerge soll ich mich fürchten, ich, der ich – «

1 Eine Mark.

Er konnte nicht weiter sprechen, denn er lag bereits am Boden, und mein kleiner Hadschi kniete über ihm, in der Rechten den Dolch zückend und die Linke um seinen Hals klammernd.

»Soll ich, Sihdi?«

»Es ist einstweilen genug; aber sage ihm, daß er verloren ist, wenn er noch eine feindselige Miene macht!«

Halef ließ ihn los, und er erhob sich. Seine Augen blitzten in zorniger Tücke, aber er wagte doch nichts zu unternehmen.

»Komm!« gebot er dem Dorfältesten.

»Du willst dir die Wohnung anweisen lassen?« fragte dieser.

»Ja, einstweilen. Wenn aber mein Herr angekommen ist, dann werde ich ihn herbeisenden, und es wird sich entscheiden, wer in deinem Hause schläft. Er wird auch richten zwischen mir und diesem Diener der beiden Araber!«

Sie gingen miteinander fort. Während der Abwesenheit des Nezanum leistete uns einer seiner Söhne Gesellschaft, und bald wurde uns gesagt, daß der Ort, an dem wir schlafen sollten, für uns bereitet sei.

Wir wurden in ein Gemach geführt, in welchem mittels Teppichen zwei weiche Lager bereitet waren; in der Mitte desselben aber hatte man das Abendessen serviert. Diese Schnelligkeit und das ganze Arrangement ließen vermuten, daß der Dorfälteste nicht zu den armen Bewohnern des Ortes zählte. Sein Sohn saß bei uns, nahm aber nicht teil am Mahle; es war dies eine Respektserweisung, auf welche wir uns etwas einbilden konnten. Die Frau und eine Tochter des Vorstehers bedienten uns.

Zunächst wurde uns Scherbet gereicht. Wir tranken ihn aus sehr hübschen Findschani ferfuri,[1] hier in Kurdistan eine sehr große Seltenheit. Dann erhielten wir Valquapamasi, Weizenbrot in Honig gebraten, wozu der dazu gebotene Findika[2] allerdings nicht recht passen wollte. Nun folgte ein junger Bizihn[3] mit Reisklößen, die in seiner Brühe schwammen, dazu

---

1 Porzellanschalen.
2 Salat aus zarten Pistazienblättern.
3 Ziegenbraten.

Bera asch,[1] die ihrem Namen vollständig entsprachen. Zwei kleine Braten, welche die Fortsetzung bildeten, kamen mir recht appetitlich vor. Sie waren recht schön »knusperig« gebräunt; ich hielt sie unbedingt für Tauben. Sie waren wirklich delikat, hatten aber doch einen Geschmack, der mir etwas fremd erschien.

»Ist dies Kewuk?«[2] fragte ich den jungen Mann.

»Nein. Es ist Bartschemik,«[3] antwortete er.

Hm! Eine recht hübsche gastronomische Ueberraschung! Jetzt trat der Vorsteher herein. Auf meine Einladung setzte er sich zu uns nieder und nahm teil an dem Mahle, in dessen ganzem Verlaufe auf einer blechernen Platte duftendes Mastix brannte. Jetzt, da der Hausherr zugegen war, wurde die Hauptschüssel aufgetragen. Sie enthielt Quapameh, Hammelbraten in saurer Sahne gebacken, und dazu wurde Reis gegeben, der mit Zwiebeln abgesotten war. Als wir zur Genüge davon gekostet hatten, winkte der Vorsteher. Man brachte eine zugedeckte Schüssel, die er mit sehr wichtiger Miene in Empfang nahm.

»Rate, was das ist!« bat er mich.

»Zeige es!«

»Das ist ein Gericht, welches du nicht kennst. Es ist nur in Kurdistan zu haben, wo es starke und mutige Männer gibt.«

»Du machst mich neugierig!«

»Wer es genießt, dessen Kräfte verdoppeln sich, und er fürchtet sich vor keinem Feinde mehr. Rieche einmal!«

Er öffnete den Deckel ein wenig und ließ mich den Duft kosten.

»Diesen Braten gibt es nur in Kurdistan?« fragte ich.

»Ja.«

»Du irrst; denn ich habe dasselbe Fleisch bereits sehr viele Male gegessen.«

»Wo?«

---

1 Wörtlich: Mühlsteine. Ein hohes, festes Gebäck in der runden Form der Mühlsteine.
2 Taube.
3 Fledermaus.

»Bei den Urus und den andern Völkern, besonders aber in einem Lande, das Amerika genannt wird. Dort wächst das Tier viel größer und ist auch viel wilder und gefährlicher, als bei euch.«

»Du bist es, der sich irrt; denn nur hier in Kurdistan lebt dieses Tier.«

»Ich bin noch nie in Kurdistan gewesen und erkenne dieses Fleisch doch bereits am Geruche; also muß ich es auch schon in andern Ländern gegessen haben.«

»Was ist es für ein Tier?«

»Es ist Bär. Habe ich recht?«

»Ja wirklich, du kennst es!« rief er erstaunt.

»Ich kenne es noch besser als du meinst. Ich habe noch nicht in diese Schüssel geblickt und wette dennoch mit dir, daß das Fleisch die Tatze vom Bären ist!«

»Du hast es erraten! Nimm, und iß!«

Nun ging es an das Erzählen von Jagdgeschichten. Der Bär ist in Kurdistan allerdings sehr häufig anzutreffen, aber bei weitem nicht so gefährlich, wie der große graue Petz von Nordamerika. Zu den gedämpften Bärentatzen gab es ein dickes Mus von gedörrten Birnen und Pflaumen, dem ein gepanzertes Gericht folgte, nämlich gesottene Krebse, zu denen eine Zuspeise gereicht wurde, die mir sehr kompliziert erschien. Ich erlaubte mir, mich zu erkundigen, und die Frau des Vorstehers gab mir bereitwillig Auskunft:

»Nimm Kürbisse und koche sie zu Brei,« meinte sie. »Tue Zucker und Butter dazu, rühre klaren Käse und geschnittenen Knoblauch hinein und füge zerdrückte Maulbeeren und weich gequollene Kerne von Sonnenblumen hinzu. Dann hast du diese Speise, welcher keine andere gleichkommt!«

Ich kostete diese unvergleichliche Mischung von Kürbis und Sonnenblume, Käse und Zucker, Butter, Maulbeeren und Knoblauch und fand, daß der Geschmack derselben nicht so schlimm war, wie der Klang der Ingredienzien. Den Schluß des Mahles bildeten getrocknete Aepfel und Weintrauben, zu denen ein Schluck Raki getrunken wurde. Dann kamen die Tabakspfeifen zu ihrem Rechte.

Während wir den starken, rauhen und nur wenig fermentierten Tabak von Kelekowa in Brand steckten, ließ sich unten ein lautes Gespräch vernehmen. Der Vorsteher ging hinaus, um nach der Veranlassung desselben zu sehen, und da er den Eingang offen ließ, konnten wir jedes Wort vernehmen.

»Wer ist da?« fragte er.

»Was will er?« hörte ich eine andere Stimme in englischer Sprache fragen.

»Er fragt, wer da ist,« antwortete ein dritter, gleichfalls englisch.

»Was heißt türkisch: ich?«

»Ben.«

»*Well!* Ben!!!« rief es dann zum Wirte herauf.

»Ben?« fragte dieser. »Wie ist dein Name?«

»Was will er?« fragte dieselbe klappernde Stimme, die mir so außerordentlich bekannt war, daß ich vor Verwunderung über die Anwesenheit dieses Mannes aufgesprungen war.

»Er fragt, wie Sie heißen.«

»Sir David Lindsay!« rief er herauf.

Im nächsten Augenblicke stand ich unten neben ihm im Flur. Ja, da lehnte er vor mir, beleuchtet vom Feuer des Herdes. Das war der hohe, graue Zylinderhut, der lange dünne Kopf, der breite Mund, die Sierra-Morena-Nase, der bloße, dürre Hals, der breite Hemdkragen, der graukarierte Schlips, die graukarierte Weste, der graukarierte Rock, die graukarierte Hose, die graukarierten Gamaschen und die staubgrauen Stiefel. Und wahrhaftig, da in der Rechten trug er die berühmte Hacke, welche die edle Bestimmung hatte, Fowling-bulls und andere Altertümer zu insultieren!

»Master Lindsay!« rief ich aus.

»*Well!* Ah, wer sein? Oh – ah – Ihr seid es?!«

Er riß die Augen auf und den Mund noch viel mehr und staunte mich mit den genannten Organen wie einen Menschen an, der vom Tode erstanden ist.

»Wie kommt Ihr nach Spandareh, Sir?« fragte ich, beinahe ebenso erstaunt, wie er.

»Ich? *Well!* Geritten!«

»Natürlich! Aber was sucht Ihr hier?«

»Ich? Oh! Hm! Euch und Fowling-bulls!«

»Mich?«

»*Yes!* Werde erzählen. Vorher aber zanken!«

»Mit wem?«

»Mit Mayor, mit Bürgermeister vom Dorf. Schauderhafter Kerl!«

»Warum?«

»Will nicht haben Englishman, will haben Araber! Miserabel! Wo ist Kerl, he?!«

»Hier steht er,« antwortete ich, auf den Aeltesten zeigend, der unterdessen herbeigetreten war.

»Ihm zanken, räsonnieren!« gebot Lindsay dem Dolmetscher, welcher neben ihm stand. »Mach Quarrel, mach Scold, sehr laut, viel!«

»Erlaubt, Sir, daß ich dies übernehme,« meinte ich. »Die beiden Araber, über welche Ihr Euch ärgert, werden Euch nicht im Wege sein. Sie sind Eure besten Freunde.«

»Ah! Wo sind?«

»Der eine bin ich, und der andere ist Mohammed Emin.«

»Moh – – – ah! Emin – – ah! Wo ist?«

»Droben. Kommt mit herauf!«

»*Well!* Ah, ganz außerordentlich, immense, unbegreiflich!«

Ich schob ihn ohne Umstände die schmale Stiege empor und wies sowohl den Dolmetscher als auch den Arnauten, die uns folgen wollten, zurück. Bei den kurdischen Damen erregte das Erscheinen der langen, graukarierten Gestalt ein gelindes Entsetzen; sie zogen sich in die entfernteste Ecke zurück. Mohammed Emin aber, der sonst so ernsthafte Mann, lachte laut, als er den dunklen Krater erblickte, den der offene Mund des erstaunten Engländers bildete.

»Ah! *Good day,* Master Mohammed! *How do you do* – wie befinden Sie sich?«

»Maschallah! Wie kommt der Inglis hierher?« fragte dieser.

»Wir werden es erfahren.«

»Kennst du diesen Mann?« fragte mich der Herr des Hauses.

»Ich kenne ihn. Er ist derselbe Fremdling, welcher seinen Khawaß vorhin sandte, um bei dir zu bleiben. Er ist mein Freund. Hast du eine Wohnung für ihn besorgt?«

»Wenn er dein Freund ist, so soll er in meinem Hause bleiben,« lautete die Antwort.

»Hast du Raum für so viele Leute?«

»Für Gäste, welche willkommen sind, ist immer Raum vorhanden. Er mag Platz nehmen und ein Mahl genießen!«

»Setzt euch, Sir,« sagte ich also zu Lindsay, »und laßt uns wissen, was Euch auf den Gedanken gebracht hat, die Weidegründe der Haddedihn zu verlassen und nach Spandareh zu kommen!«

»*Well!* Aber erst versorgen.«

»Was?«

»Diener.«

»Die mögen für sich selbst sorgen, denn dazu sind sie da.«

»Pferde.«

»Die werden von den Dienern versorgt. Also, Master?«

»Hm! War *tedious,* fürchterlich langweilig!«

»Habt Ihr nicht gegraben?«

»Viel, sehr viel.«

»Und etwas gefunden?«

»*Nothing,* nichts, gar nichts! Fürchterlich!«

»Weiter!«

»Sehnsucht, schreckliche Sehnsucht!«

»Wonach?«

»Hm! Euch, Sir!«

Ich lachte.

»Also aus Sehnsucht nach mir!«

»*Well, very well, yes!* Fowling-bulls nicht finden, Ihr nicht da – ich fort.«

»Aber, Sir, wir hatten doch bestimmt, daß Ihr bis nach unserer Rückkehr bleiben solltet!«

»Keine Geduld, nicht aushalten!«

»Es gab doch Unterhaltung genug!«

»Mit Arabern? Pshaw! Mich nicht verstehen!«

»Ihr hattet einen Dolmetscher!«

»Fort, weg, ausgerissen.«

»Ah! Der Grieche, dieser Kolettis ist entflohen? Er war doch verwundet!«

»Loch im Bein, wieder gewachsen. Halunke frühmorgens weg!«

»Dann allerdings konntet Ihr Euch nicht gut verständlich machen. Wie aber habt Ihr mich gefunden?«

»Wußte, daß Ihr nach Amadijah wolltet. Ging nach Mossul. Konsul gab Paß; Gouverneur unterschrieb Paß, gab Dolmetscher mit und Khawaß. Ging nach Dohuk.«

»Nach Dohuk? Warum diesen Umweg?«

»War Krieg mit Teufelsmännern; konnte nicht durch. Von Dohuk nach Duliah und von Duliah nach Mungayschi. Dann hierher. *Well!* Euch finden. Sehr gut, prachtvoll!«

»Aber nun?«

»Zusammenbleiben, Abenteuer machen, ausgraben! Fowlingbulls schicken, Traveller-Klub, London, *yes!*«

»Schön, Master Lindsay! Aber wir haben jetzt andere Dinge zu tun.«

»Was?«

»Ihr kennt doch den Grund, welcher uns nach Amadijah führt!«

»Kenne ihn. Schöner Grund, tapferer Grund, Abenteuer! Master Amad el Ghandur holen. Werde ihn mitholen!«

»Ich glaube, daß Ihr uns nicht viel Nutzen bringen würdet.«

»Nicht! Warum?«

»Ihr versteht ja nur englisch.«

»Habe Dolmetscher!«

»Wollt Ihr ihn mit in das Geheimnis ziehen? Oder habt Ihr vielleicht gar bereits davon gesprochen?«

»Kein Wort!«

»Das ist gut, Sir, sonst wären wir ungemein gefährdet. Ich muß Euch offen gestehen, daß ich gewünscht habe, Euch erst später wiederzusehen.«

»Ihr? Mich? *Well,* ab! Habe geglaubt, daß Ihr Freund von mir! Das aber nicht, folglich ab! Reise nach – nach – nach – – – «

»Ins Pfefferland, sonst nirgends wo anders hin! Es versteht sich ganz von selbst, daß Ihr mein Freund seid, und ebenso bin ich der Eurige; aber Ihr müßt doch einsehen, daß Ihr uns Schaden bringt!«

»Schaden? Warum?«

»Ihr fallt zu sehr auf!«

»*Well,* nicht mehr auffallen! Was muß ich tun?«

»Hm, das ist eine höchst unangenehme Affaire! Zurückschikken kann ich Euch nicht; hier lassen kann ich Euch nicht; ich muß Euch mitnehmen; wahrhaftig, es geht nicht anders!«

»Schön, sehr schön!«

»Aber Ihr müßt Euch nach uns richten.«

»Richten? *Well,* werde es!«

»Ihr jagt Euern Dolmetscher und auch den Khawaß fort.«

»Müssen fort, zum Teufel, *yes!*«

»Auch diese Kleidung muß fort!«

»Fort? Ah! Wohin?«

»Weg, ganz weg. Ihr müßt wie ein Türke oder wie ein Kurde gehen.«

Er sah mich mit einem unbeschreiblichen Blicke an, grad so, als ob ich ihm zugemutet hätte, sich selbst aufzuspeisen. Seine Mundstellung wäre dazu wohl nicht ungeeignet gewesen.

»Wie ein Türke? Wie ein Kurde? Horribel, schauderhaft.«

»Es geht nicht anders!«

»Was anziehen?«

»Türkische Pumphosen oder schwarzrote kurdische Beinkleider.«

»Schwarzrot! Ah, schön, sehr gut! Schwarz und rot kariert!«

»Meinetwegen. Wie wollt Ihr Euch tragen? Als Türke, oder als Kurde?«

»Kurde.«

»So müßt Ihr allerdings schwarzrot gehen; das ist die kurdische Leibfarbe. Also kurdische Hosen. Eine Weste, ein Hemd, welches über die Hose getragen wird.«

»Schwarzrot?«

»Ja.«

»Kariert?«

»Meinetwegen! Es muß vom Hals bis auf die Knöchel reichen. Dann einen Rock oder Mantel darüber.«

»Schwarzrot!«

»Natürlich!«

»Kariert?«

»Meinetwegen! Sodann einen Turban von der riesigen Größe, wie ihn vornehme Kurden zu tragen pflegen.«

»Schwarzrot?«

»Auch!«

»Kariert?«

»Meinetwegen! Dann einen Gürtel, Strümpfe, Schuhe, Waffen – – «

»Schwarzrot!«

»Habe nichts dagegen!«

»Und kariert?«

»Laßt Euch meinetwegen noch das Gesicht schwarzrot karieren!«

»Wo kaufen diese Sachen?«

»Da weiß ich selbst keinen Rat. Einen Basar finden wir ja erst in Amadijah. Vielleicht aber gibt es auch hier einen Händler, denn Spandareh ist ein großes Dorf. Und – – – Ihr habt ja Geld, viel Geld, nicht?«

»Viel, sehr viel, *well!* Werde alles bezahlen!«

»Werde einmal fragen.«

Ich wandte mich an den Vorsteher:

»Gibt es hier einen Urubadschi?«[1]

»Nein.«

»Gibt es einen Mann, der jetzt nach Amadijah reiten und für diesen Fremdling Kleider holen könnte?«

»Ja, aber der Basar wird erst morgen offen sein, und die Kleider können also erst spät eintreffen.«

»Oder ist ein Mann hier, der uns ein Kleid bis Amadijah leihen würde?«

»Du bist mein Gast; ich habe ein neues Panbukah;[2] ich werde es ihm sehr gern leihen.«

»Auch einen Turban?«

---

1 Kleidermacher oder Kleiderhändler.
2 Anzug aus Wollenstoff.

»Es gibt hier keinen, der zwei Turbane hätte; aber eine Mütze kannst du sehr leicht erhalten.«

»Was für eine Art?«

»Ich gebe dir eine Kulik,[1] die ihm passen wird.«

»Welche Farbe hat sie?«

»Sie ist rot und hat schwarze Bänder.«

»So bitte ich dich, dies alles für morgen früh zu besorgen. Du gibst uns einen Mann mit, den wir bezahlen. Wir werden ihm in Amadijah den Anzug für dich zurückgeben. Aber ich wünsche, daß von dieser Sache nicht gesprochen werde!«

»Wir beide werden schweigen, ich und mein Bote!«

Jetzt kam das Nachtmahl für den Engländer. Er bekam einige Reste, welche wir übrig gelassen hatten und denen ein neues Ansehen gegeben worden war. Er schien nicht bloß Appetit, sondern sogar Hunger zu haben; denn zwischen seinen langen, breiten, gelb glänzenden Zähnen verschwand der größte Teil dessen, was ihm vorgelegt wurde. Mit innerlicher Genugtuung bemerkte ich, daß man ihm auch einen jener kleinen Braten servierte, welche ich für Tauben gehalten hatte. Er ließ nicht das kleinste Knöchelchen davon übrig. Später setzte man ihm unter anderem einen zierlich gearbeiteten Holzteller vor, der ein niedliches Gerichtchen enthielt, welches die Form eines Beefsteak hatte und einen solchen Wohlgeruch verbreitete, daß ich selbst noch Appetit bekam, obgleich ich ganz gegen meine sonstige Gewohnheit bereits sehr reichlich gegessen hatte. Ich mußte wissen, was dies war.

»Sidna, was ist dies für ein schönes Gericht?« fragte ich die Frau, welche den Engländer bediente.

»Es ist Tschekurdschek,«[2] antwortete sie.

»Wie wird es bereitet?«

»Die Heuschrecken werden geröstet, klein gestoßen und in die Erde gelegt, bis sie anfangen, zu riechen. Dann habe ich den Teig in Olivenöl gebraten.«

---

1 Eine Mütze aus Filz von Ziegenhaar.
2 Heuschrecken.

Auch nicht übel! Ich nahm mir vor, dieses höchst wichtige Rezept meinem guten Master Fowling-bull nicht lange vorzuenthalten. Während er noch aß, ging ich hinab, um nach den Pferden zu sehen. Sie waren wohl versorgt. Bei ihnen standen Halef, der Dolmetscher, der Buluk Emini und der Arnaute, im heftigen Streite, der aber bei meinem Erscheinen sofort abgebrochen wurde.

»Was zanket ihr, Halef?« fragte ich diesen.

Er deutete auf den Arnauten.

»Dieser Mensch schändet dich, Sihdi. Er hat gedroht, dich und mich zu ermorden, weil ich ihn auf deinen Befehl niedergeworfen habe.«

»Laß ihn reden! Tun wird er wohl nichts.«

Da legte der Arnaute die Hand an die Pistole und rief:

»Schweig, Mensch! Oder willst du dich mit diesen deinen Knechten heute noch in der Dschehennah treffen?«

»Tschit-i, ker, werujem, ti szi szlep – sei still, Hund! Ich glaube, du bist vollständig blind!« antwortete ich ihm arnautisch. »Siehst du nicht die Gefahr, in welche du dich begibst?«

»In welche?« fragte er ganz verdutzt.

»Male ti pucshke ne gadschaju dobro – diese Pistolen treffen nicht gut!« antwortete ich, auf seine Waffe deutend.

»Warum?«

»Budutschi um-e-m öno bölje – weil ich es besser kann!«

Zu gleicher Zeit hielt ich ihm meinen Revolver entgegen. Ich hatte die Gewalttätigkeit dieser arnautischen Soldaten genugsam kennen gelernt, um selbst einen so einfachen Fall nicht zu leicht zu nehmen. Der Arnaute achtet das Leben eines Menschen gleich nichts. Er schießt wegen eines Schluck Wassers einen andern ruhig nieder und beugt dann dafür mit derselben Ruhe sein Haupt unter das Schwert des Henkers. Wir hatten diesen Khawaß beleidigt; ein Schuß war ihm zuzutrauen. Dennoch nahm er die Hand von den Pistolen und fragte im Tone der Verwunderung:

»Du sprichst die Sprache von Schkiperia?«[1]

»Wie du hörst!«

---

1 So nennen die Albanesen ihr Land.

»Bist du ein Schkipetar?«

»Nein.«

»Was sonst?«

»Ich bin ein Nematz,[1] und ich sage dir, daß die Leute aus Nemacschka[2] es verstehen, mit deinesgleichen umzuspringen.«

»Ein Nematz bist du nur? Kein Madschar, kein Rusz, kein Szrbin[3] und kein Turcschin? Obictz-i dschawo-wraga – fahre zum Teufel!«

Er erhob blitzschnell die Pistole und drückte los. Hätte ich nicht das Auge fest auf die Mündung der Waffe gehalten, so wäre mir die Kugel in den Kopf gegangen; so aber fuhr ich mit dem Kopf rasch zur Seite nieder, und die Kugel ging über mich hinweg. Ehe er den zweiten Lauf abfeuern konnte, hatte ich ihn unterlaufen und preßte ihm die Arme an den Leib.

»Soll ich ihn erschießen, Sihdi?« fragte Halef.

»Nein. Bindet ihn!«

Um seine Arme nach hinten zu bekommen, mußte ich sie einen Augenblick freigeben. Das benutzte er, riß sich los und sprang davon. Im nächsten Augenblicke war er zwischen den Bäumen, welche die Häuser trennten, verschwunden. Alle Anwesenden eilten ihm nach, aber sie kehrten bald wieder zurück, ohne ihn gesehen zu haben.

Der Schuß hatte auch die Andern herbei gelockt.

»Wer hat geschossen, Sir?« fragte Lindsay.

»Euer Khawaß.«

»Auf wen?«

»Auf mich«

»Ah! Fürchterlich! Weshalb?«

»Aus Rache.«

»Ist richtiger Arnaut! Hat getroffen?«

»Nein.«

»Ihn erschießen, Sir; sofort!«

»Er ist entflohen.«

1 Deutscher.
2 Deutschland.
3 Serbe.

»*Well;* laufen lassen! Kein Schade!«

Damit hatte er allerdings sehr recht. Der Arnaute hatte mich nicht getroffen, warum also blutdürstig sein? Zurück kam er sicherlich nicht wieder, und ein hinterlistiger Anfall stand wohl auch nicht zu befürchten. Der Engländer brauchte nun, da er mich gefunden hatte, weder ihn noch den Dolmetscher, und so wurde auch dieser letztere abgelohnt, und zwar mit der Weisung, daß er morgen früh Spandareh verlassen und nach Mossul zurückkehren könne.

Die übrige Zeit des Abends verbrachten wir mit den Kurden in lebhafter Unterhaltung, die mit einem Tanze schloß, der uns zu Ehren veranstaltet wurde. Man lud uns ein, in den Hof zu kommen. Dieser bildete ein Viereck, das von einem niederen Dache eingeschlossen wurde, auf dem sämtliche anwesende Männer Platz nahmen. Hier lagen, hockten und knieten sie in den malerischsten Stellungen, während sich gegen dreißig Frauen in dem Hofraume zum Tanze versammelt hatten.

Sie bildeten einen doppelten Kreis, in dessen Mitte ein Vortänzer stand, der einen Wurfspieß schwang. Das Orchester bestand aus einer Flöte, einer Art von Geige und zwei Tamburins. Der Vortänzer gab das Zeichen zum Beginne durch einen lauten Ruf. Seine Tanzkunst bestand aus den mannigfaltigsten Arm- und Beinbewegungen, die er immer auf ein und derselben Stelle ausführte. Der Kreis der Frauen ahmte dieselben nach. Ich fand nicht, daß diesem einfachen Tanze irgend ein Gedanke, irgend eine Idee zugrunde liege; aber dennoch gewährten diese Frauen mit ihren eckigen Turbanmützen, von denen lange, über den Rücken geschlungene Schleier herabwallten, bei der ungewissen Fackelbeleuchtung einen ganz hübschen Anblick.

Als dieser einfache Tanz beendet war, gaben die Männer ihre Zufriedenheit durch ein lautes Murmeln zu erkennen, ich aber zog ein Armband hervor und rief die Tochter des Vorstehers, die mich beim Essen bedient hatte und sich jetzt mit unter den Tänzerinnen befand, zu mir herauf. Es bestand aus gelben Glasstücken und hatte das täuschende Ansehen jenes rauchigen, halbdurchsichtigen Bernsteins, der im Oriente so beliebt, gesucht und teuer ist. Bei einem deutschen Tabulettkrämer hätte

ich dieses Armband mit fünfzig bis sechzig Pfennigen bezahlt;
hier aber richtete ich voraussichtlich eine Freude damit an, die
mir bedeutend höher angerechnet wurde.

Das Mädchen kam herbei. Alle Männer hatten gehört, daß
ich sie zu mir verlangte, und wußten, daß es sich um eine Belobi-
gung handeln werde. Ich mußte der Höflichkeit meiner Erzieher
Ehre zu machen suchen.

»Komm herbei, du lieblichste Tochter der Kurden von Mis-
suri! Auf deinen Wangen glänzt das Licht Schefag,[1] und dein
Antlitz ist lieblich wie der Kelch Sumbul.[2] Deine langen Locken
duften wie der Hauch Gulilik,[3] und deine Stimme klingt wie
der Gesang Bulbuli.[4] Du bist das Kind der Gastfreundschaft,
die Tochter eines Helden, und wirst die Braut eines weisen Kurden und eines tapferen Kriegers werden. Deine Hände und Füße
haben mich erfreut, wie der Tropfen, der den Durstigen labt.
Nimm dieses Bazihn,[5] und denke meiner, wenn du dich damit
schmückest!«

Sie errötete vor Freude und Verlegenheit und wußte nicht,
was sie antworten sollte.

»Az khorbane ta, Hodia – ich bin dein eigen,[6] o Gebieter,«
lispelte sie endlich.

Dies ist ein gebräuchlicher Gruß der kurdischen Frauen und
Mädchen, einem vornehmen Manne gegenüber. Auch der Dorfälteste war so erfreut über die seiner Tochter gewordene Auszeichnung, daß er sogar die orientalische Zurückhaltung ganz
vergaß und sich das Geschenk reichen ließ, um es zu betrachten.

»O wie herrlich, wie kostbar!« rief er aus und ließ das Armband ringsum von Hand zu Hand gehen. »Das ist Bernstein, so
guter, prächtiger Bernstein, wie ihn der Sultan nicht köstlicher
an seiner Pfeife trägt! Meine Tochter, dein Vater kann dir keine
solche Hochzeitsgabe schenken, wie sie dir dieser Emir gegeben

1 Der Morgenröte.
2 Der Hyazinthe.
3 Der Blume.
4 Der Nachtigall.
5 Armband.
6 Eigentlich wörtlich: »Dein Opfer«.

hat. Aus seinem Munde ertönt die Stimme der Weisheit, und von den Haaren seines Schnurrbartes träufelt die Güte. Frage ihn, ob er es dir erlaubt, ihm so zu danken, wie eine Tochter ihrem Vater dankt!«

Sie errötete noch mehr als vorhin; aber sie fragte dennoch:
»Erlaubst du es, Herr?«

»Ich erlaube es.«

Da bog sie sich zu mir, der ich auf dem Boden saß, hernieder und küßte mich auf den Mund und auf die beiden Wangen; dann aber eilte sie schnell davon.

Ich war über diese Art, seine Dankbarkeit zu beweisen, nicht erstaunt; denn ich wußte, daß es den Mädchen der Kurden erlaubt ist, Bekannte auch mit einem Kusse zu begrüßen. Einem höher Stehenden gegenüber würde eine solche Vertraulichkeit eine Beleidigung sein, und daher hatte ich eigentlich meine Güte verdoppelt, indem ich den Kuß gestattete. Dies sprach der Vorsteher auch sofort aus.

»Emir, deine Gnade erleuchtet mein Haus, wie das Licht der Sonne die Erde erwärmt. Du hast meine Tochter begnadigt, damit sie sich deiner erinnern möge; erlaube, daß auch ich dir ein Andenken verehre, damit du Spandareh nicht vergessen mögest!«

Er bog sich über die Kante des Daches vor und rief das Wort »Dojan«[1] in den Hof hinab. Sogleich ertönte ein freudiges Gebell; eine Türe wurde geöffnet, und ich bemerkte, daß die unten Stehenden einem Hunde Platz machten, damit er über die Treppe herauf zu uns kommen könne. Nur einen Augenblick später stand derselbe vor dem Aeltesten und liebkoste ihn. Es war einer jener kostbaren gelbgrauen und außergewöhnlich großen und starken Windhunde, die in Indien, Persien und Turkestan bis nach Sibirien hinein Slogi genannt werden. Bei den Kurden wird diese seltene Rasse Tazi genannt. Sie ereilen die flüchtigste Gazelle; sie holen oft selbst den wilden Esel und das windschnelle Tschiggetai ein und fürchten sich vor keinem Panther und vor keinem Bären. Ich muß gestehen, daß mich der Anblick dieses Tieres mit lebhafter Bewunderung erfüllte. Er war als Hund

---

1 Falke.

ebenso kostbar, wie mein Rappe dieses Prädikat als Pferd verdiente.

»Emir,« meinte der Vorsteher, »die Hunde der Missurikurden sind berühmt weit über unsere Berge hinaus. Ich habe manchen Tazi erzogen, auf den ich stolz sein konnte; keiner aber hat diesem hier geglichen. Er sei dein!«

»Nezanum, diese Gabe ist so wertvoll, daß ich sie nicht annehmen kann,« antwortete ich ihm.

»Willst du mich beleidigen?« fragte er sehr ernst.

»Nein, das will ich nicht,« lenkte ich ein. »Ich wollte nur sagen, daß deine Güte größer ist als die meinige. Erlaube, daß ich den Tazi annehme, aber gestatte mir auch, dir dieses Fläschlein zu geben!«

»Was ist es? Ein Wohlgeruch aus Persien?«

»Nein. Es ist von mir gekauft worden beim Beith Allah in der heiligen Stadt Mekka und enthält das Wasser vom Brunnen Zem-Zem.«

Ich machte es vom Halse los und reichte es ihm. Er war so gewaltig erstaunt, daß er vergaß, zuzugreifen. Ich legte es in seinen Schoß.

»O Emir, was tust du!« rief er endlich entzückt. »Du bringst in mein Haus die herrlichste Gabe, welche Allah der Erde verliehen hat. Ist es dein Ernst, daß du sie mir schenkest?«

»Nimm sie hin; ich gebe sie dir sehr gern!«

»Gesegnet sei deine Hand, und stets weile das Glück auf deinem Pfade! Kommt her, ihr Männer, und befühlt diese Flasche, damit die Güte des großen Emir auch euch beglücken möge!«

Die Flasche ging von Hand zu Hand. Ich hatte mit ihr die größte Freude gestiftet, die es nur geben kann. Als sich das Entzücken des Vorstehers einigermaßen gelegt hatte, wandte er sich wieder zu mir:

»Herr, dieser Hund ist nun dein. Spucke ihm dreimal in das Maul, und nimm ihn heut unter deinen Mantel, wenn du schlafen gehest, so wird er dich nie wieder verlassen!«

Der Engländer hatte das alles mit angesehen, ohne den Vorgang recht zu verstehen. Er fragte mich:

»Zem-Zem verschenkt, Master?«

»Ja.«

»*Well!* Immer fort damit! Wasser ist Wasser!«

»Wißt Ihr, was ich dafür bekommen habe?«

»Was?«

»Diesen Hund.«

»Wie? Was? Nicht möglich!«

»Warum nicht?«

»Zu kostbar. Kenne die Hunde! Dieser ist fünfzig Pfund wert!«

»Noch mehr. Aber dennoch gehört er mir.«

»Warum?«

»Weil ich der Tochter des Ortsvorstehers das Armband geschenkt habe.«

»Schrecklicher Kerl! Kolossales Glück! Erst Pferd von Mohammed Emin, gar nichts zu bezahlen, und nun auch Windhund! Ich Pech dagegen. Nicht einen einzigen Fowling-bull gefunden. Schauderhaft!«

Auch Mohammed bewunderte den Hund, und ich glaube gern, daß er ein klein wenig eifersüchtig auf mich war. Ich muß gestehen, ich hatte Glück. Kurz bevor ich mich zur Ruhe begab, ging ich noch einmal zu den Pferden. Der Vorsteher traf mich dort.

»Emir,« fragte er halblaut, »darf ich eine Frage aussprechen?«

»Sprich!«

»Du willst nach Amadijah?«

»Ja.«

»Und noch weiter?«

»Das weiß ich noch nicht.«

»Es ist ein Geheimnis dabei?«

»Das vermutest du?«

»Ich vermute es.«

»Warum?«

»Du hast einen Araber bei dir, der nicht vorsichtig ist. Er schlug den Aermel seines Gewandes zurück, und dabei habe ich die Tätowierung seines Armes gesehen. Er ist ein Feind der Kurden und auch ein Feind des Mutessarif; er ist ein Haddedihn. Habe ich richtig gesehen?«

»Er ist ein Feind des Mutessarif, aber nicht ein Feind der Kurden,« antwortete ich.

Dieser Mann war ehrlich; ich konnte ihn nicht belügen. Es war jedenfalls besser, ihm zu vertrauen, als ihm eine Unwahrheit zu sagen, die er doch nicht geglaubt hätte. Er sprach weiter:

»Die Araber sind stets Feinde der Kurden; aber er ist dein Freund und mein Gast; ich werde ihn nicht verraten. Ich weiß, was er in Amadijah will.«

»Sage es!«

»Es ist viele Tage her, daß die Krieger des Mutessarif einen gefangenen Araber hier durchführten. Sie stiegen bei mir ab. Er war der Sohn des Scheik der Haddedihn und sollte in Amadijah gefangen gehalten werden. Er sah deinem Freunde so ähnlich wie der Sohn dem Vater.«

»Solche Aehnlichkeiten kommen sehr oft vor.«

»Ich weiß es, und ich will dir dein Geheimnis gar nicht rauben; aber eins will ich dir sagen: Kehrest du von Amadijah zurück, so kehre bei mir ein, es mag am Tage sein oder mitten in der Nacht, im Geheimen oder öffentlich. Du bist mir willkommen, auch wenn der junge Araber bei dir ist, von dem ich gesprochen habe.«

»Ich danke dir!«

»Du sollst mir nicht danken! Du hast mir das Wasser des heiligen Zem-Zem gegeben; ich werde dich beschützen in jeder Not und Gefahr. Wenn dich aber dein Weg nach einer andern Richtung führt, so mußt du mir eine Bitte erfüllen.«

»Welche?«

»Im Tale von Berwari liegt das Schloß Gumri. Dort wohnt der Sohn des berühmten Abd el Summit Bey; eine meiner Töchter ist sein Weib. Grüße sie und ihn von mir. Ich werde dir ein Zeichen mitgeben, an dem sie erkennen, daß du mein Freund bist.«

»Ich werde es tun.«

»Sage ihnen jede Bitte, die du auf dem Herzen hast; sie werden sie dir gern erfüllen, denn kein wackerer Kurde liebt die Türken und den Mutessarif von Mossul.«

Er trat in das Haus. Ich wußte, was der brave Mann bezweckte. Er erriet, was wir vorhatten, und wollte mir auf alle Fälle nützlich sein. Ich ging nun schlafen und nahm den Windhund mit. Als wir am andern Morgen erwachten, erfuhren wir, daß der Dolmetscher des Engländers Spandareh bereits verlassen habe. Er hatte den Weg nach Bebozi eingeschlagen.

Ich hatte mit Mohammed Emin in demselben Gemache geschlafen; dem Engländer aber war ein anderer Raum angewiesen worden. Er trat jetzt zu uns herein und – wurde mit einem hellen Gelächter empfangen. Niemand kann sich den Anblick denken, welchen uns der brave Master Lindsay bot. Vom Halse bis herab zu den Füßen war er vollständig rot und schwarz, allerdings noch nicht kariert, und auf dem hohen, spitzigen Kopfe saß wie ein umgekehrter Kaffeesack die kurdische Mütze, von welcher lange Bänder wie die Fangarme eines Polypen herabhingen.

»*Good morning!* Warum lachen?« grüßte er sehr ernst.

»Vor Freude über Euer außerordentlich amüsantes Exterieur, Sir.«

»*Well!* Freut mich!«

»Was tragt Ihr hier unter dem Arme?«

»Hier? Hm! Ein Paket, denke ich!«

»Das sehe ich allerdings auch. Was enthält es?«

»Ist mein *Hat-box*, meine Hutschachtel.«

»Ah!«

»Habe den Hut eingewickelt, auch Gamaschen und Stiefel. *Well!*«

»Das konntet Ihr alles hier lassen!«

»Hier? Warum?«

»Wollt Ihr Euch mit diesen unnützen Kleinigkeiten schleppen?«

»Unnütz? Kleinigkeiten? Schauderhaft! Brauche sie doch wieder!«

»Aber wohl nicht gleich.«

»Kehren wir zurück nach hier?«

»Das ist zweifelhaft.«

»Also! *Hat-box* wird mitgenommen! Versteht sich!«

Das weite Gewand schlotterte ihm um den hagern Leib wie ein altes Tuch, das man einer Vogelscheuche umgehangen hat. Das störte ihn aber nicht. Er nahm würdevoll an meiner Seite Platz und meinte siegesbewußt:

»Nun bin ich Kurde! *Well!*«

»Ein echter und richtiger!«

»Famos, ausgezeichnet! Prachtvolles Abenteuer!«

»Eins aber fehlt Euch noch!«

»Was?«

»Die Sprache.«

»Werde lernen.«

»Das geht nicht so schnell, und wenn Ihr uns nicht schaden wollt, so seid Ihr gezwungen, unter zwei Entschlüssen einen zu fassen.«

»Welche Entschlüsse?«

»Entweder Ihr geltet für stumm – – – «

»Stumm? *Dumb?* Abscheulich! Geht nicht!«

»Ja, für stumm oder gar taubstumm.«

»Sir, Ihr seid verrückt!«

»Danke! Es bleibt aber doch dabei. Also, entweder Ihr geltet für stumm, oder Ihr habt ein Gelübde getan – – – «

»Gelübde? *Well!* Schöner Gedanke! Interessant! Welches Gelübde?«

»Nicht zu sprechen.«

»Nicht zu reden? Kein Wort? Ah!«

»Kein einziges!«

»Keine Silbe?«

»Keine! Nämlich nur dann, wenn wir beobachtet sind. Befinden wir uns aber allein, so könnt Ihr reden nach Herzenslust.«

»Ist gut! Nicht ganz übel! Werde Gelübde tun! Wann geht es an?«

»Sofort, nachdem wir Spandareh verlassen haben.«

»*Well!* Einverstanden!«

Nach dem Morgenkaffee erhielten wir noch allerhand Proviant eingepackt; dann stiegen wir zu Pferde. Wir hatten Abschied von allen Mitgliedern des Hauses, außer dem Hausherrn selbst, genommen und sagten auch den Andern, die sich versammelt hatten, Lebewohl. Der Vorsteher hatte satteln lassen, um uns eine Strecke Weges zu begleiten.

Hinter Spandareh gab es einen sehr beschwerlichen, kaum reitbaren Weg, der uns zu den Tura-Ghara-Bergen emporführte. Es gehörten fast die Füße von Gemsen dazu, diesen Felsenpfad zu überwinden, aber wir langten glücklich auf der Höhe an. Hier hielt der Vorsteher sein Pferd an, nahm aus der Satteltasche ein Paket und sagte:

»Nimm dies, und gib es dem Manne meiner Tochter, wenn du nach Gumri kommen solltest. Ich habe ihr ein persisches Tuch und ihrem Manne für seine Mehin[1] einen Dizgin[2] versprochen, wie ihn die Kurden von Pir Mani führen. Wenn du ihnen diese Sachen bringst, so wissen sie, daß du mein Freund und Bruder bist, und werden dich so aufnehmen, als ob ich es selber wäre. Aber ich wünsche um deinetwillen dennoch, daß du wieder zu mir zurückkehren mögest.«

Er deutete auf einen Reiter, der uns gefolgt war und bei Halef und dem Baschi-Bozuk hielt.

»Das ist der Mann, der mir den Anzug dieses Fremdlings wieder bringen wird. Ihm könntest du auch das Paket geben, wenn du merkst, daß dich dein Weg nicht nach Gumri führt. Und nun scheiden wir! Aaleïk sallam, u rahhmet Allah – der Friede und die Barmherzigkeit sei mit dir!«

Wir umarmten und küßten uns, dann gab er auch den Andern die Hand und kehrte um. Ich hatte in ihm einen Mann kennen gelernt, an den ich noch heute mit Achtung und Wohlwollen zurückdenke.

1 Stute.
2 Zügel, Zaum.

DRITTES KAPITEL

In der Festung.

Wir ritten weiter. Der Weg ging bergab in das Tal von Amadijah hinunter. Dieses Tal wird von einer Sandsteinablagerung gebildet und von sehr vielen Schluchten durchschnitten, in denen rauschende Waldbäche strömen. Sie führen alle ihr Wasser dem Zab entgegen. Die Schluchten und Gelände sind mit kräftigen Eichenwaldungen bestanden, die bedeutende Galläpfelernten liefern, mit denen die Bewohner einen einträglichen Handel treiben. In der Ebene liegen zahlreiche chaldäische Dörfer, die aber entweder öde und verlassen sind, oder nur wenige Bewohner zählen, da die Chaldäer sich vor den Bedrückungen der Türken und den Einfällen räuberischer Kurdenstämme gern in die Berge zurückziehen.

Durch diese Landschaft, deren Eichen mich heimatlich anmuteten, ritten wir unserm Ziele entgegen.

»Darf ich reden?« fragte Lindsay leise.

»Ja. Wir sind ja unbelauscht.«

»Aber der Kurde hinter uns?«

»Kommt nicht in Betracht.«

»*Well!* Dorf hieß Spandareh?«

»Ja.«

»Wie Euch gefallen?«

»Sehr. Und Euch, Sir?«

»Prächtig! Guter Wirt, gute Wirtin, feines Essen, schöner Tanz, prachtvoller Hund!«

Bei dem letzten Worte blickte er auf das Windspiel, welches neben meinem Pferde hertrabte; ich war so vorsichtig gewesen, es mittels einer Leine an meinen Steigbügel zu binden. Uebrigens hatte der Hund bereits Freundschaft mit meinem Pferde geschlossen und schien es genau zu wissen, daß ich sein Herr geworden sei. Er blickte mit seinen großen, klugen Augen sehr aufmerksam zu mir empor.

»Ja,« antwortete ich. »Alles war schön, besonders das Essen.«

»Exzellent! Sogar Taube und Beefsteaks!«

»Hm! Glaubt Ihr wirklich an die Taube?«

»*Well!* Warum nicht?«

»Weil es keine war.«

»Nicht? Keine Taube. War welche!«

»War keine!«

»Was sonst?«

»Es war das Tier, das von den Zoologen den lateinischen Namen *Vespertilio murinus* oder *myotis* erhalten hat.«

»Bin kein Zoologe. Auch nicht Latein!«

»Diese Taube heißt gewöhnlich Fledermaus.«

»Fleder – – – «

Er hielt inne. Seine Geschmacks- und Verdauungsnerven wurden beim Klange dieses Wortes in eine Anstrengung versetzt, durch welche sein Mund in eine trapezoide und perennierende Höhlenöffnung verwandelt wurde, in welcher man die schönste Entdeckungsreise vornehmen konnte. Sogar die lange Nase schien in Mitleidenschaft gezogen zu sein, denn ihre Spitze bekam jene weiße Färbung, von welcher der Dichter gesungen haben soll: »Ich weiß nicht, was soll es bedeuten, daß mir so traurig ist!«

»Ja, Fledermaus war es, Sir. Fledermaus habt Ihr gegessen.«

Er hielt sein Pferd an und starrte in das Blaue.

Endlich hörte ich einen lauten Klapp; der Mund war wieder zugefallen, und ich ahnte, daß ihm nun auch das Vermögen, seine Gefühle in Worte zu fassen, zurückgekommen sei.

» – – – maus!!!«

Mit dieser kleinen Silbe setzte er das vorhin begonnene »Fleder – – – « fort; dann langte er von seinem Pferde herüber und faßte mich am Arme.

»Sir!«

»Was?«

»Vergeßt die Achtung nicht, die man einem jeden Gentleman schuldig ist!«

»Habe ich sie Euch gegenüber vergessen?«

»Sehr, sage ich!«

»Inwiefern?«

»Wie könnt Ihr behaupten, daß Sir David Lindsay Fledermäuse ißt!«

»Fledermäuse? Ich habe nur von einer einzigen gesprochen.«

»Gleich! Eine oder mehrere, die Injurie bleibt sich gleich. Ihr werdet mir Genugtuung geben! Satisfaktion! *Well!*«

»Die habt Ihr ja bereits!«

»Ich habe? Ich hätte? Ah! Wie?«

»Ihr habt eine Satisfaktion erhalten, die Euch vollständig genügen wird.«

»Welche? Weiß von keiner!«

»Ich habe selbst auch Fledermaus gegessen; auch Mohammed Emin.«

»Auch? Ihr und er? Ah!«

»Ja. Auch ich hielt es für Taube. Als ich mich aber erkundigte, hörte ich, daß es Fledermaus sei.«

»Fledermaus hat Häute!«

»Waren weg geschnitten.«

»Also wirklich wahr?«

»Wirklich.«

»Kein Scherz, kein Spaß?«

»Ernst!«

»Fürchterlich! Oh! Bekomme Kolik, Cholera, Typhus, oh!«

Er machte ein wirkliches Choleragesicht; ich mußte Erbarmen zeigen:

»Fühlt Ihr Euch unwohl, Sir?«

»Sehr! *Yes!*«

»Soll ich helfen?«

»Schnell! Womit?«

»Mit einem homöopathischen Mittel.«

»Habt Ihr eins? Mir ist wirklich übel! Armselig! Welches Mittel?«

»*Similia similibus.*«

»Wieder Zoologie? Latein?«

»Ja. Latein ist es: gleiches mit gleichem. Und zoologisch ist es auch, nämlich Heuschrecken.«

»Was! Heuschrecken?«

»Ja, Heuschrecken.«

»Gegen das Uebelsein? Soll ich essen?«

»Ihr sollt sie nicht essen, sondern Ihr habt sie bereits gegessen.«

»Habe bereits? Ich?«

»Ja.«

»*Dulness,* Dummheit! Unmöglich! Wann?«

»Gestern abend.«

»Ah! Erklärung!«

»Ihr sagtet vorhin, die Beefsteaks seien sehr gut gewesen.«

»Sehr! Ungeheuer gut! *Well!*«

»Es waren keine Beefsteaks.«

»Keine? Keine Beefsteaks! Bin Englishman! Waren welche!«

»Waren keine! Ich habe ja gefragt.«

»Was sonst?«

»Es waren in Olivenöl gebratene Heuschrecken. Wir Deutsche nennen diese delikaten Springer sogar zuweilen Heupferde.«

»Heu – – – «

Wieder blieb ihm wie vorhin das Wort auf halbem Wege stecken, aber diesmal gestattete er seinem Munde nicht, allzu offenherzig zu werden, sondern er preßte die Lippen mit solcher Charakterstärke zusammen, daß sie ihre Ausdehnung, anstatt in die Weite, so sehr in die Breite nahmen, daß es ihm bei nur einigem guten Willen möglich gewesen wäre, mit jedem Mundwinkel ein Ohrläppchen abzukneipen. Und die Nase war über das Verschwinden der ihr so sympathischen Oeffnung so bestürzt, daß sie ihre Spitze weit herunterbog, um nachzusehen, wie dem Verluste abzuhelfen sei.

Da endlich näherten sich die Dimensionen wieder ihrem früheren Zustande; die *Restitutio in integrum* stellte sich ein, und die Lippen ließen von einander ab.

» – – – pferde!«

So ließ er denn die Fortsetzung seines unterbrochenen »Heu – – – « vernehmen, und die Nasenspitze schnellte sich befriedigt in die Höhe.

»Ja, Heupferde habt Ihr gegessen.«

»Ah! Schauderhaft! Habe sie ja aber gar nicht geschmeckt!«

»Wißt Ihr so genau, wie sie schmecken?«

Er machte mit Armen und Beinen eine Bewegung, als wolle er sich auf dem Pferde um seine eigene Achse drehen.

»*No, at no time,* niemals!«

»Ich versichere Euch, daß es Heuschrecken waren. Sie werden geröstet und zerrieben; dann legt man sie in die Erde, bis sie *haut gout* erhalten, und schmort sie in dem Oele der friedlichen Olive. Ich habe mir dieses Rezept von der Frau des Dorfältesten geben lassen und weiß also sehr genau, was ich sage.«

»Entsetzlich! Bekomme Magenkrampf!«

»Seid Ihr mit meiner Satisfaktion zufrieden?«

»Habt auch Heupferd gegessen?«

»Nein.«

»Nicht? Warum nicht?«

»Weil ich keines vorgesetzt bekam.«

»Nur ich?«

»Nur Ihr allein; jedenfalls als ehrenvolle Auszeichnung für Euch, Sir!«

»Habt Ihr gewußt?«

»Erst nicht. Aber während Ihr aßt, fragte ich.«

»Warum mir nicht gleich gesagt?«

»Weil Ihr jedenfalls etwas getan hättet, wodurch unser Wirt beleidigt worden wäre.«

»Master, will mir das verbitten! *Yes!* Hinterlist! Heimtücke! Schadenfreude! Werde mich mit Euch schlagen, boxen oder – – – «

Er hielt inne, denn es fiel ein Schuß, und die Kugel riß mir einen Fetzen aus dem Turban.

»Herab und hinter die Pferde gestellt!« rief ich.

Zugleich warf ich mich vom Pferde, keinen Augenblick zu früh, denn ein zweiter Knall ertönte, und die Kugel pfiff über mich hinweg. Mit einem schnellen Griffe zog ich die Schnur, an welche der Hund gebunden war, aus dem Halsbande desselben.

»Sert – halte fest!«

Nur einen kurzen Laut stieß der Hund aus, der fast so klang, als ob er mir sagen wollte, daß er mich verstanden habe; dann schoß er in das Gebüsch.

Wir befanden uns in einer Schlucht, deren Seiten von dicht stehenden jungen Eichen bewachsen waren. Selbst einzudringen, war zu gefährlich, da wir uns der Waffe des unsichtbaren Schützen ausgesetzt hätten. Wir schützten uns durch die Körper unserer Pferde und horchten.

»Maschallah! Wer mag es sein?« fragte Mohammed Emin.

»Der Arnaute,« antwortete ich.

Da hörten wir einen Schrei und gleich darauf ein lautes, rufendes Anschlagen des Hundes.

»Dojan hat den Täter,« meinte ich so ruhig wie möglich. »Buluk Emini, geh hin, und hole ihn!«

»Allah illa Allah! Emir, ich bleibe; es könnten zehn oder gar hundert sein, und dann wäre ich verloren!«

»Und dein Esel wäre ein Waisenkind geworden, du Hasenfuß! Paß auf die Pferde auf! Kommt!«

Wir drangen in das harte Gestrüpp ein und brauchten nicht weit zu gehen. Ich hatte mich nicht geirrt; es war der Arnaute. Der Hund stand nicht, sondern er lag auf ihm, und zwar in einer Stellung, welche mich über die außergewöhnliche Klugheit des Tieres erstaunen ließ. Der Arnaute hatte nämlich seinen Dolch gezogen, um sich gegen den Angreifer zu verteidigen; der Hund hatte also eine mehrfache Aufgabe. Darum hatte er ihn niedergerissen und sich so auf den rechten Arm des Arnauten gelegt, daß dieser denselben nicht bewegen konnte. Dabei hielt er ihn mit den Zähnen am Halse, zwar leicht, aber doch so, daß der Ueberwundene bei der geringsten Bewegung verloren war.

Ich nahm dem Meuchler erst den Dolch aus der Hand und dann die eine Pistole aus dem Gürtel; die andere, abgeschossene lag am Boden; er hatte sie beim Angriffe des Hundes fallen lassen.

»Geri – zurück!«

Auf diesen Befehl ließ Dojan den Arnauten los. Dieser erhob sich und griff sich unwillkürlich an den Hals. Ich sagte zu ihm:

»Mensch, du mordest ja! Soll ich dich niederschlagen?«

»Sihdi, befiehl es, und ich hänge ihn auf!« bat Halef.

»Pah! Er hat keinen von uns getroffen. Laßt ihn laufen!«

»Emir,« meinte Mohammed, »er ist ein wildes Tier, welches unschädlich gemacht werden muß!«

»Er hat auf mich geschossen und wird keine Gelegenheit haben, es wieder zu tun. Packe dich, Schurke!«

Im Nu war er zwischen den Büschen verschwunden. Der Hund wollte ihm augenblicklich folgen, aber ich hielt ihn zurück.

»Sihdi, wir müssen ihm nach; er ist ein Arnaute und bleibt uns gefährlich!« rief Halef.

»Wo will er uns gefährlich sein? Etwa in Amadijah? Dort darf er sich nicht sehen lassen, sonst lasse ich ihm den Prozeß machen.«

Auch Mohammed und der Engländer erhoben heftigen Widerspruch, aber ich kehrte zu den Pferden zurück und stieg auf. Der Hund folgte mir ungeheißen; ich merkte, daß ich ihn nicht anzubinden brauchte, und fand dies in der Folge auch bestätigt.

Gegen Mittag erreichten wir ein kleines Dorf, Namens Bebadi; es sah sehr ärmlich aus und hatte nestorianische Bewohner, wie ich zu bemerken glaubte. Wir machten da eine kurze Rast und hatten Mühe, zu unserm Proviant einen Schluck Scherbet zu erhalten.

Nun hatten wir den kegelförmigen Berg vor uns, auf welchem Amadijah liegt. Wir erreichten es sehr bald. Zur Rechten und zur Linken des Weges, der uns emporführte, bemerkten wir Fruchtgärten, die eine leidliche Pflege zu genießen schienen; der Ort selbst aber machte schon von außen keinen sehr imponierenden Eindruck auf uns. Wir ritten durch ein Tor, das jedenfalls einmal ganz verfallen und dann nur notdürftig ausgebessert worden war. Einige zerlumpte Arnauten standen da, um Sorge zu tragen, daß kein Feind die Stadt überfalle. Einer von ihnen ergriff mein Pferd, und ein anderer das des Haddedihn beim Zügel.

»Halt! Wer seid ihr?« fragte er mich.

Ich deutete auf den Buluk Emini.

»Siehst du nicht, daß wir einen Soldaten des Großherrn bei uns haben? Er wird dir Antwort geben.«

»Ich habe dich gefragt, aber nicht ihn!«

»Fort, auf die Seite!«

Bei diesen Worten nahm ich mein Pferd in die Höhe; es tat einen Sprung, und der Mann fiel auf die Erde. Mohammed folgte meinem Beispiele, und wir ritten davon. Hinter uns aber hörten wir die Arnauten fluchen und den Baschi-Bozuk sich mit ihnen zanken. Ein Mann begegnete uns, der einen langen Kaftan trug und ein altes Tuch um den Kopf geschlungen hatte.

»Wer bist du, Mann?« fragte ich ihn.

»Herr, ich bin ein Jehudi.[1] Was befiehlst du mir?«

»Weißt du, wo der Mutesselim[2] wohnt?«

»Ja, Herr.«

»Führe uns nach seinem Serai!«

Je sicherer man im Oriente auftritt, desto freundlicher wird man behandelt. Zudem war dieser Mann ein Jude, also nur ein in Amadijah Geduldeter; er wagte es nicht, sich zu widersetzen. Wir wurden von ihm durch eine Reihe von Gassen und Basars geführt, die alle den Eindruck des Verfalles auf mich machten.

Diese wichtige Grenzfestung schien sehr vernachlässigt zu werden. Es gab kein Leben in den Straßen und Läden; nur wenige Menschen begegneten uns, und die, welche wir sahen, hatten ein krankhaftes, gedrücktes Aussehen und waren lebende Zeugnisse für die bekannte Ungesundheit dieser Stadt.

Der Serai verdiente seinem Aeußern nach den Namen eines Palastes nicht im geringsten. Er glich einer ausgebesserten Ruine, vor deren Eingang nicht einmal eine Wache zu sehen war. Wir stiegen ab und übergaben Halef, dem Kurden und dem Buluk Emini, der uns wieder eingeholt hatte, unsere Pferde. Nachdem der Jude ein Geschenk erhalten hatte, wofür er sich enthusiastisch bedankte, traten wir ein.

Erst nachdem wir einige Gänge durchwandert hatten, kam uns ein Mann entgegen, der bei unserem Anblick seinen langsamen Gang in einen schnellen Lauf verwandelte.

»Wer seid ihr? Was wollt ihr hier?« fragte er mit zorniger Stimme.

1 Jude.
2 Kommandant.

»Mann, rede anders, sonst werde ich dir zeigen, was Höflichkeit ist! Wer bist du?«

»Ich bin der Aufseher dieses Palastes.«

»Ist der Mutesselim zu sprechen?«

»Nein.«

»Wo ist er?«

»Ausgeritten.«

»Das heißt, er ist daheim und hält seinen Kef!«

»Willst du ihm gebieten, was er tun und lassen soll?«

»Nein; aber ich will dir gebieten, mir die Wahrheit zu sagen!«

»Wer bist du, daß du so mit mir redest? Bist du ein Ungläubiger, daß du es wagst, mit einem Hunde in den Palast des Kommandanten einzutreten?«

Er hatte recht, denn neben mir stand der Windhund und beobachtete uns mit Augen, die mir deutlich sagten, daß er nur auf meinen Wink warte, um sich auf den Türken zu stürzen.

»Stelle Wachen vor das Tor,« antwortete ich ihm; »dann wird niemand Zutritt erhalten, dem derselbe nicht erlaubt worden ist. In welcher Zeit kann ich mit dem Mutesselim sprechen?«

»Zur Zeit der Abenddämmerung.«

»Gut. So sage ihm, daß ich kommen werde!«

»Und wenn er mich fragt, wer du bist?«

»So sagst du, ich sei ein Freund des Mutessarif von Mossul.«

Er wurde verlegen; wir aber kehrten um und stiegen wieder zu Pferde, um uns eine Wohnung zu suchen. Eine solche war eigentlich sehr leicht zu finden, denn wir bemerkten, daß viele Häuser leer standen; doch konnte es nicht meine Absicht sein, heimlich von einem derselben Besitz zu ergreifen.

Indem wir so, die Gebäude musternd, dahinritten, kam uns eine riesige, martialische Gestalt entgegen. Der Mann ging breitspurig wie ein osterländischer Zwölfspänner. Seine Samtjacke war ebenso wie seine Hose von Goldstickereien bedeckt; seine Waffen hatten keinen geringen Wert, und von dem Tschibuk, welchen er mit großem Selbstbewußtsein im Gehen rauchte, hingen, wie ich später zählte, vierzehn seidene Quasten herab. Er blieb seitwärts von uns stehen, um meinen Rappen mit wichtiger Kennermiene zu betrachten. Ich hielt an und grüßte ihn.

»Sallam!«

»Aaleïkum!« antwortete er mit einem stolzen Neigen seines Hauptes.

»Ich bin hier fremd und mag mit keinem Birkadschi[1] reden. Erlaube, daß ich mich bei dir erkundige!« sagte ich wenigstens ebenso stolz.

»Deine Rede sagt mir, daß du ein Effendi bist. Ich werde deine Frage beantworten.«

»Wer bist du?«

»Ich bin Selim Agha, der Befehlshaber der Albanesen, welche diese berühmte Festung verteidigen.«

»Und ich bin Kara Ben Nemsi, ein Schützling des Padischah und Abgesandter des Mutessarif von Mossul. Ich suche mir ein Haus in Amadijah, in dem ich einige Tage wohnen kann. Kannst du mir eins nennen?«

Er ließ sich zu einer Bewegung militärischer Ehrerbietung herab und meinte:

»Allah segne deine Hoheit, Effendi! Du bist ein großer Herr, der in dem Palaste des Mutesselim Aufnahme finden muß.«

»Der Aufseher des Palastes hat mich fortgewiesen, und ich – – –«

»Allah verderbe diese Kreatur,« unterbrach er mich. »Ich werde gehen, um ihn in Stücke zu zerreißen!«

Er rollte die Augen und fuchtelte mit beiden Armen. Dieser Mann war wohl nur ein Bramarbas gewöhnlicher Sorte.

»Laß diesen Menschen! Er soll nicht die Ehre haben, Gäste bei sich zu sehen, die ihm viel Backschisch bringen.«

»Backschisch?« fragte der Tapfere. »Du gibst viel Backschisch?«

»Ich pflege damit nicht zu geizen.«

»O, so weiß ich ein Haus, in welchem du wohnen und rauchen kannst, wie der Schah-in-Schah von Persien. Soll ich dich führen?«

---

1 Ein gewöhnlicher Mann.

»Zeige es mir!«

Er wandte sich wieder um und schritt voran. Wir folgten. Er führte uns durch einige leere Basargassen, bis wir vor einem kleinen offenen Platze hielten.

»Das ist der Meidan jüdschelikün, der ›Platz der Größe‹,« erklärte er.

Dieser Platz hatte alle möglichen Eigenschaften, nur groß war er nicht, und grad darum jedenfalls hatte man ihm diesen hochtrabenden Namen gegeben. Daß ich mich in einer türkischen Stadt befand, sah ich hier sehr genau; denn es lungerten wohl an die zwanzig herrenlose Hunde auf diesem Meidan jüdschelikün herum, unter denen mehrere räudig waren. Bei dem Anblick meines Hundes erhoben sie ein wütendes Geheul, dem aber Dojan, wie ein Pascha einem Haufen von Bettlern gegenüber, keine Aufmerksamkeit schenkte.

»Und hier ist das Haus, welches ich meine,« fügte der Agha hinzu.

Er zeigte dabei auf ein Gebäude, das die ganze eine Fronte des Platzes einnahm und gar kein übles Aussehen hatte. Es zeigte nach vorn heraus mehrere Pengdscheri,[1] die mit hölzernen Gitterstäben versehen waren, und um das platte Dach lief ein Schutzgeländer, gewiß ein großer Luxus hier zu Lande.

»Wer wohnt in diesem Hause?« fragte ich.

»Ich selbst, Effendi,« antwortete er.

»Und wem gehört es?«

»Mir.«

»Du hast es gekauft oder gemietet?«

»Keines von beidem. Es war Eigentum des berühmten Ismaïl Pascha und blieb seitdem herrenlos, bis ich es in Besitz nahm. Komm, ich werde dir alles zeigen!«

Dieser wackere Befehlshaber der Arnauten hatte jedenfalls großes Wohlgefallen an meinem Backschisch gefunden. Doch war mir sein Anerbieten sehr willkommen, da ihn seine Stellung befähigte, mir über alles Nötige die gewünschte Auskunft zu geben. Wir stiegen vor dem Hause ab und traten ein. Im Flure

1 Fenster.

140

hockte ein altes Weib, welches Zwiebeln schälte und dabei mit tränenden Augen die abgefallenen Schalen kaute. Ihrem Aussehen nach war sie entweder die Urgroßmutter des ewigen Juden, oder die von dem Tode ganz vergessene Tante von Methusalem.

»Höre, meine süße Mersinah, hier bringe ich dir Männer!« redete er sie in sehr liebenswürdigem Tone an.

Sie konnte uns vor Tränen nicht sehen und wischte sich daher mit der Zwiebel, die sie grad in der Hand hielt, die Augen aus, so daß das Wasser sich verdoppelte.

»Männer?« fragte sie mit einer Stimme, welche dumpf wie die Antwort eines Klopfgeistes aus dem zahnlosen Munde hervorklang.

»Ja, Männer, die in diesem Hause wohnen werden.«

Sie warf die Zwiebeln von sich und sprang mit jugendlicher Schnelligkeit vom Boden auf.

»Wohnen? Hier in diesem Hause? Bist du toll, Selim Agha?«

»Ja, meine liebliche Mersinah, du wirst die Meichanedscha[1] dieser Männer sein und sie bedienen.«

»Wirtin? Bedienen? Allah kerihm! Du bist wirklich verrückt geworden! Habe ich nicht bereits Tag und Nacht zu arbeiten, um nur mit dir allein fertig zu werden! Jage sie fort, fort auf der Stelle; das befehle ich dir!«

Er wurde ein wenig verlegen; das war ihm anzumerken. Die »süße, liebliche« Mersinah schien hier ein sehr kräftiges Szepter zu führen.

»Deine Arbeit soll nicht größer werden, meine Taube. Ich werde ihnen eine Kyzla[2] halten, die sie bedienen wird.«

»Eine Kyzla?« fragte sie, und dabei klang ihre Stimme nicht mehr dumpf und hohl, sondern kreischend und überschnappend, als ob der rosige Mund der lieblichen Taube sich in einen Klarinettenschnabel verwandelt hätte. »Eine Kyzla! Und wohl eine junge, hübsche Kyzla, he?«

»Das kommt auf diese Männer an, Mersinah.«

1 Wirtin.
2 Mädchen, Dienerin.

Sie stemmte die Arme in die Hüften, eine Bewegung, welche dem Oriente ebenso eigentümlich ist, wie dem Abendlande, und holte tief Atem. Dies war ein Zeichen, daß sie einen bedeutenden Luftvorrat brauchen werde, um ihre angestammte Herrschaft mit dem notwendigen Nachdrucke verteidigen zu können.

»Auf diese Männer? Auf mich kommt es an! Hier bin ich Herrin! Hier habe ich allein zu befehlen! Hier habe ich zu bestimmen, was geschehen soll, und ich gebiete dir, diese Männer fortzujagen! Hörst du, Selim Agha? Fort, augenblicklich!«

»Aber es sind ja gar keine Männer, meine einzige Mersinah!«

Mersinah, was im Deutschen Myrte bedeutet, wischte sich die Aeuglein abermals aus und betrachtete uns sehr genau. Ich selbst war etwas erstaunt über diese Behauptung des Agha. Was denn eigentlich sollten wir sein, wenn wir keine Männer waren?

»Nein,« antwortete er. »Es sind keine Männer, sondern Effendis, große Effendis, die unter dem Schutze des Großherrn stehen.«

»Was geht mich der Großherr an! Hier bin ich die Großherrin, die Sultanin Valide, und was ich sage, das – – – «

»Aber so höre doch! Sie werden ein sehr gutes Backschisch geben!«

Backschisch hat im Oriente eine zauberhafte Wirkung; es schien auch hier das richtig erlösende Wort zu sein. Die »Myrte« ließ die Arme sinken, versuchte ein einlenkendes Lächeln, welches aber in ein höhnisches Grinsen ausartete, und wandte sich an Master David Lindsay:

»Ein großes Backschisch? Ist das wahr?«

Der Gefragte schüttelte den Kopf und deutete auf mich.

»Was ist mit diesem?« fragte sie mich. »Ist er übergeschnappt?«

»Nein,« antwortete ich. »Laß dir sagen, wer wir sind, du Seele dieses Hauses! Dieser Mann, den du jetzt fragtest, ist ein sehr frommer Pilger aus Londonistan; er gräbt mit seiner Hacke, die du hier siehst, in die Erde, um die Sprache der Verstorbenen zu belauschen, und hat ein Gelübde getan, kein Wort zu reden, bis er die Erlaubnis dazu hat.«

»Ein Frommer, ein Heiliger, ein Zauberer?« fragte sie erschrocken.

»Ja. Ich warne dich, ihn zu beleidigen! Dieser andere Mann ist der Anführer eines großen Volkes weit im Westen von hier, und ich bin ein Emir derjenigen Krieger, welche die Frauen verehren und Backschisch geben. Du bist die Sultana dieses Hauses. Erlaube uns, es zu besehen, ob wir für einige Tage darinnen wohnen können!«

»Effendi, deine Rede duftet nach Rosen und Nelken; dein Mund ist weiser und klüger als das Maul dieses Selim Agha, der stets vergißt, das Richtige zu sagen, und deine Hand ist wie die Hand Allahs, die Segen spendet. Hast du viele Diener bei dir?«

»Nein, denn unser Arm ist stark genug, uns selbst zu beschützen. Wir haben nur drei Begleiter: einen Diener, einen Khawassen des Mutessarif von Mossul und einen Kurden, welcher noch heute Amadijah wieder verlassen wird.«

»So seid ihr mir willkommen! Seht euch mein Haus und meinen Garten an, und wenn es euch bei mir gefällt, so wird mein Auge über euch wachen und leuchten!«

Sie wischte sich die »Wachenden« und »Leuchtenden« abermals aus und sammelte dann die Zwiebeln vom Boden auf, um uns den Weg zu ebnen. Der tapfere Agha der Arnauten schien mit diesem Ausgange sehr zufrieden zu sein. Er brachte uns zunächst nach einer Stube, welche ihm als Wohnung diente. Sie war sehr geräumig und hatte als einziges Möbel einen alten Teppich, der als Sofa, Bett, Stuhl und Tisch gebraucht wurde. An den Wänden hingen einige Waffen und Tabakspfeifen, und auf dem Boden stand eine Flasche, in deren Nähe einige hohle Eierschalen zu sehen waren.

»Ich heiße euch willkommen, ihr Herren,« meinte er. »Laßt uns den Trunk der Freundschaft tun!«

Er bückte sich, um die Flasche nebst den Schalen aufzuheben, und gab von den letzteren einem jeden von uns eine in die Hand. Dann schenkte er ein. Es war Raki. Wir tranken aus den hühnerognostischen Pokalen, er aber setzte die Flasche selbst an den Mund und nahm sie nicht eher wieder fort, bis er die beruhigende Ueberzeugung hatte, daß das scharfe, schwefelsaure Getränk der Bouteille keinen chemischen Schaden mehr tun könne. Dann nahm er uns die Schalen aus der Hand, sog das heraus, was wir noch drin gelassen hatten, und legte sie sehr behutsam auf den Boden nieder.

»Kendim idschad eter – meine eigne Erfindung!« meinte er stolz. »Wundert ihr euch, daß ich keine Gläser habe?«

»Du wirst diese schöne Erfindung den Gläsern vorziehen,« antwortete ich.

»Ich ziehe sie vor, weil ich keine Gläser habe. Ich bin Agha der Albanesen und habe als Sold und Taim monatlich dreihundertdreißig Piaster[1] zu bekommen; aber ich warte bereits seit elf Monaten auf dieses Geld. Allah kerihm; Padischah kendisi onu kullar – Gott ist gnädig, und der Sultan braucht es selber!«

Da durfte ich mich allerdings nicht darüber wundern, daß das Wort Backschisch für ihn eine nachhaltige Bedeutung hatte.

Er führte uns nun in dem Hause herum. Es war geräumig gebaut, aber doch auch bereits in Verfall geraten. Wir nahmen uns vier Zimmer, eins für jeden von uns und eins für Halef und den Baschi-Bozuk. Der Preis war gering, fünf Piaster, also eine Mark pro Woche für die Stube.

»Wollt ihr auch den Garten sehen?« fragte er dann.

»Natürlich! Ist er schön?«

»Sehr schön; so schön, wie die Gärten des Paradieses! Du siehst da allerlei Bäume, Kräuter und Gräser, die ich gar nicht kenne. Bei Tage leuchtet über ihm die Sonne, und des Nachts glänzen die Augen der Sterne auf ihn herab. Er ist sehr schön!«

»Regnet es auch auf ihn nieder?« fragte ich belustigt.

»Wenn es regnet, erhält er auch sein Teil; ja, es ist zuweilen sogar Schnee auf ihn gefallen. Komm und siehe!«

Im Hofe gab es einen Schuppen, den wir für die Pferde mieteten. Auch er kostete eine Mark. Der Garten maß ungefähr vierzig Schritte im Gevierte, war also sehr unbedeutend. Ich sah eine verkrüppelte Zypresse und einen wilden Apfelbaum. Die »allerlei Kräuter und Gräser« bestanden einfach aus wildem Kendir,[2] ausgewucherter Madanos[3] und einigen notorisch armen

---

1 66 Mark.
2 Hanf.
3 Petersilie.

Gänseblümchen. Das größte Wunder dieses Gartens aber war ein Beet, auf welchem Soghani,[1] Sarmysak,[2] Kedilan,[3] eine Stachelbeere, mehrere Pilsenkräuter und einige verblühte Veilchen in lieblicher Eintracht nebeneinander verhungerten.

»Bir güzel bagtsche – ein schöner Garten! Nicht wahr?« fragte der Agha, indem er eine gewaltige Tabakswolke auspuffte.

»Güzel-zorli – gewaltig schön!« entgegnete ich.

»Pek bereketli – sehr fruchtbar!«

»Ghajet bereketli – äußerst fruchtbar!«

»Ile tschok güzel dikekler – und viele schöne Pflanzen! Nicht?«

»Syz sajyjü – ohne Zahl!«

»Weißt du, wer hier gewandelt hat?«

»Wer?«

»Die schönste Rose von Kurdistan. Hast du niemals von Esma Khan gehört, der keine andere an Schönheit gleich gekommen ist?«

»Sie war das Weib von Ismaïl Pascha, dem letzten erblichen Sohne der abbassidischen Kalifen?«

»Ja; du weißt es. Sie führte den Ehrentitel ›Khan‹, wie alle Frauen dieser erlauchten Familie. Er wurde, nämlich Ismaïl Pascha, von dem Indscheh Bairakdar Mohammed Pascha belagert; dieser sprengte die Mauern des Schlosses, welches dann im Sturm genommen wurde. Darauf ging Ismaïl mit Esma Khan als Gefangener nach Bagdad. Hier hat sie gelebt und geduftet. Emir, ich wollte, sie wäre noch hier!«

»Hat sie auch diese Petersilie und diesen Knoblauch gepflanzt?«

»Nein,« antwortete er sehr ernsthaft; »das hat Mersinah, meine Wirtschafterin, getan.«

»So danke Allah, daß du an Stelle von Esma Khan diese süße Mersinah bei dir hast!«

»Effendi, sie ist zuweilen sehr bitter!«

1 Zwiebeln.
2 Knoblauch.
3 Katzenkraut.

»Darüber darfst du nicht murren, denn Allah teilt die Gaben sehr verschieden aus. Und daß du den Duft dieser ›Myrte‹ atmen sollst, das stand ja wohl im Buche verzeichnet.«

»So ist es! Aber sage mir, Emir, ob du diesen Garten pachten willst!«

»Wie viel verlangst du dafür?«

»Du bezahlst mir zehn Piaster[1] für die Woche. Dann dürft ihr alle in den Garten gehen und an die Esma Khan denken, so oft ihr wollt!«

Ich zögerte mit der Antwort. Der Garten stieß an die Rückwand eines Gebäudes, in welcher ich zwei Reihen kleiner Löcher bemerkte. Das sah mir recht gefängnismäßig aus. Ich mußte mich erkundigen:

»Ich glaube nicht, daß ich diesen Garten mieten werde.«

»Warum nicht?«

»Weil mich diese Mauer stört.«

»Diese Mauer? Warum, Effendi?«

»Ich liebe es nicht, in der Nähe eines Gefängnisses zu sein.«

»Oh, die Leute, welche da drinnen stecken, können dich nicht stören. Ihre Löcher sind so tief, daß sie diese kleinen Fenster gar nicht erreichen können.«

»Ist dies das einzige Gefängnis in Amadijah?«

»Ja. Das andere ist eingefallen. Mein Tschausch[2] hat die Aufsicht über die Gefangenen.«

»Und du glaubst, daß mich diese nicht stören werden?«

»Du wirst nichts von ihnen sehen und keinen Laut von ihnen hören.«

»So werde ich dir die zehn Piaster geben. Du hast also in Summa für die Woche fünfunddreißig Piaster von uns zu bekommen. Erlaube, daß ich dich für die erste Woche jetzt gleich bezahle!«

Er schmunzelte bei diesem Anerbieten vor Vergnügen im ganzen Gesichte. Der Engländer bemerkte, daß ich in die Tasche griff, um zu bezahlen. Er schüttelte den Kopf, zog seine eigne

1 Zwei Mark.
2 Sergeant.

146

Börse hervor und reichte sie mir. Er konnte eine kleine Erleichterung derselben recht wohl verschmerzen; darum nahm ich drei Mahbub-Zechinen hervor und gab sie dem Agha.

»Hier nimm! Das übrige ist Bakschisch für dich.«

Das war mehr als das Doppelte von dem, was er zu erhalten hatte; darum machte er ein sehr vergnügtes Gesicht und meinte respektvoll:

»Emir, der Kuran sagt: ›Wer doppelt gibt, dem wird es Allah hundertfach segnen.‹ Allah ist dein Schuldner; er wird es dir reichlich vergelten!«

»Wir brauchen nun Teppiche und Pfeifen für unsere Zimmer. Wo kann man diese geliehen bekommen, Agha?« fragte ich ihn.

»Herr, wenn du noch zwei solche Goldstücke gibst, wirst du alles erhalten, was dein Herz begehrt.«

»Hier hast du sie!«

»Ich eile, um euch zu bringen, was du brauchst.«

Wir verließen den Garten. Im Hofe stand Mersinah, die Seele des Palastes. Ihre Hände waren jetzt von Ruß geschwärzt. Sie rührte mit dem Zeigefinger in einem Gefäße voll zerlassener Butter.

»Emir, wirst du die Zimmer nehmen?« erkundigte sie sich.

Bei dieser Frage mochte ihr einfallen, daß der Finger kein integrierender Teil des Napfes sei; sie zog ihn also heraus und strich ihn sehr behutsam an der herausgestreckten Zunge ab.

»Ich werde sie behalten; auch den Schuppen und den Garten.«

»Er hat bereits alles bezahlt,« bemerkte der Agha nachdrücklich.

»Wie viel?« fragte sie.

»Fünfunddreißig Piaster für die erste Woche.«

Von dem Backschisch sagte der Schalk nichts. Ob er wohl auch in dieser Beziehung unter dem Paputsch[1] seiner »Myrte« stand? Ich nahm noch eine Mahbub-Zechine[2] aus der Börse und gab sie ihr.

---

1 Pantoffel.
2 Ungefähr fünf Mark.

»Hier nimm, du Perle der Gastfreundschaft! Das ist das erste Bakschisch für dich. Wenn wir mit dir zufrieden sind, wirst du mehr erhalten.«

Sie griff höchst eilfertig zu und steckte das Geld in ihren Gürtel.

»Ich danke dir, o Herr! Ich werde darüber wachen, daß du dich in meinem Hause so wohl befindest, wie im Schoße des Erzvaters Ibrahim. Ich sehe, daß du der Emir der tapfern Krieger bist, welche die Frauen verehren und Bakschisch geben. Geht hinauf in eure Zimmer! Ich werde euch einen steifen Pirindsch machen, mit sehr viel zerlassener Butter darüber!«

Dabei fuhr sie selbstvergessen und »in der Gewohnheit holder Sitte« mit dem Finger wieder in den Napf und begann von neuem zu rühren. Ihr Anerbieten war ein sehr leutseliges, aber – brrrr!

»Deine Güte ist groß,« antwortete ich, »aber wir haben leider keine Zeit, sie anzunehmen, da wir jetzt ausgehen müssen.«

»Aber du wünschest doch, daß ich die Speisen für euch bereite, Emir?«

»Du sagtest doch, daß du Tag und Nacht zu arbeiten hättest, um nur den Agha zu bedienen; wir dürfen dich also nicht noch mehr belästigen. Uebrigens steht zu erwarten, daß wir oft zu Tische geladen werden, und wenn dies nicht der Fall ist, so werden wir unser Essen beim Jemegidschi[1] holen lassen.«

»Aber das Ehrenmahl darfst du mir doch nicht versagen!«

»Nun wohl, so siede uns einige Eier; etwas anderes dürfen wir heute nicht essen.«

Das war das einzige, was man füglicherweise aus den Händen der zarten »Myrte« genießen konnte.

»Eier? Ja, die sollst du haben, Effendi,« antwortete sie geschäftig; »aber wenn ihr sie esset, so schonet der Schalen, denn Agha Selim gebraucht sie als Becher, und dieser Unvorsichtige ist so unbedachtsam, sie alle zu zerbrechen.«

Wir zogen uns für kurze Zeit in unsere Räume zurück, in denen der Agha bald mit den Decken, Teppichen und Pfeifen

---

1 Speisenwirt.

erschien, die er sich bei den betreffenden Händlern ausgeliehen hatte. Sie waren neu und darum reinlich, so daß wir zufrieden sein konnten. Dann erschien Mersinah mit dem Deckel einer alten Holzschachtel, welcher als Präsentierteller diente. Auf demselben befanden sich die Eier, welche uns zum Ehrenmahle dienen sollten. Daneben lagen einige halb verbrannte Teigfladen und – auch der berühmte Butternapf stand dabei, umgeben von einigen Eierschalen, in denen sich schmutziges Salz, grob gestoßener Pfeffer und ein sehr zweifelhafter Kümmel befand. Messer oder Eierlöffel gab es natürlich nicht.

Diese lukullische Empfangsgasterei, zu welcher wir die Höflichkeit hatten, auch Mersinah einzuladen, wurde bald und glücklich überwunden. Sie bedankte sich höflichst für die ihr erwiesene, nie geahnte Ehre und ging mit ihrem »Alfenidegeschirr« in die Küche. Auch der Agha erhob sich.

»Weißt du, Herr, wohin ich jetzt gehen werde?« fragte er.

»Ich werde es wohl hören.«

»Zum Mutesselim. Er soll erfahren, was du für ein vornehmer Emir bist, und wie dich der Aufseher seines Palastes behandelt hat.«

Er vollendete sein dienstliches Aeußere dadurch, daß er sich die Reste der zerlassenen Butter, welche er mit Mersinah allein genossen hatte, aus dem Schnurrbart strich, und brach auf. Jetzt waren wir allein.

»Darf ich reden, Sir?« fragte jetzt Lindsay.

»Ja, Master.«

»Kleider kaufen!«

»Jetzt?«

»Ja.«

»Rotkarierte?«

»Natürlich!«

»So wollen wir zum Basar gehen!«

»Aber ich nicht reden! Ihr müßt kaufen, Sir. Hier Geld!«

»Kaufen wir uns nur Kleider?«

»Was noch?«

»Einiges Geschirr, welches wir brauchen und klugerweise dem Agha oder der Haushälterin zum Geschenk machen können.

Sodann Tabak, Kaffee und ähnliche Dinge, die sich nicht gut entbehren lassen.«

»*Well;* bezahle alles!«

»Wir werden uns zunächst Eurer Börse bedienen und sodann miteinander abrechnen.«

»Pshaw! Bezahle alles! Abgemacht!«

»Gehe ich mit?« fragte Mohammed.

»Wie du willst. Nur denke ich, daß du besser tust, dich so wenig wie möglich sehen zu lassen. In Spandareh hat man dich auch als einen Haddedihn erkannt, gar nicht gerechnet, daß du deinem Sohne sehr ähnlich siehst, was mir auch der dortige Dorfälteste versicherte.«

»So bleibe ich zurück!«

Wir brannten unsere Dschibuks an und gingen. Der Hausflur war mit Rauch erfüllt, und in der Küche hustete die »Myrte«. Als sie uns bemerkte, kam sie für einen Augenblick hervor.

»Wo sind unsere Leute?« fragte ich sie.

»Bei den Pferden. Du willst gehen?«

»Wir begeben uns nach dem Basar, um einiges einzukaufen. Laß dich nicht stören, du Hüterin der Küche. Dort läuft dir das Wasser über.«

»Laß es laufen, Herr. Das Essen wird dennoch fertig!«

»Das Essen? Kochst du es in diesem großen Kessel?«

»Ja.«

»So ist es jedenfalls nicht für dich und Selim Agha?«

»Nein. Ich habe für die Gefangenen zu kochen.«

»Ah! Die sich nebenan befinden?«

»Ja.«

»Gibt es viele solche Unglückliche in dem Hause?«

»Noch nicht zwanzig.«

»Die sind alle aus Amadijah?«

»O nein. Es sind mehrere arnautische Soldaten, die sich vergangen haben, einige Chaldäer, ein Kurde, ein paar Einwohner von Amadijah und ein Araber.«

»Ein Araber? Araber gibt es hier ja gar nicht!«

»Er wurde von Mossul gebracht.«

»Was bekommen sie zu essen?«

»Brotfladen, die ich backe, und dann des Mittags oder des Nachmittags, ganz wie es mir paßt und gefällt, dieses warme Essen.«

»Worin besteht es?«

»Mehl in Wasser gequirlt.«

»Wer bringt es ihnen?«

»Ich selbst. Der Sergeant öffnet mir die Löcher. Hast du schon einmal ein Gefängnis gesehen, Emir?«

»Nein.«

»Wenn du es sehen willst, so darfst du es mir nur sagen; ich nehme dich mit.«

»Der Sergeant würde es mir nicht erlauben!«

»Er erlaubt es dir, denn ich bin seine Herrin.«

»Du?«

»Ja. Bin ich nicht die Herrin seines Agha?«

»Das ist wahr! Ich werde mir einmal überlegen, ob es sich für die Würde eines Emir schickt, ein Gefängnis zu besuchen und denen, welche dies erlauben, ein gutes Bakschisch zu geben.«

»Es schickt sich, Herr; es schickt sich sehr. Du wirst vielleicht deine Gnade leuchten lassen auch über die Gefangenen, daß sie mir einige Speisen und auch Tabak abkaufen können, was sie sonst nicht haben!«

Nichts konnte mir lieber sein als die Erfahrung, welche ich hier machte; aber ich war so vorsichtig, eingehendere Fragen jetzt noch zu vermeiden, da ich durch dieselben leicht hätte Verdacht erregen können. Halef, der Buluk Emini und der Kurde aus Spandareh wurden gerufen, uns zu begleiten; dann gingen wir.

Die Basars waren wie ausgestorben. Kaum daß wir eine Kaffeeschenke fanden, wo uns ein Trank gereicht wurde, der mir sehr nach gebrannten Gerstenkörnern schmeckte. Dort erfuhren wir auch, was die Ursache der jetzigen Leblosigkeit in Amadijah war. Trotz der hohen und freien Berge dieser Stadt ist sie nämlich außerordentlich ungesund, so daß sich bei Anbruch der wärmeren Jahreszeit schleichende Fieber erzeugen. Dann verlassen die Einwohner den Ort und begeben sich in die benachbarten Wälder, um dort in Sommerwohnungen zu leben, welche Jilaks genannt werden.

Nachdem wir den mysteriösen Trank überwunden und uns die Pfeifen neu gestopft hatten, begaben wir uns auf den Kleiderhandel. Der Kaffeewirt hatte uns einen Ort beschrieben, an dem wir das Gesuchte finden könnten. Der Handel wurde unter der schweigsamen Assistenz des Engländers und zu seiner sichtbaren Befriedigung abgeschlossen. Er erhielt ein vollständiges, rot und schwarz kariertes Gewand für einen verhältnismäßig billigen Preis. Dann wurden auch die übrigen Einkäufe besorgt und die Diener mit denselben nach Hause geschickt. Der Kurde erhielt als Geschenk einen perlengestickten und gefüllten Tabaksbeutel, den er mit stolzer Genugtuung sofort an seinem Gürtel befestigte, damit dieser Beweis seiner männlichen Würde jedermann in die Augen falle.

Nun begann ich mit dem Engländer allein einen Gang durch die Stadt, um dieselbe einigermaßen kennen zu lernen, und erhielt die Ueberzeugung, daß diese einst so wichtige Grenzfestung, auf welche die Türken auch heute noch einen nicht geringen Wert legen, von einigen hundert unternehmenden Kurden leicht überrumpelt werden könne. Die wenigen Soldaten, welche wir trafen, sahen hungrig und fieberkrank aus, und die Verteidigungswerke befanden sich in einem Zustande, der ihnen alles Recht auf diesen Namen raubte.

Als wir heimkehrten, wartete der Agha bereits meiner.

»Emir, ich harre schon lange auf dich.«

»Warum?«

»Ich soll dich zum Mutesselim bringen.«

»Bringen?« fragte ich mit lächelnder Betonung dieses Wortes.

»Nein, sondern begleiten. Ich habe ihm alles erzählt und diesem Aufseher des Palastes die Fäuste unter die Nase gehalten. Allah beschützte ihn, sonst hätte ich ihn vielleicht gar getötet oder erwürgt!«

Dabei rollte er die Augen und bog die zehn Finger wie Zangen zusammen.

»Was sagte der Kommandant?«

»Emir, soll ich die Wahrheit sagen?«

»Ich erwarte das!«

»Er ist nicht erfreut über deinen Besuch.«

»Ah! Warum nicht?«

»Er liebt die Fremden nicht und empfängt überhaupt sehr selten Besuche.«

»Ist er ein Einsiedler?«

»Nein. Aber er bekommt als Kommandant neben freier Wohnung monatlich sechstausendsiebenhundertachtzig Piaster, und es geht ihm, wie uns allen: er hat seit elf Monaten nichts erhalten und weiß nicht, was er essen und trinken soll. Kann er sich da freuen, wenn er wichtige Besuche erhält?«

»Ich will ihn sehen und sprechen, aber nicht bei ihm essen!«

»Das geht nicht. Er muß dich standesgemäß und würdig empfangen, und darum hat er die – die – – – «

Er wurde verlegen.

»Was? Die – die – – – ?«

»Die hiesigen Juden zu sich kommen lassen, um fünfhundert Piaster von ihnen zu leihen. Das braucht er, um zu kaufen, was er zu deinem Empfange nötig hat.«

»Sie haben es ihm gegeben?«

»Allah illa Allah; sie hatten selbst nichts mehr, denn sie haben ihm bereits alles geben müssen. Nun hat er sich einen Hammel geborgt und noch vieles dazu. Das ist sehr schlimm, besonders für mich, Emir!«

»Warum für dich?«

»Weil ich ihm diese fünfhundert Piaster leihen oder – oder – – – «

»Nun, oder – – – «

»Oder dich fragen muß, ob du – du – – – «

»Sprich doch weiter, Agha!«

»Ob du reich bist. Oh, Emir, ich hätte ja selbst auch keinen einzigen Para, wenn du mir heute nichts gegeben hättest! Und davon habe ich an Mersinah fünfunddreißig Piaster geben müssen!«

Zu meinem Empfange dem Mutesselim fünfhundert Piaster borgen, das heißt so viel wie schenken! Das waren ungefähr hundert Mark. Hm, ich war ja durch das Geld, welches ich bei dem Tiere von Abu Seïf gefunden hatte, nicht ganz mittellos, und für unsern Zweck konnte das Wohlwollen des Mutesselim von großem Vorteile sein. Fünfhundert Piaster konnte ich allenfalls geben, und ebensoviel rechnete ich auf Master Lindsay, der für ein Abenteuer sehr gern diese für ihn so geringfügige Summe verausgabte. Daher begab ich mich in die Stube des Engländers, während der Agha auf mich warten mußte.

Sir David war grad mit dem Umkleiden beschäftigt. Sein langes Angesicht strahlte vor Vergnügen.

»Master, wie sehe ich aus?« fragte er.

»Ganz Kurde!«

»*Well;* gut, sehr gut! Ausgezeichnet! Aber wie wickeln Turban?«

»Gebt her das Zeug!«

Er hatte in seinem Leben noch kein Turbantuch in der Hand gehabt. Ich setzte ihm die Mütze auf das strahlende Haupt und schlang ihm das rotschwarze Zeug kunstvoll um dieselbe herum. So brachte ich einen jener riesigen Turbane fertig, wie sie hierzulande von Würdenträgern und vornehmen Männern getragen werden. Eine solche Kopfbedeckung hat oft vier Fuß im Durchmesser.

»So, nun ist ein kurdischer Großkhan fertig!«

»Vortrefflich! Herrlich! Schönes Abenteuer! Amad el Ghandur befreien! Alles bezahlen, sehr gut bezahlen!«

»Ist dies Euer Ernst, Sir?«

»Warum nicht Ernst?«

»Ich weiß allerdings, daß Ihr sehr wohlhabend seid und das zur richtigen Zeit auch anzuwenden wißt – – – «

Er blickte mich schnell und forschend an und fragte dann:

»Wollt Geld haben?«

»Ja,« antwortete ich einfach.

»*Well;* sollt es bekommen! Für Euch?«

»Nein. Ich hoffe, daß Ihr mich nicht von einer solchen Seite kennen gelernt habt!«

»Ist richtig, Sir! Also für wen?«

»Für den Mutesselim.«

»Ah! Warum? Wozu?«

»Dieser Mann ist sehr arm. Der Sultan schuldet ihm seit elf Monaten sein Gehalt. Aus diesem Grunde hat er jedenfalls das bekannte System aller türkischen Beamten angewandt und die hiesige Bewohnerschaft so ziemlich ausgesaugt. Nun hat niemand mehr etwas, und kein Mensch kann ihm borgen. Deshalb bringt ihn mein Besuch in große Verlegenheit. Er muß mich gastlich empfangen und besitzt die dazu nötigen Mittel nicht. Darum hat er sich einen Hammel und verschiedenes andere geborgt und läßt mich unter der Hand fragen, ob ich reich genug bin, ihm fünfhundert Piaster zu leihen. Das ist nun allerdings ganz türkisch gehandelt, und auf das Zurückerstatten darf man nicht rechnen. Da es aber für uns sehr nötig ist, eine freundliche Gesinnung in ihm zu erwecken, so habe ich beschlossen – – – «

Er unterbrach mich mit einer schnellen Handbewegung.

»Gut! Sollt eine Hundertpfundnote haben!«

»Das ist zu viel, Sir! Das wären ja nach dem Kurse von Konstantinopel elftausend Piaster! Ich will ihm fünfhundert Piaster geben und ersuche Euch, dieselbe Summe hinzuzufügen. Er kann damit zufrieden sein.«

»Tausend Piaster! Zu wenig! Habe ja Araber-Scheiks seidenes Gewand geschenkt! Möchte ihn auch sehen. Wenn mit darf, dann alles bezahlen; Ihr nichts geben!«

»Mir soll es recht sein.«

»So sagt Agha, er soll uns machen lassen!«

»Und was werden wir machen?«

»Unterwegs Geschenk kaufen; Geld hinein stecken.«

»Aber nicht zuviel, Sir!«

»Wie viel? Fünftausend Piaster?«

»Zweitausend ist mehr als genug!«

»*Well;* also zweitausend! Fertig!«

Ich kehrte zu Selim Agha zurück.

»Sage dem Kommandanten, daß ich mit einem von meinen Begleitern kommen werde!«

»Wann?«

»In kurzem.«

»Deinen Namen kennt er bereits; welchen Namen soll ich ihm noch sagen?«

»Hadschi Lindsay-Bey.«

»Hadschi Lindsay-Bey. Gut! Und die Piaster, Emir?«

»Wir bitten um die Erlaubnis, ihm ein Geschenk mitbringen zu dürfen.«

»Dann muß er Euch auch eins geben!«

»Wir sind nicht arm; wir haben alles, was wir brauchen, und werden uns am meisten freuen, wenn er uns nichts als seine Freundschaft schenkt. Sage ihm das!«

Er ging getröstet und zufriedengestellt davon.

Bereits nach fünf Minuten saß ich mit dem Engländer zu Pferde; ich hatte ihm eingeschärft, ja kein Wort zu sprechen. Halef und der Buluk folgten uns. Den Kurden hatten wir mit dem geliehenen Gewande und vielen Grüßen nach Spandareh zurückgeschickt. Wir ritten durch die Basars, wo wir gesticktes Zeug zu einem Feierkleide und eine hübsche Börse kauften, in welche der Engländer zwanzig goldene Medschidje zu je hundert Piaster legte. In solchen Dingen war mein guter Master Lindsay nie ein Knauser; das hatte ich zu meinem Vorteile sehr oft erfahren.

Nun ritten wir nach dem Palast des Kommandanten. Vor demselben standen etwa zweihundert Albanesen in Parade, angeführt von zwei Mulasim unter dem Kommando unsers tapfern Selim Agha. Er zog den Sarras und kommandierte:

»Ajagda duryn dykatli – steht genau!«

Sie gaben sich herzliche Mühe, diesem Verlangen nachzukommen, bildeten aber doch eine Art Schlangenlinie, die am Ende der Aufstellung in einen sehr gebogenen Schwanz auslief.

»Tschalghy! Islik tscharyn! – Musik! Pfeift!«

Drei Flöten begannen zu wimmern, und eine türkische Trommel forcierte einen Wirbel, der wie das Leiern einer Kaffeemühle klang.

»Daha giöre! Kuwetlirek! – lauter, stärker!«

Der gute Agha rollte dabei die Augen nach der geschwindesten Ziffer von Melzels Metronom; die Musikanten taten es ihm nach, und während dieses künstlerischen und für uns sehr schmeichelhaften Empfanges ritten wir vor den Eingang, um abzusteigen. Die beiden Leutnants ritten herbei und hielten uns

156

die Steigbügel. Ich griff in die Tasche und gab jedem von ihnen ein silbernes Zehnpiasterstück. Sie steckten es befriedigt zu sich, ohne im geringsten in ihrer Offiziersehre verletzt zu sein. Der türkische subalterne Offizier ist, besonders in entlegenen Garnisonen, selbst heute noch der Diener seines nächst höheren Vorgesetzten und stets gewohnt, sich als solchen betrachten zu lassen.

Dem Agha gab ich das Zeug und die Börse.

»Melde uns an, und gib dem Kommandanten dieses Geschenk!«

Er ging würdevoll voran, und wir folgten. Unter dem Tore stand der Nazardschi des Palastes. Er empfing uns jetzt ganz anders als beim ersten Male. Er kreuzte die Arme über der Brust, verbeugte sich tief und murmelte demütig:

»Bendeniz el öpir; aghamin size selami wer – Euer Diener küßt die Hand; mein Herr läßt sich Euch empfehlen!«

Ich schritt an ihm vorüber, ohne ihm zu antworten, und auch Lindsay tat, als habe er ihn gar nicht bemerkt. Ich muß gestehen, daß mein Master Fowling-bull trotz der schreienden Farbe seines Anzuges einen ganz respektablen Eindruck machte. Der Anzug paßte, wie für ihn gemacht, und das Bewußtsein, ein Engländer und dazu auch reich zu sein, gab seiner Haltung eine Sicherheit, die hier ganz am Platze war.

Der Aufseher nahm trotz seiner offenen Mißachtung doch den Vortritt und führte uns eine Treppe empor in einen Raum, der das Vorzimmer zu bilden schien. Dort saßen die Beamten des Kommandanten auf armseligen Teppichen. Sie erhoben sich bei unserm Eintritte und begrüßten uns ehrfurchtsvoll. Es waren meist Türken und einige Kurden dabei. Die letztern machten, wenigstens in Beziehung auf ihr Aeußeres, einen viel besseren Eindruck als die ersteren, die sich in keiner so guten wirtschaftlichen Lage zu befinden schienen. An einer der Fensteröffnungen stand ein Kurde, den man sofort für einen freien Mann der Berge halten mußte. Er schaute mit finsterer, ungeduldiger Miene hinaus ins Freie. Einer der Türken trat auf mich zu:

»Du bist der Emir Hadschi Kara Ben Nemsi, den der Muteselim erwartet?«

»Ich bin es.«

157

»Und dieser Effendi ist Hadschi Lindsay-Bey, welcher das Gelübde getan hat, nicht zu sprechen?«

»Ja.«

»Ich bin der Basch Kiatib[1] des Kommandanten. Er läßt dich bitten, einige Augenblicke zu warten.«

»Warum? Ich bin nicht gewohnt, zu warten, und er hat gewußt, daß ich komme!«

»Er hat eine wichtige Abhaltung, die nicht lange währen wird.«

Was dies für eine wichtige Abhaltung war, konnte ich bald bemerken. Nämlich ein Diener kam äußerst eilfertig aus dem Zimmer des Mutesselim gestürzt und kehrte nach einiger Zeit mit zwei Büchsen zurück, auf denen die Deckel fehlten. Die größere enthielt Tabak und die kleinere gebrannte Kaffeebohnen. Der Kommandant hatte diese notwendigen Sachen erst nach Empfang unseres Geldes holen lassen können. Vor der Rückkehr seines Dieners trat der Agha aus dem Zimmer des Mutesselim.

»Effendi, verziehe noch einen Augenblick! Du wirst sofort eintreten können!«

Da wandte sich der am Fenster stehende Kurde zu ihm:

»Und wann endlich werde ich eintreten dürfen?«

»Du wirst noch heute vorgelassen.«

»Noch heute? Ich bin eher dagewesen als dieser Effendi, und auch eher als alle diese andern. Meine Sache ist notwendig, und ich muß noch heute wieder aufbrechen!«

Selim Agha rollte die Augen.

»Diese Effendis sind ein Emir und ein Bey, du aber bist nur ein Kurde. Du kommst erst nach ihnen!«

»Ich habe ein gleiches Recht wie sie, denn ich bin der Abgesandte eines tapfern Mannes, der auch ein Bey ist!«

Das freimütige furchtlose Wesen dieses Kurden gefiel mir ungemein, obgleich seine Beschwerde indirekt gegen mich gerichtet war. Den Agha aber schien sie außerordentlich zu erzürnen; denn er begann seinen Augenwirbel von neuem und antwortete:

»Du kommst erst später daran, und vielleicht auch gar nicht. Wenn dir das nicht gefällt, so kannst du gehen! Dir ist ja nicht

---

1 Gerichtsschreiber.

einmal das Notwendigste bekannt, um vor einem großen, einflußreichen Manne erscheinen zu dürfen!«

Ah, der Kurde hatte also das »Notwendigste«, nämlich das Bakschisch, vergessen. Er ließ sich aber nicht einschüchtern, sondern antwortete:

»Weißt du, was das Notwendigste für einen Berwarikurden ist? Dieser Säbel ist es!« Dabei schlug er an den Griff der genannten Waffe. »Willst du eine Probe davon versuchen? Mich sendet der Bey von Gumri; es ist eine Beleidigung für ihn, wenn ich immer von neuem wieder zurückgesetzt werde und warten muß, und er wird wissen, was er darauf zu erwidern hat. Ich gehe!«

»Halt!« rief ich.

Er befand sich bereits an der Türe. Der Bey von Gumri, an den mich der Aelteste von Spandareh adressiert hatte? Das war eine vortreffliche Gelegenheit, mich vorteilhaft bei ihm anzumelden.

»Was willst du?« fragte er barsch.

Ich schritt auf ihn zu und hielt ihm die Hand entgegen.

»Ich will dich begrüßen, denn das ist ebenso, als ob dein Bey meinen Gruß hörte.«

»Kennst du ihn?«

»Ich habe ihn noch nicht gesehen, aber man hat mir von ihm erzählt. Er ist ein sehr tapferer Krieger, dem meine Achtung gehört. Willst du mir eine Botschaft an ihn ausrichten?«

»Ja, wenn ich es kann.«

»Du kannst es. Aber vorher werde ich dir beweisen, daß ich den Bey zu ehren weiß: Du sollst vor mir zum Mutesselim eintreten dürfen.«

»Ist dies dein Ernst?«

»Mit einem tapferen Kurden scherzt man nie.«

»Hört ihr es?« wandte er sich zu den andern. »Dieser fremde Emir hat gelernt, was Höflichkeit und Achtung bedeutet. Aber ein Berwari kennt die Sitte ebenso.« Und zu mir gerichtet, fügte er hinzu: »Herr, ich danke dir; du hast mir mein Herz erfreut! Aber ich werde nun gern warten, bis du mit dem Mutesselim gesprochen hast.«

Jetzt war er es, der mir die Hand entgegenstreckte. Ich schlug ein.

»Ich nehme es an, denn ich weiß, daß du nicht lange zu warten haben wirst. Aber sage mir, ob du nach deiner Unterredung mit dem Kommandanten so viel Zeit hast, zu mir zu kommen!«

»Ich werde kommen und dann etwas schneller reiten. Wo wohnest du?«

»Ich wohne hier bei Selim Agha, dem Obersten der Arnauten.«

Er trat mit einer zustimmenden Kopfbewegung zurück, denn der Diener öffnete die Türe, um mich und Lindsay eintreten zu lassen.

Das Zimmer, in welches wir gelangten, war mit einer alten verschossenen Papiertapete bekleidet und hatte an seiner hintern Wand eine kaum fußhohe Erhöhung, die mit einem Teppiche belegt war. Dort saß der Kommandant. Er war ein langer, hagerer Mann mit einem scharfen, wohl frühzeitig gealterten Angesichte. Sein Blick war verschleiert und nicht Vertrauen erweckend. Er erhob sich bei unserem Eintritte und bedeutete uns durch eine Bewegung seiner Hände, zu beiden Seiten von ihm Platz zu nehmen. Mir fiel dies nicht schwer; Master Lindsay aber hatte einige Mühe, sich mit gebogenen Beinen in jene Stellung zu bringen, welche die Türken »Ruhen der Glieder« nennen. Wer sie nicht gewöhnt ist, dem schlafen die unteren Extremitäten sehr bald ein, so daß man dann gezwungen ist, sich wieder zu erheben. Ich mußte also aus Rücksicht auf den Engländer dafür sorgen, daß die Unterhaltung nicht gar zu lange daure.

»Chosch geldin demek; ömriniz tschok ola – seid mir willkommen; euer Leben möge lang sein!« empfing uns der Kommandant.

»Grad so, wie das deinige,« antwortete ich ihm. »Wir sind von fern her gekommen, um dir zu sagen, daß wir uns freuen, dein Angesicht zu sehen. Möge Segen in deinem Hause wohnen und jedes Werk gelingen, das du unternimmst!«

»Auch euch wünsche ich Heil und Erfolg in allem, was ihr tut! Wie heißt das Land, das deinen Tag gesehen hat, Emir?«

»Germanistan.«

»Hat es einen großen Sultan?«

»Es hat sehr viele Padischahs.«

»Und wie viele Krieger?«

»Wenn die Padischahs von Germanistan ihre Krieger versammeln, so sehen sie mehrere Millionen Augen auf sich gerichtet.«

»Ich habe dieses Land noch nicht gesehen, aber es muß ein großes und ein berühmtes sein, da du unter dem Schutze des Großherrn stehest.«

Dies war natürlich ein Wink, mich zu legitimieren. Ich tat es sogleich:

»Dein Wort ist richtig. Hier hast du das Bu-djeruldi des Padischah!«

Er nahm es, drückte es an Stirn, Mund und Brust und las es.

»Hier lautet doch dein Name anders als Kara Ben Nemsi!«

Ah, das war fatal! Der Umstand, daß ich den mir von Halef gegebenen Namen hier beibehalten hatte, konnte uns schädlich werden; doch faßte ich mich schnell und meinte:

»Willst du mir einmal den Namen vorlesen, der hier auf dem Pergamente steht?«

Er versuchte es, aber es wollte ihm nicht recht gelingen. Und über den Namen des Heimatortes stolperte er vollends gar hinweg.

»Siehest du!« erklärte ich. »Kein Türke kann einen Namen aus Germanistan richtig lesen und aussprechen; kein Mufti und kein Mollah bringt dies fertig, denn unsere Sprache ist sehr schwer und wird in einer andern Schrift geschrieben, als die eurige ist. Ich bin Hadschi Kara Ben Nemsi; das wird dir auch dieser Brief beweisen, welchen der Mutessarif von Mossul mir für dich mitgegeben hat.«

Ich reichte ihm das Schreiben hin. Als er es gelesen hatte, war er befriedigt und gab mir das Bu-djeruldi nach der gebräuchlichen Zeremonie zurück.

»Und dieser Effendi ist Hadschi Lindsay-Bey?« fragte er dann.

»So ist sein Name.«

»Aus welchem Lande ist er?«

»Aus Londonistan,« antwortete ich, um den bekannteren Namen von England zu vermeiden.

»Er hat gelobt, nicht zu sprechen?«

»Er spricht nicht.«

»Und er kann zaubern?«

»Höre, Mutesselim, von der Magie soll man nicht sprechen, wenigstens nicht zu jemand, den man noch nicht kennt.«

»Wir werden uns kennen lernen, denn ich bin ein großer Freund der Magie. Glaubst du, daß man Geld machen kann?«

»Ja, Geld kann man machen.«

»Und daß es einen Stein der Weisen gibt?«

»Es gibt einen, aber er liegt nicht in der Erde, sondern im menschlichen Herzen vergraben und kann also auch nicht durch die Scheidekunst bereitet werden.«

»Du sprichst sehr dunkel; aber ich sehe, daß du ein Kenner der Magie bist. Es gibt eine weiße und eine schwarze. Kennst du alle beide?«

Ich konnte nicht anders, ich mußte lustig antworten:

»O, ich kenne auch alle andern Arten.«

»Es gibt noch andere? Welche?«

»Eine blaue, eine grüne und gelbe, auch eine rote und graue. Dieser Hadschi Lindsay-Bey war erst ein Anhänger der graukarierten, jetzt aber hat er die schwarz-rote angenommen.«

»Das sieht man an seinem Gewande. Selim Agha hat mir erzählt, daß er eine Hacke bei sich führt, mit welcher er in die Erde schlägt, um die Sprache der Verstorbenen zu erforschen.«

»So ist es. Aber laß uns heute darüber schweigen. Ich bin ein Krieger und Effendi, aber kein Schulmeister, der andere unterrichtet.«

Der brave Kommandant hatte alle Hilfsquellen der ausgesaugten Provinz erschöpft und suchte nun sein Heil in der Magie. Es konnte mir nicht einfallen, ihn in seinem Aberglauben zu bestärken, aber ich hatte in den gegenwärtigen Verhältnissen auch keine Veranlassung, sie ihm wegzudisputieren. Oder hatte ihn nur die berühmte Hacke meines Master Fowling-bull auf den Gedanken gebracht, mit mir über die Magie zu verhandeln? Das war auch möglich. Uebrigens machten meine letzten Worte wenigstens den Eindruck auf ihn, daß er in die Hände klatschte und Kaffee und Pfeifen bringen ließ.

»Ich hörte, daß der Mutessarif einen Kampf mit den Dschesidi gehabt habe?« begann er ein anderes Thema.

Dasselbe war für mich nicht ungefährlich, aber ich wußte
nicht, wie ich es hätte abweisen können. Es begann grad wie ein
Verhör: »Ich hörte!« Und doch mußte er als der nächste Unter-
gebene des Gouverneur und als Kommandant von Amadijah die
Sache nicht bloß vom Hörensagen kennen. Ich trat dazu in seine
eigenen Fußtapfen:

»Auch ich hörte davon.« Und um einer Frage seinerseits zuvorzukommen, fügte ich hinzu: »Er wird sie gezüchtigt haben,
und nun kommen wohl die widerspenstigen Araber an die Reihe.«

Er horchte auf und blickte mich forschend an.

»Woraus vermutest du das, Emir?«

»Weil er selbst mit mir davon sprach.«

»Er selbst? Der Mutessarif?«

»Ja.«

»Wann?«

»Als ich bei ihm war, natürlich.«

»Wie kam er dazu?« erkundigte er sich, ohne eine Miene des
Unglaubens ganz verbergen zu können.

»Jedenfalls, weil er Vertrauen zu mir hatte und gewillt ist, mir
in Beziehung auf diesen Kriegszug eine Aufgabe zu erteilen.«

»Welche?«

»Hast du einmal etwas von Politik und Diplomatik gehört,
Mutesselim?«

Er lächelte überlegen.

»Wäre ich Kommandant von Amadijah, wenn ich nicht ein
Diplomat wäre?«

»Du hast sehr recht! Aber warum zeigst du es mir nicht, daß
du ein solcher bist?«

»Bin ich undiplomatisch gewesen?«

»Sehr.«

»Inwiefern?«

»Weil du mich nach meiner Aufgabe in so direkter Weise
fragst, daß ich erstaunen muß. Ich darf von ihr nicht sprechen,
und du hättest es nur durch eine feine und kluge Ausforschung
erfahren können.«

»Warum dürftest du es mir nicht sagen? Der Mutessarif hat kein Geheimnis vor mir!«

»Du mußtest mich fragen, um etwas über diese Angelegenheit zu erfahren; dies ist doch der sicherste Beweis, daß der Mutessarif gegen mich offenherziger gewesen ist, als gegen dich. Wie nun, wenn ich grad in einer Sache, die auf seinen Einfall in das Gebiet der Araber Bezug hat, nach Amadijah gekommen wäre?«

»Das ist nicht möglich!«

»Das ist sehr möglich! Ich will dir nur soviel vertrauen, daß der Gouverneur mich nach meiner Rückkehr von Amadijah zu den Weideplätzen der Araber senden wird. Ich soll dort heimlich das Terrain studieren, damit ich ihm meine Vorschläge machen kann.«

»Ist dies wahr?«

»Ich sage es dir im Vertrauen, folglich ist es wahr.«

»Dann bist du ein großer Vertrauter von ihm!«

»Vermutlich!«

»Und hast Einfluß auf ihn!«

»Wenn dies der Fall wäre, so dürfte ich es doch nicht behaupten. Sonst könnte ich den Einfluß doch sehr leicht verlieren.«

»Emir, du machst mich besorgt!«

»Warum?«

»Ich weiß, daß die Gnade des Mutessarif nicht über mir leuchtet. Sage mir, ob du wirklich sein Freund und Vertrauter bist!«

»Er hat mir mitgeteilt, was er andern vielleicht nicht sagen würde, sogar von seinem Zuge gegen die Dschesidi hat er mir vorher gesagt; ob ich aber sein Freund bin, das ist eine Frage, deren Beantwortung du mir erlassen mußt.«

»Ich werde dich auf die Probe stellen, ob du wirklich mehr weißt, als andere!«

»Tue es!« sagte ich zuversichtlich, obgleich ich innerlich einige Besorgnis fühlte.

»Auf welchen Stamm der Araber hat er es besonders abgesehen?«

»Auf die Schammar.«

»Und auf welche Abteilung derselben?«

»Auf die Haddedihn.«

Jetzt nahm sein scharfes Gesicht einen lauernden Ausdruck an.

»Wie heißt der Scheik derselben?«

»Mohammed Emin. Kennst du ihn?«

»Nein. Aber ich hörte, der Mutessarif soll ihn gefangen ge- nommen haben. Er hat doch sicher davon zu dir gesprochen, da er dir sein Vertrauen schenkte und dich zu den Arabern senden will!«

Dieser gute Mann machte wirklich eine Anstrengung, diplomatisch zu sein! Ich aber lachte ihm in das Gesicht.

»O Mutesselim, du stellst mich da sehr hart auf die Probe! Ist Amad el Ghandur so alt, daß du ihn mit Mohammed Emin, seinem Vater, verwechselst!«

»Wie kann ich sie verwechseln, da ich beide noch nie gesehen habe!«

Ich erhob mich.

»Laß uns unser Gespräch beenden! Ich bin kein Knabe, den man narren darf. Aber wenn du den Gefangenen sehen willst, so gehe hinab in das Gefängnis; der Sergeant wird dir ihn zeigen. Ich sage dir nur: Halte es geheim, wer er ist, und laß ihn ja nicht entkommen! Solange der zukünftige Scheik der Haddedihn sich in der Gewalt des Mutessarif befindet, kann dieser letztere den Arabern Bedingungen stellen. Jetzt erlaube, daß ich gehe!«

»Emir, ich wollte dich nicht beleidigen. Bleibe!«

»Ich habe heute noch anderes zu tun.«

»Du mußt bleiben, denn ich habe dir ein Mahl bereiten lassen!«

»Ich kann in meiner Wohnung speisen und danke dir. Uebrigens steht draußen ein Kurde, der notwendig mit dir zu sprechen hat. Er war eher da als ich, und darum wollte ich ihm den Vortritt lassen; er war aber so höflich, dies abzulehnen.«

»Er ist ein Bote des Bey von Gumri. Er mag warten!«

»Mutesselim, erlaube, daß ich dich vor einem Fehler warne!«

»Vor welchem?«

»Du behandelst diesen Bey wie einen Feind oder doch wie einen Mann, den man nicht zu achten oder zu fürchten braucht!«

Ich sah es ihm an, daß er sich Mühe gab, eine zornige Aufwallung zu beherrschen.

»Willst du mir Lehren geben, Emir, du, den ich gar nicht kenne?«

»Nein. Wie kann ich es wagen, dich belehren zu wollen, da du mehr als mein Alter hast! Bereits als wir von der Magie sprachen, habe ich dir bewiesen, daß ich dich für weiser halte, als daß ich dich belehren könnte. Aber einen Rat darf auch der Jüngere dem Aelteren erteilen!«

»Ich weiß selbst, wie man diese Kurden zu behandeln hat. Sein Vater war Abd el Summit Bey, der meinen Vorgängern und besonders dem armen Selim Zillahi so große Mühe machte!«

»Soll sein Sohn euch dieselbe Mühe machen? Der Mutessarif braucht seine Truppen gegen die Araber, und einen Teil derselben muß er stets gegen die Dschesidi bereit halten, denen er nicht trauen darf. Was wird er sagen, wenn ich ihm mitteile, daß du die Kurden von Berwari so behandelst, daß auch hier ein Aufstand zu befürchten steht, wenn sie merken, daß der Gouverneur augenblicklich nicht die Macht besitzt, ihn niederzudrücken? Tue was du willst, Mutesselim. Ich werde dir weder eine Lehre noch einen Rat erteilen.«

Dieses Argument frappierte ihn; das sah ich ihm an.

»Du meinst, daß ich den Kurden empfangen soll?«

»Tue, was du willst. Ich wiederhole es!«

»Wenn du mir versprichst, bei mir zu essen, so werde ich ihn in deiner Gegenwart hereinkommen lassen.«

»Unter dieser Bedingung kann ich hier bleiben; denn ich gehe meist ja deshalb, damit er nicht meinetwegen noch länger warten müsse.«

Der Mutesselim klatschte in die Hände, und aus einer Nebentüre trat der Diener ein, welcher den Befehl erhielt, den Kurden hereinzurufen. Dieser schritt in stolzer Haltung in das Zimmer und grüßte mit einem »Sellam«, ohne sich zu bücken.

»Du bist ein Bote des Bey von Gumri?« fragte der Kommandant.

»Ja.«

»Was hat mir dein Herr zu sagen?«

»Mein Herr? Ein freier Kurde hat nie einen Herrn. Er ist mein Bey, mein Anführer im Kampfe, nicht aber mein Gebieter. Dieses Wort kennen nur die Türken und Perser.«

»Ich habe dich nicht rufen lassen, um mich mit dir zu streiten. Was hast du an mich auszurichten?«

Der Kurde mochte ahnen, daß ich die Ursache sei, daß er nicht länger zu warten brauchte. Er warf mir einen verständnisvollen Blick zu und antwortete sehr ernst und langsam:

»Mutesselim, ich hatte etwas auszurichten; da ich aber so lange warten mußte, habe ich es vergessen. Der Bey muß dir also einen andern Boten senden, der es wohl nicht vergessen wird, wenn er nicht zu warten braucht!«

Das letzte Wort sprach er bereits unter der Türe; dann war er verschwunden. Der Kommandant machte ein ganz verblüfftes Gesicht. So etwas hatte er nicht erwartet, während ich mir im stillen sagte, daß kein europäischer Ambassadeur korrekter hätte handeln können, als dieser junge, einfache Kurde. Es zuckte mir förmlich in den Beinen, ihm nachzueilen, um ihm meine Achtung und Anerkennung auszusprechen. Auch der Mutesselim wollte ihm nachspringen, aber in etwas anderer Absicht.

»Schurke!« rief er aufspringend. »Ich werde – – «

Er besann sich aber doch und blieb stehen. Ich stopfte mir sehr gleichmütig meinen Tschibuk und brannte an.

»Was sagst du dazu, Emir?« fragte er.

»Daß ich es so kommen sah. Ein Kurde ist kein heuchelnder Grieche und auch kein schmutziger Jude, der sich nicht einmal krümmt, wenn man ihn tritt. Was wird der Bey von Gumri tun, und was wird der Mutessarif sagen!«

»Du wirst es ihm erzählen?«

»Ich werde schweigen, aber er wird die Folgen sehen.«

»Ich lasse diesen Kurden zurückrufen!«

»Er wird nicht kommen.«

»Ich will ihm ja nicht zürnen!«

»Er wird das nicht glauben. Es gibt nur einen einzigen, der ihn bewegen kann, zurückzukehren.«

»Wer ist das?«

»Ich bin es.«

»Du?«

»Ja. Ich bin sein Freund; er wird vielleicht auf meine Stimme hören.«

»Du bist sein Freund? Du kennst ihn?«

»Ich habe ihn in deinem Vorzimmer zum erstenmal gesehen. Aber ich sprach zu ihm wie zu einem Manne, welcher der Bote eines Bey ist, und das hat ihn sicher zu meinem Freund gemacht.«

»Du weißt jedoch nicht, wo er sich befindet!«

»Ich weiß es.«

»Wo ist er? Fort von Amadijah. Sein Pferd stand unten.«

»Er ist in meiner Wohnung, wohin ich ihn eingeladen habe.«

»Du hast ihn eingeladen? Soll er bei dir essen?«

»Ich werde ihn als Gast empfangen; die Hauptsache aber ist, daß ich ihm eine Botschaft an den Bey anzuvertrauen habe.«

Der Mutesselim staunte immer mehr.

»Was für eine Botschaft?«

»Ich denke, du bist ein Diplomat? Frag den Mutessarif!«

»Emir, du sprichst in lauter Rätseln!«

»Deine Weisheit wird sie sehr bald zu lösen wissen. Ich will dir aufrichtig sagen, daß du einen Fehler begangen hast, und da du weder eine Lehre noch einen Rat von mir annehmen willst, so erlaube mir wenigstens, diesen Fehler wieder gut zu machen, indem ich dem Bey von Gumri eine sehr friedliche Botschaft sende!«

»Ich darf sie nicht wissen?«

»Ich will es dir im Vertrauen mitteilen, trotzdem es ein diplomatisches Geheimnis ist: Ich habe ihm ein Geschenk zu übermitteln.«

»Ein Geschenk? Von wem?«

»Das darf ich allerdings nicht sagen, aber du kannst es vielleicht erraten, wenn ich dir gestehe, daß der betreffende Beamte und Gebieter, von dem es kommt, im Westen von Amadijah wohnt und sehr wünscht, daß der Bey von Gumri ihm nicht feindlich gesinnt werde.«

»Herr, jetzt sehe ich, daß du wirklich der Vertraute des Mutessarif von Mossul bist; denn von ihm kommt das Geschenk, du magst es nun sagen oder nicht!«

Der Mann war ein Schwachkopf und ganz unfähig für sein Amt. Ich erfuhr später, daß er die Kreatur seines Vorgängers gewesen war, der selbst auch den Sprung vom Nefus Emini in Zilla in Kleinasien zum Mutesselim von Amadijah getan hatte. Mein Besuch bei diesem Kommandanten hatte eine ganz unerwartete, frappante Wendung erhalten. Für was er mich nahm, das konnte ich zwar hören und vermuten, nicht aber sicher behaupten; und doch führte mich der eigentümliche Gang unsers Gespräches dazu, ihm Dinge zu sagen, Dinge wissen oder ahnen zu lassen, von denen er recht wohl auf die Absicht unserer Anwesenheit hätte schließen können. Er hatte wohl kaum das rechte Zeug, ein guter Dorfältester, viel weniger aber Mutesselim zu sein; aber doch dauerte er mich im geheimen, wenn ich an die Verlegenheit dachte, in welche ihn das Gelingen unsers Vorhabens bringen mußte. Die Möglichkeit, ihn dabei zu schonen, wäre mir willkommen gewesen; aber es gab sie ja nicht.

Die Fortsetzung unseres Gespräches wurde aufgeschoben, da man das Essen brachte. Es bestand aus einigen Stücken des geliehenen Hammels und einem mageren Pillau. Der Kommandant langte fleißig zu und vergaß dabei das Sprechen; als er sich aber gesättigt hatte, fragte er:

»Du wirst den Kurden wirklich bei dir treffen?«

»Ja; denn ich glaube, daß er sein Wort hält.«

»Und ihn wieder zu mir schicken?«

»Wenn du es haben willst, ja.

»Wird er auf dich warten?«

Dies war ein leiser Fingerzeig, der seinen Grund nicht in einem Mangel an Gastfreundlichkeit, sondern in der Besorgnis hatte, daß der Bote die Geduld auch bei mir verlieren werde. Darum antwortete ich:

»Er will bald aufbrechen, und darum wird es geraten sein, daß ich ihn nicht ermüde. Erlaubst du, daß wir gehen?«

»Unter der Bedingung, daß du mir versprichst, heute abend abermals mein Gast zu sein.«

»Ich verspreche es. Wann wünschest du, daß ich komme?«

»Ich werde es dir durch Selim Agha wissen lassen. Ueberhaupt bist du mir willkommen, wann und so oft du kommst.«

Unser Gastmahl hatte also nicht lange Zeit in Anspruch genommen. Wir brachen auf und wurden in sehr höflicher Weise von ihm bis hinunter vor das Tor begleitet. Dort warteten unsere beiden Begleiter mit den Pferden auf uns.

»Du hast einen Baschi-Bozuk bei dir?« fragte der Kommandant.

»Ja, als Khawaß. Der Mutessarif bot mir ein großes Gefolge an, doch ich bin gewohnt, mich selbst zu beschützen.«

Jetzt erblickte er den Rappen.

»Welch ein Pferd! Hast du es gekauft oder groß gezogen?«

»Es ist ein Geschenk.«

»Ein Geschenk! Herr, der es dir schenkte, ist ein Fürst gewesen! Wer war es?«

»Auch das ist ein Geheimnis; aber du wirst ihn vielleicht bald sehen.«

Wir stiegen auf, und sofort brüllte Selim Agha seiner Wachtparade, die auf uns gewartet hatte, den Befehl entgegen:

»Silahlarile nischanlaryn – zielt mit den Gewehren!«

Sie legten an, aber nicht zwei von den Flinten bildeten eine Linie miteinander.

»Tschalghy, schamataji kylyn – Musik, macht Lärm!«

Das vorige Wimmern und Kaffeemahlen begann.

»Hepsi herbiri halan atyn – schießt alle zugleich los!«

O weh! Kaum die Hälfte dieser Mordgewehre hatte den Mut, einen Laut von sich zu geben. Der Agha rollte die Augen; die Träger der konfusen Schießinstrumente rollten auch die Augen und bearbeiteten die Schlösser ihrer Vorderlader, aber erst nachdem wir bereits um die nächste Ecke gebogen waren, erklang hier und da ein leises Gekläff, welches uns vermuten ließ, daß wieder einmal ein Pfropfen aus dem Laufe geschlingert worden sei.

Als wir zu Hause anlangten, saß der Kurde in meinem Zimmer auf meinem Teppich und rauchte aus meiner Pfeife meinen Tabak. Das freute mich, denn es bewies mir, daß unsere Ansichten über Gastlichkeit ganz dieselben seien.

»Kheïr ati, hemscher – willkommen, Freund!« begrüßte ich ihn.

»Wie, du redest kurdisch?« fragte er erfreut.

»Ein wenig nur, aber wir wollen es versuchen!«

Ich hatte Halef den Befehl gegeben, für mich und den Gast bei irgend einem Speisewirte etwas Eßbares aufzutreiben, und konnte mich also dem Boten des Bey von Gumri ruhig widmen. Ich steckte mir nun auch eine Pfeife an und ließ mich an seiner Seite nieder.

»Ich habe dich länger warten lassen, als ich wollte,« begann ich; »ich mußte mit dem Mutesselim essen.«

»Herr, ich habe gern gewartet. Die schöne Jungfrau, welche deine Wirtin ist, mußte mir eine Pfeife reichen, und dann habe ich mir von deinem Tabak genommen. Ich hatte dein Angesicht gesehen und wußte, daß du mir nicht darüber zürnen würdest.«

»Du bist ein Krieger des Bey von Gumri; was mein ist, das ist auch dein. Auch muß ich dir danken für das Vergnügen, welches du mir bereitet hast, als ich mich bei dem Kommandanten befand.«

»Welches?«

»Du bist ein Jüngling, aber du hast als Mann gehandelt, als du ihm deine Antwort gabst.«

Er lächelte und sagte:

»Ich hätte anders mit ihm gesprochen, wenn ich allein gewesen wäre.«

»Strenger?«

»Nein, sondern milder. Da aber ein Zeuge zugegen war, so mußte ich die Ehre dessen wahren, der mich gesendet hat.«

»Du hast deinen Zweck erreicht. Der Mutesselim wünscht, daß du zu ihm zurückkehrst, um deine Botschaft auszurichten.«

»Ich werde ihm diesen Gefallen nicht erweisen.«

»Auch mir nicht?«

Er blickte auf.

»Wünschest du es?«

»Ich bitte dich darum. Ich habe ihm versprochen, diese Bitte an dich zu richten.«

»Kennst du ihn? Bist du sein Freund?«

»Ich habe ihn noch niemals gesehen und war heute zum erstenmal bei ihm.«

»So will ich dir sagen, was für ein Mann er ist. Eigentlich schildere ich dir diesen Mann am besten, wenn ich dir weiter nichts sage, als daß der Saliahn[1] jetzt nur kaum zwanzigtausend Piaster für Amadijah einbringt, und daß er nicht, wie es doch an der Regel wäre, die Pacht der Steuern hat. Die hat man ihm genommen. Der Sultan hört selten eine Beschwerde an; hier aber hat er hören müssen, denn es war zu himmelschreiend. Er plünderte die Einwohner dermaßen, daß sie auch im Winter im Gebirge blieben und sich nicht in die Stadt zurückwagten. Nun ist der ganze Distrikt verarmt, und der Hunger ist ein steter Gast der Leute geworden. Der Mutesselim braucht immer Geld und borgt, und wer ihm da nicht zu Willen ist, der hat seine Rache zu befürchten. Uebrigens ist er ein feiger Mensch, der nur gegen den Schwachen mutig ist. Seine Soldaten hungern und frieren, weil sie weder Speise noch Kleidung erhalten, und ihre guten Gewehre hat er gegen schlechte umgetauscht, um den Profit für sich zu nehmen, und wenn für die paar Kanonen, welche die Festung verteidigen sollen, das Pulver kommt, so verkauft er es an uns, um Geld zu erhalten.«

Das war also eine echt türkische Wirtschaft! Nun brauchte ich mich nicht über die effektvolle Schießübung zu wundern, deren Augen- und Ohrenzeuge ich gewesen war.

»Und wie steht er mit deinem Bey?« erkundigte ich mich.

»Nicht gut. Es kommen viele Kurden nach der Stadt, entweder um hier einzukaufen oder Lebensmittel zu verkaufen. Für diese hat er eine hohe Steuer eingeführt, die der Bey nicht leiden will. Auch maßt er sich in vielen Fällen eine Gewalt über uns an, die ihm gar nicht gehört. Zwei Kurden haben sich kürzlich in Amadijah Blei und Pulver gekauft, und man verlangte ihnen am Tore eine Steuer dafür ab. Das war noch nie vorgekommen; sie hatten nicht genug Geld zur Bezahlung der Steuer, welche noch höher war, als der Preis der so schon teuren Ware, und so wurden sie in das Gefängnis gesteckt. Der Bey verlangte ihre Freiheit und gab zu, daß man das Pulver und Blei konfiszieren möge; aber der Mutesselim ging nicht darauf ein. Er verlangte

---

1 Die Vermögenssteuer.

die konfiszierte Ware, den Zoll, eine Strafsumme und dann auch noch Bezahlung der Untersuchungs- und Gefängniskosten, so daß aus zwanzig Piastern hundertundvierzig geworden sind. Ehe diese nicht bezahlt werden, gibt er die Leute nicht los und rechnet ihnen zehn Piaster für den Tag als Verpflegungsgelder an.«

»In dieser Angelegenheit wolltest du mit ihm reden?«

»Ja.«

»Solltest du die Summe bezahlen?«

»Nein.«

»Nur unterhandeln? Das würde zu nichts führen.«

»Ich soll ihm sagen, daß wir jeden Mann aus Amadijah, der unser Gebiet betritt, gefangen nehmen und zurückhalten werden, bis die beiden Männer wieder bei uns sind.«

»Also Repressalien! Das würde keine großen Folgen haben, denn ihm ist es wohl sehr gleich, ob ein Bewohner Amadijahs euer Gefangener ist oder nicht. Und sodann müßt ihr bedenken, daß aus einem solchen Verfahren sehr leicht bedeutende Konflikte entstehen können. Das beste würde sein, wenn es diesen Männern gelänge, zu entfliehen.«

»Das sagt auch der Bey; aber eine Flucht ist nicht möglich.«

»Warum nicht? Ist die Bewachung so streng?«

»O, die Wächter machen uns keine Sorge. Es ist ein Sergeant mit drei Männern, die wir bald überwältigt hätten; aber das könnte einen Lärm ergeben, der uns gefährlich werden möchte.«

»Gefährlich? Hm!«

»Die Hauptsache aber: es ist ganz unmöglich, in das Gefängnis zu kommen.«

»Warum?«

»Die Mauern sind zu stark, und der Eingang mit zwei Türen verschlossen, die mit starkem Eisen beschlagen sind. Das Gefängnis stößt an den Garten dieses Hauses, wo der Agha der Arnauten wohnt; jedes ungewöhnliche Geräusch kann ihn aufmerksam machen und uns verderblich werden. Wir müssen auf den Gedanken einer Flucht verzichten.«

»Auch wenn ihr einen Mann findet, der bereit ist, euch behilflich zu sein?«

»Wer wäre dies?«

»Ich!«

»Du, Emir? O, das wäre gut! Und wie wollte ich dir danken! Die beiden Männer sind mein Vater und mein Bruder.«

»Wie ist dein Name?«

»Dohub. Meine Mutter ist eine Kurdin von dem Stamme der Dohubi.«

»Ich muß dir sagen, daß ich selbst hier fremd bin und also nicht weiß, wie eine Flucht zu bewerkstelligen ist; aber dein Bey wurde mir empfohlen, und auch dir bin ich gewogen. Ich werde bereits morgen forschen, was man in dieser Angelegenheit unternehmen kann.«

Hinter dieser Zusicherung versteckte sich allerdings auch ein kleiner Eigennutz. Es war ja sehr leicht möglich, daß wir der Unterstützung des Bey von Gumri bedurften, und dieser konnten wir uns am besten versichern, wenn wir seine eigenen Leute in Schutz nahmen.

»Du meinst also, daß ich zum Mutesselim gehen soll?«

»Ja, gehe zu ihm und versuche dein Heil noch einmal durch Verhandlung; ich habe mir Mühe gegeben, ihn zu bearbeiten, daß er deine Verwandten vielleicht freiwillig entläßt.«

»Herr, hättest du dies wirklich getan?«

»Ja.«

»Wie hast du es angefangen?«

»Dir dies zu sagen, würde zu weit führen; aber ich werde dir einige Worte aufschreiben, die dir vielleicht von Nutzen sein werden, wenn du meinem Rate Folge leistest.«

»Welchen Rat gibst du mir?«

»Sprich nicht zu ihm von Repressalien. Sage zu ihm, wenn er die Gefangenen nicht heute noch freigäbe, so würdest du sofort zum Mutessarif nach Mossul reiten und ihm sagen, daß die Berwari-Kurden sich erheben werden. Dabei mußt du vorübergehend erwähnen, daß du durch das Gebiet der Dschesidi reiten und mit Ali Bey, ihrem Feldherrn, reden wirst.«

»Herr, das ist zuviel gesagt und auch zuviel gewagt!«

»Tue es dennoch; ich rate es dir und habe meinen Grund dazu. Er hält die Gefangenen wohl meist deshalb so fest, weil er euch Geld abpressen will, welches er sehr nötig brauchte; jetzt

174

aber fällt dieser Grund fort, weil wir ihm ein bedeutendes Geschenk an Piastern gemacht haben.«

»So werde ich zu ihm gehen!«

»Und zwar jetzt gleich. Dann aber kommst du wieder zu mir, damit ich dir meine Botschaft an den Bey sagen kann!«

Ich schrieb auf ein Blatt meines Notizbuches folgende Worte in türkischer Sprache: »Erlaube mir, dir das Anliegen dieses Kurden an das Herz zu legen, und vermeide es, den Mutessarif zu erzürnen!« Nachdem ich meinen Namen hinzugefügt hatte, übergab ich Dohub diese Zeilen, mit denen er sich eilig entfernte.

Ich hatte die Kühnheit, mich als einflußreiche Persönlichkeit zu fühlen; ich handelte abenteuerlich, das ist wahr; aber der Zufall hatte mich nun einmal, sozusagen, an eine Kletterstange gestellt und mich bis über die Hälfte derselben emporgeschoben; sollte ich wieder herabrutschen und den Preis aufgeben, da es doch nur einer Motion bedurfte, um vollends emporzukommen?

Da kam Halef zurück und brachte eine solche Ladung kalter Speisen und Früchte, als habe er uns für eine Woche zu verproviantieren.

»Sehr reichlich, Hadschi Halef Omar!« sagte ich.

»Allah akbar; Allah ist groß, Sihdi, aber mein Hunger ist noch größer. Weißt du, daß ich und der kleine Ifra seit heute morgen in Spandareh gar nichts gegessen haben?«

»So eßt! Aber trage vor allen Dingen hier auf, damit mein Gast nicht hungrig von mir geht. Hast du Wein?«

»Nein. Du bist ein echter Gläubiger geworden und willst noch immer den Trank der Ungläubigen genießen! Allah kerihm; ich bin ein Moslem und soll in Amadijah Wein verlangen?«

»So werde ich mir selbst welchen holen. Verstehest du!«

»Nein, Sihdi, das sollst du nicht; aber hier reden viele Leute kurdisch, was ich gar nicht verstehe, und das Türkische kenne ich nur wenig. Ich kann also nur Dinge kaufen, deren Namen ich weiß.«

»Wein heißt türkisch Scharab und kurdisch Scherab; das ist sehr leicht zu merken. Master Lindsay will welchen haben; also geh und hole!«

Er ging. Als sich dabei die Tür öffnete, hörte ich unten die scheltende Stimme Mersinahs, in welche sich die bittende Stimme eines Mannes mischte, und gleich darauf kehrte Halef zurück.

»Sihdi, es ist ein Mann unten, den die Wirtin nicht herauf lassen wollte.«

»Wer ist es?«

»Ein Bewohner von Amadijah, dessen Tochter krank ist.«

»Was hat dies mit uns zu tun?«

»Verzeihe, Sihdi! Als ich vorhin Brot kaufte, kam ein Mann gerannt, der mich beinahe über den Haufen riß. Ich fragte ihn, was er so eilig zu laufen habe, und er sagte mir, daß er nach einem Hekim[1] suche, weil seine Tochter ganz plötzlich krank geworden sei und vielleicht sterben müsse. Da riet ich ihm, zu dir zu kommen, wenn er keinen Arzt finden könne, und nun ist er da.«

»Das hast du dumm gemacht, Halef. Du weißt ja, daß ich die kleine Apotheke, aus welcher ich am Nil kurierte, gar nicht mehr besitze!«

»O, Sihdi, du bist ein großer Gelehrter und kannst einen Kranken auch ohne die Körner gesund machen, die du damals gabst.«

»Aber ich bin doch eigentlich kein Arzt!«

»Du kannst alles!«

Was war zu tun? Halef hatte in Erinnerung an die damaligen Bakschisch jedenfalls wieder einmal sehr Großes von mir berichtet, und ich war nun derjenige, der den angeschnittenen Apfel zu verspeisen hatte.

»Die Wirtin ist klüger wie du, Halef! Aber geh, und hole den Mann herauf!«

Er ging und schob bald nachher einen Mann herein, dem der Schweiß von der Stirn in den Bart herabtropfte. Es war ein Kurde; das sah man an dem Tolik,[2] der ihm unter dem etwas gelüpften Turban hervor über die Stirne herabfiel; doch trug er türkische Kleidung.

1 Arzt.
2 Haarlocke über der Stirn.

176

»Sallam!« grüßte er eilig. »O Herr, komm schnell, sonst stirbt meine Tochter, die bereits von dem Himmel redet!«

»Was fehlt ihr?«

»Sie ist von einem bösen Geist besessen, der sie umbringen wird.«

»Wer sagte das?«

»Der alte türkische Hekim, den ich holte. Er hat ihr ein Amulett umgehangen, aber er meinte, daß es nicht helfen werde.«

»Wie alt ist deine Tochter?«

»Sechzehn Jahre.«

»Leidet sie an Krämpfen oder Fallsucht?«

»Nein, sie ist niemals krank gewesen bis auf den heutigen Tag.«

»Was tut der böse Geist mit ihr?«

»Er ist ihr in den Mund gefahren, denn sie klagte, daß er ihr den Hals zerkratze; dann machte er ihr die Augen größer, damit er herausgucken könne. Ihr Mund ist rot und auch ihr Gesicht, und nun liegt sie da und redet von den Schönheiten des Himmels, in den sie blicken kann.«

Hier war schleunige Hilfe nötig, denn es lag jedenfalls eine Vergiftung vor.

»Ich will sehen, ob ich dir helfen kann. Wohnest du weit von hier?«

»Nein.«

»Gibt es außer dem alten Hekim noch einen Arzt?«

»Nein.«

»So komm schnell!«

Wir eilten fort. Er führte mich durch drei Gassen und dann in ein Haus, dessen Aeußeres eine gewisse Stattlichkeit zeigte. Der Besitzer desselben konnte nicht zu den ärmeren Leuten gehören. Wir passierten zwei Zimmer und traten dann in ein drittes. Auf einem niedrigen Polster lag ein Mädchen lang ausgestreckt auf dem Rücken. An ihrer Seite knieten einige weinende Frauen, und in der Nähe hockte ein alter Mann, der seinen Turban abgenommen hatte und, gegen die Kranke gerichtet, laute Gebete murmelte.

»Bist du der Hekim?« fragte ich ihn.

»Ja.«

»Was fehlt dieser Kranken?«

»Der Teufel ist in sie gefahren, Herr!«

»Albernheit! Wenn der Teufel in ihr steckte, würde sie nicht von dem Himmel sprechen.«

»Herr, das verstehst du nicht! Er hat ihr das Essen und Trinken verboten und sie schwindelig gemacht.«

»Laßt mich sie sehen!«

Ich schob die Weiber beiseite und kniete neben ihr nieder. Es war ein sehr schönes Mädchen.

»Herr, rette meine Tochter vom Tode,« jammerte eine der Frauen, »und wir werden dir alles geben, was wir besitzen.«

»Ja,« bestätigte der Mann, welcher mich geholt hatte. »Alles, alles sollst du haben, denn sie ist unser einziges Kind, unser Leben.«

»Rette sie,« ertönte eine Stimme aus dem Hintergrunde des Raumes; »so sollst du Reichtum besitzen und Gottes Liebling sein!«

Ich schaute nach dieser Gegend hin und sah eine ganz eigenartig schöne Frau, deren Alter so hoch war, daß es, wie ich später erfuhr, gar nicht mehr bestimmt werden konnte. Dennoch trug sie ihre imposante Gestalt hoch, gerad und aufrecht, und in ihrem hochedel geformten Gesicht war fast keine Spur einer Falte zu sehen. Von ihrem Haupte hingen zwei schwere, volle, silberweiße Haarzöpfe bis beinahe auf den Boden herab.

»Ja, rette sie, rette mein Urenkelkind!« wiederholte sie, indem sie bittend die gefalteten Hände erhob, von denen ein Rosenkranz hernieder hing. »Ich werde niederknieen und zur schmerzensreichen Mutter Gottes bitten, daß es dir gelingen möge.«

Eine Katholikin! Hier unter den Kurden und Türken!

»Bete,« antwortete ich ergriffen; »ich werde versuchen, ob hier ein Mensch noch helfen kann!«

Die Kranke lag da mit offenen, heiteren Augen; aber ihre Pupillen waren sehr erweitert. Ihr Angesicht war stark gerötet, Atem und Puls gingen schnell, und ihr Hals bewegte sich unter einem krampfhaften Würgen. Ich frug gar nicht, wann die Krankheit ausgebrochen sei; ich war Laie, aber ich hatte die Ueberzeugung, daß die Kranke Belladonna oder Stramonium genossen habe.

»Hat deine Tochter gebrochen?« fragte ich den Mann.

»Nein.«

»Hast du einen Spiegel?«

»Einen kleinen hier.«

»Gib ihn her!«

Der alte Hekim lachte heiser:

»Der böse Geist soll sich im Glase besehen!«

Ich antwortete ihm gar nicht und ließ das durch die Fensteröffnung eindringende Licht der bereits niedersteigenden Sonne so auf den Spiegel fallen, daß es auf das Gesicht der Kranken gebrochen wurde. Der blendende Strahl übte keine Wirkung auf die Iris der Kranken aus.

»Wann hat deine Tochter zum letztenmal gegessen?« fragte ich.

»Das weiß ich nicht,« antwortete der Vater. »Sie war allein.«

»Wo?«

»Hier.«

»Es ist kein böser Geist in sie gefahren, sondern sie hat ein Gift gegessen oder getrunken!«

»Allah il Allah! Ist das wahr, Herr?«

»Ja.«

»Glaubt es nicht!« mahnte der Hekim. »Der Teufel ist in ihr.«

»Schweig, alter Narr! Habt ihr Zitronen hier?«

»Nein.«

»Kaffee?«

»Ja.«

»Könnt ihr Galläpfel bekommen?«

»Deren wachsen viel in unsern Wäldern. Wir haben welche im Hause.«

»Macht schnell einen sehr starken, heißen Kaffee fertig und kocht Galläpfel in Wasser. Schickt auch nach Zitronen!«

»Ha, er will den Teufel mit Galläpfeln, Zitronen und Kaffee füttern!« verwunderte sich der Hekim, indem er vor Entsetzen die Hände zusammenschlug.

Ich steckte in Ermangelung von etwas anderem den Finger in den Mund der Kranken, um sie zum Erbrechen zu reizen, wobei ich den Finger durch den Griff meines Messers vor ihren Zähnen schützte. Nach einiger Mühe gelang das Experiment, wenn auch unter der schmerzlichsten Anstrengung des Mädchens. Ich wiederholte es, doch war die Entleerung nicht hinlänglich.

»Gibt es eine Etschzaga[1] in der Nähe?« fragte ich, da ein Vomitiv notwendig war.

»In derselben Gasse.«

»Komm schnell; führe mich!«

Wir gingen. Mein Führer blieb vor einem kleinen Laden stehen.

»Hier wohnt der Attar!«[2] sagte er.

Ich trat in die kleine Budika und sah mich von einem Chaos von allerlei nötigen und unnötigen Dingen umgeben. Ranzige Pomaden, Pfeifenrohre, alte vertrocknete Pflaster und Talglichter, Rhabarber und brauner Zucker in einem Kasten, Kaffeebohnen neben Lindenblüten, Pfefferkörner und geschabte Kreide, Sennesblätter in einer Büchse, auf welcher »Honig« stand; Drahtnägel, Ingwer und Kupfervitriol, Seife, Tabak und Salz, Brillen, Essig, Charpie, Spießglanz, Tinte, Hanfsamen, Gallizenstein, Zwirn, Gummi, Baldrian, Knöpfe und Schnallen, Teer, eingemachte Walnüsse, Teufelsdreck und Feigen. – Alles lag hier friedlich bei-, neben-, unter-, über- und durcheinander, und dabei saß ein schmutziges Männlein, welches grad so aussah, als habe es alle diese Mittel und Ingredienzien soeben innerlich und äußerlich an sich selbst probiert. Welches Unheil hatte dieser Attar wohl bereits angerichtet!

Ich konnte für meine Zwecke nur Kupfervitriol bekommen und nahm noch ein Fläschchen Salmiakgeist mit. Das erstere wirkte nach unserer Rückkehr zur Kranken recht befriedigend. Dann gab ich ihr starken Kaffee mit Zitronensaft und dann den

1 Apotheke.
2 Kräuterhändler.

Galläpfelaufguß. Hierauf schärfte ich zur Verhütung eines etwaigen Steck- und Schlagflusses ihren Verwandten ein, sie durch Schütteln, Bespritzen mit kaltem Wasser und Riechenlassen an dem Salmiakgeist möglichst am Einschlafen zu verhindern, und versprach baldigst wiederzukommen.

Diese Behandlung war wohl keine ganz richtige, aber ich verstand es nicht besser, und – sie hatte Erfolg. Nun konnte ich, da die augenblickliche Gefahr entfernt zu sein schien, auch an anderes denken. Ich blickte mich im Zimmer genau um, und sah ein kleines Körbchen in der Ecke stehen, welches noch ziemlich mit Maulbeeren gefüllt war. Zwischen diesen sah ich mehrere Tollkirschen liegen.

»Willst du den bösen Geist sehen, der in die Kranke gefahren ist?« fragte ich den Hekim.

»Einen Geist kann man nicht sehen. Und selbst wenn dies möglich wäre, könntest du ihn mir nicht zeigen, da du nicht an ihn glaubst. Wenn das Mädchen nicht stirbt, so hat mein Amulett geholfen.«

»Hast du nicht gesehen, daß ich es ihr sofort vom Halse nahm? Hier liegt es, ich werde es öffnen.«

»Das darfst du nicht!« rief er, schnell zugreifend.

»Laß ab, Alter! Meine Hand ist kräftiger als die deinige. Warum darf ich es nicht öffnen?«

»Weil ein Zauber darinnen ist. Du würdest sofort von demselben Geiste besessen werden, der in dem Mädchen steckt!«

»Wollen sehen!«

Er wollte es verhindern, aber ich öffnete das viereckig zusammengenähte Stück Kalbleder – und fand darinnen eine tote Fliege.

»Laß dich nicht auslachen mit diesem unschuldigen Tierchen!« lachte ich, indem ich die Fliege zu Boden fallen ließ und zertrat. »Nun, wo ist dein Geist, der mich befallen soll?«

»Warte nur, er wird kommen!«

»Ich werde dir den Teufel zeigen, der diese Krankheit verschuldet hat. Schau her! Was ist das? Du bist ein Hekim und mußt diese Beeren kennen!«

Ich hielt ihm die Tollkirsche entgegen, und er erschrak.

»Allah sei uns gnädig! Das ist ja die Oelüm kires![1] Wer diese ißt, der muß sterben, der ist verloren, der kann nicht gerettet werden!«

»Nun, von diesen Früchten hat die Kranke gegessen; das habe ich an ihren Augen gesehen. Wer von ihnen genießt, dessen Augen werden größer; das merke dir! Und nun setz deinen Turban auf, und mach dich von hinnen, sonst zwinge ich dich, von diesen Todeskirschen zu genießen, damit du siehest, ob dir eine Sin-ek[2] das Leben retten wird!«

Ich nahm die Kirschen in die Hand und schritt auf ihn zu. Da stülpte er in wahrer Todesangst den Turban auf sein kahl geschorenes Haupt und nahm sehr eilig und ohne allen Abschied Reißaus.

Die Anwesenden sahen ein, daß ich recht hatte. Auch ohne meine Worte sagte es ihnen die günstige Veränderung, welche mit der Kranken vorgegangen war. Sie ergingen sich in den ehrfurchtsvollsten Dankesbezeigungen, denen ich nur dadurch ein Ende machen konnte, daß ich mich schnell entfernte. Ich hinterließ die Weisung, mich bei einer etwaigen Verschlimmerung gleich holen zu lassen.

Als ich in meiner Wohnung anlangte, traf ich Mersinah, welche soeben mit wütender Gebärde und mit einem großen Löffel in der Hand aus der Küche geschossen kam. Hinter ihr flog ein großer, nasser Hader, der so vortrefflich gezielt war, daß er ihre kleinen, wirren Knackwurstzöpfe erreichte und sich sehr liebevoll um ihr ehrwürdiges Haupt herumschlang. Zugleich ertönte aus dem Innern des auf solche Weise entweihten Heiligtums die Stimme von Hadschi Halef Omar hervor:

»Warte, alter Drache!« rief er; »du sollst mir noch einmal über meinen guten Kaffee kommen!«

Sie wickelte sich aus der feuchten Umarmung des Haders heraus und ballte denselben zusammen, jedenfalls um ihn in eine rückgängige Bewegung zu versetzen; da erblickte sie mich.

1 Todeskirsche.
2 Fliege.

»O, Emir, wie gut ist es, daß du kommst! Errette mich von diesem wütenden Menschen!«

»Was gibt es denn, o Rose von Amadijah!«

»Er sagte, er hätte in deiner Büchse meinen Kaffee gefunden und in meiner Tüte den deinigen.«

»Das ist wohl auch wahr?«

»Wahr? Ich schwöre es dir bei Ayescha, der Mutter aller Heiligen, daß ich deine Büchse nicht angerührt habe!«

»So, du Großmutter aller Lügnerinnen und Spitzbuben!« ertönte es aus der Küche. »Du bist nicht über unsern Kaffee geraten, von dem mich zweihundert Drehm[1] fünfundzwanzig gute Piaster kosten? Ich werde es dem Sihdi doch beweisen!«

Er kam aus der Küche, in der Rechten die neu gekaufte Kaffeebüchse und in der Linken eine große, geöffnete Papiertüte.

»Sihdi, du kennst den Kaffee von Harimah?«

»Du weißt es, daß ich ihn kenne.«

»Suche einmal, wo er ist!«

Ich unterwarf die Büchse und auch die Tüte einer sehr eingehenden und ernsthaften Okularinspektion.

»Er ist in allen beiden, aber mit schlechteren Bohnen und gedörrten Schalen vermischt.«

»Siehst du wohl, Effendi! Ich habe guten Harimah gekauft, und hier diese Mutter und Urgroßmutter eines Räubers und Spitzbuben kocht nur schlechten Kaffee, mit Schalen vermengt. Siehst du nun, daß sie über meine Büchse geraten ist!«

»Sihdi, du bist ein gewaltiger Krieger, ein großer Gelehrter und der weiseste aller Richter,« entgegnete die »Myrte«, indem sie dem Hadschi ihren Hader sehr unternehmend vor der Nase herumschwenkte. »Du wirst diesen Vater eines Uebeltäters und Sohn eines Verleumders streng bestrafen!«

»Bestrafen?« rief Halef ganz erstaunt. »Auch noch!«

»Ja,« entschied sie sehr bestimmt; »denn er ist es, der über meine Tüte geraten ist und mich betrogen hat. Nur er allein hat den Kaffee vermischt, um mir und meinem Hause vor deinen Augen Schande zu bereiten!«

1 1½ Pfund.

»O, du Ausbund aller neununddreißig Laster!« zürnte Halef ganz ergrimmt; »du willst es wagen, mich, mich zum Diebe zu machen? Wärest du nicht ein Weib, so würde ich dich – – – «

»Halt, Halef, zanke nicht, denn ich bin da und werde ein gerechtes Urteil sprechen! Mersinah, du behauptest, daß dieser Halef Omar die beiden Arten des Kaffees untereinander gemengt hat?«

»Ja, Emir!«

»So hat er das Seinige zu diesem schwierigen Rechtsfalle beigetragen. Nun tue du auch das Deinige und lies die Sorten wieder auseinander! Ich werde bald nachsehen, ob es geschehen ist, und dann mein Urteil sprechen.«

Sie öffnete den Mund, um mir mitzuteilen, daß sie gesonnen sei, Einspruch oder Nichtigkeitsbeschwerde zu erheben, doch Halef kam ihr zuvor:

»Das muß aber schnell geschehen, denn wir brauchen den Kaffee sehr notwendig!«

»Warum?« fragte ich.

»Du hast ja Gäste oben!«

»Wen?«

»Drei Kurden, welche auf dich warten. Derjenige, welcher dich bereits besuchte, ist dabei.«

»So hole einstweilen rasch andern Kaffee!«

Ich stieg hastig die Treppe empor, denn die zwei andern Kurden konnten doch wohl nur die beiden Gefangenen sein. Diese Vermutung bestätigte sich. Als ich eintrat, erhoben sie sich, und Dohub sprach:

»Hier ist der Emir, der euch gerettet hat! O Effendi, der Mutesselim hat deine Worte gelesen und mir den Vater und den Bruder zurückgegeben!«

»Sagtest du ihm, daß du bald nach Mossul gehen würdest?«

»Ja. Dein Rat war gut, denn der Kommandant wurde sofort freundlicher, und als ich ihm deinen Brief gab, ließ er Selim Agha rufen, der die Gefangenen bringen mußte.«

»Wie ist es mit dem Zoll und der Strafe?«

»Er hat uns alles erlassen, aber das Pulver und Blei erhielten wir nicht zurück. Emir, sage uns, wie wir dir danken sollen!«

»Kennst du den Nezanum von Spandareh?«

»O, sehr gut! Seine Tochter ist das Weib unseres Bey, und er kommt sehr oft nach Gumri, um beide zu besuchen.«

»Er ist auch mein Freund. Ich war bis heute früh bei ihm, und er bat mich, den Bey zu besuchen, wenn ich nach Gumri komme.«

»Komm, Herr, komm zu uns. Dein Empfang soll besser sein, als wenn der Mutesselim oder der Mutessarif käme!«

»Ich werde vielleicht kommen; aber bis dahin dürften wohl noch einige Tage vergehen. Der Nezanum hat mir ein Paket übergeben, welches ich dem Bey überreichen sollte. Es darf nicht lange hier liegen bleiben, und darum bitte ich euch, es mit nach Gumri zu nehmen. Grüßt mir den Bey und sagt ihm, daß ich sein Freund sei und ihm alles Glück und Gute wünsche!«

»Das ist die Botschaft, die du uns aufzutragen hast?«

»Ja.«

»Es ist zu wenig, Herr!«

»Vielleicht könnt ihr mir später eine Liebe erweisen.«

»Wir tun es. Komm nur und befiehl, was du von uns wünschest!«

»Würdet ihr einem Freunde von mir Schutz gewähren, wenn er von dem Mutesselim verfolgt wird und sich zu euch flüchtet?«

»Der Kommandant würde ihn nie zu sehen bekommen!«

Ich wandte mich zu dem älteren der beiden andern, denen man die Entbehrungen anmerkte, denen sie während ihrer Gefangenschaft unterworfen gewesen waren.

»Wißt ihr, wer mit euch gefangen war?«

»Nein,« antwortete er. »Ich stak in einem finstern Loche, welches nur ganz wenig Licht erhielt, und ich konnte weder etwas hören, noch etwas sehen.«

Seinem Sohne war es ebenso ergangen.

»Ist der Sergeant, der euch bewachte, ein böser Mann?«

»Er hat nie mit uns gesprochen. Die einzige menschliche Stimme, welche wir zu hören bekamen, war diejenige des alten schmutzigen Weibes, welches uns das Essen brachte.«

»Wie sind die Wege von hier nach Gumri?«

»Du mußt zunächst in das Tal von Berwari hinab, und zwar auf einem Pfade, der so steil und gefährlich ist, daß man nicht reiten kann, sondern die Pferde am Zügel führen muß. Das Tal ist reich von Eichen bewaldet und enthält Dörfer, welche teils von Kurden und teils von nestorianischen Chaldäern bewohnt werden. Auch durch die dürre Ebene wirst du kommen, welche wir Newdascht nennen und in der das kurdische Dorf Maglana liegt; dann erreichst du den kurdischen Weiler Hajis, in welchem nur einige arme Familien wohnen. Du mußt über viele Gewässer hinweg, die alle dem Zab zufließen, und erblickst Gumri schon von weitem, da es auf einem hohen Felsen erbaut ist, welcher ganz allein in der Ebene steht.«

Nach diesen und anderen notwendigen Erkundigungen lud ich sie zum Essen ein. Die beiden frei gewordenen Gefangenen langten mit einem Heißhunger zu, der mich wohl erkennen ließ, wie besorgt die alte Mersinah um das leibliche Wohl ihrer Pfleglinge sei. Halef brachte auch Kaffee, ein Getränk, welches die Kurden am schmerzlichsten vermißt hatten, ganz ebenso wie den Tabak, den sie nachher rauchten.

Endlich brachen sie auf, eben als Selim Agha eintrat, um mir zu sagen, daß der Mutesselim bereit sei, mich zu empfangen. Sie nahmen einen herzlichen Abschied von mir und schärften mir nochmals ein, daß ich ja nach Gumri kommen möge. Dohub nahm das Paket des Dorfältesten mit, und ich war überzeugt, daß ich mir Freunde erworben hatte, auf die ich im Falle der Not wohl sicher rechnen könne.

Ich besuchte nun zunächst meine Patientin und wurde in dem vorderen Zimmer von ihren Eltern mit Freude empfangen.

»Wie geht es eurer Tochter?« fragte ich.

»O, viel, viel besser bereits, Herr,« antwortete der Mann. »Deine Weisheit ist fast noch größer als unser Dank, denn sie kann bereits wieder vernünftig reden und hat uns auch gesagt, daß sie wirklich von den Kirschen des Todes gegessen habe. Und deine Güte ist noch größer, als wir verdienen und ahnten; denn ich habe erfahren, daß du kein Arzt bist, der für Lohn zu den Kranken kommt, sondern ein großer Emir, der ein Liebling des Großherrn und ein Freund des Mutessarif ist.«

»Wer sagte dies?«

»Die ganze Stadt weiß es bereits. Selim Agha ist deines Lobes voll; der Mutesselim hat dich mit Parade empfangen und auf deinen Befehl sogar Gefangene freilassen müssen. Einer sagt es dem andern, und so haben auch wir es erfahren.«

»Bist du ein Kind dieser Stadt? Ich sehe doch, daß du doch wohl eigentlich ein Kurde bist!«

»Du hast richtig geraten, Effendi. Ich bin ein Kurde von Lizan und für kurze Zeit nach Amadijah gezogen, weil ich mich daheim nicht sicher fühlte.«

»Nicht sicher? Warum?«

»Lizan gehört zu dem Gebiete von Tijari und wird meist von nestorianischen Christen bewohnt. Diese haben große Bedrückungen zu erleiden gehabt, so daß es seit kurzem unter ihnen gärt, als ob sie sich einmal aufraffen und Rache nehmen wollten. Weil ich nun kein Christ, sondern ein Mohammedaner bin, so habe ich mich in Sicherheit gebracht und kann hier mein Geschäft in Frieden treiben, bis die Gefahr vorüber ist.«

»Welches Geschäft hast du?«

»Ich kaufe die Galläpfelernten ein und versende sie nach dem Tigris, von wo aus sie dann weiter gehen.«

»Du bist ein Moslem, und doch ist die alte Mutter, welche ich bei dir sah, eine Christin. Wie kommt das?«

»Emir, das ist eine Geschichte, die mich und mein Weib sehr betrübt. Der Ahne war ein berühmter Melek[1] der Tijaris und nahm die Lehre an von Christus, dem Gekreuzigten. Sein Weib, die Ahne, die du gesehen hast, tat dasselbe. Aber sein Sohn war ein treuer Anhänger des Propheten und trennte sich vom Vater. Dieser starb und der Sohn später auch, der die Würde eines Melek verloren hatte. Er war arm geworden um des Propheten willen, trotzdem sein Vater einer der reichsten Fürsten des Landes war. Seine Kinder blieben auch arm, und als ich mein Weib heiratete, die seine Enkelin ist, hatte sie kaum ein Kleid, um ihre Blöße zu bedecken. Aber wir liebten einander, und Allah segnete uns; wir wurden reich.«

1 König, Fürst.

»Und die Ahne?«

»Wir hatten sie nie gesehen, bis sie uns einst in Lizan aufsuchte. Sie zählte über hundert Jahre, glaubte, nun bald sterben zu
müssen, und wollte ihre Kindeskinder einmal sehen. Seit jener
Zeit hat sie uns jährlich zweimal besucht; aber wir wissen nicht,
woher sie kommt und wohin sie geht.«

»Habt ihr sie nicht gefragt?«

»Einmal nur, aber da antwortete sie nicht und verschwand
auf lange Zeit. Seitdem haben wir diese Frage nie wieder ausgesprochen. Sie ist jetzt bei der Kranken. Willst du diese sehen?«

»Ja; kommt!«

Ich fand die Patientin bedeutend besser. Die Röte war verschwunden; der Puls ging matt, aber ruhiger, und sie vermochte
wenn auch mit einiger Anstrengung, doch geläufiger zu sprechen, als da ich sie zuerst gesehen hatte, wo sie in der Betäubung
fabulierte. Die Pupille hatte sich verengert, aber die Schling-
beschwerden waren noch vorhanden. Sie blickte mir neugierig
entgegen und erhob die Hand, um mir zu danken.

Ich riet, mit dem Kaffee und Zitronensaft fortzufahren, und
empfahl dabei ein heißes Fußbad; dann wollte ich wieder gehen.
Da erhob sich die Gestalt der Greisin, die bisher am unteren
Ende des Lagers gekniet hatte.

»Herr,« sagte sie, »ich habe dich für einen Hekim gehalten.
Verzeihe, daß ich dir Lohn versprach!«

»Mein Lohn ist die Freude, dir dein Enkelkind erhalten zu
dürfen,« antwortete ich.

»Gott hat deine Hand gesegnet, Emir. Er ist mächtig in dem
Schwachen und barmherzig in dem Starken. Wie lange wird die
Kranke noch leidend sein?«

»Einige Tage sind genug, um ihre gegenwärtige Schwäche zu
überwinden.«

»Emir, ich lebe, aber nicht in mir, sondern in diesem Kinde.
Ich bin gestorben seit langen, langen Jahren; aber ich stand wieder auf in Der, welche ich bewahrt sehen möchte vor jedem Flek-
ken des Leibes und der Seele. Du hast nicht ihr allein, sondern
auch mir das Leben erhalten, und du weißt nicht, wie gut dies

ist für viele, die du weder kennst noch jemals gesehen hast. Du wirst wiederkommen?«

»Ja, morgen.«

»So brauche ich dir heute weiter nichts zu sagen.«

Sie wandte sich ab und setzte sich wieder an ihren früheren Platz. Sie sprach so dunkel und war selbst für ihre Verwandten ein Rätsel. Ich hätte mir Zeit genug wünschen mögen, dieses Rätsel zu lösen. Ich sollte essen und trinken, ehe ich das Haus verließ, aber ich kam eben von dem Mahle her und hatte auch bei dem Mutesselim ein solches zu erwarten; daher mußte ich abschlagen.

VIERTES KAPITEL

Aus der Festung.

Als ich zu dem Kommandanten kam, waren alle seine Beamten und auch die Offiziere der Besatzung bereits um
ihn versammelt. Es gab also große Soirée. Ich erhielt den
Ehrenplatz an seiner Seite. Wir befanden uns in einem größeren
Zimmer, welches einem kleinen Saale glich; es wäre Raum genug
zur freien Bewegung gewesen, aber ein jeder saß still an seinem
Platze, rauchte seine Pfeife, trank den herumgereichten Kaffee
und flüsterte leise mit seinem Nachbar. Wenn aber der Mutesselim ein lautes Wort sagte, so neigten sie lauschend die Häupter,
wie vor einem mächtigen Herrscher.

Auch meine Unterredung mit ihm wurde leise geführt. Nach
einigen Weitschweifigkeiten sagte er:

»Ich habe schon gehört, daß du heute ein Mädchen heiltest,
welches vom Teufel besessen war. Mein Hekim hat ihn hinein-
fahren sehen; er verlangte, daß ich dich fortschicken soll, weil du
ein Zauberer bist.«

»Dein Hekim ist ein Tor, Mutesselim! Das Mädchen hatte
eine giftige Frucht gegessen, und ich gab ihr ein Mittel, durch
welches das Gift unwirksam gemacht wurde. Von dem Teufel
oder von einem Geiste war keine Rede.«

»So bist du ein Hekim?«

»Nein. Du weißt ja, wer und was ich bin! Aber im Westen
von hier, weit über Stambul hinaus, da, wo ich geboren bin, hat
jedermann mehr Kenntnisse über die Krankheiten als dein Hekim, der den Teufel durch eine tote Fliege vertreiben wollte.«

Das war rücksichtslos und wohl auch ein wenig mutig gesprochen; aber es konnte diesen Leuten gar nicht schaden, wenn
einmal einer kam, der es wagte, an ihrer Selbstherrlichkeit zu
rütteln.

Der Mutesselim tat, als hätte er meine scharfe Antwort nicht
gehört, und erkundigte sich weiter:

»So kennst du alle Krankheiten?«

»Alle!« antwortete ich sehr entschieden.

»Und kannst auch alle Tränke machen?«

»Alle!«

»Gibt es auch Tränke, die ein guter Moslem nicht trinken darf?«

»Ja.«

»Welche sind es?«

»Die Paksitz,[1] welche aus solchen Dingen bereitet werden, deren Genuß der Prophet verboten hat, zum Beispiel Schweinefett und Wein.«

»Wein ist aber auch eine Medizin?«

»Ja, eine sehr wichtige.«

»Wann wird sie getrunken?«

»Bei gewissen Krankheiten des Blut- und Nervensystems, sowie auch der Verdauung, als Stärkungs- oder Erregungsmittel.«

Wieder stockte die Unterhaltung. Die Anwesenden begannen wieder leise untereinander zu flüstern, und nach einer Weile wandte sich der Mutesselim auch ebenso leise an mich:

»Effendi, ich bin krank, sehr krank!«

»Ah, ist es möglich! Allah gebe dir deine Gesundheit zurück!«

»Er wird es vielleicht tun, denn ich bin ein guter Moslem und ein treuer, frommer Anhänger des Propheten.«

»An welcher Krankheit leidest du?«

»Ich habe bereits viele Aerzte gefragt; sie sagen alle, daß ich leide an gewissen Krankheiten des Blut- und Nervensystemes, sowie auch der Verdauung.«

Ich konnte mich kaum beherrschen, ihm nicht geradezu in das Gesicht zu lachen. Darum also diese eigentümliche Einleitung, die sich um den Rand herum bewegt hatte, wie »die Katze um den heißen Brei«. Jedenfalls lief die Sache auf eine kleine Bettelei hinaus.

»Haben dir deine Aerzte Mittel gegeben?«

---

1 Unreinen.

»Ja, aber diese Mittel haben nicht geholfen. Diese Männer waren nicht so klug und unterrichtet wie du. Meinst du nicht, daß ich der Anregung und der Stärkung bedarf?«

»Ich bin davon überzeugt.«

»Würdest du mir ein solches Mittel geben?«

»Ich darf nicht.«

»Warum nicht?«

»Der Prophet verbietet es mir.«

»Der Prophet hat nicht gewollt, daß die wahren Gläubigen an dem Systeme des Blutes und der Nerven untergehen und sterben sollen. Hast du den Kuran aufmerksam gelesen?«

»Sehr aufmerksam.«

»So sage mir, ob du eine einzige Arznei gefunden hast, die darin verboten wird!«

»Keine!«

»Siehst du! Also willst du mir eine Anregung geben?«

»Ich habe die Sachen nicht, welche ich zur Bereitung derselben brauche.«

»Du scherzest wieder, denn du hast sie!«

»Woher wolltest du dies wissen?«

»Dein Diener hat heute solche Dinge bei einem Juden gekauft.«

Ah, der Mutesselim ließ uns also beobachten! Er wußte bereits, daß der kleine Hadschi für den Engländer Wein geholt hatte. Wir mußten also vorsichtig sein, wenn unser Vorhaben nicht verraten werden sollte.

»Es gehört mehr dazu, als das ist, was mein Diener kaufte,« antwortete ich.

»Das Wenige ist besser als gar nichts. Eben weil ich sehr schwach bin, darfst du nicht viele Dinge zusammenmischen. Willst du mir eine einfache Stärkung senden?«

»Gut; du sollst sie haben!«

»Wie viel?«

»Eine Arzneiflasche voll.«

»Emir, das ist viel zu wenig! Ich bin Kommandant und ein sehr langer Mann; der Trank wird alle sein, ehe er durch den ganzen Körper gekommen ist. Siehst du dies ein?«

»Ich sehe es ein, darum werde ich dir eine große Flasche senden.«

»Eine? Nimmt ein Kranker nur einmal Arznei?«

»Nun wohl, du sollst zwei haben!«

»Laß mich täglich einmal nehmen, und zwar eine Woche lang!«

»Mutesselim, ich denke, du wirst dann zu stark werden!«

»O, Emir, das hast du nicht zu befürchten.«

»So wollen wir es denn mit einer Woche versuchen!«

»Aber eine Bitte erfüllst du mir dabei.«

»Welche?«

»Ein Mutesselim darf seinen Untergebenen nie wissen lassen, daß er ein krankes System der Nerven und der Verdauung hat.«

»Das ist richtig!«

»Also wirst du diese Arznei so gut einpacken, daß niemand sieht, daß sie in Flaschen enthalten ist.«

»Ich werde dir diesen Wunsch erfüllen.«

»Hast du auch kranke Nerven, Emir?«

»Nein. Warum sollte ich welche haben?«

»Weil du dir dieses Mittel kaufen ließest.«

»Es war nicht für mich.«

»Für wen sonst? Für den stummen Hadschi Lindsay-Bey?«

»Du sagtest vorhin, daß ein Mutesselim nicht wissen lassen dürfe, daß er ein krankes System habe. Es gibt auch andere Männer, welche dies nicht wissen lassen dürfen.«

»Oder war es für den dritten Mann, der sich gar nicht sehen läßt? Er muß sehr krank sein, weil er nicht aus seiner Stube kommt!«

Das klang wie ein Verhör. Er wollte sich nach Mohammed Emin erkundigen.

»Ja, er ist krank,« antwortete ich.

»Welche Krankheit hat er?«

»Eine Krankheit des Herzens.«

»Kannst du ihn heilen?«

»Ich hoffe es.«

»Ich bedaure, daß du ihn wegen seiner Krankheit nicht mitbringen konntest. Es ist ein Freund von dir?«

193

»Ein sehr guter Freund.«

»Wie lautet sein Name?«

»Er hat mich gebeten, ihn dir heute noch nicht zu nennen. Du kennst ihn sehr gut, und er will dir eine Ueberraschung bereiten.«

»Ah!« meinte er neugierig. »Eine Ueberraschung? Wann?«

»Sobald seine Krankheit geheilt ist.«

»Wie lange dauert dies noch?«

»Nur einige Tage.«

»Soll ich ihn nicht lieber besuchen, da er nicht zu mir kommen kann?«

»Dieser Besuch würde ihn zu sehr aufregen. Herzkrankheiten sind lebensgefährlich; das wirst du wohl auch wissen?«

»So muß ich warten.«

Wieder versank er in Schweigen; dann begann er von neuem:

»Weißt du, daß du mir ein Rätsel bist?«

»Du mir auch.«

»Warum?«

»Weil du mich rätselhaft findest. Sage mir, ob es bereits jemand gewagt hat, so klar und offen, so aufrichtig und ohne Furcht wie ich, mit dir zu reden!«

»Das ist wahr, Effendi! Ich wollte es auch keinem andern raten! Du aber bist ein Emir, stehst unter dem Schatten des Großherrn und bist mir sehr gut von dem Mutessariff empfohlen; da dulde ich es.«

»Und bei all dieser Furchtlosigkeit bin ich dir ein Rätsel?«

»Ja.«

»Ich will dir helfen, es zu lösen. Frage mich!«

»Ich möchte vor allen Dingen wissen, wie du in den Schutz des Großherrn gekommen bist, wie der Großherr über mich denkt und was er für Pläne hat mit dir und mir. Aber dazu ist heute keine Zeit. Wir werden davon morgen reden, wenn wir allein sind.«

Das war mir lieb. Auch hörte jetzt die Unterhaltung auf, da ein Medah[1] eingelassen wurde, welchen der Kommandant zur

---

1 Märchenerzähler.

Unterhaltung seiner Gäste engagiert hatte. Die Pfeifen wurden von neuem gestopft und angebrannt, die Tassen wieder gefüllt, und dann lauschte man andächtig den Worten des Erzählers.

Er stellte sich in die Mitte des Raumes und erzählte mit singender, lamentierender Stimme die tausendmal gehörten Geschichten von Abu-Szaber, dem schiefmäuligen Schulmeister, dem Liebessklaven Ganem, von Nureddin Ali und Bedreddin Hassan. Dafür erhielt er zwei Piaster und konnte gehen.

Dann erhob sich der Mutesselim, zum Zeichen, daß diese amüsante Soiree beendet sei. Man sagte sich einige fulminante Höflichkeiten, verbeugte sich gegenseitig und war dann froh, dem Tabak und Kaffee und dem Medah glücklich entronnen zu sein. Ich hatte das nachtträgliche Vergnügen, von Selim Agha unter dem Arm genommen und nach Hause begleitet zu werden.

»Emir, erlaube, daß ich deinen Arm nehme!« bat er.

»Da hast du ihn!«

»Ich weiß, daß ich dies eigentlich nicht sollte, denn du bist ein großer Emir, ein weiser Effendi und ein Liebling des Propheten; aber ich habe dich lieb, und du mußt bedenken, daß ich kein gemeiner Arnaute, sondern ein sehr tapferer Agha bin, der diese Festung gegen fünfzigtausend Feinde verteidigen würde.«

»Das weiß ich. Auch ich habe dich lieb. Komm, laß uns gehen!«

»Wer ist das?«

Er deutete dabei auf eine Gestalt, welche hinter der Ecke gelehnt hatte und nun an uns vorüberstrich und schnell im Dunkel der Häuser verschwand. Ich erkannte den Mann. Es war der Arnaute, der uns angefallen hatte, doch zog ich es jetzt vor, ihn nicht zu erwähnen.

»Es war wohl einer deiner Arnauten.«

»Ja, aber ich habe doch wohl dieses Gesicht noch nicht gesehen.«

»Das Licht des Mondes täuscht.«

»Weißt du, Emir, was ich dir jetzt sagen wollte?«

»Was?«

»Hm! Ich bin krank.«

»Was fehlt dir?«

»Ich leide an dem System der Nerven und des Blutes.«

»Selim Agha, ich glaube, du hast gehorcht!«

»O nein, Effendi! Aber ich mußte ja euer Gespräch hören, da ich als der Nächste neben dem Mutesselim saß.«

»Jedoch so weit entfernt, daß du lauschen mußtest!«

»Soll man nicht lauschen, wenn man einer Stärkung bedarf?«

»Du willst sie doch nicht etwa von mir verlangen!«

»Wohl von dem alten Hekim? Der würde mir Fliegen geben!«

»Willst du sie in einer Arzneiflasche oder in einer großen Flasche?«

»Du willst sagen, in einigen großen Flaschen!«

»Wann?«

»Jetzt, wenn es dir gefällig ist!«

»So laß uns eilen, daß wir nach Hause kommen!«

»O nein, Emir, denn da ist mir Mersinah im Wege. Sie darf niemals wissen, daß ich ein krankes System der Verdauung habe!«

»Aber sie sollte es doch wissen, da sie dir die Speisen bereitet.«

»Sie würde die Medizin an meiner Stelle trinken. Ich weiß einen Ort, wo man diesen Trank in Ruhe und Sicherheit genießen kann.«

»Wo?«

»Effendi, ein solcher Ort ist allemal bei einem Juden oder bei einem Griechen. Hast du dies noch nicht bemerkt?«

»Sehr oft. Aber man wird dich sehen, und dann erfährt die ganze Stadt, daß du dich nicht ganz auf dein System verlassen kannst!«

»Nur wir beide werden einander sehen. Dieser Jude hat eine kleine Stube, in welche nicht einmal der Mond blicken kann.«

»So komm! Aber laß uns vorsichtig sein, daß wir nicht beobachtet werden.«

Also wieder einen Angriff auf meinen Geldbeutel! Uebrigens war ich ganz vergnügt, den Agha als einen Moslem kennen zu lernen, dem zwar der Wein, nicht aber die Arznei verboten ist, welche aus dem Blute der Trauben gekeltert wird. Ein kleines Räuschchen konnte mir Vorteile bringen.

Nachdem wir einige enge und winkelige Gäßchen passiert hatten, hielten wir vor einem kleinen, armseligen Häuschen, dessen Türe nur angelehnt war. Wir traten in den dunklen Flur, wo Selim in die Hände klatschte. Sogleich erschien eine krumme, mit einem echt israelitischen Gesichte ausgestattete Gestalt aus der Stube und leuchtete dem Agha in das Gesicht.

»Ihr seid es, Hoheit? Gott Abrahams, bin ich erschrocken, als ich sah im Hause stehen zwei Gestalten statt der Eurigen, die ich gewohnt bin, alle Tage die Ehre zu haben, zu empfangen in meinem Hause mit Vergnügen und sehr tiefer Untertänigkeit!«

»Mach auf, Alter!«

»Mach auf? Was? Die Stube, welche ist die kleine oder die große?«

»Die kleine!«

»Bin ich auch sicher, daß dieser Mann, welcher hat die Ehre, mit Euch zu kommen in mein Haus, nicht wird sein ein Herr, dessen Mund redet von Dingen, die von mir geschehen aus Barmherzigkeit und doch nicht sollen werden besprochen, weil mich dann bestrafen würde der mächtige Mutesselim?«

»Du bist ganz sicher. Oeffne, oder ich mache mir selbst auf!«

Der Alte schob einige Bretter zur Seite, hinter denen eine Türe zum Vorschein kam. Sie führte in ein sehr kleines Gemach, dessen Boden mit einer zerrissenen Bastmatte belegt war. Einige Mooskissen bildeten die Sofas.

»Soll ich brennen an die Lampe?«

»Natürlich!«

»Was werden begehren die Herren zu trinken?«

»Wie immer!«

Jetzt brannten zwei Flammen, und der Jude konnte mich, der ich bisher stets hinter Selim gestanden, nun besser betrachten.

»Katera Musa,[1] das ist ein hoher Effendi und ein großer Held des Krieges! Ist er doch behangen mit glänzenden Silahs,[2] trägt einen goldenen Kuran am Halse und hat einen Simbehl[3] wie

1 Um Mosis Willen.
2 Waffen.
3 Schnurrbart.

Jehoschuah, der Eroberer des Landes Kanaan. Da darf ich nicht bringen den Gewöhnlichen, sondern ich muß gehen in eine Ecke des Kellers, wo da liegt vergraben ein Trank, den nicht ein jeder bekommt.«

5 »Was für welcher ist es?« fragte ich.

»Es ist Wein von Türbedi Haidari, aus einem Lande, welches niemand kennt und wo Trauben wachsen, deren Beeren sind wie die Aepfel und deren Saft kann umreißen die Mauern einer ganzen Stadt.«

10 »Bring eine Flasche!« befahl der Agha.

»Nein, bring zwei Krüge! Du mußt nämlich wissen, daß der Wein von Türbedi Haidari nur in großen Tonkrügen aufbewahrt und nur aus kleinen Krügen getrunken wird,« sagte ich.

»Du kennst ihn?« fragte der Jude.

15 »Ich habe ihn oft getrunken.«

»Wo? Wo liegt dieses Land?«

»Der Name, den du nanntest, ist der Name einer Stadt, welche in Terbidschan in Persien liegt. Der Wein ist gut, und ich hoffe, daß du verstanden hast, ihn zu behandeln. Was ko-
20 stet er?«

»Du bist ein vornehmer Herr; darum sollst du ihn haben halb umsonst. Du wirst bezahlen dreißig Piaster für den Krug.«

»Das ist halb umsonst? Bringe die zwei Krüge, damit ich ihn koste. Dann werde ich dir sagen, wie viel ich gebe!«

25 Er ging. In einer Ecke lehnten einige Pfeifen neben einem Kästchen mit Tabak. Wir setzten uns und griffen nach den Pfeifen, die ohne Spitze waren. Ich zog mein Mundstück aus der Tasche und schraubte es an; dann versuchte ich den Tabak; es war ein guter Perser.

30 »Was ist drüben auf der andern Seite des Hauses, Selim Agha?« fragte ich.

»Ein Spezereiladen und eine Kaffeestube. Hinten ist eine Opiumbude und eine Weinschänke für das Volk; hier aber dürfen nur vornehme Herren eintreten,« erklärte er mir mit selbst-
35 gefälligem Gesichte.

Ich kann sagen, daß ich mich auf diesen Wein freute. Es ist ein roter, dicker und ungemein starker Naturtrank, von dem drei Schluck genügen, um einen Menschen, der noch nie Wein getrunken hat, in einen gelinden Rausch zu versetzen. Selim liebte das Getränk Noahs, aber ich war überzeugt, daß ihn der Krug mehr als überwältigen werde.

Da kam der Wirt mit zwei Krügen, von denen jeder vielleicht einen Liter faßte. Hm, armer Selim Agha! Ich versuchte einen Schluck. Der Wein hatte auf der Reise gelitten, ließ sich aber trinken.

»Nun, Hoheit, wie ist er?« fragte der Jude.

»Er ist so, daß ich dir für den Krug zwanzig Piaster geben werde.«

»Herr, das ist geboten zu wenig, viel zu wenig! Für zwanzig Piaster werde ich wieder mitnehmen meinen Wein und dir bringen einen andern.«

»Im Lande, wo er bereitet wird, gebe ich nach hiesigem Gelde für diesen Krug vier Piaster. Du siehst, ich will gut bezahlen, aber wenn dir das nicht genügt, so nimm ihn wieder mit!«

Ich stand auf.

»Was soll ich bringen für welchen?«

»Keinen! Ich trinke nur diesen für zwanzig Piaster, den du mir auch für fünfzehn ließest. Bekomme ich ihn nicht, so gehe ich, und du magst ihn selbst trinken.«

»So wird ihn trinken die Hoheit des Selim Agha.«

»Er wird mit mir gehen.«

»Gib neunundzwanzig!«

»Nein.«

»Achtundzwanzig!«

»Gute Nacht, Alter!«

Ich öffnete die Türe.

»Komm her, Effendi! Du sollst ihn doch haben für zwanzig Piaster, weil es mir ist eine Ehre, dich zu sehen in meinem Hause.«

Der Handel war also abgeschlossen, und jedenfalls sehr zur Zufriedenheit des Juden, der sich, nachdem ich ihm das Geld gegeben hatte, mit verstecktem Schmunzeln entfernte. Der Agha kostete ein wenig und tat dann einen tiefen Zug.

»Allah illa Allah! Wallah, Billah, Tallah! Solchen habe ich noch nicht bekommen. Glaubst du, daß er gut ist für ein krankes System, Emir?«

»Sehr gut!«

»Oh, wenn das die ›Myrte‹ wüßte!«

»Hat sie auch ein System?«

»Ein sehr durstiges, Effendi!«

Er tat einen zweiten und nachher einen dritten Zug.

»Das ist kein Wunder,« meinte ich. »Sie hat sehr viel zu sorgen, zu schaffen und zu arbeiten.«

»Für mich nicht; das weiß Allah!«

»Aber für deine Gefangenen.«

»Sie bringt ihnen täglich einmal Essen, Brot und Mehlwasser.«

»Wie viel gibt dir der Mutesselim für jeden Gefangenen?«

»Dreißig Para täglich.«

Also fünfzehn Pfennige ungefähr! Davon blieb sicherlich die Hälfte in den Händen Selims kleben.

»Und was erhältst du für die Beaufsichtigung?«

»Zwei Piaster täglich, die ich aber noch niemals bekommen habe. Ist es da ein Wunder, daß ich diese schöne Arznei noch gar nicht kenne?«

Er tat abermals einen Zug.

»Zwei Piaster? Das ist sehr wenig, zumal dir die Gefangenen sehr viele Mühe machen werden.«

»Mühe? Gar keine! Was soll ich mir mit diesen Halunken für Mühe geben? Ich gehe täglich einmal in das Gefängnis, um nachzusehen, ob vielleicht einer gestorben ist.«

»Zu welcher Zeit tust du das?«

»Wenn es mir paßt.«

»Auch des Nachts?«

»Ja, wenn ich am Tage es vergessen hatte und grad ausgegangen war. Wallahi, da fällt mir ein, daß ich heute noch nicht dort gewesen bin!«

»Meine Ankunft hat dich gestört.«

»Das ist wahr, Effendi.«

»So mußt du nachsehen?«

»Das werde ich nicht tun.«

»Warum nicht?«

»Die Kerle sind es nicht wert, daß ich mich bemühe!«

»Richtig! Aber wirst du dir nicht den Respekt verscherzen?«

»Welchen Respekt?«

»Du bist doch Agha, ein hoher Offizier. Deine Arnauten und Unteroffiziere müssen Angst vor dir haben! Nicht?«

»Ja, das müssen sie. Bei Allah, das müssen sie!« beteuerte er.

»Auch der Sergeant, der im Gefängnis ist?«

»Auch dieser. Natürlich! Dieser Mazir ist überhaupt ein widerspenstiger Hund. Er muß Angst haben!«

»So mußt du ihn gut beaufsichtigen, mußt ihn zuweilen überraschen, um zu sehen, ob er im Dienste pünktlich ist, sonst wird er dich niemals fürchten!«

»Das werde ich; ja, bei Allah, ich werde es!«

»Wenn er sicher ist, daß du nicht kommst, so sitzt er vielleicht beim Kawedschi[1] oder bei den Tänzerinnen und lacht dich aus.«

»Das soll er wagen! Ich werde ihn überraschen, morgen oder auch heute noch. Emir, willst du ihn mit überraschen?«

Ich hütete mich wohl, einen Zweifel darüber blicken zu lassen, ob ich überhaupt das Recht habe, in dem Gefängnisse Zutritt zu nehmen; ich tat im Gegenteile so, als ob ich ihm mit meiner Begleitung eine Ehre erwiese:

»Ist so ein Kerl es wert, daß er das Angesicht eines Emir sieht?«

»Du begleitest mich doch nicht um seinet-, sondern um meinetwillen.«

»Dann muß mir aber auch die Ehre erwiesen werden, die einem Emir und Effendi, der das Gesetz studiert hat, gebührt!«

»Das versteht sich! Es wird so sein, als ob mich der Muteselim selbst begleitete. Du sollst das Gefängnis inspizieren.«

»So gehe ich mit, denn ich bin überzeugt, daß mich diese Arnauten nicht für einen Khawassen halten.«

Er hatte nur noch eine kleine Neige im Kruge, und ich hatte mit ihm gleichen Schritt gehalten. Seine Augen wurden kleiner, und die Spitzen seines Schnurrbartes standen auf Krakehl.

---

1 Kaffeewirt.

»Wollen wir uns noch einen Krug kommen lassen, Selim Agha?« fragte ich ihn.

»Nein, Effendi, wenn es dir beliebt. Ich dürste danach, diesen Mazir zu überraschen. Wir werden morgen wieder hierhergehen!«

Der Sergeant wurde nur vorgeschoben, in Wirklichkeit aber mochte der gute Agha die Gefährlichkeit des Weines aus Türbedi Haidari bereits verspüren. Er legte die Pfeife fort und erhob sich ein wenig unsicher.

»Wie war der Tabak, Effendi?« erkundigte er sich.

Ich ahnte den Grund und antwortete deshalb:

»Schlecht. Er macht Kopfschmerzen und Schwindel.«

»Bei Allah, du hast recht. Dieser Tabak schwächt das System des Blutes und der Nerven, während man doch gekommen ist, es zu stärken. Komm, laß uns gehen!«

»Müssen wir denn dem Juden unsere Entfernung melden?«

»Ja.«

Er klatschte in die Hände. Das war wieder das Zeichen; dann traten wir in das Freie. Das kurze Weinstudium war für mich vorteilhaft gewesen.

»Komm, Emir, gib mir deinen Arm! Du weißt, ich liebe dich!«

Es war weniger die Liebe als vielmehr die Schwächung seines »Systems«, welche ihn bewog, diese Bitte auszusprechen; denn als ihm die frische Abendluft entgegenwehte, verriet er den sichtbarsten Eifer, in jene akrobatische Fatalität zu verfallen, in welcher man den Nadir mit dem Zenith zu verwechseln pflegt.

»Nicht wahr, Mohammed war ein gescheiter Kerl, Emir?« fragte er so laut, daß ein eben Vorübergehender stehen blieb, um uns etwas in Augenschein zu nehmen.

»Warum?«

»Weil er die Arzneien nicht verboten hat. Hätte er auch dies noch getan, so müßte man aus den Trauben Tinte machen. Weißt du, wo das Gefängnis liegt?«

»Hinter deinem Hause.«

»Ja; du hast immer recht, Emir. Aber wo liegt unser Haus?«

Das war nun eine jener leichten Fragen, die sich doch sehr schwer beantworten lassen, wenn nicht die Antwort ebenso albern sein soll, wie die Frage.

»Grad vor dem Gefängnisse, Agha.«

Er blieb stehen oder versuchte vielmehr, still zu stehen, und sah mich überrascht an.

»Emir, du bist just ein ebenso gescheiter Kerl wie der alte Mohammed; nicht? Aber ich sage dir, dieser Tabak ist mir so in das Gehirn gefahren, daß ich hier rechts das Gefängnis sehe und dort links ebenso. Welches ist das richtige?«

»Keines von beiden. Da rechts steht eine Eiche, und das da oben links, das ist eine Wolke.«

»Eine Wolke? Allah illa Allah! Erlaube, daß ich dich ein wenig fester halte!«

Der wackere Agha führte mich und zeigte dabei jene merkwürdige Manie des unwillkürlichen Fortschrittes, welchen man in einigen Gegenden Deutschlands »eine Lerche schießen« nennt. So kamen wir allerdings ziemlich schnell weiter, und es gelang mir endlich, ihn vor das Gebäude zu bringen, welches ich für das Gefängnis hielt, obgleich ich es von seiner vorderen Seite noch nicht gesehen hatte.

»Ist dies das Zindan?«[1] fragte ich ihn.

Er schob den Turban in das Genick und blickte sich nach allen Seiten um.

»Hm! Es sieht ihm ähnlich. Emir, bemerkst du niemand in der Nähe, den man fragen kann? Ich habe dich so fest halten müssen, daß mir die Augen wirbeln, und das ist schlimm; denn diese Häuser sprangen an mir vorbei wie eine galoppierende Karawane.«

»Ich sehe keinen Menschen. Aber es muß es sein!«

»Wir wollen einmal probieren!«

Er fuhr mit der Hand in seinen Gürtel und vigilierte nach etwas, was er nicht finden konnte.

»Was suchest du?«

»Den Schlüssel zur Gefängnistüre.«

---

1 Gefangenhaus.

»Hast du ihn?«

»Stets! Lange du doch einmal her und sieh, ob du ihn findest!«

Ich suchte und fand den Schlüssel sofort. Man mußte ihn bei dem ersten Griffe fühlen, denn er war so groß, daß man ihn mit einer Bärenkugel Nummer Null hätte laden können.

»Hier ist er. Soll ich aufschließen?«

»Ja, komm! Aber ich denke mir, daß du das Loch nicht finden wirst, denn dein System hat sehr gelitten.«

Der Schlüssel paßte, und bald knarrte die Türe in ihren Angeln.

»Gefunden!« meinte er. »Diese Töne kenne ich sehr genau. Laß uns eintreten!«

»Soll ich die Türe wieder zuschließen?«

»Versteht sich! In einem Gefängnisse muß man vorsichtig sein.«

»Rufe den Schließer!«

»Den Sergeant? Wozu?«

»Er soll uns leuchten.«

»Fällt mir gar nicht ein! Wir wollen doch den Schurken überraschen!«

»Dann mußt du leiser sprechen!«

Er wollte vorwärts, stolperte aber so, daß er gefallen wäre, wenn ich ihn nicht mit beiden Händen gehalten hätte.

»Was war das? Emir, wir sind dennoch in ein fremdes Haus geraten!«

»Wo ist der Raum, in dem sich der Sergeant befindet? Liegt er zu ebener Erde?«

»Nein, sondern eine Treppe hoch.«

»Und wo führt die Treppe hinauf, hinten oder vorn?«

»Hm! Wo war es nur! Ich glaube, vorn. Man hat von der Türe aus noch sechs bis acht Schritte zu gehen.«

»Rechts oder links?«

»Ja, wie stehe ich denn? Hüben oder drüben? O Emir, deine Seele kann die Arznei nicht gut vertragen; denn du hast mich so schief gestellt, daß dieser Hausflur nicht gradaus läuft, sondern von unten hinauf in die Höhe!«

»So komm her! Hinter dir ist die Türe; hier ist rechts und da ist links. An welcher Seite nun geht die Treppe empor?«

»Hier links.«

Wir schritten vorsichtig weiter, und mein tastender Fuß stieß wirklich bald an die unterste Stufe einer Treppe.

»Da sind die Stufen, Agha!«

»Ja, das sind sie. Falle nicht, Emir! Du warst noch nie in diesem Hause; ich werde dich sehr sorgfältig leiten.«

Er hing sich schwer an mich, so daß ich ihn die mir unbekannte Treppe förmlich emportragen mußte.

»Jetzt sind wir oben. Wo ist die Stube des Sergeanten?«

»Rede leiser; ich höre alles! Rechts die erste Türe ist es.«

Er zog mich fort, aber grad aus statt nach rechts; ich schwenkte ihn also herum und fühlte nach einigen Schritten die Türe, welche ich tastend untersuchte.

»Ich fühle zwei Riegel, aber kein Schloß.«

»Es gibt keins.«

»Die Riegel sind vorgeschoben.«

»Dann sind wir am Ende doch in ein fremdes Haus geraten.«

»Ich werde öffnen.«

»Ja, tue es, damit ich erfahre, woran ich mit dir bin!«

Ich schob die schweren Riegel zurück. Die Türe ging nach außen auf. Wir traten ein.

»Gibt es ein Licht in der Stube des Sergeanten?«

»Ja. Die Lampe steht mit dem Feuerzeuge links in einem Mauerloche.«

Ich lehnte ihn an die Wand und suchte. Das Loch nebst dem Nötigen wurde entdeckt, und bald hatte ich die Lampe angebrannt.

Der Raum war eng und klein. Eine Binsenmatte lag auf der Diele; sie hatte als »Möbel für alles« zu dienen. Ein zerbrochener Napf, ein Paar zerrissene Schuhe, ein Pantoffel, ein leerer Wasserkrug und eine Peitsche standen und lagen auf dem Boden herum.

»Nicht da! Wo steckt dieser Mensch?« fragte der Agha.

»Er wird bei den Arnauten sein, die auch hier zu wachen haben.«

Er nahm die Lampe und wankte voran, stieß aber an den Türpfosten.

»Schiebe mich nicht, Emir. Komm, halte die Lampe; ich will dich lieber führen, sonst könntest du mich die Treppe hinab- werfen. Ich liebe dich und bin dein Freund, dein bester Freund; darum rate ich dir, nie wieder diese persische Arznei zu trinken. Sie macht dich ja ganz gewalttätig!«

Ich mußte allerdings einige Gewalt anwenden, um ihn un- beschädigt hinabzubringen. Als wir vor der bezeichneten Türe anlangten, war auch sie verschlossen, und als wir sie öffneten, fanden wir auch diesen Raum leer. Er glich mehr einem Stalle als der Wohnung eines Menschen und ließ sehr Trauriges über die Asyle der Gefangenen erraten.

»Auch fort! Emir, du hattest recht. Diese Schurken sind fort- gelaufen, statt zu wachen. Aber sie sollen lernen, mich zu fürch- ten. Ich lasse ihnen die Bastonnade geben; ja, ich lasse sie sogar aufhängen!«

Er versuchte, die Augen zu rollen, aber er brachte es nicht fertig; der Wein wirkte je länger desto kräftiger; sie fielen ihm zu.

»Was tun wir nun?«

»Was meinst du, Emir?«

»Ich an deiner Stelle würde warten, um die Arnauten so zu empfangen, wie sie es verdient haben.«

»Freilich werde ich dies tun. Aber wo warten wir?«

»Hier oder oben.«

»Hier. Ich steige nicht erst wieder hinauf; du wirst mir zu schwer, Effendi. Sieh, wie du wankst! Setze dich nie- der!«

»Ich denke, wir wollen die Gefängnisse inspizieren?«

»Ja, das wollten wir,« sagte er ermüdet. »Aber, diese Menschen sind es nicht wert. Es sind lauter Spitzbuben, Diebe und Räu- ber, Kurden und auch ein Araber, welcher der schlimmste von allen ist.«

»Wo steckt dieser Kerl?«

»Hier nebenan, weil er am schärfsten bewacht werden soll. So setze dich doch!«

Ich ließ mich neben ihm nieder, obgleich der Boden nur aus hartgestampftem Lehm bestand und den höchsten Grad von Unreinlichkeit zeigte. Der Agha gähnte.

»Bist du müde?« fragte er mich.

»Ein wenig.«

»Darum gähnst du so. Schlafe, bis sie kommen. Ich werde dich wecken. Allah illa Allah, du bist ganz schwach und unzuverlässig geworden! Aber ich werde es mir so bequem wie möglich machen.«

Er streckte sich aus, stemmte den Ellenbogen auf und legte den Kopf in die Hand. Eine lautlose Stille trat ein, und nach einer kleinen Weile sank der Kopf vollends nieder – der Herr des Gefängnisses schlief.

Wie oft hatte ich gelesen, daß ein Gefangener durch die Berauschung seiner Wächter befreit worden sei, und mich über diesen verbrauchten Schriftstellercoup geärgert! Und jetzt befand ich mich in voller Wirklichkeit infolge eines Rausches in dem Besitze aller Gefangenen. Sollte ich dem Haddedihn Tor und Türe öffnen? Das wäre wohl unklug gewesen. Wir waren nicht vorbereitet, augenblicklich die Stadt zu verlassen. Am Tore standen Wachen, welche sicher Verdacht geschöpft hätten. Auf den armen Agha wäre die ganze Schuld gefallen und – ich mußte ganz offen als der Täter bezeichnet werden, was mir große Gefahr bringen oder wenigstens später viele Ungelegenheiten bereiten konnte. Es war jedenfalls besser, den Gefangenen so verschwinden zu lassen, daß sein Entkommen ganz unbegreiflich blieb. Das war jetzt in meine Hand gegeben und machte es mir möglich, jeden Verdacht von mir fern zu halten. Ich beschloß also, heute mit dem Haddedihn nur zu sprechen, und die Flucht erst dann zu bewerkstelligen, wenn sie gehörig vorbereitet sein würde.

Der Agha lag am Boden und schnarchte laut bei offen stehendem Munde. Ich rüttelte ihn erst leise und dann stärker am Arme. Er erwachte nicht. Nun ergriff ich die Lampe und verließ die Stube, deren Türe ich leise zumachte. Auch einen der Riegel schob ich lautlos vor, um auf keinen Fall überrascht zu werden. Ich hatte bereits vorhin achtgegeben und bemerkt, daß alle Türen ohne Schlösser und nur mit zwei Riegeln versehen waren. Einen Schlüssel brauchte ich also nicht zu suchen.

Es war mir doch ein wenig verändert zumute, als ich so allein draußen auf dem Gange stand, dessen Finsternis von dem kleinen Lichte der Lampe nicht durchdrungen werden konnte. Aber ich hielt mich auf alles gefaßt. Wäre ein zwingender Umstand eingetreten, so hätte ich alles gewagt, um nicht ohne den Gefangenen fortzukommen. Ich schob die Riegel zurück, öffnete und ließ die Türe weit offen stehen, um jeden Laut vernehmen zu können, nachdem ich eingetreten war.

Ja, es war ein Loch, welches ich erblickte! Ganz ohne die Vermittlung von einigen Stufen fiel der vor mir liegende Raum hart hinter der Türe über zwei Ellen tief hinab. Er hatte eine Länge von vier und eine Breite von zwei Schritten ungefähr und zeigte weder Tünche, noch Holz- oder Lehmboden. Oben, dicht unter der Decke war eines jener Löcher angebracht, die ich am Tage von außen bemerkt hatte, und außer einem »Napfe« mit Wasser, wie man ihn einem Hunde vorgesetzt haben würde, sah ich nichts als den Gefangenen in dieser Höhle.

Er hatte auf der feuchten dumpfen Erde gelegen, war aber bei meinem Erscheinen aufgestanden. Hohläugig und abgemagert, glich er einem Halbtoten, aber dennoch war seine Haltung eine stolze, und sein Auge blitzte zornig, als er mich fragte:

»Was willst du? Darf man nicht einmal schlafen?«

»Sprich leise! Ich gehöre nicht zu deinen Wächtern. Wie ist dein Name?«

»Warum fragest du?«

»Sprich noch leiser, denn man soll uns nicht hören. Wie heißest du?«

»Das wirst du wissen!« antwortete er, aber doch mit gedämpfter Stimme.

»Ich vermute es, aber ich will aus deinem Munde wissen, wer du bist.«

»Man nennt mich Amad el Ghandur.«

»So bist du jener, den ich suche. Versprich mir, ganz ruhig zu sein, was ich dir auch sagen werde!«

»Ich verspreche es!«

»Mohammed Emin, dein Vater, ist in der Nähe.«

»Allah il Al – – – !«

»Schweig! Dein Ruf kann uns verraten!«

»Wer bist du?«

»Ein Freund deines Vaters. Ich kam als Gast zu den Hadde- dihn und habe an der Seite deines Vaters gegen eure Feinde ge- kämpft. Da hörte ich, daß du gefangen seiest, und wir haben uns aufgemacht, dich zu befreien.«

»Allah sei gelobt! Aber ich kann es nicht glauben!«

»Glaube es! Siehe, dieses Fenster geht in einen Hof, welcher an einen Garten stößt, der zu dem Hause gehört, in dem wir wohnen.«

»Wie viele Männer seid ihr?«

»Nur vier. Dein Vater, ich, noch ein Freund und mein Die- ner.«

»Wer bist du, und wer ist dieser Freund?«

»Laß das für später, denn jetzt müssen wir eilen!«

»Fort?«

»Nein. Wir sind noch nicht vorbereitet, und ich kam zufällig hierher, ohne es vorher geahnt zu haben. Kannst du lesen?«

»Ja.«

»Aber es fehlt dir das Licht dazu.«

»Zur Mittagszeit ist es hell genug.«

»So höre. Ich könnte dich gleich jetzt mitnehmen, aber das wäre zu gefährlich; doch ich versichere dir, daß es nur ganz kur- ze Zeit noch dauern wird, bis du frei sein wirst. Noch weiß ich nicht, was wir beschließen werden; aber wenn du einen Stein durch das Fenster fallen hörst, so hebe ihn auf; es wird ein Papier daran gebunden sein, welches dir sagt, was du tun sollst.«

»Herr, du gibst mir das Leben zurück; denn beinahe wäre ich verzweifelt! Wie habt ihr erfahren, daß man mich nach Amadi- jah geschleppt hat?«

»Ein Dschesidi sagte es mir, den du am Wasser getroffen hast.«

»Das stimmt,« antwortete er schnell. »O, nun sehe ich, daß du die Wahrheit redest! Ich werde warten, aber grüße den Vater von mir!«

»Ich werde es noch heute tun. Hast du Hunger?«

»Sehr!«

»Könntest du Brot, Licht und Feuerzeug verstecken?«

»Ja. Ich grabe mit den Händen ein Loch in die Erde.«

»Hier hast du meinen Dolch dazu. Es ist für alle Fälle gut, wenn du eine Waffe hast. Aber sie ist mir kostbar; laß sie nicht entdeckt werden!«

Er griff hastig zu und drückte sie an die Lippen.

»Herr, Allah mag dir das in deiner Todesstunde gedenken! Nun habe ich eine Waffe; nun werde ich frei sein, auch wenn ihr nicht kommen könnt!«

»Wir werden kommen. Unternimm ja nichts Vorschnelles; das könnte dich und deinen Vater in große Gefahr versetzen.«

»Ich werde eine ganze Woche warten. Seid ihr dann noch nicht gekommen, so handle ich selbst.«

»Gut! Wenn es geht, werde ich dir noch diese Nacht Speise, Licht und Feuerzeug durch das Fenster bringen. Vielleicht können wir auch miteinander sprechen. Wenn es ohne Gefahr geschehen kann, sollst du die Stimme deines Vaters hören. Jetzt, lebe wohl; ich muß gehen!«

»Herr, reiche mir deine Hand!«

Ich hielt sie ihm entgegen. Er drückte sie mit beiden Händen, daß es mich schmerzte.

»Allah segne diese Hand, so lange sie sich bewegt, und wenn sie sich zum Todesschlaf gefaltet hat, so möge dein Geist sich im Paradiese freuen der Stunde, in welcher du mein Engel wurdest! Jetzt gehe, damit dir nichts widerfahre!«

Ich verschloß das Gefängnis und begab mich leise zum Agha zurück. Er schlief und schnarchte noch immer, und ich setzte mich nieder. So saß ich wohl eine ganze Stunde lang, bis ich Schritte vernahm, welche vor der Haustüre halten blieben. Schnell zog ich die bisher offene Türe zu und rüttelte den Agha munter. Es war dies keine leichte Arbeit, besonders, da sie schnell geschehen mußte. Ich stellte ihn aufrecht empor. Er starrte mich verwundert an.

»Du, Emir? Wo sind wir?«

»Im Gefängnisse. Raffe dich zusammen!«

Er schaute sich verdutzt um.

»Im Gefängnisse? Ah! Wie kommen wir hierher?«

»Denke an den Juden und an die Arznei; denke auch an den Sergeant, den wir überraschen wollen!«

»Den Serg – – – Maschallah, jetzt weiß ich es! Ich habe geschlafen. Wo ist er? Ist er noch nicht da?«

»Sprich leiser! Hörst du? Sie stehen noch unter der Türe und reden miteinander. Reibe dir den Schlaf aus dem Gesichte!«

Der gute Selim sah sehr jämmerlich aus; aber er hatte wenigstens die Besinnung wieder gefunden und vermochte ohne Schwanken aufrecht zu stehen. Und jetzt, als die Haustüre verschlossen wurde, nahm er die Lampe in die Hand, stieß unsere Türe auf und trat in den Gang hinaus. Ich folgte ihm. Die Uebeltäter blieben erschrocken stehen, während er auf sie zuschritt.

»Wo kommt ihr her, ihr Hunde?« fuhr er sie an.

Seine Stimme klang wie Donner in dem langen, schmalen Raum.

»Vom Kawedschi,« antwortete der Sergeant nach einigem Zögern.

»Vom Kawedschi! Während ihr hier wachen sollt! Wer hat euch die Erlaubnis erteilt, fortzugehen?«

»Niemand!«

Die Leute zitterten vor Angst; sie dauerten mich. Ihre Nachlässigkeit war mir ja von so großem Vorteile gewesen. Trotz des kleinen Flämmchens sah ich, wie schrecklich der Agha seine Augen rollen ließ. Die Spitzen seines Bartes bebten, und seine Hand ballte sich vor Wut. Aber er mochte bemerken, daß er denn doch noch nicht ganz fest auf den Füßen stehe, und daher besann er sich eines Besseren.

»Morgen erhaltet ihr eure Strafe!«

Er setzte die Lampe auf eine der Treppenstufen und wandte sich zu mir:

»Oder meinst du vielleicht, Emir, daß ich gleich jetzt das Urteil fälle? Willst du haben, daß ich den einen durch die andern auspeitschen lasse?«

»Verschiebe ihre Züchtigung bis morgen, Selim Agha! Sie kann ihnen ja nicht entgehen.«

»Ich tue deinen Willen. Komm!«

Er öffnete die Türe und verschloß sie von draußen wieder.

Wir gingen nach Hause, wo uns die »Myrte« erwartete.

»Warest du so lange beim Mutesselim?« fragte sie ihn argwöhnisch.

»Mersinah,« antwortete er, »ich sage dir, daß wir eingeladen wurden, bis zum frühen Morgen zu bleiben; aber ich wußte dich allein zu Hause und habe darum die Gastfreundlichkeit des Kommandanten abgeschlagen. Ich will nicht haben, daß dir die Russen den Kopf abschneiden. Es gibt Krieg!«

Sie schlug erschrocken die Hände zusammen.

»Krieg? Zwischen wem denn?«

»Zwischen den Türken, Russen, Persern, Arabern und Kurden. Die Russen stehen bereits mit hunderttausend Mann und dreitausend Kanonen vier Stunden von hier in Serahru.«

»O Allah! Ich sterbe; ich bin bereits tot! Mußt du auch mitkämpfen?«

»Ja. Fette mir noch heute nacht die Stiefel ein! Aber laß keinen Menschen etwas wissen. Der Krieg ist jetzt noch Staatsgeheimnis, und die Leute von Amadijah sollen es erst erfahren, wenn die Russen morgen die Stadt umzingelt haben.«

Sie taumelte und setzte sich ganz entkräftet auf den ersten besten Topf, der in ihrer Nähe stand.

»Schon morgen! Morgen sind sie wirklich da?«

»Ja.«

»Und sie werden schießen?«

»Sehr!«

»Selim Agha, ich werde dir deine Stiefel nicht einschmieren!«

»Warum nicht?«

»Du darfst nicht Krieg führen helfen; du sollst nicht erschossen werden!«

»Gut! Das ist mir sehr lieb, denn dann kann ich schlafen gehen. Gute Nacht, Effendi! Gute Nacht, meine süße Mersinah!«

Er trat ab. Die Blume des Hauses blickte ihm etwas verwundert nach; dann erkundigte sie sich:

»Emir, ist es wahr, daß die Russen kommen?«

»Das ist noch ein wenig ungewiß. Ich glaube, daß der Agha die Sache etwas zu ernst genommen hat.«

»O, du träufelst Balsam in mein verwundetes Herz. Ist es nicht möglich, sie von Amadijah abzuhalten?«

»Wir wollen uns das überlegen. Hast du die Kaffeesorten auseinander gelesen?«

»Ja, Herr. Es ist das eine sehr schlimme Arbeit gewesen; aber dieser böse Hadschi Halef Omar ließ mir keine Ruhe, bis ich fertig war. Willst du es sehen?«

»Zeige her!«

Sie brachte die Büchse und die Tüte herbei, und ich überzeugte mich, daß sie sich allerdings große Mühe gegeben hatte.

»Und wie wird dein Urteil lauten, Emir?«

»Es lautet gut für dich. Da deine zarten Hände diese Bohnen so oft berühren mußten, so soll der Kaffee dein Eigentum sein. Auch das Geschirr, welches ich heute einkaufte, gehört dir; die Gläser aber schenke ich dem wackeren Selim Agha.«

»O Effendi, du bist ein gerechter und weiser Richter. Du hast mehr Güte, als ich Töpfe hatte, und dieser duftende Kaffee ist ein Beweis deiner Herrlichkeit. Allah mag das Herz der Russen lenken, daß sie nicht kommen und dich nicht erschießen. Denkst du, daß ich heute noch ruhig schlafen kann?«

»Das kannst du; ich versichere es dir!«

»Ich danke dir, denn die Ruhe ist noch das einzige, an dem ein geplagtes Weib sich freuen kann!«

»Schläfst du hier unten, Mersinah?«

»Ja.«

»Aber nicht in der Küche, sondern nach vorn hinaus?«

»Herr, eine Frau gehört in die Küche und schläft auch in der Küche.«

Hm! Das war unangenehm. Uebrigens kam mir der dumme Witz des Agha sehr ungelegen. Die »Myrte« schlief heute gewiß nicht gleich ein. Ich stieg nach oben, ging aber, anstatt in mein Zimmer, in dasjenige des Haddedihn. Er hatte sich bereits schlafen gelegt, erwachte aber sofort. Ich erzählte ihm mein Abenteuer im Gefängnis, und er ward des Staunens voll.

Wir packten dann Eßwaren nebst Licht und Feuerzeug ein und schlichen uns nach einer leeren Stube, welche an der Hofseite des Hauses lag. Sie hatte nur ein Fenster, das heißt, eine viereckige Oeffnung, welche durch einen Laden verschlossen war. Dieser war nur angelehnt, und als ich hinausblickte, sah ich das platte Dach, welches diese Seite des kleinen Hofes umschirmte, nur fünf Fuß unter mir. Wir stiegen hinaus und von dem Dache in den Hof hinab. Die Türe des letzteren war verschlossen: wir befanden uns also allein und gingen in den Garten, in welchem einst die schöne Esma Khan geduftet hatte. Nun trennte uns von dem Gefängnisse nur eine Mauer, deren Höhe wir mit der Hand erreichen konnten.

»Warte,« bat ich den Scheik. »Ich will der Sicherheit wegen erst sehen, ob wir auch wirklich unbeobachtet sein werden.«

Ich schwang mich leise hinauf und drüben wieder hinab. Aus dem ersten kleinen Fensterloche rechts im Parterre sah ich einen fahlen Lichtschein. Dort war die Stube, in welcher der Agha geschlafen hatte. Und dort saßen jetzt wohl die Arnauten, die vor Angst nicht schlafen konnten. Das nächste, also das zweite Fenster gehörte zu dem Raume, in welchem Amad el Ghandur auf uns wartete.

Ich durchsuchte den schmalen Hofraum, ohne auf etwas Verdachterregendes zu stoßen, und fand auch die Türe verschlossen, welche aus dem Gefängnisse in den Hof führte. Nun kehrte ich zu der Stelle der Mauer zurück, hinter welcher der Haddedihn stand.

»Mohammed!«

»Wie ist es?«

»Alles sicher. Kannst du herüber?«

»Ja.«

»Aber leise!«

Er kam.

Wir huschten über den Hof hinüber und standen nun unter dem Fensterchen, welches ich beinahe mit der Hand erreichen konnte.

»Bücke dich, Scheik, stütze dich gegen die Wand und stemme die Hände auf die Kniee!«

Er tat es, und ich stieg auf seinen Rücken, welcher jetzt eine beinahe wagrechte Lage angenommen hatte. Ich stand mit dem Gesicht grad vor dem Loche des Kerkers.

»Amad el Ghandur!« sprach ich in dasselbe hinein und hielt
dann schnell das Ohr hin.

»Herr, bist du es?« klang es hohl von unten herauf.

»Ja.«

»Ist mein Vater auch da?«

»Er ist hier. Er wird dir Speise und Licht an einer Schnur
herablassen und dann mit dir sprechen. Warte; er wird gleich
oben sein.«

Ich stieg von dem Rücken des Arabers herab.

»War ich schwer?«

»Lange ist es nicht auszuhalten, denn die Stellung ist zu un-
bequem.«

»So werden wir es jetzt anders machen, da du jedenfalls nicht
nur einen kurzen Augenblick mit deinem Sohne reden willst: du
kniest auf meine Achseln; dann kann ich aufrecht stehen und es
so lange aushalten, wie es dir beliebt.«

»Hat er dich gehört?«

»Ja. Er fragte nach dir. Ich habe in der Tasche eine Schnur, an
welcher du das Paket hinablassen kannst.«

Die Schnur wurde befestigt; ich bildete mit auf dem Rücken
gefalteten Händen einen Tritt, auf welchen er den Fuß setzen
konnte, und er stieg auf. Nachdem ich meine Hände an seine
Kniee gelegt hatte, so daß er nicht abrutschen konnte, kniete
er auf meinen Achseln so sicher wie zur ebenen Erde. Er ließ
das Päckchen hinab, und nun begann ein leises, aber desto eif-
rigeres Zwiegespräch, von dem ich nur den von Mohammed
Emin gesprochenen Teil vernehmen konnte. Dazwischen hinein fragte mich der Scheik zuweilen, ob er mir nicht zu schwer
werde. Er war ein langer, starker Mann, und deshalb war es
mir schon recht, als er nach ungefähr fünf Minuten zu Boden
sprang.

»Emir, er muß heraus; ich kann es nicht erwarten,« sagte er.

»Vor allen Dingen wollen wir gehen. Steig einstweilen voran; ich will dafür sorgen, daß man am Tage keine Fußspur findet.«

»Der Boden ist ja hart wie Stein!«

»Vorsicht ist besser als Nachlässigkeit.«

Er ging voran, und ich folgte bald nach. In kurzer Zeit waren wir auf demselben Wege, den wir gekommen waren, zurückgekehrt und befanden uns in dem Zimmer des Scheik.

Er wollte nun sogleich einen Plan zur Befreiung seines Sohnes mit mir beraten; ich aber empfahl ihm, darüber zu schlafen, und schlich mich auf mein Zimmer.

Am andern Morgen besuchte ich zunächst meine Patientin; sie hatte nichts mehr zu befürchten. Die Mutter war ganz allein bei ihr, wenigstens bekam ich weiter niemand zu sehen. Sodann machte ich einen Gang durch und um die Stadt, um eine Stelle in der Mauer ausfindig zu machen, an der es möglich war, hinaus in das Freie zu gelangen, ohne das Tor passieren zu müssen. Es gab eine, aber sie war nicht für Pferde, sondern nur für Fußgänger zu passieren.

Als ich wieder nach Hause kam, hatte sich Selim Agha erst vom Lager erhoben.

»Emir, jetzt ist es Tag,« meinte er.

»Bereits schon lange,« antwortete ich.

»O, ich meine, daß man nun besser als gestern über unsere Sache reden kann.«

»Unsere Sache?«

»Ja, unsere. Du bist ja auch dabei gewesen. Soll ich Anzeige machen oder nicht? Was meinst du, Effendi?«

»Ich an deiner Stelle würde es unterlassen.«

»Warum?«

»Weil es besser ist, es wird gar nicht davon gesprochen, daß du während der Nacht im Gefängnisse gewesen bist. Deine Leute haben jedenfalls bemerkt, daß dein Gang nicht ganz sicher war, und sie könnten dies bei ihrer Vernehmung mit in Erwähnung bringen.«

»Das ist wahr! Als ich vorhin erwachte, sah mein Anzug sehr schlimm aus, und ich habe lange reiben müssen, um den Schmutz wegzubringen. Ein Wunder, daß dies Mersinah nicht gesehen hat! Also du meinst, ich soll die Anzeige unterlassen?«

»Ja. Du kannst ja den Leuten einen Verweis geben, und deine Gnade wird sie blenden wie ein Sonnenstrahl.«

»Ja, Effendi, ich werde ihnen zunächst eine fürchterliche Rede halten!«

Seine Augen rollten wie das Luftrad einer Stubenventilation. Dann standen sie plötzlich still, und sein Gesicht nahm einen sehr sanftmütigen Ausdruck an.

»Und dann werde ich sie begnadigen, wie ein Padischah, der das Leben und Eigentum von Millionen Menschen zu verschenken hat.«

Er wollte gehen, blieb aber unter der Türe halten; denn draußen war ein Reiter abgestiegen, und ich hörte eine bekannte Stimme fragen:

»Sallam, Herr! Bist du vielleicht Selim Agha, der Befehlshaber der Albanesen?«

»Ja, der bin ich. Was willst du?«

»Wohnt bei dir ein Effendi, welcher Hadschi Emir Kara Ben Nemsi heißt, und zwei Effendi, einen Diener und einen Baschi-Bozuk bei sich hat?«

»Ja. Was soll er?«

»Erlaube, daß ich mit ihm spreche!«

»Hier steht er.«

Selim trat zur Seite, so daß der Mann mich sehen konnte. Es war kein anderer, als Selek, der Dschesidi aus Baadri.

»Effendi,« rief er mit großer Freude, »erlaube, daß ich dich begrüße!«

Wir reichten einander die Hände; dabei sah ich, daß er ein Pferd Ali Beys ritt, welches dampfte. Er war jedenfalls sehr rasch geritten. Es war zu vermuten, daß er mir eine Botschaft, und zwar eine sehr wichtige, zu überbringen hatte.

»Führe dein Pferd in den Hof, und komme dann herauf zu mir!« wies ich ihn an.

Als wir uns in meiner Stube allein befanden, griff er in den Gürtel und zog einen Brief hervor.

»Von wem?«

»Von Ali Bey.«

»Wer hat ihn geschrieben?«

»Mir Scheik Khan, der Oberste der Priester.«

»Wie hast du meine Wohnung gefunden?«

217

»Ich fragte gleich am Tore nach dir.«

»Und woher weißt du, daß zwei Effendi bei mir sind? Als ich bei euch war, hatte ich nur einen bei mir.«

»Ich erfuhr es in Spandareh.«

Ich öffnete den Brief. Er enthielt sehr Interessantes, einige gute Nachrichten, welche die Dschesidi betrafen, und eine schlimme, welche sich auf mich bezog.

»Was? Einen solchen Erfolg hat die Gesandtschaft Ali Beys gehabt?« fragte ich. »Der Anadoli Kasi Askerie[1] ist mit ihr nach Mossul gekommen?«

»Ja, Herr. Er liebt unsern Mir Scheik Khan und hat eine strenge Untersuchung gehalten. Der Mutessarif wird weggenommen; an seine Stelle kommt ein anderer.«

»Und der Makredsch von Mossul ist entflohen?«

»So ist es. Er war an allen Fehlern schuld, die der Mutessarif gemacht hat. Es haben sich sehr schlimme Dinge herausgestellt. Seit elf Monaten hat kein Unter-Gouverneur die nötigen Gelder und kein Befehlshaber und kein Soldat seinen Sold erhalten. Die Demütigung der Araber, welche die hohe Pforte anbefohlen hatte, blieb unterlassen, weil er alle Summen einsteckte, welche dazu erforderlich waren. Und so noch vieles andere. Die Khawassen, welche den Makredsch gefangen nehmen sollten, sind zu spät gekommen; er war fort. Darum haben alle Beys und Kiajas der Umgegend den Befehl erhalten, ihn festzunehmen, sobald er sich sehen läßt. Der Anadoli Kasi Askerie vermutet, daß er nach Bagdad geflohen sei, weil er ein Freund des dortigen Weli[2] gewesen ist.«

»Das ist wohl eine falsche Vermutung! Der Flüchtling ist sicher in die Berge geflohen, wo er schwerer zu ergreifen ist, und wird lieber nach Persien als nach Bagdad gehen. Das Reisegeld kann er unterwegs sehr leicht erhalten. Er ist der Oberrichter sämtlicher Untergerichtshöfe, deren Gelder ihm zu Gebote stehen.«

»Du hast recht, Effendi! Noch gestern abend haben wir erfahren, daß er am Morgen des vorigen Tages in Alkosch und

---

1 Oberrichter der asiatischen Türkei.
2 Vizekönig.

am Abend bereits in Mungayschi gewesen ist. Es scheint, daß er nach Amadijah gehen wolle, aber auf einem Umwege, weil er die Ortschaften der Dschesidi fürchtet, die er überfallen hat.«

»Ali Bey vermutet mit Recht, daß mir sein Eintreffen hier große Schwierigkeiten bereiten kann. Er wird mir sehr hinderlich sein, und ich kann leider nicht beweisen, daß er selbst ein Flüchtling ist.«

»O Emir, Ali Bey ist klug. Als er von dem Makredsch hörte, befahl er mir, sein bestes Pferd zu satteln und die ganze Nacht zu reiten, um noch vor dem Oberrichter hier einzutreffen, falls dieser wirklich die Absicht haben sollte, nach Amadijah zu kommen. Und als ich Baadri verließ, gab er mir zwei Schreiben mit, die er aus Mossul erhalten hat. Hier sind sie; du sollst sehen, ob du sie gebrauchen kannst.«

Ich öffnete sie und las. Das eine war der Brief des Anadoli Kasi Askerie an Mir Scheik Khan, in welchem diesem die Absetzung des Mutessarif und des Makredsch mitgeteilt wurde. Das andere enthielt die amtliche Weisung an Ali Bey, den Makredsch festzunehmen und nach Mossul zu transportieren, sobald er sich auf dessen Gebiete sehen lasse. Beide waren mit der Unterschrift und dem großen Siegel des Kasi Askerie versehen.

»Diese Papiere sind mir allerdings sehr wichtig. Wie lange kann ich sie behalten?«

»Sie sind ganz dein.«

»Also vorgestern abend ist der Makredsch in Mungayschi gewesen?«

»Ja.«

»So könnte er heute hier ankommen, und ich brauche diese Schreiben bloß für diesen Tag. Kannst du so lange warten?«

»Ich warte so lange, wie du befiehlst, Emir!«

»So gehe jetzt zwei Türen weiter! Dort wirst du Bekannte treffen, nämlich Hadschi Halef und den Buluk Emini.«

Die Nachricht, daß der Makredsch nach Amadijah kommen könne, hatte mich zunächst mit Besorgnis erfüllt; sobald ich mich aber in dem Besitze der beiden Schriftstücke sah, mußte diese Besorgnis schwinden, und ich konnte seinem Kommen mit Ruhe entgegensehen. Ja, ich glaubte bereits, daß die Kunde von der Absetzung des Mutessarif eine Freilassung des gefangenen Haddedihn zur Folge haben könne, kam aber von dem Gedanken zurück, als ich las, daß die Feindseligkeiten gegen die Araber nicht als eine Privatsache des Mutessarif, sondern auf Befehl der Pforte unternommen seien.

Am Nachmittage trat die »Myrte« in meine Stube.

»Effendi, willst du mit in das Gefängnis?«

Das kam mir erwünscht, aber ich mußte doch erst mit Mohammed Emin reden. Darum sagte ich:

»Ich habe jetzt keine Zeit.«

»Du hast es mir aber doch versprochen und auch gesagt, daß du den Gefangenen erlauben willst, einiges von mir zu kaufen!«

Der Rose von Amadijah schien sehr viel an dem Gewinne zu liegen, den dieser kleine Handel ihr jedenfalls einbrachte.

»Ich würde mein Wort halten; aber ich habe leider erst in einer Viertelstunde Zeit.«

»So warte ich, Emir! Aber wir können doch nicht mitsammen gehen!«

»Ist Selim Agha dabei?«

»Nein. Er hat jetzt Dienst bei dem Mutesselim.«

»So befiehl dem Sergeanten, daß er mir öffnen möge. In diesem Falle kannst du bereits jetzt gehen, und ich werde nachkommen.«

Sie verschwand mit heiterem Angesichte. Sie schien es gar nicht der Mühe wert zu halten, daran zu denken, ob der Sergeant mir den Zutritt erlauben werde, da ich doch weder ein Recht dazu hatte, noch die Erlaubnis seines Vorgesetzten nachweisen konnte. Natürlich ging ich sofort zu Mohammed Emin und setzte ihn von meinem bevorstehenden Besuche im Gefängnis in Kenntnis. Ich empfahl ihm, zur Flucht bereit zu sein und zunächst für seinen Sohn durch Halef heimlich einen türkischen Anzug kaufen zu lassen. Dann brannte ich mir einen Tschibuk an und stieg mit gravitätischen Schritten durch die Gassen. Als ich das Gefängnis erblickte, sah ich die Türe desselben offen. Der Sergeant stand unter derselben.

»Sallam!« grüßte ich kurz und würdevoll.

»Sallam aaleïkum!« antwortete er. »Allah segne deinen Eintritt in dieses Haus, Emir! Ich habe dir viel Dank zu sagen.«

Ich trat ein, und er verschloß die Türe wieder.

»Dank?« fragte ich nachlässig. »Wofür?«

»Selim Agha war hier. Er war sehr zornig. Er wollte uns peitschen lassen, aber endlich sagte er, daß wir Gnade finden sollen, weil du für uns gebeten hast. Sei so gütig, mir zu folgen.«

Wir stiegen die Treppe empor, welche zu finden und zu passieren mir der Agha gestern so viel Mühe gemacht hatte. Auf dem Gange stand Mersinah mit einem blechernen Kessel, welcher eine Mehlbrühe enthielt, die ganz das Ansehen hatte, als ob sie aus dem Spülwasser ihrer Küche und Schlafstätte bestehe, und auf dem Boden lag das Brot, welches ihre zarten Hände gebacken hatten. Es war einst auch Mehlwasser gewesen, hatte aber durch Feuer und anhaftende Kohlenreste eine feste Gestalt bekommen. Neben ihr standen die Arnauten, mit leeren Gefäßen in den Händen, die von einem Scherbenhaufen aufgelesen zu sein schienen. Sie verbeugten sich bis zur Erde herab, blieben aber aus Ehrfurcht stumm.

»Emir, befiehlst du, daß wir beginnen sollen?« fragte die »Myrte«.

»Ja.«

Sofort wurde die erste Türe geöffnet. Der Raum, in welchen ich blickte, war auch ein Loch, doch lag der Boden desselben mit dem Gange in gleicher Höhe. Ein Türke lag darin. Er erhob sich nicht und würdigte uns keines Blickes.

»Gib ihm zwei Portionen, denn es ist ein Osmanly!« befahl der Sergeant.

Der Mann erhielt zwei Schöpflöffel voll Brühe in einem größeren Napfe und ein Stück Brot dazu. In der nächsten Zelle lag wieder ein Türke, welcher die gleiche Portion erhielt. Der Insasse des dritten Loches war ein Kurde.

»Dieser Hund erhält nur e i n e Portion, denn er ist ein Mann aus Balahn!«[1]

---

1 Ein Dorf der Kazikahnkurden.

Das war ja eine ganz allerliebste Einrichtung! Ich hätte den Kerl beohrfeigen mögen. Er führte dieses Prinzip während der ganzen Speiseverteilung durch. Als die oberen Gefangenen versorgt waren, stiegen wir hinab in den untern Gang.

»Wer befindet sich hier?« fragte ich.

»Die Schlimmsten. Ein Araber, ein Jude und zwei Kurden von dem Stamme Bulamuh. Sprichst du kurdisch, Emir?«

»Ja.«

»Du magst wohl nicht mit den Gefangenen sprechen?«

»Nein; denn sie sind es nicht wert!«

»Das ist wahr. Aber wir können nicht Kurdisch und auch nicht Arabisch, und diese Hunde haben doch stets etwas zu sagen.«

»So werde ich einmal mit ihnen reden.«

Das war es ja, was ich so gern wollte; nur hatte ich nicht geglaubt, daß ich den Wächtern auch einen Gefallen erweisen werde.

Die Zelle des einen Kurden wurde geöffnet. Er hatte sich ganz vor gestellt. Der arme Teufel hatte jedenfalls Hunger; denn als er seinen Löffel Brühe erhielt, bat er, man möge ihm doch ein größeres Stück Brot geben, als gewöhnlich.

»Was will er?« fragte der Sergeant.

»Etwas mehr Brot. Gib es ihm!«

»Er soll es haben, weil du für ihn bittest.«

Nun kamen wir zum Juden. Ich schwieg, weil dieser türkisch reden konnte. Er hatte eine Menge Klagen vorzubringen, die von meinem Standpunkte aus alle sehr wohl begründet waren; aber er wurde nicht angehört.

Der zweite Kurde war ein alter Mann. Er bat nur, vor den Richter geführt zu werden. Der Sergeant versprach es ihm und lachte dabei.

Jetzt endlich wurde die letzte Zelle geöffnet. Amad el Ghandur hockte tief unten in der Ecke und schien sich nicht rühren zu wollen, aber als er mich erblickte, erhob er sich.

»Ist das der Araber?« fragte ich.

»Ja.«

»Spricht er nicht türkisch?«

»Er redet gar nicht.«

»Nie?«

»Kein Wort. Deshalb erhält er auch kein warmes Essen.«

»Soll ich einmal mit ihm reden?«

»Versuche es!«

Ich trat näher zu ihm heran und sagte:

»Sprich nicht mit mir!«

Er blieb infolgedessen still.

»Siehst du, daß er nicht antwortet!« meinte der Sergeant zornig. »Sage ihm, daß du ein großer Emir bist, und dann wird er wohl reden!«

Nun wußte ich ja ganz genau, daß die Wächter wirklich nicht Arabisch verstanden; und wenn auch, der Dialekt der Haddedihn war ihnen fremdklingend.

»Halte dich heute abend bereit,« sagte ich zu Amad. »Vielleicht ist es mir heute möglich, wiederzukommen.«

Er stand stolz und aufrecht da, ohne eine Miene zu verziehen.

»Er redet auch jetzt noch nicht!« rief der Unteroffizier.

»Nun soll er heute auch kein Brot bekommen, da er nicht einmal dem Effendi antwortet.«

Die Revision der Löcher war beendet. Nun führte man mich auch weiter in dem Gebäude herum. Ich ließ dies geschehen, obgleich es keinen Zweck hatte. Endlich waren wir fertig, und Mersinah sah mir mit fragender Miene in das Gesicht.

»Kannst du den Gefangenen Kaffee kochen?« erkundigte ich mich bei ihr.

»Ja.«

»Und ihnen Brot dazu geben, eine sehr reichliche Portion?«

»Ja.«

»Wie viel kostet das?«

»Dreißig Piaster, Effendi.«

Also zwei Taler ungefähr. Die Gefangenen erhielten wohl kaum für eine Mark davon. Ich zog das Geld heraus und gab es ihr.

»Hier. Aber ich wünsche, daß alle davon erhalten.«

»Sie sollen alle haben, Effendi.«

Ich gab der Alten und dem Sergeanten je fünfzehn und den Arnauten je zehn Piaster, ein Trinkgeld, wie sie es wohl nicht erwartet hatten. Daher erschöpften sie sich in außerordentlichen Danksagungen, und als ich das Haus verließ, exekutierten sie ihre Verbeugungen selbst dann noch, als ich bereits die Gasse erreicht hatte und sie nur noch meinen Rücken sehen konnten.

Heimgekommen, suchte ich Mohammed Emin auf. Ich traf Halef bei ihm, welcher den Anzug gebracht hatte. Dies war unbemerkt geschehen, weil ja weder der Agha noch Mersinah zu Hause war.

Ich beschrieb dem Haddedihn meinen Besuch.

»Also heute abend!« meinte er erfreut.

»Wenn es möglich ist,« fügte ich hinzu.

»Aber wie willst du es machen?«

»Ich werde, wenn nicht ein Zufall etwas Besseres bringt, von dem Agha den Schlüssel zu erhalten suchen und – – –«

»Er wird dir ihn nicht geben!«

»Ich nehme ihn! Dann warte ich, bis die Wächter schlafen und öffne Amad die Zelle.«

»Das ist zu gefährlich, Emir! Sie werden dich hören.«

»Ich glaube dies nicht. Sie haben während der letzten Nacht nicht geschlafen und werden infolgedessen müde sein. Sodann gab ich ihnen ein Bakschisch, das sie sicher nach und nach in Raki anlegen, und dieser wird ihre Schläfrigkeit befördern. Uebrigens habe ich genau aufgepaßt und da bemerkt, daß das Schloß der Haustüre sich lautlos öffnen läßt. Wenn ich einigermaßen vorsichtig bin, wird es gelingen.«

»Aber, wenn man dich erwischt?«

»So habe ich doch keine Sorge. Den Wächtern gegenüber gibt es eine Ausrede, und träfen sie mich mit dem Gefangenen, nun, dann müßte eben gehandelt werden, und zwar schnell.«

»Wohin wirst du Amad bringen?«

»Er wird sofort die Stadt verlassen.«

»Mit wem?«

»Mit Halef. Ich reite jetzt mit diesem aus, um in der Umgebung der Stadt einen Ort zu suchen, welcher ein Versteck

bietet. Halef wird sich den Weg merken und deinen Sohn hin-
führen.«

»Aber die Wachen am Tore?«

»Sie werden die beiden nicht zu sehen bekommen. Ich kenne
eine Stelle, an welcher man über die Mauer kommen kann.«

»Wir sollten gleich selbst mitgehen!«

»Wir bleiben noch wenigstens einen Tag, damit kein Verdacht
auf uns fällt.«

»Aber Amad wird sich unterdessen in großer Gefahr befinden, denn man wird ihn in der ganzen Umgegend suchen.«

»Auch dafür ist gesorgt. Unfern des einen Tores bildet der
Felsen von Amadijah einen Abgrund, in den wohl wenige Män-
ner hinabzusteigen sich getrauen. Dorthin schaffen wir einige
Fetzen seines alten Gewandes, welches wir zerreißen. Man wird
das finden und dann annehmen, daß er bei seiner nächtlichen
Flucht in die Schlucht gestürzt sei.«

»Wo kleidet er sich um?«

»Hier. Und der Bart muß ihm sofort abrasiert werden.«

»So soll ich ihn sehen! O, Emir, welche Freude!«

»Ich stelle aber die Bedingung, daß ihr euch still verhaltet.«

»Das werden wir ganz sicher. Aber unsere Wirtin wird ihn
kommen sehen; denn sie ist stets in der offenen Küche.«

»Das wirst du verhindern. Halef wird dich benachrichtigen,
wenn Amad kommt. Dann gehst du hinunter und verhinderst
die Wirtin, ihn zu bemerken. Das ist nicht schwer, und unterdessen bringt ihn der Diener in deine Stube, welche du verschließest, bis ich heim komme.«

Ich hörte jetzt, daß Halef die Pferde herausschaffte, und ging.
Draußen fand ich die Türe des Engländers offen. Er winkte
mich hinein und fragte:

»Darf ich reden, Sir?«

»Ja.«

»Höre Pferde. Ausreiten? Wohin?«

»Vor die Stadt.«

»*Well;* werde mitreiten!«

»Ich beabsichtige einen Ritt in den Wald. Ihr würdet gezwungen sein, ein wenig mit durch die Büsche zu kriechen.«

»Werde kriechen!«

Er war schnell fertig. Sein Pferd wurde auch gesattelt, und bald ritten wir zum Tore hinaus, welches nach Asi und Mia führt. Es war so, wie mir der Kurde Dohub erzählt hatte. Der Pfad war so steil, daß wir die Pferde führen mußten. Am Tore hatte man uns übrigens nicht angehalten, da dort Arnauten die Wache hatten, die mich von der gestrigen Parade her kannten.

Unten im Tale angelangt, wären wir rechts an die Jilaks der Einwohner von Amadijah gekommen, welche sich in die Berge zurückgezogen hatten. Darum wandten wir uns nach links grad in den Wald hinein. Er war hier so licht, daß er uns am Reiten nicht verhinderte, und nach einer Viertelstunde erreichten wir eine Blöße, wo wir abstiegen, um uns auf dem Boden auszustrecken.

»Warum hierher führen?« fragte Lindsay.

»Ich suche ein Versteck für Amad el Ghandur.«

»Ah! Bald frei?«

Ich teilte ihm meinen Plan mit.

»Prächtig!« meinte er. »Schöne Gefahr dabei! Erwischen! Boxen! Schießen! *Well;* werde mitbefreien!«

»O, Master, Ihr könnt mir nichts nützen!«

»Nicht? Warum? Schlage jeden nieder, der uns wehren will! Freier Englishman! *Yes!*«

»Na, wollen erst sehen! Hier links oben liegt die Stelle, an welcher man über die Mauer kommt. In der hiesigen Gegend also müssen wir uns ein Versteck suchen. Wollt Ihr mitsuchen?«

»Sehr!«

»So teilen wir uns. Ihr geht grad, und ich gehe mehr zur Seite. Wer einen guten Ort gefunden hat, der schießt sein Pistol los und wartet dort, bis der Andere kommt.«

Halef blieb bei den Pferden zurück, und wir gingen vorwärts. Der Wald wurde dichter, aber ich suchte wohl lange Zeit, ohne eine geeignete Stelle zu finden, welche wirkliche Sicherheit bot. Da hörte ich einen Schuß mir zur Linken. Ich schritt der Richtung entgegen, aus welcher der Knall gekommen war, und hörte bald einen zweiten Schuß ganz in meiner Nähe. Der Engländer stand bei einem Gestrüpp, aus welchem vier riesige Eichen emporragten. Er war barfuß und hatte sein Obergewand abgelegt. Auch der rot karierte Riesenturban lag am Boden.

»Habe zweimal geschossen. Konntet mich fehlen, weil der Schall im Wald täuscht. Versteck gefunden?«

»Nein.«

»Habe eins.«

»Wo?«

»Ratet! Werdet nicht erraten!«

»Wollen sehen!«

Er war barfuß und halb entkleidet; er hatte also eine Kletterpartie gemacht, und das Versteck mußte also auf einer der Eichen zu suchen sein. Aber diese waren so stark, daß man sie unmöglich erklettern konnte. Doch neben der einen ragte der schlanke Stamm einer Pinie in die Höhe und verschlang ihre doldenartige Krone mit den breitgreifenden Zweigen der Eiche. Ziemlich hoch oben lehnte sich der Stamm an einen starken Eichenast, so daß von der Pinie aus dieser leicht zu erreichen war, und oberhalb der Stelle, an welcher er am Stamme saß, sah ich ein Loch in der Eiche.

»Ich habe es, Sir!« meinte ich.

»Wo?«

»Dort oben. Der Stamm ist hohl.«

»*Well;* gefunden! War bereits oben.«

»Ihr klettert wohl gut?«

»Wie Eichhörnchen! *Yes!*«

»Aber jedenfalls ist der ganze Baum hohl!«

»Sehr!«

»Und wer da oben hineinkriecht, der fällt herab und kann nicht heraus.«

»Sehr! Kann gar nicht heraus.«

»Dann ist es ja mit dem Versteck nichts!«

»Versteck ist gut, sehr gut. Nur dafür sorgen, daß nicht herunterfällt.«

»Auf welche Weise?«

»Ah, Ihr wißt nicht? Hm, Master Lindsay gescheiter Kerl! Schönes Abenteuer! Prächtig! Möchte bezahlen, gut bezahlen! Knüppel abschneiden und in die Höhlung klemmen, quer

227

herüber. Viel Moos hier. Dieses darauf legen. Dann kann nicht herunterfallen. Versteck fertig! Schönes Landhaus! Prachtvolle Villa!«

»Da hättet Ihr recht! Wie groß ist dort der Durchmesser der Höhlung?«

»Vier Fuß ungefähr. Weiter nach unten noch mehr. Könnt Ihr klettern?«

»Ja. Ich werde mir diese Gelegenheit einmal ansehen.«

»Nicht ledig hinauf. Gleich Knüppel mitnehmen!«

»Das ist allerdings praktischer. Hier stehen genug eichene Stangen.«

»Aber wie hinaufbringen? Klettern und auch tragen? Geht nicht!«

»Ich habe meinen Lasso mit. Der hat mich auf allen meinen Reisen begleitet, denn so ein Riemen ist eine der nützlichsten Sachen.«

»*Well;* so schneiden wir!«

»Aber immer vorsichtig sein, Master! Zunächst wollen wir uns überzeugen, ob wir allein sind. Unsere englische Unterhaltung kann hier kein Mensch verstehen; sie hätte also unser Vorhaben nicht verraten. Aber ehe wir handeln, müssen wir uns sicherstellen.«

»So sucht! Werde einstweilen Stangen machen.«

Ich ging den Umkreis ab und überzeugte mich, daß wir unbeachtet waren; dann half ich dem Engländer, der ganz erpicht war, da oben eine Villa zu bauen. Wir schnitten ein Dutzend etwas mehr als vier Fuß langer Stämmchen aus den Büschen, aber so, daß wir dabei jede Spur vermieden, und dann wand ich den Gürtelschal von der Hüfte, unter welchem ich den Lasso um den Leib geschlungen trug. Bis zum ersten Ast der Pinie reichte er. Während der Engländer die Stämmchen zusammenlegte und mit dem einen Ende des achtfach zusammengeflochtenen, unzerreißbaren Riemens umwand, nahm ich das andere zwischen die Zähne und kletterte empor. Die hindernden Kleidungsstücke hatte ich natürlich abgelegt. Auf dem ersten Aste angekommen, zog ich das Bündel in die Höhe. Lindsay kam nachgeklettert, und so brachten wir die »Knüppel« bis zur Oeffnung, wo sie angebunden wurden. Ich untersuchte die Höhlung. Sie hatte die angegebene Weite, wurde nach unten immer größer und reichte bis zur Erde hinab.

Nun begannen wir die Stämmchen einzuklemmen, um aus ihnen einen Fußboden zu bilden. Das mußte sehr sorgfältig ge- schehen, damit er ja nicht hinunterbrechen konnte. Mit Hilfe der Messer brachten wir es nach einiger Anstrengung fertig. Der Boden war fest und sicher.

»Nun Moos, Streu und Laub mit dem Lasso herauf!«

Wir kletterten nun wieder hinab und hatten bald so viel ge- sammelt, wie wir brauchten. Es wurde in meinen Haïk und das Ueberkleid Lindsays geschlungen, und nach zweimaligem Auf- und Niederklettern war die Höhlung in ein Versteck umgewan- delt, in welchem es sich ganz weich und sicher liegen ließ.

»Wacker gearbeitet,« meinte der Engländer, indem er sich den Schweiß von der Stirne wischte. »Amad wird gut wohnen. Nun noch Essen und Trinken, Pfeife und Tabak, so ist der Diwan fertig!«

Wir kehrten jetzt zu Halef zurück, der bereits Sorge um uns hegte, weil wir so lange Zeit fortgeblieben waren.

»Master Lindsay, jetzt bleibt Ihr bei den Pferden zurück, denn ich muß nun zuvor auch unserem Hadschi Halef Omar das Ver- steck zeigen!« sagte ich.

»*Well!* Doch bald wiederkommen! *Yes!*«

»Kannst du klettern?« fragte ich Halef, als wir bei den Eichen angekommen waren.

»Ja, Sihdi. Ich habe ja von mancher Palme die Datteln herab- geholt. Warum?«

»Das ist ein ganz anderes Klettern. Hier gibt es einen glatten Stamm, der keine Stütze bietet, und auch kein Klettertuch, wie man es beim Ernten der Datteln in Anwendung bringt. Siehst du das Loch an dem Stamme der Eiche, dort grad über dem Aste?«

»Ja, Sihdi.«

»Klettere einmal hinauf, und siehe dir es an! Du mußt hier an der Pinie empor und dann den Eichenast entlang.«

Er versuchte es, und siehe da, es ging recht leidlich.

»Effendi, das ist ja ein Kiosk,« meinte er, als er unten wieder anlangte. »Den habt ihr wohl jetzt gebaut?«

»Ja. Weißt du, wo das Fort von Amadijah liegt?«

»Hier links hinauf.«

»So höre, was ich dir sage! Ich glaube heute abend Amad el Ghandur aus dem Gefängnisse holen zu können. Er muß noch während der Nacht aus der Stadt gebracht werden, und das sollst du tun.«

»Herr, die Wachen werden uns sehen!«

»Nein. Es gibt eine Stelle, an welcher die Mauer so beschädigt ist, daß ihr sehr leicht unbemerkt in das Freie gelangen könnt. Ich werde dir diese Stelle bei unserer Rückkehr zeigen. Nun aber handelt es sich darum, daß ihr trotz der Nacht hier diesen Platz nicht verfehlt, denn das Loch da oben soll dem Haddedihn zum Verstecke dienen, bis wir ihn von hier abholen. Darum gehest du von hier aus links hinauf, um den Weg, den ihr heute abend zu nehmen habt, richtig kennen zu lernen, und kehrst dann zu uns zurück. Präge dir das Terrain gut ein. Wenn er sich in Sicherheit befindet, hast du dafür zu sorgen, ungesehen wieder in unsere Wohnung zu gelangen; denn niemand darf wissen, daß einer von uns die Stadt verlassen hat.«

»Sihdi, ich danke dir!«

»Wofür?«

»Dafür, daß du mir erlaubst, wieder einmal auch selbst etwas zu tun; denn seit langer Zeit habe ich zusehen müssen.«

Er ging, und ich kehrte zu Lindsay zurück, der lang ausgestreckt im Moose lag und gen Himmel blickte.

»Prachtvoll in Kurdistan! Fehlt nur an Ruinen!« sagte er.

»Ruinen gibt es hier genug, wenn auch keine tausendjährigen wie am Tigris. Vielleicht sind wir gezwungen, Gegenden aufzusuchen, in denen Ihr Euch von dem Vorhandensein von Ruinen überzeugen könnt. Aus den Tälern Kurdistans ist der Qualm brennender Dörfer und der Geruch von Strömen vergossenen Blutes zum Himmel gestiegen. Wir befinden uns in einem Lande, in welchem Leben, Freiheit und Eigentum mehr gefährdet sind, als in jedem anderen. Wünschen wir, daß wir uns nicht aus eigener Erfahrung davon überzeugen müssen!«

»Will mich aber davon überzeugen, Sir! Will Abenteuer haben! Möchte kämpfen, boxen, schießen! Werde bezahlen.«

»Dazu gibt es vielleicht auch ohne Bezahlung Gelegenheit, Sir; denn gleich hinter Amadijah hört das Gebiet der Türken auf, und es beginnen diejenigen Länder, welche von Kurden bewohnt werden, die der Pforte nur dem Namen nach unterworfen oder tributpflichtig sind. Dort gewähren uns unsere Pässe nicht die mindeste Sicherheit; ja es kann sehr leicht der Fall sein, daß wir feindselig behandelt werden, grad deshalb, weil wir die Empfehlung der Türken und der Konsuln besitzen.«

»Dann nicht vorzeigen!«

»Allerdings. Diese halbwilden gewalttätigen Horden macht man sich am besten geneigt, wenn man sich ihrer Gastfreundschaft mit Vertrauen überläßt. Ein Araber kann noch Hintergedanken haben, wenn er einen Fremden in sein Zelt aufnimmt; ein Kurde aber nie. Und sollte dies ja einmal der Fall sein, und sollte es keine andere Möglichkeit der Rettung geben, so begibt man sich in den Schutz der Frauen; dann ist man sicher geborgen.«

»*Well,* werde mich beschützen lassen von den Frauen! Prachtvoll! Sehr guter Gedanke, Master!«

Nach vielleicht einer Stunde kehrte Halef zurück. Er versicherte, das Versteck nun selbst bei Nacht ohne Irrung auffinden zu können, sobald es ihm nur erst gelungen sei, aus der Stadt zu kommen. Der Zweck unseres Spazierrittes war somit erreicht, und wir kehrten nach Amadijah zurück. Dort richtete ich es so ein, daß wir an der beschädigten Mauerstelle vorüberkamen.

»Das ist der Ort, den ich meine, Halef. Wenn du nachher ausgehest, so magst du diese Bresche einmal genau untersuchen, aber so, daß es nicht auffällt.«

»Das werde ich baldigst tun müssen, Sihdi,« antwortete er; »denn es wird sehr bald Abend werden.«

Der Tag war, als wir unsere Wohnung erreichten, allerdings schon weit vorgeschritten. Ich bekam keine Zeit, mich von dem Ritte auszuruhen, denn Selim Agha empfing mich an der Türe:

»Hamdullillah, Allah sei Dank, daß du endlich kommst!« meinte er. »Ich habe auf dich mit Schmerzen gewartet.«

»Warum?«

»Der Mutesselim sendet mich, um dich zu ihm zu bringen.«

»Was soll ich dort?«

»Ich weiß es nicht.«

»Du vermutest es auch nicht?«

»Du sollst mit einem Effendi reden, der vorhin ankam.«

»Wer ist es?«

»Der Mutesselim hat mir verboten, es dir zu sagen.«

»Pah! Der Mutesselim kann mir nichts verheimlichen! Ich wußte längst, daß dieser Effendi kommen werde!«

»Du wußtest es? Aber es ist ja ein Geheimnis!«

»Ich werde dir beweisen, daß ich dieses große Geheimnis kenne. Es ist der Makredsch von Mossul, der gekommen ist.«

»Wahrhaftig, du weißt es!« rief er erstaunt. »Aber er ist nicht allein bei dem Mutesselim.«

»Wer ist noch da?«

»Ein Arnaute.«

Ah, ich ahnte, welcher es war, und sagte daher:

»Auch das weiß ich. Kennst du den Mann?«

»Nein.«

»Er hat keine Waffen bei sich.«

»Allah akbar; das ist richtig! Effendi, du weißt alles.«

»Wenigstens siehst du, daß der Mutesselim nicht der Mann ist, mir etwas zu verbergen.«

»Aber, Herr, sie müssen bös von dir gesprochen haben!«

»Warum?«

»Ich muß darüber schweigen.«

»Gut, Selim Agha, ich sehe nun, daß du mein Freund bist und mich liebst!«

»Ja, ich liebe dich, Emir; aber der Dienst erfordert, daß ich gehorche.«

»So sage ich dir, daß ich dir noch heute Befehle geben werde, denen du grad so gehorchen wirst, als ob du sie von dem Kommandanten erhieltest! Seit wann ist der Makredsch hier?«

»Seit fast zwei Stunden.«

»Und so lange Zeit wartest du bereits auf mich?«

»Nein. Der Makredsch kam allein, ganz heimlich und ohne alles Gefolge. Ich war grad beim Kommandanten, als er eintrat. Er sagte, daß er heimlich komme, weil er in einer sehr wichtigen Sache reise, von welcher niemand eine Ahnung haben dürfe. Sie unterhielten sich weiter, und da erwähnte der Kommandant auch dich und deine Gefährten. Der Makredsch muß dich kennen, denn er wurde sehr aufmerksam, und der Mutessellim mußte dich ihm beschreiben. ›Er ist's!‹ rief er dann und bat den Kommandanten, mich hinauszuschicken. Nachher wurde ich gerufen und erhielt den Befehl, dich zu holen und – – – «

»Nun, und – – – «

»Und – – Emir, es ist gewiß wahr, daß ich dich lieb habe, und darum will ich es dir sagen. Aber, wirst du mich verraten?«

»Nein. Ich verspreche es dir!«

»Ich mußte mehrere Arnauten mitnehmen, um den Platz zu besetzen, daß deine Gefährten sich nicht entfernen können. Und auch für dich stehen im Palaste einige meiner Arnauten bereit. Ich soll dich festnehmen und in das Gefängnis schaffen.«

»Ah, das ist ja sehr interessant, Selim Agha! So ist wohl bereits eines deiner Löcher für mich in Bereitschaft gesetzt worden?«

»Ja. Du kommst neben dem Araber zu liegen, und ich mußte einige Strohdecken hineintun lassen; denn der Mutesselim sagte, du seist ein Emir und solltest feiner behandelt werden, als die andern Spitzbuben!«

»Für diese Rücksicht bin ich ihm wirklich sehr großen Dank schuldig. Sollten meine Gefährten auch eingesteckt werden?«

»Ja, aber ich habe über sie noch keine weiteren Befehle.«

»Was sagt die ›Myrte‹ dazu?«

»Ich habe es ihr gesagt. Sie sitzt in der Küche und weint sich die Augen aus.«

»Die Gute! Aber du sprachst von einem Arnauten?«

»Ja. Er war da, noch ehe der Makredsch kam, und hat mit dem Mutesselim lange Zeit gesprochen. Dann wurde ich gerufen und gefragt.«

»Wonach?«

»Danach, ob der schwarzrote Effendi auch in der Wohnung kein Wort rede.«

233

»Was hast du geantwortet?«

»Ich sagte die Wahrheit. Ich habe den Effendi noch keine Silbe reden hören.«

»So komm. Wir wollen gehen!«

»Herr, ich soll dich bringen, das ist wahr; aber ich habe dich lieb. Willst du nicht lieber entfliehen?«

Dieser brave Arnaute war wirklich mein Freund.

»Nein, ich fliehe nicht, Agha; denn ich habe keine Veranlassung, mich vor dem Mutesselim oder dem Makredsch zu fürchten. Aber ich werde dich bitten, außer mir noch einen mitzunehmen.«

»Wen?«

»Den Boten, welcher zu mir gekommen ist.«

»Ich will ihn rufen; er ist im Hofe.«

Ich trat unterdessen in die Küche. Dort kauerte Mersinah am Boden und machte ein so trübseliges Gesicht, daß ich mich wirklich gerührt fühlte.

»O, da bist du, Effendi!« rief sie aufspringend. »Eile, eile! Ich habe dem Agha befohlen, dich entfliehen zu lassen.«

»Nimm meinen Dank dafür, Mersinah! Aber ich werde doch bleiben.«

»Sie werden dich aber einsperren, Herr.«

»Das wollen wir abwarten!«

»Wenn sie es tun, Effendi, so weine ich mich zu Tode und werde dir die besten Suppen kochen, die es gibt. Du sollst nicht hungern!«

»Du wirst für mich nichts zu kochen haben, denn man wird mich nicht einstecken; das versichere ich dir.«

»Emir, du gibst mir das Leben wieder! Aber sie könnten es doch tun, und dann nehmen sie dir alles ab. Magst du mir nicht dein Geld zurücklassen und auch die andern Sachen, welche dir teuer sind? Ich werde dir alles aufbewahren und kein Wort davon sagen.«

»Das glaube ich dir, du Schutz und Engel dieses Hauses; aber eine solche Vorsicht ist nicht nötig.«

»So tue, was dir gefällt! Gehe nun, und Allah sei bei dir mit seinem Propheten, der dich beschützen möge!«

Wir gingen. Als ich über den Platz schritt, bemerkte ich hinter den Türen einiger Häuser die Arnauten stehen, von denen Selim gesprochen hatte. Es war also jedenfalls sehr ernstlich gemeint. Auch vor dem Palaste, im Flur und auf der Treppe desselben, sogar im Vorzimmer standen Soldaten. Ich wäre doch beinahe besorgt geworden.

Der Kommandant befand sich nicht allein in seinem Raume; die zwei Leutnants saßen am Eingange und auch Selim Agha zog sich nicht wieder zurück, sondern ließ sich nieder.

»Sallam aaleïkum!« grüßte ich so unbefangen wie möglich, trotzdem ich mich in der Falle befand.

»Aaleïkum!« antwortete der Kommandant zurückhaltend und zeigte dabei auf einen Teppich, welcher seitwärts in seiner Nähe lag.

Ich tat, als ob ich diesen Wink nicht gesehen oder nicht verstanden habe, und ließ mich an seiner Seite nieder, wo ich ja früher schon gesessen hatte.

»Ich sandte nach dir,« begann er, »aber du kamst nicht. Wo bist du gewesen, Effendi?«

»Ich ritt spazieren.«

»Wohin?«

»Vor die Stadt.«

»Was wolltest du da?«

»Mein Pferd ausreiten. Du weißt, ein edles Roß muß gepflegt werden.«

»Wer war dabei?«

»Hadschi Lindsay-Bey.«

»Der das Gelübde getan hat, nicht zu sprechen?«

»Derselbe.«

»Ich habe vernommen, daß er dieses Gelübde nicht sehr streng hält.«

»So!«

»Er redet.«

»So!«

»Auch mit dir.«

»So!«

»Ich weiß das gewiß.«

»So!«

Dieses »So!« brachte den guten Mann einigermaßen in Verlegenheit.

»Du mußt dies doch auch wissen!« meinte er.

»Wer hat dir gesagt, daß er spricht?«

»Einer, der ihn gehört hat.«

»Wer ist es?«

»Ein Arnaute, der heute kam, um euch anzuklagen.«

»Was tatest du?«

»Ich sandte nach dir.«

»Warum?«

»Um dich zu vernehmen.«

»Allah illa Allah! Also auf die Anklage eines schurkischen Arnauten hin sendest du zu mir, um mich, den Emir und Effendi, wie einen eben solchen Schurken zu behandeln! Mutesselim, Allah segne deine Weisheit, damit sie dir nicht abhanden komme!«

»Effendi, bitte Gott um deiner eigenen Weisheit willen, denn du wirst sie brauchen können!«

»Das klingt fast wie eine Drohung!«

»Und dein Wort klang wie eine Beleidigung!«

»Nachdem du mich beleidigst hast. Laß dir etwas sagen, Mutesselim. Hier in dieser Drehpistole sind sechs Schüsse und in dieser andern ebenso viele. Rede, was du mit mir zu reden hast; aber bedenke, daß ein Emir aus Germanistan kein Arnaute ist und sich auch nicht mit einem solchen vergleichen läßt! Wenn mein Gefährte sein Gelübde nicht hält, was geht es einen Arnauten an? Wo ist dieser Mann?«

»Er steht in meinem Dienst.«

»Seit wann?«

»Seit lange.«

»Mutesselim, du sprichst die Unwahrheit! Dieser Arnaute stand gestern noch nicht in deinem Dienste. Er ist ein Mann, von dem ich dir noch mehr erzählen werde. Wenn Hadschi Lindsay-Bey spricht, so hat er dies mit seinem Gewissen abzumachen, aber einen andern geht dies gar nichts an!«

»Du hättest recht, wenn ich von ihm allein nur dieses wüßte.«

»Was gibt es noch?«

»Er ist der Freund eines Mannes, der mir sehr verdächtig ist.«

»Wer ist dieser Mann?«

»Du selbst bist es!«

Ich tat sehr erstaunt.

»Ich! Allah kerihm, Gott ist gnädig; er wird auch dir barmherzig sein!«

»Du hast zu mir von dem Mutessarif gesprochen und gesagt,
daß er dein Freund sei.«

»Ich sagte die Wahrheit.«

»Es ist nicht wahr!«

»Was! Du zeihst mich der Lüge! So kann meines Bleibens
hier nicht länger sein. Ich werde dir Gelegenheit geben, diese
Beleidigung zu vertreten.«

Ich erhob mich und tat, als ob ich das Selamlük verlassen
wollte.

»Halt,« rief der Kommandant. »Du bleibst!«

Ich drehte mich zu ihm um.

»Du befiehlst es mir?«

»Ja.«

»Hast du mir zu befehlen?«

»Hier stehest du unter mir, und wenn ich dir gebiete, zu bleiben, so wirst du gehorchen!«

»Und wenn ich nicht bleibe?«

»So zwinge ich dich! Du bist mein Gefangener!«

Die beiden Leutnants erhoben sich; auch Selim Agha tat dies,
aber sehr langsam und ungern, wie ich bemerken mußte.

»Dein Gefangener? Was fällt dir ein? Sallam!«

Ich wandte mich wieder nach der Türe.

»Haltet ihn!« gebot er.

Die beiden Leutnants ergriffen mich, einer hüben und der
andere drüben. Ich blieb stehen und lachte erst dem rechten und
dann dem linken in das Angesicht; dann flogen sie, einer hinter
dem andern, über den Raum hinweg und stürzten vor dem Mutesselim zur Erde.

»Da hast du sie, Mutesselim. Hebe sie auf! Ich sage dir, daß
ich gehen werde, wenn es mir beliebt, und keiner deiner Arnauten soll mich halten! Aber ich werde bleiben, denn ich habe noch

mit dir zu sprechen. Dies tue ich aber nur, um dir zu beweisen, daß kein Nemtsche einen Türken fürchtet. Frage also weiter, was du zu fragen hast!«

Dem guten Manne war ein solcher Widerstand gar niemals vorgekommen; er war gewohnt, daß ein jeder sich tief vor ihm beugen müsse, und schien jetzt gar nicht so recht zu wissen, was er tun solle.

»Ich sagte,« begann er endlich wieder, »daß du kein Freund des Mutessarif seist.«

»Du hast doch seinen Brief gelesen.«

»Und du hast gegen ihn gekämpft!«

»Wo?«

»In Scheik Adi!«

»Beweise es!«

»Ich habe einen Zeugen.«

»Laß ihn kommen!«

»Ich werde dir diesen Wunsch erfüllen.«

Auf einen Wink des Mutesselim verließ der Agha das Zimmer.

In einigen Augenblicken kehrte er mit – dem Makredsch von Mossul zurück. Dieser würdigte mich keines Blickes, schritt an mir vorüber zu dem Kommandanten, ließ sich an derselben Stelle nieder, an welcher ich vorher gesessen hatte, und griff zu dem Schlauche der Wasserpfeife, welche dort stand.

»Ist dies der Mann, von dem du erzähltest, Effendi?« fragte ihn der Kommandant.

Er warf einen halben, verächtlichen Blick auf mich und antwortete:

»Er ist es.«

»Siehst du?« wandte sich der Kommandant zu mir. »Der Makredsch von Mossul, den du ja kennen wirst, ist Zeuge, daß du gegen den Mutessarif kämpftest.«

»Er ist ein Lügner!«

Da erhob der Richter die Augen voll zu mir.

»Wurm!« zischte er.

»Du wirst diesen Wurm bald kennen lernen!« antwortete ich ruhig. »Ich wiederhole es: Du bist ein Lügner, denn du hast nicht gesehen, daß ich gegen die Truppen des Mutessarif die Waffen gezogen habe!«

»So sahen es andere!«

»Aber du nicht! Und der Kommandant sagte doch, daß du selbst es gesehen haben willst. Nenne deine Zeugen!«

»Die Topdschis[1] haben es erzählt.«

»So haben auch sie gelogen. Ich habe nicht mit ihnen gekämpft; es ist kein Tropfen Blutes geflossen. Sie haben sich und ihre Geschütze ohne alle Gegenwehr ergeben. Und dann, als ihr in Scheik Adi eingeschlossen wurdet, habe ich den Bey zur Güte und Nachsicht gemahnt, so daß ihr es nur mir zu verdanken habt, daß ihr nicht samt und sonders niedergeschossen wurdet. Willst du daraus den Beweis ziehen, daß ich ein Feind des Mutessarif sei?«

»Du hast die Geschütze überfallen und weggenommen!«

»Das gestehe ich sehr gern ein.«

»Aber du wirst dich dafür in Mossul verantworten.«

»Oh!«

»Ja. Der Mutesselim wird dich gefangen nehmen und nach Mossul schicken, dich und alle, welche bei dir sind. Es gibt nur ein einziges Mittel, dich und sie zu retten.«

»Welches?«

Er gab einen Wink, und die drei Offiziere traten ab.

»Du bist ein Emir aus Frankistan, denn die Nemsi sind Franken,« begann nun der Makredsch. »Ich weiß, daß du unter dem Schutze ihrer Konsuln stehst, und daß wir dich also nicht töten dürfen. Aber du hast ein Verbrechen begangen, auf welchem die Strafe des Todes steht. Wir müssen dich über Mossul nach Stambul senden, wo du dann allerdings ganz gewiß die Strafe erleiden wirst.«

Er machte eine Pause. Es schien ihm nicht leicht zu werden, jetzt die richtige Wendung zu finden.

»Weiter!« meinte ich.

»Nun bist du aber ein Schützling des Mutessarif gewesen; auch der Mutesselim hat dich freundlich aufgenommen, und so

---

1 Kanoniere.

wollen diese beiden nicht, daß dir ein so trauriges Los bereitet
werde.«

»Allah denke ihrer dafür in ihrer letzten Stunde!«

»Ja! Darum ist es möglich, daß wir von einer Verfolgung dieser Sache absehen, wenn – – – «

»Nun, wenn?«

»Wenn du uns sagst, wie viel das Leben eines Emirs aus Germanistan wert ist.«

»Es ist gar nichts wert.«

»Nichts? Du scherzest!«

»Ich rede im Ernste. Gar nichts ist es wert.«

»Inwiefern?«

»Weil Allah auch einen Emir zu jeder Minute zu sich fordern
kann.«

»Du hast recht; das Leben steht in Allahs Hand; aber es ist ein
Gut, welches man beschützen und erhalten soll!«

»Du scheinst kein guter Moslem zu sein, denn sonst würdest
du wissen, daß die Wege des Menschen im Buche verzeichnet
stehen.«

»Und dennoch kann der Mensch sein Leben wegwerfen,
wenn er diesem Buche nicht gehorcht. Willst du dieses tun?«

»Nun gut, Makredsch. Wie hoch würdest du dein eignes
Leben schätzen?«

»Wenigstens zehntausend Piaster.«

»So ist das Leben eines Nemtsche grad zehntausendmal mehr
wert, nämlich hundert Millionen Piaster. Wie kommt es, daß
ein Türke so sehr tief im Preise steht?«

Er blickte mich verwundert an.

»Bist du ein so reicher Emir?«

»Ja, da ich ein so teures Leben besitze.«

»So meine ich, daß du hier in Amadijah dein Leben auf zwanzigtausend Piaster schätzen wirst.«

»Natürlich!«

»Und das deines Hadschi Lindsay-Bey ebenso hoch.«

»Ich stimme bei.«

»Und zehntausend für den Dritten.«

»Ist nicht zu viel.«

»Und dein Diener?«

»Er ist zwar ein Araber, aber ein tapferer und treuer Mann, der ebensoviel wert ist, wie jeder andere.«

»So meinst du, daß auch er zehntausend kostet?«

»Ja.«

»Hast du die Summe berechnet?«

»Sechzigtausend Piaster. Nicht?«

»Ja. Habt ihr so viel Geld bei euch?«

»Wir sind sehr reich, Effendi.«

»Wann wollt ihr bezahlen?«

»Gar nicht!«

Es war wirklich spaßig zu sehen, mit welchen Gesichtern die beiden Männer erst mich und dann sich ansahen. Dann fragte der Makredsch:

»Wie meinst du das, Effendi?«

»Ich meine, daß ich aus einem Lande stamme, in welchem Gerechtigkeit herrscht. Bei den Nemsi ist der Bettler ebensoviel wert vor dem Richter wie der König. Und wenn der Padischah der Nemsi sündigt, so wird er von dem Gesetze bestraft. Keiner kann sein Leben erkaufen, denn es gibt keinen Richter, der ein Schurke ist. Die Osmanly aber haben kein anderes Gesetz als ihren Geldbeutel, und darum schachern sie mit der Gerechtigkeit. Ich kann mein Leben nicht bezahlen, wenn ich verdient habe, daß es mir genommen wird.«

»So wirst du es verlieren!«

»Das glaube ich nicht. Ein Nemtsche treibt keinen Handel mit seinem Leben, aber er weiß es zu verteidigen.«

»Effendi, die Verteidigung ist dir unmöglich!«

»Warum?«

»Deine Schuld ist erwiesen, und du hast sie auch bereits eingestanden.«

»Das ist nicht wahr. Ich habe keine Schuld eingestanden, sondern ich habe nur zugegeben, daß ich euch die Kanonen fortgenommen habe. Und das ist eine Tat, die keine Strafe erhalten wird.«

»Das meinst du nur. Du weigerst dich also, auf unsern Vorschlag der Güte und des Erbarmens einzugehen?«

»Ich brauche kein Erbarmen.«

»So müssen wir dich festnehmen.«

»Versucht es!«

Auch der Kommandant richtete eine wohlgemeinte Vorstellung an mich; da ich aber nicht auf dieselbe hörte, so klatschte er in die Hände, und die drei Offiziere erschienen wieder.

»Führt ihn ab!« gebot er ihnen. »Ich hoffe, Effendi, daß du dich nicht weigern wirst, mit ihnen zu gehen. Draußen stehen genug Leute, um jeden Widerstand zu überwinden. Du sollst es während deiner Haft hier gut haben und – – –«

»Schweige, Mutesselim!« unterbrach ich ihn. »Ich möchte den Mann hier sehen, der das Zeug hätte, mich zu überwältigen. Euch fünf tut ein Nemtsche in drei Sekunden ab, und deine fieberkranken Arnauten reißen vor meinem Blick aus; darauf kannst du dich verlassen! Daß ich es gut haben würde als Gefangener, versteht sich ganz von selbst; das gebietet euch ja euer eignes Interesse. Nach Mossul werde ich nicht geschickt, denn das kann dem Makredsch nichts nützen; er will bloß, daß ich mich loskaufe, denn er braucht Geld, um über die Grenze zu kommen.«

»Ueber die Grenze?« fragte der Mutesselim. »Wie soll ich deine Worte verstehen?«

»Frage ihn selbst!«

Er blickte den Makredsch an, der sich plötzlich verfärbte.

»Was meint er?« fragte er ihn.

»Ich verstehe ihn nicht!« antwortete der Beamte.

»Er versteht mich nur zu gut,« entgegnete ich. »Mutesselim, du hast mich beleidigt; du willst mich gefangen nehmen; du hast mir einen Antrag gemacht, der sehr schwere Folgen für dich hätte, wenn ich davon sprechen wollte. Ihr beide habt mich bedroht; aber jetzt werde ich die Waffe selbst auch in die Hand nehmen, nachdem ich gesehen habe, wie weit ihr zu gehen wagt. Weißt du, wer dieser Mann ist?«

»Der Makredsch von Mossul.«

»Du irrst. Er ist es nicht mehr; er ist abgesetzt.«

»Abgesetzt!« rief er.

»Mensch!« rief dagegen der Makredsch. »Ich erwürge dich.«

»Abgesetzt!« rief der Kommandant noch einmal, halb erschrocken und halb fragend.

»Ja. Selim Agha, ich sagte dir vorhin, daß ich dir heute einen Befehl geben werde, dem du Gehorsam leisten wirst. Jetzt sollst du ihn hören: Nimm den Mann dort gefangen und stecke ihn in das Loch, in welches ich kommen sollte! Er wird dann nach Mossul geschafft.«

Der gute Agha staunte erst mich an und dann die beiden andern; aber er rührte natürlich keinen Fuß, um meinen Worten nachzukommen.

»Er ist wahnsinnig,« meinte der Makredsch, indem er sich erhob.

»Du selbst mußt es sein, da du es wagst, nach Amadijah zu kommen. Warum bist du nicht den geraden Weg, sondern über Mungayschi geritten? Du siehst, daß ich alles weiß. Hier, Mutesselim, hast du den Beweis, daß ich das Recht habe, seine Gefangennehmung zu verlangen!«

Ich übergab ihm dasjenige Schreiben, welches an Ali Bey gerichtet war. Er blickte zunächst nach der Unterschrift.

»Vom Anatoli Kasi Askeri?«

»Ja. Er ist in Mossul und verlangt die Auslieferung dieses Mannes. Lies!«

»Es ist wahr!« staunte er. »Aber was tut der Mutessarif?«

»Er ist auch abgesetzt. Lies auch dieses andere Schreiben!«

Ich übergab es ihm, und er las es.

»Allah kerihm, Gott sei uns gnädig! Es gehen große Dinge vor!«

»Sie gehen allerdings vor. Der Mutessarif ist abgesetzt, der Makredsch ebenso. Willst auch du abgesetzt sein?«

»Herr, du bist ein geheimer Abgesandter des Anatoli Kasi Askeri oder gar des Padischah!«

»Wer ich bin, das kommt hier nicht in Betracht; aber du siehst, daß ich alles weiß, und ich erwarte, daß du deine Pflicht erfüllst.«

»Effendi, ich werde sie tun. Makredsch, ich kann nicht anders; hier steht es geschrieben; ich muß dich gefangen nehmen!«

»Tue es!« antwortete dieser.

Ein Dolch blitzte in seiner Hand, und im Nu war er durch das Zimmer hinweg, auch an mir vorüber und zur Türe hinaus. Wir eilten nach und kamen grad recht, zu sehen, daß er draußen zu Boden gerissen wurde. Selek, der mich begleitet hatte, war es, der auf ihm kniete und ihm den Dolch zu entringen versuchte. Ein Entkommen war nun allerdings unmöglich. Er wurde entwaffnet und wieder in das Selamlük zurückgebracht.

»Wer ist dieser Mann?« fragte der Kommandant, auf Selek deutend.

»Es ist der Bote, den mir Ali Bey von Baadri gesandt hat. Er kehrt wieder dorthin zurück, und du magst ihm erlauben, den Transport zu begleiten. Dann sind wir sicher, daß der Makredsch nicht entkommen wird. Aber ich werde dir noch einen Gefangenen übergeben.«

»Wen, Herr?«

»Laß nur den Arnauten kommen, der mich angeklagt hat!«

»Holt ihn!« gebot er.

Einer der Leutnants ging und brachte den Mann, der eine Wendung der Dinge zu seinen Ungunsten nicht vermutete.

»Frage ihn einmal,« sagte ich, »wo er seine Waffen hat!«

»Wo hast du sie?«

»Sie wurden mir genommen.«

»Wo?«

»Im Schlafe.«

»Er lügt, Mutesselim! Dieser Mann war dem Hadschi Lindsay-Bey von dem Mutessarif mitgegeben worden; er hat auf mich geschossen und entfloh; dann unterwegs lauerte er uns auf und gab aus dem Dickicht des Waldes noch zwei Kugeln auf mich ab, die aber nicht trafen. Mein Hund hielt ihn fest, aber ich ließ Gnade walten, vergab ihm und ließ ihn entkommen. Wir nahmen ihm dabei die Waffen ab, welche mein Khawaß noch besitzt. Soll ich die Zeugen, daß ich die Wahrheit rede, kommen lassen?«

»Herr, ich glaube dir! Nehmt diesen Hund gefangen und schafft ihn in das sicherste Loch, welches sich in dem Gefängnisse befindet!«

»Herr, befiehlst du mir, den Makredsch gleich mitzunehmen?« fragte Selim Agha den Kommandanten.

»Ja.«

»Mutesselim, laß ihn zuvor binden,« erinnerte ich. »Er hat einen Fluchtversuch gemacht und wird ihn wiederholen.«

»Bindet ihn!«

Sie wurden alle beide abgeführt, und ich blieb mit dem Kommandanten allein zurück. Dieser war von dem Ereignisse so angegriffen, daß er sich müde auf den Teppich fallen ließ.

»Wer hätte das gedacht!« seufzte er.

»Du allerdings nicht, Mutesselim!«

»Herr, verzeihe mir! Ich wußte ja von diesen Dingen nichts.«

»Gewiß hat der Arnaute den Makredsch vorher getroffen und sich mit ihm verständigt, sonst hätte er es nicht gewagt, gegen uns aufzutreten, da wir doch Grund hatten, ihn bestrafen zu lassen.«

»Er soll auf keinen Menschen wieder schießen! Erlaube, daß ich dir eine Pfeife reiche!«

Er ließ noch ein Nargileh kommen und setzte es mit eigener Hand in Brand; dann meinte er in beinahe unterwürfigem Tone:

»Emir, glaubst du, daß es mein Ernst war?«

»Was?«

»Daß ich Geld von dir nehmen wollte?«

»Ja.«

»Herr, du irrst! Ich fügte mich in den Willen des Makredsch und hätte dir meinen Teil zurückgegeben.«

»Aber entfliehen hätte ich dürfen?«

»Ja. Du siehst, daß ich dein Bestes wollte!«

»Das durftest du nicht, wenn die Anklage gegen mich begründet war.«

»Wirst du weiter daran denken?«

»Nein, wenn du machest, daß ich es vergessen kann.«

»Du sollst nicht wieder daran denken, Emir. Du sollst es vergessen, wie du bereits ein anderes vergessen hast.«

»Was?«

»Die Arznei.«

»Ja, Mutesselim, die habe ich allerdings vergessen; aber du sollst sie noch heute erhalten; das verspreche ich dir!«

Da kam einer der Diener herein.

»Herr, es ist ein Basch Tschausch[1] draußen,« meldete er.

»Was will er?«

»Er kommt aus Mossul und sagt, daß seine Botschaft wichtig sei.«

»Schicke ihn herein!«

Der Unteroffizier trat ein und übergab dem Kommandanten ein mit einem großen Siegel versehenes Schreiben; es war das Siegel des Anatoli Kasi Askeri; ich erkannte es sogleich. Er erbrach es und las. Dann gab er dem Manne den Bescheid, morgen früh die Antwort abzuholen.

»Herr, weißt du, was es ist?« fragte er mich dann, als der Soldat fort war.

»Ein Schreiben des Oberrichters von Anatolien?«

»Ja. Er schreibt mir von der Absetzung des Mutessarif und des Makredsch. Diesen letzteren soll ich, sobald er sich hier je erblikken lasse, sofort nach Mossul senden. Ich werde ihn morgen diesem Basch Tschausch mitgeben. Soll ich in meinem Schreiben etwas von dir erwähnen?«

»Nein. Ich werde selbst schreiben. Aber sende nur eine genügende Bedeckung mit!«

»Daran soll es nicht fehlen, besonders da noch ein anderer wichtiger Gefangener mitgehen soll.«

Ich erschrak.

»Welcher?«

»Der Araber. Der Anatoli Kasi Askeri befiehlt es mir und sagt, daß der Sohn des Scheik als Geisel nach Stambul gesandt werden solle.«

»Wann geht der Transport ab?«

»Am Vormittage. Ich werde jetzt gleich das Schreiben beginnen.«

1 Sergeant-Major.

»So darf ich dich nicht länger stören.«

»O Effendi, deine Gegenwart ist mir lieber als alles!«

»Und dein Auge ist mir wie das Auge des besten Freundes; aber deine Zeit ist kostbar; ich darf sie dir nicht rauben.«

»Aber morgen früh kommst du?«

»Vielleicht.«

»Du sollst bei dem Abgange des Transportes zugegen sein, um zu sehen, daß meine Sorge an alles denkt!«

»So werde ich kommen. Sallam!«

»Sallam! Allah sei dein Führer!«

Als ich nach Hause kam, tönte mir ein heller Ruf entgegen:

»Hamdullillah, Effendi, du lebst und bist frei!«

Es war die »Myrte«. Sie nahm mich bei den Händen und atmete tief auf.

»Du bist ein großer Held. Deine Diener und der fremde Bote haben es gesagt. Wenn sie dich gefangen genommen hätten, so hättest du den ganzen Palast erschlagen, und vielleicht gar Selim Agha auch.«

»Ihn nicht, aber die andern alle; darauf kannst du dich verlassen!« antwortete ich belustigt.

»Ja. Du bist wie Kelad, der Starke. Dein Bart steht rechts und links wie der Bart eines Panthers, und deine Arme sind wie die Beine eines Elefanten!«

Das war natürlich bildlich gemeint. O Myrte, welch ein Attentat auf den dunkelblonden Schmuck meines Gesichtes und auf die liebliche Symmetrie meiner unentbehrlichsten Gliedmaßen! Ich mußte ebenso höflich sein:

»Dein Mund spricht wie der Vers eines Dichters, Mersinah, und deine Lippen strömen über wie ein Topf voll süßen Honigs; deine Rede tut wohl, wie das Pflaster auf eine Beule, und deiner Stimme Klang kann keiner vergessen, der ihn einmal hörte. Hier, nimm fünf Piaster, um dir Khol und Henneh zu kaufen für die Ränder deines Augenlides und die rosigen Nägel deiner Hand. Mein Herz will sich freuen über dich, damit meine Seele jung werde und mein Auge sich ergötze an der Anmut deines Ganges!«

»Herr,« rief sie, »du bist tapferer als Ali, weiser als Abu Bekr, stärker als Simsah[1] und schöner als Hosseïn, der Armadener! Befiehl, was ich dir braten soll; oder willst du gekocht und gebakken haben? Ich tue für dich alles, was du verlangst, denn mit dir ist die Freude über mein Haus gekommen und Segen über die Schwelle meiner Türe.«

»Deine Güte rührt mich, oh Mersinah; ich kann sie nicht vergelten! Aber ich habe weder Hunger noch Durst, wenn ich den Glanz deiner Augen, die Farbe deiner Wangen und das liebliche Bild deiner Hände erblicke. War Selim Agha da?«

»Ja. Er hat mir alles erzählt. Deine Feinde sind vernichtet. Gehe hinauf und tröste die Deinen, die in großer Sorge um dich sind!«

Ich ging hinauf.

»Endlich zurück!« meinte der Engländer. »Große Sorge! Wollten kommen und Euch holen! Glück, daß Ihr da seid!«

»Du warst in Gefahr?« fragte auch Mohammed.

»Nicht sehr. Sie ist vorüber. Weißt du, daß der Mutessarif abgesetzt ist?«

»Von Mossul?«

»Ja, und der Makredsch auch.«

»Also darum ist Selek da?«

»Ja. Hat er dir nichts erzählt, als wir am Nachmittage ausgeritten waren?«

»Nein. Er ist schweigsam. Aber da kann doch Amad frei werden, denn nur der Mutessarif hat ihn gefangen gehalten!«

»Ich hoffte dies auch, aber es steht schlimmer. Der Großherr billigt das Vorgehen der Türken gegen euch, und der Oberrichter von Anatolien hat befohlen, daß dein Sohn als Geisel nach Stambul gebracht werde.«

»Allah kerihm! Wann soll er fort?«

»Morgen vormittags.«

»Wir überfallen unterwegs seine Begleitung!«

»So lange wir noch Hoffnung haben, ihn durch List frei zu bekommen, so lange soll kein Menschenleben beschädigt werden.«

[1] Simson.

»Aber wir haben nur noch die Zeit von einer Nacht!«

»Diese Zeit ist lang genug.«

Dann wandte ich mich an den Engländer:

»Sir, ich brauche Wein für den Mutesselim.«

»Wäre Wein wert, dieser Kerl! Mag Wasser trinken! Kaffee, Lindenblüten, Baldrian und Buttermilch!«

»Er hat mich um Wein gebeten!«

»Schlingel! Darf doch keinen trinken! Ist Mohammedaner!«

»Die Moslemin trinken ihn ebenso gern wie wir. Ich möchte uns sein Wohlwollen erhalten, so lange wir es brauchen.«

»Schön! Soll Wein haben! Wie viel?«

»Ein Dutzend. Ich gebe die Hälfte und Ihr die andere.«

»Pshaw! Kaufe nicht halben Wein. Hier Geld!«

Er reichte mir die Börse hin, ohne daß es ihm einfiel, zu bemerken, wie viel ich ihr entnahm. Er war ein Gentleman und ich ein armer Teufel.

»Wie ist's?« fragte er. »Retten wir Amad?«

»Ja.«

»Heute?«

»Ja.«

»Wie?«

»Ich gehe mit Selim Agha Wein trinken und suche – – «

»Trinkt auch Wein?« unterbrach er mich.

»Leidenschaftlich.«

»Schöner Muselmann! Verdient Prügel!«

»Grad diese Geschmacksrichtung aber gibt uns Vorteile. Er wird einen Rausch bekommen und dann nehme ich ihm unbemerkt den Gefängnisschlüssel fort. Ich lasse den Araber heraus zu seinem Vater, wo er sich umkleidet. Dann führt ihn Halef nach der Villa, die Ihr für ihn gebaut habt.«

»*Well!* Sehr schön! Was tue ich dabei?«

»Zunächst aufpassen. Wenn ich ihn bringe, so gebe ich da drüben an der Ecke ein Zeichen. Ich werde wie ein Rabe krächzen, der aus dem Schlafe gestört worden ist. Dann eilt Halef hinunter, um die Türe zu öffnen und die Wirtin in der Küche festzuhalten. Ihr geht mit Mohammed an die Treppe und empfangt

Amad, um ihn empor zu führen. Er zieht sich an, und ihr wartet, bis ich nach Hause komme.«

»Ihr geht wieder fort?«

»Ja. Ich muß zu Selim Agha, um keinen Verdacht zu erregen und ihm den Schlüssel wieder zuzustecken.«

»Schwere Sache für Euch! Wenn Ihr nun ertappt werdet?«

»Ich habe eine Faust, und wenn das zu wenig sein sollte, auch Waffen. Jetzt aber laßt uns in Gemeinschaft zu Abend essen.«

Während des Mahles wurde auch Mohammed genau instruiert. Halef brachte den Wein und mußte ihn gut verpacken.

»Den trägst du jetzt zum Mutesselim,« sagte ich ihm.

»Will er ihn trinken, Sihdi?« fragte er erstaunt.

»Er soll ihn verwenden, wozu er ihn braucht. Du gibst das Paket an keinen andern Menschen als nur an ihn und sagst, daß ich hier die Medizin sende. Und höre! Wenn ich dann mit Selim Agha fortgehe, so gehest du uns heimlich nach und merkst dir das Haus, in welches wir treten, aber genau! Und sollte ich irgendwie gebraucht werden, so kommst du, mich zu holen.«

»Wo werde ich dich in dem Hause finden?«

»Du gehst im Flur von der Türe aus ungefähr acht Schritte gradaus und pochst dann rechts an eine Türe, hinter welcher ich mich befinde. Sollte der Wirt dich sehen, der ein Jude ist, so sagest du, daß du den fremden Emir suchest, der aus dem Kruge trinkt. Verstehest du?«

Er ging mit seinem Pakete fort.

Mohammed Emin befand sich in einer unbeschreiblichen Aufregung. Ich hatte ihn selbst damals, als es im Tale der Stufen galt, seine Feinde gefangen zu nehmen, nicht so gesehen. Er hatte alle seine Waffen angetan und auch die Flinte neu geladen. Ich konnte nicht darüber lächeln. Ein Vaterherz ist eine heilige Sache; ich hatte ja auch einen Vater daheim, der oft für mich der Sorgen und Entbehrungen genug getragen hatte, und konnte das also begreifen.

Endlich kam Selim Agha von dem Mutesselim zurück. Er verzehrte in der Küche sein Abendbrot, und dann gingen wir heimlich zum Juden. Selim Agha hatte die Wirkung des starken Weines zur Genüge kennen gelernt und nahm sich daher sehr in

acht. Er trank nur in kleinen Schlückchen und auch sehr langsam.

Wir mochten bereits dreiviertel Stunden beim Weine sitzen,
und noch immer zeigte derselbe keine andere Wirkung auf den
Agha, als daß dieser stiller und träumerischer wurde und sich
sinnend in seine Ecke lehnte. Schon stand ich im Begriff, ihn
zum Austrinken zu nötigen und zwei neue Krüge bringen zu
lassen, als es draußen an die Türe pochte.

»Wer ist das?« frug der Agha.

»Das muß Halef sein.«

»Weiß er, wo wir sind?«

»Ja.«

»Effendi, was hast du getan!«

»Aber er weiß nicht, was wir tun.«

»Laß ihn nicht herein!«

Wie gut, daß ich Halef aufmerksam gemacht hatte! Daß er
kam, um mich zu holen, war mir Beweis, daß etwas Besonderes passiert sei. Ich öffnete von innen und trat hinaus auf den
Flur.

»Halef!«

»Sihdi, bist du es?«

»Ja. Was ist's?«

»Der Mutesselim ist gekommen.«

»Das ist schlimm; das kann uns das ganze Werk verderben.
Gehe. Wir kommen gleich nach. Aber bleibe stets an der Türe
meines Zimmers, damit ich dich sofort habe, wenn ich dich
brauche!«

Ich trat wieder in den kleinen Raum zurück.

»Selim Agha, es war dein Glück, daß ich dem Hadschi sagte,
wo wir sind. Der Mutesselim ist bei dir und wartet auf dich.«

»Allah illa Allah! Komm schnell, Effendi! Was will er?«

»Halef wußte es nicht.«

»Es muß wichtig sein. Eile!«

Wir ließen den Wein stehen und schritten mit schnellen
Schritten unserer Wohnung zu.

Als wir heim kamen, saß der Kommandant auf meinem Eh-
renplatze in meiner Stube, ließ sich von der roten Papierlaterne

magisch beleuchten und sog an meinem Nargileh. Er war, als er mich erblickte, so höflich, sich zu erheben.

»Ah, Mutesselim, du hier in meiner Wohnung! Allah segne deinen Eintritt und lasse es dir wohlgefallen an meiner Seite!«

Im stillen aber hatte ich allerdings einen nicht ganz mit dieser höflichen Phrase übereinstimmenden Wunsch.

»Emir, verzeihe, daß ich zu dir heraufstieg. Die Wirtin dieses Hauses, der Allah ein Gesicht gegeben hat wie keiner zweiten, wies mich herauf. Ich wollte mit Selim Agha reden!«

»So erlaube, daß ich mich wieder entferne!«

Jetzt war er gezwungen, mich zum Hierbleiben aufzufordern, wenn er nicht ganz und gar gegen alle türkische Bildung verstoßen wollte.

»Bleib, Emir, und setze dich. Auch Selim Agha mag sich setzen; denn was ich von ihm verlange, das darfst du wissen.«

Jetzt mußten die Reservepfeifen her. Während des Anzündens beobachtete ich den Kommandanten scharf. Das rote Licht der Laterne ließ mich sein Gesicht nicht genau erkennen, aber seine Stimme schien mir jenen Klang zu besitzen, welcher dann zu hören ist, wenn die Zunge ihre gewöhnliche Leichtigkeit zu verlieren beginnt.

»Was meinst du, Effendi? Ist der Makredsch ein wichtiger Gefangener?« begann er.

»Ich meine es.«

»Ich auch. Darum macht mir der Gedanke, daß es ihm vielleicht gelingen könnte, zu entkommen, schwere Sorge.«

»Er ist doch sicher eingeschlossen!«

»Ja. Aber das ist nicht genug für mich. Selim Agha, ich werde diese Nacht nicht schlafen und zwei- oder dreimal nach dem Gefängnisse gehen, um mich zu überzeugen, daß er wirklich in seinem Loche ist.«

»Herr, ich werde das an deiner Stelle tun!«

»Dann siehst du ihn wohl, aber ich nicht, und ich kann dennoch nicht schlafen. Ich werde selbst gehen. Gib mir den Schlüssel!«

»Weißt du, Herr, daß du mich kränkst?«

»Ich will dich nicht kränken, sondern ich will mich beruhigen. Der Anatoli Kasi Askeri ist ein sehr strenger Mann. Ich würde die seidene Schnur bekommen, wenn ich den Gefangenen entkommen ließe.«

Da war ja die Ausführung unseres Planes ganz und gar unmöglich gemacht! Gab es keine Hilfe? Ich war schnell entschlossen. Entweder Wein oder Gewalt! Während der Agha seinem Vorgesetzten noch Vorstellungen machte, erhob ich mich und trat hinaus auf den Korridor, wo Halef stand.

»Bringe vom allerbesten Tabak, und hier hast du Geld; gehe in das Haus, wo du mich geholt hast, und verlange von dem Juden solchen Wein von Türbedi Haidari, wie ich vorhin getrunken habe.«

»Wie viel soll ich bringen?«

»Ein Gefäß, in welches zehn Krüge gehen von der Sorte, die der Jude hat. Er wird dir ein solches Gefäß borgen.«

»Bringe ich das Getränk des Teufels in das Zimmer hinein?«

»Nein. Ich hole es aus deiner Stube. Aber der Baschi-Bozuk darf nichts wissen. Gib ihm dieses Bakschisch. Er mag ausgehen und so lange bleiben, als es ihm beliebt. Er kann ja zur Wache gehen, um sich dem Basch Tschausch zu zeigen, mit dem er morgen reisen wird. So werden wir ihn los!«

Als ich wieder eintrat, reichte der Agha dem Kommandanten grad den Schlüssel hin. Dieser steckte ihn in seinen Gürtel und sagte zu mir:

»Weißt du, daß der Makredsch widersetzlich gewesen ist?«

»Ja. Er hat erst den Agha bestechen wollen und ihm dann gar nach dem Leben getrachtet.«

»Er wird es büßen!«

»Und,« fügte Selim bei, »als ich ihn aufforderte, seine Taschen zu leeren, tat er es nicht.«

»Was hatte er darin?«

»Viel Geld!«

»Emir, wem gehört dieses Geld?« fragte mich der Kommandant lauernd.

»Du hast es in Empfang zu nehmen.«

»Das ist richtig. Laß uns gehen!«

»Mutesselim, du willst mich verlassen?« fragte ich. »Willst du mich beleidigen?«

»Ich bin dein Besuch, aber nicht dein Gast!«

»Ich habe nicht gewußt, daß du kommst. Erlaube mir, dir eine Pfeife zu stopfen, wie man sie hier selten raucht.«

Eben trat Halef ein und brachte den Tabak; es war Master Lindsays Sorte; der Kommandant fand sie sicher gut. Uebrigens war ich sehr fest entschlossen, daß er ohne meinen Willen meine Stube nicht verlassen solle. Doch, es kam glücklicherweise nicht zum Aeußersten, denn er nahm die Pfeife an. Aber im Laufe der ferneren Unterhaltung merkte ich, daß seine Augen sehr erwartungsvoll an der Türe hingen. Er wollte Kaffee haben. Deshalb erkundigte ich mich:

»Hast du die Medizin erhalten, Herr?«

»Ja. Ich danke dir, Effendi!«

»War es genug?«

»Ich habe noch nicht gezählt.«

»Und sie auch noch nicht gekostet?«

»Ein wenig.«

»Wie war sie?«

»Sehr gut. Aber ich habe gehört, daß es auch ganz süße gibt!«

Der gute Agha wußte sehr genau, wovon die Rede war. Er schmunzelte lüstern und blickte mich mit verführerisch blinzelnden Augen an.

»Es gibt ganz süße,« antwortete ich.

»Aber sie ist selten?«

»Nein.«

»Und heilsam?«

»Sehr. Sie gleicht der Milch, die aus den Bäumen des Paradieses fließt.«

»Aber in Amadijah gibt es keine?«

»Ich kann welche bereiten, überall, auch in Amadijah.«

»Und wie lange dauert es, bis sie fertig ist?«

»Zehn Minuten. Willst du so lange warten, so sollst du den Trank des Paradieses schmecken, der Mohammed von den Houris gereicht wird.«

»Ich warte!«

Seine Augen leuchteten sehr vergnügt, noch vergnügter aber die Augen des würdigen Selim Agha. Ich verließ das Zimmer und benutzte die angegebene Pause, um zu Mohammed Emin zu gehen.

»Emir, nun ist es aus!« empfing mich dieser.

»Nein, sondern nun geht es an!«

»Aber du erhältst nun den Schlüssel nicht!«

»Vielleicht brauche ich ihn gar nicht. Harre nur geduldig aus.«

Auch Lindsay kam geschlichen.

»Von meinem Tabak geholt! Wer raucht ihn?«

»Der Kommandant.«

»Sehr gut! Trinkt meinen Wein, raucht meinen Tabak! Ausgezeichnet!«

»Warum sollte er nicht?«

»Mag zu Hause bleiben! Flucht nicht stören!«

»Vielleicht befördert er sie. Ich habe nach Wein geschickt.«

»Wieder?«

»Ja. Nach persischem. Reißt einen Elefanten nieder. Süß wie Honig und stark wie ein Löwe!«

»*Well!* Trinke auch persischen!«

»Habe dafür gesorgt, daß für Euch auch da ist. Ich werde die beiden Leute lustig machen, und dann werden wir sehen, was zu tun ist.«

Nun ging ich in die Küche und ließ Feuer machen. Ehe es ordentlich brannte, kam Halef zurück. Er brachte ein großes Gefäß des gefährlichen Trankes. Ich setzte einen Topf voll davon über das Feuer und empfahl ihn der Fürsorge Mersinahs. Dann kehrte ich zum Engländer zurück.

»Hier ist Perser! Aber gebt Gläser her; sie sind bei Euch.«

Als ich in meine Stube trat, blickten mir die beiden Türken erwartungsvoll entgegen.

»Hier bringe ich die Medizin, Mutesselim. Koste sie zunächst, da sie kalt ist. Dann sollst du auch sehen, wie sie das Herz begeistert, wenn man sie heiß genießt.«

»Sage mir ganz genau, Effendi, ob es Wein ist oder Medizin!«

»Dieser Trank ist die beste Medizin, die ich heute kenne. Trinke sie, und sage mir, ob sie nicht deine Seele erfreut!«

Er kostete und kostete abermals. Ueber seine scharfen, aber matten Züge legte sich ein Schein der Verklärung.

»Hast du selbst diesen Trank erfunden?«

»Nein, sondern Allah gibt ihn denen, die er am liebsten hat.«

»So meinst du, daß er uns lieb hat?«

»Gewiß.«

»Von dir weiß ich es, daß du ein Liebling des Propheten bist. Hast du noch mehr von diesem Tranke?«

»Hier. Trinke aus!«

Ich schenkte wieder ein.

Seine Augen funkelten noch vergnügter als vorher.

»Effendi, was ist Ladakia, Djebeli und Tabak von Schiras gegen diese Arznei! Sie ist besser als der feinste Duft des Kaffees. Willst du mir das Rezept geben, wie sie bereitet wird?«

»Erinnere mich daran, so werde ich es aufschreiben, noch ehe ich Amadijah verlasse. Aber hier steht der Krug. Trinkt! Ich muß hinab zur Küche, um die andere Arznei zu bereiten.«

Ich ging mit Vorbedacht sehr leise zur Treppe hinab und öffnete unhörbar die Küchentüre ein wenig. Richtig! Da stand die »Myrte« vor meinem Topfe und schöpfte mit einer kleinen türkischen Kaffeetasse den jetzt bereits ziemlich heißen Wein unaufhaltsam zwischen ihre weit geöffneten Lippen, welche nach jeder Tasse mit einem herzlich schmatzenden Laute zusammenklappten.

»Mersinah, verbrenne deine Zähne nicht!«

Sie fuhr erschrocken herum und ließ die Tasse fallen.

»O, Sihdi, es war ein Oerümdschek[1] in den Topf gelaufen, und den wollte ich wieder herausfischen!«

»Und diese Spinne hast du dir in den Mund gegossen?«

»Nein, Effendi, sondern nur das Wenige, was an der Spinne hängen geblieben ist.«

»Gib mir den kleinen Topf von da unten herauf!«

»Hier, Emir!«

»Fülle ihn dir mit diesem Tranke!«

»Für wen?«

---

1 Spinne, Kreuzspinne.

»Für dich.«

»Was ist es, Emir?«

»Es ist die Arznei, welche ein persischer Hekim erfunden hat, um das Alter wieder jung zu machen. Wer genug davon trinkt, dem ist die Seligkeit gegeben, und wer davon trinkt, ohne jemals aufzuhören, der hat das ewige Leben!«

Sie dankte mir in blühenden Ausdrücken, und ich trug das übrige nach oben. Die beiden Trinker waren trotz ihres Rangunterschiedes sehr nahe zusammengerückt und schienen sich ganz angenehm unterhalten zu haben.

»Weißt du, Effendi, worüber wir streiten?« fragte mich der Kommandant.

»Ich hörte es ja nicht!«

»Wir stritten, wessen System am meisten leiden muß, das seinige oder das meinige. Wer hat recht?«

»Das will ich euch sagen: Wem die Arznei die größte Hilfe bringt, dessen System hat am meisten gelitten.«

»Deine Weisheit ist zu groß, als daß wir sie begreifen könnten. Was hast du in diesem Topfe?«

»Das ist Itschki itschkilerin,[1] denn ihm kommt kein anderer gleich.«

»Und du willst, daß wir ihn probieren sollen?«

»Wenn du es wünschest, so schenke ich dir davon ein.«

»Gib mir!«

»Mir auch, Effendi,« bat der Agha.

Sie hatten beide bereits das, was der Spiro-Zoologe einen »Käfer« zu nennen pflegt, ja, es schien bereits ein bedeutender Hirschkäfer zu sein, der alle Anlagen zeigte, sich nach und nach in einen bekannten Vierhänder zu verwandeln. Es war nur heißer Wein, ohne alles Gewürz, den sie jetzt kosteten, aber er brachte sie dem »Seid umschlungen, Millionen!« sehr nahe; sie tranken bereits nur noch aus einem Glase, und der Mutesselim wischte sogar seinem Agha einmal den Bart ab, als einige Tropfen der herrlichen Arznei sich in den Wald desselben verlaufen hatten. Die dabei geführte Unterhaltung war diejenige zweier Personen,

---

1 Der Trank aller Tränke.

die im »edlen Kampfe voller Humpen« noch vollständige Laien sind: närrisch und kauderwelsch. Selbst ich, der ich nur tat, als ob ich trinke, wurde in Mitleidenschaft gezogen; denn der Mutesselim umarmte mich ein über das andere Mal, und der Agha hielt traulich seinen Arm um meinen Nacken geschlungen.

Da erhob sich einmal der letztere, um eine neue Lampe für die rote Laterne zu holen. Er kam ganz glücklich in die Höhe, dann aber streckte er die Arme zuckend aus und trillerte unsicher mit den Knien wie einer, der zum erstenmal Schlittschuhe läuft.

»Was ist dir, Agha?« fragte der Kommandant.

»O, Herr, ich bekomme das Baldyr tschekmisch.[1] Ich glaube, ich muß mich wieder setzen!«

»Setze dich! Ich werde dir helfen!«

»Kennst du ein Mittel?«

»Ein sehr gutes. Setze dich!«

Der Agha nahm wieder Platz. Der Kommandant richtete sich ein wenig empor und erkundigte sich mit liebevoller Herablassung:

»In welcher Wade hast du den Krampf?«

»In der rechten.«

»Gib mir einmal das Bein!«

Der Agha streckte es ihm hin, und sein Vorgesetzter begann, an demselben mit allen Kräften zu zerren und zu ziehen.

»O jazik – o wehe, Herr; ich glaube, daß es doch in der linken ist!«

»So gib diese her!«

Selim reichte ihm sein anderes Vehikel hin, und der Helfer in der Not zog aus Leibeskräften. Es war komisch-rührend, zu sehen, daß dieser hochgestellte Beamte, der gewohnt war, sich auch im Allerkleinsten bedienen zu lassen, seinem Untergebenen mit so brüderlicher Bereitwilligkeit die Wade zog und klopfte.

»Gut! Ich glaube, es ist nun weg!« sagte der Agha.

»So stehe einmal auf, und probiere es!«

---

1 Wadenkrampf.

Selim erhob sich und gab sich dieses Mal Mühe. Er stand kerzengrad. Aber mit dem Gehen! Ich sah es ihm an, daß es ihm war wie einem flüggen Vogel, der sich zum erstenmal der unsicheren Luft anvertrauen will.

»Laufe einmal!« gebot der Mutesselim. »Komm; ich werde dich unterstützen!«

Er wollte sich mit der gewohnten Schnelligkeit aufrichten, verlor aber die Balance und kam sehr schnell in seine vorige Stellung zurück. Aber er wußte sich zu helfen. Er legte seine Hand auf meine Achsel und stand auf. Dann machte er die Beine breit, um eine festere Stellung zu bekommen, und starrte ganz verwundert auf die rote Lampe.

»Emir, deine Lampe fällt herab!«

»Ich glaube, sie hängt fest!«

»Sie fällt, und das Papier brennt an. Ich sehe schon die Flammen zucken!«

»Ich sehe nichts!«

»Maschallah! Ich sehe sie fallen, und dennoch bleibt sie oben! Wackele nicht so, Selim Agha, sonst wirst du umstürzen!«

»Ich wackele nicht, Effendi!«

»Ich sehe es sehr genau!«

»Du selbst wackelst, Herr!«

»Ich? Agha, mir wird es sehr bange um dein System. Deine Nerven schieben dich hin und her, und die Verdauung ist dir in die Beine gesunken. Du schüttelst die Arme und schlingerst mit dem Kopfe, als ob du schwimmen wolltest. O, Selim Agha, diese Medizin war zu herrlich und zu stark für dich. Sie wird dich zu Boden werfen!«

»Herr, du irrst! Was du mir sagst, das ist mit dir der Fall. Ich sehe deine Füße tanzen und deine Arme hüpfen. Dein Kopf dreht sich rund herum. Effendi, du bist sehr krank. Allah möge dir Hilfe senden, daß das System deines Blutes nicht ganz und gar zugrunde gehe!«

Das war dem Mutesselim denn doch zu viel. Er machte eine Faust und drohte:

»Selim Agha, nimm dich in acht! Wer da sagt, daß mein System nicht in Ordnung sei, den lasse ich peitschen oder

einstecken! Wallah! Habe ich denn den Schlüssel zu mir gesteckt?«

Er fuhr sich nach dem Gürtel und fand das Gesuchte.

»Agha, mache dich auf, und begleite mich! Ich werde jetzt das
Gefängnis untersuchen. Emir, deine Medizin ist wirklich wie die
Milch des Paradieses; aber sie hat deinen Magen umgedreht; du
willst immer mit dem Kopfe nach unten. Erlaubst du, daß wir
gehen?«

»Wenn es dein Wille ist, den Gefangenen zu besuchen, so darf
ich dich in der Erfüllung deiner Pflicht nicht hindern.«

»So gehen wir. Wir danken dir für das Gute, das du uns heute
schmecken ließest. Wirst du bald wieder Medizin bereiten?«

»Sobald du es wünschest.«

»Die heiße ist noch besser als die kalte, aber sie geht dem
Menschen durch Mark und Bein und schiebt ihm die Knochen
ineinander. Allah behüte dich und gebe dir eine gute Ruhe!«

Er ging auf den Agha zu und nahm ihn beim Arme.

Sie gingen ab, und ich folgte ihnen. An der Treppe blieben
sie stehen.

»Selim Agha, steige du zuerst hinunter!«

»Herr, diese Ehre gebührt ja dir!«

»Ich bin nicht stolz; das weißt du ja.«

Der Agha setzte, während er sich mit den Händen anhielt,
einen Fuß um den andern sehr vorsichtig auf die Stufen. Der
Mutesselim folgte ihm. Es wollte nicht recht sicher bei ihm
gehen, zumal ihm die Treppe unbekannt war.

»Effendi, bist du noch da?« fragte er.

»Ja.«

»Weißt du, daß es Sitte ist, seine Gäste bis vor die Türe zu
begleiten?«

»Ich weiß es.«

»Aber du begleitest mich ja nicht!«

»So erlaube, daß ich es tue!«

Ich nahm ihn beim Arme und stützte ihn. Nun ging es besser.
Unten vor der Türe blieb er stehen, um tief Atem zu holen.

»Emir, dieser Makredsch ist eigentlich auch dein Gefangener,« meinte er.

»Wenn man es recht betrachtet, ja.«

»So mußt du dich auch überzeugen, ob er noch da ist!«

»Ich werde euch begleiten.«

»So komm, gib mir deinen Arm!«

»Du hast zwei Arme, Effendi,« meinte der Agha; »gib mir den andern!«

Die beiden Männer hingen schwer an mir, aber ihr Rausch befand sich doch noch immer innerhalb desjenigen Stadiums, in welchem man noch leidlich Herr seiner selbst ist. Ihr Gang war unsicher, doch kamen wir rasch vorwärts. Die Gassen lagen finster und öde da. Kein Mensch begegnete uns.

»Deine Arnauten werden erschrecken, wenn ich komme,« sagte der Mutesselim zum Agha.

»Und ich mit dir!« brüstete sich dieser.

»Und ich mit euch!« vervollständigte ich.

»Ist der Araber noch da?«

»Herr, glaubst du, ich lasse solche Leute ausreißen?« fragte Selim Agha sehr beleidigt.

»Ich werde auch nach ihm sehen. Hat er auch Geld gehabt?«

»Nein.«

»Wie viel denkst du, daß der Makredsch bei sich hat?«

»Ich weiß es nicht.«

»Er muß es hergeben. Aber, Selim, deine Arnauten sollten dann eigentlich nicht dabei sein.«

»So gebiete ich ihnen, fortzugehen.«

»Und wenn sie lauschen?«

»Ich riegele sie ein.«

»Gut. Aber wenn wir fort sind, werden sie mit dem Gefangenen reden.«

»Sie bleiben eingeriegelt.«

»So ist es richtig. Dieses Geld gehört in die Kasse des Mutesselim, welcher dem Agha der Arnauten ein sehr gutes Bakschisch gibt.«

»Wie viel, Herr?«

»Das kann ich jetzt noch nicht wissen, denn ich muß erst sehen, wie viel er bei sich führt.«

Wir kamen bei dem Gefängnisse an.

»Schließe auf, Selim Agha!«

»Herr, du selbst hast doch den Schlüssel!«

»Ja, richtig!«

Er langte in den Gürtel und zog den Schlüssel hervor, um zu öffnen. Er probierte und probierte, fand aber das Schlüsselloch nicht.

Darauf hatte ich allerdings gerechnet. Darum bat ich:

»Erlaube, Effendi, daß ich dir öffne!«

Ich nahm den Schlüssel aus seiner Hand, machte auf, zog ihn wieder ab, trat in den Flur und steckte den Schlüssel von innen wieder in das Schloß.

»Tretet ein. Ich werde wieder verschließen!«

Sie kamen herein. Ich tat, als ob ich zuschließen wolle, drehte aber den Schlüssel schnell wieder zurück und versuchte scheinbar, ob auch wirklich fest zugeschlossen sei.

»Es ist zu. Hier hast du deinen Schlüssel, Mutesselim!«

Er nahm ihn. Da kamen aus der hintern Zelle und auch von oben die Arnauten herbei, mit den Lampen in der Hand.

»Ist alles in Ordnung?« fragte der Mutesselim mit Würde.

»Ja, Herr.«

»Ist keiner entwischt?«

»Nein.«

»Auch der Araber nicht?«

»Nein.«

»Aber der Makredsch?«

»Auch nicht,« antwortete der Sergeant bei diesem geistreichen Verhöre.

»Das ist euer Glück, ihr Hunde. Ich hätte euch totpeitschen lassen. Packt euch hinauf in eure Stube! Selim Agha, schließe sie ein!«

»Emir, willst du es nicht tun?« fragte mich dieser.

»Gern!«

Das war mir lieb. Der Agha nahm eine der Lampen, und ich führte die Leute nach oben.

»Warum werden wir eingeschlossen, Herr?« fragte der Sergeant.

»Die Gefangenen werden verhört.«

Ich ließ sie in ihre Zelle treten und schob die Riegel vor, dann stieg ich wieder die Treppe hinab. Da der Kommandant und der Agha bereits nach hinten gingen, lag die Außentüre im Dunkeln. Ich huschte hin und öffnete sie, so daß sie nur angelehnt blieb. Dann schritt ich schnell den beiden nach.

»Wo liegt er?« hörte ich den Mutesselim fragen.

»Hier.«

»Und wo liegt der Haddedihn?« fragte ich, um dem Oeffnen der andern Türe zuvorzukommen; denn ich mußte darauf sehen, daß bei dem Araber zuerst aufgemacht wurde.

»Hier hinter der zweiten Türe.«

»So mache einmal auf!«

Der Kommandant schien mit meinem Verlangen einverstanden zu sein. Er nickte mit dem Kopfe, und nun machte Selim auf.

Der Gefangene hatte unser lautes Kommen gehört und stand aufrecht in seinem Loche. Der Mutesselim trat näher.

»Du bist Amad, der Sohn von Mohammed Emin?«

Er erhielt keine Antwort.

»Kannst du nicht reden?«

Es erfolgte dasselbe Schweigen.

»Hund, man wird dir den Mund zu öffnen wissen! Morgen wirst du fortgeschafft!«

Amad sprach keine Silbe, hielt aber das Auge auf mich gerichtet, um sich keine meiner Mienen entgehen zu lassen. Ich gab ihm durch ein schnelles Aufziehen und Sinkenlassen der Brauen zu verstehen, daß er aufmerken solle; dann schob Selim die Riegel wieder vor.

Jetzt wurde die andere Türe geöffnet. Der Makredsch stand an die Mauer gelehnt. Sein Auge war erwartungsvoll auf uns gerichtet.

»Makredsch, wie gefällt es dir?« fragte der Kommandant ein wenig ironisch, wohl infolge des Weines.

»Wollte doch Allah, daß du an meiner Stelle wärest!«

»Das wird der Prophet verhüten! Dein Schicksal ist ein sehr schlimmes!«

»Ich fürchte mich nicht!«

»Du hast den Agha hier ermorden wollen.«

»Er ist es wert!«

»Hast ihn bestechen wollen.«

»Er ist die Dummheit selbst!«

»Hast ihn gleich bezahlen wollen.«

»Der Kerl verdiente, gehängt zu werden!«

»Vielleicht wären deine Wünsche zu erfüllen,« meinte der Kommandant mit schlauer Miene. Infolge des Weingenusses und vor Erwartung der hoffentlichen Beute strahlte sein Angesicht.

»Wie?« zuckte der Makredsch auf. »Sprichst du im Ernste?«

»Ja.«

»Du willst mit mir handeln?«

»Ja.«

»Wie viel wollt ihr haben?«

»Wie viel hast du bei dir?«

»Mutesselim, ich brauche Reisegeld!«

»Wir werden so billig sein, es dir zu lassen.«

»Gut, so wollen wir verhandeln. Aber nicht in diesem Loche!«

»Wo sonst?«

»In einem Raume, der für Menschen, nicht aber für Ratten ist.«

»So komm herauf!«

»Gebt mir die Hand!«

»Selim Agha, tue es!« meinte der Kommandant, der seinem Gleichgewichte nicht zu trauen schien.

Dem Agha aber kam ganz dasselbe Bedenken, denn er gab mir einen Stoß in die Seite und ermahnte mich:

»Effendi, tue du es!«

Ich streckte also, um die Sache nicht zu verzögern, meinen Arm aus, faßte den Makredsch bei der Hand und zog ihn heraus.

»Wohin soll er?« fragte ich.

»In die Wächterzelle,« antwortete der Kommandant.

»Soll ich diese Türe auflassen oder – – –?«

»Lehne sie nur an!«

Ich machte mir mit der Türe zu schaffen, um die drei erst in die Zelle eintreten zu lassen, aber das ging nicht; der Kommandant wartete auf mich. Ich mußte also an etwas anderes denken.

Voran trat der Makredsch ein, hinter ihm der Kommandant mit der Lampe, dann der Agha und endlich ich. In dem Augenblicke, in welchem diese Ordnung aufgelöst wurde, genügte ein schneller, bei dem Agha vorüber geführter Stoß meiner Hand an den Ellenbogen des Kommandanten, um diesem die Lampe aus der Hand zu werfen.

»Agha, was tust du!« rief dieser.

»Ich war es nicht, Herr!«

»Du stießest mich! Nun ist es finster. Schaffe eine andere Lampe!«

»Ich werde sie von den Arnauten holen,« meinte ich und verließ die Zelle. Ich verschloß sie, trat an die Türe der Nachbarzelle und schob leise die Riegel zurück.

»Amad el Ghandur!«

»Herr, bist du es?«

»Ja. Komme schnell herauf.«

Er stieg mit meiner Hilfe empor, und ich schob den Riegel wieder vor.

»Sprich nicht, sondern eile sehr!« flüsterte ich.

Ich faßte ihn, führte ihn rasch an die Außentüre des Gefängnisses, trat mit ihm hinaus und zog die Türe wieder heran.

Die frische Luft trieb ihn fast zurück. Er war sehr schwach.

Ich nahm ihn wieder bei der Hand; im Fluge ging es fort, um zwei Ecken hinum, und bei der dritten hielten wir. Seine Lungen atmeten laut.

»Fasse dich! Dort ist meine Wohnung, und dort ist auch dein Vater.«

Ich stieß das verabredete Krächzen aus, und sofort erblickte ich einen Lichtschein, an dem ich erkannte, daß die Haustüre aufgestoßen worden war.

Wir eilten über den Platz hinüber. Unter der Türe stand Halef.

»Schnell hinein!«

Nun eilte ich zurück. Ich erreichte das Gefängnis in einer Zeit von sicher nicht zwei Minuten, nachdem wir es verlassen hatten, machte die Türe zu und sprang die dunkle, mir aber nun bekannte Treppe hinauf, um mir von den Arnauten eine Lampe geben zu lassen. In einigen Sekunden befand ich mich wieder unten und kehrte in die Wächterzelle zurück.

»Du warst lange fort, Effendi!« bemerkte der Mutesselim.

»Die Wächter wollten wissen, warum sie eingeschlossen sind.«

»Hättest du ihnen eine Ohrfeige statt einer Antwort gegeben! Warum hast du uns eingeschlossen?«

»Herr, es war ja ein Gefangener bei euch!«

»Du bist vorsichtig, Emir; du hast recht getan. Setze die Lampe her, und laß uns beginnen!«

Es verstand sich ganz von selbst, daß der Kommandant nicht beabsichtigte, den Gefangenen gegen das Geld desselben freizugeben. Er wollte das Geld nur durch eine List an sich bringen, weil er den Widerstand des Makredsch fürchtete. Aber diese List war eine Hinterlist, eine Treulosigkeit und zugleich jedenfalls eine große Unvorsichtigkeit. Sie beide befanden sich in einem angetrunkenen Zustande; der Makredsch konnte sie überwältigen, ihnen den Schlüssel abnehmen und entfliehen, ohne daß es den eingeriegelten Arnauten möglich gewesen wäre, ihnen beizustehen.

»Nun sage, wie viel Geld du bei dir hast!« begann der Kommandant.

»Sage mir lieber, wie viel ihr von mir verlangt!«

»Ich kann erst dann eine Summe sagen, wenn ich weiß, ob du sie auch bezahlen kannst.«

»Versuche es einmal!«

»Gibst du dreitausend Piaster?«

»Das ist mir zu viel,« meinte der Makredsch zurückhaltend.

»So gibst du viertausend.«

»Herr! Du steigst ja in die Höhe!«

»Makredsch, du steigst ja abwärts! Ein Mutesselim braucht nicht mit sich feilschen zu lassen. Sagst du nicht ja, so gehe ich noch höher.«

»Ich habe es nicht. Zweitausend könnte ich dir geben!«

»Deine Hand ist verschlossen, aber du wirst sie gern noch öffnen. Jetzt verlange ich fünftausend!«

»Herr, ich will dir die drei Tausend geben!«

»Fünf habe ich gesagt!«

Die Augen des Makredsch hafteten wütend auf dem Kommandanten, und die Angst um sein Geld stand ihm deutlich auf der Stirn geschrieben. Aber die Sorge für seine Freiheit war noch größer.

»Versprichst du mir, mich hinaus zu lassen, wenn ich dich bezahle?«

»Ich verspreche es dir.«

»Schwöre es mir bei dem Propheten!«

»Ich schwöre es!«

Diese Worte sprach der Mutesselim unbedenklich aus.

»So zähle!« sagte der Makredsch.

Er langte in die Taschen seiner weiten Beinkleider und zog ein Paket hervor, welches in ein seidenes Tuch geschlagen war. Er öffnete es und begann, die Summe auf dem Fußboden aufzuzählen, wobei der Agha leuchtete.

»Ist es richtig?« fragte er, als er fertig war.

Der Mutesselim zählte nach und sagte dann:

»Es sind Kaime[1] mit dem Zahlwerte von fünftausend Piaster. Aber du wirst wissen, daß dieses Geld den vollen Wert nicht hat. Das Pfund Sterling kostet, mit Kaime bezahlt, jetzt einhundertvierzig statt einhundertzehn Piaster, und du hast also noch zweitausend Piaster daraufzulegen!«

»Herr, bedenke, daß die Kaime sechs Prozent Zinsen tragen!«

»Früher war dies der Fall, aber auch nur bei einem Teile dieses Geldes; doch der Großherr zahlte auch für ihn keine Zinsen. Lege zweitausend dazu.«

»Herr, du bist ungerecht!«

»Gut! Gehe in dein Loch!«

Dem Makredsch stand der Schweiß auf der Stirn.

»Aber zweitausend macht es ja nicht!«

---

1 Neben dem »Sehim« eine Art Papiergeld.

»Wie viel denn?«

»Dreizehnhundertunddreiundsechzig.«

»Das bleibt sich gleich! Was ich sage, das habe ich gesagt. Du gibst noch zweitausend!«

»Herr, du bist grausam wie ein Tiger!«

»Und dich wird der Geiz noch töten!«

Mit Grimm im Angesichte zählte der Makredsch von neuem auf.

»Hier, nimm!« sagte er endlich, tief Atem holend.

Der Mutesselim zählte wieder nach, schob die Scheine zusammen und steckte sie zu sich.

»Es stimmt!« meinte er. »Danke dem Propheten, daß er dein Herz zur Einsicht bekehrt hat, denn sonst hätte ich noch mehr gefordert!«

»Nun laß mich gehen!« forderte der andere, sein Tuch wieder um die übrig gebliebenen Scheine schlagend.

Der Kommandant sah ihn mit sehr gut gespielter Verwunderung an.

»Gehen lassen? Ja, aber erst dann, wenn du bezahlt hast!«

»Ich habe es doch getan!«

»Ja, mich hast du bezahlt, aber noch nicht diesen Agha der Arnauten!«

»Allah illa Allah!« rief der Gefangene zornig. »Du hast doch nur fünftausend Piaster verlangt!«

»Allah hat dir deinen Verstand verdunkelt. Warum fragtest du nicht, für wen diese fünftausend Piaster seien? Sie waren nur für mich. Der Agha hat seinen Teil noch zu erhalten.«

»Wie viel?«

»Ebenso viel wie ich!«

»Herr, der Satan redet aus dir!«

»Bezahle, so wird er schweigen!«

»Ich bezahle nicht!«

»So kehrest du in dein Loch zurück!«

»Oh, Mohammed, oh, ihr Kalifen, ihr habt seinen Schwur gehört! Der Scheïtan ist bereits in ihm; er wird ihn umbringen!«

»Das Oel dieser Lampe geht zur Neige. Wirst du bezahlen oder nicht?«

»Ich gebe ihm tausend!«

»Fünftausend! Handle nicht, sonst steige ich höher!«

»Ich habe sie nicht!«

»Du hast sie. Ich habe es gesehen, daß es langen wird.«

»So gebe ich – – – «

»Soll ich etwa sechstausend fordern?«

»Du bist ein Tyrann, ja, du bist der Teufel selbst!«

»Makredsch, wir sind miteinander fertig!«

Er erhob sich langsam und vorsichtig.

»Halt!« rief der Gefangene. »Ich werde bezahlen!«

Die Freiheit stand ihm schließlich doch noch höher als das Geld. Er begann von neuem aufzuzählen, während der Kommandant sich wieder setzte. Das Paket langte wirklich; aber es blieben ihm nur noch einige Scheine übrig.

»Hier liegt es,« meinte er, »und Allah verdamme den, der es nimmt!«

»Du hast recht gesagt, Makredsch,« antwortete sein früherer Verbündeter und jetziger Gegner sehr ruhig. »Dieser Agha der Arnauten wird das Geld nicht nehmen.«

»Warum?«

»Es sind nur die fünf Tausend. Du hast vergessen, die zwei Tausend daraufzulegen.«

Der Makredsch machte eine Bewegung, als wolle er sich auf den Kommandanten stürzen; aber er besann sich noch.

»Ich habe nichts mehr als diese drei Papiere.«

»So schließe ich dich ein. Vielleicht besinnst du dich dann, daß du noch mehr Geld bei dir trägst. Komm!«

Der Makredsch machte eine Miene, als ob er ersticken wolle, dann langte er abermals in die Tasche und zog einen Beutel hervor, den er so hielt, daß nur er selbst den Inhalt sehen konnte.

»So will ich versuchen, ob ich es noch zusammenbringe! Dein Herz ist von Stein, und deine Seele hat sich in einen Felsen verwandelt. Ich habe hier nur kleine Silberstücke mit einigen goldenen Medschidje darunter. Diese letzteren sollst du erhalten, wenn sie reichen.«

Er legte die drei Scheine hin und dann sehr langsam ein Goldstück nach dem andern hinzu.

»Hier! Nun bin ich arm, denn ich habe höchstens noch vierzig Piaster bei mir, und diese muß ich haben, wenn ich nicht verhungern will!«

Ich muß gestehen, daß ich mit dem Manne Bedauern empfand; aber ich sah vorher, daß er auch den letzten Heller werde geben müssen. Es war als ob der Anblick des Geldes den Mutesselim vollständig ernüchtert hätte. Und auch an dem Agha war nicht die Spur eines Rausches zu bemerken. Dieser langte hastig zu, um die Summe an sich zu nehmen.

»Halt!« wehrte ihm der Kommandant. »Ich werde dieses Geld einstweilen aufbewahren.«

Er schob es zusammen und steckte es ein.

»Jetzt endlich bin ich frei!« sagte der Makredsch.

Der Kommandant schüttelte in höchster Verwunderung den Kopf.

»Frei! Hast du denn bezahlt?«

»Sind dir deine Sinne abhanden gekommen? Du hast ja das Geld eingesteckt!«

»Das meinige und das dieses Selim Agha. Aber dieser Emir hat noch nichts erhalten!«

»Er hat ja gar nichts zu bekommen!«

»Wer sagt dir das? Er ist ja hier, und muß also auch bezahlt werden!«

»Aber er hat ja über mich nicht das mindeste zu gebieten!«

»Hat er dich nicht gefangen nehmen lassen? Du hast das Fieber, Makredsch, sonst würdest du erkennen, daß er eigentlich noch mehr zu bekommen hat, als wir beiden anderen zusammen.«

»Er hat nichts zu erhalten!« rief der Gepeinigte nun förmlich wütend. »Er bekommt nichts, denn ich habe nichts mehr, und ich würde ihm keinen Piaster und keinen Para geben, selbst wenn ich Millionen bei mir trüge!«

»Du hast noch Geld!«

»Vierzig Piaster, wie ich dir schon sagte!«

»Oh Makredsch, wie dauerst du mich! Glaubst du, daß ich den Klang des Goldes von dem des Silbers nicht unterscheiden kann! Dein Beutel ist noch voll goldener Medschidje zu

270

hundert und fünfzig Piaster, und sein Bauch ist so umfangreich, daß du mehr zusammenbringst, als was du brauchst, um den Emir zu bezahlen. Du hast dich sehr gut mit Reisegeld versehen!«

»Du irrst!«

»Zeige mir den Beutel her!«

»Er gehört mir!«

»So behalte ihn, aber bezahle!«

Der Makredsch wand sich wie ein Wurm unter den unnachsichtlichen Forderungen des geldgierigen Mannes. Es war eine widerwärtige Szene, aber sie warf ein deutliches Licht auf die Zustände der türkischen Verwaltung besonders jener Provinzen, welche dem Padischah am fernsten liegen.

»Ich kann nicht!« erklärte der Makredsch entschieden.

»So folge uns in dein Loch!«

»Ich gehe nicht. Ich habe dich bezahlt!«

»Wir werden dich zu zwingen wissen.«

»So gib mir mein Geld wieder heraus!«

»Es gehört mir. Bedenke, daß ich dich gefangen habe und verpflichtet bin, dir alles abzunehmen, was du bei dir trägst!«

»Ich würde auch diese Summe bezahlen, wenn ich sie hätte!«

»Du hast sie. Und wenn dein Beutel ja zu wenig enthält, so habe ich eine schöne Uhr bei dir gesehen, und an deinen Fingern glänzen Ringe, welche viel mehr wert sind, als das, was ich noch zu verlangen habe.«

»Es bleibt dabei, ich kann nicht! Fünfhundert Piaster will ich diesem Manne geben, der mein größter Feind ist.«

Er blitzte mir mit Augen entgegen, in denen der grimmigste Haß zu lesen war. Ich konnte nicht an seiner Feindschaft zweifeln.

»So hast du dein letztes Gebot getan?« fragte der Kommandant.

»Ja.«

»Dann vorwärts! Folge uns!«

Er stand entschlossen auf; auch der Agha tat dies.

Ich stand an der Türe und trat zur Seite, um dem Mutesselim den Vortritt zu lassen. Aus dem Gürtel desselben blickte der Schlüssel hervor. Die Augen des Gefangenen leuchteten auf.

Er tat einen Sprung, riß den Schlüssel heraus, warf den Kommandanten auf den Agha, daß beide taumelnd an mich flogen und ich fast niedergerissen wurde, sprang zur Türe hinaus und eilte den finstern Gang hinauf. Die Lampe war umgestürzt und Finsternis umhüllte auch uns.

»Ihm nach!« rief der Kommandant.

Der Makredsch wäre gerettet gewesen, wenn er die Geistesgegenwart gehabt hätte, die Türe hinter sich zuzuwerfen und den Riegel vorzuschieben. Zeit dazu hätte er gehabt, denn die beiden Männer verwirrten sich ineinander, so daß ich, um schnell hinauszukommen, sie fassen und von der Türe zurückschleudern mußte.

Schon hörte ich den Schlüssel im Schlosse klirren. Der Umstand, daß die Türe bereits von mir geöffnet war, wurde dem Makredsch verderblich. Er wandte die Kraft der Verzweiflung an, mittels des Schlüssels den Riegel zurückzubewegen, ohne das Oeffnen der Türe zu versuchen. Der Riegel aber konnte nicht nachgeben. Jetzt war ich dort und faßte ihn. Er hatte sich gegen mich gewendet und die Vorsicht gebraucht, nach meinem Gürtel zu langen. Ich fühlte dies und griff nieder. Es war ihm gelungen, mein Messer zu ergreifen, denn die Schneide desselben strich, mich verwundend, über die Außenfläche meiner Hand hinweg. Es war so dunkel, daß ich seine Bewegungen nicht sehen konnte. Ich griff ihm also, indem ich ihn mit der Rechten festhielt, mit der Linken nach seiner rechten Achsel und fuhr von derselben aus längs des Armes herab, um sein Handgelenk zu fassen. Es war grad die rechte Zeit gewesen, denn er hatte bereits den Arm erhoben, um zuzustoßen.

Mittlerweile waren die beiden anderen schreiend bei uns angekommen. Der Kommandant packte mich an.

»Lasse los, Mutesselim, ich bin es ja!«

»Hast du ihn fest?«

»Ja. Schließe die Türe schnell zu, und brenne Licht an. Er kann uns nicht entkommen!«

»Kannst du ihn allein halten, Emir?« fragte der Agha.

»Ja.«

»So werde ich Licht holen!«

Der Kommandant verschloß die Türe, getraute sich dann aber nicht, uns nahe zu kommen. Ich hatte den Gefangenen an die gegenüberliegende Wand gebracht, konnte ihn aber nicht zu Boden drücken, weil ich die Hand nicht frei bekam, welche mich vor dem Messer zu schützen hatte. Ich hielt ihn aber fest, 5 bis nach einer sehr langen Zeit der Agha mit Licht erschien. Er hatte erst oben bei dem Sergeanten Oel holen müssen. Er stellte die Lampe auf eine der Treppenstufen und kam herbei.

»Nimm ihm das Messer,« bat ich.

Er entriß es ihm, und nun hatte ich freie Hand. Ich faßte den 10 Makredsch bei der Brust. Er griff nach mir, aber augenblicklich bückte ich mich, und während seine beiden Hände in die Luft langten, faßte ich ihn am Unterbeine und riß dasselbe empor, so daß er das Gleichgewicht verlor und niederstürzte.

»Bindet ihn!« sagte ich.   15

»Womit?«

»Mit seinem Gürtel.«

Sie taten es. Er lag still und ruhig und ließ es geschehen. Nach der großen Anstrengung war das Gefühl einer Ohnmacht über ihn gekommen.   20

»Halte ihm die Beine!« gebot der Mutesselim dem Agha.

Der Erstere leerte nun vor allen Dingen die Taschen des Gefangenen; dann zog er ihm auch die Ringe ab und steckte alles zu sich. Hierauf packte der Agha den Gefangenen bei einem der Beine und zog ihn bis vor seine Zelle, in welche er ihn hinabglei- 25 ten ließ. Dann wurde dieselbe zugeschlossen. Nun mußte Selim hinauf, um die Wächter frei zu lassen und ihnen die größte Wachsamkeit einzuschärfen.

»Nimm ihnen den Schlüssel zum Tore ab!« rief ihm der Kommandant zu. »Dann kann niemand öffnen, und auch sie 30 nicht.«

Selim tat dies, und dann verließen wir das Gefängnis.

Draußen blieb der Mutesselim stehen. Er war jetzt vollständig ernüchtert, indem er sagte:

»Agha, ich werde nun das Verzeichnis von allem anfertigen, 35 was der Makredsch bei sich hatte; denn ich habe alles mit ihm nach Mossul zu senden. Du wirst es unterzeichnen, damit ich beweisen kann, daß ich die Wahrheit geschrieben habe, falls ihm einfallen sollte, zu behaupten, daß er mehr gehabt habe!«

»Wann soll ich kommen?« fragte Selim.

»Zur gewöhnlichen Zeit.«

»Und den Schlüssel behältst du?«

»Ja. Vielleicht gehe ich des Nachts noch einmal hierher. Gute Nacht, Emir! Du warst mir heute von großem Nutzen und wirst mir sagen, wie ich dir dankbar sein kann.«

Er ging und wir wandten uns unserer Wohnung zu.

»Effendi!« meinte der Agha mit sehr bedenklicher Stimme.

»Was?«

»Ich hatte siebentausend Piaster am Boden liegen!«

»Und freutest dich darauf?«

»Sehr!«

»Laß sie dir geben!«

»Ich? Geben? Weißt du, wie es morgen sein wird?«

»Nun?«

»Er wird ein Verzeichnis aufstellen, in welchem steht, daß der Makredsch tausend Piaster bei sich gehabt hat, und ich werde es unterschreiben. Das übrige, die Uhr und die Ringe behält er zurück, und ich werde dafür die große Summe von hundert Piastern erhalten.«

»Und wirst du dich auch darüber freuen?«

»Zu Tode ärgern werde ich mich!«

»Das Verzeichnis erhält der Basch Tschausch?«

»Ja.«

»So wirst du mehr erhalten.«

»Wer sollte es mir geben?«

»Der Mutesselim oder ich.«

»Ich weiß, daß du ein barmherziges Herz besitzest. Oh Effendi, wenn du nur wenigstens noch ein wenig von deiner Arznei übrig hättest!«

»Ich habe noch davon. Willst du sie haben?«

»Ja.«

»Ich werde dir davon in die Küche bringen.«

Wir fanden die Türe nicht verschlossen. In der Küche lag die »Myrte« auf einigen alten Fetzen, die ihr des Tages als Hadern und des Nachts als Lager dienten, und schlief den Schlaf der Gerechten.

»Mersinah!« rief der Agha.

Sie hörte nicht.

»Laß sie schlafen,« bat ich. »Ich werde dir die Arznei bringen, und dann magst du dich zur Ruhe begeben, die du so nötig brauchst.«

»Allah weiß es, daß ich sie verdient habe!«

Ich fand oben die Beteiligten alle in der Stube des Haddedihn versammelt. Sie brachten mir einen Schwall von Worten entgegen, so daß ich Ruhe gebieten mußte. Ich befriedigte zunächst den Agha und überzeugte mich, daß er schlafen ging; dann kehrte ich zu ihnen zurück.

Amad el Ghandur hatte die neue Kleidung angelegt und war von seinem Vater rasiert und gereinigt worden. Nun bot er einen ganz anderen Anblick dar, als vorher in der Zelle. Die Aehnlichkeit mit seinem Vater war unverkennbar. Er hatte sich erhoben und trat mir entgegen.

»Emir, ich bin ein Beni Arab und kein plaudernder Grieche. Ich habe gehört, was du meinem Stamme und auch mir getan. Mein Leben gehört dir, auch alles, was ich habe!«

Das war einfach gesprochen, aber es kam aus einem vollen Herzen.

»Noch bist du nicht in Sicherheit. Mein Diener wird dich in dein Versteck bringen,« antwortete ich.

»Ich bin bereit. Wir warteten nur auf dich.«

»Kannst du klettern?«

»Ja. Ich werde das Versteck erreichen, trotzdem ich schwach geworden bin.«

»Hier hast du meinen Lasso. Wenn dir die Kräfte fehlen, so mag Hadschi Halef Omar voranklettern und dich ziehen. Hast du Waffen?«

»Dort liegen sie; der Vater hat sie mir gekauft. Hier hast du deinen Dolch. Ich danke dir!«

»Und Nahrung?«

»Es ist alles eingepackt.«

»So geht! Wir werden dich bald abholen.«

Der Sohn des Scheik verließ mit Halef vorsichtig das Haus, und bald schlich auch ich mich fort, seine alten Kleider am Arme. Ich gelangte unbemerkt in die Nähe der Schlucht, riß den Haïk in Fetzen und hing dieselben an die Felskanten und Zweige des Gestrüppes, welches dort stand.

Zu Hause angekommen, wurde ich von dem Engländer in seine Stube geführt. Er hatte ein sehr zorniges Angesicht.

»Hereinkommen und setzen, Sir!« sagte er. »Schlechte Wirtschaft! Miserabel hier!«

»Warum?«

»Sitze bei diesen Arabern und verstehe kein Wort! Mein Wein wird alle, mein Tabak wird alle, und ich werde auch alle! *Yes!*«

»Ich stehe Euch ja zu Diensten, um alles zu erzählen!«

Ich mußte ihm seinen Willen tun, obgleich ich mich nach Ruhe sehnte. Doch hätte ich immerhin erst Halefs Rückkehr erwarten müssen. Dieser ließ sehr lange auf sich warten, und als er kam, begann bereits der Tag zu grauen.

»Wie ist's?« fragte Master Lindsay. »Glücklich angekommen auf Villa?«

»Mit einiger Mühe!«

»*Well!* Halef hat Kleider zerrissen. Hier, Halef, Bakschisch!«

Der Hadschi verstand die englischen Worte nicht, wohl aber das letzte des Satzes. Er streckte die Hand aus und erhielt ein Hundertpiasterstück.

»Neuen Mantel kaufen; sagt es ihm, Sir!« – – –

So war denn dieser schlimme Abend vorüber, und ich konnte mich, wenigstens für einige Stunden, zur Ruhe legen, die ich denn auch in einem sehr tiefen, traumlosen Schlafe genoß. Ich erwachte nicht von selbst aus demselben, sondern es weckte mich eine sehr laute hastige Stimme:

»Effendi! Emir! Wache auf! Schnell!«

Ich blickte von meinem Lager empor. Selim Agha stand vor mir, ohne Oberkleid und Turban. Die Scheitellocke hing ihm schreckensmatt in das Gesicht hinab; der Schnurrbart sträubte sich voll Entsetzen zu ihr empor, und die von dem genossenen Weine noch trüben Augen versuchten ein Rollen, welches sehr unglücklich ausfiel.

»Was gibt es?« fragte ich sehr ruhig.

»Erhebe dich! Es ist etwas Entsetzliches geschehen!«

Erst nach und nach brachte ich aus ihm heraus, daß der Mutesselim die Flucht des jungen Arabers entdeckt habe und nun in fürchterlicher Wut sei. Der geängstigte Agha bat mich inständig, mit ihm in das Gefängnis zu gehen und den Mutesselim zu beschwichtigen.

In kurzer Zeit befanden wir uns auf dem Wege. Unter der Gefängnistüre wartete der Mutesselim auf den Agha. Er dachte gar nicht daran, mich zu begrüßen, sondern faßte Selim beim Arme und zog ihn in den Gang, in welchem die zitternden Wächter standen.

»Unglücklicher, was hast du getan!« brüllte er ihn an.

»Ich, Herr? Nichts, gar nichts habe ich getan!«

»Das ist ja eben dein Verbrechen, daß du nichts, gar nichts getan hast! Du hast nicht aufgepaßt!«

»Wo sollte ich aufpassen, Effendi?«

»Hier im Gefängnisse natürlich!«

»Ich konnte ja nicht herein!«

Der Mutesselim starrte ihn an. Dieser Gedanke schien ihm noch gar nicht gekommen zu sein.

»Ich hatte ja keinen Schlüssel!« fügte der Agha hinzu.

»Keinen Schlüssel – – –! Ja, Agha, das ist wahr, und das ist auch dein Glück, sonst wäre dir sehr Uebles widerfahren. Komm her, und sieh einmal in das Loch hinab!«

Wir schritten den Gang entlang. Die Zellentüre war geöffnet, und in dem Loche war nichts zu sehen, als das Loch.

»Fort!« meinte der Agha.

»Ja, fort!« zürnte der Mutesselim.

»Wer hat ihm aufgemacht?«

»Ja, wer? Sage es, Agha!«

»Ich nicht, Herr!«

»Ich auch nicht! Nur die Wächter waren da.«

Der Agha drehte sich nach diesen um.

»Kommt einmal her, ihr Hunde!«

Sie traten zögernd näher.

»Ihr habt hier geöffnet!«

Der Sergeant wagte es, zu antworten:

»Agha, es hat keiner von uns einen Riegel berührt. Wir haben die Türen erst am Nachmittage zu öffnen, wenn das Essen gegeben wird, und so ist nicht eine einzige geöffnet worden.«

»So war ich der erste, welcher diese Türe hier öffnete?« fragte der Kommandant.

»Ja, Effendi!«

»Und als ich öffnete, war das Loch leer. Er ist entflohen. Aber wie hätte er herausgekonnt? Gestern abend war er noch da; jetzt ist er fort. Zwischen dieser Zeit seid nur ihr dagewesen. Einer von euch hat ihn herausgelassen!«

»Ich schwöre bei Allah, daß wir diese Türe nicht geöffnet haben!« versicherte zitternd der Sergeant.

»Mutesselim,« nahm ich jetzt das Wort, »diese Leute haben keinen Torschlüssel gehabt. Wenn einer von ihnen den Gefangenen herausgelassen hätte, so müßte er noch im Hause sein.«

»Du hast recht; ich habe ja alle beide Schlüssel,« meinte er. »Wir werden alles durchsuchen.«

»Und schicke auch auf die Wache, um die Mauern der Stadt und die Klippen zu untersuchen. Wenn er die Stadt verlassen hat, so ist es sicher nicht durch eines der Tore, sondern über die Mauer weg geschehen, und dann glaube ich bestimmt, daß eine Spur von ihm gefunden wird. Seine Kleidung ist in diesem Loche so verschimmelt und vermodert, daß sie den Weg über die Felsen gewiß nicht ausgehalten hat.«

»Ja,« gebot er einem der Arnauten, »laufe eilig zur Wache und bringe meinen Befehl, daß die ganze Stadt durchsucht werde.«

Es begann jetzt ein sehr sorgfältiges Durchsuchen des Gefängnisses, welches wohl eine ganze Stunde dauerte. Natürlich aber wurde nicht die geringste Spur von dem Entflohenen entdeckt. Eben wollten wir das Gefängnis verlassen, als zwei Arnauten erschienen, welche mehrere Kleiderfetzen trugen.

»Wir fanden diese Stücke draußen über dem Abgrund hangen,« meldete der eine.

Der Agha nahm das Zeug in die Hand und prüfte es.

»Effendi, das ist von dem Ueberkleide des Gefangenen,« berichtete er dem Mutesselim. »Ich kenne es genau!«

»Bist du dessen sicher?«

»So sicher wie meines Bartes.«

»So ist er dennoch aus diesem Hause entkommen!«

»Aber wohl in den Abgrund gestürzt,« fügte ich hinzu.

»Laßt uns gehen und nachsehen!« gebot er.

Wir verließen das Gefängnis und kamen an den Ort, an welchem ich das Gewand zerrissen und verteilt hatte. Ich wunderte mich jetzt am Tage, daß ich nicht während der nächtlichen Dunkelheit hinab in den Schlund gestürzt war. Der Mutessellim besah sich das Terrain.

»Er ist hinuntergestürzt und sicher tot. Von da unten ist kein Auferstehen! Aber wann ist er entkommen?«

Diese Frage blieb natürlich unbeantwortet, so sehr sich der Kommandant während einiger Stunden auch Mühe gab, dem Geheimnisse auf die Spur zu kommen. Er wütete und tobte gegen einen jeden, der ihm nahe kam, und so war es kein Wunder, wenn ich seine Nähe mied. Die Zeit wurde mir trotzdem nicht lang, denn ich hatte genug zu tun. Zunächst wurde ein Pferd für Amad el Ghandur eingekauft, und dann ging ich zu meiner Patientin, die ich bis jetzt vernachlässigt hatte.

Vor der Türe des Hauses stand ein gesatteltes Maultier; es war für ein Frauenzimmer bestimmt. Im Vordergemach stand der Vater, welcher mich mit Freuden bewillkommte.

Ich fand die Kranke aufrecht sitzend; ihre Wangen waren bereits wieder leicht gerötet und ihre Augen frei von allen Spuren des Unfalles. An ihrem Lager standen die Mutter und die Urahne. Diese letztere befand sich in Reisekleidern. Sie hatte über ihr weißes Gewand einen schwarzen, mantelähnlichen Umhang geschlagen und auf ihrem Kopfe war ein ebenfalls schwarzer Schleier befestigt, welcher jetzt über den Rücken herabhing. Das Mädchen reichte mir sofort die Hand entgegen.

»Oh, ich danke dir, Effendi, denn nun ist es sicher, daß ich nicht sterben werde!«

»Ja, sie wird leben,« sagte die Alte. »Du bist das Werkzeug Gottes und der heiligen Jungfrau gewesen, mir ein Leben zu erhalten, welches mir teurer ist, als alles auf Erden. Reichtümer darf ich dir nicht bieten, denn du bist ein großer Emir, der alles hat, was er braucht; aber sage mir, wie ich dir danken soll, Effendi!«

»Danke Gott anstatt mir, dann kommt dein Dank an die rechte Stelle; denn er ist es gewesen, der dein Enkelkind gerettet hat!«

»Ich werde es tun und auch für dich beten, Herr, und das Gebet eines Weibes, welches bereits nicht mehr der Erde angehört, wird Gott erhören. Wie lange bleibst du in Amadijah?«

»Nicht lange mehr.«

»Und wohin gehest du?«

»Das soll niemand wissen, denn es wird vielleicht Gründe geben, es zu verschweigen. Euch aber kann ich sagen, daß ich nach Sonnenaufgang reiten werde.«

»So gehest du nach derselben Gegend, nach welcher auch ich abreise, Herr. Mein Tier wartet meiner bereits vor dem Hause. Vielleicht sehen wir uns niemals wieder; dann nimm den Segen einer alten Frau, die dir nichts weiter geben darf, aber auch nichts Besseres geben kann! Aber ein Geheimnis will ich dir verraten, denn es kann dir vielleicht von Nutzen sein. Ueber den Osten von hier brechen böse Tage herein, und es ist möglich, daß du einen dieser Tage erlebst. Kommst du in Not und Gefahr an einer Stelle, welche zwischen Aschiehtah und Gunduktha, dem letzten Orte von Tkhoma, liegt, und es kann dir niemand helfen, so sage dem ersten, der dir begegnet, daß dich der Ruh ’i kulyan[1] beschützen wird. Hört er dich nicht, so sage es weiter, bis du einen findest, der dir Auskunft gibt.«

»Der Ruh ’i kulyan? Der Höhlengeist? Wer führt diesen sonderbaren Namen?« fragte ich die Hundertjährige.

»Das wird dir niemand sagen können.«

»Aber du sprichst von ihm und kannst mir wohl Auskunft geben?«

»Der Ruh ’i kulyan ist ein Wesen, das niemand kennt. Er ist bald hier, bald dort, überall wo ein Bittender ist, der es verdient, daß seine Bitte erfüllt werde. An vielen Dörfern gibt es einen bestimmten Ort, an welchem man zu gewissen Zeiten mit

---

1 Kurdisch: Geist der Höhle.

ihm reden kann. Dahin gehen die Hilfesuchenden um Mitternacht und sagen ihm, was sie von ihm begehren. Er gibt dann Rat und Trost, aber er weiß auch zu drohen und zu strafen, und mancher Mächtige tut, was er von ihm begehrt. Nie wird vor einem Fremden von ihm gesprochen; denn nur die Guten und die Freunde dürfen wissen, wo er zu finden ist.«

»So wird mir dein Geheimnis keinen Nutzen bringen.«

»Warum?«

»Man wird mir nicht sagen, wo er zu finden ist, obgleich man sieht, daß ich seinen Namen kenne.«

»So sage nur, daß ich dir von ihm erzählt habe; dann wird man dir den Ort sagen, wo er zu finden ist. Mein Name ist bekannt im ganzen Lande von Tijari, und die Guten wissen, daß sie meinen Freunden vertrauen dürfen.«

»Wie lautet dein Name?«

»Marah Durimeh heiße ich.«

Das war eine geheimnisvolle Mitteilung, die aber so abenteuerlich klang, daß ich keinen Wert auf sie legte. Ich verabschiedete mich und ging nach Hause. Dort merkte ich, daß es ungewöhnlich laut in der Küche herging. Es mußte der edlen »Myrte« etwas widerfahren sein, was ihren Unmut erweckt hatte. Unter den gegenwärtigen Umständen konnte das kleinste Ereignis für mich Wert besitzen, und so trat ich ein. Mersinah hielt dem tapfern Agha eine Strafpredigt, das sah ich auf den ersten Blick. Sie stand mit drohend erhobenen Armen vor ihm, und er hielt die Augen niedergeschlagen wie ein Knabe, der von seinem Erzieher einen Verweis erhält. Sie sahen mich eintreten, und sofort bemächtigte sich die »Myrte« meiner.

»Siehe dir einmal diesen Selim Agha an!«

Sie deutete mit gebieterischer Miene auf den armen Sünder, und ich machte mit meinem Kopfe eine Viertelwendung nach rechts, um ihn pflichtschuldigst in Augenschein zu nehmen.

»Ist dieser Mann ein Agha der Arnauten?« fragte sie nun.

»Ja.«

Ich gab diese Antwort natürlich in dem Tone meiner festesten Ueberzeugung, aber grad dieser Ton schien einen Rückfall ihres Raptus über sie zu bringen.

»Was! Also auch du hältst ihn für einen Befehlshaber tapferer Krieger? Ich werde dir sagen, was er ist; ein Agha der Feiglinge ist er!«

Der Agha schlug die Augen auf und versuchte, einen verweisenden Blick zustande zu bringen. Es gelang ihm leidlich.

»Erzürne mich nicht, Mersinah, denn du weißt, daß ich dann schrecklich bin!« sagte er dabei.

»Worüber seid ihr so ergrimmt?« wagte ich jetzt zu fragen.

»Ueber diese fünfzig Piaster!« antwortete die »Myrte«, indem sie mit der verächtlichsten ihrer Mienen auf die Erde deutete.

Ich blickte nieder und sah nun zwei silberne Zwanzig- und ein ebensolches Zehn-Piasterstück am Boden liegen.

»Was ist's mit diesem Gelde?«

»Es ist vom Mutesselim.«

Jetzt begann ich das übrige zu ahnen und fragte:

»Wofür?«

»Für die Gefangennehmung des Makredsch. Effendi, du weißt ungefähr, wie viel Geld dieser bei sich hatte?«

»Ich schätze es auf ungefähr vierundzwanzigtausend Piaster.«

»So hat Selim mir doch die Wahrheit gesagt. Dieses viele ungeheure Geld hat der Kommandant dem Makredsch abgenommen und von demselben diesem tapfern Agha der Arnauten fünfzig Piaster gegeben!«

Bei diesen Worten bildete ihr ganzes Gesicht ein empörtes Ausrufezeichen. Sie schob die Silberstücke mit dem Fuße fort und fragte mich:

»Und weißt du, was dieser Agha der Arnauten getan hat?«

»Was?«

»Er hat das Geld genommen und ist davon gegangen, ohne ein einziges Wort zu sagen! Frage ihn, ob ich dich belüge!«

»Was sollte ich tun?« entschuldigte sich Selim.

»Ihm das Geld in den Bart werfen! Ich hätte es ganz sicherlich getan. Glaubst du das, Effendi?«

»Ich glaube es!«

Mit dieser Versicherung sagte ich die Wahrheit. Sie beehrte mich mit einem Blicke der Dankbarkeit und fragte mich dann:

»Soll er es ihm wiedergeben?«

»Nein.«

»Nicht?«

Ich wandte mich an den Agha:

»Hast du das Verzeichnis, welches der Kommandant nach Mossul schicken muß, unterschrieben?«

»Ja.«

»Wie viel hat er angegeben?«

»Vierhundert Piaster in Gold und einundachtzig Piaster in Silber.«

»Weiter nichts?«

»Nein.«

»Die Uhr und die Ringe?«

»Auch nicht.«

»Er ist dein Vorgesetzter, und du darfst ihn dir nicht zum Feinde machen; darum ist es gut, daß du das Geld ruhig genommen hast. Weißt du noch, was ich dir versprochen habe?«

»Ich weiß es!«

»Ich werde mein Wort halten und mit dem Kommandanten sprechen. Tausend Piaster wenigstens sollst du erhalten.«

»Ist das wahr, Effendi?« frug Mersinah.

»Ja. Das Geld gehört weder dem Mutesselim noch dem Agha, aber es kommt auf alle Fälle in Hände, welche kein Recht daran haben, und so mag es bleiben, wo es ist. Aber der Agha soll nicht so schmählich betrogen werden!«

»Er sollte doch wohl siebentausend erhalten?«

»Die bekommt er nicht. Das wurde nur als Vorwand gesagt. Selim, ist der Basch Tschausch schon fort?«

»Nein, Effendi.«

»Er sollte doch am Vormittage fortgehen.«

»Der Mutesselim hat ja einen neuen Bericht zu schreiben, weil er in dem alten sagte, daß er den Araber schicken werde. Vielleicht soll der Basch Tschausch warten, bis wir den Entflohenen wieder haben.«

»Dazu ist wohl keine Hoffnung vorhanden.«

»Warum?«

»Weil er sich an den Felsen zu Tode gestürzt hat.«

»Und wenn wir uns getäuscht hätten?«

»Wieso?«

»Der Mutesselim scheint jetzt zu glauben, daß er noch lebt.«

»Hat er dir nähere Mitteilung darüber gemacht?«

»Nein; aber ich hörte es aus verschiedenen Worten, welche er
sprach.«

»So wünsche ich ihm, daß er sich irren möge!«

Ich begab mich nach meinem Zimmer. Sollte ein von mir
oder von uns unbeachteter Umstand den Verdacht des Kommandanten erregt haben? Möglich war es. Aber dann war es
auch geraten, sich auf alles gefaßt zu machen. Doch ehe ich meinen Gefährten eine Mitteilung machte, ging ich im Geiste noch
einmal alles Geschehene durch. Ich konnte nichts finden, was
mir hätte auffallen können, und noch war ich mit mir nicht im
klaren, als der Agha die Treppen emporkam und bei mir eintrat.

»Effendi, es ist ein Bote des Mutesselim da. Er läßt uns sagen,
daß wir nochmals in das Gefängnis kommen sollen.«

»Er ist bereits dort?«

»Ja.«

»Erwarte mich unten. Ich komme sogleich!«

War es in Frieden oder war es in Feindseligkeit, daß er mich
kommen ließ? Ich beschloß mich auf letzteres vorzubereiten.
Die beiden Revolver waren geladen. Ich steckte auch die Pistolen
zu mir und ging dann zu Halef. Dieser war allein in seiner Stube.

»Wo ist der Buluk Emini?«

»Der Basch Tschausch hat ihn geholt.«

Das war nichts Besonderes, fiel mir aber doch auf, weil ich
einmal Verdacht gefaßt hatte.

»Wie lange ist es her?«

»Gleich als du fortgingst, um das Pferd zu kaufen.«

»Komm mit herüber zum Haddedihn!«

Dieser lag rauchend am Boden.

»Emir,« empfing er mich, »Allah hat mir nicht die Geduld
verliehen, lange auf ein Ding zu warten, nach dem ich mich sehne. Was tun wir noch in dieser Stadt?«

»Vielleicht verlassen wir sie in kurzer Zeit. Es hat fast den
Anschein, als ob wir verraten seien.«

Jetzt erhob er sich langsam und in der Art und Weise eines Mannes, der zwar überrascht wird, sich aber stark genug fühlt, diese Ueberraschung zu verbergen und ihren Folgen zu begegnen.

»Woraus schließest du das, Effendi?«

»Ich ahne es einstweilen nur. Der Kommandant hat zu mir geschickt, daß ich in das Gefängnis kommen soll, wo er mich erwartet. Ich werde gehen, aber die Vorsicht nicht vergessen. Komme ich in einer Stunde nicht zurück, so ist mir ein Uebel widerfahren.«

»Dann suche ich dich!« rief Halef.

»Du wirst nicht zu mir können, denn ich werde mich vielleicht in dem Gefängnisse befinden, und zwar als Gefangener. Ihr könnt dann wählen: – entweder ihr flieht, oder ihr sucht, mich frei zu machen.«

»Wir werden dich nicht verlassen!« versicherte der Haddedihn mit ruhiger Stimme.

Wie er jetzt stolz und aufrecht vor mir stand; im langen, weißen Bart, der bis auf den Gürtel herab wallte, bot er ganz das Bild eines kühnen, aber doch besonnenen Mannes.

»Ich danke dir! Sollten sie mich gefangen nehmen, so steht doch so viel fest, daß es nur nach einem heißen Kampfe geschieht. Binden aber lasse ich mich auf keinen Fall, und dann wird es wohl möglich sein, euch die Zelle zu bezeichnen, in der ich mich befinde.«

»Wie willst du dies tun, Sihdi?« fragte Halef.

»Ich werde versuchen, an der Mauer in die Höhe zu kommen, und euch das Zeichen mit einem meiner Kleidungsstücke geben, welches ich soweit im Loche vorschiebe, daß ihr es sehen könnt. Dann ist es euch vielleicht möglich, mir durch den Agha oder durch Mersinah eine Botschaft zu senden. Lange bin ich keinenfalls gefangen. Auf alle Fälle aber haltet ihr eure Pferde gesattelt. Ueberlegt euch die Sache selbst weiter; ich habe keine Zeit, denn der Mutesselim wartet, und ich muß noch zum Engländer.«

Auch dieser saß auf einem Teppich und rauchte.

»Schön, daß Ihr kommt, Sir!« begrüßte er mich. »Wollen fort!«

»Warum?«

»Ist nicht geheuer hier!«

»Sprecht deutlicher!«

Er erhob sich, trat in die Nähe der Fensteröffnung und deutete auf das Dach des gegenüberliegenden Hauses.

»Seht dort!«

Ich blickte schärfer hinüber und erkannte die Gestalt eines Arnauten, welcher auf dem Bauche lag und unsere Wohnung beobachtete.

»Werde auch auf unser Dach steigen,« sagte Lindsay ruhig, »und dem Manne dort eine Kugel geben!«

»Ich gehe jetzt nach dem Gefängnisse, wo mich der Mutesselim erwartet. Wenn ich in einer Stunde nicht zurück bin, so ist mir etwas geschehen, und ich sitze fest. In diesem Falle stecke ich irgend ein Kleidungsstück aus dem Loche heraus, in welchem ich hocke. Ihr könnt es von den hintern Fenstern oder von dem Dache aus sehen.«

»Sehr schön; wird großes Vergnügen sein; sollen Master Lindsay kennen lernen!«

»Verständigt Euch mit Halef. Er spricht ja einige Brocken Englisch.«

»Werden Pantomimen machen. *Yes!*«

Ich ging. Ueber mich wachten drei Männer, auf die ich mich verlassen konnte. Uebrigens war Amadijah bereits menschenleer; die Hälfte der Garnison laborierte am Fieber, und den Mutesselim hatte ich in meiner Hand.

Selim Agha stand bereits unter der Türe. Die beiden Besprechungen hatten ihm zu lange gedauert, und er suchte das Versäumte durch einen schnellen Schritt wieder einzuholen. Wie bereits heute morgen, stand der Kommandant auch jetzt wieder unter der geöffneten Gefängnistüre. Er trat zurück, als er uns erblickte. Seit meinem Austritte aus der Wohnung bis hierher hatte ich scharf gespäht, aber keinen Menschen gesehen, der den Auftrag hätte haben können, mich zu beaufsichtigen. Die zwei Gassen, durch welche wir kamen, waren leer, und auch in der Nähe des Gefängnisses ließ sich niemand sehen. Der Kommandant begrüßte mich sehr höflich, aber mein Mißtrauen entdeckte sehr leicht, daß hinter dieser Höflichkeit sich eine Arglist barg.

»Effendi,« begann er, als er die Türe hinter sich und uns verschlossen hatte, »wir haben den Körper des Entflohenen nicht gefunden.«

»Hast du in der Schlucht suchen lassen?«

»Ja. Es sind Leute an Stricken hinabgelassen worden. Der Gefangene ist nicht dort hinab.«

»Aber seine Kleider lagen dort!«

»Vielleicht hat er sie dort nur abgelegt!«

»Dann würde er ja ein anderes Gewand haben müssen!«

»Vielleicht hat er das gehabt. Es ist gestern ein vollständiger Anzug gekauft worden.«

Er blickte mich bei diesen Worten forschend an. Er meinte jedenfalls, ich werde mich durch eine Miene verraten; im Gegenteil aber hatte er sich durch diese Bemerkung bloßgestellt, denn nun wußte ich ganz genau, was ich von ihm zu erwarten hatte.

»Für ihn?« fragte ich ungläubig lächelnd.

»Ich glaube es. Ja, man hat sogar ein Reitpferd gekauft!«

»Auch für ihn?«

»Ich denke es. Und dieses befindet sich noch in der Stadt.«

»Er will also offen und frei zum Tore hinausreiten? Oh, Mutesselim, ich glaube, dein System ist noch nicht in Ordnung gekommen. Ich werde dir Medizin senden müssen!«

»Ich werde nie wieder eine solche Medizin trinken,« antwortete er einigermaßen verlegen. »Ich habe die Ueberzeugung, daß er zwar hier aus dem Gefängnisse entkommen ist, sich aber noch in der Stadt befindet.«

»Und weißt du auch, wie er entkommen ist?«

»Nein; aber davon bin ich nun überzeugt, daß weder der Agha noch die Wächter die Schuld tragen, daß es ihm gelang.«

»Und wo soll er sich versteckt halten?«

»Das werde ich schon noch entdecken, und dabei sollst du mir helfen, Effendi.«

»Ich? Gern, wenn ich es vermag.«

Ich hatte bei meinem Eintritte einen raschen Blick zur Treppe emporgeworfen und oben mehr Arnauten stehen sehen, als vorher hier postiert gewesen waren. Man hatte also wohl die Absicht, mich hier festzuhalten. In dieser Ueberzeugung bestärkten mich natürlich die unvorsichtigen Reden des Kommandanten. Ein Blick auf das offene Gesicht des Agha ergab, daß er von dem Vorhaben des Mutesselim ganz sicher keine Kenntnis hatte. Also auch er stand im Verdacht, und daraus schloß ich, daß man den Entsprungenen in seiner und in meiner Wohnung vermute.

»Ich habe gehört,« meinte der Kommandant, »daß du ein großer und geschickter Kenner aller Spuren bist.«

»Wer hat dir das gesagt?«

»Dein Baschi-Bozuk, dem dein Diener Halef es erzählte.«

Also er hatte den Baschi-Bozuk verhört. Darum also war derselbe von dem Basch Tschausch geholt worden! Der Kommandant fuhr fort:

»Und darum bitte ich dich, dir einmal das Gefängnis anzusehen.«

»Dies habe ich doch bereits getan!«

»Aber nicht so genau, wie es geschehen muß, wenn man Spuren entdecken will. Dann ist oft ein ganz kleines Ding, welches man erst gar nicht beachtet hat, von sehr wichtiger Bedeutung.«

»Das ist richtig. Also das ganze Haus soll ich durchsuchen?«

»Ja. Aber du wirst wohl mit dem Loche beginnen müssen, in dem er gesteckt hat, denn dort hat auch seine Flucht begonnen.«

O, schlauer Türke! Hinter mir hörte ich auf den Treppenstufen etwas knistern. Die Arnauten kamen leise herab.

»Das ist sehr richtig,« bemerkte ich scheinbar ahnungslos.

»Laß die Türe zu der Zelle öffnen!«

»Mache auf, Selim Agha!« gebot er.

Der Agha schob die Riegel zurück und legte die Türe ganz bis an die Wand hinum.

Ich trat näher, aber so vorsichtig, daß mich kein Stoß von hinten hinabwerfen konnte, und blickte aufmerksam hinein.

»Ich sehe nichts, was mir auffallen könnte, Mutesselim!«

»Von hier aus kannst du auch nichts sehen. Du wirst wohl hinabsteigen müssen, Effendi!«

»Wenn du es für nötig hältst, werde ich es tun,« erwiderte ich unbefangen.

Ich trat zur Seite, faßte die Türe, hob sie aus den Angeln und legte sie quer vor der Türöffnung auf den Boden nieder, so daß ich sie von dem Loche aus stets im Auge behalten konnte. Das hatte der gute Kommandant nicht erwartet; es machte ihm einen sehr dicken Strich durch seine Rechnung.

»Was tust du da?« fragte er enttäuscht und ärgerlich.

»Ich habe die Türe ausgehoben, wie du siehst,« antwortete ich.

»Warum?«

»O, wenn man Spuren entdecken will, so muß man sehr vorsichtig sein und alles im Auge behalten!«

»Aber das Abnehmen der Türe ist doch nicht notwendig. Du erhältst dadurch nicht mehr Licht in das Loch, als vorher.«

»Richtig! Aber weißt du, welche Spuren die sichersten sind?«

»Welche?«

»Diejenigen, welche man in dem Angesichte eines Menschen findet. Und diese« – dabei klopfte ich ihm vertraulich auf die Achsel – »weiß ein Effendi aus Germanistan ganz sicher zu finden und zu lesen.«

»Wie meinst du das?« fragte er betroffen.

»Ich meine, daß ich dich wieder einmal für einen großen Diplomaten halte. Du verstehst deine Geheimnisse und Absichten ausgezeichnet geheim zu halten. Und darum werde ich dir auch deinen Willen tun und jetzt hinunterspringen.«

»Was meinst du für Absichten?«

»Deine Weisheit hat dich auf den ganz richtigen Gedanken geführt, daß ein Gefangener es am besten erraten könne, wie es einem andern Gefangenen möglich gewesen sei, zu entkommen. Allah sei Dank, daß er so kluge Männer geschaffen hat!«

Ich sprang hinunter in das Loch und bückte mich, um zu tun, als ob ich am Boden suche. Dabei jedoch sah ich unter dem Arm hinweg und bemerkte einen Wink, den der Mutesselim dem Agha gab. Beide bückten sich, um die schwere Türe aufzunehmen und in die Angeln zu bringen. Ich drehte mich um.

»Mutesselim, laß die Türe liegen!«

»Sie soll dahin, wohin sie gehört.«

»So gehe ich auch wieder dahin, wohin ich gehöre!«

Ich machte Anstalt, mich emporzuschwingen, was nicht sehr leicht zu bewerkstelligen war, weil das Loch eine bedeutende Tiefe hatte.

»Halt, du bleibst!« gebot er mir und gab zugleich einen Wink, auf welchen mehrere bewaffnete Arnauten herbeitraten. »Du bist mein Gefangener!«

Der gute Selim erschrak. Er starrte erst den Mutesselim und dann mich an.

»Dein Gefangener?« fragte ich. »Du scherzest!«

»Es ist mein voller Ernst!«

»So bist du über Nacht verrückt geworden! Wie kannst du glauben, daß du der Mann seist, der mich gefangen nehmen kann!«

»Du bist ja schon gefangen und wirst nicht eher wieder frei kommen, als bis ich den Entflohenen entdeckt habe.«

»Mutesselim, ich glaube nicht, daß du ihn entdecken wirst!«

»Warum?«

»Dazu gehört ein Mann, welcher Mut und Klugheit besitzt, und mit diesen beiden Eigenschaften hat dich Allah in seiner Weisheit verschont.«

»Du willst mich verhöhnen? Siehe zu, wie weit du mit deiner eignen Klugheit kommst! Legt die Türe an, und schiebt die Riegel vor!«

Jetzt zog ich eine der Pistolen.

»Laßt die Türe liegen, das rate ich euch!«

Die braven Arnauten blieben sehr verlegen stehen.

»Greift zu, ihr Hunde!« gebot er drohend.

»Laßt euch nicht erschießen, ihr Leute!« sagte ich, indem ich die Hähne spannte.

»Wage es, zu schießen!« rief der Mutesselim.

»Wagen? O, Mutesselim, das ist ja gar kein Wagnis. Mit diesen Leuten werde ich ganz gut auskommen, und du bist der erste, den meine Kugel trifft!«

Die Wirkung war eigentümlich, denn der kühne Held von Amadijah verschwand sofort von der Türöffnung. Aber seine Stimme ertönte:

»Schließt ihn ein, ihr Schurken!«

»Tut es nicht, ihr Männer, denn ich werde den, der diese Türe zu schließen wagt, ganz sicher in die Dschehennah schicken!«

»So schießt ihr wieder!« ertönte es von der Seite her.

»Mutesselim, vergiß nicht, wer ich bin! Eine Verletzung meiner Person würde dich deinen Kopf kosten.«

»Wollt ihr gehorchen, ihr Buben! Oder soll ich es sein, der euch erschießt? Selim Agha, greif zu!«

Der Neffe des Schwagers von der Schwester des Enkelsohnes der Mutter von der Stiefschwester der »Myrte« war dem Beispiele seines Vorgesetzten gefolgt und hatte sich in der Entfernung an die Mauer gedrückt. Er befand sich jetzt gewiß in sehr großer Verlegenheit, aus der ich ihn erretten mußte.

»Tretet ein wenig zurück, ihr Männer, denn jetzt geht es los!«

Ich richtete die Mündung der Waffe auf sie und bekam die Oeffnung frei. Nach einer schnellen Kraftanstrengung stand ich oben vor dem Kommandanten, dem ich die Pistole unter die Nase hielt.

»Mutesselim, ich habe da unten keine Spur gefunden!«

»Allah illa Allah! Emir, tue diese Waffe weg!«

Daß er selbst ein solches Schießding, mit dem er sich ja wehren konnte, im Gürtel trug, schien ihm gar nicht einzufallen.

»Sie kommt erst dann zurück an ihre Stelle, wenn diese Wächter zurückgekehrt sind nach oben. Selim Agha, schaffe sie fort!«

Diesem Befehle leistete der Agha augenblicklich Folge:

»Packt euch, und laßt euch nicht wieder sehen!«

Sie retirierten schleunigst die Treppe empor.

»So, jetzt stecke ich die Waffe ein. O, Mutesselim, in welche Schande hast du dich gebracht! Deine List ist nicht gelungen; deine Gewalt hat nichts genützt, und nun stehest du da wie ein Fakara günakiar,[1] der um Gnade bitten muß. Warum wolltest du mich einschließen lassen?«

»Weil ich bei dir aussuchen muß.«

»Darf ich nicht dabei sein?«

»Du hättest dich gewehrt.«

---

1 Armer Sünder.

»Ah, du hast also Respekt vor mir? Das höre ich gern! Und du meinst, daß die Andern sich nicht gewehrt hätten?«

»Du bist der schlimmste, sie aber hätten wir nicht gefürchtet.«

»Du irrst, Mutesselim. Ich bin der gütigste von ihnen allen. Mein Hadschi Halef Omar ist ein Held; der Hadschi Lindsay-Bey ist ein Wüterich, und der dritte, den du noch nicht gesehen hast, der übertrifft noch beide. Du wärest nur tot von ihnen weggekommen! Wie lange aber, glaubst du, daß ich mich hier in diesem Loche befunden hätte?«

»So lange es mir beliebte!«

»Meinst du? Sieh diese Waffen und diesen Beutel mit Kugeln und Patronen! Ich hätte die Riegel oder die Angeln aus der Türe geschossen und in zwei Minuten da gestanden, wo ich jetzt stehe. Und bereits bei dem ersten Schusse hätten meine Leute gewußt, daß ich in Gefahr war. Sie wären herbeigeeilt, um mir zu helfen.«

»Sie hätten nicht hereingekonnt.«

»Eine Büchsenkugel öffnet dein altes Schloß ganz leicht. Komm her, ich will dir etwas zeigen!«

Ich drehte ihn nach der Zelle zu und deutete nach dem Fensterloche, durch welches man ein Stückchen des Himmels erblikken konnte; jetzt aber sah man in dem Rahmen des Loches eine Gestalt, welche ein schwarz und rot kariertes Gewand trug, eine Büchse in der Hand hielt und aufmerksam nach dem Gefängnisse herüberblickte.

»Kennst du diesen Mann?« fragte ich.

»Hadschi Lindsay-Bey!«

»Ja, er ist's. Er steht auf dem Dache meiner Wohnung und wartet auf das Zeichen, welches wir verabredet haben. Mutesselim, dein Leben hängt an einem Haare. Was hast du gegen mich?«

»Du hast den Entflohenen befreit!«

»Wer sagte das?«

»Ich habe Zeugen.«

»Mußt du mich da gefangen nehmen, mich, einen Effendi und Bey, einen Emir, der viel höher steht, als du, der das Budjeruldi des Großherrn besitzt und dir schon viele Beweise gegeben hat, daß er keinen Menschen fürchtet?«

»Ja, du fürchtest niemand, und eben darum wollte ich dich hier sicher haben, ehe ich deine Wohnung durchsuchte.«

»Du kannst sie in meiner Gegenwart durchsuchen!«

»Herr, nun tue ich es nicht. Ich werde meine Leute senden.«

Ah, er fürchtete jetzt den »Helden«, den »Wüterich« und den, der diese beiden noch übertraf.

»Auch das werde ich gestatten, wenn es ohne Aufsehen geschieht. Sie können jeden Winkel durchstöbern; ich habe nichts dagegen. Du siehst also, daß du mich nicht einzusperren brauchtest, Mutesselim!«

»Das wußte ich nicht!«

»Dein größter Fehler aber war, daß du glauben konntest, ich sei mit Blindheit geschlagen und werde mich ruhig einsperren lassen. Tue das nicht wieder, denn ich sage dir: dein Leben hing an einem Haar.«

»Aber, Emir, wenn wir den Gefangenen bei dir entdecken, so werde ich dich doch gefangen nehmen müssen!«

»Dann werde ich mich nicht weigern.«

»Und ich kann dich jetzt nicht nach Hause gehen lassen.«

»Warum?«

»Ich muß sicher sein, daß du nicht den Befehl gibst, den Gefangenen zu verstecken.«

»Gut. Aber ich sage dir, daß meine Gefährten dann die Wohnung nicht durchsuchen lassen. Sie werden im Gegenteile einen jeden niederschießen, der sie zu betreten wagt.«

»So schreibe ihnen, daß sie meine Leute eintreten lassen sollen!«

»Das will ich tun. Selim Agha kann den Brief gleich hintragen.«

»Nein. Dieser nicht!«

»Warum?«

»Er könnte von allem wissen und sie warnen.«

»O, der Agha ist dir treu und weiß kein Wort über den Gefangenen zu sagen oder zu verschweigen! Nicht wahr, Selim Agha?«

»Herr,« meinte dieser zu seinem Vorgesetzten, »ich schwöre dir, daß ich nicht das Geringste weiß, und daß auch der Effendi ganz unschuldig ist!«

»Das letztere kannst du nicht beschwören, das erstere aber möchte ich glauben um deinetwillen. Emir, du gehst mit zu mir, wo wir dann weiter über diese Sache reden werden. Ich werde dich deinen Anklägern gegenüberstellen.«

»Das verlange ich auch!«

»Einen derselben kannst du gleich jetzt hören.«

»Wer ist es?«

»Der Arnaute, der um deinetwillen dort in dem Loche steckt.«

»Ah! Dieser?«

»Ja. Ich durchsuchte heute noch einmal die Zellen und fragte jeden Gefangenen, ob er heute nacht etwas gemerkt habe. Ich kam auch zu ihm und hörte von ihm etwas, was dir sehr schädlich ist.«

»Er will sich rächen! Aber willst du nicht lieber einen der Wächter nach meiner Wohnung senden? Wenn ich einen Brief schreibe, könnte doch ein Irrtum unterlaufen, oder meine Gefährten könnten glauben, daß ihn ein anderer geschrieben habe.«

»Sie werden dem Wächter noch viel weniger glauben!«

»Das meine ich auch nicht. Dieser Mann soll aber meinen Diener holen, der sich überzeugen kann, daß ich selbst die Erlaubnis gebe, die Wohnung zu durchsuchen.«

»Du wirst nur in meiner Gegenwart mit ihm sprechen?«

»Ja.«

»So werde ich ihn holen lassen.«

Er rief einen der Arnauten und gab ihm den betreffenden Befehl; dann mußte Selim Agha den Kerker öffnen, in welchem der frühere Khawaß des Engländers eingeschlossen war.

»Stehe auf,« gebot ihm der Mutesselim, »und gib mir Rede und Antwort! Behauptest du das, was du mir heute sagtest, auch jetzt noch?«

»Ja.«

»Wiederhole es!«

»Der Mann, den du Hadschi Lindsay-Bey nanntest, ist ein Inglis. Er nahm mich und einen Dolmetscher von Mossul mit, und diesem hat er erzählt, daß er einen Mann suche, der ausgezogen ist, einen Gefangenen zu befreien.«

Also hatte Master Fowling-bull dennoch geplaudert!

»Hat er diesen Mann genannt?« fragte ich den Arnauten.

»Nein.«

»Hat er dem Dolmetscher den Namen des Gefangenen gesagt, welcher befreit werden soll?«

»Nein.«

»Auch nicht den Ort, wo dieser Gefangene ist?«

»Nein.«

»Mutesselim, hat dieser Arnaute noch mehr zu sagen?«

»Das ist alles.«

»Nein; das ist gar nichts! Selim Agha, schließe wieder zu! O, Mutesselim, du bist wirklich ein so großer Diplomat, daß ich in Stambul gewiß deine Verdienste sehr viel rühmen werde! Man wird sich dann beeilen, dir eine noch viel höhere Stellung als die jetzige zu geben. Vielleicht macht dich der Padischah gar zum Vizekönig von Bagdad. Hadschi Lindsay-Bey will einen Mann aufsuchen. Hat er gesagt, daß ich dieser Mann sei? Dieser Mann will einen Gefangenen befreien. Hat er gesagt, daß es dein Gefangener sein soll? Wird ein Inglis sein Vaterland, welches beinahe tausend Kameltagreisen von hier entfernt ist, verlassen, um einen Araber aus der Gefangenschaft zu befreien? Er hatte, als er es verließ, noch niemals einen Araber gesehen.«

»Aber du, du bist ein Freund von Amad el Ghandur?«

»Ich sage dir, daß ich ihn noch nie gesehen hatte, als bis ich ihn hier in dem Loche sah! Hadschi Lindsay-Bey versteht nicht Türkisch und nicht Arabisch, und sein Dolmetscher konnte nicht gut englisch sprechen. Wer weiß, was dieser Mann gehört und verstanden hat. Vielleicht hat der Hadschi ihm nur ein Märchen erzählt.«

»Aber er redet doch nicht!«

»Damals sprach er noch. Er hat sein Gelübde erst später getan.«

»So komm, du sollst auch den andern Zeugen hören! Man klopft. Es wird dein Diener sein.«

Er öffnete den Eingang. Der Arnaute brachte Halef, dem ich sagte, daß ich mit der Haussuchung einverstanden sei, und fügte bei:

»Ich will dem Mutesselim beweisen, daß ich sein Freund bin. Die Leute sollen überall hingelassen werden. Nun gehe!«

»Wo gehst denn du jetzt hin?«

»Zum Mutesselim.«

»Wann kommst du wieder?«

»Ich weiß es noch nicht.«

»In einer Stunde kann sehr viel getan und gesprochen werden. Bist du bis dahin noch nicht zurück, so werden wir kommen und dich holen!«

Er ging. Der Kommandant machte ein sehr zweifelhaftes Gesicht. Das mannhafte Wesen meines kleinen Halef hatte ihm imponiert.

In dem Vorzimmer seines Selamlüks befanden sich mehrere Beamte und Diener. Er winkte einem der ersteren, welcher mit uns eintrat. Wir setzten uns, aber eine Pfeife erhielt ich nicht.

»Das ist der Mann!« meinte der Mutesselim, indem er auf den Beamten zeigte.

»Was für ein Mann?«

»Der dich gesehen hat.«

»Wo?«

»Auf der Gasse, welche zum Gefängnisse führt. Ibrahim, erzähle es!«

Der Beamte sah, daß ich mich auf freiem Fuße befand; er warf einen unsicheren Blick auf mich und berichtete:

»Ich kam vom Palaste, Herr. Es war sehr spät, als ich meine Tür öffnete. Eben wollte ich sie wieder schließen, da hörte ich Schritte, die sehr eilig herbeikamen. Es waren zwei Männer, die sehr schnell gingen; der eine zog den andern mit sich fort, und dieser andere hatte keinen Atem. An der Ecke verschwanden sie und gleich darauf hörte ich einen Raben schreien.«

»Hast du die beiden Männer erkannt?«

»Nur diesen Effendi. Es war zwar finster, aber ich erkannte ihn an seiner Gestalt.«

»Wie war die Gestalt des andern?«

»Kleiner.«

»Haben sie dich gesehen?«

»Nein, denn ich stand hinter der Türe.«

»Du kannst gehen!«

Der Mann trat ab.

»Nun, Emir, was sagst du?«

»Ich war den ganzen Abend bei dir!«

»Aber einige Minuten bist du fort gewesen, nämlich als du die Lampe holtest. Da hast du den Gefangenen fortgeschafft, wie ich vermute, und dabei solche Eile gehabt, weil wir auf dich warteten.«

Ich lachte.

»O, Mutesselim, wann endlich wirst du einmal ein guter Diplomat werden! Ich sehe, daß dein System wirklich einer Stärkung bedarf. Erlaube mir einige Fragen.«

»Rede.«

»Wer hatte den Schlüssel zur Außentüre des Gefängnisses?«

»Ich.«

»Konnte ich also hinaus, selbst wenn ich gewollt hätte?«

»Nein,« antwortete er zögernd.

»Mit wem bin ich nach Hause gegangen?«

»Mit Selim Agha.«

»Ist dieser Agha der Arnauten länger oder kürzer als ich?«

»Kürzer.«

»Und nun, Agha, frage ich dich: Sind wir langsam gegangen wie die Schnecken oder mit schnellen Schritten?«

»Schnell,« antwortete der Gefragte.

»Haben wir uns geführt oder nicht?«

»Wir führten uns.«

»Mutesselim, kann ein Rabe, der im Traume ein wenig krächzt oder ruft, in Beziehung zu dem Entflohenen stehen?«

»Emir, das trifft ja wunderbar!« antwortete er.

»Nein, das trifft nicht wunderbar, sondern das ist so einfach und natürlich, daß ich über die Kleinheit deiner Gedanken erschrecke! Ich werde ganz besorgt um dich! Du hattest den Schlüssel, und niemand konnte heraus; das mußtest du wissen. Ich bin mit dem Agha nach Hause gegangen, und zwar durch die Gasse, in welcher jener Mann wohnt; das wußtest du auch. Und auf eine Erzählung hin, die nur geeignet wäre, mich zu rechtfertigen, willst du mich verurteilen? Ich war dein Freund. Ich gab dir Geschenke; ich führte den Makredsch, dessen Festnehmung dir Ehre und Beförderung in Aussicht stellt, in deine Hände; ich gab dir Arzenei, um deine Seele zu erfreuen, und das alles dankst du dadurch, daß du mich in das Gefängnis stecken willst. Geh! Ich werde irre an dir! Und was ebenso schlimm ist: du wirfst dein Mißtrauen sogar auf den Agha der Arnauten, dessen Treue du kennst, und der für dich kämpfen würde, selbst wenn er dabei das Leben verlieren müßte!«

Da richtete sich Selim Agha um einige Zoll höher auf.

»Ja, das ist wahr!« beteuerte er, indem er an seinen Säbel schlug und die Augen rollen ließ. »Mein Leben gehört dir, Herr. Ich gebe es für dich hin!«

Das war zu viel der Beweise. Der Kommandant reichte mir die Hand und bat:

»Verzeihe, Emir! Du bist gerechtfertigt, und ich werde in deiner Wohnung nicht nachsuchen lassen!«

»Du wirst suchen lassen. Ich verlange es nun selbst!«

»Es ist ja unnötig geworden!«

»Ich bestehe aber auf meinem Verlangen.«

Der Mutesselim erhob sich und ging hinaus.

»Effendi, ich danke dir, daß du mich von seinem Verdachte gereinigt hast!« sagte nun der Agha.

»Du wirst gleich hören, daß ich noch mehr für dich tue.«

Als der Kommandant wieder eintrat, machte er ein sehr verdrießliches Gesicht und begann:

»Draußen steht jetzt der Basch Tschausch, der nach Mossul gehen soll – – –«

»Der meinen Baschi-Bozuk holte,« unterbrach ich ihn, »damit du ihn über mich verhören konntest! Hast du wohl ein Wort von ihm erfahren, das mich verdächtigt?«

»Nein, er war deines Lobes voll. Aber sage mir, was ich dem Anatoli Kasi Askeri über den entsprungenen Gefangenen schreiben soll!«

»Schreibe die Wahrheit!«

»Das wird mir großen Schaden machen, Effendi. Denkst du nicht, daß ich schreiben könnte, er sei gestorben?«

»Das ist deine Sache!«

»Würdest du mich verraten?«

»Ich habe keinen Grund dazu, solange du mein Freund bist.«

»Ich werde es tun!«

»Aber wenn es dir gelingt, ihn wieder zu ergreifen? Oder wenn er glücklich seine Heimat erreicht?«

»So hat sich der abgesetzte Mutessarif geirrt und mir einen Mann geschickt, den er zwar für Amad el Ghandur hielt, der es aber nicht war. Und wenn ich ihn wieder ergreife – – Effendi, es wird das beste sein, daß ich gar nicht nach ihm suchen lasse!«

Das war eine echt türkische Weise, sich aus der Not zu helfen; mir jedoch kam sie sehr willkommen.

»Aber der Basch Tschausch weiß ja, daß der Araber entflohen ist?«

»Das ist ein anderer Araber gewesen, kein Haddedihn, sondern ein Abu Salman, der mir den Zoll verweigerte.«

»So eile, damit du der Sorge um den Makredsch ledig wirst. Wenn es auch diesem gelingen sollte, zu entkommen, so bist du verloren.«

»In einer Stunde soll der Transport abgehen.«

»Hast du schon das Verzeichnis von den Sachen fertig, welche der Makredsch bei sich hatte?«

»Es ist fertig und von mir und Selim Agha unterzeichnet.«

»Du hast eine Unterschrift vergessen, Mutesselim.«

»Welche?«

»Die meinige.«

»O, Effendi, diese ist gar nicht nötig.«

»Aber wünschenswert.«

»Aus welchem Grunde?«

»Man könnte mich in Mossul oder Stambul über diese Sache fragen, wenn etwas nicht stimmen sollte. So wird es besser sein, ich unterzeichne mich jetzt; dann ist alles in Ordnung. Auch dir muß es willkommen sein, einen Zeugen mehr zu haben; denn ich traue dem Makredsch gar sehr zu, daß er dich verleumdet, um sich an dir zu rächen.«

Der Kommandant befand sich augenscheinlich in großer Verlegenheit.

»Das Verzeichnis ist bereits verschlossen und versiegelt,« sagte er.

»Zeige es!«

Er erhob sich wieder und ging in die Nebenstube.

»Effendi,« flüsterte der Agha ängstlich, »verrate nicht, daß ich dir alles gesagt habe.«

»Sei ohne Sorge!«

Der Mutesselim kehrte zurück und hielt ein versiegeltes Schreiben in der Hand. Er reichte es mir ohne Bedenken.

Ich nahm es, um mich zu überzeugen, daß es auch das rechte sei. Ich drückte die langen Bauchseiten zusammen, so daß sich eine Röhre bildete, in deren Inneres ich blicken konnte. Da es nicht kuvertiert war, sah ich zwar aus einzelnen Wörtern, daß der Kommandant mich nicht getäuscht habe; doch befanden sich die Ziffern, welche ich suchte, nicht an einer Stelle, die ich hätte lesen können. Gleichwohl aber tat ich, als ob ich sie sähe, und las laut und langsam:

»Vierhundert Piaster in Gold – einundachtzig Piaster in Silber – – ! Mutesselim, du wirst dieses Schreiben öffnen müssen; du hast dich sehr verschrieben!«

»Herr, diese Angelegenheit ist nicht die deinige, sondern die meinige!«

»So war es also nur die deinige, als ich dir beistehen mußte, den Makredsch festzuhalten und ihm sein Geld abzunehmen?«

»Ja,« antwortete er naiv.

»Gut! Aber du versprachst mir fünftausend Piaster, auf welche noch zweitausend zu legen sind, weil das Papiergeld keinen vollen Wert besitzt. Wo ist diese Summe?«

»Emir!«

»Mutesselim!«

»Du sagst, du seist mein Freund, und willst mich dennoch peinigen!«

»Du sagst, du seist mein Freund, und willst mich dennoch hintergehen!«

»Ich muß das Geld nach Mossul senden.«

»Vierhunderteinundachtzig Piaster, ja. Deine Pflicht ist es aber, alles Geld des Makredsch samt der Uhr und den Ringen einzusenden. Tust du dies, so habe ich nichts zu fordern; tust du es aber nicht, so verlange ich den mir gebührenden Teil.«

»Du hast ja gar nichts zu bekommen,« erklärte er.

»Du auch nicht, und Selim Agha auch nicht. Hat er etwas erhalten?«

»Siebentausend Piaster in Papier,« antwortete er sehr schnell, um dem Agha die Antwort abzuschneiden. Dieser schnitt ein Gesicht, daß ich beinahe in lautes Lachen ausgebrochen wäre.

»Nun, also,« sagte ich, »warum willst du mir da meinen Teil vorenthalten?«

»Du bist ein Fremdling und keiner meiner Beamten.«

»Du sollst recht behalten; aber dann trete ich meinen Teil an den Padischah ab. Sage also dem Basch Tschausch, daß er nach meiner Wohnung kommen soll, ehe er abreist. Ich werde ihm meinen Bericht an den Anatoli Kasi Askeri mitgeben. – Lebe wohl, Mutesselim, und erlaube, daß ich dich heute abend besuche.«

Ich ging zu der Türe, hatte diese aber noch nicht erreicht, als er rief:

»Wie viel Geld wirst du angeben?«

»Die runde Summe von fünfundzwanzigtausend Piaster, eine Uhr und vier Brillantringe.«

»Wie viel willst du davon haben?«

»Meinen vollen Teil. Siebentausend Piaster in Papier, oder fünftausend in Gold oder Silber.«

»Effendi, es war wirklich nicht so viel Gold!«

»Ich kann den Klang des Goldes sehr gut von dem des Silbers unterscheiden, und der Beutel hatte einen sehr dicken Bauch.«

»Du bist reich, Emir, und wirst mit fünfhundert Piaster zufrieden sein!«

»Zweitausend in Gold, das ist mein letztes Wort!«

»Allah kerihm, ich kann es nicht!«

»Lebewohl!«

Wieder ging ich nach der Türe. Er wartete, bis ich sie geöffnet hatte, dann rief er mich zurück. Ich ging jedoch weiter und war bereits auf der Straße, als mir eilige Schritte folgten. Es war Selim Agha, der mich zurückrief.

Als ich wieder in das Selamlük trat, war der Kommandant nicht da, bald aber kam er aus dem Nebenzimmer. Sein Blick war finster und feindselig, und seine Stimme vibrierte heiser, als er mich fragte:

»Also zweitausend willst du?«

»In Gold!«

Er setzte sich nieder und zählte mir zwanzig Hundertpiasterstücke auf den Teppich.

Ich bückte mich, nahm das Gold auf und steckte es ein. Er wartete einige Augenblicke, dann fragte er mit finsterer Stirn:

»Und du bedankst dich nicht?«

»Ich? Ich erwarte im Gegenteile deinen Dank, weil ich dir dreitausend Piaster geschenkt habe!«

»Du bist bezahlt und hast mir nichts geschenkt. Wann reisest du ab?«

»Ich weiß es noch nicht.«

»Ich rate dir, noch heute die Stadt zu verlassen!«

»Warum?«

»Du hast dein Gold, nun gehe! Aber komme ja nie wieder!«

»Mutesselim, spiele keine Komödie mit mir, sonst lege ich dir die Piaster wieder her und schreibe einen Bericht. Wenn es mir beliebt, zu bleiben, so bleibe ich, und wenn ich zu dir komme, wirst du mich höflich empfangen. Aber um dir deine Sorge vom Herzen zu nehmen, will ich dir sagen, daß ich noch heute abreise. Vorher aber werde ich kommen, um von dir Abschied zu nehmen, und dann hoffe ich, daß wir in Frieden scheiden.«

Jetzt verließ ich ihn und kehrte zu den Gefährten zurück. Ehe ich das Haus erreichte, begegnete mir eine Truppe Arnauten, welche sich scheu zur Seite stellten, und mich vorüber ließen. Unter der Türe stand Mersinah und blickte ihnen nach. Ihr Angesicht glühte vor Zorn.

»Emir, ist schon einmal so etwas geschehen?« schnaubte sie mir entgegen.

»Was?«

»Daß ein Mutesselim bei seinem eignen Agha der Arnauten hat aussuchen lassen?«

»Das weiß ich nicht, o Engel des Hauses, denn ich bin noch niemals ein Agha der Arnauten gewesen.«

»Und weißt du, was man suchte?«

»Nun?«

»Den entflohenen Araber! Einen Flüchtling bei dem Aufseher zu suchen! Aber kommt nur dieser Selim Agha nach Hause, so werde ich ihm sagen, was ich an seiner Stelle getan hätte.«

»Zanke nicht mit ihm. Er hat Leid genug zu tragen.«

»Worüber?«

»Daß ich mit meinen Gefährten abreise.«

»Du?«

Sie machte ein ganz unbeschreiblich erschrockenes Gesicht.

»Ja. Ich habe mich mit diesem Mutesselim gezankt und mag nicht länger an einem Orte bleiben, wo er gebietet.«

»Allah, Tallah, Wallah! Herr, bleibe hier. Ich werde diesen Menschen zwingen, dir mit Ehrerbietung zu begegnen!«

Das war ein Versprechen, dessen Ausführung beizuwohnen höchst interessant gewesen wäre. Ich hielt sie aber leider für unmöglich und ließ Mersinah unten stehen, wo ihre Stimme fortgrollte, wie ferner Donner. Droben stand der Baschi-Bozuk vor der Treppe. Er hatte meine Stimme gehört und auf mich gewartet.

»Effendi, ich will Abschied von dir nehmen!«

»Komme herein; ich will dich bezahlen!«

»O, Emir, ich bin schon bezahlt.«

»Von wem?«

»Von dem Manne mit dem langen Gesichte.«

»Wie viel hat er dir gegeben?«

»Das!«

Er fuhr mit freudeglänzenden Augen in den Gürtel und holte eine ganze Hand voll großer Silberstücke hervor, die er mir zeigte.

»So komme nur. Wenn dies so ist, so hat der Mann mit dem langen Gesichte dich bezahlt, und ich werde nun den Esel bezahlen.«

»Allah kerihm, den verkaufe ich nicht!« rief er erschrocken.

»Ich meine nur, daß ich ihm seinen Lohn auszahlen will!«

»Maschallah, da komme ich!«

Er ging mit in meine Stube, die leer war. Hier stellte ich ihm ein Zeugnis aus und gab ihm noch einiges Geld, über welches er vor Freuden ganz außer sich geriet.

»Emir, ich habe noch niemals einen so guten Effendi gesehen, wie du bist. Ich wollte, du wärest mein Hauptmann oder mein Major oder Oberst! Dann würde ich dich in der Schlacht beschützen und um mich schlagen wie damals, als ich meine Nase verlor. Das war nämlich in der großen Schlacht bei – – – «

»Laß das sein, mein guter Ifra. Ich bin von deiner Tapferkeit völlig überzeugt. Du bist heute bei dem Mutesselim gewesen?«

»Der Basch Tschausch holte mich zu ihm, und ich mußte Antwort geben auf sehr viele Fragen.«

»Auf welche?«

»Ob ein Gefangener bei uns sei; ob du bei den Dschesidi viel Türken ermordet hast; ob du vielleicht ein Minister aus Stambul bist, und noch vieles andere, was ich mir gar nicht gemerkt habe.«

»Euer Weg, Ifra, führt euch nach Spandareh. Sage dem Dorfältesten dort, daß ich heute nach Gumri aufbreche, und daß ich dem Bey von Gumri das Geschenk bereits übersandt habe. Und in Baadri gehst du zu Ali Bey, um das zu vervollständigen, was ihm Selek erzählen wird.«

»Dieser geht auch fort?«

»Ja; wo ist er?«

»Bei seinem Pferde.«

»Sage ihm, daß er satteln kann. Ich werde ihm einen Brief mitgeben. Und nun lebe wohl, Ifra. Allah behüte dich und deinen Esel. Mögest du nie vergessen, daß ein Stein an seinen Schwanz gehört!« – –

Die drei Gefährten saßen kampfgerüstet in der Stube des Engländers beisammen. Halef umarmte mich beinahe vor Freude, und der Engländer reichte mir mit einem so frohen Gesichte die Hand, daß ich erkennen mußte, er sei in herzlichster Sorge um mich gewesen.

»Gefahr gehabt, Sir?« fragte er.

»Ich stak bereits in demselben Loche, aus welchem ich Amad el Ghandur geholt habe.«

»Ah! Prächtiges Abenteuer! Gefangener gewesen! Wie lange Zeit?«

»Zwei Minuten.«

»Selbst wieder freigemacht?«

»Selbst! Soll ich Euch die Geschichte erzählen?«

»Versteht sich! *Well! Yes!* Schönes Land hier, sehr schön! Alle Tage besseres Abenteuer!«

Ich erzählte ihm in englischer Sprache und fügte dann bei:

»In einer Stunde sind wir fort.«

Des Engländers Gesicht nahm ganz die Stellung eines außerordentlich erschrockenen Fragezeichens an.

»Nach Gumri,« fügte ich hinzu.

»O, war schön hier, sehr schön! Interessant!«

»Noch gestern hieltet Ihr es nicht für schön, Master Lindsay!«

»War Aerger! Hatte nichts zu tun! Ist aber trotzdem schön gewesen, sehr schön! Romantisch! *Yes!* Wie ist es in Gumri?«

»Noch viel romantischer.«

»*Well!* So gehen wir hin!«

Er erhob sich sofort, um nach seinem Pferde zu sehen, und nun hatte ich Zeit, auch den beiden andern meine letzten Erlebnisse mitzuteilen. Keiner war über unsere Abreise so erfreut, wie Mohammed Emin, dessen Herzenswunsch es war, mit seinem Sohne baldigst zusammen zu kommen. Auch er erhob sich eiligst, um sich zur Abreise fertig zu machen. Nun begab ich mich in meine Stube zurück, um einen Brief an Ali Bey zu schreiben. Ich meldete ihm in gedrängten Worten alles und sagte ihm Dank für die beiden Schreiben, die mir so große Dienste geleistet hatten. Diese Schreiben übergab ich nebst dem Briefe Selek, welcher dann Amadijah sogleich verließ. Er schloß sich dem Transport nicht an, sondern zog als Dschesidi vor, ganz allein zu reisen.

Da hallten die eiligen Schritte zweier Personen auf der Treppe. Selim Agha trat mit Mersinah ein.

»Effendi, ist es wirklich dein Ernst, daß du Amadijah verlassen willst?« fragte er mich.

»Du hast es ja bei dem Mutesselim gehört.«

»Sie satteln schon!« schluchzte die »Myrte«, welche sich die Tränen aus den Augen wischen wollte, mit der Hand aber leider nur bis an die ebenso betrübte Nase kam.

»Wohin gehet ihr?«

»Das braucht der Mutesselim nicht zu erfahren, Selim Agha. Wir reiten nach Gumri.«

»Dahin kommt ihr heute nicht.«

»So bleiben wir unterwegs über Nacht.«

»Herr,« bat Mersinah, »bleibe wenigstens diese Nacht noch hier bei uns. Ich will euch meinen besten Pillau bereiten.«

»Es ist beschlossen; wir reiten.«

»Du fürchtest dich doch nicht vor dem Mutesselim?«

»Er selbst weiß am besten, daß ich ihn nicht fürchte!«

»Und ich auch, Herr,« fiel der Agha ein; »hast du ihm doch zweitausend Piaster abgezwungen!«

Die »Myrte« machte große Augen.

»Maschallah, welch eine Summe!«

»Und zwar in Gold!« fügte Selim hinzu.

»Wem gehört dieses viele Geld?«

»Dem Emir natürlich! Emir, hättest du doch auch für mich ein Wort gesprochen!«

»Hast du das nicht getan, Effendi?« erkundigte sich Mersinah. »Du hattest es uns doch versprochen!«

»Ich habe ja auch Wort gehalten.«

»Wirklich? Emir, wann hast du mit dem Mutesselim darüber geredet?«

»Als Selim Agha dabei war.«

»Herr, ich habe nichts gehört!« beteuerte dieser.

»Maschallah, so bist du plötzlich taub geworden! Der Mutesselim bot mir ja fünfhundert Piaster anstatt der fünftausend, welche ich verlangte!«

»Das war ja für dich, Effendi!«

»Selim Agha, du hast gesagt: Du liebst mich und seist mein Freund, und dennoch glaubst du, daß ich mein Wort so schlecht halte? Ich mußte ja so tun, als ob es für mich wäre!«

»So tun – – –?«

Er starrte mich wie versteinert an.

»So tun?« rief Mersinah. Aber ihr kam das Verständnis schneller. »Warum mußtest du so tun? Rede weiter, Emir!«

»Das habe ich ja dem Agha bereits erklärt – – –«

»Effendi,« rief sie, »erkläre diesem Agha der Arnauten nichts mehr, denn er wird es nie verstehen! Sage es lieber mir!«

»Wenn ich für den Agha Geld gefordert hätte, so wäre der Mutesselim sein Feind geworden – – –«

»Das ist richtig, Effendi,« fiel sie eilig ein. »Ja, es wäre noch schlimmeres geschehen, denn nach deiner Abreise hätten wir das Geld wieder hergeben müssen.«

»So dachte ich auch, und daher tat ich, als ob ich das Geld für mich verlangte.«

»Und es war wohl nicht für dich? Oh, sage es schnell!«

Die edle »Myrte« zitterte an ihrem ganzen Gebein vor Begierde.

»Für den Agha,« antwortete ich ihr.

»Maschallah! Ist dies wahr?«

»Natürlich!«

»Und er soll wirklich außer diesen fünfzig Piastern noch Geld erhalten?«

»Sehr viel.«

»Wie viel?«

»Alles.«

»Allah illa Allah! Wann, wann?«

»Jetzt gleich.«

»Hamdullillah, Preis und Dank sei Allah! Er macht uns reich durch dich! Aber nun mußt du es uns auch geben!«

»Hier ist es. Komm her, Selim Agha!«

Ich zählte ihm die volle Summe in die Hand. Er wollte die Hand schnell schließen, tat es aber doch zu spät, denn die »Myrte« hatte ihm mit einem sehr geschickten Griff sämtliche Hundertpiasterstücke weggestrichen.

»Mersinah!« donnerte er.

»Selim Agha!« blitzte sie.

»Es ist ja mein!« grollte er.

»Es bleibt auch dein!« beteuerte sie.

»Ich kann es selbst aufheben!« murmelte er.

»Bei mir ist es sicherer!« redete sie ihm zu.

»Gib mir nur etwas davon!« bat er.

»Laß es mir nur!« schmeichelte sie.

»So gib mir wenigstens die gestrigen fünfzig Piaster!«

»Du sollst sie haben, Selim Agha!«

»Alle?«

»Alle; aber dreiundzwanzig sind bereits davon weg.«

»Alle! Und dreiundzwanzig sind bereits fort! Wo sind sie?«

»Fort! Für Mehl und Wasser für die Gefangenen.«

»Für Wasser? Das kostet doch nichts!«

»Für die Gefangenen ist nichts umsonst; das merke dir, Selim Agha! Aber, Emir, nun hast du ja nichts!«

Jetzt nun, da sie das Geld in den Händen hatte, wurde sie auch rücksichtsvoll gegen mich.

»Ich mag es nicht; ja, ich darf es nicht nehmen.«

»Du darfst nicht? Warum?«

»Mein Glaube verbietet es mir.«

»Dein Glaube? Allah illa Allah! Der Glaube verbietet doch nicht, Geld zu nehmen!«

»O doch! Dieses Geld gehörte weder dem Makredsch, denn er hat es jedenfalls nicht auf rechtliche Weise erworben, noch dem Mutesselim oder dem Agha. Aber es wäre auf alle Fälle verschwunden und nicht in die Hände der rechtmäßigen Besitzer zurückgelangt. Nur aus diesem Grunde habe ich den Mutesselim gezwungen, einen Teil davon wieder herauszugeben. Wenn es denn einmal in falsche Hände kommen soll, so ist es besser, ihr habt einen Teil davon, als daß der Mutesselim alles behielt.«

»Effendi, das ist ein sehr guter Glaube!« beteuerte Mersinah. »Du bist ein treuer Anhänger des Propheten. Allah segne dich dafür!«

»Höre, Mersinah! Wenn ich ein Anhänger des Propheten wäre, so hättet ihr nichts erhalten, sondern ich hätte alles in meine eigene Tasche getan. Ich bin kein Moslem.«

»Kein Moslem!« rief sie erstaunt. »Was denn?«

»Ein Christ.«

»Maschallah! Bist du ein Nessorah?«[1]

»Nein. Mein Glaube ist ein anderer als derjenige der Nessorah.«

»So glaubst du wohl auch an die heilige Omm Allah Marryam?«[2]

»Ja.«

»O, Emir, die Christen, welche an diese glauben, sind alle gute Leute!«

»Woher weißt du das?«

»Das sehe ich an dir, und das weiß ich auch von der alten Marah Durimeh.«

»Ah! Kennst du diese?«

»Sie ist in ganz Amadijah bekannt. Sie kommt sehr selten, aber wenn sie kommt, so teilt sie Freude aus an alle Leute, die ihr begegnen. Auch sie glaubt an Omm Allah Marryam und ist ein Segen für viele. Aber da fällt mir ja ein, daß ich zu ihr muß!«

»Sie ist nicht mehr da.«

»Ja, sie ist wieder abgereist; aber dennoch muß ich hin.«

»Warum?«

»Ich muß sagen, daß du abreisest.«

»Wer hat dies bestellt?«

»Der Vater des Mädchens, welches du gesund gemacht hast.«

»Bleibe hier!«

»Ich muß!«

»Mersinah, du bleibst! Ich befehle es dir!«

Mein Rufen half nichts; sie war bereits die Treppe hinab und als ich an das Fenster trat, sah ich sie über den Platz eilen.

»Laß sie, Effendi!« sagte Selim Agha. »Sie hat es versprochen. O, warum hast du mir dies viele Geld in ihrer Gegenwart gegeben! Nun bekomme ich keinen Para davon!«

»Verwendet sie es für sich?«

»Nein; aber sie ist geizig, Effendi. Was sie nicht für uns und für die Gefangenen braucht, das versteckt sie, daß ich es nicht

1 Nestorianer.
2 Mutter Gottes, Maria.

finden kann. Sie ist sehr stolz darauf, daß ich einmal viel Geld haben werde, wenn sie stirbt. Aber das ist nicht gut, da ich jetzt darunter leiden muß. Ich rauche den schlechtesten Tabak, und wenn ich einmal zum Juden gehe, so darf ich von seinen Medizinen nur die billigsten trinken. Und die, die sind nicht gut!«

Betrübt ging der wackere Agha der Arnauten von dannen, und ich folgte ihm hinab in den Hof, wo die Pferde gesattelt wurden, auch das für Amad el Ghandur bestimmte. Dann machte ich mit dem Engländer noch einen Gang in die Stadt, um einige Einkäufe zu besorgen. Als wir zurückkehrten, waren bereits alle vor dem Eingange des Hauses versammelt. Bei ihnen stand ein Mann, in dem ich schon von weitem den Vater meiner Patientin erkannte.

»Herr, ich höre, daß du abreisest,« begann er, mir einige Schritte entgegentretend. »Darum bin ich gekommen, um Abschied von dir zu nehmen. Meine Tochter wird bald gesund sein. Sie, mein Weib und ich, wir werden zu Allah beten, daß er dich beschütze. Und damit du auch an uns denken mögest, habe ich ein kleines Jadikar[1] mitgebracht, welches anzunehmen ich dich innigst bitte!«

»Wenn es ein Ufak-Defek[2] ist, werde ich es nehmen, sonst aber nicht.«

»Es ist so klein und arm, daß ich mich scheue, es dir selbst zu geben. Erlaube, daß ich es deinem Diener einhändige! Welcher ist es?«

»Dort bei dem Rappen steht er.«

Er nahm unter seinem weiten Oberkleide ein ledernes, mit Perlen gesticktes Futteral hervor und reichte es Halef hin. Dann sah ich, daß er außer diesem Gegenstande dem Diener noch etwas gab. Ich dankte ihm, und wir schieden.

Jetzt kam das Schlimmste: der Abschied von Selim Agha und besonders von der »Myrte«. Der Agha ging von Pferd zu Pferd und nestelte an Riemen und Schnallen herum, welche ganz in Ordnung waren. Dabei rollte er die Augen so fürchterlich, wie

1 Andenken.
2 Kleinigkeit.

ich es selbst bei ihm noch niemals gesehen hatte. Die Spitzen seines Schnurrbartes gingen auf und nieder wie Wagebalken, und hier und da fuhr er sich mit der Hand nach dem Halse, als ob es ihn dort würge. Endlich reichte er Halef die Hand zum Abschied. Er fing von unten an.

»Lebe wohl, Hadschi Halef Omar! Allah sei bei dir immerdar!«

Er hörte gar nicht auf das, was ihm der kleine Hadschi antwortete, sondern sprang zu dem Pferde Mohammeds, um eine Fliege tot zu schlagen, welche am Halse des Rosses saß. Dann fuhr er mit einem energischen Rucke herum und hielt dem Haddedihn die Hand entgegen:

»Allah sei mit dir und allen den Deinen! Kehre wieder bei uns ein, wenn dich dein Weg nach Amadijah führt!«

Da bemerkte er plötzlich, daß der Sattelgurt des Engländers um den zwanzigsten Teil eines Zolles zu weit nach hinten lag. Er eilte dorthin, kroch unter das Pferd und schob und zerrte, als habe er eine schwere Last zu bewältigen. Endlich war er fertig und streckte nun dem Reiter die Rechte hin:

»Sihdi, dein Weg sei – – – «

»*Well!*« unterbrach ihn der Master. »Hier!«

Ein Trinkgeld fiel in die Hand des Agha, und es war, wie ich Lindsay kannte, gewiß sehr reichlich. Diese Güte machte den gerührten Anführer der Arnauten noch verwirrter. Er begann also von neuem:

»Sihdi, dein Weg sei wie der Weg – – – «

»*Well!*« nickte Lindsay, und eine zweite Auflage des Bakschisch gelangte zur Ausgabe. Der Geber hielt die zum Abschiede hingestreckte Hand für eine Forderung.

»Sihdi,« begann der Agha mit erhöhter Stimme, »dein Weg sei wie der Weg der Gerechten, und – – – «

»*Well!*« ertönte es zum drittenmal.

Aber der Agha zog nun seine Hand plötzlich zurück und nahm die Gelegenheit, daß ich eben zu Pferde steigen wollte, wahr, um mir den Steigbügel zu halten. Jetzt zog es über sein Gesicht, wie Sonnenblick und Wolkenschatten über ein wogendes Feld, dann öffnete er den Mund, aber da stürzte ihm plötzlich die so lange zurückgehaltene Flut aus den Augen. Das Wort, welches er sagen wollte, wurde zu einem unverständlichen Laute. Er reichte mir die Hand; ich nahm und drückte sie, selbst tiefgerührt, und dann zog er sich sehr eilig in den Flur zurück.

Das hatte Mersinah abgewartet. Sie trat hervor, wie die Sonne aus der Morgenröte. Sie wollte bei Halef beginnen, da drängte ich mein Pferd heran und sagte:

»Halef, reite mit den andern einstweilen in das Tal hinab. Ich muß noch einmal zum Mutesselim und werde schnell nachkommen.« Dann wandte ich mich zu Mersinah: »Hier, nimm meine Hand! Ich danke dir für alles. Lebe wohl, stirb nie, und denke an mich, so oft du die liebliche Speise deiner Gefangenen kochst!«

»Lebe wohl, Emir! Du bist der großmütigste – «

Mehr hörte ich nicht. Ich ritt schnell, gefolgt von meinem Hunde, nach dem Palaste des Kommandanten, ließ das Pferd vor dem Tore stehen und trat ein. Der Hund folgte mir; ich wollte das so. Im Vorzimmer waren einige Personen, die ich bereits dort gesehen hatte. Sie fuhren erschrocken empor, als sie den Hund erblickten. Das hatte noch niemand gewagt.

»Wo ist der Mutesselim?« fragte ich.

»Im Selamlük,« antwortete einer.

»Ist er allein?«

»Der Aufseher des Palastes ist bei ihm.«

Ich ließ mich gar nicht anmelden, sondern trat ein. Der Hund war an meiner Seite. Der Aufseher des Palastes machte eine Gebärde des Entsetzens, und der Mutesselim erhob sich augenblicklich.

»Effendi, was tust du?« rief er.

»Ich komme, um Abschied von dir zu nehmen.«

»Mit einem Hunde!«

»Er ist besser als mancher Mensch. Du sagtest mir, daß ich nicht wiederkommen solle, und ich komme mit dem Hunde. Das ist die Antwort eines Emir aus Germanistan. Sallam!«

Ich verließ ihn ebenso schnell als ich gekommen war und ging hinab. Unten aber, da ich mich nun im Freien befand, nahm ich mir Zeit; aber es kam niemand, um mich zur Rede zu stellen.

Ich stieg auf und ritt davon. Die Gefährten waren eben erst zum Tore hinaus, als ich sie einholte; denn Mersinahs Abschiedsworte an sie hatten einige Zeit in Anspruch genommen.

»Was noch gemacht beim Mutesselim?« fragte Lindsay.

Ich erzählte es ihm.

»Ausgezeichnet! Hm! Köstlicher Einfall! Würde gut bezahlen, wenn Ihr ein anderer wäret! *Yes!*«

Er brummte und lachte noch lange vor sich hin.

Wir mußten bald absteigen, um die Pferde den steilen Weg hinabzuführen. Desto schneller aber ging es unten weiter, bis wir die Stelle erreichten, an welcher wir früher links abgeschwenkt hatten. Hier mußte Halef zurückbleiben und sich verstecken, um uns zu benachrichtigen, wenn wir beobachtet würden. Wir erreichten die kleine Lichtung, bei welcher wir die Pferde anbanden, und drangen dann zu Fuße in das Dickicht ein.

»Hier!« meinte der Engländer, als wir bei den Eichen anlangten. »Prachtvolle Villa da oben! *Well!* Raucht Tabak!«

Wirklich sah man ein kleines Tabakswölkchen nach dem andern oben aus der »Villa Amad« hervorkräuseln. Der Araber lag in der Tiefe des Loches und bemerkte unsere Gegenwart nicht eher, als bis er durch einen lauten Ruf aufmerksam gemacht wurde. Jetzt steckte er den Kopf hervor und erkannte uns. Die frische, kräftige Waldluft und die nahrhaften Speisen hatten ihn wenigstens insoweit gekräftigt, daß er ohne weitere Beihilfe herabkommen konnte. Ich erhielt dabei auch meinen Lasso wieder, welchen er gestern oben behalten hatte.

Wir verweilten keinen Augenblick, kehrten zurück und bestiegen die Pferde, da es uns allen darauf ankam, noch heute eine gute Strecke Weges zwischen uns und Amadijah zu legen. Halef meldete, daß sich nichts Verdächtiges gezeigt habe, und so bogen wir rechts in den Weg ein, welcher zu den Sommerwohnungen der Bewohner von Amadijah führte.

Wir ritten in einem Tale empor, dessen Sohle ein breiter Bergbach bewässerte. Die Seiten waren mit schönem Laubwald besetzt. Weiter oben teilte sich der Bach in sehr viele Arme; das Tal wurde breiter und bot den nötigen Raum für eine Menge von Zelten und Hütten, die in malerischer Unordnung im Tale und an den Abhängen desselben standen. Dies waren die Jilaks oder Sommerwohnungen.

Die Stelle war außerordentlich gut gewählt. Grüne Wald- und Fruchtbäume beschatteten die Zelte und Hütten, und dichtes Rankengewächs bildete einen reichen Teppich an den Abhängen hinauf. Dieser gesunde Ort bot einen grellen, aber lieblichen Gegensatz zu der von giftigen Lüften erfüllten Festung Amadijah.

Während die Anderen im schnellen Tempo weiter ritten, um Späherblicken baldigst zu entgehen, stieg ich mit dem Engländer vor der Wohnung eines Geldwechslers ab, da Lindsay sich einen Vorrat von landläufigen Münzen einwechseln wollte.

Die Spitze der Höhe erreichten wir nach einer halben Stunde, obgleich die Strecke zwei englische Meilen beträgt, und nun sahen wir das Tal von Berwari vor uns liegen, wo wir vor jeder Verfolgung von seiten der Türken in Sicherheit waren.

In der Ferne blauten die Tijariberge, von denen uns besonders der Kegel von Aschiehtah in die Augen fiel. Seine Spitze glänzte weiß, denn er war mit Schnee bedeckt, während wir vor noch ganz kurzer Zeit auf den Weidegründen der Haddedihn den reichen Blumenstaub mit den Beinen unserer Pferde aufgewühlt hatten.

Rechts davon stieg hinter den wasserreichen Tälern des Zab das Bergland von Tkhoma empor, und weiter nach Süden sahen wir die Höhen des Tura Ghara, des Dschebel Haïr und des Zibar-Landes. Von Tijari und Tkhoma hatte die alte Marah Durimeh gesprochen. Ich mußte unwillkürlich an ihr Geheimnis denken, an den »Geist der Höhle«, der dort zwischen jenen Bergen hauste. Ob wir ihm wohl begegnen würden?!

FÜNFTES KAPITEL

Unter Bluträchern.

V on der Höhe hinter Amadijah führte der Pfad bergab
nach der Ebene Newdascht. Auf derselben angekommen, gaben wir den Pferden die Sporen, so daß wir über
den dürren Boden, der diese Ebene kennzeichnet, mit vogelhafter Schnelligkeit dahinflogen.

Wir kamen in das Dorf Maglana, von welchem Dohub, der
Kurde, mit mir gesprochen hatte. Es wird von lauter Kurden
bewohnt, welche mit den umliegenden chaldäischen Christen
in steter Feindschaft leben. Wir hielten nur an, um uns nach
dem Weg zu erkundigen, und dann ging es wieder vorwärts. Wir
kamen durch verfallene Ortschaften, bei deren Untergang die
Feuersbrunst der Hütten das Blut der Bewohner aufgeleckt hatte. Die Trümmer lagen zerstreut; die Tiere des Waldes hatten die
Knochen, welche wir hier und da liegen sahen, abgenagt. Mich
schauderte.

In der Ferne, rechts oder links sahen wir zuweilen Rauch auf-
steigen; es zeigte sich uns die unbeworfene Mauer eines Hauses; ein einzelner Reiter tauchte vor uns auf, bemerkte uns und
schwenkte rasch zur Seite ab. Wir befanden uns auf keinem
friedlichen Boden, und er sah, daß wir ihm an Zahl überlegen
waren. Genau so geht es den Vögeln des Waldes, die bei jedem
Flügelschlage eines Feindes gewärtig sein müssen und dann ihr
einziges Heil in der Verborgenheit finden.

Nun dunkelte der Abend herein, und vor uns auf der
Ebene sahen wir vielleicht dreißig Häuser zerstreut liegen. Es
war das kleine Dorf Tiah, wo wir zu übernachten dachten.
Wie der Empfang sein würde, das wußten wir allerdings noch
nicht.

Man hatte uns von weitem erblickt, und eine Anzahl von
Männern war zu Pferde gestiegen, um uns entweder als Feind
zurückzuweisen oder als Freund zu empfangen. Eine Strecke von

ungefähr zweitausend Schritten vor dem Dorfe hielten sie an, um uns zu erwarten.

»Bleibt ein wenig zurück!« sagte ich und ritt voran.

Ich sah, wie sie bei dem Anblick meines Pferdes einander die Köpfe zukehrten, und so stolz mich diese Bewunderung machte, so bedenklich mußte sie mir auch sein. Ein gutes Pferd, schöne Waffen und Geld – wer eines von diesen drei Dingen besitzt, der ist bei diesen räuberischen Völkerschaften nie sicher, es zu verlieren und das Leben dazu.

Einer von ihnen ritt einige Schritte vor.

»Ivari 'l kher – guten Abend!« grüßte ich ihn.

Nachdem er gedankt hatte, ließ er seinen Blick von meinem Turban bis zu den Hufen meines Pferdes herabgleiten und begann ein Verhör.

»Woher kommst du?«

»Von Amadijah.«

»Wohin willst du?«

»Nach Kalah Gumri.«

»Was bist du? Ein Türke oder Araber?«

»Nein, ich bin – – – «

»Schweig!« gebot er mir. »Ich frage dich, und du antwortest! Du redest Kurdisch, aber ein Kurde bist du nicht. Bist du ein Grieche, oder ein Russe, oder ein Perser?«

Ich verneinte, und jetzt war er mit seinen Kenntnissen zu Ende. Dieser Mann empfing mich ja wie ein russischer Grenzaufseher! Ich durfte nicht sagen, welchem Volke ich angehöre, sondern er wollte so scharfsinnig sein, es zu erraten. Da ihm dies nicht gelungen war, gab er vor Aerger seinem Pferde mit der Faust einen Schlag über das Auge, daß es vor Schmerz laut aufwieherte.

»Was bist du denn?« fragte er endlich.

»Ein Tschermaka,«[1] antwortete ich mit Stolz.

»Ein Tschermaka?« wiederholte er. »Die Tschermaka kenne ich. Ihr Stamm wohnt an den Ufern des Sees von Urmiah und hat elende Hütten von Schilf.«

1 Deutscher.

316

Diese Worte waren in einem sehr verächtlichen Tone gesprochen.

»Du irrst,« entgegnete ich. »Die Tschermaka wohnen nicht am Ufer des Urmiahsees und wohnen auch nicht in elenden Schilfhütten.«

»Schweig! Ich kenne die Tschermaka, und wenn du nicht weißt, wo sie wohnen, so gehörst du nicht zu ihnen. Wer ist der Kurde dort?« – Und er deutete auf den Engländer.

»Es ist kein Kurde; er trägt nur kurdische Kleidung.«

»Wenn er nur kurdische Kleidung trägt, so ist er ja kein Kurde!«

»Das habe ich ja bereits gesagt.«

»Und wenn er kein Kurde ist, so darf er auch keine kurdische Kleidung tragen. Das verbieten wir ihm. Was ist er?«

»Ein Inglo,« antwortete ich kurz.

»Ein Inglo? Ich kenne die Inglo. Sie wohnen jenseits des Berges Ararat, sind Karawanenräuber und fressen Gumgumuku gaurana.«[1]

»Du irrst wieder! Die Inglo wohnen nicht am Ararat; sie sind keine Räuber und fressen auch keine Eidechsen.«

»Schweig! Ich war im Lande der Inglo und habe selbst auch mit ihnen Gumgumuku gaurana und sogar Gumgumuku felana gefressen. Wenn er keine frißt, so ist er kein Inglo. Wer sind die drei andern Reiter?«

»Der eine ist mein Diener, und die andern sind Araber.«

»Von welchem Stamme?«

»Sie gehören zum großen Stamme der Schammar.«

Ich sagte die Wahrheit, weil ich mich auf die Feindschaft zwischen den Türken und den Schammar verließ. Ein Feind der Türken mußte ein Freund der Kurden sein. Zwar wußte ich, daß die südlichen Stämme der Schammar mit den südlichen Stämmen der Kurden auch in Feindschaft leben, doch nur infolge der räuberischen Streifereien der Kurden, welche ja selbst auch wieder mit andern Kurdenstämmen in dem Zustande der Blutrache und des ewigen Streites leben. Hier befanden wir uns

[1] Eidechsen.

in der Mitte Kurdistans, wo es sicher noch keinen feindlichen Araber gegeben hatte, und daher gab ich meine Antwort in der festen Ueberzeugung, daß sie uns keinen Schaden bringen werde.

5 »Ich kenne die Schammar,« hob der Kurde an. »Sie wohnen an der Mündung des Phrath, trinken das Wasser des Meeres und haben böse Augen. Sie heiraten ihre eigenen Mütter und machen Rollen[1] aus dem Fleisch der Schweine.«

»Du irrst abermals. Die Schammar wohnen nicht am Meere 10 und essen niemals Schweinefleisch.«

»Schweig! Ich selbst bin bei ihnen gewesen und habe das alles gesehen. Wenn diese Männer ihre Mütter nicht geheiratet haben, so sind sie keine Schammar. Auch leben die Schammar in Blutfehde mit den Kurden von Sar Hasan und Zibar, und darum 15 sind sie unsere Feinde. Was wollt ihr hier?«

»Wir wollen fragen, ob ihr eine Hütte habt, in welcher wir heute nacht ruhen können.«

»Wir haben keine Hütten. Wir sind Berwari-Kurden und haben Häuser. Ihr sollt ein Haus haben, wenn ihr uns beweist, daß 20 ihr nicht unsere Feinde seid.«

»Womit sollen wir dies beweisen?«

»Dadurch, daß ihr uns eure Pferde und eure Waffen übergebt.«

O du alter Lügner und Eidechsenfresser! Du hältst die Leute, 25 welche Würste machen, für recht dicke Dummköpfe! Das dachte ich, aber laut sagte ich: »Ein Mann trennt sich nie von seinem Pferde und von seinen Waffen.«

»So dürft ihr nicht bei uns bleiben,« sagte er barsch.

»So ziehen wir weiter,« erwiderte ich kurzweg und ritt zu mei- 30 nen Gefährten zurück; auch die Kurden schlossen nun einen Kreis um ihren Führer.

»Was sagte er?« fragte mich der Engländer.

»Er will unsere Waffen und Pferde haben, wenn wir hier bleiben wollen.«

35 »Mag sie sich holen,« knurrte er.

---

1 Würste.

»Um Gottes willen, Sir, heute keinen Schuß! Die Kurden halten die Blutrache noch heiliger als die Araber. Wenn sie uns feindselig behandeln und wir verwunden oder töten einen von ihnen, so sind wir verloren; denn sie sind mehr als fünfmal so stark als wir.« 5

»Was aber tun?« fragte er.

»Zunächst unsern Weg fortsetzen und, wenn sie uns daran hindern sollten, verhandeln.«

Ich sagte das alles auch den übrigen, und sie gaben mir recht, obgleich kein Feigling unter ihnen war. Diese Kurden gehörten 10 sicher nicht alle zum Dorfe, das keine solche Anzahl erwachsener Krieger haben konnte; sie waren jedenfalls aus irgend einem Grunde hier zusammengekommen, und es schien, daß sie sich in einer sehr kriegerischen Stimmung befänden. Sie lösten jetzt den Kreis auf und bildeten nun einen scheinbar ungeordneten Hau- 15 fen, der sich nicht von der Stelle bewegte und unsern Entschluß abzuwarten schien.

»Sie wollen uns den Weg versperren,« meinte Mohammed, der Häuptling der Haddedihn.

»Es scheint so,« stimmte ich ihm bei. »Also gebraucht die 20 Waffen nicht, so lange wir uns nicht in wirklicher Lebensgefahr befinden!«

»Wir wollen deshalb einen weiten Kreis um das Dorf herum reiten,« schlug mein kleiner arabischer Diener Halef vor.

»Das müssen wir auch. Kommt!« 25

Wir schwenkten in einem Bogen ab, aber sogleich setzten sich die Kurden auch in Bewegung, und der Anführer kam wieder auf mich zugeritten.

»Wo willst du hin?« fragte er.

»Nach Gumri,« antwortete ich mit Nachdruck. 30

Meine Antwort mochte dem Kurdenanführer nicht nach Wunsch sein, und er entgegnete:

»Es ist zu weit, und die Nacht bricht ein. Ihr werdet Gumri nicht erreichen.«

»Wir werden andere Dörfer finden oder im Freien schlafen.« 35

»Da werden euch die wilden Tiere anfallen, und ihr habt schlechte Waffen.«

Das war jedenfalls nur auf den Busch geklopft. Vielleicht war es gut für uns, wenn ich ihn vom Gegenteil überzeugte, trotzdem dies auch das Gelüste, unsere Waffen zu besitzen, in gefährlicher Weise erregen konnte. Darum sagte ich: »Wir haben sehr gute Waffen!«

»Das glaube ich nicht!« lautete seine Antwort.

»O, wir haben Waffen, von denen eine einzige genügt, um euch alle zu töten!«

Er lachte und sagte dann: »Du hast ein sehr großes Maul. Zeige mir einmal eine solche Waffe!«

Ich nahm meinen Revolver heraus und fragte den Kurden: »Siehst du dieses kleine Ding?« – Dann rief ich meinen Diener herbei und befahl ihm: »Brich einen Ast von jenem Strauche, mache die Blätter weg bis auf sechs und halte ihn empor. Ich will danach schießen!«

Er tat es, und da nun die andern Kurden merkten, um was es sich handelte, so kamen sie näher heran. Ich nahm mein Pferd auf die weiteste Distanz zurück und zielte. Die sechs Schüsse wurden schnell hintereinander abgegeben, und dann reichte Halef dem Kurden den Zweig hin.

»Katera Chodeh,«[1] rief er; »sie sind alle sechs getroffen, die Blätter!«

»Das ist nicht schwer,« prahlte ich; »das kann bei den Tschermaka ein jedes Kind. Aber das Wunder besteht darin, daß man mit diesem kleinen Ding so schnell und immerfort schießen kann, ohne zu laden.«

Er gab den Zweig seinen Leuten, und während sie ihn betrachteten, nahm ich sechs Patronen heraus und lud wieder den Revolver hinter dem Halse des Pferdes, ohne daß er es bemerkte.

»Was hast du noch für Waffen?« fragte er nun.

»Siehst du jenen Tu?[2] Paß auf!«

Ich stieg ab und legte den Henry-Stutzen an. Einer, zwei, drei, fünf, acht, elf Schüsse krachten. Die Kurden erhoben bei einem

---

1 Um Gottes willen.
2 Maulbeerbaum.

jeden neuen Schusse einen Ausruf des höchsten Erstaunens und nun setzte ich das Gewehr wieder ab.

»Geht hin und seht euch den Baum an!«

Alle eilten hin und die meisten sprangen, um gut sehen zu können, vom Pferde. Ich erhielt somit Zeit zu neuem Laden. Dasselbe Experiment mit demselben Stutzen hatte mich einst bei den Comanchen in Respekt gesetzt, und auch jetzt erwartete ich eine ähnliche Wirkung mit Zuversicht. Da kam der Anführer wieder auf mich zu und rief:

»Chodih,[1] alle elf Kugeln stecken im Baume, eine unter der andern!«

Daß er mich jetzt mit »Herr« anredete, schien ein gutes Zeichen zu sein.

»Du kennst nun einige von unsern Waffen,« sagte ich, »und wirst mir glauben, daß wir uns vor euren wilden Tieren nicht fürchten.«

»Zeige uns die andern Waffen auch!«

»Dazu habe ich keine Zeit. Die Sonne ist hinab, und wir müssen weiter.«

»Warte noch ein wenig!«

Er ritt wieder zu seinen Leuten und verhandelte mit ihnen. Dann kehrte er zurück und erklärte: »Ihr dürft bei uns bleiben!«

»Wir geben weder unsere Waffen noch unsere Pferde ab,« erwiderte ich.

»Das sollt ihr auch nicht. Ihr seid fünf Männer, und fünf von den Unserigen haben sich erboten, je einen von euch bei sich aufzunehmen. Du wirst bei mir wohnen.«

Hm, ich mußte vorsichtig sein. Warum gaben sie auf einmal nach? Warum ließen sie uns nicht weiter reiten?

»Wir werden dennoch weiter reiten,« erklärte ich ihm, »weil wir uns teilen sollen. Wir sind Gefährten und werden nur da bleiben, wo wir beisammen wohnen können.«

»So warte noch ein wenig!«

Wieder verhandelte er. Es dauerte etwas länger als vorher, und es schien mir, als ob sie uns mit Absicht hinhalten wollten, bis

1 Herr, Gebieter.

es zu dunkel zum Weiterreiten geworden sei. Endlich kam er wieder mit der Erklärung: »Chodih, du sollst deinen Willen haben. Wir überlassen euch ein Haus, in welchem ihr gemeinsam schlafen könnt.«

»Haben auch unsere Pferde Platz?«

»Ja; es ist ein Hof an dem Hause, wo sie stehen können.«

»Werden wir es allein bewohnen?«

»Es soll niemand darin bleiben dürfen. Siehe, da reitet schon einer fort, um diesen Befehl zu überbringen. Wollt ihr die Speisen geschenkt erhalten, oder werdet ihr sie bezahlen?«

»Wir wünschen, eure Gäste zu sein. Versprichst du mir das?«

»Ich verspreche es.«

»Du bist wohl der Nezanum[1] dieses Dorfes?«

»Ja, ich bin es.«

»So reiche mir deine beiden Hände und sage, daß ich dein Hemscher[2] bin!«

Er tat es, aber doch mit einigem Widerstreben. Jetzt fühlte ich mich sicher und winkte den Gefährten, heranzukommen. Wir wurden von den Kurden in die Mitte genommen und dann galoppierten wir in das Dorf hinein, wo vor einem verhältnismäßig ansehnlichen Hause Halt gemacht ward.

»Das ist euer Haus für diese Nacht,« erklärte der Nezanum. »Tretet ein!«

Ich besah mir das Gebäude, ehe ich abstieg, von außen. Es hatte nur das Erdgeschoß und auf dem platten Dache eine Art von kleinen Schuppen, in welchem Heu aufbewahrt zu werden schien. Der an das Gebäude stoßende Hofraum wurde von einer breiten Mauer umgeben, welche ungefähr drei Ellen hoch war und von einem schmalen Buschwerk überragt ward, das sich an der hinteren Seite der Mauer hinzog. In diesen Hof konnte man nur durch das Haus gelangen.

»Wir sind zufrieden mit dieser Wohnung. Woher nehmen wir das Futter für unsere Pferde?« fragte ich nun.

»Ich werde es euch senden,« lautete die Antwort.

1 Vorsteher.
2 Freund, Genosse.

322

»Da oben liegt aber ja Futter,« sagte ich und wies auf den Schuppen.

Er sah sichtlich verlegen empor und antwortete dann:

»Das ist nicht gut; es würde euren Tieren schaden.«

»Und wer besorgt uns die Speisen?«

»Ich selbst werde sie bringen nebst Licht. Wenn ihr etwas wünscht, so sagt es mir. Ich wohne in jenem Hause.«

Er zeigte auf ein Gebäude, welches ziemlich in der Nähe stand. Wir stiegen ab und führten unsere Pferde in den Hof. Dann besahen wir uns das Innere des Hauses. Es bestand nur aus einem einzigen Gemache, welches aber durch ein dünnes Flechtwerk von Weiden in zwei ungleiche Hälften geteilt war. Jede derselben hatte zwei Löcher, die als Fenster dienten und mit einer Matte verhängt werden konnten. Diese Löcher waren ziemlich hoch, aber so schmal, daß man kaum den Kopf hindurchstecken konnte. Die Diele bestand aus gestampftem Lehm und war an der hintern Seite eines jeden Gemaches mit einem Binsenteppich belegt. Eine weitere Ausstattung gab es nicht.

Die Türen konnten beide mit einem starken Balken fest verschlossen werden; hier wenigstens also war uns Sicherheit geboten. Im Hofe lag einiges alte Holzwerk nebst etlichen Gerätschaften, deren Zweck ich nicht erraten konnte. –

Wir befanden uns allein, denn auch der Nezanum war draußen geblieben, und nun hielten wir großen Rat.

»Glaubst du, daß wir sicher sind?« fragte mich der Scheik.

»Ich bin im Zweifel darüber. Der Nezanum hat mir alles versprochen und wird es auch halten. Wir sind seine Gäste und die Gäste des ganzen Dorfes. Aber es waren viele da, die nicht zu dem Dorfe gehörten.«

»Diese können uns nichts tun,« erwiderte er. »Wenn sie einen von uns töteten, wären sie der Blutrache des ganzen Dorfes verfallen, dessen Gäste wir sind.«

»Und wenn sie uns nicht töten, sondern nur bestehlen wollen?«

»Was können sie uns nehmen?«

»Die Pferde, vielleicht die Waffen, vielleicht noch mehr.«

Der ernste Scheik Mohammed Emin streichelte jetzt lächelnd seinen Bart und sagte: »Wir würden uns wehren.«

»Und dabei der Blutrache verfallen,« ergänzte ich.

»Warten wir es ab!« meinte er.

Da trat auch der Engländer ein, welcher draußen im Hofe umhergestöbert hatte. Seine Nase lag auf der rechten und sein Mund auf der linken Seite des Gesichtes, ein ganz sicheres Zeichen, daß ihm etwas Merkwürdiges passiert sei.

»Hm!« räusperte er sich. »Habe etwas gesehen! – Interessant! – *Yes!*«

»Wo? So erzählt doch nur!«

»Pst! Nicht in die Höhe sehen! War im Hofe. Schmutziger Platz das! Sah die Büsche an der Mauer und stieg hinauf. Schöner Ueberfall von draußen herein! Würde prächtig gehen. Blicke auch hinauf zum Dache und sehe ein Bein. *Well!* Eines Mannes Bein. Es guckte einen Augenblick lang aus der Hütte heraus, wo Futter ist.«

»Habt Ihr auch recht gesehen, Sir?«

»Sehr recht! *Yes!*«

Jetzt erst fiel es mir ein, daß ich weder eine Treppe noch eine Leiter gesehen hatte, um auf das Dach zu gelangen. Wir traten also hinaus in den Hof, um zu suchen. Es fand sich nichts. Auch im Innern des Gebäudes war nicht zu entdecken, ob man von hier aus auf das Dach gelangen könne, und dennoch wurde es Zeit, nachzusehen; denn die Nacht war schon ganz nahe.

Droben über der hinteren Türe ragte ein Dachbalken etwas aus der Mauer hervor, zwar nicht viel, aber es genügte. Ich nahm den Lasso, knüpfte ihn vierfach zusammen, bildete auf diese Weise eine einzige große Schlinge und warf sie empor. Sie hing am Balken so, daß ich sie unten fassen konnte. Nun zog ich mich an der Schlinge empor, trat in sie hinein und gelangte auf diese Weise auf das Dach. Nun ging ich auf das Behältnis zu, welches bis zum Eingange desselben mit Futter angefüllt war. Ich langte hinein, fühlte aber nichts Verdächtiges; als ich jedoch soweit hineinkroch, daß meine Arme bis ganz hinter langen konnten, faßte ich den Kopf eines Menschen, der sich in die fernste Ecke verkrochen hatte.

»Wer bist du?« fragte ich.

»U – – ah!« erklang es gähnend.

Der Mann wollte mich glauben machen, daß er geschlafen habe.

»Komm heraus!« befahl ich ihm. 5

»U – – ah!« machte er noch einmal; dann schob er meine Hand von sich ab und kam langsam hervorgekrochen. Es war noch so licht, um deutlich zu sehen, daß dieser Mann nicht einen Augenblick geschlafen habe. Er gaffte mich an und tat, als ob er erstaune. 10

»Ein Fremder! Wer bist du?« fragte er mich.

»Sage nur zuerst, wer du bist!«

»Dieses Haus ist mein!« antwortete er.

»So! Das ist mir lieb, denn dann kannst du mir sagen, wie du heraufgekommen bist.« 15

»Auf der Leiter.«

»Wo ist sie?«

»Im Hofe.«

»Da ist sie nicht.«

Ich sah mich auf dem Dache erst jetzt näher um und gewahr- 20 te sie längs des Dachrandes liegen.

»Mensch, du bist verschlafen, denn du hast ganz verges- sen, daß du die Leiter hinter dir heraufgezogen hast! Hier liegt sie!«

Er blickte sich verdutzt um und sagte dann: »Hier? Ja. Ich 25 habe geschlafen!«

»Nun wache aber. Komm hinab!« Mit diesen Worten schob ich die Leiter hinunter, und der Mann stieg mir voran und ver- ließ hierauf das Haus, ohne ein Wort zu sagen. Erst tat er, als sei er sehr überrascht von der Gegenwart eines fremden Menschen, 30 und nun lief er gemächlich zum Nezanum hinüber, ohne mich weiter über mein Recht, hier in seinem Hause zu sein, im min- desten zu inquirieren.

»Wer war es?« fragte der Engländer.

»Der Besitzer dieses Hauses.« 35

»Was will er da oben?«

»Er tat, als habe er geschlafen.«

»Nicht geschlafen! Kenne den Kerl! War derselbe, welcher fortritt. Ihr konntet das nicht bemerken, weil Ihr mit dem Schießen zu tun hattet. *Yes!*«

»So ist es sicher, daß man eine feindselige Absicht hegt!«

»Denke es auch. Aber welche?«

»Unser Leben wollen sie nicht, aber unser Eigentum.«

»Kerl wird hinaufgestiegen sein, um zu sehen, wann wir schlafen. Dann gibt er Zeichen, andere kommen, holen Pferde und alles.«

Derselben Ansicht waren auch die anderen Gefährten. Es war jetzt vollständig dunkel in den beiden Stuben, so daß man nicht erkennen konnte, ob man von dem Dache aus auch in das Innere des Hauses gelangen könne; doch schien mir dies wahrscheinlich zu sein. Schon stand ich im Begriff, aus Mangel an irgend einer Beleuchtung ein Stück Holz anzubrennen, als draußen an den Eingang geklopft wurde. Ich ging hinaus und öffnete. Der Nezanum war es mit noch zwei Männern, welche Essen, Wasser und zwei Kerzen brachten. Die Kerzen waren sehr roh aus ungereinigtem Wachs bereitet und konnten nur wenig Helligkeit verbreiten. Ich zündete eine derselben an.

Noch hatte keiner der drei Männer ein anderes Wort gesprochen als die Namen der Gegenstände, welche sie auf den Lehmboden legten. Nun aber fragte ich den Dorfvorsteher:

»Ich fand einen Mann auf dem Dache. War es wirklich der Besitzer dieses Hauses?«

»Ja,« antwortete er einsilbig.

»Was wollte er oben?«

»Er schlief.«

»Warum zog er die Leiter empor?«

»Er wollte nicht gestört sein.«

»Du sagtest doch, daß wir allein hier wohnen sollen.«

»Er lag da bereits oben! Das wußte ich nicht, und er wußte auch nicht, daß Gäste da sind.«

»Er hat es gewußt.«

»Woher?« fragte er barsch.

»Er war mit draußen vor dem Dorfe, als wir uns trafen.«

»Schweig! Er war daheim.«

Dieser Mann verfiel wieder in seinen befehlshaberischen Ton. Ich aber ließ mich nicht einschüchtern und begann von neuem zu fragen:

»Wo sind die Männer, welche nicht in dein Dorf gehören?«

»Sie sind nicht mehr da.«

»Sage ihnen, daß sie ja nicht wiederkommen sollen!«

»Warum?«

»Das magst du erraten.«

»Schweig! Ich rate nicht.«

Nun ging er wieder fort, und die beiden Anderen folgten ihm.

Das Abendessen war ein sehr frugales: getrocknete Maulbeeren, Brot, in Asche gerösteter Kürbis und Wasser. Glücklicherweise aber hatten wir einigen Vorrat bei uns und brauchten also nicht zu hungern. Während Halef das Essen ordnete, ließ ich den jungen Haddedihn mit der angezündeten zweiten Kerze hinaus auf den Flur gehen. Die Türe führte nämlich gleich neben der Ecke des Hauses in dasselbe, und der Flur wurde also von der Grundmauer und der Zimmerwand gebildet. Als Amad mit dem Lichte draußen stand, stieg ich auf das Dach und untersuchte den Fußboden desselben sehr genau. Endlich bemerkte ich über dem Flur, welchen das Licht Amads erhellte, eine sehr dünne Spalte, die ein regelmäßiges Viereck bildete. Ich fuhr mit dem Messer hinein und – hob einen viereckigen Deckel empor. Das Geheimnis war entdeckt.

Nach weiterem Suchen fand ich über den beiden Wohnräumen einige schadhafte Stellen, welche es ermöglichten, hinabzusehen und nicht nur alles zu überblicken, sondern auch das Gespräch der darunter Befindlichen zu belauschen.

Jetzt stieg ich wieder hinab, machte kurzen Prozeß, faßte meinen Rappen beim Zügel und führte ihn in die Stube.

»Hallo!« rief der Engländer. »Was ist los?«

»Holt Euer Pferd auch herein, denn auf diese war es wohl abgesehen. Da draußen über dem Flur ist ein Loch, durch welches man hinabsteigen und die Türe öffnen kann. Die Kurden hätten gewartet, bis wir schliefen, und wären dann mit unseren Pferden davongegangen.«

»Ist richtig, sehr richtig! Werden das tun! *Yes!*«

Auch die Andern waren einverstanden. Die Fenster wurden verhangen, die Pferde in das hintere Gemach gebracht; dann zog ich die Leiter in den Flur und schaffte den Hund auf das Dach hinauf. Nun konnten die Kurden immerhin über die Mauer in den Hof steigen; sie fanden ihn leer und mußten wieder abziehen. Vielleicht irrte ich mich auch, und sie hegten gar keine diebischen Absichten; dann war es um so besser.

Jetzt nun konnten wir endlich auch über unsere weiteren Pläne sprechen. In Amadijah war dies nicht geschehen, weil uns da jeder Augenblick etwas Neues bringen konnte, und unterwegs waren wir nur bedacht gewesen, schnell vorwärts zu kommen. Es handelte sich natürlich um den Weg, welcher uns zurück nach dem Tigris führen sollte.

»Der kürzeste Pfad geht durch das Gebiet der Dschesidi,« meinte Mohammed Emin.

»Den dürfen wir nicht nehmen,« antwortete Amad. »Man hat mich da gesehen und würde mich erkennen.«

»Er ist auch in anderer Beziehung nicht sicher,« fügte ich hinzu, »besonders da wir nicht wissen, wie der Gouverneur von Mossul seinen Bericht abgefaßt hat. Direkt nach Westen können wir nicht.«

»So bleiben uns zwei Wege,« erklärte Mohammed. »Der eine geht durch Tijari nach dem Buthan und der andere führt uns auf den Zab hinunter.«

»Beide sind gefährlich, weniger für den entflohenen Gefangenen als vielmehr im allgemeinen. Aber ich ziehe den Weg nach Süden vor, wenn er uns auch in das Gebiet der Abu Salman bringt.«

Dieser Ansicht stimmten die Anderen bei, und dem Engländer war alles recht. Es wurde daher beschlossen, über Gumri nach Lizan zu reiten, von da aus dem Flusse zu folgen, bis er seine große Wendung in das Land der Schirwan- und Zibar-Kurden macht, und diesen Bogen durch einen Ritt quer über die Berge von Tura Ghara und Haïr abzuschneiden. Dann mußten wir an die Ufer des Akra gelangen, der uns wieder an den Zab brachte.

Nachdem wir hierüber einig geworden waren, legten wir uns zur Ruhe. Ich schlief sehr fest und erwachte durch einen Stoß, den ich von dem neben mir liegenden Engländer erhielt.

»Master!« flüsterte er. »Schritte draußen! Schleicht jemand!«

Ich horchte gespannt, aber die Pferde waren nicht sehr ruhig, und so konnte man sich nicht auf das Gehör verlassen.

»Es wird nichts zu bedeuten haben,« meinte ich. »Wir sind doch nicht in einer offenen Wildnis, wo jedes Geräusch, von einem Menschen verursacht, das Nahen einer Gefahr verkündet. Man wird im Dorfe wohl noch nicht schlafen gegangen sein.«

»Mögen es tun! Sich auf die Nase legen! *Well!* Gute Nacht, Master!«

Er drehte sich auf die andere Seite. Nach einiger Zeit aber horchte er wieder auf. Auch ich hatte jetzt deutlich ein Geräusch vom Hofe her vernommen.

»Sind im Hofe,« raunte Lindsay mir zu.

»Es scheint so. Merkt Ihr, was für einen guten Hund ich habe? Er hat verstanden, daß er nur auf das Dach aufzupassen hat, und darum gibt er jetzt noch keinen Laut von sich.«

»Edle Rasse! Will die Kerls nicht verscheuchen, sondern fangen!«

Jetzt aber dauerte es lange, bis wir wieder einzuschlafen vermochten, vielleicht über eine halbe Stunde, da vernahm ich an der Vorderseite des Hauses leise Schritte. Ich stieß Lindsay.

»Höre es schon!« meinte er. »Was aber haben sie vor?«

»Sie werden glauben, daß wir die Pferde in den Flur gezogen haben, und legen nun von außen eine Leiter an, um auf das Dach und durch dasselbe herunter zu den Tieren zu gelangen. Wenn ihnen dies glückte, so brauchten sie nur die vordere Türe zu öffnen, um mit unseren Pferden davonzugehen.«

»Soll ihnen nicht gelingen!«

Kaum hatte er dies gesagt, so erscholl fast grad über uns der laute Schrei einer menschlichen Stimme und das kurze kräftige Anschlagen des Hundes.

»Hat ihn!« jubelte Lindsay.

»Pst, leise!« mahnte ich.

Auch die Andern waren aufgewacht und lauschten.

»Werde nachsehen,« meinte der Engländer.

Er erhob sich und schlich hinaus. Es dauerte wohl fünf Minuten, bis er zurückkam.

»Sehr schön! *Yes!* Ausgezeichnet! War oben. Da liegt ein Kerl und über ihm der Hund. Wagt nicht zu reden oder sich zu rühren. Und unten auf der Gasse viel Kurden. Sprechen auch nicht.«

»So lange der Hund nicht lauter wird, sind wir in Sicherheit. Aber wenn sie mehrere Leitern anlegen, so müssen wir hinauf.«

Wir lauschten wieder eine lange Zeit. Da erscholl ein fürchterlicher Schrei – es war ein Todesschrei, daran war gar nicht zu zweifeln – und sofort ein zweiter und gleich darauf wieder das laute, Sieg verkündende Bellen des Hundes.

Jetzt konnte es gefährlich werden. Wir erhoben uns. Ich rief Halef zu mir; denn seiner war ich am sichersten. Wir traten leise hinaus auf den Flur und stiegen die Leiter empor auf das Dach. Ein menschlicher Körper lag auf demselben. Ich untersuchte ihn; er war tot; der Hund hatte ihm das Genick zermalmt. Wo dieser sich jetzt befand, verriet mir ein leiser, leiser Ton, mit dem er mich bewillkommnete. Vielleicht fünf Schritte von dem Toten lag ein zweiter Körper, und auf demselben hatte sich der Hund ausgestreckt. Eine einzige Bewegung brachte dem unter ihm liegenden Menschen den sicheren Tod.

Wenn ich die Augen recht anstrengte, sah ich unten allerdings viele Leute stehen. Es war kein Zweifel, daß sich das ganze Dorf beteiligt hatte, den Pferdediebstahl oder gar noch etwas anderes auszuführen. Der erste, welcher das Dach erstiegen hatte, war von dem Hunde niedergerissen worden, und sein Schrei hatte die andern zur Vorsicht gemahnt. Als aber der zweite heraufgekommen war, hatte sich der Hund nicht anders zu helfen gewußt, als daß er den vorigen erbiß, um den jetzigen packen zu können.

Was sollten wir tun!

Ich stieg hinab und ließ Halef als Wächter oben. Eine kurze Beratung ergab, daß wir uns vollständig schweigsam verhalten wollten, um am Morgen tun zu können, als ob wir gar nichts gehört hätten. Gefährlich war unsere Lage im höchsten Grade, obgleich wir uns selbst gegen einen noch zahlreicheren Feind recht gut hätten verteidigen können; aber wir hätten das ganze vor uns liegende Land in ein uns feindliches verwandelt, während es uns doch auch nicht möglich war, wieder umzukehren.

Da klopfte es sehr laut an den Eingang des Hauses. Die Kurden hatten Beratung gehalten, und wir sollten nun das Ergebnis derselben erfahren. Wir zündeten eine der Kerzen wieder an und traten mit unseren Waffen hinaus auf den Flur.

»Wer klopft?« erkundigte ich mich.

»Chodih, öffne!« antwortete der Nezanum. Ich erkannte ihn an der Stimme.

»Was willst du?« fragte ich.

»Ich muß dir etwas Wichtiges sagen.«

»Du kannst es so auch sagen.«

»Ich muß drin bei euch sein!«

»So komm herein!«

Ich fragte ihn gar nicht erst, ob er allein sei; denn es sollte keinem zweiten gelingen, einzutreten. Die Gefährten legten ihre Gewehre an; ich zog den Balken weg und stellte mich so hinter die Türe, daß sie nur halb geöffnet werden und also auch nur einem einzelnen Manne den Eintritt lassen konnte. Als er die auf sich gerichteten Waffen sah, blieb er in der Türöffnung stehen.

»Chodih! Ihr wollt auf mich schießen?«

»Nein. Wir halten uns nur für alles bereit. Es könnte doch auch ein anderer, ein Feind sein!«

Er kam vollends herein, und ich schob den Balken wieder vor.

»Was willst du, daß du uns in unserer Ruhe störst?« begann ich nun.

»Ich will euch warnen,« antwortete er.

»Warnen! Wovor?«

»Vor einer sehr großen Gefahr. Ihr seid meine Gäste, und daher ist es meine Pflicht, euch aufmerksam zu machen.«

Sein Blick forschte ringsum und fiel auf die Leiter und auf das geöffnete Loch im Dache.

»Wo habt ihr eure Pferde?« fragte er.

»Drin in der Stube.«

»In der Stube? Chodih, diese ist doch nur für Menschen gemacht!«

»Ein gutes Pferd ist dem Reisenden mehr wert als ein schlechter Mensch!«

»Der Besitzer dieses Hauses wird zornig sein, denn die Hufe der Tiere werden ihm seine Diele zerstampfen.«

»Wir werden ihn entschädigen.«

»Warum habt ihr die Leiter hereingenommen?«

»Sie gehört herein, da keine Treppe vorhanden ist.«

»Habt ihr geschlafen?«

Ich bejahte, und er fragte weiter:

»Habt ihr Geräusch gehört?«

»Wir hörten draußen vor dem Hause Leute gehen, aber das können wir ihnen nicht verbieten. Doch wir hörten auch Leute in den Hof steigen, und das war uns nicht lieb. Der Hof ist unser. Wären unsere Pferde noch draußen gewesen, so hätten wir auf die Eindringlinge geschossen, da wir sie für Diebe hätten halten müssen.«

»Pferde können nicht über die Mauer fortgeschafft werden, und du hast ja wohl auch den Hund im Hofe, den ich heute bei dir gesehen habe.«

Das war eine Wendung, auf die ich nicht einging.

»Das wissen auch wir, daß man die Pferde nicht über die Mauer bringt; aber man konnte sie hier durch den Flur führen.«

»Man kann ja nicht herein!«

»Laß deine Gedanken etwas weiter reichen, Nezanum! Wenn man auf das Dach und von da hier heruntersteigt, so kann man die Hof- und auch die Vordertüre öffnen und alle Pferde entführen, zumal wenn man die Stubentüre hier mit dem Riegel verschließt. Wir hätten dann drin gesteckt, ohne uns wehren zu können.«

»Wer sollte auf das Dach steigen!«

»O, es hatte sich ja bereits ein Mann da oben versteckt und die Leiter mit emporgezogen. Das erweckte natürlich unsern Verdacht, und so haben wir die Pferde zu uns hereingenommen. Und wenn auch nun hundert auf das Dach steigen wollten, sie würden wohl hinauf, aber nicht in das Innere des Hauses kommen, und am Morgen würden ihre Leichen auf dem Dache liegen.«

»Würdet ihr sie töten?«

»Nein, wir würden ruhig schlafen; denn wir wissen, daß wir uns auf meinen Hund, der oben ist, verlassen können.«

»Aber ein Hund gehört doch nicht auf das Dach!«

»Ein Hund gehört überall dahin, wo es gilt, wachsam zu sein, und ich will dir sagen, daß die Hunde der Tschermaka des Nachts sehr gern auf den Dächern spazieren gehen. Aber du wolltest uns ja warnen! Wovor? Du hast uns die Gefahr noch nicht genannt.«

»Es wurde vorhin einem Bewohner des Dorfes seine Leiter gestohlen, und als er sie suchte, fand er sie an eurem Hause lehnen. Es standen einige fremde Leute dabei, die aber schnell entflohen. Da dachten wir, daß es Diebe seien, die in euer Haus eindringen wollten, und daher bin ich gekommen, um es euch zu sagen.«

»Ich danke dir! Aber du kannst ruhig sein und wieder gehen, und auch wir werden uns wieder niederlegen; denn der Hund wird keinen Dieb in das Haus kommen lassen.«

»Aber wenn er einen Menschen tötet!«

»Einen einzelnen tötet er nicht; er hält ihn am Boden fest, bis ich komme. Aber wenn ein zweiter so unvorsichtig wäre, nachzusteigen, so wird er den ersten allerdings töten, um den zweiten packen zu können.«

»Chodih, so ist bereits ein Unglück geschehen!«

»Inwiefern denn?«

»Es ist bereits ein zweiter emporgestiegen!«

»Weißt du das gewiß?«

»Ganz gewiß.«

»O, Nezanum, so bist du also dabei gewesen, als diese Diebe uns überfallen wollten! Was muß ich von dir und von eurer Gastfreundschaft denken!«

»Ich war nicht dabei, sondern man hat es mir gesagt.«

»So ist jener dabei gewesen, welcher es dir sagte!«

»Nein, er hat es auch nur erst vernommen.«

»Das bleibt sich gleich. Wer es zuerst gesagt hat, ist doch bei den Dieben gewesen. Aber was gehen mich diese an! Ich habe keinem Menschen erlaubt, auf mein Dach zu steigen, und wer es dennoch tut, der mag auch zusehen, wie er ohne mich wieder herunterkommt. Gute Nacht, Nezanum!«

»So willst du nicht nachsehen?«

»Ich habe keine Lust dazu!«

»Laß wenigstens mich hinauf!«

»Ich erlaube es dir, denn du bist kein Dieb und kommst erst zu mir, um mich darum zu fragen. Aber hüte dich vor dem Hunde! Wenn er dich bemerkt, wird er dich fassen und vorher den andern totbeißen, falls schon einer oben ist.«

»Ich habe Waffen!« meinte er.

»Er ist schneller als du, und töten darfst du ihn ja nicht; denn du müßtest ein reicher Mann sein, um ihn mir bezahlen zu können!«

»Chodih, gehe mit hinauf! Ich bin der Nezanum, und meine Pflicht gebietet mir, nachzusehen.«

»Wenn du deines Amtes zu walten hast, so werde ich dir diesen Gefallen erweisen. Komm herauf!«

Ich stieg voran, und er folgte. Droben angekommen, sah er sich um und bemerkte den Toten. Unten standen noch ebenso viele Leute, als ich vorhin gesehen hatte.

»Chodih, hier liegt einer!« rief er.

Ich trat hinzu. Er bückte sich und befühlte den Mann.

»Sere men,[1] er ist tot! O, Herr, was hat dein Hund getan!«

»Seine Pflicht. Klage nicht über ihn, sondern lobe ihn. Dieser Mann hat wohl den Besitzer dieses Hauses überfallen wollen und nicht geahnt, daß heute Leute hier wohnen, die sich von keinem Diebe oder Mörder überfallen lassen.«

»Aber wo ist der Hund?« fragte er. Ich wies auf die Stelle, und er rief aus:

»O, Chodih, es liegt einer unter ihm! Rufe den Hund weg!«

»Ich werde mich wohl hüten; aber sage diesem Manne, daß er sich ja nicht rühren und ja kein Wort sprechen soll, sonst ist er verloren.«

»Du kannst ihn doch nicht während der ganzen Nacht hier liegen lassen!«

---

1 Bei meinem Haupte.

»Die Leiche werde ich dir übergeben; aber dieser Lebende bleibt mein.«

»Warum soll er hier bleiben?«

»Wenn noch jemand wagt, dieses Haus oder diesen Hof zu betreten, so wird er von dem Hunde zerrissen. Dieser Mann bleibt als Geisel hier.«

»Und ich verlange ihn!« sagte der Nezanum barsch.

»Und ich behalte ihn!« lautete meine Antwort.

»Ich bin Nezanum und gebiete es dir!«

»Laß das Gebieten bleiben! Willst du die Leiche mitnehmen oder nicht?«

»Ich nehme beide, den Toten und den Lebendigen!«

»Ich will nicht grausam sein, sondern dir versprechen, daß dieser Mann nicht in dieser unbequemen Lage bleiben soll. Ich werde ihn mit herunter in die Stube nehmen. Aber jeder Angriff gegen uns würde seinen Tod zur Folge haben!«

Er legte die Hand auf meinen Arm und sagte ernst:

»Schon dieser eine hier, welchen der Hund erwürgt hat, fordert euern Tod. Oder kennen die Tschermaka die Blutrache nicht?«

»Was redest du von Blutrache? Ein Hund hat einen Dieb erbissen. Das ist kein Fall, welcher die Blutrache herausfordert!«

»Er fordert sie, denn Blut ist geflossen, und euer Tier hat es vergossen.«

»Und wenn es so wäre, so geht es dich nichts an. Du hast selbst zu mir gesagt, daß diese Diebe Fremdlinge sind.«

»Es geht mich sehr viel an, denn das Blut ist in meinem Dorfe geflossen, und die Anverwandten des Toten werden die Rechenschaft auch von mir und von allen meinen Leuten fordern. Gib beide heraus!«

»Nur den Toten!«

»Schweig!« rief er nun laut, während wir bisher ziemlich leise gesprochen hatten. »Ich befehle es dir abermals. Und wenn du nicht gehorchest, so werde ich mir Gehorsam zu verschaffen wissen!«

»Wie wirst du das machen?«

»Die Leiter liegt noch am Hause. Ich laß meine Leute heraufkommen; sie werden dich wohl zwingen!«

»Du vergissest dabei die Hauptsache: – unten befinden sich vier Männer, die sich vor keinem Menschen fürchten, und hier oben bin ich mit meinem Hunde.«

»Auch ich bin oben!«

»Du würdest sofort unten sein. Paß auf!«

Ehe er es vermuten konnte, faßte ich ihn unter dem rechten Arm und beim linken Oberschenkel und hob ihn empor.

»Chodih!« brüllte er.

Ich ließ ihn wieder nieder.

»Was hätte mich gehindert, dich hinabzuwerfen? Nun gehe und sage deinen Männern, was du gehört hast!«

»Du gibst diesen Mann nicht heraus?«

»Einstweilen noch nicht!«

»So behalte auch den Toten. Du wirst ihn bezahlen müssen!«

Er stieg nicht wieder in das Innere des Hauses, sondern gleich an der Leiter hinab, welche an der Außenseite des Hauses lehnte.

»Und sage deinen Leuten,« rief ich ihm noch zu, »daß sie fortgehen und diese Leiter mitnehmen sollen. Ich wünsche, dieses Haus frei zu haben, und werde jedem, der vor demselben stehen bleibt, eine Kugel senden!«

Er hatte die Erde erreicht und sprach leise mit den Männern. Ebenso leise wurde ihm geantwortet. Ich konnte kein Wort verstehen. Aber nach einiger Zeit wurde die Leiter weggenommen, und die Versammlung zerstreute sich.

Erst jetzt rief ich dem Hunde zu. Er ließ von dem Manne ab, trat aber nur einen Schritt von ihm weg.

»Stehe auf!« sagte ich zu dem Kurden.

Dieser erhob sich schwerfällig und holte tief Atem. Er war sehr schmächtig von Gestalt, und seine Stimme hatte einen jugendlichen Klang, als er rief: »Chodeh!«[1]

---

1 O Gott!

Er sprach nur dies eine Wort aus, aber es klang aus demselben die ganze Fülle der ausgestandenen Todesangst.

»Hast du Waffen bei dir?«

»Ich habe nur diesen Dolch.«

Ich trat zur Sicherheit einen Schritt zurück.

»Lege ihn zu Boden und gehe zwei Schritte von der Stelle weg!«

Er tat es, und ich hob den Dolch auf und steckte ihn zu mir.

»Jetzt komm herunter!«

Der Hund blieb oben, und wir stiegen hinab, wo die Andern meiner warteten. Ich erzählte ihnen nun, was sich oben zugetragen hatte. Der Engländer betrachtete sich den Gefangenen, welcher höchstens im Anfang der zwanziger Jahre stehen konnte, und sagte dann:

»Master, dieser Kerl sieht sehr ähnlich! Dem Alten! *Yes!*«

Jetzt fand ich dies auch; vorher hatte ich es nicht bemerkt.

»Wahrhaftig! Sollte es sein Sohn sein?«

»Sicher! Sehr sicher! – Fragt ihn einmal, den Schlingel!«

Verhielt es sich so, dann war allerdings die Sorge des Nezanum um diesen Menschen sehr begründet; aber dann lag auch ein ganz außerordentlicher Bruch der Gastfreundschaft vor.

»Wer bist du?« fragte ich den Gefangenen.

»Ein Kurde,« antwortete er.

»Aus welchem Ort?«

»Aus Mia.«

»Du lügst!«

»Herr, ich sage die Wahrheit!«

»Du bist aus diesem Dorfe!«

Er zögerte nur einen Augenblick, aber es war genug, um mir zu verraten, daß ich recht hatte.

»Ich bin aus Mia!« wiederholte er.

»Was tust du hier so weit von deiner Heimat?«

»Ich bin als Bote des Nezanum von Mia hier.«

»Ich glaube, du kennst den Nezanum von Mia nicht so gut wie den hiesigen; denn du bist der Sohn des letzteren!«

Jetzt erschrak er förmlich, obgleich er sich Mühe gab, dies nicht merken zu lassen.

»Wer hat dir diese Lüge gesagt?« fragte er.

»Ich lasse mich nicht belügen – weder von dir noch von anderen. Ich werde bereits in der Frühe wissen, wer du bist, und dann gibt es keine Gnade, falls du mich betrogen hast!«

Er blickte verlegen vor sich nieder. Ich mußte ihm zu Hilfe kommen: »Wie du dich verhältst, so wirst du behandelt. Bist du aufrichtig, so will ich dir verzeihen, weil du zu jung warst, um dir alles vorher zu überlegen. Verharrst du aber in deiner Verstocktheit, so gibt es keine andere Gesellschaft für dich, als meinen Hund!«

»Chodih, du wirst es doch erfahren,« antwortete er nun. »Ja, ich bin der Sohn des Nezanum.«

»Was suchtet ihr in diesem Hause?« fuhr ich in dem Verhöre fort.

»Die Pferde!«

»Wie wolltet ihr sie fortbringen?«

»Wir hätten euch eingeriegelt und die beiden Türen geöffnet; dann waren die Pferde unser.«

Dieses Geständnis war gar nicht so beschämend für ihn, denn bei den Kurden gilt der Pferdediebstahl ebenso wie der offene räuberische Ueberfall für eine ritterliche Tat.

»Wer ist der Tote, welcher oben liegt?«

»Der Besitzer dieses Hauses.«

»Sehr klug! Er mußte vorangehen, weil er die Schliche am besten kannte. Aber warum bist grad du ihm gefolgt? Es waren doch noch andere und stärkere Männer vorhanden!«

»Der Hengst, welchen du rittest, Chodih, sollte meinem Vater gehören, und ich mußte dafür sorgen, daß kein Anderer ihn beim Zügel ergriff; denn wer ein Pferd zuerst ergreift, hat das Recht darauf.«

»Also dein Vater hat selbst den Diebstahl anbefohlen? Dein Vater, welcher mir die Gastfreundschaft zusagte!«

»Er hat sie dir zugesagt, aber ihr seid dennoch nicht unsere Gäste.«

»Warum nicht?« fragte ich verwundert.

»Ihr wohnt allein in diesem Hause. Wo habt ihr den Wirt, dessen Gast ihr seid? Hättet ihr verlangt, daß der Besitzer dieser

Wohnung in derselben bleiben solle, so wäret ihr unsere Gäste gewesen.«

Hier bekam ich eine Lehre, welche mir später nützlich sein konnte.

»Aber dein Vater hat mir ja Sicherheit versprochen und gelobt!«

»Er braucht sein Versprechen nicht zu halten, da ihr nicht unsere Gäste seid.«

»Mein Hund hat den Wirt getötet. Ist dies bei euch ein Grund zur Blutrache?«

Er bejahte es, und ich examinierte weiter:

»Wer ist der Rächer?«

»Der Tote hat einen Sohn hier.«

»Ich bin mit dir zufrieden. Du kannst nach Hause gehen!«

»Chodih,« rief er freudig erstaunt, »ist dies dein Ernst?«

»Ja. Ich habe dir gesagt, daß du behandelt werden sollst ganz so, wie du dich verhältst. Du bist aufrichtig gewesen, und so sollst du deine Freiheit haben. Sage deinem Vater, daß die Tschermaka sehr friedliche Leute sind, die zwar keinem Menschen nach dem Leben trachten, aber sich auch, wenn man sie beleidigt oder gar angreift, gehörig zu verteidigen wissen. Daß der Wirt gestorben ist, das tut mir leid; aber er selbst trägt die Schuld daran, und ich werde den Rächer seines Blutes nicht fürchten.«

»Du könntest ihm ja den Preis bezahlen. Ich will mit ihm reden.«

»Ich bezahle nichts. Hätte der Mann uns nicht berauben wollen, so wäre ihm nichts Uebles geschehen.«

»Aber Herr, man wird euch töten, einen wie den andern, sobald der Tag anbricht!«

»Obschon ich dir die Freiheit und das Leben geschenkt habe?«

»Ja, dennoch! Du bist gut gegen mich, und darum will ich dich warnen. Man will eure Pferde, eure Waffen und auch euer Geld haben, und so wird man euch nicht erlauben, das Dorf zu verlassen, bis ihr dies alles hergegeben habt. Und außerdem wird der Rächer noch dein Blut verlangen.«

»Man wird weder unser Geld noch unsere Waffen und Pferde erhalten, und mein Leben steht in der Hand Gottes, aber nicht in der Hand eines Kurden. Ihr habt unsere Waffen gesehen, als ich nach einem Baum und einem Zweige schoß; ihr werdet ihre volle Wirkung kennen lernen – erst dann, wenn wir auf Menschen zielen.«

»Chodih, eure Waffen werden uns nichts tun; denn wir werden uns in die beiden Häuser legen, welche hier gegenüber stehen, und können euch durch die Fenster niederschießen, ohne daß ihr uns zu sehen bekommt.«

»Also eine Belagerung!« bemerkte ich. »Sie wird nicht lange dauern.«

»Das wissen wir. Ihr habt nichts zu essen und zu trinken und müßt doch endlich geben, was wir verlangen,« meinte der junge Kurde.

»Das fragt sich sehr! Sage deinem Vater, daß wir Freunde des Bey von Gumri sind.«

»Darauf wird er nicht hören. Ein Pferd ist mehr wert als die Freundschaft eines Bey.«

»So sind wir fertig. Du kannst gehen; hier ist dein Dolch!«

»Chodih, wir werden euch die Pferde und alles andere nehmen, aber wir werden euch als wackere und gute Männer ehren!«

Das war so naiv, wie nur ein Kurde sein kann. Ich ließ ihn zur Tür hinaus, während sich hinter mir laute Stimmen erhoben.

»Master,« rief Lindsay, »Ihr laßt ihn frei?«

»Weil es besser für uns ist.«

»So erzählt doch! Was sagte er? Muß alles wissen! *Yes!*«

Ich berichtete mein ganzes Gespräch mit dem Kurden, und die Nachricht, daß der Nezanum es sei, dem wir den Ueberfall zu verdanken hatten, brachte mir eine Flut der kräftigsten Ausdrücke zu Gehör.

»Und du hast diesen Dieb freigelassen, Emir!« sagte Mohammed Emin vorwurfsvoll. »Aber warum?«

»Zunächst aus Teilnahme für ihn, sodann aber auch aus Berechnung. Behalten wir ihn hier, so ist er uns hinderlich, und wir müssen ihn speisen, während wir selbst Mangel haben. Nun aber ist er voll von Dankbarkeit gegen uns und wird eher zur

Sühne als zum Streite raten. Wir wissen nicht, was vorkommen kann, und werden nur dann sicher sein und ohne Erschwerung handeln können, wenn wir unter uns allein sind.«

Diese Ansicht erhielt die Zustimmung aller. Vom Schlafe war ohnehin keine Rede mehr, und so beschlossen wir, auf unserer Hut zu sein.

Da stieß mich Halef am Arm und sagte:

»Sihdi, da hast du doch nun Zeit, an das Geschenk zu denken, welches mir der Mann in Amadijah für dich gegeben hat.«

Ja richtig, an das Etui hatte ich ja gar nicht mehr gedacht.

»Bringe es her!«

Ich öffnete und konnte einen Ruf der Bewunderung nicht unterdrücken. Das Etui war von sehr schöner, sauberer Arbeit, aber was war es im Vergleich zu seinem Inhalt! Ein persisches Kaliuhn[1] zum Tabakrauchen beim Reiten befand sich darin. Es war eine teure Pfeife, um deren Besitz mich sogar der Engländer beneiden wollte. Schade, daß ich sie nicht gleich anrauchen konnte, da wir nur einige Schlücke Wasser hatten!

»Gab er dir auch etwas, Halef?« fragte ich den Diener.

»Ja, Sihdi. Fünf goldene Medschidje. Sihdi, es ist doch manchmal gut, daß Allah auch tolle Kirschen wachsen läßt, wie du jene Beere nennst. Allah illa Allah! Er weiß am besten, was er tut!« – –

Als der Tag zu grauen begann, begaben wir uns auf das Dach, von wo aus wir den größten Teil des Dorfes überblicken konnten. Wir sahen nur in der Ferne einige Männer stehen, welche unser Haus zu beobachten schienen; in der Nähe aber regte sich niemand. Nach kurzer Zeit tat sich jedoch die Türe eines der gegenüberliegenden Häuser auf, und es traten zwei Männer hervor, welche zu uns herüberkamen. Auf der Mitte des Weges blieben sie stehen.

»Werdet ihr schießen?« fragte der eine.

»Nein. Ihr habt uns ja noch nichts getan,« antwortete ich.

»Wir sind ohne Waffen. Dürfen wir den Toten holen?«

»Kommt herauf!«

---

1 Wasserpfeife.

Halef stieg hinab, um die Türe zu öffnen, und die beiden Kurden kamen auf das Dach.

»Seid ihr verwandt mit dem Toten?« redete ich sie an.

»Nein. Wenn wir Verwandte desselben wären, kämen wir
5 nicht herauf zu dir, Chodih.«

»Warum nicht?«

»Wir könnten ihn besser rächen, wenn du uns nicht kennst.«
Wieder eine Lehre, welche mir bewies, wie viel ein Mensch
zu lernen hat.

10 »Schafft ihn fort!« sagte ich.

»Wir haben dir zuvor eine Botschaft von dem Nezanum auszurichten.«

»Was läßt er uns sagen?«

»Er sendet dir seinen Dank dafür, daß du ihm den Sohn ge-
15 schickt hast, der doch in deinen Händen war.«

»Ist dies alles?«

»Sodann fordert er von euch die Pferde, die Waffen und alles
Geld, das ihr bei euch habt. Dann sollt ihr in Frieden ziehen
dürfen. Eure Kleider hat er nicht verlangt, weil du barmherzig
20 gegen seinen Sohn gewesen bist.«

»Sagt ihm, daß er nichts bekommen wird.«

»Du wirst es dir anders überlegen, Chodih! Aber wir haben
dir auch noch eine andere Botschaft zu bringen.«

»Von wem?«

25 »Von dem Sohne dieses Toten.«

»Was läßt er mir sagen?«

»Du sollst ihm dein Leben geben.«

»Ich will es ihm geben.«

»Herr, ist dies wahr?« fragte der Mann erstaunt.

30 »Ja. Sage ihm, er soll zu mir kommen und es sich mitnehmen!«

»Herr, du scherzest in einer ernsten Sache. Wir haben den
Auftrag, dein Leben oder den Blutpreis zu fordern.«

»Wie viel verlangt er?«

35 »Vier solche Gewehre, wie du hast, mit denen man immerfort
schießen kann, und fünf solche kleine Pistolen, aus der du sechs
Schüsse tatest. Sodann drei Pferde und zwei Maultiere.«

»Ich habe diese Sachen nicht!«

»So schickst du nach ihnen und bleibst so lange hier, bis sie kommen.«

»Ich gebe nichts!«

»So wirst du sterben müssen. Siehst du den Gewehrlauf dort aus dem Fenster ragen? Das ist sein Gewehr. Von dem Augenblick an, da ich ihm deine Antwort bringe, wird er auf dich schießen.«

»Er mag es tun.«

»Und ihr wollt auch das andere nicht geben?«

»Nein. Holt euch selbst unsere Habe!«

»So mag der Kampf beginnen!«

Sie hoben ihren Toten auf und trugen ihn auf der Leiter hinab und zum Hause hinaus. Wir verriegelten hinter uns die Türe. Natürlich mußte ich den Gefährten die Forderung der beiden Abgesandten verdolmetschen. Die Araber waren sehr ernst; sie kannten die Tücken und Grausamkeiten der Blutrache zu genau; aber der Engländer schnitt ein vergnügtes Gesicht.

»O, herrlich! Belagerung! Bombardement! Bresche schießen! Sturm laufen! *Well!* Werden es aber nicht tun, Sir!«

»Sie werden es tun, Master Lindsay; sie werden uns bombardieren und auf uns schießen, sobald wir uns sehen lassen, denn – – –«

Als augenblickliche Bestätigung meiner Worte fiel ein Schuß, noch einer, drei, vier – – – und dazu hörten wir Dojan laut auf dem Dache bellen. Ich eilte zur Leiter empor und steckte den Kopf vorsichtig aus der Bodenöffnung heraus. Es bot sich mir ein spaßhafter Anblick. Man schoß aus den beiden Häusern da drüben auf den Hund. Dieser merkte das und bellte die an ihm vorüberfliegenden Kugeln an. Ich rief ihn zu mir her, nahm ihn auf die Arme und trug ihn hinab.

»Seht Ihr's, Master, daß ich recht habe? Sie schossen bereits auf den Hund.«

»*Well!* Werde probieren, ob auch auf Menschen!«

Er öffnete die Türe des Hauses und trat zwei Schritte vor dasselbe hinaus.

»Was fällt Euch ein, Sir! Wollt Ihr gleich hereinkommen?«

»Pshaw! Haben schlechtes Pulver. Hätten sonst den Hund getroffen!«

Drüben krachte ein Schuß, und die Kugel flog in die Mauer. Lindsay sah sich um und deutete mit dem Zeigefinger auf das Loch, welches sie gebohrt hatte, um dem Schützen zu zeigen, daß er auf beinahe vier Ellen weit gefehlt habe. Eine zweite Kugel hätte ihn beinahe getroffen; da trat ich hinaus, faßte ihn und schob ihn hinein. Nun erscholl drüben ein lauter Schrei; ein dritter Schuß krachte, und die Kugel traf ganz in der Nähe meiner Achsel die Kante der Türe. Das war sicher des Toten Sohn gewesen, welcher mir durch seinen Ruf andeuten wollte, daß die Kugel aus dem Gewehre des Bluträchers komme. Es war also nun wirklich Ernst geworden.

»Sihdi,« meinte Halef, »schießen wir nicht auch?«

»Jetzt noch nicht.«

»Warum jetzt nicht? Wir schießen besser wie sie, und wenn wir auf ihre Fenster zielen, so werden sie sich sehr in acht zu nehmen haben.«

»Das weiß ich. Aber wir wollen zunächst sehen, ob wir ihnen nicht entrinnen können, ohne einen von ihnen töten zu müssen. Es ist genug an dem Erbissenen.«

»Wie wollen wir entrinnen? Sobald wir mit den Pferden vor die Türe kommen, werden wir Kugeln erhalten.«

»Aber diese Leute wollen ja die Pferde haben und werden diese also nicht treffen wollen. Wenn wir uns hinter die Tiere verstecken, so schießen sie vielleicht nicht.«

»O, Sihdi, ehe sie uns mit den Pferden entkommen lassen, werden sie dieselben lieber töten!«

Das war allerdings wahr. Ich sann und sann, um ein Mittel zu finden, uns ohne Blutvergießen aus dieser fatalen Lage zu befreien; vergeblich! Da erbarmte sich der Engländer meiner.

»Worüber nachdenken, Sir?«

Ich sagte es ihm.

»Warum sollen wir nicht schießen, wenn sie schießen? Dann sind einige kurdische Diebe weniger! Was weiter? Könnten fortkommen, ganz gut! Ohne einen Schuß! – Hm! Geht aber nicht!«

»Warum nicht?«

»Blamieren uns! Würde aussehen wie Flucht! Wäre skandalös!«

»Das kann uns gleichgültig sein. Ihr wißt, Sir, daß ich mich gewiß nicht zu etwas entschließen werde, was uns in Wirklichkeit blamiert. Also sagt mir Euern Plan.«

»Müssen erst wissen, ob wir auch von hinten belagert werden.«

»Da gibt es keine Gebäude.«

»Aber vom Felde aus!«

»Nun, weiter!«

»Könnten ja ein Loch in die Mauer machen!«

»Ah, wirklich; das ist kein übler Gedanke!«

»Well! Sehr gut! Ausgezeichnet! Kommt von Master Lindsay! Yes!«

»Aber die Werkzeuge fehlen uns!«

»Habe ja meine Hacke!«

Allerdings hatte er sein »Häcklein« stets am Sattel mit sich geführt; das Ding aber paßte wohl, um das Loch für eine Pflanze in ein Gartenbeet zu machen, nicht aber, um eine Mauer einzureißen.

»Diese Hacke ist zu schwach, Sir. Vielleicht ist im Hofe ein Werkzeug zu finden. Kommt heraus!«

Ich teilte den andern den Plan des Engländers mit, und sie begleiteten uns. Ich stieg auf die Mauer und sah, daß man dieser Seite des Hauses gar keine Beachtung geschenkt habe; denn nirgends war ein Mensch zu sehen. Die Kurden nahmen jedenfalls an, daß wir der Pferde wegen das Haus nur durch den vorderen Eingang verlassen könnten, und daß sie infolgedessen nur diesen zu blockieren brauchten, um uns in der Falle zu fangen.

»Hier!« hörte ich Lindsay rufen. »Hier ist etwas, Sir!«

Das Ding, welches er triumphierend in die Höhe hob, glich einem an seiner Spitze mit Eisen beschlagenen Hebebaume und war ganz geeignet, ein Stück der alten Mauer in Bresche zu legen.

»Das geht! Nun haben wir dafür zu sorgen, daß wir ungestört arbeiten können und bei den Schützen da drüben keinen Verdacht erwecken. Halef mag die Pferde in den Hof schaffen; Amad legt sich auf das Dach, um Wache zu halten, damit niemand bemerkt, was wir hier tun. Ich und Lindsay werfen die Mauer um, und Mohammed mag zuweilen durch das Fenster einen Schuß abgeben, damit sie denken, daß wir uns alle in der Stube befinden. Gelingt es uns, auf diese Weise hinauszukommen, so brauchen wir doch darum noch keine ehrlose Flucht zu ergreifen, sondern wir reiten in Parade an ihnen vorüber. Sie werden vor Erstaunen ganz sicher das Schießen vergessen.«

Diese Arbeitsteilung bewährte sich ganz vortrefflich. Halef beschäftigte sich mit den Pferden; der Haddedihn hielt in aller Gemütsruhe seine Schießübungen, und der Engländer bohrte energisch an der Mauer herum. Es galt dabei, das Zerstören der Mauer nicht oben, wo es sehr leicht geworden wäre, zu beginnen; denn das hätte uns verraten können. Wir mußten von innen und unten arbeiten, damit man unsere Absicht erst dann bemerken könnte, wenn einige kräftige Stöße genügten, das Werk zu vollenden.

Endlich hatten wir den ersten, großen Stein heraus, und nun folgten die andern Steine bald nach. Als wir fast zu Ende waren, wurden die beiden Haddedihn gerufen. Ein jeder stellte sich an sein Pferd. Master Lindsay ergriff den Hebebaum zum letzten Stoße.

»Jetzt alles umrennen! *Yes!*«

Er nahm einen Anlauf, stürzte vorwärts und prallte mit solcher Wucht an die Mauer, daß er niederstürzte; aber die letzten Steine prasselten auch zu Boden. Nun wurde in dem Schutt noch ein wenig Bahn gebrochen, dann stiegen wir auf die Pferde. Ein tüchtiger Satz brachte uns über das Geröll hinweg und durch die Bresche hinaus ins Freie. Die Not war zu Ende, noch ehe sie begonnen hatte, und wir verließen eine Herberge, ohne die Rechnung berichtigen zu müssen.

»Wohin jetzt?« fragte Lindsay.

»Im langsamen Trab um die Ecke des Hauses herum und dann im Schritt durch das Dorf. Reitet Ihr voran!«

Er tat es. Ihm folgten die drei Araber, und ich machte den Schluß. Wir kamen zwischen unserer verlassenen Wohnung und den beiden Häusern, aus denen man auf uns geschossen hatte, hindurch, und meine Voraussetzung traf wirklich ein: – es fiel kein einziger Schuß auf uns. Aber wir waren noch gar nicht weit gekommen, so erhoben sich hinter uns laute Rufe. Jetzt gaben wir den Pferden die Sporen und jagten zum Dorfe hinaus.

Hier sahen wir, daß die sämtlichen Pferde des Dorfes sich auf der Weide befanden. Sie graseten in ziemlicher Entfernung von dem Dorfe, so daß wir hoffentlich einen guten Vorsprung gewannen, ehe sie von ihren Reitern bestiegen werden konnten.

Der Weg ging durch ebenes, aber wohl bewässertes Land, welches uns Gelegenheit gab, die Schnelligkeit unserer Pferde vollständig zur Entfaltung zu bringen; nur nicht in Beziehung auf meinen Rappen, der verlangend in die Zügel knirschte und doch gezügelt wurde, weil sonst die andern weit zurückgeblieben wären.

Endlich bemerkten wir hinter uns eine breite Linie von Reitern, welche uns verfolgten.

Mohammed Emin warf jetzt einen besorgten Blick auf das Pferd, welches sein Sohn ritt, und sagte: »Wenn wir dieses Pferd nicht hätten, so würden sie uns wohl nicht erreichen.«

Er hatte recht. Es war das beste Pferd, welches in Amadijah überhaupt zu bekommen gewesen, und dennoch hatte es einen harten Gang und eine mühsame Atmung, daß es bei einem langen Schnellritt sicherlich sehr bald zusammengebrochen wäre.

»Sihdi,« fragte Halef, »du willst keinen Kurden töten?«

»So lange es zu vermeiden ist, nein.«

»Aber auf ihre Pferde können wir doch wohl schießen?«

»Es wird uns nichts anderes übrig bleiben.«

Er nahm seine lange, arabische Flinte von der Schulter und sah nach dem Schlosse. Auf fünfhundert Schritt Entfernung hatte er mit diesem Gewehre sein Ziel noch nie verfehlt, und meine Büchse trug noch weiter.

Die Verfolger kamen uns immer näher. Ihr lautes Geschrei klang ganz anders, als dasjenige, welches man bei einer Phantasia, einem Dscheridwerfen, einem Scheingefechte zu hören bekommt: sie machten Ernst. Einer ritt allen andern voran. Sie näherten sich auf vielleicht fünfhundertfünfzig Schritt; er aber jagte näher, hielt sein Roß an, zielte und schoß. Dieser Mann besaß eine gute Flinte. Wir sahen ganz in unserer Nähe von einem

Steine, welchen die Kugel getroffen hatte, einige Splitter abfliegen. Es war ein noch junger Kurde, vielleicht der Bluträcher.

»*Well!*« meinte der Engländer, indem er seine Büchse nahm und das Pferd herumwandte; »geh herunter, Boy!«

Er legte an und drückte ab. Das Pferd des Kurden tat einen Satz, taumelte und brach zusammen.

»Kann nach Hause gehen! *Yes!*«

Diesem kaltblütigen, sicheren Schusse folgte ein lautes Schreien der Kurden. Sie hielten an und sprachen miteinander, folgten uns aber alsbald wieder nach. In kurzer Zeit erreichten wir einen breiten Bach, über den es keine Brücke gab. Er war reißend und tief, so daß wir eine Stelle suchen mußten, an welcher der Uebergang sich am besten bewerkstelligen ließ. Dies gab uns natürlich Blößen. Die Kurden hielten. Einige von ihnen aber ritten etwas vor, saßen ab und stellten sich hinter ihre Pferde. Wir sahen, daß sie die Läufe ihrer Flinten über die Rücken ihrer Pferde legten.

Schnell waren wir auch von unseren Tieren und taten dasselbe. Einen Augenblick nach ihren Schüssen – nur ich schoß noch nicht – krachten auch die unserigen, welche zeigten, daß wir die besseren Schießeisen besaßen. Von unseren vier Schüssen erreichten drei ihr Ziel, während nur eine einzige Kurdenkugel das Pferd des Engländers am Schwanz gestreift hatte. Lindsay schüttelte den Kopf.

»Haben schlechte Begriffe!« meinte er. »Miserable Begriffe! Wollen ein Pferd von hinten erschießen! Kann nur Kurden passieren!«

»Sucht eine Furt!« riet ich nun. »Halef und ich werden die Kerle in Respekt halten!«

Die Besitzer der getroffenen Pferde waren eilig zu den Ihrigen zurückgekehrt. Zwei aber hielten noch stand. Ich sah, daß sie wieder luden.

»Sihdi, schieße nicht,« bat Halef. »Laß mir allein die Ehre!«

»Gut so!«

Er lud seinen abgeschossenen Flintenlauf wieder und legte an. Gleichzeitig mit ihren Schüssen ließ er auch zweimal hintereinander krachen. Der kleine Hadschi hatte ganz gut getroffen. Eines der Pferde brach an Ort und Stelle zusammen – er hatte es wohl durch den Kopf geschossen – und das andere sprang wiehernd in langen Sätzen über die Ebene dahin. Von den Kugeln der beiden Kurden aber hatten wir nichts gespürt.

»Wenn dies so fortgeht, Sihdi,« lachte Halef, »so haben sie sehr bald keine Pferde mehr und tragen das Sattelzeug selbst nach Hause. Siehst du, wie sie zurücklaufen zu den andern? Sag’ diesen doch, daß auch sie sich zu nahe herangewagt haben!«

»Eine Warnung sollen sie allerdings haben.«

Sie hielten wieder beisammen, und einige Schritte vor ihnen befand sich der Nezanum, welcher eifrig mit ihnen sprach. Sie hatten wohl noch kein Gewehr gekannt, dessen Kugel eine solche Strecke, wie die zwischen uns liegende, zu durchfliegen vermochte, und hielten sich also für vollständig sicher. Sie sahen daher auch erstaunt nach mir, als ich hinter meinem Pferde hervortrat und die Büchse anlegte. Ein Knall – und im nächsten Moment lag der Nezanum am Boden, und sein Pferd wälzte sich über ihm. Ich zielte etwas weiter nach rechts und traf auch das nächste Pferd. Die Kurden jagten nun mit einem lauten Geschrei weit zurück, und die pferdelosen Reiter sprangen unter Verwünschungen hinter ihnen drein. Diese Leute hatten von gestern her zu viel Respekt vor unsern Waffen, sonst wären wir doch verloren gewesen.

Jetzt ließen sie uns Muße, eine Furt zu suchen, die wir auch bald fanden. Wir gingen über den Bach und eilten dann so schnell vorwärts, als das Pferd Amads laufen konnte.

Das Tal von Berwari wird durch viele Flüßchen bewässert, welche von dem Gebirge herabströmen und sich mit einem Arme des Khabur vereinigen, der in den großen Zab mündet. Diese Wasserläufe sind mit Gebüsch umsäumt und die zwischen ihnen liegenden Ebenen von zahlreichen Eichen, Pappeln und anderen Laubbäumen bestanden. Bewohnt wird das Tal teils von Berwari-Kurden, teils von nestorianischen Christen; doch sind die Dörfer der letzteren meist verlassen.

Wir hatten die Verfolger aus dem Gesicht verloren und kamen zu einigen Dörfern, die wir aber in einem möglichst weiten Bogen umritten, da wir nicht wissen konnten, wie man uns begegnen werde. Einige einzelne Männer, welche im Freien beschäftigt waren, bemerkten uns aber doch. Wir ritten rasch weiter.

Leider kannten wir den Weg nicht genau, welchen wir einzuschlagen hatten. Ich wußte nur, daß Gumri im Norden liege; dies war die einzige Kenntnis, die uns als Führer dienen konnte. Die vielen Wasserläufe, welche wir passierten, hielten uns auf und nötigten uns zu manchem Umweg. Endlich gelangten wir an ein Dorf, welches nur aus einigen Häusern bestand. Es war nicht gut zu umreiten, weil es auf der einen Seite an das tiefe Bett eines Baches und auf der andern Seite an ein ziemlich dichtes Gehölz stieß. Das Dorf schien ganz verödet zu sein, und wir ritten völlig unbesorgt darauf los.

Schon waren wir an dem ersten Hause vorbei, da krachten Schüsse. Sie kamen aus den Fensteröffnungen der Häuser. –

»*Zounds!*« rief der Engländer und griff sich an den linken Oberarm.

Eine Kugel hatte ihn getroffen. Ich selbst lag am Boden, und mein Pferd rannte im Galopp davon. Ich stand auf, eilte ihm nach und kam glücklich zum Dorfe hinaus, obgleich auch aus den anderen Häusern mehrere Schüsse auf mich fielen. Eine Blutspur zeigte mir, daß mein Rappe verwundet worden sei. Da dachte ich nicht mehr an die Gefährten; ohne umzublicken, rannte ich vorwärts und fand das Pferd an dem Rande jenes Gehölzes, wo es stehen geblieben war. Die Kugel hatte es hart hinter dem Genick am oberen Hals gestreift und eine zwar nicht gefährliche, aber doch schmerzhafte Wunde gerissen. Ich war noch mit der Untersuchung derselben beschäftigt, als die Gefährten mich erreichten. Sie hatten einige unnütze Kugeln verschossen und waren mir dann gefolgt, ohne weiteren Schaden zu erleiden. Der Engländer blutete am Oberarm.

»Ist's gefährlich, Sir?« fragte ich ihn.

»Nein. Ging nur ins Fleisch. Wißt Ihr, wer es war? Der Nezanum!«

»Nicht möglich!«

»Schoß vom Dache herab. Habe ihn deutlich gesehen!«

»So haben sie uns den Weg abgeschnitten und uns in diesem verlassenen Dorf einen Hinterhalt gelegt. Ein Glück für uns, daß sie sich nicht alle auf die Dächer postierten! Wir wären verloren gewesen. Aus den Fensterspalten aber kann man auf Vorüberreitende keinen sichern Schuß haben.«

»Seid schön heruntergeflogen, Master!« neckte er mich. »War sehr interessant, als man Euch dem Gaul nachlaufen sah! *Yes!*«

»Ich gönne Euch diese Freude, Sir. Doch vorwärts jetzt!«

»Vorwärts? Ich denke, wir müssen ihnen vorher unsern Dank abstatten!«

»Damit würden wir uns in eine neue Gefahr begeben, und übrigens ist es notwendig, Euch zu verbinden, und dies muß doch nicht hier in so unmittelbarer Nähe des Feindes geschehen!«

»*Well!* So kommt!«

Der kleine Hadschi Halef Omar war damit nicht einverstanden.

»Sihdi,« meinte er, »wollen wir diesen Kurden nicht eine Lehre geben und es ihnen unmöglich machen, uns weiter zu verfolgen?«

»Wie willst du dies tun?«

»Wo glaubst du, daß sie ihre Pferde haben?«

»Einige davon vielleicht in den Häusern, die anderen aber ganz sicher außerhalb des Dorfes in irgend einem Versteck.«

»So laß uns diesen Versteck suchen und ihnen die Tiere wegnehmen! Schwer wird dies nicht sein; sie getrauen sich im offenen Felde nicht an uns heran und haben wohl auch keine zahlreiche Bewachung bei den Pferden gelassen.«

»Willst du ein Pferdedieb werden, Halef?«

»Nein, Sihdi. Aber willst du das, was ich dir vorschlage, einen Diebstahl nennen?«

»In diesem Fall der Notwehr wohl nicht; doch wäre es wenigstens sehr unvorsichtig gehandelt. Wir würden Zeit brauchen, um das Versteck zu finden, und müßten vielleicht mit den Wächtern kämpfen, was ganz unnötig ist, da wir Gumri bald erreichen werden und uns alsdann in Sicherheit befinden.«

Wir setzten also unsern Ritt fort und bemerkten nach einiger Zeit, daß die Kurden uns wieder folgten. Sie hielten sich so weit von uns entfernt, daß wir uns in vollständiger Sicherheit befanden. Später verloren wir sie an einer Krümmung aus dem Auge und erblickten sie dann wieder vor uns. Sie hatten uns umritten, um entweder uns abermals den Weg zu verlegen, oder um uns in Gumri zuvorzukommen. Wir bemerkten sehr bald, daß letzteres beabsichtigt sein müsse; denn vor uns stiegen nun, allerdings in noch weiter Entfernung, die Umrisse des isolierten Felsens empor, auf welchem Kalah Gumri liegt. Dieses ist eigentlich nur ein schwaches, aus Lehm erbautes Fort, mit dem einige wenige Geschütze leicht fertig werden könnten; es wird aber von den Kurden für eine sehr starke Festung gehalten.

Wir hatten uns diesem Ort bis auf eine Entfernung von vielleicht einer englischen Meile genähert, als uns plötzlich ein wildes Geschrei umtobte und aus den nahen Büschen mehrere hundert kurdische Krieger hervorsprangen und auf uns eindrangen. Lindsay riß die Büchse empor.

»Um Gottes willen, Sir, nicht schießen!« rief ich ihm zu und schlug ihm den Lauf des Gewehres nieder.

»Warum?« fragte er. »Fürchtet Ihr Euch, Master?«

Ich hatte keine Zeit zur Antwort. Die Kurden waren schon bei uns und zwischen uns und drängten uns auseinander. Ein junger Mensch trat auf meinen im Steigbügel ruhenden Fuß, schwang sich empor und holte mit dem Dolch zum Stoße aus. Ich riß ihm die Waffe aus der Hand und schleuderte ihn hinab. Dann packte ich einen anderen beim Arm.

»Du bist mein Beschützer!« rief ich ihm zu.

Er schüttelte den Kopf.

»Du bist bewaffnet!« antwortete er.

»Ich vertraue dir alle Waffen an. Hier, nimm sie!«

Er nahm meine Waffen an und legte dann die Hand auf mich.

»Dieser ist mein auf den ganzen Tag,« erklärte er laut.

»Und die andern auch,« fügte ich hinzu.

»Sie haben nicht um Schutz gebeten,« wehrte er ab.

»Ich tue es an ihrer Stelle. Sie reden eure Sprache nicht.«

»So mögen sie ihre Waffen ablegen, dann will ich ihr Hal-am[1] sein.«

---

1 »Hal« = Onkel von mütterlicher, »Am« = Onkel von väterlicher Seite. Die Zusammenziehung dieser beiden Worte bedeutet Beschützer.

Die Entwaffnung ging sehr schnell vor sich, obgleich keiner der Gefährten mit meinem Verfahren zufrieden war. Ausgenommen den einen, welcher den Dolch auf mich gezückt hatte, schien es, als ob die Kurden jetzt weniger nach unserem Leben als vielmehr danach trachteten, unsere Personen in ihre Gewalt zu bekommen. Jener eine aber fixierte mich mit so grimmigen Blicken, daß ich in ihm den Bluträcher vermuten mußte, und dies bestätigte sich auch sehr bald; denn als wir uns in Bewegung setzten, ersah er die Gelegenheit, zog den Dolch und warf sich auf meinen Hund. Doch dieser war schneller als der Mann. Er fuhr zurück, um dem Stoße auszuweichen, und faßte dann den Feind gleich über dem Griffe des Dolches am Handgelenk. Wir hörten zwischen den gewaltigen Zähnen des Tieres die Knochen knirschen. Der Kurde stieß einen Schrei aus und ließ den Dolch fallen. Sofort riß ihn der Hund zu Boden und packte ihn an der Kehle. Einige Dutzend Flinten richteten sich auf das mutige Tier.

»Katera Chodeh!« rief ich. »Um Gottes willen die Flinten weg, sonst erwürgt er ihn!«

Eine Kugel, welche den Hund nicht augenblicklich tötete, wäre der Tod des Kurden gewesen. Die Krieger sahen das ein, und da keiner von ihnen seines Schusses ganz sicher sein mochte, so senkten sie die Gewehre.

»Rufe den Hund weg!« gebot mir einer.

»Diese Bestie war es, die meinen Nachbar tötete!« rief eine andere Stimme. Dieselbe gehörte dem Nezanum an, der hinter einem Strauch hervortrat. Er hatte die weise Vorsicht gebraucht, sich bis jetzt in gehöriger Entfernung zu halten.

»Du hast recht, Nezanum,« antwortete ich. »Und er wird auch das Genick dieses Mannes zermalmen, wenn ich es ihm gebiete.«

»Rufe ihn weg!« wiederholte der vorige Sprecher.

»Sage mir zuvor, ob dieser Mann da der Rächer ist!«

»Er ist es, der den Heif[1] hat.«

»So will ich euch zeigen, daß ich ihn nicht fürchte. – Dojan, geri – zurück!«

1 Rache.

Der Hund ließ von dem Kurden ab. Dieser erhob sich. Der Schmerz seiner Hand war so groß, daß er ihn kaum verwinden konnte; noch größer aber war seine Wut. Er trat hart zu mir heran und schüttelte drohend das verwundete Glied.

»Dein Hund hat mir die Kraft meines Armes genommen,« knirschte er. »Aber glaube ja nicht, daß ich nun die Rache einem andern überlassen werde. Ez heïfi cho-e desti cho-e bigerim tera – ich werde mit eigener Hand an dir Rache nehmen!«

»Du redest wie ein Bak,[1] vor dessen Quaken sich niemand fürchten kann!« antwortete ich. »Reiche mir deinen Arm, daß ich ihn untersuche und verbinde!«

»Du bist ein Arzt? Ich mag von dir kein Derman haben, und wenn ich sterben müßte. Aber du wirst Derman[2] von mir erhalten, und zwar so viel, daß du genug daran haben sollst. Das verspreche ich dir!«

»Ich höre, daß dich bereits das Ta[3] ergriffen hat, sonst würdest du deine Hand zu retten suchen.«

»Die Deka[4] von Gumri wird mir helfen. Sie ist ein größerer Arzt als du!« antwortete er verächtlich. »Du und dieser Tazi, ihr seid zwei Hunde und sollt auch wie Hunde sterben!«

Er wickelte die Hand in einen Zipfel seines Gewandes und hob den Dolch auf. Wir wurden in die Mitte genommen, und der Zug setzte sich in Bewegung. Keiner der Kurden hatte ein Pferd bei sich; die Tiere waren in Gumri zurückgelassen worden. Ich war ein wenig besorgt um uns, aber wirkliche Angst empfand ich nicht.

Schweigend schritten die Kurden neben uns her und waren augenscheinlich nur darauf bedacht, uns nicht entfliehen zu lassen. Auch mein kleiner Halef und die beiden Araber sprachen kein Wort, aber der Engländer konnte seinen Aerger nicht ganz verwinden.

---

1 Frosch.
2 Derman heißt im Kurmangdschi Schießpulver; Derman oder Dereman heißt aber auch Medizin, Heilmittel.
3 Wundfieber.
4 Hebamme.

»Schöne Suppe, Sir, die Ihr uns eingebrockt habt!« brummte er; »hätten die Kerle alle erschießen sollen!«

»Das hätten wir nicht fertig gebracht, Sir. Sie kamen zu schnell über uns.«

»*Yes!* Und nun sind sie um uns herum und wir in ihnen drin. Die Waffen abgegeben! Fatale Geschichte! Schauderhaft! Werde mit Euch wieder einmal nach Kurdistan gehen. Wie heißt Esel auf Kurdisch, Master?«

»Ker. Und Eselein, ein junger, ein kleiner Esel heißt Daschik.«

»*Well!* So haben wir Vier wie Daschiks und Ihr habt wie ein sehr alter und sehr großer Ker gehandelt. Verstanden?«

»Sehr verbunden, Master Lindsay! Nehmt meinen innigsten Dank für die Anerkennung! Wollt Ihr denn nicht bedenken, daß es geradezu ein Wahnsinn genannt werden müßte, wenn fünf Männer sich einbilden, mit zweihundert, die ihnen bereits bis auf den Frack gerückt sind, fertig zu werden?«

»Wir hatten bessere Waffen als sie!«

»Konnten wir sie in solcher Nähe gebrauchen? Und hätten wir uns diese Kurden damit vom Leibe gehalten, so wäre jedenfalls viel Blut geflossen; das unserige wohl auch mit. Und dann die Blutrache! Wo denkt Ihr hin!«

Da bemerkten wir einen Reiter, der uns im Galopp entgegenkam. Als er sich soweit genähert hatte, daß seine Gesichtszüge zu sehen waren, erkannte ich Dohub, den Kurden, dessen Verwandte in Amadijah gefangen gewesen waren. Unser Trupp hielt bei seinem Erscheinen an. Er drängte sich ungestüm bis zu mir hindurch und reichte mir die Hand.

»Chodih, du kommst; du bist gefangen!«

»Wie du siehst!«

»O, verzeihe! Ich war fort von Gumri, und als ich jetzt heimkehrte, erfuhr ich, daß man fünf fremde Männer fangen wolle. Ich dachte gleich an dich und bin eilig herbeigekommen, um zu sehen, ob meine Gedanken richtig gewesen sind. Chodih, az kolame ta – Herr, ich bin dein Diener. Befiehl, was du von mir wünschest!«

»Ich danke dir! Aber ich bedarf deiner Hilfe nicht, denn dieser Mann ist bereits unser Beschützer.«

»Für welche Zeit?«

»Für einen Tag.«

»Emir, erlaube mir, daß ich es sei für alle Tage, so lange ich lebe!«

»Wird er es dir gestatten?«

»Ja. Du bist unser aller Freund, denn du wirst der Mivan[1] des Bey sein. Er hat auf dich geharrt und freut sich, dich und die Deinen willkommen zu heißen.«

»Ich werde nicht zu ihm gehen können.«

»Warum nicht?«

»Kann ein Emir sich ohne Waffen sehen lassen?«

»Ich sah bereits, daß man sie euch genommen hat.« Und er wandte sich zu unserer Eskorte mit den Worten: »Gebt die Waffen zurück!«

Dagegen erhob der verwundete Kurde Einspruch:

»Sie sind Gefangene und dürfen keine Waffen tragen!«

»Sie sind frei, denn sie sind die Gäste des Bey!« lautete die Gegenrede.

»Der Bey hat uns selbst befohlen, sie gefangen zu nehmen und zu entwaffnen!«

»Er hat nicht gewußt, daß es die Männer sind, die er erwartet.«

»Sie haben mir den Vater ermordet. Und siehe diese Hand. Ihr Hund hat sie mir zerbissen!«

»So mache das mit ihnen ab, sobald sie nicht mehr Gäste des Bey sind. Komm, Chodih, nimm deine Waffen und erlaube, daß ich dich führe!«

Wir erhielten alles zurück, was wir abgegeben hatten; dann trennten wir uns von den andern und ritten in raschem Tempo nach Gumri hinauf.

»Nun, Sir,« fragte ich Lindsay, »was denkt Ihr jetzt von dem Ker und dem Daschik?«

»Habe von Eurem Gerede nichts verstanden!«

»Aber die Waffen habt Ihr doch bereits zurück!«

»*Well!* Und was weiter?«

1 Gast.

»Wir werden die Gäste des Bey von Gumri sein.«

»Will Euch Satisfaktion geben, Master: der Esel, der war ich!«

»Danke, Sir! Gratuliere zu dieser edlen Selbsterkenntnis!«

Jetzt war alle Besorgnis verschwunden, und mit erleichtertem Herzen ritt ich durch das enge Tor des Ortes ein. Dennoch aber konnte ich mich eines Grauens nicht erwehren bei den Anblick der Residenz des berüchtigten Abd el Summit Bey, der in Verbindung mit Beder Khan Bey und Nur Ullah Bey die christlichen Bewohner von Tijari zu Tausenden hingemordet hatte. Der Ort sah sehr kriegerisch aus. Die engen Gassen waren von bewaffneten Kurden so belebt, daß die Mehrzahl dieser Leute wohl nicht zu den Bewohnern von Gumri gehören konnte. In dieser Beziehung machte die kleine Berwari-Festung einen ganz andern Eindruck als das öde, leblose Amadijah.

Da schritt, die lange Schilflanze in der Hand, der Kurde von Serdascht uns entgegen. Er machte den Eindruck eines armen Schluckers gegenüber den Balani und Schadi, die ich hier nicht vermutet hätte. Ein Alegan-Kurde vom Bohtangebirge plauderte mit einem Omerigan, der aus der Gegend von Diarbekr herbeigekommen war. Dann begegneten uns zwei Angehörige des Amadi-manan-Stammes, zwischen denen ein Dilmamikan-Kurde aus Esi schritt. Da gab es Krieger vom Stamme der Bulanuh, der Hadir-sohr, der Hasananluh, der Delmamikan, der Karatschiur und Kartuschi-baschi. Sogar Leute aus Kazikan, Semsat, Kurduk und Kendali waren zu sehen.

»Wie kommen diese Fremden nach Gumri?« fragte ich Dohub.

»Es sind meist Bluträcher, welche hier zusammenkommen, um sich gegenseitig auszugleichen, und Boten aus vielen Gegenden, in denen man einen Aufstand der Christen befürchtet.«

»Habt ihr hier eine ähnliche Befürchtung zu hegen?«

»Ja, Emir. Die Christen in den Tijaribergen heulen wie die Hunde, welche man angekettet hat. Sie wollen gern los sein, aber ihr Bellen hilft ihnen nichts. Wir haben vernommen, daß sie in das Tal von Berwari einfallen wollen; ja, sie haben bereits einige Männer unsers Stammes getötet; aber das Blut derselben wird sehr bald über sie kommen. Ich war heute in Mia, wo morgen eine Bärenjagd abgehalten werden soll, und fand das ganze untere Dorf verlassen.«

»Es gibt wohl zwei Dörfer, welche Mia heißen?«

»Ja; sie gehören unserm Bey. Das obere Dorf wird nur von echten Moslemin und das untere nur von christlichen Nestorah bewohnt. Diese letzteren sind plötzlich verschwunden.«

»Warum?«

»Man weiß es nicht. Aber, Chodih, hier ist die Wohnung des Bey. Steige ab mit den Deinen und erlaube, daß ich dem Bey deine Ankunft verkündige!«

Wir hielten vor einem langen, unscheinbaren Gebäude, dessen Ausdehnung allein verriet, daß es die Wohnung eines Anführers sei. Auf ein Wort Dohubs kamen einige Kurden herbei, um unsere Pferde in Empfang zu nehmen und in den Stall zu führen. Er selbst aber kehrte bereits nach wenigen Augenblicken zurück und führte uns zu dem Bey. Wir fanden denselben in einem großen Empfangsraume, bis zu dessen Türe er uns entgegenkam. Einige Dutzend Kurden, die sich bei unserm Eintritte erhoben, waren bei ihm. Er war ein Mann am Ende der zwanziger Jahre, hoch und breit gewachsen; sein edles Angesicht zeigte den reinen kaukasischen Typus und wurde von einem starken, schwarzen Vollbart eingerahmt. Sein Turban hatte wenigstens zwei Ellen im Durchmesser; an seinem Halse hingen an einer silbernen Kette verschiedene Talismane und Amulette; seine Jacke war ebenso wie seine Hose mit reicher Stickerei versehen, und in seinem Gürtel funkelte neben einem Dolche und zwei mit Silber ausgelegten Pistolen ein wunderschön damaszierter Schyur[1] ohne Scheide. Der Bey machte nicht den Eindruck eines halbwilden Anführers von Räubern und Pferdedieben; seine Züge waren bei aller Männlichkeit doch weich und sanft, und seine Stimme klang freundlich und angenehm, als er uns begrüßte:

»Sei mir willkommen, Emir! Du bist mein Bruder, und deine Gefährten sind meine Freunde.«

Er reichte uns allen die Hand. Auf seinen Wink wurden beinahe sämtliche Kissen, welche sich in dem Raume befanden,

---

1 Säbel, Schwert.

zusammengetragen, um uns als Sitze zu dienen. Wir nahmen Platz, während die Andern stehen blieben.

»Ich habe gehört, daß ich mit dir in kurdischer Sprache reden kann?« fragte er.

»Diese Sprache ist mir nur sehr wenig verständlich, und meine Freunde verstehen sie gar nicht,« antwortete ich.

»So erlaube, daß ich türkisch oder arabisch mit dir spreche!«

»Bediene dich derjenigen Sprache, welche deine Leute hier verstehen,« sagte ich zu ihm aus Höflichkeit.

»O, Emir, ihr seid meine Gäste, und so wollen wir so sprechen, daß deine Freunde mitreden können. Welche Sprache reden sie am liebsten?«

»Die arabische. Aber, Bey, befiehl vorher deinen Leuten, daß sie sich setzen! Sie sind nicht Türken und Perser, sondern freie Kurden, die nur zum Gruße sich zu erheben brauchen.«

»Chondekar,[1] ich sehe, daß du ein Mann bist, welcher die Kurden kennt und ehrt; ich werde ihnen erlauben, sich niederzulassen.«

Er gab ihnen ein Zeichen, und die Blicke, welche sie sich beim Niedersetzen zuwarfen, sagten mir, daß sie meine Höflichkeit anerkannten. Ich hatte es hier jedenfalls mit einem intelligenten Häuptling zu tun, denn im Innern von Kurdistan ist ein Mann, der neben einigen Dialekten seiner Muttersprache auch das Türkische und Arabische versteht, eine Seltenheit. Es ließ sich erwarten, daß der Bey sich auch noch des Persischen zu bedienen verstand, und im Verlaufe meines leider nur sehr kurzen Beisammenseins mit ihm erfuhr ich, daß ich mit dieser Vermutung das Richtige getroffen hatte.

Es wurden Pfeifen gebracht, zu denen man uns einen lieblich schmeckenden Reisbranntwein kredenzte, dem die Kurden mit großem Eifer zusprachen.

»Was denkst du von den Kurden von Berwari?« fragte mich der Bey.

Diese Frage sollte wohl ohne alle Verfänglichkeit nur als Einleitung dienen.

---

1 »Herrscher«, eine Höflichkeitssteigerung von Chodih, Herr.

»Wenn alle so sind wie du, dann werde ich von ihnen nur Gutes erzählen können.«

»Ich weiß, was du mir sagen willst. Du hast bisher nur Uebles von ihnen erfahren,« bemerkte er.

»O, nein! Habe ich nicht an Dohub und seinen beiden Verwandten nur Freunde gefunden?«

»Du hast dir ihre Freundschaft und auch die meinige sehr reichlich verdient. Wir aber haben dir mit Undank vergolten. Willst du mir verzeihen? Ich wußte nicht, daß du es warst.«

»Verzeihe auch du mir! Es hat einer von deinen Leuten sein Leben eingebüßt; aber wir tragen keine Schuld daran.«

»Erzähle mir, wie es zugegangen ist!«

Ich gab ihm einen ausführlichen Bericht und fragte ihn dann, ob hier ein Grund zur Blutrache vorliege.

»Nach der Sitte dieses Landes muß er allerdings den Tod seines Vaters rächen, wenn er sich nicht die Verachtung aller erwerben will.«

»Es wird ihm wohl schwer gelingen!«

»Du bist mein Gast, und so lange du dich bei mir und in meinem Lande befindest, bist du vollständig sicher. Aber er wird dir später folgen auf Schritt und Tritt, auch wenn du bis an das Ende der Erde gehen wolltest.«

»Ich fürchte ihn nicht.«

»Du magst stark genug sein, um ihn im offenen Kampfe zu überwinden; dann aber würden neue Rächer erstehen. Und kannst du dich gegen eine Kugel wehren, die aus dem Verborgenen abgeschossen wird? Willst du nicht den Preis bezahlen?«

»Nein!« antwortete ich mit Nachdruck.

»Allah gab dir vielen Mut, einen Rächer zu verachten. Ich werde dafür sorgen, daß dieser Mut dich nicht in das Verderben bringt. – Du warst bei dem Vater meines Weibes in Spandareh?«

»Ich war sein Gast und wurde sein Freund.«

»Ich weiß es. Wärest du nicht sein Freund, so hätte er dir nicht das Geschenk für uns anvertraut. Allah hat Wohlgefallen an dir, denn er läßt dich überall Freunde finden.«

»Allah gibt Gutes und Böses; er erfreut die Seinen und betrübt sie auch zuweilen, um sie zu prüfen. Ich habe auch Feinde in Amadijah gefunden.«

»Wer war dein Feind? Der Mutesselim?«

»Dieser war mir weder Freund noch Feind; er fürchtete mich. Aber es kam ein Mann zu ihm, der mich haßte und die Schuld trug, daß ich sogar gefangen genommen werden sollte.«

»Wer war es?«

»Der Makredsch von Mossul.«

»Der Makredsch?« fragte der Bey sehr aufmerksam. »Er ist ein Feind der Kurden; er ist ein Feind aller Menschen, was wollte er in Amadijah?«

»Er befand sich auf der Flucht nach Persien; denn der Anatoli Kasi Askeri ist gekommen, um ihn und den Mutessarif von Mossul abzusetzen.«

Diese Kunde erregte die allergrößte Ueberraschung bei dem Bey. Er teilte die Neuigkeit sofort den Seinigen mit, von denen sie mit demselben Erstaunen aufgenommen wurde. Ich mußte alles sehr ausführlich erzählen.

»So wird der Mutesselim wohl auch abgesetzt?« fragte der Bey.

»Das kann man nicht wissen. Er war der Kerkermeister des Mutessarif, der einen jeden, der aus Mossul verschwinden sollte, nach Amadijah sandte.«

»Doch wohl nur Verbrecher?«

»Nein. Hast du nicht gehört von Amad el Ghandur, dem Sohne des Scheik der Haddedihn?«

»Ist auch er gefangen genommen und nach Amadijah geschickt worden?«

»Ja. Er hat nichts von ihrer Hinterlist geahnt.«

»Wäre ich ein Haddedihn, so zöge ich nach Amadijah, um den Sohn meines Scheik zu befreien.«

»Bey, das ist eine schwere Sache!«

»Und dennoch würde ich es tun. Die List ist oft eine bessere Waffe als die Gewalt.«

»So wisse denn, daß es einen Haddedihn gibt, welcher nach Amadijah gegangen ist.«

»Einen einzigen?«

Ich bejahte es.

»So kann ihm nichts gelingen,« meinte der Bey. »Zu einem solchen Werke gehören viele.«

»Und dennoch ist es ihm gelungen,« entgegnete ich.

»Tu katischt nezani – was du nicht weißt! Er hat den Sohn des Scheik wirklich befreit? Durch List oder Gewalt?«

»Durch List.«

»So ist er ein tapferer und entschlossener, aber auch ein kluger Mann gewesen. War er ein einfacher Krieger?«

»Nein. Es war der Scheik Mohammed Emin selbst.«

»Chodih, du berichtest mir ein Wunder! Aber ich glaube es, weil du es sagest. Werden sie unangefochten nach ihren Weideplätzen kommen?«

»Das weiß nur Allah und du.«

»Ich? Wie meinst du das?«

»Ja, du. Ich habe gehört, daß sie sich nicht nach Westen, sondern in das Land Berwari wenden werden, um den Zab zu erreichen und auf ihm hinab zu fahren.«

»Emir, das ist ein großes Abenteuer. Die beiden Helden sollten mir willkommen sein, wenn sie zu mir kämen. Wann ist die Flucht gelungen?«

»In der Nacht vor gestern.«

»Woher weißt du dies so genau? Hast du sie gesehen?«

»Beide. Auch du siehst sie, denn sie sitzen an deiner Seite. Dieser Mann ist Mohammed Emin, der Scheik der Haddedihn, und dieser ist Amad el Ghandur, sein Sohn.«

Der Kurdenhäuptling sprang auf und fragte:

»Wer ist dieser andere?«

»Mein Diener.«

»Und dieser?«

»Mein Freund, ein Mann aus dem Abendlande. Wir haben uns vereinigt und den Gefangenen aus Amadijah geholt,« sagte ich ohne Prahlerei.

Jetzt entstand ein vollständiges Redegewirr von kurdischen Erklärungen, türkischen Ausrufungen und arabischen Begrüßungen. Es kam alles zur Sprache, was die Kurden von den

Haddedihn gehört hatten; auch ihr Kampf im Tale der Stufen. Ich mußte dabei den Dolmetscher machen, gestehe aber gern, daß mir bei dieser Arbeit der Schweiß in hellen Tropfen von der Stirne floß. Meine Kenntnis des Kurdischen war gering, und das Arabische wurde ebenso wie das Türkische in einem Dialekt gesprochen, bei dem ich die Bedeutung der Worte und der Wortverbindungen mehr erraten als verstehen mußte. Dies gab Veranlassung zu zahlreichen Verwechslungen und Verdrehungen, über welche trotz aller unserer Würde lebhaft gelacht wurde.

Am Schlusse dieser außerordentlich angeregten Unterhaltung gab uns der Bey die Versicherung, daß er alles tun werde, um unser Fortkommen zu ermöglichen. Er versprach uns die zu mehreren Flößen notwendigen Häute, einige sichere Führer, welche den Wasserlauf des Khabur und des oberen Zab Ala genau kannten, und auch Empfehlungen an die Schirwan- und Zibarkurden, durch deren Gebiet wir auf dieser Fahrt kommen mußten. Von einem Ritte über das Tura-Gharagebirge nach dem Akraflusse wollte er nichts wissen, da nach dieser Gegend hin sein Schutz uns mehr Schaden als Nutzen bringen würde.

»Dort gibt es,« fügte er hinzu, »sehr viele christliche Nestorah, auch Teufelsanbeter und kleine Kurdenstämme, mit denen die Berwari in Feindschaft leben. Diese Leute sind lauter Räuber und Mörder, und die Gebirge sind so wild und unzugänglich, daß ihr nie den Zab erreichen würdet. Nun aber ruht euch aus und erlaubt mir, hier meines Amtes zu warten, bevor wir das Mahl einnehmen. Ich habe heute viel zu verhandeln, da ich morgen nicht in Gumri sein werde.«

»Du willst nach Mia gehen?« fragte ich.

»Ja. Wer sagte es dir?«

»Ich habe von Dohub gehört, daß du dort einen Bären jagen willst.«

»Einen? Es sind zwei ganze Familien, die den dortigen Herden sehr viel Abbruch tun. Du mußt nämlich wissen, daß es im Lande der Kurden zahlreiche Bären gibt, und« – fügte er mit einigem Stolze hinzu – »die Giaurs dieses Landes sagen, daß es zwei große Plagen für sie gebe, von denen die eine grad so schlimm sei, wie die andere, nämlich die Kurden und die Bären.«

»Wirst du uns erlauben, mitzugehen?«

»Ja, wenn du es wünschest. Ihr sollt zusehen können, ohne dabei in Gefahr zu kommen.«

»Wir wollen nicht zusehen, sondern mitkämpfen!«

»Emir, der Bär ist ein gefährliches Tier!«

»Du irrst. Der Bär, welcher die kurdischen Schluchten und Wälder bewohnt, ist ein sehr unschädliches Wild. Es gibt Länder, in denen die Bären doppelt so groß und stark sind, wie die eurigen.«

»Ich habe davon gehört. Es soll ein Land geben, wo man nur Eis und Wasser findet, und dort haben die Bären ein weißes Fell und werden von den dortigen Arabern Hirtsch el Buz[1] genannt. Hast du solche weiße Bären gesehen?«

»Ja, obgleich ich nicht in jenen Ländern gewesen bin. Man fängt dort die Bären, um sie in anderen Gegenden für Geld sehen zu lassen. Aber es gibt noch ein Land mit fürchterlich großen Bären, welche ein graues Fell besitzen; das sind die stärksten und gefährlichsten. Ein solcher Bär ist gegen einen kurdischen wie ein Pferd gegenüber einem Hund, vor dem man sich hütet, ohne ihn grad zu fürchten.«

»Und diesen hast du auch gesehen?« fragte der Bey verwundert.

»Ich habe mit ihm gekämpft.«

»So bist du Sieger geblieben, denn du lebst noch. Ihr sollt auch mit unsern Bären kämpfen.«

Er führte uns jetzt in eine Stube, in deren Mitte ein niedriges Sufra[2] stand, um welches fünf Kissen gelegt waren. Nachdem er uns verlassen hatte, erschien eine Frau, und hinter ihr kamen einige Dienerinnen, welche ein kleines Vorgericht auftrugen, für den Fall, daß wir zu sehr Hunger hätten, um bis zum eigentlichen Mahle warten zu können. Es bestand aus einem Zicklein,

---

1 Wörtlich: Bär des Eises.
2 Tisch.

welches zuerst gebraten und dann in Sahne gebacken war; dazu kamen getrocknete Weintrauben, eingelegte Maulbeeren und ein Salat von Pflanzenblättern, die ich nicht kannte; es schien eine Nesselart zu sein.

»Ser sere men at – ihr seid mir willkommen!« grüßte sie. »Wie habt ihr meinen Vater verlassen, den Nezanum von Spandareh?«

»Wir haben ihn bei gutem Wohlsein verlassen, und auch die andern hat Allah gesund erhalten,« antwortete ich.

»Nehmet und esset einstweilen und habt die Güte, mir von Spandareh zu erzählen. Es ist eine lange Zeit, daß ich nichts gehört habe.«

Ich erfüllte ihr den Wunsch so ausführlich wie möglich. Sie war ganz glücklich, mit mir über ihre Heimat plaudern zu können, und ließ sogar den Windhund aus dem Stalle holen, um ihm mit den Resten des Zickleins einen Beweis ihrer Freundschaft zu geben. Es gab hier ein Zusammenhalten der Familienglieder, welches mich sehr angenehm berührte.

Als wir ihrer Dienste nicht mehr bedurften, verließ sie uns, und wir machten es uns auf den an die Wand geschobenen Kissen so bequem wie möglich. In diesem süßen Nichtstun wurden wir durch den Eintritt eines Mannes gestört, den wir nicht erwartet hatten. Es war der verwundete Kurde. Er trug den Arm in einer Binde, die er sich um den Hals befestigt hatte.

»Was willst du?« fragte ich ihn.

»Ein Bakschisch, Herr!«

»Ein Bakschisch? Wofür?«

»Daß ich dich nicht töten werde.«

»Ich höre, daß dich das Fieber noch nicht verlassen hat. Wenn einer von uns beiden aus dem Grunde, welchen du angibst, ein Bakschisch verdient hat, so bin nur ich es allein. Ich habe dir nicht bloß versprochen, dich nicht zu töten, sondern dir bereits das Leben erhalten, als du dich unter den Zähnen meines Hundes befandest. Was aber hast du für mich getan? Nach mir geschossen und gestochen hast du. Und dafür verlangst du einen Bakschisch? Gehe schnell fort, damit du nicht hörst, daß wir über dich lachen müssen!«

»Herr, nicht dafür, daß ich auf dich geschossen und nach dir gestochen habe, verlange ich ein Bakschisch, sondern dafür, daß ich den Blutpreis angenommen habe.«

»Den Blutpreis? Von wem?«

»Vom Bey. Er hat ihn bezahlt.«

»Wie viel hat er gegeben?«

»Ein Pferd, eine Luntenflinte und fünfzig Schafe.«

»Also bedeutend weniger, als du von mir verlangtest.«

»Er ist mein Scheik; ich mußte auf ihn hören. Aber weil es so wenig ist, darum sollst du mir ein Bakschisch geben.«

»Wäre ich ein freier, stolzer Kurde, ich würde nicht wie ein türkischer Hammal[1] um ein Bakschisch betteln. Da du es aber dennoch tust, so sollst du es erhalten; aber nicht jetzt, sondern erst dann, wenn wir Abschied nehmen.«

»Wie viel wirst du mir geben?«

»Das kommt ganz darauf an, wie du dich gegen uns verhalten wirst.«

»Und wird unser Nezanum auch etwas erhalten?«

»Hat er dir geboten, mich darüber zu fragen?«

»Ja, er tat es.«

»So sage ihm, daß ich nur dann einem Bettler etwas gebe, wenn er mich selbst bittet. Ist der Nezanum ein Mann, der von der Empfehlung des Propheten lebt, so soll er von jedem von uns gern eine Gabe erhalten; aber er mag dann selbst zu uns kommen. Uebrigens habe ich ihm bereits das Leben seines Sohnes geschenkt, und das ist mehr als jede andere Gabe.«

Der Kurde ging. Er hatte den Blutpreis erhalten, aber sein Gesicht sah ganz so aus, als ob ich mich hüten müsse, ihm einmal unter andern Umständen zu begegnen.

»Was wollte der Kerl?« fragte Lindsay.

»Der Bey hat ihm an unserer Stelle den Blutpreis bezahlt, und nun – – – «

»Wie? Der Bey?«

»Aus Gastlichkeit!«

»Nobel! Sehr nobel! *Yes!* Wie viel?«

---

1 Lastträger.

366

»Ein Pferd, eine Luntenflinte und fünfzig Schafe.«

»Wie viel ist dies an Geld?«

»Nicht mehr als fünf Pfund oder hundert Mark.«

»Werde es ihm wiedergeben.«

»Das wäre eine große Beleidigung, Sir. Wir müssen das durch ein Geschenk auszugleichen suchen.«

»Gut! Schön! Was geben wir?«

»Darüber wollen wir uns den Kopf jetzt noch nicht zerbrechen.«

»Und nun verlangt dieser Mensch noch ein Bakschisch? – Master, was heißt auf Kurdisch ein Backenstreich, eine Ohrfeige oder eine Maulschelle?«

»Sileik.«

»*Well!* Warum habt Ihr ihm nicht einige Sileiks gegeben?«

»Weil es nicht am Platze war. Ich habe ihm im Gegenteil ein Bakschisch versprochen, welches er erhalten soll, sobald wir von hier fortgehen.«

»So erlaubt, daß ich es ihm gebe. Soll ihm zugleich zur Erinnerung und Besserung dienen!«

Als der Bey seine Amtsgeschäfte erledigt hatte, kam er, um uns hinab in den Hof zu führen, wo das Mahl eingenommen werden sollte. Es waren zu demselben wohl an die vierzig Personen geladen, und außerdem kamen noch viele andere, um sich nach orientalischer Sitte ganz ungeniert selbst zu Gaste zu bitten.

Gegen Ende des Mahles stellte es sich heraus, daß die Speisen nicht für alle langten, und so erhielten die »Trollgäste« ein lebendiges Schaf, welches sie gleich selbst zubereiteten. Der eine machte ein Loch in die Erde; andere holten Steine und Holz zur Feuerung herbei. Derjenige, welchen die Wahl getroffen hatte, ergriff das Schaf, schnitt ihm die Kehle durch und hing es mit den zusammengebundenen Vorderbeinen an einen Balkenpflock auf. Die Eingeweide wurden nicht herausgenommen, sondern der Kurde nahm einen Mund voll Wasser, hielt die Lippen an .... des Tieres und blies das Wasser hinein. Er fuhr in dieser possierlichen Beschäftigung so lange fort, bis die Eingeweide vollständig aufgebläht und nach oben hinaus ausgespült waren. Dann wurden die Gedärme in so viele Stücke zerschnitten, als

Männer von dem Schafe essen sollten; auch das Fleisch des Schafes wurde in eben so viele Teile zerlegt. Nun wickelte ein jeder sein Stück Darm um sein Fleisch und legte dieses Präparat in das mit den Steinen ausgekleidete Loch, über welches ein Feuer angemacht wurde. Schon nach kurzer Zeit ward dasselbe hinweggenommen, und die halbgaren Stücke gingen zwischen den Zähnen der Kurden ihrer nützlichen Bestimmung entgegen.

Nach dem Essen zeigte uns der Bey seinen Stall. Es befanden sich in demselben über zwanzig Pferde, doch war unter ihnen nur ein Schimmel, der einer besonderen Aufmerksamkeit würdig war. Dann gab es Kampfspiele und Lieder, zu denen ein zweisaitiges Tambur[1] die Begleitung wimmerte, und endlich wurden von einem Manne Märchen und Geschichten erzählt, Geschichten, Tschiroka: Baka ki mir – vom sterbenden Frosch; Gur bu schevan – der Wolf als Hirt; Schyeri kal – der alte Löwe; Ruvi u bizin – der Fuchs und die Ziege.

Die Versammlung hörte diesen Vorträgen mit größter Aufmerksamkeit zu, mir aber war es sehr lieb, als sie zu Ende waren und wir uns zur Ruhe begeben konnten. Zu diesem Zweck führte uns der Bey in eine große Stube, an deren Wänden rundum Divans standen, die uns zum Lager dienen sollten. Da in diesem Raume gar nichts Merkwürdiges zu sehen war, so wunderte ich mich über die gespannten Blicke, mit denen der Bey uns beobachtete. Es waren ganz die Blicke eines Menschen, der erwartet, daß man bei ihm eine außerordentliche Entdeckung machen und bewundern werde. Endlich erkannte ich aus der so oft wiederkehrenden Richtung seiner Augen den Gegenstand, den wir entdecken und bewundern sollten, und natürlich brach ich sofort in das größtmögliche Erstaunen aus:

»Was ist das! O, Bey, mit welch einem großen Reichtum hat Allah dich gesegnet! Deine Schätze sind größer als diejenigen des Bey von Rewandoz oder des Beherrschers von Dschulamerik!«

»Was meinst du, Emir?« fragte er mit einer gewissen Koketterie.

[1] Gitarre.

»Ich meine das kostbare Dscham,[1] mit welchem du deinen Palast geschmückt hast.«

»Ja, es ist sehr selten und teuer,« antwortete er mit stolzer Bescheidenheit.

»Von wem hast du es?«

»Ich kaufte es von einem Israel,[2] der es aus Mossul brachte, um es dem Schah von Persien zu verehren.«

Es wäre unhöflich gewesen, nach dem Preise zu fragen. Der Jude hatte das Märchen vom persischen Schah erfunden und den Bey jedenfalls ganz tüchtig geprellt. Das Glas war nämlich ein kleines Stück einer zerbrochenen Fensterscheibe und hatte die Größe von kaum zwei Mannshänden. Es war als der größte Schmuck des Zimmers an das geölte Papier des Fensters geklebt worden und ließ den Raum nun allerdings über alle Nebenbuhlerschaft erhaben erscheinen. Der Bey wünschte uns eine gute Nacht in dem Bewußtsein, uns mit diesem Fenster außerordentlich imponiert zu haben.

Wir waren müde und sehnten uns nach Ruhe, die wir nun in vollkommener Sicherheit genießen konnten.

1 Fensterglas.
2 Juden.

SECHSTES KAPITEL

Bären- und Menschenjagd.

A m andern Morgen weckte uns der Bey in eigener Person mit den Worten:

»Emir, erhebet Euch, wenn Ihr wirklich mit nach Mia wollt! Wir werden sehr bald aufbrechen.«

Da wir nach dortiger Gewohnheit in unsern Kleidern geschlafen hatten, so konnten wir ihm fast augenblicklich folgen. Wir erhielten Kaffee und kalte Bratenstücke, und dann setzte man sich zu Pferde. Der Weg nach Mia führte durch mehrere kurdische Dörfer, welche von gut bewässerten Gärten umgeben waren. Kurz vor dem Dorfe erhebt sich das Terrain bedeutend, und wir hatten einen Paß zu überschreiten, an dem wir von einigen Männern erwartet wurden. Dies schien dem Bey aufzufallen, denn er fragte sie, warum sie nicht in Mia geblieben seien.

»Herr, es ist seit gestern vieles geschehen, was wir dir berichten müssen,« antwortete einer von ihnen. »Daß die Nestorah das untere Dorf verlassen haben, wird dir Dohub gesagt haben. Heute in der Nacht nun ist einer von ihnen in dem oberen Dorfe gewesen und hat einem Manne, dem er Dank schuldet, dringend geraten, schnell aus Mia fortzugehen, wenn er sein Leben retten wolle.«

»Und da fürchtet ihr euch?« fragte der Bey.

»Nein, denn wir sind stark und tapfer genug, es mit diesen Giaurs aufzunehmen. Aber wir haben in der Frühe erfahren, daß die Christen bereits moslemitische Einwohner von Zawitha, Minijanisch, Murghi und Lizan getötet haben, und hier in der Nähe von Seraruh sind einige Häuser weggebrannt worden. Wir ritten dir entgegen, damit du diese Kunde so bald wie möglich empfangen solltest.«

»So kommt. Wir wollen sehen, was davon zu glauben ist!«

Wir ritten im scharfen Tempo die Höhe hinunter und kamen bald an die Stelle, wo der Weg sich nach dem obern und dem untern Dorfe zu teilt. Wir schlugen die erstere Richtung ein, da der Bey in dem oberen Dorfe ein Haus besaß. Er wurde an demselben von einer Schar Kurden erwartet, welche mit langen Lanzen und vielen kurzen Wurfspießen bewaffnet waren. Es war die Jagdgesellschaft.

Wir stiegen ab und der Aufseher des Hauses brachte uns Speise und Trank herbei. Während wir uns labten, hielt der Bey draußen vor dem Hause ein Verhör bezüglich der Unruhen der Nestorianer. Das Ergebnis desselben schien ein sehr befriedigendes zu sein, denn als er bei uns eintrat, lächelte er wie ein Mann, der unnötigerweise belästigt worden ist.

»Ist Gefahr vorhanden?« fragte ich ihn.

»Gar nicht. Diese Nestorah haben uns verlassen, um hinfort keine Dscherum[1] mehr bezahlen zu müssen, und da drüben bei Seraruh ist ein altes Haus verbrannt. Nun reden diese Memmen von Aufstand und Blutvergießen, während die Giaurs doch froh sind, wenn wir sie ungeschoren lassen. Kommt; ich habe Befehl zum Aufbruch gegeben. Wir reiten nach Seraruh zu, und da haben wir sogleich Gelegenheit, zu erfahren, daß die Männer von Mia zu ängstlich gewesen sind.«

»Werden wir uns teilen?« fragte ich nun.

»Warum?« erwiderte er, einigermaßen erstaunt.

»Du sprachst von zwei Bärenfamilien.«

»Wir werden beisammen bleiben und erst die eine und dann die andere Familie vernichten.«

»Ist es weit von hier?«

»Meine Männer haben die Spuren verfolgt. Sie sagten mir, daß wir nur eine halbe Stunde zu reiten haben. Willst du wirklich mit uns gegen die Bären kämpfen?«

Ich bejahte, und er sagte dann:

»So will ich dir einige Wurfspieße geben.«

»Wozu?«

[1] Geldstrafen.

»Weißt du nicht, daß keine Kugel einen Bären tötet? Er stirbt erst dann, wenn viele Spieße in ihm stecken.«

Das brachte mir keinen guten Begriff von den Kurden und ihren Waffen bei. Entweder waren die ersteren feig oder die letzteren schlecht.

»Du magst deine Spieße immerhin behalten; es reicht eine Kugel vollständig hin, um einen Bären zu töten.«

»Tue, was du willst,« meinte er überlegen, »aber bleibe stets in meiner Nähe, damit ich dich beschützen kann.«

»Allah erhalte dich, so wie du mich erhalten willst!«

Wir ritten zum Dorfe hinaus. Der ganze Reitertrupp hatte das Aussehen, als ob wir auf die Gazellenjagd auszögen, so wenig gediegen erschien mir alles. Es ging erst in das Tal hinab und dann drüben wieder empor über Berge, durch Schluchten und Wälder, bis wir endlich in einem Buchenwalde halten blieben, in dem es viel Unterholz gab.

»Wo ist das Lager der Tiere?« fragte ich den Bey.

Er deutete nur so vor sich hin, ohne einen bestimmten Punkt anzugeben.

»Man hat die Spuren gefunden?«

»Ja, auf der andern Seite.«

»Ah! Du lässest das Lager umstellen?«

»Ja, die Tiere werden auf uns zugetrieben. Du sollst zu meiner Rechten bleiben, und dieser Emir aus dem Abendlande, der auch keinen Wurfspieß haben will, zu meiner Linken, damit ich euch beschützen kann.«

»Sind die Bären alle drin?« fragte ich wieder.

»Wo sollen sie sein? Sie gehen nur des Nachts stehlen.«

Es war eine wunderbare Anordnung, welche jetzt getroffen wurde. Wir waren sämtlich zu Pferde und bildeten einen Halbkreis, dessen einzelne Glieder beim Beginne des Treibens etwa vierzig Schritte voneinander halten sollten.

»Sollen wir schießen, wenn der Bär kommt?« fragte ich ungeduldig.

»Ihr könnt es tun, aber ihr werdet ihn nicht töten; dann jedoch flieht sofort!«

»Und was tust du?«

372

»Wenn der Bär kommt, so wirft ihm der nächste den Dscherid[1] in den Leib und flieht so schnell, als das Pferd laufen kann. Der Bär setzt ihm nach, und der nächste Jäger verfolgt den Bären. Er wirft ihm auch einen Dscherid in den Leib und flieht. Nun wendet sich der Bär, und der erste Jäger auch. Es kommen mehrere herbei. Wer seinen Spieß geworfen hat, der wendet sich rasch zur Flucht, und der Bär wird von den andern abgehalten. Er bekommt so viele Spieße in den Leib, daß er sich endlich verbluten muß.«

Ich übersetzte das dem Engländer.

»Feige Jagd!« räsonnierte er. »Schade um den Pelz! Wollen wir einen Handel machen, Sir!«

»Welchen?«

»Will Euch den Bären abkaufen.«

»Wenn es mir gelingt, ihn zu erlegen.«

»*Pshaw!* Wenn er noch lebendig ist.«

»Das wäre kurios!«

»Meinetwegen! Wie viel wollt Ihr haben?«

»Ich kann doch den Bären nicht verkaufen, wenn ich ihn noch gar nicht habe!«

»Sollt ihn eben gar nicht haben! Wenn er ja hier herauskommt, so werdet Ihr mir ihn wegschießen. Aber ich selbst will ihn schießen, und darum werde ich ihn Euch abkaufen.«

»Wie viel gebt Ihr?«

»Fünfzig Pfund, Sir. Ist's genug?«

»Mehr als genug. Aber ich wollte nur sehen, wie viel Ihr bietet. Ich verkaufe ihn nämlich nicht.«

Er machte mir ein sehr grimmiges Gesicht.

»Warum nicht, Sir? Bin ich nicht Euer Freund?«

»Ich schenke ihn Euch. Seht, wie Ihr mit ihm fertig werdet!«

Er zog das gewohnte Parallelogramm seines Mundes so in die Breite, nämlich vor Vergnügen, daß es schien, als ob sich unter der Riesennase ein Bewässerungsgraben von einem Ohre zum anderen befinde.

---

1 Wurfspieß.

»Sollt die fünfzig Pfund dennoch haben, Master!« sagte er.

»Nehme sie nicht!«

»So werden wir auf andere Weise quitt! *Yes!*«

»Ich stehe bereits weit höher in Eurer Schuld. Aber eine Bedingung muß ich dennoch stellen. Ich bin begierig, die Art und Weise kennen zu lernen, wie diese Kurden den Bären jagen, und darum wünsche ich nicht, daß Ihr sofort schießt. Laßt ihm erst einige Speere geben! Nicht?«

»Werde Euch den Gefallen tun.«

»Aber nehmt Euch wohl in acht! Schießt ihm in das Auge oder grad in das Herz, sobald er sich erhebt. Die hiesigen Bären sind zwar nicht sehr schlimm, aber man kann doch immerhin Gefahr laufen.«

»Ha! Wollt Ihr mir einen Gefallen tun?«

»Recht gern, wenn ich kann.«

»Tretet mir für diese Weile Eure Büchse ab. Sie ist viel besser als die meinige. Tauscht Ihr mit mir so lange?«

»Wenn Ihr mir versprecht, daß sie dem Bären nicht zwischen die Tatzen kommen soll!«

»Werde sie in meinen eigenen Tatzen behalten!«

»So gebt her!«

Wir tauschten die Gewehre. Der Engländer war ein guter Schütze, aber ich war doch neugierig, wie er sich einem Bären gegenüber verhalten werde.

Die Schar der Kurden löste sich auf. Die Hälfte derselben ritt mit den Hunden fort, um als Treiber zu dienen, und wir andern blieben zurück, um die bezeichnete Linie zu bilden. Halef und die beiden Araber hatten Wurfspieße angenommen und wurden in die Zwischenräume eingereiht; ich aber mußte mit dem Engländer bei dem Bey halten bleiben. Meinen Hund hatte ich nicht zum Treiben hergegeben; er blieb an meiner Seite.

»Eure Hunde holen den Bären nicht, sondern sie treiben ihn?« fragte ich den Bey.

»Sie können ihn nicht holen oder stellen, denn er flieht vor ihnen.«

»So ist er feig!«

»Du wirst ihn kennen lernen.«

Es dauerte eine geraume Weile, ehe wir an dem Lärmen merkten, daß sich die Treiber in Bewegung gesetzt hatten. Dann erscholl lautes Bellen und Halla-Rufen. Das Bellen näherte sich schnell, das Rufen etwas langsamer. Nach einigen Minuten ver- 5 kündete uns ein lautes Geheul, daß einer der Hunde verwundet worden sei. Nun krachten Schüsse, und die Meute fiel mit verdoppelter Stärke ein.

»Paß auf, Emir!« warnte der Bey. »Jetzt wird der Bär kommen.« 10

Er hatte richtig vermutet. Es knackte in dem nahen Unterholze und ein schwarzer Bär erschien. Es war kein Goliath; ein guter Schuß mußte ihn töten. Bei unserm Anblick blieb er stehen, um sich gemächlich zu überlegen, was unter so mißlichen Umständen zu tun sei. Ein halblautes Brummen verriet seinen Verdruß, 15 und seine Aeuglein blitzten mißmutig zu uns herüber. Der Bey ließ ihm keine Zeit. Da wo wir hielten, standen die Bäume lichter, so daß man sich zu Pferde genügend bewegen konnte. Er ritt auf das Tier zu, schwang einen seiner Spieße und warf ihn dem Bären in den Pelz, wo er stecken blieb. Dann aber riß er sein aus 20 Furcht vor dem Bären zitterndes Pferd herum.

»Fliehe, Emir!« rief er mir noch zu, dann sauste er zwischen mir und dem Engländer hindurch.

Der Bär stieß ein lautes schmerzliches Brummen aus, suchte den Spieß von sich abzuschütteln, und da ihm dies nicht gelang, 25 so rannte er dem Bey nach. Sofort brachen die beiden nächsten Nachbarn von uns hinter ihm her und warfen bereits von weitem ihre Spieße, von denen nur einer traf, aber ohne stecken zu bleiben. Sofort wandte sich der Bär nach ihnen. Der Bey merkte dies, kehrte um, ritt wieder auf ihn zu und warf den zweiten 30 Spieß, welcher noch tiefer eindrang, als der erste. Das jetzt wütende Tier erhob sich und versuchte, den Schaft abzubrechen, während die beiden anderen Reiter von neuem auf dasselbe eindrangen.

»Soll ich jetzt, Sir?« rief mir Lindsay zu. 35

»Ja, macht der Qual ein Ende!«

»So haltet mein Pferd.«

Er ritt, da wir dem Bären ausgewichen und dabei auseinander gekommen waren, wieder auf mich zu, stieg ab und übergab mir das Pferd. Schon wollte er sich abwenden, da prasselten die Zweige nieder und es erschien ein zweiter Bär. Es war die Bärin, welche nur langsam zwischen den Büschen hervortrat, weil ein schutzbedürftiges Junges bei ihr war. Sie war größer als das Männchen, und ihr zorniges Brummen konnte schon mehr ein Brüllen genannt werden. Es war ein nicht ungefährlicher Augenblick: dort der Bär, hier die Bärin, und wir zwischen ihnen. Aber die Kaltblütigkeit meines Master Fowling-bull kam nicht aus der Fassung.

»Die Bärin, Sir?« fragte er mich.

»Gewiß!«

»*Well!* Werde galant sein. Die Dame hat den Vorzug!«

Er nickte vergnügt, schob sich den Turban aus der Stirn und schritt mit angelegter Büchse auf die Bärin zu. Diese sah den Feind kommen, zog das Junge zwischen ihre Hinterbeine und erhob sich, um den Nahenden mit ihren Vorderpranken zu empfangen. Dieser trat bis auf drei Schritte zu ihr heran, hielt ihr die Mündung des Gewehres so ruhig, als ob er auf ein Bild schieße, vor den Kopf und drückte ab.

»Zurück!« warnte ich ihn.

Es war unnötig, denn er war sofort auf die Seite gesprungen und hielt das Gewehr für den zweiten Schuß bereit. Dieser war nicht nötig. Die Bärin schlug die Tatzen in die Luft, drehte sich langsam und zitternd herum und stürzte zu Boden.

»Ist sie tot?« fragte Lindsay.

»Ja, aber wartet noch, ehe Ihr sie berührt.«

»*Well!* Wo ist der andere?«

»Da drüben!«

»Bleibt hier. Werde ihm die zweite Kugel geben.«

»Gebt die Büchse her! Ich will zuvor den leeren Lauf laden.«

»Dauert mir zu lange!«

Er schritt dem Platze zu, wo sich der verwundete Bär noch immer mit seinen Verfolgern abmühte. Eben wollte der Bey dem Tiere einen neuen Spieß geben, als er den Engländer sah und erschrocken inne hielt. Er hielt ihn für verloren. Lindsay aber blieb ruhig stehen, als er sah, daß der Bär auf ihn losrannte. Er ließ ihn herankommen, wartete, bis er sich zur tödlichen Umarmung erhob, und drückte los. Der zweite Schuß hatte denselben Erfolg wie der erste: – das Tier war tot.

Es erhob sich ein lauter Jubel, der nur von dem Geheul der Hunde übertönt wurde, die mit Mühe von den toten Bären abzuhalten waren. Der Engländer aber kehrte sehr gleichmütig zu seinem Pferde zurück und übergab mir die Büchse.

»Jetzt könnt Ihr wieder laden, Sir! *Yes!*«

»Da, nehmt Euer Pferd!«

»Wie habe ich die Sache gemacht?«

»Sehr gut!«

»*Well!* Freut mich! Ist schön in Kurdistan, wunderschön!«

Die Kurden kamen aus dem Erstaunen nicht heraus; es war ihnen unerhört, daß ein Fußgänger mit nur einem Gewehre mit zwei Bären fertig zu werden vermochte. Allerdings hatte sich Master Lindsay mehr als musterhaft benommen. Ein größeres Rätsel noch war es mir, die Bärenfamilie beisammen zu finden, da das Junge bereits ziemlich erwachsen war. Die Kurden hatten sehr große Mühe, es zu überwältigen und zu binden, da der Bey es lebendig in Gumri zu haben wünschte.

Nun wurde das Lager der Tiere aufgesucht. Es befand sich im dichtesten Gestrüpp, und die vorhandenen Spuren zeigten, daß die Familie nur aus den Alten mit diesem einen Jungen bestanden hatte. Einer der Hunde war tot, und zwei waren verwundet. Wir konnten mit dieser Jagd zufrieden sein.

»Herr,« sagte der Bey zu mir, »dieser Emir aus dem Abendlande ist ein sehr tapferer Mann!«

»Das ist er.«

»Ich wundere mich nicht mehr, daß euch die Berwari gestern nicht überwältigen konnten, bis sie euch zu schnell überraschten.«

»Auch da hätten sie uns nicht überwältigt; aber ich gebot den Gefährten, sich nicht zu wehren. Ich bin dein Freund und wollte deine Leute nicht töten lassen.«

»Wie ist es möglich, alle beiden Bären in das Auge zu treffen?«

»Ich habe einen Jäger gekannt, der jedes Wild und jeden Feind in das Auge traf. Er war ein guter Schütze und hatte ein sehr gutes Gewehr, welches niemals versagte.«

»Schießest du auch so?«

»Nein. Ich habe sehr viel geschossen, aber nur in schlimmen Fällen auf das Auge gezielt. Wo ist der zweite Jagdplatz?«

»Nach Osten, näher nach Seraruh hinüber. Wir wollen aufbrechen.«

Es wurden einige Männer mit den erbeuteten Tieren zurückgelassen; wir andern ritten weiter. Wir verließen den Wald und kamen in eine Schlucht hinab, in welcher ein Bach floß, dessen Ufern wir zu folgen hatten. Der Bey ritt mit den beiden Haddedihn bei den Führern an der Spitze des Zuges; Halef befand sich im dichtesten Haufen der Kurden, mit denen er sich mittels Gebärden zu unterhalten suchte, und ich ritt mit dem Engländer hinterher. Wir waren im Gespräche über irgend einen Gegenstand vertieft und merkten nicht, daß wir soweit zurückgeblieben waren, daß wir die Kurden nicht mehr sehen konnten. Da fiel ein Schuß vor uns.

»Was ist das?« fragte der Engländer. »Sind wir schon bei den Bären, Sir?«

»Wohl nicht.«

»Wer schießt aber?«

»Werden es sehen; kommt!«

Da krachte eine ganze Salve, als ob der Schuß vorher nur als Signal gegolten habe. Wir setzten unsere Pferde in Galopp. Mein Rappe flog wie ein Pfeil über den schmierigen Boden, aber – da blieb er mit dem Hufe an einer Schlingwurzel hängen; ich hatte sie gesehen und wollte ihn emporreißen, aber es war bereits zu spät. Er überschlug sich, und ich wurde weit aus dem Sattel geschleudert. Das war in zwei Tagen zum zweitenmal; aber ich fiel jetzt nicht so glücklich, wie gestern. Ich mußte mit dem Kopfe aufgefallen sein, oder ich hatte mir den Büchsenkolben an die Schläfe geschlagen – ich blieb völlig besinnungslos liegen.

Als ich wieder zu mir kam, fühlte ich eine Erschütterung, die mir den ganzen Körper schmerzen machte. Ich öffnete die Augen und sah mich zwischen zwei Pferden hangen. Man hatte Stangen an die Sättel befestigt und mich darauf gebunden. Vor und hinter mir ritten gegen dreißig kriegerische Gestalten, von denen mehrere verwundet zu sein schienen, und unter ihnen befand sich – Master Lindsay, aber gefesselt. Der Anführer der Schar ritt meinen Hengst und trug auch meine Waffen. Mir hatte man nur Hemd und Hose gelassen, während Lindsay außer diesen beiden notwendigen Kleidungsstücken auch noch seinen schönen Turban behalten durfte. Wir waren vollständig ausgeraubt und gefangen.

Da wendete einer der Reiter den Kopf und sah, daß ich die Augen geöffnet hatte.

»Halt!« rief er. »Er lebt!«

Sofort stockte der Zug. Alle hielten an und bildeten einen Kreis um mich. Der Anführer drängte meinen Hengst heran und fragte mich: »Kannst du reden?«

Schweigen konnte zu nichts führen; ich antwortete daher mit einem Ja.

»Du bist der Bey von Gumri?« begann er das Verhör.

»Nein.«

»Lüge nicht.«

»Ich rede die Wahrheit.«

»Du bist der Bey!«

»Ich bin es nicht!«

»Wer bist du sonst?«

»Ein Fremder.«

»Woher?«

»Aus dem Abendlande.«

Er lachte höhnisch.

»Hört ihr's? Er ist ein Fremdling aus dem Abendlande, geht mit den Leuten von Gumri und Mia auf die Bärenjagd und spricht die Sprache dieses Landes!«

»Ich war ein Gast des Bey, und daß ich eure Sprache nicht gut spreche, das müßt ihr hören. Seid ihr Nestorah?«

»So nennen uns die Moslemim.«

»Auch ich bin ein Christ!«

»Du?« Er lachte wieder. »Du bist ein Hadschi; du hattest den Kuran am Halse hängen; du trägst die Kleidung eines Moslem; du willst uns betrügen.«

»Ich sage die Wahrheit!«

»Sage uns, ob Sidna Marryam die Mutter Gottes ist!«

»Sie ist es.«

»Sage uns, ob ein Priester ein Weib nehmen soll!«

»Vielen ist es verboten.«

»Sage mir, ob es mehr oder weniger als drei Sakramente gibt!«

»Es gibt mehr.«

Es fiel mir trotz der Gefahr, in welcher ich schwebte, nicht ein, meinen Glauben zu verleugnen. Die Folge bekam ich sofort zu hören:

»So wisse, daß Sidna Marryam nur einen Menschen geboren hat, daß ein Priester sich verheiraten darf, und daß es nur drei Sakramente gibt, nämlich das Abendmahl, die Taufe und die Ordination. Du bist ein Moslem, und wenn du ja ein Christ bist, so bist du ein falscher Christ und gehörst zu jenen, welche ihre Priester senden, um die Kurden, Türken und Perser gegen uns aufzuhetzen, und das ist noch schlimmer, als wenn du ein Anhänger des falschen Propheten wärest. Deine Leute haben einige von uns verwundet; du wirst diese Schuld mit deinem Blute bezahlen.«

»Ihr wollt Christen sein und dürstet nach Blut! Was haben wir beide euch getan? Wir wissen nicht einmal, ob ihr den Bey angefallen habt, oder ob ihr von ihm angefallen worden seid.«

»Er wurde von uns erwartet, denn wir wußten, daß er in die Schlucht auf die Jagd kommen würde; aber er ist uns mit all den Seinen entkommen. Das wollen wir dir sagen.«

»Wohin führt ihr uns?«

»Das wirst du erfahren, wenn wir dort sind.«

»So befreit mich wenigstens aus dieser Lage, und laßt mich auf einem Pferde sitzen.«

»Das ist auch uns lieber. Aber wir werden dich anbinden müssen, damit du uns nicht entkommen kannst.«

»Tut es immerhin!«

»Wer ist dein Gefährte? Er hat zwei Männer von uns verwundet und ein Pferd erschossen und redet in einer Sprache, die wir nicht verstehen.«

»Er ist ein Engländer.«

»Ein Engländer? Er trug ja kurdische Kleidung!«

»Weil sie in diesem Lande die bequemste ist.«

»Ist er ein Missionar?«

»Das ist er nicht.«

»Was will er hier?«

»Wir reisen in Kurdistan, um zu sehen, was es hier für Menschen, Tiere und Pflanzen, für Städte und Dörfer gibt.«

»Das ist sehr schlimm für euch, denn dann seid ihr Spione. Was habt ihr euch um dieses Land zu kümmern! Wir kommen auch nicht in das eurige, um eure Menschen, Städte und Dörfer auszukundschaften. – Setzt ihn auf das Pferd und bindet ihn mit dem Manne zusammen, der ein Engländer sein soll. Auch ihre beiden Tiere hängt aneinander!«

Diesem Befehle wurde Folge geleistet. Diese Leute führten so viele Stricke und Riemen bei sich, daß sie sicher auf einen viel größeren Fang ausgegangen waren, als sie mit uns gemacht hatten. Es wurden Stricke zwischen mir und Lindsay herüber und hinüber gezogen, so daß die Flucht eines einzelnen von uns gar nicht möglich war. Der Engländer sah diese Veranstaltungen mit einem unbeschreiblichen Blick über sich ergehen; dann wandte er sich mit einem Gesichte zu mir, an welchem alle bitteren Gefühle der Welt herumzerrten. Der fest zusammengekniffene Mund bildete einen Halbkreis, dessen Enden das Kinn abknüpfen wollten, und die Nase hing farblos nieder, wie eine eingeschneite und steif gefrorene Trauerflagge.

»Nun, Sir?« fragte ich.

Er nickte sehr langsam zwei- oder dreimal und sagte dann: »*Yes!*«

Er brauchte nicht mehr zu sagen, als dieses eine Wort, denn in dem Tone desselben lag eine ganze Welt voll Ausrufezeichen.

»Wir sind gefangen,« hob ich an.

»*Yes!*«

»Und halb nackt.«

»*Yes!*«

»Wie ist das gekommen?«

»*Yes!*«

»Geht zum Kuckuck mit Eurem *Yes!* Ich habe gefragt, wie es
gekommen ist, daß wir gefangen werden konnten.«

»Wie heißt Schelm oder Spitzbube auf Kurdisch?«

»Schelm heißt Heilebaz, und Spitzbube Herambaz.«

»So fragt diese Heile- und Herambazes, wie es ihnen gelungen ist, uns wegzufischen!«

Der Anführer mußte die kurdischen Ausdrücke vernommen haben. Er drehte sich um und fragte: »Was habt ihr zu reden?«

»Ich lasse mir von meinem Gefährten erzählen, wie wir in
eure Hände geraten sind,« erwiderte ich.

»So redet kurdisch, damit wir es auch hören!«

»Er versteht ja das Kurdische nicht!«

»So redet ja nicht etwa Dinge, die wir nicht erlauben können!«

Er drehte sich wieder hinum, wohl in der Ueberzeugung, uns
einen guten Befehl gegeben zu haben. Ich war jedoch sehr froh,
daß er uns das Sprechen überhaupt nicht verboten hatte. Ein
Kurde hätte dies sicherlich getan. Auch waren unsere Fesseln
keineswegs beschwerlicher Art. Unsere Füße waren so zusammengebunden, daß der Strick unter dem Bauche des Pferdes hin-
weglief, und von meinem linken Arme und Beine führte je eine
Leine zu den genannten rechten Gliedmaßen des Engländers.
Außerdem waren unsere Pferde zusammengekoppelt; die Hände
aber hatten wir frei – man ließ uns die Zügel führen. Unsere jetzigen Herren hätten in einem Kursus bei den wilden Indianern
sehr viel lernen können.

»Also, erzählt, Sir!« bat ich Lindsay.

»*Well!* Ihr schlugt einen Purzelbaum, grad wie gestern.
Scheint überhaupt seit neuester Zeit in dieser Motion etwas zu
leisten! Ich ritt hinter Euch. Versteht Ihr wohl!«

»Verstehe sehr gut; fahrt fort!«

»Mein Pferd stürzte über Euren Rappen, der jetzt diesem
Gentleman gehört, und ich – – hm! *Yes!*«

»Aha! Ihr schlugt auch einen Purzelbaum?«

»*Well!* Aber der meinige gelang besser als der Eurige – «

»Vielleicht habt Ihr in dieser Motion eine größere Uebung als ich!«

»Sir, was heißt Schnabel auf Kurdisch?«

»Nekul.«

»Schön! Gebt also auf Euren Nekul besser acht, Master!«

»Danke für die Warnung, Sir! Eure Ausdrucksweise scheint sich, seit Ihr Euch mit dem Kurdischen beschäftigt, sehr verästhetisiert zu haben. Nicht?«

»Ist auch kein Wunder bei diesem Aerger! Also ich kam zur Erde zu liegen und konnte nur langsam wieder auf. Es mußte sich etwas in mir verbogen haben. Die Büchse war weit fortgeschleudert und der Gürtel aufgegangen; alle Waffen lagen an der Erde. Da kamen diese Herambaz und machten sich über mich her.«

»Ihr wehrtet Euch?«

»Natürlich! Ich konnte aber nur das Messer und eine der Pistolen erwischen; darum gelang es ihnen, mich zu entwaffnen und zu binden.«

»Wo blieb der Bey mit seinen Leuten?«

»Habe keinen von ihnen zu sehen bekommen, hörte aber weiter vor uns noch schießen.«

»Sie werden zwischen zwei Abteilungen dieser Leute hier geraten gewesen sein.«

»Wahrscheinlich. Als man mit mir fertig war, machte man sich an Euch. Ich dachte schon, daß Ihr tot wäret. Man hat Beispiele, daß selbst ein schlechter Reiter einmal den Hals entzweifällt; nicht, Sir?«

»Möglich!«

»Ihr wurdet zwischen die zwei Mähren gebunden; dann ging es fort, nachdem man unsere beiden Pferde annektiert hatte.«

»Hat man Euch verhört?«

»Sehr! Habe auch geantwortet! Und wie! *Yes!*«

»Wir müssen zunächst aufmerken, in welcher Richtung wir transportiert werden. Wo liegt die Schlucht, in der uns das Unglück passierte?«

»Grad hinter uns.«

»Dort steht die Sonne; wir reiten also Ostsüdost. Gefällt es Euch noch so in Kurdistan wie vorhin, als Ihr die Bären getroffen hattet?«

»Hm! Ein miserables Land zuweilen! Wer sind diese Leute?«

»Es sind Nestorianer.«

»Vortreffliche christliche Sekte! Nicht, Sir?«

»Sie sind von den Kurden oft mit einer solchen unmenschlichen Grausamkeit behandelt worden, daß man sich nicht wundern darf, wenn sie einmal Vergeltung üben.«

»Konnten aber damit warten bis zu einer andern Zeit! Was ist nun zu tun, Sir?«

»Nichts, wenigstens jetzt.«

»Nicht fliehen?«

»In dem Zustande, in welchem wir uns befinden?«

»Hm! War ein schöner Anzug! Wunderschön! Nun ist er fort! In Gumri werden wir andere Kleider erhalten.«

»Das wäre das wenigste. Aber ohne mein Pferd und meine Waffen fliehe ich nicht. Wie steht es mit Eurem Gelde?« fragte ich.

»Fort! Und das Eurige?«

»Fort! Es war übrigens nicht sehr viel,« lautete meine Antwort.

»Schöne Wirtschaft, Sir! Was glaubt Ihr, daß sie mit uns tun werden?«

»In Lebensgefahr befinden wir uns nicht. Sie werden uns früher oder später entlassen. Aber ob wir unser Eigentum zurückerhalten, das ist sehr zu bezweifeln.«

»Laßt Ihr Eure Waffen im Stich?«

»Nie, und müßte ich sie einzeln in Kurdistan wieder zusammensuchen!«

»*Well!* Ich suche mit!«

Wir ritten durch ein breites Tal, welches zwei Höhenzüge trennte, die sich von Nordwest nach Südost erstreckten; dann ging es links zwischen den Bergen empor, bis wir auf eine Hochebene gelangten, von welcher aus man im Osten die Häuser mehrerer Ortschaften und einen Fluß erblickte, in welchen sich mehrere Bäche ergossen. In dieser Gegend mußten Murghi und Lizan liegen, denn nach meiner Ansicht waren wir bereits über Seraruh hinaus.

Hier oben wurde unter Eichen Halt gemacht. Die Reiter stiegen von den Pferden. Auch wir durften herab, wurden aber miteinander an den Stamm eines Baumes gebunden. Ein jeder holte hervor, was er an Eßwaren bei sich hatte, und wir erhielten die Erlaubnis, zuzusehen. Lindsay räusperte sich verdrießlich und knurrte:

»Wißt Ihr, worauf ich mich gefreut hatte, Sir?«

»Nun auf was?«

»Auf Bärenschinken und Bärentatzen.«

»Dieses Gelüste laßt Euch vergehen! Habt Ihr Hunger?«

»Nein, bin satt vor Aerger! Schaut den Kerl! Kann sich mit den Revolvern nicht zurechtfinden!«

Die Leute konnten jetzt mit Ruhe alles betrachten, was sie uns abgenommen hatten. Wir sahen unser Eigentum durch alle Hände wandern, und nächst dem Gelde, welches aber sehr sorgfältig wieder aufgehoben wurde, erregten besonders unsere Waffen die Aufmerksamkeit der neuen Inhaber. Der Anführer hielt meine beiden Revolver in der Hand. Er konnte über sie nicht klug werden, drehte sie hin und her und wandte sich endlich an mich mit den Worten: »Das sind Waffen?«

»Ja.«

»Zum Schießen?«

»Ja.«

»Wie macht man es?«

»Das kann man nicht sagen, sondern man muß es zeigen.«

»Zeige es uns!«

Dem Manne kam es nicht in den Sinn, daran zu denken, daß das kleine Ding ihm gefährlich werden könne.

»Du würdest es nicht begreifen,« sagte ich.

»Warum nicht?«

»Weil du zuvor den Bau und die Behandlung des anderen Gewehres begriffen haben müßtest.«

»Welches Gewehr meinst du?«

»Das zu deiner Rechten liegt.«

Es war der Henrystutzen, den ich meinte. Er war ebenso wie die Revolver mit einer Sicherung versehen, welche der Mann nicht zu behandeln verstand.

»So erkläre es mir!« sagte er.

»Ich habe dir ja bereits gesagt, daß man dies nur zeigen kann!«

»Hier hast du das Gewehr!«

Er reichte es mir, und sobald ich es in meiner Hand fühlte, war es mir, als ob ich nichts mehr zu befürchten brauche.

»Gib mir ein Messer, damit ich den Hahn öffnen kann,« sagte ich nun.

Er gab mir ein Messer, und ich nahm es, schob die Sicherung mit der Spitze desselben zurück, obgleich ich dies mit dem leisesten Druck meines Fingers hätte tun können, und behielt das Messer dann noch in der Hand.

»Sage mir, was ich dir schießen soll?« hob ich nun an.

Er blickte sich um und sagte dann: »Bist du ein guter Schütze?«

»Ich bin's!«

»So schieße mir einen jener Galläpfel herab!«

»Ich werde dir fünf herunterschießen und doch nur einmal laden.«

»Das ist unmöglich!«

»Ich sage die Wahrheit. Soll ich laden?«

»Lade!«

»So mußt du mir den Beutel geben, der an meinem Gürtel hing. Du hast ihn da an deinen eigenen Gürtel befestigt.«

Das Gewehr war vollständig geladen, aber es war mir um meine Patronen zu tun.

»Was sind das für kleine Dinger, welche sich darin befinden?« fragte er.

»Das werde ich dir zeigen. Wer so ein Ding hat, braucht weder Pulver noch Kugel, um schießen zu können.«

»Ich sehe, daß du kein Kurde bist; denn du hast Sachen, die es noch nie in diesem Lande gegeben hat. Bist du wirklich ein Christ?«

»Ein guter Christ.«

»Sage mir das Vaterunser!«

»Ich spreche nicht gut das Kurdische, aber du wirst es mir verzeihen, wenn ich einige kleine Fehler mache.«

Ich gab mir Mühe, die Aufgabe zu lösen. Er fiel zwar einige Male verbessernd ein, weil ich die Worte »Versuchung« und »Ewigkeit« nicht kannte, meinte aber dann doch befriedigt: »Du bist wirklich kein Moslem, denn ein solcher würde das Gebet der Christen niemals sagen. Du wirst das Gewehr nicht mißbrauchen, und darum will ich dir den Beutel geben.«

Seine Gefährten schienen sein Verfahren nicht anstößig und unvorsichtig zu finden. Sie gehörten alle einer Bevölkerungsklasse an, der durch die Gewalt ihrer Unterdrücker eine lange Zeit die Waffen aus der Hand gerungen gewesen waren, und verstanden darum den Wert derselben in den Händen eines entschlossenen Mannes kaum zu schätzen. Und übrigens waren alle wohl neugierig auf die Unterweisung, welche ich geben sollte.

Ich nahm eine der Patronen heraus und tat als ob ich lud. Dann zielte ich in die Höhe und gab den Zweig an, von welchem fünf Galläpfel verschwinden sollten. Ich drückte fünfmal los, und die Aepfel waren fort. Das Erstaunen dieser einfachen Leute war grenzenlos.

»Wie vielmal kannst du mit diesem Gewehre schießen?« fragte mich der Anführer.

»So vielmal, als ich will.«

»Und hier mit diesen kleinen Gewehren?«

»Auch sehr vielmal. Soll ich sie dir erklären?«

»Tue es!«

»Zeige sie einmal her!«

Ich legte den Stutzen neben mich und langte nach den beiden Revolvern, welche er mir gab. Lindsay beobachtete eine jede meiner Bewegungen mit der größten Spannung.

»Ich habe euch gesagt, daß ich ein Christ aus dem Abendlande bin. Wir töten niemals ungezwungen einen Menschen, aber wenn wir angegriffen werden, so kann man uns nie besiegen; denn wir haben wunderbare Waffen, gegen die es keine Rettung gibt. Ihr seid über dreißig tapfere Krieger; aber wenn wir zwei nicht an diesen Baum gebunden wären und euch töten wollten, so würden wir mit diesen drei Gewehren in drei Minuten damit fertig sein. Glaubst du das?«

»Wir haben auch Waffen!« antwortete er mit einem leisen An-flug von Besorgnis.

»Ihr würdet sie nicht brauchen können, denn der erste, der nach seiner Flinte, nach seiner Lanze oder nach seinem Messer griffe, wäre auch der erste, welcher sterben müßte. Versuchtet ihr aber keine Gegenwehr, so würden wir euch nichts zuleide tun, sondern in Frieden mit euch reden.«

»Das alles könnt ihr nicht, denn ihr seid an den Baum ge-bunden.«

»Du hast recht; aber wenn wir wollten, würden wir bald frei sein,« antwortete ich in einem ruhigen, erklärenden Tone. »Die-ser Strick geht nur um unsern Leib und um den Baum. Ich wür-de meinem Gefährten diese kleinen Gewehre geben, so wie ich jetzt tue; dann nähme ich dein Messer, und ein einziger Schnitt mit demselben zertrennt den Strick, und wir sind frei. Siehest du wohl?«

Grad so, wie ich gesprochen, hatte ich es auch getan. Ich stand aufrecht am Baume mit dem Stutzen, Lindsay neben mir mit den Revolvern. Er nickte mir mit seinem breitesten Lächeln zu, gespannt auf alles, was ich tat, da er meine Worte nicht ver-stehen konnte.

»Du bist ein kluger Mann,« sagte der Anführer; »aber diesen Strick brauchtest du uns nicht zu ruinieren. Setze dich wieder nieder, und erkläre uns auch die beiden kleinen Gewehre!«

»Ich habe dir bereits zweimal gesagt, daß man das nicht er-klären, sondern zeigen muß. Und zeigen werde ich es euch, wenn ihr nicht das tut, was ich von euch verlange.«

Jetzt endlich begann ihm klar zu werden, daß ich Ernst machte. Er stand auf, und auch die Andern erhoben sich, nach ihren Waffen greifend.

»Was verlangst du?« fragte er drohend.

»Höre mich ruhig an! Wir sind keine gewöhnlichen Krieger, sondern Emire, denen man Achtung schuldig ist, selbst wenn sie in Gefangenschaft geraten. Ihr aber habt uns beraubt und gefesselt, als ob wir Diebe und Räuber seien. Wir verlangen, daß ihr uns alles zurückgebt, was ihr uns genommen habt!«

»Das werden wir nicht tun!«

»So werde ich deinen Wunsch erfüllen und dir den Gebrauch unserer Waffen zeigen. Merke wohl auf: der erste, der auf uns schießen oder stechen will, wird auch der erste sein, der sterben muß! Es ist besser, wir sprechen in Frieden miteinander, als daß wir euch töten.«

»Ihr werdet auch fallen!«

»Aber die meisten von euch vorher!«

»Wir müssen euch binden, denn wir müssen euch zu unserm Melek bringen.«

»Ihr bringt uns nicht zu eurem Melek, wenn ihr uns fesseln wollt; denn wir werden uns wehren. Aber wenn ihr uns alles wiedergebt, was uns gehört, so werden wir euch freiwillig folgen; denn wir können dann als Emire vor ihm erscheinen.«

Diese guten Leute waren gar nicht blutgierig und hatten eine große Angst vor unsern Waffen. Sie blickten einander an, flüsterten leise, und endlich fragte der Anführer:

»Was verlangst du zurück?«

»Die Kleider alle.«

»Die sollst du haben.«

»Das Geld und alles, was in unsern Taschen war.«

»Das müssen wir behalten, um es dem Melek zu geben.«

»Und die Waffen.«

»Auch sie müssen wir behalten, sonst gebraucht ihr sie gegen uns.«

»Und endlich verlangen wir unsere Pferde.«

»Du verlangst das Unmögliche!«

»Nun gut; so habt ihr allein die Schuld, wenn wir uns selbst nehmen, was uns gehört. Du bist der Anführer und hast unser Eigentum eingesteckt. Ich muß dich töten, um es wieder zu bekommen.«

Ich erhob das Gewehr. Lindsay hielt seine beiden Läufe vor.

»Halt, schieße nicht!« gebot der Mann. »Folgest du uns wirklich, wenn wir euch alles geben?«

»Ja,« erwiderte ich.

»Schwöre es uns!«

»Ich sage es. Das gilt wie ein Schwur!«

»Und wirst auch deine Waffen nicht gebrauchen?«

»Nein; es sei denn aus Notwehr.«

»So sollst du alles haben.«

Er sprach wieder leise mit den Seinen. Es schien, als ob er ihnen erkläre, daß unser Eigentum ihnen ja sicher bleibe. Endlich wurde uns alles hingelegt, so daß wir nicht den geringsten Gegenstand zu vermissen hatten. Wir zogen unsere Kleider an, und während dieser Beschäftigung forderte mich Lindsay auf, ihm das Ergebnis meiner Verhandlung mitzuteilen. Als ich seiner Aufforderung nachgekommen war, legte sich sein Gesicht in sehr bedenkliche Falten.

»Was habt Ihr getan, Sir! Hatten unsere Freiheit so schön in den Händen!«

»Glaubt Ihr? Es hätte auf alle Fälle einen Kampf gegeben.«

»Hätten sie alle erschossen!«

»Fünf oder zehn, dann aber wäre es aus mit uns gewesen. Seid froh, daß wir unsere Sachen wieder haben; das weitere wird sich dann auch noch finden!«

»Wohin führen sie uns?«

»Das werden wir erst noch erfahren. Uebrigens könnt Ihr versichert sein, Sir, daß uns unsere Freunde nicht verlassen werden. Von Halef weiß ich es ganz genau, daß er alles in Bewegung setzen wird, um uns nützlich zu sein.«

»Glaube es auch. Braver Kerl!«

Als wir alles zu uns genommen hatten, stiegen wir auf und setzten unsern Ritt fort. Es hätte mich jetzt nur einen Schenkeldruck gekostet, um wieder frei zu sein; aber ich hatte mein Wort gegeben, und das mußte ich halten. Ich ritt an der Seite des Anführers, der seine besorgten Blicke nicht von uns wendete.

»Ich frage dich abermals, wohin du uns führst?« hob ich an.

»Das wird der Melek entscheiden.«

»Wo befindet er sich?«

»Wir werden am Abhange des Gebirges auf ihn warten.«

»Welcher Melek ist es?«

»Von Lizan.«

»So ist er jetzt in Lizan und wird später kommen?«

»Er ist dem Bey von Gumri nachgejagt.«

»Ah! Und warum habt ihr euch von ihm getrennt?«

»Er bedurfte unserer Hilfe nicht, weil er sah, daß der Bey so wenige Leute bei sich hatte, und als wir umkehrten, trafen wir auf euch.«

Nun war das Rätsel gelöst. Der Feind war so zahlreich gewesen, daß es unsern Freunden nicht möglich geworden war, sich durchzuschlagen und zu uns zu kommen.

Unser Weg führte uns sehr bald wieder bergab und wir sahen das Tal des Zab in einer Länge von vielen Stunden vor uns liegen. Nach Verlauf von vielleicht zwei Stunden gelangten wir an einen einsamen Weiler, der nur aus vier Gebäuden bestand, von denen drei aus Lehm aufgeführt waren, während das vierte starke Steinmauern besaß. Es hatte ein Stockwerk über dem Erdgeschoß und einen ziemlich großen Garten an seiner hinteren Seite.

»Hier bleiben wir,« meinte der Anführer.

»Wem gehört dieses Haus?«

»Dem Bruder des Melek. Ich werde dich zu ihm führen.«

Wir hielten vor dem Gebäude still, und eben als ich am Absteigen war, vernahmen wir ein lautes, heulendes Schnaufen. Wir drehten uns um und sahen einen Hund, der in gewaltigen Sätzen den Abhang herabgesprungen kam. Es war mein Dojan, den ich kurz vor dem Ueberfall der Obhut Halefs übergeben hatte. Die Schnur, an welcher ihn der Diener geführt hatte, war zerrissen, und sein Instinkt hatte das brave Tier auf meine Spur geführt. Er sprang laut jauchzend an mir empor, und ich hatte alle Mühe, ihn zur Ruhe zu bringen. Ich gab ihm die Zügel meines Pferdes zwischen die Zähne und war nun sicher, daß niemand es mir unbemerkt entführen könne. Dann wurden wir in das Haus gewiesen. Der Anführer stieg mit uns eine Treppe empor und bedeutete uns, in einem Zimmerchen auf ihn zu warten. Es dauerte eine ganze Weile, ehe er zurückkehrte.

»Ihr sollt kommen,« meinte er. »Aber legt vorher die Waffen ab.«

»Warum diese Zumutung?«

»Der Bruder des Melek ist ein Priester.«

»Bei dem du selbst deine Waffen getragen hast!«

»Ich bin sein Freund.«

»Ah! Er fürchtet sich vor uns?«

»So ist es.«

»Du kannst ruhig sein. Wenn er es ehrlich meint, wird er sich bei uns in keiner Gefahr befinden.«

Der Mann führte uns durch eine Türe in ein Gemach, in welchem der Besitzer des Hauses sich befand. Es war ein schwacher, ältlicher Mann, dessen blatternarbiges Gesicht auf mich keinen sehr angenehmen Eindruck machte. Er winkte, und der Führer entfernte sich.

»Wer seid ihr?« fragte er, ohne uns zu begrüßen.

»Wer bist du?« fragte ich in ganz demselben kurzen Tone wie er.

Er runzelte die Stirn.

»Ich bin der Bruder des Melek von Lizan.«

»Und wir sind Gefangene des Melek von Lizan.«

»Dein Benehmen ist nicht so, als ob du ein Gefangener seist.«

»Weil ich freiwillig ein Gefangener bin und sehr genau weiß, daß ich es nicht lange bleiben werde.«

»Freiwillig? Man hat dich doch gefangen genommen!«

»Und wir haben uns wieder frei gemacht und sind euern Männern aus freiem Willen gefolgt, um nicht gezwungen zu sein, ihnen das Leben zu nehmen. Ist das dir nicht erzählt worden?«

»Ich glaube es nicht.«

»Du wirst es glauben lernen.«

»Du bist bei dem Bey von Gumri gewesen!« fuhr er fort. »Wie kommst du zu diesem?«

»Ich hatte ihm Grüße von einem Verwandten auszurichten.«

»So bist du nicht ein Vasall von ihm?«

»Nein. Ich bin ein Fremdling in diesem Lande.«

»Ein Christ, wie ich hörte?«

»Du hast die Wahrheit gehört.«

»Aber ein Christ, der an die falsche Lehre glaubt!«

»Ich bin überzeugt, daß sie die wahre ist.«

»Du bist kein Missionar?«

»Nein. Bist du ein Priester?« fragte ich dagegen.

»Ich wollte einst ein solcher werden,« antwortete er.

»Wann wird der Melek hier ankommen?«

»Noch heute; die Stunde aber ist unbestimmt.«

»Ich soll bis dahin in deinem Hause bleiben?«

Er nickte, und ich fragte weiter:

»Aber als was?«

»Als das, was du bist, ein Gefangener.«

»Und wer wird mich festhalten?«

»Meine Leute und dein Wort.«

»Deine Leute können mich nicht halten, und mein Versprechen habe ich bereits erfüllt. Ich sagte, daß ich ihnen folgen würde; das habe ich getan.«

Er schien zu überlegen.

»Du magst recht haben. So sollst du also nicht mein Gefangener, sondern mein Gast sein.«

Er klatschte in die Hände. Ein altes Weib erschien.

»Bringe Kaffee, Pfeifen und Matten!« gebot er ihr.

Die Matten wurden zuerst gebracht, und wir mußten zu beiden Seiten des Mannes Platz nehmen, der ein Priester genannt wurde, weil er einst gewillt gewesen war, ein solcher zu werden. Er wurde jetzt freundlicher, und als die Pfeifen mit dem Tabak gebracht wurden, hatte er sogar die Herablassung, sie uns selbst anzubrennen. Ich erkundigte mich bei ihm nach den Verhältnissen der nestorianischen Chaldäer und erfuhr allerdings Dinge, bei deren Erzählung einem sich die Haare sträuben konnten.

Die Krieger hatten sich um das Haus gelagert; es waren, wie ich erfuhr, arme, einfache Ackerbauern, also unangesehene Leute nach den Begriffen der Nomaden und anderen Bevölkerungsklassen, welche das Handwerk des Krieges treiben. Sie kannten den Gebrauch der Waffen nicht, und einige unbewachte Andeutungen unseres Wirtes brachten mich zu der Ueberzeugung, daß von zehn ihrer Luntenflinten kaum fünf losgegangen wären.

»Nun aber werdet ihr ermüdet sein,« meinte er, als auch der Kaffee eingenommen war. »Erlaubt, daß ich euch ein Zimmer anweise, welches das eurige sein soll!«

Er erhob sich und öffnete eine Türe. Scheinbar aus Höflichkeit stellte er sich zur Seite, um uns zuerst eintreten zu lassen; kaum aber hatten wir die Schwelle überschritten, so warf er die Türe zu und schob den Riegel vor.

»Ah! Was ist das?« fragte Lindsay.

»Heimtücke. Was weiter!«

»Habt Euch übertölpeln lassen!«

»Nein. Ich ahnte so etwas.«

»Warum tratet Ihr ein, wenn Ihr es ahntet?«

»Weil ich mich ausruhen wollte. Mir tun die Glieder noch weh von dem Sturze.«

»Das konnten wir wo anders tun und nicht hier als Gefangene!«

»Wir sind nicht gefangen. Seht Euch diese Türe an, die ich mir bereits während der Unterhaltung betrachtet habe. Einige Fußtritte oder ein guter Kolbenstoß reichen hin, sie zu zertrümmern.«

»Wollen das sofort tun!«

»Wir befinden uns in keiner Gefahr.«

»Wollt Ihr warten, bis noch mehr Leute kommen? Jetzt fällt es uns nicht schwer, aufzusitzen und fortzureiten.«

»Mich reizt dieses Abenteuer. Wir haben jetzt die beste Gelegenheit, die Verhältnisse dieser christlichen Sektierer kennen zu lernen.«

»Bin nicht sehr neugierig darauf; die Freiheit ist mir lieber!«

Da hörte ich meinen Hund zornig knurren und dann in jener bestimmten Weise anschlagen, die mir sagte, daß er sich gegen einen Angreifer zu wehren habe. Die einzige Fensteröffnung, welche es in dem Raume gab, und die so klein war, daß man den Kopf nicht hindurchstecken konnte, befand sich an der andern Seite. Ich konnte also nicht sehen, was es gab. Da hörte ich ein kurzes Bellen und bald darauf einen Schrei. Unter diesen Umständen war hier oben meines Bleibens nicht.

»Kommt, Sir!«

Ich stemmte mich mit der Achsel gegen die Türe – sie gab nur wenig nach.

»Nehmt den Kolben!« meinte Lindsay, indem er zugleich seine eigene Büchse ergriff.

Einige Schläge genügten, die Türe zu zertrümmern. In dem Raume, wo wir vorhin gesessen hatten, standen vier Männer, welche jedenfalls die Aufgabe hatten, uns zu bewachen; denn sie traten uns mit erhobenem Gewehr entgegen, hatten aber gar nicht das Aussehen, als ob sie Ernst machen würden.

»Halt! Bleibt hier!« meinte der eine sehr freundlich.

»Tut dies einstweilen an unserer Stelle!«

Ich schob ihn beiseite und eilte hinab, wo die Anwesenden einen weiten Kreis um unsere Pferde geschlossen hatten. Bei denselben lag der gastfreundliche Wirt an der Erde und der Hund auf ihm.

»Fort, Sir?« fragte Lindsay.

»Ja.«

Im nächsten Augenblicke saßen wir auf.

»Halt! Wir schießen!« riefen mehrere Stimmen.

Es richteten sich allerdings mehrere Gewehre gegen uns, aber wir achteten nicht darauf.

»Dojan, geri!«

Der Hund sprang auf. Ich nahm die Büchse in die Hand, wirbelte sie um den Kopf; Lindsay tat dasselbe, und unsere Pferde schnellten durch den Kreis hindurch. Zwei einzelne Schüsse fielen hinter uns: sie schadeten uns nicht. Aber sämtliche Nestorah stiegen unter lautem Geschrei zu Pferde, um uns zu verfolgen. Das Abenteuer hatte seit dem Augenblick unserer Gefangennehmung einen beinahe komischen Verlauf genommen; es bildete einen sehr überzeugenden Beleg dazu, daß die Tyrannei imstande ist, ein Volk zu entnerven. Was wären wir zwei gegen diese Uebermacht gewesen, wenn die Nestorianer noch einiges Mark besessen hätten!

Wir achteten gar nicht weiter auf sie und ritten so schnell wie möglich den Weg zurück, auf welchem wir gekommen waren. Als wir die Höhe erreicht hatten, waren die Verfolger weit hinter uns geblieben.

»Vor diesen sind wir sicher!« meinte Lindsay.

»Aber vor den andern nicht.«

»Warum nicht?«

»Sie können uns begegnen.«

»So weichen wir ihnen aus!«

»Das ist nicht an jeder Stelle möglich.«

»So hauen wir uns durch! *Well!*«

»Sir, das würde uns wohl schwerlich gelingen. Ich habe nämlich die Ahnung, daß unsere Nestorianer in der Schar des Melek nur der überflüssige, mutlose und schlecht bewaffnete Troß gewesen sind, den er zurückgeschickt hat, um nicht gehindert zu sein. An uns haben sie sich gewagt, da wir nur zu zweien waren und uns in keiner verteidigungsfähigen Lage befanden.«

»Lasse mich aber nicht wieder fangen! *Yes!*«

»Ich habe auch nicht Lust dazu, aber der Mensch kann nicht wissen, was ihm begegnet.«

Wir kamen schnell über die Hochebene zurück, auf welcher wir vorher Rast gehalten hatten. An dem diesseitigen Rande derselben hielten wir an, und ich zog das Fernrohr aus der Satteltasche, um die unter uns liegenden Täler und Abhänge zu betrachten. Ich konnte nichts Besorgniserregendes bemerken, und so setzten wir unsern Weg talabwärts fort. Endlich gelangten wir nach langem Ritt auch an die Stelle, an welcher wir gefangen genommen worden waren. Lindsay wollte nach rechts abbiegen, weil dorthin Mia und unser Jagdplatz lag, aber ich hielt zaudernd an.

»Wollen wir nicht einmal hier links hinab, Sir?« fragte ich. »Dort sind die Unsrigen überfallen worden. Es ist beinahe notwendig, sich den Kampfplatz anzusehen.«

»Wir werden alle in Mia oder Gumri treffen!« entgegnete er.

»Gumri liegt nach links. Kommt!«

»Ihr werdet Euch in neue Gefahr begeben, Sir!«

Ich schwenkte ohne weitere Antwort links ab, und er folgte mir ein wenig verdrossen.

Hier sah ich die Wurzel, über welche mein Pferd gestrauchelt war, und vielleicht achthundert Schritte weiter abwärts fanden wir ein getötetes Pferd daliegen, dem man Sattel und Zaum abgenommen hatte. Der spärliche Graswuchs und das niedrige Gestrüpp war zertreten; auch das mit Blut bespritzte Gestein zeigte, daß hier ein Kampf stattgefunden habe. Die Spuren desselben führten abwärts: die Kurden waren geflohen und die Nestorianer ihnen gefolgt. Das regte den Engländer auf. Er dachte nicht mehr an seine vorige Warnung und setzte sein Pferd in Trab.

»Kommt, Sir! Müssen sehen, wie es gegangen ist!« rief er mir zu.

»Vorsichtig!« warnte ich. »Das Tal ist breit und offen. Wenn der Feind grad jetzt zurückkehrt, wird er uns bemerken; dann ist es aus mit uns.«

»Geht mich nichts an! Müssen den Unserigen helfen!«

»Sie werden uns jetzt nicht mehr brauchen!«

Er aber ließ sich nicht halten, und ich war gezwungen, ihm auf dem offenen Terrain zu folgen, während ich mich lieber unter den Schutz der Bäume zurückgezogen hätte.

Weit unten machte das Tal eine Krümmung. Die innere Ecke derselben stieß beinahe bis an das Ufer des Baches heran und hinderte uns, weiter zu sehen. Unweit davon lag ein nackter Leichnam. Es war ein toter Kurde; das sah man an dem Haarbüschel. Wir bogen um die Ecke. Kaum aber hatten wir hundert Schritte gemacht, so raschelte es in den Bäumen und Sträuchern der Talwand, und wir sahen uns augenblicklich von einer Menge bewaffneter Gestalten umringt. Zwei von ihnen hielten die Zügel meines Pferdes, und mehrere faßten mich an den Beinen und am Arme, um mich an der Gegenwehr zu verhindern. So ging es auch dem Engländer, der in einem solchen Knäuel von Feinden stak, daß sein Pferd sich kaum zu bewegen vermochte. Er wurde angerufen, konnte aber nichts verstehen und deutete auf mich.

»Wer seid ihr?« fragte mich einer.

»Wir sind Freunde der Nestorah. Was wollt ihr von uns?«

»Wir sind keine Nestorah. So nennen uns nur unsere Feinde und Bedrücker. Wir sind Chaldäer. Aber ihr seid Kurden?«

»Wir beide sind weder Kurden, noch Türken, noch Araber. Wir tragen nur die Tracht dieses Landes. Wir sind Feringhis.«[1]

»Woher seid ihr?«

»Ich bin ein Nemtsche, und mein Gefährte ist ein Inglis.«

1 Fremde.

»Die Nemtsche kenne ich nicht, aber die Inglis sind böse Menschen. Ich werde euch zum Melek führen, der über euch urteilen mag.«

»Wo ist er?«

»Weiter unten. Wir sind die Vorhut und sahen euch kommen.«

»Wir werden euch folgen. Laßt mich los!«

»Steige ab!«

»Erlaube mir, daß ich sitzen bleibe! Ich habe einen Fall getan und kann nicht gut gehen.«

»So mögt ihr reiten, und wir werden eure Pferde führen. Aber sobald ihr versucht, zu fliehen oder eure Waffen zu gebrauchen, werdet ihr erschossen!«

Das klang sehr bestimmt und kriegerisch. Diese Männer machten allerdings einen ganz andern Eindruck als diejenigen, welche uns vorher gefangen genommen hatten. Wir wurden talabwärts geführt. Mein Hund schritt, die Augen immer auf mich gerichtet, neben mir her; er hatte keinen der Feinde angegriffen, weil ich mich ruhig verhalten hatte.

Ein kleines Nebenwasser floß von rechts her in den Bach. Es kam aus einem Seitentale, welches bei seiner Mündung in das Haupttal eine ziemlich breite Einbuchtung bildete. Hier lagerten wohl gegen sechshundert Krieger in vielen Gruppen beieinander, während ihre Pferde in der Umgebung weideten. Unser Erscheinen erregte Aufsehen; aber niemand rief uns an.

Wir wurden zu einer der größten Gruppen geführt, in deren Mitte ein kräftig gebauter Mann saß, welcher unsern Begleitern zunickte.

»Ihr bringt sie?« sagte er zu ihnen. »Kehrt wieder auf euren Posten zurück!«

Man hatte ihm also unser Kommen bereits gemeldet, als wir im Begriffe waren, ihnen ahnungslos in die Hände zu laufen. Der Melek hatte einige Aehnlichkeit mit seinem Bruder, aber meine Augen richteten sich von ihm ab und auf eine andere Gruppe. Dort saßen der Bey von Gumri, Amad el Ghandur und Halef nebst mehreren Kurden unbewaffnet und rings von Wächtern umgeben; aber keiner von ihnen war gebunden. Sie hatten die Geistesgegenwart, sich bei unserm Anblick ruhig zu verhalten.

Der Melek winkte uns, abzusteigen.

»Kommt näher!« gebot er.

Ich trat in den Kreis und setzte mich ungeniert neben ihm nieder. Auch der Engländer tat so. Der Anführer blickte uns etwas überrascht an, sagte aber nichts über unser dreistes Benehmen.

»Habt ihr euch bei eurem Ergreifen gewehrt?« fragte er.

»Nein,« antwortete ich kurz.

»Ihr tragt doch Waffen!«

»Warum sollen wir die Chaldäer töten, da wir ihre Freunde sind? Sie sind Christen wie wir.«

Er horchte auf und fragte dann:

»Ihr seid Christen? – Aus welcher Stadt?«

»Die Stadt, aus der wir stammen, kennst du nicht. Sie liegt weit von hier im Abendlande, wohin noch kein Kurde gekommen ist.«

»So seid ihr Franken? Vielleicht aus Inglistan?«

»Mein Gefährte stammt aus Inglistan. Ich aber bin ein Nemtsche.«

»Ich habe noch keinen Nemtsche gesehen. Wohnen sie mit den Inglis in einem Lande?«

»Nein; es liegt ein Meer zwischen ihnen.«

»Das hast du wohl von andern gehört, denn ein Nemtsche bist du nicht.«

»Warum nicht?«

»Ich sehe, daß du einen Kuran trägst, wie ihn die Hadschi tragen.«

»Ich kaufte ihn nur, um zu sehen, was die Moslemim für einen Glauben und für eine Lehre haben.«

»So handelst du sehr unrecht. Ein Christ darf keine andre Lehre kennen lernen, als nur die seinige. Aber wenn ihr Franken seid, warum kommt ihr in unser Land?«

»Wir wollen sehen, ob wir mit euch Handel treiben können.«

»Welche Waren habt ihr mitgebracht?«

»Wir haben noch nichts mitgebracht. Wir wollen erst sehen, was ihr braucht, und es dann unsern Kaufleuten erzählen.«

»Warum tragt ihr so viele Waffen, da ihr doch nur des Handels wegen zu uns kommt?«

»Die Waffe ist das Recht des freien Mannes; wer ohne Waffen reist, der wird für einen Knecht gehalten.«

»So sagt euren Kaufleuten, daß sie uns Waffen senden sollen; denn hier gibt es sehr viele Männer, welche frei werden wollen. Ihr müßt sehr mutige Männer sein, daß ihr euch in so ferne Länder wagt. Habt ihr jemand, der euch hier beschützt?«

»Ja. Ich habe ein Bu-djeruldi des Großherrn bei mir.«

»Zeige es her!«

Ich gab ihm den Paß, und ich sah, daß er lesen konnte. Dieser Melek war also ein unterrichteter Mann. Er gab mir das Schreiben wieder.

»Du stehest unter einem Schutze, welcher dir hier nichts helfen kann; aber ich sehe, daß ihr keine gewöhnlichen Krieger seid, und das ist gut für euch. Warum redest du allein und warum spricht nicht auch dein Gefährte?«

»Er versteht nur die Sprache seiner Heimat.«

»Was tut ihr hier in dieser entlegenen Gegend?«

»Wir sahen die Spuren des Kampfes und sind ihnen gefolgt.«

»Wo habt ihr die letzte Nacht geschlafen?«

»In Gumri,« antwortete ich ohne Zögern.

Er erhob den Kopf mit einem überraschten, scharfen Blick.

»Das wagst du, mir zu sagen?«

»Ja, denn es ist die Wahrheit.«

»So bist du ein Freund des Bey! Wie kam es, daß du nicht an seiner Seite kämpftest?«

»Ich war zurückgeblieben und konnte ihn in der Gefahr nicht mehr ereilen, denn deine Männer kamen zwischen ihn und uns.«

»Sie griffen euch an?«

»Das taten sie.«

»Ihr habt euch gewehrt?«

»Wenig. Wir beide waren in dem Augenblick, als sie kamen, mit unsern Pferden gestürzt; ich lag ganz ohne Besinnung, und mein Gefährte hatte die Waffen verloren. Es wurde ein Pferd getötet, und zwei Männer sind verwundet.«

»Was geschah dann?«

»Wir wurden ausgezogen bis auf die Unterkleider, auf die Pferde gebunden und zu deinem Bruder geführt.«

»Und jetzt seid ihr wieder hier! Wie ist das gekommen?«

Ich erzählte ihm alles genau vom ersten Augenblick unserer Gefangenschaft an bis zur gegenwärtigen Minute. Seine Augen wurden immer größer, und zuletzt brach er in einen Ausruf des größten Erstaunens aus:

»Katera Aïsa. – Um Jesu willen, Herr, das alles sagst du mir? Entweder bist du ein großer Held oder ein sehr leichtsinniger Mann, oder du suchst den Tod!«

»Es ist keines von diesen dreien der Fall. Ich sagte dir alles, weil ein Christ nicht lügen soll und weil mir dein Angesicht gefällt. Du bist kein Räuber und kein Tyrann, vor dem man zittern soll, sondern ein redlicher Fürst der Deinen, welcher die Wahrheit liebt und sie auch hören will.«

»Chodih, du hast recht, und daß du so handelst, wie du getan hast, das ist dein Glück. Hättest du die Unwahrheit gesprochen, so wärest du verloren gewesen, wie diese Andern verloren sind!«

Er deutete auf die Gruppe der Gefangenen.

»Woher hättest du gewußt, daß ich die Unwahrheit rede?«

»Ich kenne dich. Bist du nicht der Mann, der mit den Haddedihn gegen ihre Feinde kämpfte?«

»Ich bin es!«

»Bist du nicht der Mann, der mit den Dschesidi gegen den Mutessarif von Mossul kämpfte?«

»Du sagst die Wahrheit!«

»Bist du nicht der Mann, der Amad el Ghandur aus dem Gefängnisse von Amadijah befreite?«

»Das tat ich!«

»Und der auch die Befreiung zweier Kurden von Gumri bei dem Mutesselim erzwang?«

»Es ist so!«

Ich ward immer mehr erstaunt. Woher hatte dieser nestorianische Anführer diese Kenntnis über meine Person?

»Woher weißt du dies alles, Melek?« fragte ich jetzt.

»Hast du nicht ein Mädchen in Amadijah gesund gemacht, welches Gift gegessen hatte?«

»Ja. Auch das weißt du?«

»Ihre Ahne heißt Marah Durimeh?«

»Das ist ihr Name. Kennst du sie?«

»Sie war bei mir und hat mir viel von dir erzählt, was sie mit den Ihrigen von deinem Diener erfahren hat, der dort sich unter den Gefangenen befindet. Sie wußte, daß du vielleicht in unsere Gegend kommen würdest, und hat mich gebeten, dann dein Freund zu sein.«

»Wie kannst du wissen, daß gerade ich dieser Mann bin?«

»Hast du nicht gestern in Gumri von euch erzählt? Wir haben einen Freund dort, der uns alles berichtet. Darum wußten wir auch von der heutigen Jagd, und daß du dabei sein würdest. Und darum sandte ich auch, als ich im Hinterhalte lag und bemerkte, daß du zurückgeblieben seist, eine Abteilung der Meinigen, die dich gefangen nehmen und fortführen sollten, damit dir im Kampfe kein Leid geschehe.«

Das klang ja so abenteuerlich, daß es kaum zu glauben war. Und nun konnte ich auch das Verhalten der Männer, welche uns gefangen genommen hatten, begreifen, obgleich sie mit der Wegnahme unserer Kleidungsstücke zu weit gegangen waren.

»Was wirst du nun tun?« fragte ich den Melek.

»Ich werde dich mit nach Lizan nehmen, damit du mein Gast seist.«

»Und meine Freunde?«

»Dein Diener und Amad el Ghandur werden frei sein.«

»Aber der Bey?«

»Er ist mein Gefangener. Unsere Versammlung wird über ihn beschließen.«

»Werdet ihr ihn töten?«

»Das ist möglich.«

»So kann ich nicht mit dir gehen!«

»Warum nicht?«

»Ich bin der Gast des Bey; sein Schicksal ist auch das meinige. Ich werde mit ihm kämpfen, mit ihm siegen oder unterliegen.«

»Marah Durimeh hat mir gesagt, daß du ein Emir bist, also ein tapferer Krieger. Aber bedenke, daß die Tapferkeit sehr oft in das Verderben führt, wenn sie nicht auch besonnen ist. Dein

Gefährte hat nicht verstanden, was wir sprechen. Rede mit ihm und frage ihn, was du beschließen sollst!«

Diese Aufforderung kam mir ungemein erwünscht, denn sie gab mir Gelegenheit, mich mit dem Engländer zu verständigen.

Ich wandte mich also zu diesem:

»Sir, wir haben einen Empfang gefunden, wie ich ihn mir nicht träumen lassen konnte!«

»So schlimm!«

»Nein, freundlich. Der Melek kennt uns. Die alte Christin, deren Enkelkind ich in Amadijah heilte, hat ihm von uns erzählt. Wir sollen als seine Gastfreunde mit nach Lizan gehen.«

»*Well!* Sehr gut! Vortrefflich!«

»Aber dann handeln wir, sozusagen, undankbar an dem Bey; denn er bleibt gefangen und wird vielleicht getötet.«

»Hm! Unangenehm! Ist ein guter Kerl!«

»Freilich! Vielleicht wäre es möglich, mit ihm von hier zu entkommen.«

»Wie so?«

»Die Gefangenen sind nicht gefesselt. Jeder von ihnen bedarf nur ein Pferd. Wenn sie schnell aufspringen, sich auf die Gäule werfen, die ganz in ihrer Nähe grasen, und augenblicklich forteilen, so könnte ich ihnen vielleicht den Rückzug decken, da ich Grund habe, zu glauben, daß die Nestorianer nicht auf mich schießen werden.«

»Hm! Schöner Coup! Ausgezeichnet!«

»Müßte aber schnell geschehen. Seid Ihr dabei?«

»*Yes!* Wird interessant!«

»Aber wir schießen nicht, Sir!«

»Warum nicht?«

»Das wäre undankbar gegen den Melek.«

»Aber dann werden sie uns fangen!«

»Ich glaube nicht. Mein Pferd ist gut, das Eurige auch, und wenn die andern Klepper schlecht sind, so entweicht man in die Büsche. Also seid Ihr bereit?«

»O, *yes!*«

»So paßt auf!«

Ich drehte mich wieder zu dem Melek.

»Was habt Ihr beschlossen?« fragte er.

»Wir bleiben dem Bey treu.«

»So lehnt ihr meine Freundschaft ab?«

5 »Nein. Aber du wirst uns erlauben, unsere Pflicht zu tun. Wir werden jetzt gehen, doch ich sage dir aufrichtig, daß wir alles aufbieten werden, um ihn zu befreien.«

Er lächelte und sagte:

»Und wenn ihr geht und alle seine Krieger ruft, so werden sie

10 dennoch zu spät kommen, weil wir dann bereits fort sind. Aber ihr werdet gar nicht gehen, denn wenn ihr ihm helfen wollt, so muß ich euch zurückbehalten.«

Ich hatte mich erhoben, und Lindsay stand bereits bei seinem Pferde.

15 »Zurückbehalten?« fragte ich, aber nur um Zeit zu gewinnen; denn ich hatte Halef einen Wink gegeben und dabei auf die in der Nähe grasenden Tiere und nach dem Ausgange des Tales zu genickt. »Ich denke, ich soll nicht dein Gefangener sein?«

»Du zwingst mich, obgleich du dir sagen könntest, daß alle

20 deine Bemühungen erfolglos sein werden.«

Ich sah, daß Halef mich verstanden hatte; denn er flüsterte mit den Andern, die ihm zunickten, und sah dann bedeutungs-voll zu mir herüber.

»Melek, ich will dir etwas sagen,« meinte ich, indem ich zu

25 ihm trat und ihm die Hand auf die Achsel legte; denn ich sah, daß der Augenblick gekommen war. »Blicke einmal hier das Tal hinauf!«

Er drehte sich um, so daß er den Gefangenen den Rücken zuwandte, und sagte: »Warum?«

30 »Während du nach dieser Seite blickst,« erwiderte ich, »wird sich hinter deinem Rücken das begeben, was du für unmöglich hältst!«

»Was meinst du?« fragte er verwundert. Ich antwortete ihm nicht sogleich.

35 Wirklich waren in diesem Moment die Gefangenen auf und zu den Pferden gesprungen. Sie hatten dieselben bestiegen, noch ehe der erste Alarmruf erscholl. Auch der Engländer saß auf und

404

folgte ihnen in der Weise, daß er eine Anzahl von Männern, die sich zur Verfolgung erhoben hatten, über den Haufen ritt.

»Deine Gefangenen entfliehen,« antwortete ich jetzt gemächlich.

Es war eine sehr kindliche List gewesen, die ich anwandte, um seine Augen und auch diejenigen der Umsitzenden in dem entscheidenden Moment von den Gefangenen abzulenken; aber sie war gelungen. Er fuhr herum.

»Ihnen nach!« rief er und sprang zu seinem Pferde. Es war ein kurdischer Falbenhengst von ausgezeichneter Bauart. Mit diesem Tiere wären die Flüchtlinge sehr bald eingeholt gewesen. Ich mußte das verhindern, sprang ihm nach und zog den Dolch. Eben wollte er zum Zügel greifen, als ich das Tier in den hintern Oberschenkel stach und ihm einen derben Schlag versetzte. Es schlug wiehernd mit allen vieren aus und sprang davon.

»Verräter!« rief der Melek und drang auf mich ein.

Ich schleuderte ihn zurück, war mit einigen Sprüngen bei meinem Rappen, schwang mich hinauf und sauste davon.

Die Flüchtigen wußten, daß aufwärts im Tale ein Vortrupp stand, und hatten sich deshalb nach rechts abwärts gewandt. Ich eilte an den vordersten der Verfolger vorüber, bis ein Zwischenraum zwischen mir und ihnen lag; dann hielt ich an und legte das Gewehr an den Backen.

»Haltet an! Ich schieße!«

Sie hörten nicht; ich drückte also zweimal ab und schoß die beiden ersten Pferde nieder. Die andern Reiter stutzten und blieben halten; aber die hinteren drängten, und so gab ich noch drei Schüsse ab. Der dadurch verursachte Aufenthalt hatte aber doch den Flüchtigen Zeit gegeben, uns aus dem Gesichte zu kommen. Jetzt erschien der Melek auf seinem Falben, den er sich wieder eingefangen hatte. Er überblickte die Szene und riß sein Pistol heraus.

»Schießt ihn nieder!« rief er zornig und ritt auf mich ein.

Jetzt wandte ich mein Pferd und floh. Es kam alles auf die Schnelligkeit des Rappen an. Ich legte ihm die Hand zwischen die Ohren.

»Rih – – !«

Da bog er sich lang und flog dahin, als sei er von einer Sehne geschnellt. Seine lange Mähne wehte mir wie eine Fahne um das Knie. In einer Minute konnte mich der Melek mit keinem Gewehr mehr erreichen. Jetzt am hellen Tage war es noch ein ganz anderes Jagen als damals in dunkler Nacht vom Tale der Stufen nach dem Lager der Haddedihn zurück. Ich erreichte die erste Krümmung des Tales, als eben die Meinigen hinter der zweiten verschwanden. Da kam mir ein Gedanke. Ich machte mich so leicht wie möglich in dem Sattel, und der Hengst schoß dahin, daß sogar der Windhund weit dahinter blieb. In drei Minuten hatte ich die Gefährten erreicht, die ihre Pferde auf das möglichste anstrengten.

»Reitet schneller!« rief ich. »Nur kurze Zeit noch schneller. Ich werde den Melek irre führen.«

»Wie so?« fragte der Bey.

»Das kümmert euch nicht. Habe keine Zeit, es zu erklären. Aber heut abend treffen wir uns in Gumri.«

Ich hielt mein Pferd an, während sie fortgaloppierten. Bald waren sie hinter einer neuen Krümmung verschwunden. Ich ritt zur vorigen zurück und sah die Verfolger weit oben, den Melek ihnen allen voran. Ich rechnete mir den Augenblick, in welchem sie meinen jetzigen Standort erreichen mußten, aufs ungefähre aus und kehrte langsam wieder um, setzte mein Pferd in Trab und dann abermals in Galopp. Der Windhund erreichte mich wieder, und bald erschienen auch die Verfolger, welche mich erblickten und natürlich glaubten, daß ich die Gefährten noch gar nicht erreicht habe, aber genau den Weg einschlagen werde, auf dem sie fortgeritten waren.

Wieder kam ein kleines Wasser aus einem Seitentale hervor, und ich bog in dieses Tal ein. Es war sehr steinig und hatte sehr wenig Pflanzenwuchs. Ich mußte hier langsamer reiten und sah sehr bald, daß der Melek mir folgte. Jedenfalls ritten auch die Seinen ihm nach, und die Kurden waren gerettet.

Nun aber mußte ich sehr bald eine Bemerkung machen, die mir nicht angenehm sein konnte. Der Falbe des Melek war nämlich ein besserer Bergsteiger noch als mein Rappe. Diesen mußte ich immer mehr anstrengen, und dennoch verkleinerte sich die

Distanz zwischen mir und dem Verfolger. Am beschwerlichsten war der obere Teil der Schlucht, wo es eine ziemliche Steilung zu überwinden gab, die aus losem Gestein bestand, welches unter den Hufen des Pferdes nachgab. Ich streichelte und liebkoste das Tier; es stöhnte und schnaufte und tat sein möglichstes – endlich waren wir oben.

Da aber krachte hinter mir auch schon der Schuß des Melek; glücklicherweise traf er nicht.

Nun galt es vor allen Dingen, das Terrain zu überblicken. Ich sah nichts als unbewaldete, kahle Höhen, zwischen denen es keinen Pfad zu geben schien. Am gangbarsten hielt ich eine Bergwand, welche mir zur Rechten lag, und lenkte auf sie zu. Die Kuppe, auf welcher ich mich befand, war eine ziemliche Strecke lang beinahe eben; darum gewann ich wieder etwas Vorsprung.

Jetzt ging es bergab, wo sich mir eine natürliche Felsenbahn zeigte, die einem Wege glich. Ich erreichte denselben und ritt auf ihm rasch vorwärts.

Ueber mir ertönte ein lauter Schrei. Der Melek hatte ihn ausgestoßen. War es ein Ruf des Aergers, mich entkommen zu sehen? Fast klang es aber wie ein Warnungsruf. Ich ritt vorwärts und sah den Melek mir vorsichtig folgen. Die Terrainverhältnisse wurden immer schwieriger. Zu meiner Rechten stieg der Fels steil in die Höhe, und zu meiner Linken fiel er beinahe lotrecht zur Tiefe hinab, und dabei wurde der Pfad immer schmaler. Mein Pferd war von den Schammarbergen her wohl solche Tiefen gewöhnt; es scheute nicht und schritt vorsichtig weiter, obgleich der Pfad eine Breite von nicht über zwei Fuß mehr hatte. Stellenweise allerdings war er breiter, und ich hoffte, als ich eine Krümmung des Berges vor mir sah, daß sich der Fels hinter derselben wieder gangbar zeigen werde. Dort angelangt, blieb das Pferd stehen, ohne daß ich es anzuhalten brauchte. Wir blickten, Roß und Reiter, in eine Tiefe von mehreren hundert Fuß hinab.

Ich befand mich in einer geradezu schauderhaften Lage. Vorwärts konnte ich nicht, umwenden auch nicht, und da hinten sah ich den Melek an der Felsenkante lehnen. Vielleicht hatte er diese Gegend gekannt, denn er war abgestiegen und mir zu Fuße gefolgt. Hinter ihm sah ich mehrere seiner Leute ankommen.

Ich konnte allerdings hinter meinem Pferde herabrutschen und zurückkehren; aber dann war mein herrlicher Rappe verloren. Darum beschloß ich, alles zu wagen. Ich redete ihm freundlich zu und ließ ihn rückwärts gehen. Er gehorchte und tastete sich mit ungeheurer Vorsicht, aber schnaubend und zitternd zurück. Wenn ihn nur ein kleiner Schwindel überfiel, so waren wir verloren. Aber der beruhigende und ermutigende Ton meiner Stimme schien ihm doppelten Scharfsinn zu verleihen. Wenn es auch langsam ging, so gelangten wir doch Schritt um Schritt weiter und endlich an eine Stelle, wo der Platz mehr als doppelt so breit war, als bisher.

Hier ließ ich das Pferd ausruhen. Der Melek erhob sein Gewehr.

»Bleib dort, sonst schieße ich!« rief er mir zu.

Sollte ich es zum Schusse kommen lassen? Wenn mein Pferd erschrak, konnte es mit mir in die Tiefe springen. Oder es konnte sich eine Partie des Gesteines ablösen und uns zerschmettern. Aber bleiben konnte ich nicht. Daher beschloß ich, selbst zu schießen; denn wenn der Rappe die Vorbereitung dazu bemerkte, so erschrak er wahrscheinlich nicht.

Uebrigens war die Entfernung zwischen mir und dem Melek immerhin so bedeutend, daß ich seine Kugel nicht zu fürchten brauchte. Erreichte sie uns aber dennoch, so brauchte sie nur das Pferd zu ritzen, um es scheu zu machen. Ich drehte mich also im Sattel um, legte die Büchse an und rief:

»Geh fort, sonst bin ich es, welcher schießt!«

Er lachte und erwiderte:

»Du machst wohl auch nur Spaß. So weit her trifft niemand.«

»Ich werde dir ein Loch in den Turban machen!«

Ich schwenkte die Büchse noch einmal weit in die Luft und ließ den Hahn laut knacken, damit der Rappe vorbereitet sei. Dann zielte ich, drückte ab und wandte mich sofort wieder um. Diese letztere Vorsicht war unnötig, denn das Pferd stand still. Hinter mir aber erscholl ein Ruf, und als ich mich wieder umdrehte, war der Melek verschwunden. Schon fürchtete ich, ihn erschossen zu haben; aber ich bemerkte bald, daß er sich nur in sichere Entfernung zurückgezogen hatte.

Ich lud den abgeschossenen Lauf wieder und ließ dann das Pferd abermals rückwärts gehen. Der Hund verhielt sich während dieser Zeit außerordentlich still. Er blieb stets in ziemlicher Entfernung von dem Pferde; es war, als ob er wisse, daß er dasselbe durch keinen Laut und keine Bewegung stören dürfe.

Jetzt dauerte es sehr lange, ehe wir wieder eine Ruhestelle erreichten. Sie war vielleicht fünf Ellen lang und vier Fuß breit.

Sollte ich es wagen? Es war wohl besser, alles auf einen Augenblick zu setzen, als uns noch stundenlang zu quälen. Ich drängte den Rappen hart an den Felsen hinan, damit er rückwärts die Platte überblicken könne. – Dann – gnädiger Gott, hilf! – gab ich dem Tiere die Schenkel, zog es empor und riß es herum.

Einen Augenblick schwebten seine Vorderhufe über der Tiefe, dann faßten sie festen Fuß; die gefährliche Wendung war geglückt. Aber das Tier zitterte am ganzen Leib, und es dauerte einige Zeit, ehe ich es ohne Besorgnis weitergehen lassen konnte.

Nun aber war uns geholfen – Gott sei Dank! Wir legten den gefährlichen Pfad schnell zurück, dann jedoch sah ich mich gezwungen, halten zu bleiben. In geringer Entfernung von mir stand der Melek mit vielleicht zwanzig seiner Leute. Alle hatten die Gewehre angelegt.

»Halt!« gebot er mir. »Sobald du eine Waffe ergreifest, werde ich schießen!«

Hier wäre Widerstand ein Frevel gewesen.

»Was willst du?« fragte ich.

»Steige ab!« lautete seine Antwort.

Ich tat es.

»Lege deine Waffen ab!« gebot er weiter.

»Das tue ich nicht.«

»So schießen wir dich nieder!«

»Schießt!«

Sie taten es doch nicht, sondern besprachen sich leise. Dann sagte der Melek:

»Emir, du hast mein Leben geschont, ich möchte dich auch nicht töten. Willst du uns freiwillig folgen?«

»Wohin?«

»Nach Lizan.«

»Ja, aber nur dann, wenn du mir läßt, was ich besitze.«

»Du sollst alles behalten.«

»Du schwörst es mir?«

»Ich schwöre!«

Ich ritt nun auf sie zu, nahm aber den Revolver in die Hand, um auf eine etwaige Hinterlist gefaßt zu sein. Aber der Melek reichte mir seine Hand entgegen und sagte:

»Emir, war das nicht entsetzlich?«

»Ja, in der Tat.«

»Und du hast den Mut nicht verloren?«

»Dann wäre auch ich verloren gewesen. Gott hat mich beschützt!«

»Ich bin dein Freund!«

»Und ich der deinige.«

»Aber dennoch mußt du mein Gefangener sein, denn du hast als Feind an mir gehandelt.«

»Aber doch hoffentlich mit Offenheit! Was wirst du in Lizan mit mir tun? Mich einsperren?«

»Ja. Aber wenn du mir versprichst, nicht zu fliehen, so kannst du als mein Gast bei mir wohnen.«

»Ich kann jetzt noch nichts versprechen. Erlaube, daß ich es mir noch überlege!«

»Du hast Zeit dazu!«

»Wo sind deine andern Krieger?«

Er lächelte überlegen und erwiderte:

»Chodih, die Gedanken deines Kopfes waren klug, aber ich habe sie dennoch erraten.«

»Welche Gedanken?«

»Glaubst du, daß ich denken kann, der Bey von Gumri werde zu Pferde in diese Berge fliehen, die er ebenso gut kennt, wie ich? Er weiß, daß er hier nicht entkommen könnte.«

»Was hat dies mit mir zu tun?«

»Du wolltest mich irre leiten. Ich folgte dir, weil ich des Bey sicher bin und ich auch dich zugleich wieder haben wollte. Diese wenigen Männer kamen mit mir; die andern aber haben sich geteilt und werden die Flüchtlinge sehr bald in ihre Gewalt bekommen.«

»Sie werden sich wehren!« warf ich ein.

»Sie haben keine Waffen.«

»Sie werden zu Fuß durch den Wald entkommen!«

»Der Bey ist zu stolz, ein Pferd zu verlassen, welches noch laufen kann! Du hast umsonst dich in Gefahr begeben und umsonst unsere Tiere getötet und verwundet. Komm!«

Wir machten denselben Weg wieder zurück, den wir gekommen waren. Da, wo ich aus dem Haupttale in die Seitenschlucht eingelenkt hatte, hielten einige Reiter.

»Wie ging es?« fragte sie der Melek.

»Wir haben nicht alle wieder.«

»Wen habt ihr?«

»Den Bey, den Haddedihn, den Diener dieses Chodih und noch zwei Kurden.«

»Das ist genug. Haben sie sich gewehrt?«

»Nein. Es hätte ihnen nichts geholfen, denn sie wurden umzingelt; aber einige der Kurden entschlüpften in die Büsche.«

»Wir haben den Anführer, und das ist genug!«

Nun kehrten wir nach dem Orte zurück, an welchem ich die Gefangenen zuerst getroffen hatte. Wunderbar war es mir, daß man den Engländer nicht erwischt hatte. Wie war er entkommen, und wohin hatte er sich gewendet? Er verstand kein Kurdisch. Was mußte da aus ihm werden!

Als wir den Lagerplatz erreichten, saßen die Gefangenen bereits wieder an ihrem vorigen Platze, waren aber jetzt gebunden.

»Willst du zu ihnen oder zu mir?« fragte mich der Melek.

»Zunächst zu ihnen.«

»So werde ich dich ersuchen, deine Waffen vorher abzulegen!«

»So bitte ich dich, mich und die Gefangenen bei dir sein zu lassen. In diesem Falle verspreche ich dir, bis wir nach Lizan kommen, keinen Gebrauch von meinen Waffen zu machen und auch nicht zu fliehen.«

»Aber du wirst den andern zur Flucht verhelfen!«

»Nein. Ich hafte auch für sie, stelle aber die Bedingung, daß sie ihr Eigentum behalten und nicht gefesselt werden.«

»So sei es!«

Wir nahmen beieinander Platz, die meisten wohl, das gestehe ich, mit einem Gefühle der Beschämung; denn wir hatten uns alle wieder einfangen lassen. Da aber erscholl ein Ruf des Erstaunens: – es erschien ein Reiter, den man zu erblicken wohl nicht erwartet hätte: Master Lindsay.

Er blickte sich um, sah uns und kam auf uns zugeritten.

»Ah, Sir! Auch wieder da?« fragte er erstaunt.

»Ja. *Good day,* Master Lindsay!«

»Wie kommt Ihr wieder her? Waret ja über alle Berge.«

»Wenigstens nicht so freiwillig wie Ihr.«

»Freiwillig? Mußte ja!«

»Warum?«

»He! Schauderhafte Lage! Weiß nur, was Esel heißt und Maulschelle im Kurdischen, und soll ganz allein durch dieses Land reiten! Sah, daß alles wieder gefangen wurde, und bin langsam hinterher geritten.«

»Wo habt Ihr gesteckt, als man die Andern erwischte?«

»War ein wenig vorangekommen, weil mein Pferd besser laufen konnte, als die andern. Aber wohin waret Ihr verschwunden?«

»Sir, ich habe heute eine der gefährlichsten Stunden meines Lebens gehabt; das könnt Ihr mir glauben. Steigt ab. Ich werde es Euch erzählen!«

Er ließ sein Pferd laufen und setzte sich zu uns. Ich erzählte ihm meinen Ritt über den Felsensteig.

»Master,« meinte er, als ich fertig war, »das ist heut ein schlimmer Tag, ein sehr schlimmer! *Well!* Habe keine Lust, gleich wieder auf die Bärenjagd zu gehen! *Yes!*«

Auch zwischen mir und dem Bey nebst Halef und Amad el Ghandur gab es viel zu erzählen. Der erstere hoffte, daß Mohammed Emin nach Gumri geeilt sei, um Hilfe zu holen, und freute sich bereits darauf, daß die Nestorah noch hier im Lager überfallen würden; aber seine Erwartungen erfüllten sich nicht.

Es wurde bald, nachdem wir einen frugalen Imbiß von unsern Besiegern erhalten hatten, aufgebrochen. Man nahm uns in die Mitte, und der Zug setzte sich in Bewegung, um ganz dieselben Wege zu passieren, die ich mit dem Engländer bereits

zweimal zurückgelegt hatte. Durch die Beerdigung der liegen
gebliebenen Kurden trat eine Verzögerung ein, dann aber ging
es so schnell vorwärts, daß wir noch vor Einbruch der Nacht
den Weiler erreichten, in welchem der Bruder des Melek wohnte.

Dort wurden wir auf eine nicht sehr freundliche Weise emp- 5
fangen. Die Nestorah, denen wir hier entkommen waren, hatten sich nach einer kurzen und erfolglosen Verfolgung in dieses
Haus zurückbegeben. Sie empfingen ihre Kameraden mit großem Jubel, uns aber mit drohenden Worten und Blicken. Der
Bruder des Melek stand an der Türe, um denselben zu begrüßen. 10

»Hast du den großen Helden wieder gefangen, der so tapfer
ist, daß er am liebsten flüchtet? Er ist rückwärts gelaufen wie
ein Keftschinik,[1] der nur unreines Fleisch verzehrt. Binde ihm
die Hände und Füße, damit er nicht nochmals entlaufen kann!«

So fragte höhnisch der Bruder des Melek. 15

Das durfte ich mir allerdings nicht bieten lassen. Nahm ich
eine solche Beleidigung ruhig hin, so war es ganz sicher um den
Respekt geschehen, dessen wir so notwendig bedurften. Darum
gab ich Halef die Zügel meines Pferdes und trat hart an den
Sprecher heran: 20

»Mann, du hast zu schweigen! Wie kann ein Lügner und Verräter es wagen, ehrliche Leute zu beschimpfen!«

»Was wagest du!« schrie er mich an. »Einen Verräter nennst
du mich? Sage noch einmal dieses Wort, so schlage ich dich zu
Boden!« 25

Ich antwortete kühl, aber ernst:

»Versuche doch einmal, ob du dies zu stande bringst! Ich habe
dich einen Lügner und Verräter genannt, und das bist du auch.
Du nanntest uns deine Gäste, um uns sicher zu machen, und
nahmst uns dann gefangen, um mein Pferd zu stehlen. Du bist 30
nicht nur ein Lügner und Verräter, sondern auch ein Dieb, der
seine Gäste betrügt.«

Da erhob er die Faust; aber noch ehe er zu schlagen vermochte, lag er am Boden, ohne daß ich ihn angerührt hatte.
Mein Hund war jeder seiner Bewegungen gefolgt und hatte ihn 35

1 Krebs.

413

niedergerissen. Er stand über ihm und legte seine Zähne so fühlbar an die Gurgel des Mannes, daß dieser weder einen Laut noch eine Bewegung wagte.

»Rufe den Hund zurück, sonst steche ich ihn nieder!« befahl mir der Melek.

»Versuche es!« antwortete ich. »Ehe du das Messer erhebst, ist dein Bruder zerrissen, und du liegst an seiner Stelle an der Erde. Dieser Hund ist ein Slogi von der reinsten Rasse. Siehst du, daß er dich bereits im Auge hat?«

»Ich gebiete dir, ihn wegzurufen!«

»Gebieten? Pah! Ich habe dir gesagt, daß wir dir nach Lizan folgen wollen, ohne Gebrauch von unsern Waffen zu machen; aber ich habe dir nicht erlaubt, dich als unsern Herrn und Gebieter zu betrachten. Dein Bruder hat bereits einmal unter diesem tapferen Hunde gelegen, und ich gab ihm seine Freiheit wieder. Jetzt werde ich dies nicht mehr tun, als bis ich die Ueberzeugung habe, daß er fortan Frieden hält.«

»Er wird es tun.«

»Gibst du mir dein Wort darauf?«

»Ich gebe es!«

»Ich halte es fest und warne dich, es nicht zu brechen!«

Auf ein Wort von mir ließ Dojan von dem Chaldäer ab. Dieser erhob sich, um sich eiligst zurückzuziehen; aber ehe er unter der Türe verschwand, hob er die geballte Rechte drohend gegen mich empor. Ich hatte einen schlimmen Feind an ihm bekommen.

Auch auf den Melek schien der unangenehme Vorgang einen für uns nicht vorteilhaften Eindruck hervorgebracht zu haben. Seine Miene war strenger und sein Auge finsterer geworden, als vorher.

»Tretet ein!« gebot er, auf die Türe des Hauses deutend.

»Erlaube, daß wir im Freien bleiben!« sagte ich.

»Ihr werdet in dem Hause sicherer und auch besser schlafen,« antwortete er in sehr entschiedenem Tone.

»Wenn es dir auf unsere Sicherheit ankommt, so glaube mir, daß wir hier besser aufgehoben sind, als unter diesem Dache, unter welchem ich bereits einmal betrogen und verraten wurde.«

»Es wird nicht wieder geschehen. Komm!«

Er nahm mich bei dem Arme; ich aber zog denselben zurück und trat zur Seite.

»Wir bleiben hier!« sagte ich sehr bestimmt. »Wir sind nicht gewohnt, uns von unsern Pferden zu trennen. Hier wächst Gras genug für sie zum Futter und für uns zum Lager.«

»Ganz wie du willst, Chodih,« antwortete er. »Aber ich sage dir, daß ich euch sehr scharf bewachen lassen werde.«

»Tue es!«

»Sollte einer von euch zu entfliehen versuchen, so lasse ich ihn erschießen.«

»Tue auch das!«

»Du siehst, daß ich dir deinen Willen lasse; aber einer muß mir doch in das Haus folgen.«

»Welcher?«

»Der Bey.«

»Warum dieser?«

»Ihr seid nicht eigentlich meine Gefangenen; er aber ist ein solcher.«

»Er wird dennoch bei mir bleiben, denn ich gebe dir mein Wort, daß er nicht entfliehen wird. Und dieses Wort ist sicherer als die Mauern, zwischen denen du ihn einschließen willst.«

»Du bürgst für ihn?«

»Mit meinem Leben!«

»Nun wohl, so geschehe, wie du willst. Aber ich sage dir, daß ich dein Leben wirklich von dir fordern werde, wenn er sich entfernt! Ich werde dir Matten schicken zum Lager, Holz zum Feuer und Speise und Trank für dich und die Andern. Suche dir eine Stelle, welche dir passend erscheint!«

Unweit des Gebäudes gab es einen weichen Rasen, auf welchen wir uns niederließen. Die Pferde wurden nach Art der Indianer »angehobbelt«, so daß sie zwar grasen, sich aber nicht weit entfernen konnten, und wir machten uns ein mächtiges Feuer, um welches wir auf den uns zur Verfügung gestellten Matten einen Kreis schlossen. Bald erhielten wir auch ein soeben erst geschlachtetes Schaf mit der Weisung, es uns selbst zu braten.

Dies geschah, indem wir es an einen starken Ast befestigten, den wir als Bratspieß gebrauchten.

An eine Flucht war nicht zu denken, denn die ganze Schar der Nestorianer hatte sich an vielen Feuern um uns her gelagert. Sie brieten sich ihre Hammel und Lämmer ganz in derselben Weise, wie wir, und waren voll des Jubels über den Sieg, den sie heute errungen hatten.

»Wie ist Euch zu Mute, Master?« fragte mich Lindsay, welcher zu meiner Linken saß.

»Wie einem, der Hunger hat, Sir.«

»*Well!* Habt recht!«

Er wandte sich von mir ab und nach Halef hin, welcher jetzt den Braten vom Feuer nahm, um ihn zu zerlegen. Der Master Lindsay war zu hungrig, um dies ruhig erwarten zu können; er zog sein Messer, schnitt sich schleunigst einen riesigen Appetitsbissen ab und öffnete seinen Mund in der Weise, daß die Lippen zwei Hypotenusen und vier Katheten bildeten, zwischen denen der Bissen seiner irdischen Auflösung entgegen gehen sollte.

In diesem Momente blickte ich ganz zufälligerweise nach dem Hause hin. Dasselbe war von den zahlreichen Feuern ziemlich hell erleuchtet, und so war es mir möglich, einen menschlichen Kopf zu erkennen, welcher sich langsam vom Dache erhob. Dem Kopfe folgte ein Hals, diesem zwei Schultern, und dann gewahrte ich den langen Lauf einer Flinte, welcher sich grad nach unserem Feuer richtete. Im Nu hatte ich auch meine Büchse ergriffen und angelegt; droben blitzte ein Schuß, und fast zu gleicher Zeit krachte auch unten der meinige; droben erscholl ein Schrei, und unten wurde ein zweiter ausgestoßen. Dieser letztere Schrei kam zwischen den Hypotenusen und Katheten des Engländers hervor, welchem die Kugel des heimtückischen Schützen das Messer samt dem Bissen vor dem Munde aus der Hand gerissen hatte.

»*Zounds!*« rief er. »Wer war der Halunke, he?«

Das alles war so ungemein schnell geschehen, daß niemand den Schuß auf dem Dache hatte aufblitzen sehen. Einer der nahe lagernden Nestorianer, welcher vielleicht den Rang eines Unteranführers begleitete, trat herbei.

»Warum schießest du, Chodih?« fragte er.

»Weil ich mich verteidigen muß.«

»Wer greift dich an? Ich sehe ja keinen Feind.«

»Aber ich habe ihn gesehen,« antwortete ich. »Er lag dort oben auf dem Dache und schoß nach mir.«

»Du irrst, Chodih!«

»Ich irre nicht. Es wird der Bruder des Melek sein, und weil er sich nicht warnen läßt, so habe ich ihn bestraft.«

»Du hast ihn erschossen?« fragte der Mann erschrocken.

»Nein. Ich zielte auf seinen rechten Ellbogen und bin sicher, ihn dort getroffen zu haben.«

»Herr, das ist schlimm für dich! Ich werde sofort nachsehen.«

Die sämtlichen Nestorianer hatten sich von ihren Plätzen erhoben und zu den Waffen gegriffen. Ganz dasselbe taten auch wir. Nur allein der Englishman saß noch am Boden. Sein Mund klappte in allen möglichen geometrischen Figuren auf und zu, und seine Nase war von einer so außerordentlichen Bestürzung ergriffen, daß sie matt und hoffnungslos hernieder hing.

»Seid Ihr perplex, Sir?« fragte ich ihn.

Er holte tief Atem, nahm sein Gewehr und stand langsam auf.

»Master, bald hätte mich der Schlag gerührt!« gestand er aufrichtig.

»Eines Schusses wegen? Pah!«

»O, nicht dieses Schusses wegen!«

»Weshalb sonst?«

»Des Hiebes wegen, den ich erhalten habe. Mein Messer ist in alle Welt gefahren, und dieses Stück Fleisch vom Schafe flog mir in das Gesicht mit einer Gewalt, als hätte ich von dem Obersteuermann eines Orlogschiffes eine riesige Ohrfeige erhalten. Da, seht meine Wange, und hier liegt das Fleisch im Grase!«

»Sihdi, kommt es zum Kampfe?« fragte Halef, indem er seine Pistolen im Gürtel lockerte.

»Ich glaube es nicht.«

»Und wenn auch; wir fürchten uns nicht!«

Der kleine, wackere Mann warf einen verächtlichen Blick auf die Chaldäer, welche allerdings noch keine feindseligen Bewegungen machten, sondern ruhig abwarteten, was der Unteranführer für eine Botschaft bringen werde.

Er kam sehr bald zurück, und zwar in Begleitung des Melek, welcher mit drohender Miene zu unserm Feuer trat.

»Wer hat hier geschossen?« erkundigte er sich.

»Ich,« antwortete ich. »Weil auf mich geschossen wurde.«

»Es ist nicht wahr! Nur dein Hund sollte erschossen werden.«

»Wer hat dies befohlen? Etwa du selbst?«

»Nein. Ich wußte nichts davon. Aber, Chodih, nun seid ihr alle verloren. Du hast eines Hundes wegen auf meinen Bruder geschossen!«

»Ich habe das Recht, einen jeden niederzuschießen, der meinen Hund töten will, und von diesem Rechte werde ich auch ferner Gebrauch machen; das merke dir. Wie aber will dein Bruder beweisen, daß er nicht mich, sondern meinen Hund töten wollte?«

»Er sagt es.«

»So ist er ein sehr schlechter Schütze, denn er hat nicht den Hund, sondern diesen Emir aus Inglistan getroffen.«

»Er hat wirklich nur den Hund gemeint. Es gibt keinen Menschen, der des Abends seiner Kugel sicher ist.«

»Das ist keine Entschuldigung für eine so heimtückische Tat. Die Kugel ist vier Schritte entfernt an dem Tiere vorübergegangen; eine Handbreit höher, so wäre dieser Emir eine Leiche gewesen. Uebrigens gibt es Leute, welche auch des Nachts sicher schießen; das werde ich dir beweisen. Ich habe nach dem rechten Ellbogen deines Bruders gezielt, und sicher habe ich ihm denselben zerschmettert, obgleich ich weniger Zeit zum Zielen hatte, als er selbst.«

Er nickte grimmig.

»Du hast ihm den Arm genommen; du wirst's mit deinem Leben bezahlen!«

»Höre, Melek, und sei froh, daß ich nicht nach seinem Kopfe zielte, welcher viel leichter als der Arm zu treffen war! Ich sehne mich nicht nach Menschenblut, denn ich bin ein Christ; aber wer es wagt, mich oder die Meinen anzugreifen, der wird uns und unsere Waffen kennen lernen.«

»Wir fürchten sie nicht, denn wir sind euch überlegen.«

»So lange mein Wort uns bindet; sonst aber nicht.«

»Ihr werdet uns sofort eure Gewehre geben müssen, damit ihr nicht ferneren Schaden damit anrichtet.«

»Und was wird dann geschehen?«

»Ich will über die andern zu Gerichte sitzen; dich aber werde ich meinem Bruder überlassen. Du hast sein Blut vergossen; also gehört das deinige nun ihm.«

»Sind die Chaldani[1] Christen oder Barbaren?«

»Das geht dich nichts an! Gib deine Waffen ab!«

Seine ganze Schar hatte einen weiten Kreis um uns geschlossen, und es war jedes Wort zu hören, welches von uns beiden gesprochen wurde. Bei seinem letzten Befehle griff er nach meiner Büchse.

Ich warf Sir Lindsay einige englische und den andern einige arabische Worte zu, und dann fuhr ich gegen den Melek fort:

»So betrachtest du uns von jetzt an als Gefangene?«

Als er bejahte, erwiderte ich:

»Du Unvorsichtiger! Glaubst du wirklich, daß wir euch fürchten müssen? Wer die Hand gegen einen Emir aus Germanistan erhebt, der erhebt sie doch nur gegen sich selbst. Wisse, nicht ich bin dein Gefangener, sondern du bist der meinige!«

Bei diesen Worten faßte ich ihn mit der Linken beim Genick und drückte ihm den Hals so fest zusammen, daß ihm sofort die Arme schlaff herniederhingen, und zugleich bildeten die Gefährten mit nach auswärts gerichteten schußfertigen Waffen einen Kreis um mich. Dies geschah so schnell und unerwartet, daß die Nestorianer ganz sprachlos auf uns starrten. Ich benutzte diese jedenfalls nur kurze Pause und rief ihnen zu:

»Seht ihr den Melek hier an meinem Arme hangen? Es bedarf nur noch eines einzigen Druckes, so ist er eine Leiche, und dann wird die Hälfte von euch durch unsere verzauberten Kugeln sterben. Kehrt ihr aber ruhig an eure Feuer zurück, so lasse ich ihm das Leben und werde mit ihm und euch in Güte verhandeln. Merkt auf! Ich zähle bis drei. Steht dann noch ein einziger an seiner jetzigen Stelle, so ist der Melek verloren! – Je –, du –, seh –, eins –, zwei –, drei – – «

---

1 So nennen sich die Nestorianer Kurdistans am liebsten.

Ich hatte das letzte Wort noch nicht ausgesprochen, so saßen die Chaldäer alle an den Feuern auf ihren früheren Plätzen. Das Leben ihres Anführers hatte demnach einen großen Wert für sie. Wären Kurden an ihrer Stelle gewesen, so wäre mir das gefährliche Experiment ganz sicher nicht so wohl gelungen. Nun aber ließ ich den Melek los. Er fiel mit matten Gliedern und krampfhaft verzerrtem Angesicht zu Boden, und es dauerte einige Zeit, ehe er sich wieder vollständig bei Atem befand. Er hatte das Haus verlassen, ohne eine einzige Waffe zu sich zu nehmen, und nun stand ich vor ihm und richtete den Revolver scharf nach seinem Herzen.

»Wage es nicht, dich zu erheben!« gebot ich ihm. »Sobald du es ohne meine Erlaubnis tust, wird dich meine Kugel treffen.«

»Chodih, du hast mich belogen!« stöhnte er, indem er mit beiden Händen seinen Hals untersuchte.

»Ich weiß nichts von einer Lüge,« antwortete ich ihm.

»Du hast mir versprochen, deine Waffen nicht zu gebrauchen!«

»Das ist wahr; aber ich habe dabei vorausgesetzt, daß wir nicht feindlich behandelt würden.«

»Du hast mir auch versprochen, daß du nicht fliehen willst!«

»Wer hat dir gesagt, daß wir fliehen wollen? Verhaltet euch als Freunde, so wird es uns bei euch ganz wohl gefallen.«

»Du selbst hast ja die Feindseligkeiten begonnen!«

»Melek, du nennst mich einen Lügner und sagst doch soeben selbst eine Lüge. Ihr selbst habt uns und die Kurden von Gumri überfallen. Und als wir im Frieden hier am Feuer lagen, hat dein Bruder auf uns geschossen. Wer also hat die Feindseligkeit begonnen, wir oder ihr?«

»Es galt nur deinem Hund!«

»Deine Gedanken sind ganz kurz, Melek! Mein Hund sollte getötet werden, damit er nicht mehr imstande sei, uns zu schützen. Er hat für mich einen größeren Wert, als das Leben von hundert Chaldani. Wer ihm ein Haar krümmt, oder wer nur einen Zipfel unseres Gewandes beschädigt, der wird von uns behandelt, wie der Vorsichtige einen tollen Hund behandelt, den man, um sich zu retten, töten muß. Das Leben deines Bruders stand in meiner Hand; ich habe ihm nur eine Kugel in den Arm gegeben, damit er sein Gewehr nicht wieder meuchlings erheben kann. Auch das deinige gehörte mir, und ich habe es dir gelassen. Was wirst du über uns beschließen?«

»Nichts anderes, als was ich dir bereits sagte. Oder weißt du nicht, was die Blutrache bedeutet?«

»Habe ich deinen Bruder getötet?«

»Sein Blut ist geflossen!«

»Er selbst trägt die Schuld daran! Was überhaupt geht denn dich seine Rache an?«

»Ich bin sein Bruder und Erbe!«

»Jetzt lebt er noch und kann sich selbst rächen. Oder ist er ein Kind, daß du schon vor seinem Tode für ihn handeln mußt? Du nennst dich einen Christen und sprichst von Blutrache! Von wem hast du dieses Christentum erhalten? Ihr habt einen Katolihka,[1] einen Mutran,[2] einen Khalfa;[3] ihr habt Arkidjakoni,[4] Keschihschi,[5] Schammaschi,[6] Huhpodjakoni[7] und viele Karuhji.[8] Ist denn unter diesen vielen nicht ein einziger gewesen, der euch gesagt hat, was der Sohn der Mutter Gottes lehrte?«

»Es gibt keine Mutter Gottes. Marrya war nur die Mutter des Menschen Aïssa!«

»Ich will nicht mit dir streiten, denn ich bin weder ein Priester noch ein Missionär. Aber du glaubst doch, daß dieser Mensch Aïssa[9] Gottes sprechender Mund gewesen ist?«

»Das glaube ich.«

»So wisse, daß er uns und euch geboten hat: Liebet eure Feinde; segnet die, welche euch fluchen; tut wohl denen, die euch

1 Patriarch.
2 Erzbischof.
3 Bischof.
4 Archidiakonen.
5 Priester.
6 Diakonen.
7 Subdiakonen.
8 Vorleser.
9 Jesus.

hassen, und bittet für die, welche euch beleidigen und verfolgen; dann seid ihr Kinder eures Vaters im Himmel!«

»Ich weiß, daß er diese Worte gesagt hat.«

»Warum aber gehorchst du ihnen nicht? Warum redest du von Blutrache? Soll ich, wenn ich in mein Land zurückkehre, erzählen, daß ihr keine Christen, sondern Heiden seid?«

»Du wirst nicht zurückkehren!«

»Ich werde zurückkehren, und du am allerwenigsten wirst mich halten können. Siehe dieses Holz, welches ich in das Feuer werfe! Ehe es verbrannt ist, bist du eine Leiche, oder du hast mir versprochen, uns als deine Gastfreunde zu behandeln, deren Mißachtung die größte Schande deines Hauses und deines Stammes sein würde.«

»Du würdest mich töten?«

»Ich würde sofort aufbrechen und dich als Geisel mit mir nehmen; ich müßte dich aber töten, wenn man mich am Weggehen hinderte.«

»Dann bist du auch kein Christ!«

»Mein Glaube gebietet mir nicht, mich feig und unnütz abschlachten zu lassen, sondern er erlaubt mir, das Leben zu verteidigen, welches mir Gott gegeben hat, um den Brüdern nützlich zu sein und mich auf die Ewigkeit vorzubereiten. Wer mir diese kostbare Zeit gewaltsam verkürzen will, gegen den werde ich mich verteidigen, so weit es meine Kraft gestattet. Und daß diese Kraft nicht die eines Kindes ist, das hast du wohl erfahren!«

»Chodih, du bist ein gefährlicher Mensch!«

»Du irrst. Ich bin ein friedfertiger Mensch, aber ein gefährlicher Feind. Blicke in das Feuer! Das Holz ist beinahe verbrannt.«

»Gib mir Zeit, mit meinem Bruder zu sprechen!«

»Nicht einen Augenblick!«

»Er verlangt dein Leben!«

»Er mag es sich holen!«

»Ich kann dich nicht freigeben.«

»Warum nicht?«

»Weil du gesagt hast, daß du den Bey nicht verlassen willst.«

»Dieses Wort werde ich halten.«

»Und ihn darf ich nicht entlassen. Er ist der Feind der Chaldani, und die Kurden von Berwari werden sicher kommen, um uns anzugreifen.«

»Hättet ihr sie ihres Weges ziehen lassen! Ich erinnere dich zum letztenmal, daß dieses Holz bereits in Asche zerfällt.«

»Nun wohl, Herr; ich muß dir gehorchen, denn du bist imstande, deine Drohung wahr zu machen. Ihr sollt meine Gäste sein!«

»Auch der Bey?«

»Auch er. Aber auch ihr müßt mir versprechen, Lizan nicht ohne meine Erlaubnis zu verlassen!«

»Ich verspreche es.«

»Für dich und alle Anderen?«

»Ja. Doch stelle ich einige Bedingungen.«

»Welche?«

»Wir dürfen alles behalten, was uns gehört?«

»Zugestanden!«

»Und sobald man sich feindselig gegen uns verhält, bin ich meines Versprechens entbunden?«

»So sei es!«

»Nun bin ich zufrieden. Reiche uns deine Hand, und dann magst du zu dem Verwundeten zurückkehren. Soll ich ihn verbinden?«

»Nein, Herr! Dein Anblick würde ihn zur größten Wut entflammen, und es wird wohl andere Hilfe geben. Ich zürne dir, denn du hast mich besiegt. Ich fürchte mich vor dir, aber ich habe dich dennoch lieb. Eßt euer Lamm, und schlaft dann in Frieden. Es wird euch niemand ein Leid tun!«

Er reichte uns allen die Hand und kehrte dann in das Haus zurück. Dieser Mann war mir nicht mehr gefährlich. Und auch den Mienen der anderen sah man es an, daß unser Verhalten nicht ohne tiefen Eindruck geblieben sei. Dem Mutigen gehört die Welt, und Kurdistan gehört ja auch zu derselben.

Jetzt konnten wir ohne Besorgnis dem Spießbraten zusprechen, und während des Essens mußte ich den Gefährten meine mit dem Melek geführte Verhandlung verdolmetschen.

Der Engländer schüttelte bedenklich den Kopf; die vereinbarten Friedensbedingungen gefielen ihm nicht.

»Habt doch eine Dummheit begangen, Sir!« sagte er.

»Inwiefern?«

»Ha! Konntet den Kerl ein bißchen fester drücken. Mit den Andern wären wir auch noch fertig geworden.«

»Seid nicht unverständig, Sir David! Es sind der Leute zu viel gegen uns.«

»Wir schlagen uns durch; *yes!*«

»Einer oder zwei von uns kämen vielleicht durch; die Andern aber wären verloren.«

»*Pshaw!* Seid Ihr feig geworden?«

»Ich glaube nicht. Wenigstens rührt mich nicht gleich der Schlag, wenn mir ein Fleischbissen noch hart vor dem Mund abhanden kommt.«

»Danke für diese Erinnerung! Werden also dort in Lizan bleiben? Was für ein Nest? Stadt oder Dorf?«

»Residenz mit achtmalhunderttausend Einwohnern, Pferdebahn, Theater, Viktoriasalon und Skatingring.«

»*Away!* Hole Euch der Kuckuck, wenn Ihr keine bessern Witze fertig bringt! Wird gewiß ein schönes Nest sein, dieses Lizan.«

»Nun, es liegt sehr schön an den Ufern des Zab; aber da es wiederholt von den Kurden zerstört wurde, so wird man es nicht gerade mit London oder Peking vergleichen können.«

»Zerstört! Vieles zugrunde gegangen?«

»Jedenfalls.«

»Herrlich! Werde nachgraben. Fowling-bulls finden. Nach London schicken. *Yes!*«

»Habe nichts dagegen, Sir!«

»Werdet mithelfen, Master. Auch diese Nestorianer. Bezahle gut, sehr gut! *Well!*«

»Verrechnet Euch nicht!«

»Inwiefern? Gibt es keine Fowling-bulls dort?«

»Gewiß nicht!«

»Warum aber schleppt Ihr mich so unnütz in diesem verwünschten Lande herum?«

»Tue ich das wirklich? Oder seid Ihr mir nicht von Mossul aus ganz gegen meinen Willen nachgefolgt?«

»*Yes!* Habt recht! War zu einsam dort. Wollte ein Abenteuer haben.«

»Nun, das habt Ihr ja gehabt, und auch noch einige dazu. Also gebt Euch zufrieden und laßt das Räsonnieren sein, sonst lasse ich Euch hier sitzen, und Ihr geht so zugrunde, daß man Euch später als Fowling-bull auffinden und nach London senden wird.«

»*Fie!* Noch viel schlechter, dieser Witz! Habe genug! Mag keinen mehr hören!«

Er wandte sich ab und gab so dem Bey von Gumri Gelegenheit, einige Bemerkungen zu machen. Dieser hatte sich sehr finster und schweigsam verhalten; jetzt aber sagte er mir aufrichtig:

»Chodih, die Bedingungen, auf welche du eingegangen bist, gefallen mir nicht.«

»Warum nicht?«

»Sie sind zu gefährlich für mich.«

»Es war nicht möglich, bessere zu erhalten. Hätten wir dich verlassen wollen, so befänden wir übrigen uns wohler, du aber wärst Gefangener gewesen.«

»Das weiß ich, Herr, und darum danke ich dir. Du hast dich als ein treuer Freund erwiesen; aber ich werde doch nichts als ein Gefangener sein.«

»Du wirst Lizan nicht verlassen dürfen; das ist alles.«

»Aber dies ist schon genug. Wo wird Mohammed Emin sich jetzt befinden?«

»Ich hoffe, daß er nach Gumri gegangen ist.«

»Was meinst du, daß er dort tun wird?«

»Er wird deine Krieger herbeiholen, um dich und uns zu befreien.«

»Dies wollte ich von dir hören. Es wird also einen Kampf, einen sehr schlimmen Kampf geben, und du glaubst dennoch, daß der Melek uns als Gäste behandeln wird?«

»Ja, ich glaube es.«

»Euch, aber nicht mich!«

»So bricht er sein Wort, und wir können dann nach unserm Belieben handeln.«

»Auch mußt du bedenken, daß es gegen die Ehre ist, wenn ich untätig in Lizan sitze, während die Meinen ihr Blut für mich vergießen. Hättest du doch den Melek getötet! Diese Nestorah waren so erschrocken, daß wir entkommen wären, ohne einen Schuß von ihnen zu erhalten.«

»Die Ansicht eines kurdischen Kriegers ist verschieden von der Meinung eines christlichen Emirs. Ich habe dem Melek mein Wort gegeben, und ich werde es halten, so lange er an das seinige denkt.«

Mit diesem Bescheide mußte der Bey sich zufrieden geben. Unser einfaches Mahl war verzehrt, und so streckten wir uns zum Schlafe auf die Matten aus, nachdem wir zuvor die Reihenfolge der Wachen bestimmt hatten. Ich traute dem Melek vollständig, wenigstens für heute, aber doch war Vorsicht nicht überflüssig, und so hatte stets einer von uns die Augen offen zu halten.

Die Nacht verging ohne jede Störung, und am Morgen erhielten wir abermals ein Lamm, welches wie das am vorigen Abend zubereitet wurde. Dann kam der Melek herbei, um uns zum Aufbruch aufzufordern. Schon während der Nacht waren einige Gruppen der Chaldäer aufgebrochen, und so war unsere Begleitung nicht so zahlreich wie am vorigen Tage.

Wir ritten vom Abhange des Gebirges in das hier sehr breite Tal des Zab hernieder. Fruchtfelder gab es hier gar nicht. Höchstens sah man in der Nähe eines einsamen Weilers ein wenig Gerste ihren Halm erheben. Der Boden ist außerordentlich fruchtbar, aber die ewige Unsicherheit benimmt den Bewohnern die Lust, eine Ernte für ihre Feinde heranzuziehen.

Dagegen kamen wir an prächtigen Eichen- und Walnußwäldern vorüber, die hier in einer Kraft und Frische gediehen, wie sie sonst nicht häufig anzutreffen ist.

Wir hatten eine Vor- und Nachhut und wurden von dem Haupttrupp ringsum eingeschlossen. Mir zur Rechten ritt der Bey, und zur Linken der Melek. Dieser aber sprach nur wenig; er hielt sich bei uns jedenfalls nur des Beys wegen auf, welcher ein sehr kostbarer Fang für ihn war, und den er nicht aus dem Auge lassen wollte.

Höchstens eine halbe Stunde hatten wir noch bis Lizan zu reiten, als uns ein Mann entgegenkam, dessen Gestalt sofort in die Augen fallen mußte. Er war von einem wirklich riesigen Körperbau, und auch sein kurdisches Pferd gehörte zu den stärksten, die ich jemals gesehen hatte. Bekleidet war er nur mit weiten Kattunhosen und einer Jacke aus demselben leichten Stoffe. Ein Tuch bedeckte anstatt des Turbans oder der Mütze seinen Kopf, und als Waffe diente ihm eine alte Büchse, welche jedenfalls nicht orientalischen Ursprunges war. Hinter ihm ritten in ehrerbietiger Entfernung zwei Männer, die im dienstlichen Verhältnisse zu ihm zu stehen schienen.

Er ließ die Vorhut an sich vorüber und hielt dann bei dem Melek an. »Sabbah'l ker – guten Morgen!« grüßte er mit volltönender Baßstimme.

»Sabbah'l ker!« antwortete ihm auch der Melek.

»Deine Boten,« fuhr der Ankömmling fort, »sagten mir, daß ihr einen großen Sieg errungen habt.«

»Katera Chodeh – Gott sei Dank, es ist so!«

»Wo sind deine Gefangenen?«

Der Melek deutete auf uns, und der Andere musterte uns mit finstern Blicken. Dann fragte er:

»Welcher ist der Bey von Gumri?«

»Dieser.«

»So!« sagte gedehnt der Riese. »Also dieser Mann ist der Sohn des Würgers unserer Leute, der sich Abd-el-Summit-Bey nannte? Gott sei Dank, daß du ihn gefangen hast! Er wird die Sünden seines Vaters zu tragen haben.«

Der Bey hörte diese Worte, ohne sie einer Entgegnung zu würdigen; ich aber hielt es nicht für geraten, diesem Manne eine falsche Vorstellung von uns zu lassen. Darum wandte ich mich nun an den Anführer mit der Frage:

»Melek, wer ist dieser Bekannte von dir?«

»Es ist der Raïs[1] von Schuhrd.«

---

1 Oberhaupt.

»Und wie heißt er?«

»Nedschir-Bey.«

Das Kurmangdschi-Wort Nedschir bedeutet: »tapferer Jäger«, und da sich der Riese zugleich den für einen Chaldäer so ungewöhnlichen Titel »Bey« zugelegt hatte, so war sehr leicht zu erraten, daß er keinen gewöhnlichen Einfluß besitzen müsse. Dennoch aber sagte ich ihm:

»Nedschir-Bey, der Melek hat dir die Wahrheit nicht vollständig gesagt. Wir sind – – «

»Hund!« unterbrach er mich drohend. »Wer redet mit dir? Schweige, bis du gefragt wirst!«

Ich lächelte ihm sehr freundlich in die Augen, zog aber dabei mein Messer recht auffällig aus dem Gürtel.

»Wer gibt dir die Erlaubnis, die Gäste des Melek Hunde zu nennen?« fragte ich ihn.

»Gäste?« sagte er verächtlich. »Hat der Melek nicht soeben euch seine Gefangenen genannt?«

»Eben darum wollte ich dir sagen, daß er dir die Wahrheit nicht vollständig mitgeteilt hat. Frage ihn, ob wir seine Gäste oder seine Gefangenen sind.«

»Seid, was ihr wollt; gefangen hat er euch dennoch. Aber stecke dein Messer in den Gürtel, sonst schlage ich dich vom Pferde!«

»Nedschir-Bey, du bist ein sehr spaßhafter Mann; ich aber bin sehr ernst gestimmt. Sei in Zukunft höflich gegen uns, sonst wird es sich zeigen, wer den Andern vom Pferde schlägt!«

»Hund und abermals Hund! Da hast du es!«

Bei diesen Worten erhob er die Faust und versuchte, sein Pferd an das meinige zu drängen; aber der Melek hielt ihn bei dem Arme fest und rief:

»Beim heiligen Jesujabos, halte ein, sonst bist du verloren!«

»Ich?« rief der Riese ganz verdutzt.

»Ja, du!«

»Warum?«

»Dieser fremde Krieger ist kein Kurde, sondern ein Emir aus dem Abendlande. Er hat die Kraft des Bären in der Faust und er trägt Waffen bei sich, denen niemand widerstehen kann.

Er ist mein Gast; sei fortan freundlich mit ihm und den Seinigen!«

Der Raïs schüttelte den Kopf.

»Ich fürchte keinen Kurden und keinen Abendländer. Weil er dein Gast ist, so will ich ihm verzeihen; aber er mag sich in acht nehmen vor mir, sonst erfährt er, wer der Starke ist, er oder ich. Laß uns weiterziehen; ich kam nur, um dir Willkommen zu sagen.«

Dieser Mann war mir ganz sicher an Körperstärke weit überlegen; aber es war nur eine rohe, ungeschulte Kraft, die mir keineswegs bange machen konnte. Daher erwiderte ich zwar kein einziges Wort auf seine »Verzeihung«, fühlte aber auch nicht etwa einen übermäßigen Respekt vor ihm. Dabei hatte ich eine gewisse Ahnung, daß ich mit ihm doch auf irgend eine Weise näher zusammengeraten werde.

Wir setzten den unterbrochenen Ritt weiter fort und gelangten bald an den Ort unserer Bestimmung.

Die elenden Häuser und Hütten, aus denen Lizan besteht, liegen zu beiden Seiten des Zab, der hier sehr reißend ist. In seinem Bette liegen zahlreiche Felsblöcke, die das Flößen und Schwimmen außerordentlich erschweren, und die Brücke, die ihn überspannt, ist aus rohem Flechtwerk gefertigt und mittels großer schwerer Steine über einige Pfeiler befestigt. Dieses Flechtwerk gibt bei jedem Schritte nach, so daß mein Pferd nur sehr ängstlich die Brücke passierte; doch kamen wir wohlbehalten alle an dem linken Ufer an.

Bereits drüben auf der andern Seite war unser Zug von Frauen und Kindern mit Jubelgeschrei empfangen worden. Die wenigen Häuser, welche ich erblickte, waren jedenfalls als Wohnort so vieler viel zu eng, und so vermutete ich, daß unter den Anwesenden auch zahlreiche Bewohner benachbarter Orte zu finden seien.

Das Haus des Melek, wo wir absteigen wollten, lag auf dem linken Ufer des Zab. Es war ganz nach kurdischer Art, aber halb in das Wasser des Flusses hineingebaut, wo der kühlende und stärkere Luftzug die Mücken verscheuchte, an denen diese Gegenden leiden. Das obere Stockwerk des Gebäudes hatte keine

Mauern; es bestand einfach aus dem Dach, welches an den vier Ecken von je einem Backsteinpfeiler getragen wurde. Dieser luftige Raum bildete das Staatsgemach, in welches uns der Melek führte, nachdem wir abgestiegen waren und ich mein Pferd Halef übergeben hatte. Es lag da eine Menge zierlich geflochtener Matten, auf denen wir es uns leidlich bequem machen konnten.

Der Melek hatte natürlich jetzt nicht viel Zeit für uns übrig; wir waren uns selbst überlassen. Bald aber trat eine Frau herein, die einen starken, breiten, aus Bast geflochtenen Teller trug, der mit allerlei Früchten und Eßwaren belegt war. Ihr folgten zwei Mädchen, im Alter von ungefähr zehn und dreizehn Jahren, und trugen ähnliche, aber kleinere Präsentierbretter in den Händen.

Alle drei grüßten sehr demütig, und dann stellten sie die Speisen vor uns nieder. Die Kinder entfernten sich, die Frau aber blieb noch stehen und musterte uns mit verlegener Miene.

»Hast du einen Wunsch?« fragte ich sie.

»Ja, Herr,« antwortete sie.

»Sage ihn!«

»Welcher von euch ist der Emir aus dem Abendlande?«

»Es sind zwei solcher Emire hier: ich und dieser da.«

Bei den letzten Worten deutete ich auf den Engländer.

»Ich meine denjenigen, welcher nicht nur ein Krieger, sondern auch ein Arzt ist.«

»Da werde wohl ich gemeint sein,« lautete meine Antwort.

»Bist du es, der in Amadijah ein vergiftetes Mädchen gesund gemacht hat?«

Ich bejahte, und sie sagte darauf:

»Herr, die Mutter meines Mannes wünscht sehnlich, einmal dein Angesicht zu sehen und mit dir zu sprechen.«

»Wo befindet sie sich? Ich werde gleich zu ihr gehen.«

»O nein, Chodih. Du bist ein großer Emir; wir aber sind nur Frauen. Erlaube, daß sie zu dir kommt!«

»Ich erlaube es.«

»Aber sie ist alt und schwach und kann nicht lange stehen – – – !«

»Sie wird sich setzen.«

»Weißt du, daß in unserm Lande sich die Frau in Gegenwart solcher Herren nicht setzen darf?«

»Ich weiß es, aber ich werde es ihr dennoch erlauben.«

Sie ging. Nach einiger Zeit kam sie wieder herauf und führte eine Frau am Arme, deren Gestalt vom Alter weit vornüber gebeugt war. Ihr Gesicht hatte tiefe Runzeln, aber ihre Augen blickten noch mit jugendlicher Schärfe umher.

»Gesegnet sei euer Eingang in das Haus meines Sohnes!« grüßte sie. »Welcher ist der Emir, den ich suche?«

»Ich bin es. Komm, und laß dich nieder!«

Sie erhob abwehrend die Hand, als ich auf die Matte deutete, die in meiner Nähe lag.

»Nein, Chodih; es ziemt mir nicht, in deiner Nähe zu sitzen. Erlaube, daß ich mich in einer Ecke niederlasse!«

»Nein, das erlaube ich nicht,« antwortete ich ihr. »Bist du eine Christin?«

»Ja, Herr.«

»Auch ich bin ein Christ. Meine Religion sagt mir, daß wir vor Gott alle gleich sind, ob arm oder reich, vornehm oder niedrig, alt oder jung. Ich bin dein Bruder, und du bist meine Schwester; aber deiner Jahre sind viel mehr als der meinigen; daher gebührt dir der Platz zu meiner rechten Seite. Komm und laß dich nieder!«

»Nur dann, wenn du es befiehlst.«

»Ich befehle es!«

»So gehorche ich, Herr.«

Sie ließ sich zu mir führen und setzte sich an meiner Seite nieder; dann verließ ihre Schwiegertochter das Gemach. Die Alte blickte mir lange forschend in das Gesicht; dann sagte sie:

»Chodih, du bist wirklich so, wie du mir beschrieben wurdest. – Kennst du Menschen, bei deren Eintritt sich der Raum zu verfinstern scheint?«

»Ich habe viele solche Leute kennen gelernt.«

»Kennst du auch solche Menschen, welche das Licht der Sonne mitzubringen scheinen? Wohin sie nur immer kommen, da wird es warm und hell. Gott hat ihnen die größte Gnade gegeben: ein freundliches Herz und ein fröhliches Angesicht.«

»Auch solche kenne ich; aber es gibt ihrer wenig.«

»Du hast recht; aber du selbst gehörst zu ihnen.«

»Du willst mir eine Höflichkeit sagen!«

»Nein, Herr. Ich bin ein altes Weib, welches ruhig nimmt, was Gott sendet; ich werde niemand eine Unwahrheit sagen. Ich habe gehört, daß du ein großer Krieger bist; aber ich glaube, daß du deine besten Siege durch das Licht deines Angesichtes erringst. Ein solches Angesicht liebt man, auch wenn es häßlich ist, und alle, mit denen du zusammentriffst, werden dich lieb gewinnen.«

»O, ich habe sehr viele Feinde!«

»Dann sind es böse Menschen. Ich habe dich noch nie gesehen, aber ich habe viel an dich gedacht, und meine Liebe hat dir gehört, noch ehe dich mein Auge erblickte.«

»Wie ist dies möglich?«

»Meine Freundin erzählte mir von dir.«

»Wer ist diese Freundin?«

»Marah Durimeh.«

»Marah Durimeh!« rief ich überrascht. »Du kennst sie?«

»Ich kenne sie.«

»Wo wohnt sie? Wo ist sie zu finden?«

»Ich weiß es nicht.«

»Aber wenn sie deine Freundin ist, mußt du doch wissen, wo sie sich befindet.«

»Sie ist bald hier, bald dort; sie gleicht dem Vogel, welcher bald auf diesem, bald auf jenem Zweige wohnt.«

»Kommt sie oft zu dir?«

»Sie kommt nicht wie die Sonne, regelmäßig zur bestimmten Stunde, sondern sie kommt wie der erquickende Regen, bald hier, bald dort, bald spät und bald früh.«

»Wann erwartest du sie wieder?«

»Sie kann noch heute in Lizan sein; sie kann aber auch erst nach Monden kommen. Vielleicht erscheint sie niemals wieder, denn auf ihrem Rücken lasten viel mehr Jahre, als auf dem meinigen.«

Das klang alles so wunderbar, so geheimnisvoll, und ich mußte unwillkürlich an Ruh 'i kulian, den »Geist der Höhle«

denken, von welchem die alte Marah Durimeh in ebenso geheimnisvoller Weise zu mir gesprochen hatte.

»So hat sie dich besucht, als sie von Amadijah kam?« fragte ich.

»Ja. Sie hat mir von dir erzählt; sie sagte, daß du vielleicht nach Lizan kommen würdest, und bat mich, für dich zu sorgen, als ob du mein eigner Sohn seist. Willst du mir dies erlauben?«

»Gern; nur mußt du auch meine Gefährten mit in deine Fürsorge einschließen.«

»Ich werde tun, was in meinen Kräften steht. Ich bin die Mutter des Melek, und sein Ohr hört gern auf meine Stimme; aber es ist einer unter euch, dem meine Fürbitte nicht viel helfen wird.«

»Wen meinst du?«

»Den Bey von Gumri. Welcher ist es?«

»Der Mann dort auf der vierten Matte. Er hört und versteht ein jedes deiner Worte; die Andern aber reden nicht die Sprache deines Landes.«

»Er mag hören und verstehen, was ich sage,« antwortete sie. »Hast du gehört von dem, was unser Land gelitten hat?«

»Man hat mir vieles erzählt.«

»Hast du gehört von Beder-Khan-Bey, von Zeinel-Bey, von Nur-Ullah-Bey und von Abd-el-Summit-Bey, den vier Mördern der Christen? Sie fielen von allen Seiten über uns her, diese kurdischen Ungeheuer. Sie zerstörten unsere Häuser, verbrannten unsere Gärten, vernichteten unsere Ernten, entweihten unsere Gotteshäuser, mordeten unsere Männer und Jünglinge, zerfleischten unsere Knaben und Mädchen und hetzten unsere Frauen und Jungfrauen, bis sie sterbend niederstürzten, noch in den letzten Atemzügen von den Ungeheuern bedroht. Die Wasser des Zab waren gefärbt von dem Blute der unschuldigen Opfer, und die Höhen und Tiefen des Landes waren erleuchtet von den Feuersbrünsten, welche unsere Dörfer und Flecken verzehrten. Ein einziger, fürchterlicher Schrei tönte durch das ganze Land. Es war der Todesschrei von vielen tausend Christen. Der Pascha von Mossul hörte diesen Schrei, aber er sandte keine Hilfe, weil er den Raub mit den Räubern teilen wollte.«

»Ich weiß es; es muß gräßlich gewesen sein!«

»Gräßlich? O, Chodih, dieses Wort sagt viel zu wenig. Ich könnte dir Dinge erzählen, bei denen dir das Herz brechen müßte. Siehst du die Brücke, auf welcher du über den Berdi-zabi[1] gekommen bist? Ueber diese Brücke wurden unsere Jungfrauen geschleppt, um nach Tkhoma und Baz geführt zu werden; sie aber sprangen hinab in das Wasser, um lieber zu sterben. Keine einzige blieb zurück. Siehst du den Berg mit seiner Felsenmauer dort zur Rechten? Dort hinauf hatten sich die Leute von Lizan gerettet, weil sie sich dort sicher glaubten, denn sie konnten von unten gar nicht angegriffen werden. Aber sie hatten nur wenig Speise und Wasser bei sich. Um nicht zu verhungern, mußten sie sich Beder-Khan-Bey ergeben. Er versprach ihnen mit seinem heiligsten Eid die Freiheit und das Leben; nur die Waffen sollten sie abliefern. Dies geschah; er aber brach seinen Schwur und ließ sie mit Säbel und Messer ermorden. Und als den Kurden von dieser blutigen Arbeit die Arme weh taten, da machten sie es sich leichter; sie stürzten die Christen von der neunhundert Fuß hohen Felsenwand herab: Greise, Männer, Frauen und Kinder. Von mehr als tausend Chaldani entkam nur ein einziger, um zu erzählen, was da oben geschehen war. Soll ich dir noch mehr erzählen, Chodih?«

»Halte ein!« wehrte ich schaudernd ab.

»Und nun sitzt der Sohn eines dieser Ungeheuer hier im Hause des Melek von Lizan. Glaubst du, daß er Gnade finden wird?«

Wie mußte es bei diesen Worten dem Bey von Gumri zu Mute sein! Er zuckte mit keiner Wimper; er war zu stolz, um sich zu verteidigen. Ich aber antwortete:

»Er wird Gnade finden!«

»Glaubst du dies wirklich?«

»Ja. Er trägt nicht die Schuld von dem, was andere taten. Der Melek hat ihm Gastfreundschaft versprochen, und ich selbst werde nur dann Lizan verlassen, wenn er sich in Sicherheit an meiner Seite befindet.«

Die Alte senkte nachdenklich den ergrauten Kopf. Dann fragte sie:

[1] Der obere Zab.

»So ist er dein Freund?«

»Ja. Ich bin sein Gast.«

»Herr, das ist schlimm für dich!«

»Warum? Denkst du, daß der Melek sein Wort brechen wird?«

»Er bricht es nie,« antwortete sie stolz. »Aber der Bey wird bis an seinen Tod hier gefangen bleiben, und da du ihn nicht verlassen willst, so wirst du deine Heimat niemals wiedersehen.«

»Das steht in Gottes Hand. Weißt du, was der Melek über uns beschlossen hat? Sind wir nur auf dieses Haus beschränkt?«

»Du allein nicht, aber die Andern sämtlich.«

»So darf ich frei umhergehen?«

»Ja, wenn du dir einen Begleiter gefallen lässest. Du sollst nicht Gastfreundschaft wie sie, sondern Gastfreiheit erhalten.«

»So werde ich jetzt einmal mit dem Melek sprechen. Darf ich dich geleiten?«

»O Herr, dein Herz ist voller Güte. Ja, führe mich, damit ich rühmen kann, daß mir noch niemals solche Gnade widerfahren ist!«

Sie erhob sich mit mir und hing sich an meinen Arm. Wir verließen das luftige Gemach und stiegen die Treppe nieder, die in das untere Geschoß führte. Hier trennte sich die Alte von mir, und ich trat hinaus auf den freien Raum vor dem Hause, wo eine große Anzahl der Chaldäer versammelt war. Nedschir-Bey stand bei ihnen. Als er mich erblickte, trat er auf mich zu.

»Wen suchest du hier?« fragte er mich in rohem Tone.

»Den Melek,« antwortete ich ruhig.

»Er hat keine Zeit für dich; gehe wieder hinauf!«

»Ich bin gewöhnt, zu tun, was mir beliebt. Befiehl deinen Knechten, nicht aber einem freien Mann, dem du nichts zu gebieten hast!«

Da trat er näher an mich heran und streckte seine mächtigen Glieder. In seinen Augen funkelte ein Licht, das mir sagte, daß der erwartete Zusammenstoß jetzt geschehen werde. So viel stand sicher: wenn ich ihn nicht gleich auf der Stelle unschädlich machte, so war es um mich geschehen.

»Wirst du gehorchen?« drohte er.

»Knabe, mache dich nicht lächerlich!« entgegnete ich lachend.

»Knabe!« brüllte er. »Hier nimm den Lohn!«

Er schlug nach meinem Kopfe; ich parierte mit dem linken Arme den Hieb und ließ dann meine rechte Faust mit solcher Gewalt an seine Schläfe sausen, daß ich glaubte, sämtliche Finger seien mir zerbrochen. Er stürzte lautlos zusammen und lag steif wie ein Klotz.

Die Umstehenden wichen scheu zurück; einer aber rief:

»Er hat ihn erschlagen!«

»Ich habe ihn betäubt,« antwortete ich. »Werft ihn in das Wasser, so wird er die Besinnung bald wieder finden.«

»Chodih, was hast du getan!« erscholl es hinter mir.

Ich wandte mich um und erblickte den Melek, welcher soeben aus der Tür getreten war.

»Ich?« fragte ich. »Hast du diesen Mann nicht vor mir gewarnt? Er schlug dennoch nach mir. Sage ihm, er soll es ja nicht wieder tun, sonst werden seine Töchter weinen, seine Söhne klagen und seine Freunde trauern.«

»Ist er nicht tot?«

»Nein. Beim nächsten Male aber wird er tot sein.«

»Herr, du bereitest deinen Feinden Aerger und deinen Freunden Sorge. Wie soll ich dich schützen, wenn du dich nach immerwährendem Kampfe sehnst?«

»Sage dies dem Raïs, denn es ist sehr wahrscheinlich, daß du zu schwach bist, ihn vor meinem Arme zu beschützen. Erlaubst du ihm, mich zu beleidigen, so gib nicht mir die Schuld, wenn ich ihn Anstand lehre.«

»Herr, gehe fort; er kommt jetzt wieder zu sich!«

»Soll ich vor einem Manne fliehen, den ich niedergeschlagen habe?«

»Er wird dich töten!«

»Pah! Ich werde keine Hand zu rühren brauchen. Passe auf!«

Meine Gefährten hatten von ihrer offenen Wohnung aus den ganzen Vorgang mit angesehen. Ich winkte ihnen mit dem Auge, und sie wußten, was ich von ihnen begehrte.

Man hatte den Kopf des Raïs mit Wasser gewaschen. Jetzt richtete er sich langsam empor. Auf einen Faustkampf durfte ich es nicht ankommen lassen, denn sowohl mein Arm, mit dem ich seinen Hieb pariert hatte, als auch meine rechte Hand war in den wenigen Augenblicken ganz beträchtlich angeschwollen; ich mußte froh sein, daß mir dieser Goliath nicht den Arm zerschmettert hatte. – Jetzt erblickte er mich, und mit einem heiseren Wutschrei stürzte er auf mich zu. Der Melek suchte ihn zu halten; auch einige andere griffen zu, aber er war stärker als sie und rang sich los. Jetzt wandte ich das Gesicht nach dem Hause hin und rief ihm zu:

»Nedschir-Bey, blicke da hinauf!«

Er folgte der Richtung meiner Augen und sah die Gewehre aller meiner Gefährten auf sich gerichtet. Er hatte doch genug Besinnung, um diese Sprache zu verstehen. Er blieb halten und erhob die Faust.

»Mann, du begegnest mir wieder!« drohte er.

Ich zuckte nur die Achsel, und er ging davon.

»Chodih,« meinte der noch vor Anstrengung keuchende Melek, »du befandest dich in einer großen Gefahr!«

»Sie war sehr klein. Ein einziger Blick hinauf nach meinen Leuten hat diesen Mann unschädlich gemacht.«

»Hüte dich vor ihm!«

»Ich bin dein Gast. Sorge dafür, daß er mich nicht beleidigt!«

»Man sagte mir, daß du mich suchest?«

»Ja. Ich wollte dich fragen, ob ich frei in Lizan umhergehen kann.«

»Du kannst es.«

»Aber du wirst mir eine Begleitung geben?«

»Nur zu deiner Sicherheit.«

»Ich verstehe dich und füge mich darein. Wer wird mein Aufseher sein?«

»Nicht Aufseher, sondern Beschützer, Chodih. Ich gebe einen Karuhja an deine Seite.«

Also einen Vorleser, einen Geistlichen! Das war mir lieb und recht.

»Wo ist er?« fragte ich.

»Hier im Hause wohnt er bei mir. Ich werde ihn dir senden.«

Er trat in das Innere des Gebäudes, und bald darauf kam ein Mann heraus, der in den mittleren Jahren stand. Er trug zwar die gewöhnliche Kleidung dieser Gegend, aber in seinem Wesen hatte er etwas an sich, was auf seinen Beruf schließen ließ. Er grüßte mich sehr höflich und fragte nach meinem Begehr.

»Du sollst mich auf meinem Weg begleiten!« sagte ich.

»Ja, Herr. Der Melek will es so.«

»Ich wünsche vor allen Dingen, mir Lizan anzusehen. Willst du mich führen?«

»Ich weiß nicht, ob ich darf, Chodih. Wir erwarten jeden Augenblick die Nachricht von dem Eintreffen der Berwarikurden, welche kommen werden, um euch und ihren Bey zu befreien.«

»Ich habe versprochen, Lizan nicht ohne den Willen des Melek zu verlassen. Ist dir dies genug?«

»Ich will dir trauen, obgleich ich verantwortlich bin für alles, was du während meiner Gegenwart unternimmst. Was willst du zunächst sehen?«

»Ich möchte den Berg besteigen, von welchem Beder-Khan-Bey die Chaldani herabstürzen ließ.«

»Es ist sehr schwer, emporzukommen. Kannst du gut klettern?«

»Sei ohne Sorge!«

»So komm, und folge mir!«

Während wir gingen, beschloß ich, den Karuhja nach seinen Religionsverhältnissen zu fragen. Ich war mit denselben so wenig vertraut, daß mir eine Aufklärung nur lieb sein konnte. Er kam mir mit einer Frage recht glücklich entgegen:

»Bist du ein Moslem, Chodih?«

»Hat dir der Melek nicht gesagt, daß ich ein Christ bin?«

»Nein; aber ein Chaldani bist du nicht. Gehörst du vielleicht zu dem Glauben, welchen die Missionare aus Inglistan predigen?«

Ich verneinte, und er sagte:

»Das freut mich sehr, Herr!«

»Warum?« fragte ich.

»Ich mag von ihrem Glauben nichts wissen, weil ich von ihnen selbst nichts wissen mag.«

Mit diesen wenigen Worten hatte dieser einfache Mann alles gesagt, was er sagen wollte.

»Bist du mit einem von ihnen zusammengetroffen?« fragte ich.

»Mit mehreren; aber ich habe den Staub von meinen Füßen geschüttelt und bin wieder fortgegangen. Kennst du die Lehren unsers Glaubens?«

»Nicht genau.«

»Du möchtest sie wohl auch nicht kennen lernen?«

»O doch, sehr gern. Habt ihr ein Glaubensbekenntnis?«

»Jawohl, und ein jeder Chaldani muß es täglich zweimal beten.«

»Bitte, sage es mir!«

»Wir glauben an einen einzigen Gott, den allmächtigen Schöpfer und Vater aller sichtbaren und unsichtbaren Dinge. Wir glauben an den Herrn Jesus Christus, den Sohn Gottes, der da der einzig geborene Sohn seines Vaters ist vor aller Welt, der nicht geschaffen wurde, sondern der da ist der wahre Gott des wahren Gottes; der da ist von demselben Wesen mit dem Vater, durch dessen Hände die Welt gemacht und alle Dinge geschaffen wurden; der für uns Menschen und zu unserer Seligkeit vom Himmel herabgestiegen ist, durch den heiligen Geist Fleisch ward und Mensch wurde, empfangen und geboren von der Jungfrau Maria; der da litt und gekreuzigt wurde zur Zeit des Pontius Pilatus, und starb und wurde begraben; der da am dritten Tage wieder auferstand, wie in der Schrift verkündigt war, und fuhr gen Himmel, um zu sitzen zur Rechten seines Vaters und wiederzukommen, um zu richten die Lebendigen und die Toten. Und wir glauben an einen heiligen Geist, den Geist der Wahrheit, welcher ausging von dem Vater, den Geist, der da erleuchtet. Und an eine heilige, allgemeine Kirche. Wir erkennen zur Erlassung der Sünden eine heilige Taufe an und eine Auferstehung des Leibes und ein ewiges Leben!«

Nach einer Pause fragte ich:

»Haltet ihr auch die Fasten?«

»Sehr streng,« antwortete er. »Wir dürfen während hundertzweiundfünfzig Tagen keine Nahrung aus dem Tierreiche, auch keinen Fisch essen, und der Patriarch genießt überhaupt nur Nahrung aus dem Pflanzenreiche.«

»Wie viele Sakramente habt ihr?«

Er wollte mir eben antworten; aber unsere für mich so interessante Unterhaltung wurde von zwei Reitern unterbrochen, die im Galopp auf uns zugesprengt kamen.

»Was gibt es?« fragte er sie.

»Die Kurden kommen,« ertönte die Antwort.

»Wo sind sie?«

»Sie haben bereits die Berge überschritten und kommen in das Tal hernieder.«

»Wie viel sind ihrer?«

»Viele Hunderte.«

Dann ritten sie weiter. Der Karuhja blieb halten.

»Chodih, laß uns umkehren!«

»Warum?«

»Ich habe es dem Melek versprochen, falls die Berwari kommen sollten. Du wirst nicht wollen, daß ich mein Wort breche!«

»Du mußt es halten. Komm!«

Als wir den Platz vor dem Hause des Melek erreichten, herrschte dort eine außerordentliche Aufregung; aber ein planvolles Handeln gab es nicht. Der Melek stand mit einigen Unteranführern beisammen; auch der Raïs war bei ihnen.

Ich wollte still vorüber gehen und in das Haus eintreten; aber der Melek rief mir zu:

»Chodih, komm her zu uns!«

»Was soll er hier?« zürnte der riesige Raïs. »Er ist ein Fremder, ein Feind; er gehört nicht zu uns!«

»Schweig!« gebot ihm der Melek; dann wandte er sich zu mir: »Herr, ich weiß, was du im Tale Deradsch und bei den Dschesidi erfahren hast. Willst du uns einen Rat geben?«

Diese Frage kam mir natürlich sehr willkommen, dennoch aber antwortete ich:

»Dazu wird es bereits zu spät sein.«

»Warum?«

»Du hättest schon gestern handeln sollen.«

»Wie meinst du dies?«

»Es ist leichter, eine Gefahr zu verhüten, als sie zu bekämpfen, wenn sie schon eingetreten ist. Hättest du die Kurden nicht angegriffen, so brauchtest du dich heute nicht gegen sie zu verteidigen.«

»Das will ich nicht hören.«

»Aber ich wollte es dir dennoch sagen. Wußtest du, daß heute die Kurden kommen würden?«

»Wir alle haben es gewußt.«

»Warum hast du nicht die jenseitigen Pässe besetzt? Du hättest feste Stellungen erhalten, die gar nicht einzunehmen waren. Nun aber haben die Kurden das Gebirge bereits hinter sich und sind dir überlegen.«

»Wir werden kämpfen!«

»Hier?«

»Nein, in der Ebene von Lizan.«

»Dort also willst du sie empfangen?« fragte ich verwundert.

»Ja,« antwortete er zögernd.

»Und du stehst noch hier mit deinen Leuten?«

»Wir müssen erst unser Hab und Gut und die Unsrigen retten, ehe wir fortkönnen!«

»O Melek, was seid ihr Chaldani für große Krieger! Seit gestern wußtet ihr, daß die Kurden kommen würden, und habt nichts getan, um euch zu sichern. Ihr wollt mit ihnen kämpfen und sprecht doch davon, die Euren und euer Eigentum zu flüchten. Ehe ihr damit fertig seid, ist der Feind bereits in Lizan. Gestern habt ihr die Kurden überrascht, und darum wurden sie besiegt; heut aber greifen sie selbst euch an und werden euch verderben!«

»Herr, das mögen wir nicht hören!«

»So werdet ihr es erfahren. Lebwohl, und tue was du willst!«

Ich machte Miene, in das Haus zu treten; er aber hielt mich am Arme zurück.

»Chodih, rate uns!«

»Ich kann euch nicht raten; ihr habt mich vorher auch nicht um Rat gefragt.«

»Wir werden dir dankbar sein!«

»Das ist nicht notwendig; ihr sollt nur vernünftig sein. Wie kann ich euch beistehen, diejenigen Männer zu besiegen, welche herbeigekommen sind, um mich und meine Gefährten zu befreien?«

»Ihr seid ja nur meine Gäste, nicht aber meine Gefangenen!«

»Auch der Bey von Gumri?«

»Herr, dränge mich nicht!«

»Nun wohl, ich will nachgiebiger sein, als ihr es verdient. Eilt dem Feinde entgegen und nehmt eine Stellung, an welcher er nicht vorüber kann. Die Kurden werden nicht angreifen, sondern einen Boten senden, der sich zuvor nach uns erkundigen soll. Diesen Boten bringt hierher, und dann will ich euch meinen Rat erteilen.«

»Gehe lieber mit, Chodih!«

»Das werde ich gern tun, wenn ihr mir erlaubt, meinen Diener Halef mitzunehmen, der dort hinter der Mauer bei den Pferden ist.«

»Ich erlaube es,« sagte der Melek.

»Aber ich erlaube es nicht,« entgegnete der Raïs.

Es entspann sich jetzt ein kurzer, aber heftiger Streit, in welchem schließlich der Melek recht behielt, da die Andern alle auf seiner Seite standen. Der Raïs warf mir einen wütenden Blick zu, sprang auf sein Pferd und ritt davon.

»Wo willst du hin?« rief ihm der Melek nach.

»Das geht dich nichts an!« scholl es zurück.

»Eilt ihm nach, und beschwichtigt ihn,« bat der Melek die Andern, während ich Halef rief, mein Pferd und das seinige bereit zu machen.

Dann stieg ich in unsern Raum hinauf, um die Gefährten zu instruieren.

»Was ist los?« fragte der Engländer.

»Die Kurden von Gumri kommen, um uns zu befreien,« antwortete ich.

»Sehr gut! *Yes!* Brave Kerls! Meine Flinte her! Werde mit dreinschlagen! *Well!*«

»Halt, Sir David! Fürs erste werdet Ihr noch ein wenig hier bleiben und meine Rückkehr erwarten.«

»Warum? Wo wollt Ihr hin?«

»Hinaus, um zu unterhandeln und die Sache vielleicht im Guten beilegen zu helfen.«

»*Pshaw!* Sie werden wenig Kram mit Euch machen. Sie werden Euch erschießen! *Yes!*«

»Das ist höchst unwahrscheinlich.«

»Darf ich nicht mit?«

»Nein. Nur ich und Halef.«

»So geht! Aber wenn ihr nicht wiederkommt, schlage ich ganz Lizan in Grund und Boden! *Well!*«

Auch die Andern fügten sich. Nur der Bey machte eine Bedingung:

»Chodih, du wirst nichts ohne meinen Willen tun?«

»Nein. Ich werde entweder selbst kommen oder dich holen lassen.«

Damit nahm ich meine Waffen, stieg hinab und sprang in den Sattel. Der Platz vor dem Hause war leer geworden. Nur der Melek wartete auf mich, und einige Bewaffnete waren geblieben, um die gefangenen »Gäste« zu bewachen.

Wir mußten die gebrechliche Brücke wieder passieren. Drüben auf der andern Seite des Stromes ging es wirr zu. Landesverteidiger zu Fuß und zu Roß ritten und liefen bunt durcheinander. Der eine hatte eine alte Flinte, der andere eine Keule. Ein jeder wollte kommandieren, aber nicht gehorchen. Dazu war das Terrain mit Felsen, Bäumen und Büschen besetzt, und bei jedem Schritte hörte man eine andere Neuigkeit von den Kurden. Zuletzt kam gar die Kunde, daß der Raïs von Schuhrd mit seinen Leuten davongezogen sei, weil sich der Melek mit ihm gestritten hatte.

»Herr, was tue ich?« fragte der Melek in nicht geringer Sorge.

»Suche zu erfahren, wo sich die Kurden befinden.«

»Das habe ich ja bereits getan, aber ein jeder bringt mir eine andere Kunde. Und siehe meine Leute an! Wie soll ich mit ihnen zum Kampfe ziehen?«

Der Mann dauerte mich wirklich. Es war sehr leicht zu erkennen, daß er sich auf seine Leute nicht verlassen könne. Der so lange auf ihnen lastende Druck hatte sie entmannt. Zu einem hinterlistigen Ueberfall hatten sie gestern den Mut gehabt; heute aber, wo es nun galt, die Folgen davon zu tragen, mangelte es ihnen an der nötigen Tatkraft. Es war nicht eine Spur von militärischer Zucht zu bemerken; sie glichen einer Herde von Schafen, welche gedankenlos den Wölfen entgegenrennen.

Auch der Melek selbst machte nicht den Eindruck eines Mannes, der die jetzt so nötige Willenskraft und Widerstandsfähigkeit besaß. Es war mehr als Sorge, es war fast Angst, die sich auf seinem Angesicht abspiegelte, und vielleicht wäre es von Nutzen für ihn gewesen, wenn Nedschir-Bey sich noch an seiner Seite befunden hätte. Es war mir sehr klar, daß die Chaldäer gegen die Berwari-Kurden den kürzeren ziehen würden. Daher antwortete ich auf die Klage des Melek:

»Willst du meinen Rat hören?«

»Sage mir ihn!«

»Die Kurden sind euch überlegen. Es gibt nur zwei Wege, die du jetzt einschlagen kannst. Du ziehst dich mit den Deinen schleunigst auf das andere Ufer des Flusses zurück und verteidigst den Uebergang. Dadurch gewinnst du Zeit, Verstärkungen an dich zu ziehen.«

»Dann aber muß ich ihnen alles opfern, was am rechten Ufer liegt.«

»Sie werden dies ohnehin nehmen.«

»Welches ist der zweite Weg?«

»Du unterhandelst mit ihnen.«

»Durch wen?«

»Durch mich.«

»Durch dich? Chodih, willst du mir entfliehen?«

»Das fällt mir gar nicht ein, denn ich habe dir ja mein Wort gegeben.«

»Werden sich diese Kurden auf Unterhandlungen einlassen, nachdem wir sie gestern überfallen haben?«

»Ist nicht ihr Anführer dein Gefangener? Das gibt dir eine große Macht über sie.«

»Du bist ihr Gastfreund; du wirst so mit ihnen verhandeln, daß sie den Nutzen, wir aber den Schaden haben.«

»Ich bin auch dein Gastfreund; ich werde so mit ihnen reden, daß beide Teile zufrieden sein können.«

»Sie werden dich festhalten; sie werden dich nicht wieder zu mir zurückkehren lassen.«

»Ich lasse mich nicht halten. Sieh mein Pferd an! Ist es nicht zehnmal mehr wert, als das deinige?«

»Fünfzigmal, nein, hundertmal mehr, Herr!«

»Glaubst du, daß ein Krieger so ein Tier im Stiche läßt?«

»Niemals!«

»Nun wohl! Laß uns einstweilen tauschen! Ich lasse dir meinen Rapphengst als Pfand zurück, daß ich wiederkomme.«

»Ist dies dein Ernst?«

»Mein vollständiger. Vertraust du mir nun?«

»Ich glaube und vertraue dir. Willst du deinen Diener auch mitnehmen?«

»Nein, er wird bei dir bleiben: denn du kennst mein Pferd nicht genau. Es muß jemand bei dir sein, der den Hengst richtig zu behandeln versteht.«

»Hat es ein Geheimnis, Herr?«

»In der Tat.«

»Chodih, dann ist es für mich gefährlich, das Roß zu reiten. Dein Diener mag es besteigen, und du nimmst das seinige, während er bei mir zurückbleibt.«

Das war es ja eben, was ich wünschte. Mein Pferd war in den Händen des kleinen Hadschi Halef Omar jedenfalls besser aufgehoben, als in denen des Melek, der nur ein gewöhnlicher Reiter war. Dann antwortete ich:

»Ich füge mich in deinen Willen. Erlaube, daß ich sofort die Tiere wechsele!«

»Sogleich, Herr?«

»Allerdings. Wir haben keine Zeit zu verlieren.«

»Wirst du die Kurden wirklich finden?«

»Sie werden schon dafür sorgen, daß sie gar zu bald gefunden werden. Aber, könnten wir nicht meine beiden Vorschläge vereinigen? Wenn deine Leute mit den Berwari ins Handgemenge kommen, ehe man mich gehört hat, so ist alles verloren. Gehe mit ihnen über den Fluß zurück, so habe ich mehr Hoffnung auf Erfolg!«

»Aber wir geben uns da in ihre Hände!«

»Nein, ihr entkommt ihnen und gewinnt Zeit. Wie wollen sie euch angreifen, wenn ihr die Brücke besetzt?«

»Du hast recht, Herr, und ich werde sofort das Zeichen geben.«

Während ich vom Pferde sprang und Halefs Tier bestieg, setzte der Melek eine Muschel an den Mund, die an seiner Seite gehangen hatte. Der dumpfe, aber kräftige Ton war weithin vernehmbar. Die Chaldani kamen von allen Seiten zurückgeeilt, denn diese Richtung behagte ihnen weit mehr als diejenige eines gefährlichen Angriffes auf die tapferen und wohlbewaffneten Kurden. Ich hingegen ritt vorwärts, nachdem ich Halef einige Verhaltungsmaßregeln erteilt hatte, und befand mich bald ganz allein, da auch Dojan zurückgeblieben war.

SIEBENTES KAPITEL

Der Geist der Höhle.

Meine Aufgabe schien mir gar nicht schwierig zu sein. Von den Kurden hatte ich wohl nichts zu fürchten, und da sie Rücksicht auf das gefährdete Leben ihres Beys zu nehmen hatten, so ließ sich erwarten, daß ein Vergleich zu stande kommen werde.

So ritt ich langsam vorwärts und horchte auf jedes Geräusch. Ich gelangte auf den Rücken einer niedrigen Bodenwelle, wo Wald und Busch weniger dicht standen, und erblickte von hier aus einen Krähenschwarm, der weiter unten über dem Walde schwebte, sich zuweilen auf die Zweige niederlassen wollte, aber immer wieder aufflog. Es war gewiß, daß diese Vögel aufgestört wurden, und ich wußte nun, wohin ich mich zu wenden hatte. Ich ritt den kleinen Hügel hinab, war aber noch gar nicht weit gekommen, als ein Schuß fiel, dessen Kugel jedenfalls mir gelten sollte; sie traf aber nicht. Im Nu schnellte ich mich vom Pferde und stellte mich hinter dasselbe. Ich hatte den Blitz des Pulvers gesehen und wußte also, wo der ungeschickte Schütze stand.

»Kur'o,[1] tue dein Kirbit[2] zur Seite!« rief ich. »Du triffst ja eher dich als mich!«

»Fliehe, sonst bist du des Todes!« klang es mir entgegen.

»Ehz be vïa kenïam – darüber muß ich lachen! Welcher Mann schießt seine Freunde tot?«

»Du bist nicht unser Freund; du bist ein Nasarah!«

»Das wird sich finden. Du gehörst zu den Vorposten der Kurden?«

»Wer sagt dir das?«

»Ich weiß es; führe mich zu deinem Anführer!«

---

1 Knabe.
2 Zündholz.

»Was willst du dort?«

»Mein Gastfreund, der Bey von Gumri, sendet mich zu ihm.«

»Wo ist der Bey?«

»In Lizan gefangen.«

Während dieser Verhandlung bemerkte ich recht wohl, daß noch mehrere Gestalten herbeikamen, die aber hinter den Bäumen verborgen bleiben wollten. Der Kurde fragte weiter:

»Du nennst dich den Gastfreund des Bey. Wer bist du?«

»Ein Emir gibt nur einem Emir Auskunft. Führe mich zu deinem Anführer, oder bringe ihn her zu mir. Ich habe als Bote des Bey mit ihm zu reden.«

»Herr, gehörst du zu den fremden Emirs, die auch gefangen worden sind?«

»So ist es.«

»Und bist du wirklich kein Verräter, Herr?«

»Katischt, baqua – was, du Frosch!« rief da laut eine andere Stimme. »Siehst du denn nicht, daß es der Emir ist, welcher ohne Aufhören schießen kann? Gehe zur Seite, du Wurm, und laß mich hin zu ihm!«

Zugleich kam ein junger Kurde hinter einem Baume hervor, trat mit größter Ehrerbietung zu mir heran und sagte:

»Allahm d'allah – Gott sei Dank, daß ich dich wiedersehe, Herr! Wir haben große Sorge um euch gehabt.«

Ich erkannte sogleich in ihm einen der Männer, welche gestern dem Melek glücklich entkommen waren, und antwortete:

»Man hat uns wieder ergriffen, aber wir befinden uns wohl. Wer ist euer Anführer?«

»Der Raïs von Dalascha, und bei ihm ist der tapfere Emir der Haddedihn vom Stamme der Schammar.«

Das war mir lieb, zu hören; also hatte Mohammed Emin doch, wie ich vermutet hatte, den Weg nach Gumri gefunden und kam nun, uns zu befreien.

»Ich kenne den Raïs von Dalascha nicht,« sagte ich. »Führe mich zu ihm!«

»Herr, er ist ein großer Krieger. Er kam gestern am Abend, um den Bey zu besuchen, und da er hörte, daß dieser gefangen sei, so schwur er, Lizan der Erde gleich zu machen und alle seine Bewohner in die Hölle zu senden. Jetzt ist er unterwegs, und wir gehen voran, damit er nicht überrumpelt wird. Aber Herr, wo hast du dein Pferd? Hat man es dir geraubt?«

»Nein, ich ließ es freiwillig zurück. Doch komm, und führe mich!«

Ich nahm mein Tier am Zügel und folgte ihm. Wir waren nicht viel über tausend Schritte gegangen, so stießen wir auf eine Gruppe von Reitern, unter denen ich zu meiner großen Freude Mohammed Emin erblickte. Er befand sich zu Pferde und erkannte auch mich sofort.

»Hamdullillah,« rief er, »Preis sei Gott, der mir die Gnade gibt, dich wiederzusehen! Er hat dir den Pfad erleuchtet, daß es dir glückte, diesen Nasarah zu entkommen. Aber,« fügte er erschrocken hinzu – »du bist entflohen, ohne dein Pferd mitzunehmen?«

Dies war ihm ein ganz unmöglicher Gedanke, und ich beruhigte ihn auch auf der Stelle:

»Ich bin nicht entflohen, und das Pferd gehört noch mir. Es befindet sich in der Obhut von Hadschi Halef Omar, bei dem es sicher ist.«

»Du bist nicht entflohen?« fragte er erstaunt.

»Nein. Ich komme als der Abgesandte des Bey von Gumri und des Melek von Lizan. Wo ist der Mann, der hier zu gebieten hat?«

»Ich bin es,« antwortete eine tiefe Stimme.

Ich sah mir den Mann scharf an. Er saß auf einem starkknochigen zottigen Pferde, das nur mit Palmenfaser aufgezäumt war. Er war sehr lang und außerordentlich hager gebaut. Ein ungeheurer Turban bedeckte seinen Kopf, und sein Angesicht starrte von einem so borstigen und dichten Bart, daß man nur die Nase und zwei Augen erblickte, die mich jetzt unheimlich forschend anfunkelten.

»Du bist der Raïs von Dalascha?« fragte ich ihn.

»Ja. Wer bist du?«

Mohammed Emin antwortete an meiner Stelle:

»Es ist Kara Ben Nemsi Emir, von dem ich dir erzählt habe.«

Der Kurde grub seinen Blick abermals tief in den meinigen und es schien dann, als ob er sich im klaren über mich befände. Er sagte:

»Er soll uns später erzählen und mag sich uns jetzt anschließen. Vorwärts!«

»Laß halten; ich habe mit dir zu sprechen,« bat ich.

»Schweig!« fuhr er mich an. »Ich bin der General dieser Truppen, und was ich sage, das hat ohne Widerrede zu geschehen. Ein Weib redet, ein Mann aber handelt. Jetzt wird nicht geplaudert!«

Ich war nicht gewohnt, in einem solchen Tone mit mir reden zu lassen. Auch Mohammed Emin gab mir unbemerkt einen aufmunternden Wink. Der Raïs war bereits einige Schritte fort; ich trat vor und griff seinem Pferde in die Zügel.

»Halt! Bleib! Ich bin der Abgesandte des Bey!« warnte ich ihn mit ernster Stimme.

Ich habe immer gefunden, daß ein furchtloses Wesen, unterstützt durch ein wenig Leibesstärke, diesen halbwilden Leuten imponiert. Hier aber schien es, daß ich mich verrechnen sollte; denn der Mann erhob die Faust und drohte:

»Mensch, die Hand vom Pferde, sonst schlag ich!«

Ich erkannte, daß meine Sendung vollständig verunglückt sei, wenn ich mich nur im geringsten von ihm einschüchtern ließe. Darum ließ ich wohl mein Pferd fahren, nicht aber das seinige, und antwortete:

»Ich bin hier an Stelle des Bey von Gumri und habe zu befehlen; du aber bist nichts als ein kleiner Kiaja,[1] der augenblicklich zu gehorchen hat. Steige ab!«

Da riß er die Flinte von der Schulter, faßte sie beim Laufe und wirbelte sie um den Kopf.

»Ker, seri te tschar tan kim,« brüllte er, »ich spalte dir den Kopf in vier Teile, du Dummkopf!«

»Versuche es, doch zuerst gehorche!« entgegnete ich lachend.

Mit einem raschen Ruck riß ich sein Pferd auf die Hinterbeine nieder und schlug dem Tiere dann den Fuß mit solcher Gewalt an den Bauch, daß es erschrocken wieder emporprallte.

1 Türkischer Dorfschulze.

Diese beiden Bewegungen folgten so schnell aufeinander, daß der Kiaja augenblicklich abgeschleudert wurde. Ehe er sich erheben konnte, hatte ich ihm die Flinte und das Messer entrissen und erwartete seinen Angriff.

»Sa – Hund!« brüllte er, indem er emporschnellte und sich auf mich warf; »ich zermalme dich!«

Er sprang auf mich ein; ich hob nur den Fuß bis zur Gegend seiner Magengrube – ein Tritt und er überschlug sich rückwärts zur Erde nieder. Nun nahm ich sein eigenes Gewehr empor und zielte auf ihn.

»Mann, bleib weg von mir, sonst schieße ich!« gebot ich ihm.

Er raffte sich empor, hielt sich die Magengegend und blickte mich mit wutfunkelnden Augen an, wagte aber doch keinen Angriff mehr.

»Gib mir meine Waffen!« grollte er drohend.

»Später, wenn ich mit dir gesprochen habe!«

»Ich habe nichts mit dir zu sprechen!«

»Aber ich mit dir, und ich bin gewohnt, mir Gehör zu verschaffen; das merke dir, Kiaja!«

»Ich bin kein Kiaja; ich bin ein Raïs, ein Nezanum!«

Obgleich dieser Vorgang bis jetzt nur wenige Augenblicke in Anspruch genommen hatte, war er doch von den anrückenden Kurden bemerkt worden, und es hatte sich eine bedeutende Anzahl derselben, die sich immer mehr vergrößerte, um uns versammelt. Doch sagte mir ein einziger Blick, daß keiner von ihnen gewillt war, voreilig Partei zu ergreifen. Darum antwortete ich unbesorgt:

»Du bist weder ein Raïs noch ein Nezanum; du bist nicht einmal ein freier Kurde, wie diese tapferen Männer hier, denen du befehlen willst.«

»Beweise es!« rief er in höchster Wut.

»Du bist der Dorfälteste von Dalascha; aber die sieben Orte Dalascha, Chal, Serschkiutha, Beschukha, Behedri, Biha und Schuraisi gehören zu dem Lande Chal, welches dem Statthalter von Amadijah Tribut bezahlt und folglich dem Pascha von Mossul und also auch dem Großherrn in Stambul untertänig ist. Der Aelteste eines Dorfes, welches dem Padischah Tribut entrichtet, ist aber nicht ein freier Nezanum, sondern ein türkischer Kiaja. Wenn mich ein freier, tapferer Kurde beleidigt, so fordere ich mit der Waffe Rechenschaft von ihm; denn er ist der Sohn eines Mannes, der vor keinem Menschen sein Knie beugte. Wagt es aber ein türkischer Kiaja, der ein Diener des Mutessarif ist, mich einen Hund zu nennen, so werfe ich ihn vom Pferde herab und gebe ihm die Sohle meines Fußes auf den Leib, damit er die Demut lerne, die er jedem tapfern Manne schuldig ist! Sagt mir, ihr Männer: Wer hat den Tributeinsammler eines türkischen Dorfes zum Anführer der berühmten Kurden von Berwari gemacht?«

Ein lautes Murmeln ließ sich rundum hören. Dann antwortete einer:

»Er selbst.«

Ich wandte mich an den Sprecher:

»Kennst du mich?«

»Ja, Emir, die meisten von uns kennen dich.«

»Du weißt, daß ich ein Freund und Gast des Bey bin?«

»Wir wissen es!«

»So antworte mir: Gab es unter den Berwari keinen, der würdig gewesen wäre, die Stelle des Bey zu vertreten?«

»Es gibt ihrer viele,« antwortete er stolz; »aber dieser Mann, den du Kiaja nennst, ist oft in Gumri. Er ist ein starker Mann, und da er eine Blutrache mit dem Melek von Lizan hat und wir mit einer langen Wahl keine Zeit verlieren wollten, so haben wir ihm den Befehl übergeben.«

»Er ist ein starker Mann? Habe ich ihn nicht vom Pferde geworfen und dann zu Boden getreten? Ich sage euch, daß sein Leib die Erde nicht wieder verlassen, seine Seele aber zur Dschehennah fahren soll, wenn er es noch ein einziges Mal wagt, mich oder einen meiner Freunde zu beleidigen! Die Faust eines Emir aus Dschermanistan ist wie Kumahsch[1] für den Gefährten, für den Feind aber wie Tschelik[2] und Demihr.«[3]

---

1 Sammet.
2 Stahl.
3 Eisen.

»Herr, was forderst du von ihm?«

»Der Bey ist in Lizan gefangen. Er sendet mich zu euch, um mit eurem Anführer zu besprechen, was ihr tun sollt. Dieser Mann aber will dem Bey nicht gehorchen; er will nicht mit mir reden und hat mich einen Hund genannt.«

»Er muß gehorchen – er muß dich hören!« rief es im Kreise.

»Gut,« antwortete ich. »Ihr habt ihm den Befehl übertragen, und so mag er ihn behalten, bis der Bey wieder frei ist. Aber wie ich ihm seine Ehre gebe, so soll er mir auch die meinige erweisen. Der Bey hat mich gesandt; ich stehe hier an seiner Stelle; will dieser Kiaja in Frieden mit mir verkehren und mich behandeln, wie ein Emir behandelt werden muß, so gebe ich ihm seine Waffen zurück, und der Bey soll bald wieder in eurer Mitte sein.«

Ich blickte mich forschend im Kreise um. Es standen, so weit ich sie sehen konnte, weit über hundert Männer zwischen den lichten Büschen umher, und alle riefen mir ihre Zustimmung zu. Darauf wandte ich mich zu dem Kiaja:

»Du hast meine Worte gehört; ich erkenne dich als Anführer an und werde dich deshalb jetzt Agha nennen. Hier hast du deine Flinte und dein Messer. Und nun erwarte ich, daß du auf meine Worte hörst.«

»Was hast du mir zu sagen?« brummte er höchst mißmutig.

»Rufe alle deine Berwari zusammen. Sie sollen nicht eher vorgehen, als bis unsere Besprechung zu Ende ist.«

Er blickte mich sehr erstaunt an.

»Weißt du denn nicht, daß wir Lizan überfallen wollen?« fragte er mich.

»Ich weiß es; aber es geschieht auch später noch zur rechten Zeit.«

»Wenn wir zaudern, so werden die Nasarah über uns herfallen. Sie wissen, daß wir kommen; sie haben uns gesehen.«

»Eben weil sie es wissen, sendet der Bey mich zu euch. Sie werden euch nicht überfallen; sie haben sich über den Zab zurückgezogen und werden die Brücke verteidigen.«

»Weißt du dies genau?«

»Ich selbst habe es ihnen angeraten.«

Er blickte finster vor sich nieder, und auch aus dem Kreise rings umher wurde mancher mißbilligende Blick auf mich geworfen. Dann entschied er sich:

»Herr, ich werde tun, was du verlangst; aber glaube nicht, daß wir von einem Fremden einen schlechten Rat annehmen werden!«

»Das tue, wie du willst! Laß einen freien Platz aussuchen, wo wir Raum genug haben, um die Versammlung überblicken zu können. Die Assiretah[1] mögen zur Beratung kommen, die andern aber sollen den Ort bewachen, damit ihr keine Sorge zu haben braucht.«

Er gab die nötigen Befehle, und nun kam reges Leben in die Leute. Dabei hatte ich Zeit, einige Worte mit Mohammed Emin zu sprechen. Ich erzählte ihm unsere Erlebnisse seit unserer Trennung und wollte ihn nun auch nach den seinigen fragen, als gemeldet wurde, daß ein passender Platz gefunden sei. Wir mußten aufbrechen.

»Sihdi,« sagte der Haddedihn, »ich danke dir, daß du diesem Kiaja gezeigt hast, daß wir Männer sind!«

»Hat er dies an dir nicht auch bemerkt?«

»Herr, ich habe kein solches Glück wie du. Ich wäre von diesen Männern zerrissen worden, wenn ich ihm nur halb so viel gesagt hätte, wie du. Und dann bedenke, daß ich nur wenige kurdische Worte reden kann; sie aber haben nur einige unter sich, die etwas Arabisch verstehen. Dieser Kiaja muß ein berüchtigter Dieb und Räuber sein, weil sie solchen Respekt vor ihm haben.«

»Nun, du siehst, daß sie mich nicht weniger achten, obgleich ich kein Dieb und Räuber bin. Wenn er mich beleidigt, schlage ich ihm ins Gesicht; das ist das ganze Geheimnis der Scheu, die sie vor mir haben. Und das merke dir, Mohammed Emin: – nicht die Faust allein tut es, sondern wer einen guten fruchtbaren Hieb austeilen will, bei dem muß zugleich auch der Blick des Auges und der Ton der Stimme ein Schlag sein, der den Gegner niederstreckt. Komm, man erwartet uns; wir trennen uns nicht wieder.«

1 Auserlesene, hervorragende Krieger.

»Welche Vorschläge hast du zu machen?«

»Du wirst sie hören.«

»Aber ich verstehe euer Kurdisch nicht.«

»Ich werde dir das Nötige von Zeit zu Zeit verdolmetschen.«

Wir gelangten zwischen den weit auseinander stehenden Büschen und Bäumen hindurch an eine Lichtung, die genug Raum zur bequemen Verhandlung bot. Rundum waren die Pferde angebunden. Etwa zwanzig martialische Krieger saßen mit dem Agha in der Mitte des Platzes; die übrigen aber hatten sich ehrerbietig zurückgezogen, entweder bei den Pferden oder tiefer im Busche stehend, um für unsere Sicherheit zu sorgen. Es war ein malerischer Anblick, den diese sonderbar gekleideten Kurden mit ihren so verschieden aufgeschirrten Tieren boten; doch hatte ich keine Zeit, weitere Betrachtungen darüber anzustellen.

»Herr,« begann der Agha, »wir sind bereit, zu hören, was du uns zu sagen hast. Aber gehört dieser auch mit zu den Assiretah?«

Er deutete dabei auf Mohammed Emin. Diesen bös gemeinten Hieb mußte ich sofort zurückgeben.

»Mohammed Emin ist der berühmte Emir der Beni Haddedihn vom Stamme der Arab-esch-Schammar. Er ist ein weiser Fürst und ein unüberwindlicher Krieger, dessen grauen Bart selbst der Ungläubige achtet. Noch niemand hat es gewagt, ihn vom Pferde zu werfen oder ihm den Fuß auf den Leib zu setzen. Sage noch ein einziges Wort, welches mir nicht gefällt, so kehre ich zum Bey zurück, nehme dich aber vor mich auf das Pferd und lasse dir in Lizan die Fußsohlen peitschen!«

»Herr, du wolltest in Frieden mit mir reden!«

»So halte du selbst diesen Frieden, Mensch! Zwei Emire wie Mohammed Emin und ich lassen sich von tausend Männern nicht beleidigen. Mit unseren Waffen brauchen wir dein ganzes Land Chal nicht zu fürchten. Wir stellen uns unter das Odschag[1] dieser Berwarikurden, die nicht zugeben werden, daß Freunde ihres Bey beleidigt werden.«

---

1 Schutz, Hausrecht.

Wer das Odschag anruft, dem ist der beste Schutz auf alle Fälle sicher, und so erhob sich auch sofort der älteste der Krieger, nahm Mohammed und mich bei der Hand und beteuerte mit drohender Stimme:

»Wer diese Emire kränkt, der ist mein Feind. Ser babe men – beim Haupte meines Vaters!«

Dieser Schwur des angesehensten Kurden war kräftig genug, uns von jetzt an gegen die Beleidigungen des Kiaja zu schützen. Dieser fragte nun:

»Welches ist die Botschaft, die du uns auszurichten hast?«

»Ich habe euch zu sagen, daß der Bey von Gumri der Gefangene des Melek von Lizan ist – «

»Das wußten wir vorher; dazu brauchst du nicht zu uns zu kommen.«

»Wenn du in die Dschehennah zu deinen Vätern kommst, so bedanke dich bei ihnen dafür, daß sie dich zu einem so höflichen Manne gemacht haben. Nur bei den Negern und Adschani[1] ist es Sitte, einander nicht vollständig aussprechen zu lassen; dein Codschah[2] aber hat die Rute verdient!«

Trotzdem ich die Zurechtweisung also selbst übernommen hatte, zog doch auch der alte Kurde seine Pistole hervor und meinte gleichmütig:

»Ser babe men – beim Haupte meines Vaters! Vielleicht wird man bald die Stimme dieses Gewehrs vernehmen! Fahre weiter fort, Emir!«

Es war gewiß eine eigentümliche Lage. Wir beiden Fremdlinge wurden gegen den eigenen Anführer in Schutz genommen. Was würde wohl ein zivilisierter Kavallerierittmeister dazu sagen? Solche Dinge können nur im wilden Kurdenlande vorkommen! Ich folgte der Aufforderung und redete weiter:

»Der Melek von Lizan verlangt das Blut des Bey.«

»Warum?« fragte es umher.

»Weil durch die Kurden so viele Chaldani gefallen sind.«

1 Bei den Kurden Schimpfnamen für die persischen Schiiten.
2 Schulmeister.

456

Diese Behauptung brachte unter meinen Zuhörern eine ganz bedeutende Aufregung hervor. Ich ließ sie einige Zeit gewähren und bat sie dann, mich ruhig anzuhören:

»Ich bin der Abgesandte des Bey; aber ich bin zu gleicher Zeit auch der Bote des Melek; ich liebe den Bey, und auch der Melek hat mich gebeten, sein Freund zu sein. Darf ich einen von ihnen betrügen?«

»Nein,« antwortete der Alte.

»Du hast recht gesprochen! Ich bin fremd in diesem Lande; ich habe weder mit euch noch mit einem Nasarah eine Rache und darum muß ich das Wort des Propheten befolgen: ›Dein Wort sei der Schutz deines Freundes!‹ Ich werde zu euch so sprechen, als ob der Bey und der Melek hier ständen und mit euch redeten. Und Allah wird eure Herzen erleuchten, daß kein ungerechter Gedanke eure Seele verdunkelt.«

Wieder nahm der Alte das Wort.

»Rede getrost, Herr; rede auch für den Melek, denn auch er hat dich gesandt. Du wirst nur die Wahrheit sagen, und wir glauben, daß du uns nicht beleidigen und erzürnen willst!«

»So hört, meine Brüder! Es ist noch nicht viele Jahre her, da gab es ein großes Geschrei auf den Bergen und ein großes Wehklagen in den Tälern; die Menschen weinten auf den Höhen, und die Kinder der Menschen heulten in den Tiefen; das Schwert wütete wie die erste Stunde des jüngsten Tages, und das Messer lag in der Hand des tausendfältigen Todes. Saget mir, wer führte dieses Schwert und dieses Messer?«

»Wir!« erscholl es triumphierend rundum im Kreise.

»Und wer waren jene, welche untergingen?«

Dieses Mal kam der Anführer allen zuvor:

»Die Nasarah, die Allah verderben möge!«

»Was hatten sie euch getan?«

»Uns?« fragte er verwundert. »Sind sie nicht Giaurs? Glauben sie nicht an drei Götter? Beten sie nicht Menschen an, welche längst gestorben sind? Predigen nicht die Ulemas[1] die ewige Vernichtung gegen sie?«

[1] Muhammedanische Priester.

Es wäre hier die größte Unvorsichtigkeit gewesen, theologische Streitfragen aufzugreifen; darum antwortete ich einfach:

»Also ihr habt sie wegen ihres Glaubens getötet! Ihr gebt zu, daß ihr sie getötet habt, Hunderte und Tausende?«

»Viele Tausende!« sagte er stolz.

»Nun wohl, ihr kennt die Thar, die Blutrache. Dürft ihr euch wundern, daß die Verwandten der Gemordeten sich jetzt erheben und euer Blut fordern?«

»Herr, sie dürfen das nicht; sie sind Giaurs!«

»Du irrst, denn Menschenblut bleibt Menschenblut. Das Blut Abels war nicht das Blut eines Moslem, und dennoch sprach Gott zu Kain: ›Das Blut deines Bruders schreit zu mir von der Erde empor.‹ Ich war in vielen Ländern und bei vielen Völkern, deren Namen ihr nicht einmal kennt; sie waren keine Moslemim, aber die Blutsrache hatten sie doch, und sie wundern sich nicht darüber, daß auch ihr den Tod der Eurigen rächt. Ich stehe hier als ein unparteiischer Bote; ich darf nicht sagen, daß nur ihr allein das Recht zur Blutrache habt, denn auch eure Gegner haben ihr Leben von Gott erhalten, und wenn sie es nicht gegen euch verteidigen sollen, so seid ihr feige Mörder. Ihr gebt zu, daß ihr Tausende von ihnen getötet habt; nun dürft ihr euch nicht wundern, wenn sie das Leben eures Bey von euch fordern, der in ihre Hände gefallen ist. Eigentlich hätten sie das Recht, grad so viele Leben von euch zu fordern, als ihr ihnen genommen habt.«

»Die Giaurs mögen kommen!« murrte der Agha.

»Sie werden auch kommen, wenn ihr ihnen nicht die Hand der Versöhnung reicht.«

»Der Versöhnung? Bist du toll?«

»Ich bin bei Sinnen. Was wollt ihr ihnen tun? Der Zab liegt zwischen ihnen und euch, und es würde euch sehr viele Leben kosten, um die Brücke oder eine Furt zu erstürmen. Und bis euch dies gelänge, hätten sie so viele Helfer aus Aschihtha, Serspitho, Zawitha, Minijanisch, Murghi und aus andern Orten erhalten, daß sie euch erdrücken würden.«

Da erhob sich der Anführer mit der Miene eines Anklägers vom Boden.

»Weißt du, wer daran schuld ist?« fragte er.

»Wer?« erwiderte ich ruhig.

»Du selbst, nur du allein.«

»Ich? Inwiefern?«

»Hast du uns nicht vorhin selbst gestanden, daß du ihnen den Rat gegeben hast, sich hinter den Fluß zurückzuziehen?« – Und zu den andern gewendet, fügte er hinzu: »Seht ihr nun, daß er nicht unser Freund, sondern ein Verräter ist?«

Ich entgegnete ihm:

»Grad weil ich euer Freund bin, habe ich ihnen diesen Rat gegeben; denn sobald der erste Mann von ihnen unter euren Waffen gefallen wäre, hätten sie den Bey getötet. Soll ich vielleicht zurückkehren und dem Bey sagen, daß ihr sein Leben für nichts achtet?«

»So meinst du also, daß wir gar nicht angreifen sollen?«

»Das meine ich allerdings.«

»Herr, hältst du uns für Feiglinge, die nicht einmal den Tod jener Männer rächen, welche gestern gefallen sind?«

»Nein. Ich halte euch für tapfere Krieger, jedoch aber auch für kluge Männer, welche nicht unnötigerweise in den Tod rennen. Ihr kennt den Zab; wer von euch will hinüberkommen, wenn drüben der Feind liegt und jeden einzelnen von euch mit einer Kugel zu empfangen vermag?«

»Daran bist du nur allein schuld!«

»Pah! Ich habe damit dem Bey das Leben gerettet. Soll dies umsonst geschehen sein?«

»Du hast nicht ihm, sondern dir das Leben retten wollen!«

»Du irrst. Ich und meine Gefährten, wir sind Gäste des Melek. Nur der Bey und die Kurden, welche mitergriffen wurden, sind Gefangene. Sie sterben, sobald ihr die Feindseligkeiten beginnt.«

»Und wenn wir nicht glauben, daß du der Gast des Melek bist, wie willst du es uns beweisen?«

»Stände ich hier, wenn ich Gefangener wäre?«

»Er könnte dich auf dein Wort entlassen haben. Aus welchem Grunde hat er dich unter den Schutz seines Hauses genommen? Wer hat dich ihm, dem Melek von Lizan, empfohlen?«

Ich mußte eine Antwort geben, und ich gestehe offen, daß ich mich schämte, den Namen eines Weibes nennen zu müssen.

»Ich wurde ihm empfohlen zwar nur von einem Weibe, auf dessen Wort er aber sehr viel zu geben scheint.«

»Wie heißt dasselbe?«

»Marah Durimeh.«

Ich hatte gefürchtet, mich lächerlich zu machen, und war daher überrascht von der ganz entgegengesetzten Wirkung, welche dieser Name hervorbrachte. Der Agha machte ein sehr überraschtes Gesicht und meinte:

»Marah Durimeh? Wo hast du sie getroffen?«

»In Amadijah.«

»Wann?« forschte er weiter.

»Vor wenigen Tagen.«

»Wie bist du ihr begegnet?«

»Ihre Enkeltochter hatte Gift gegessen, und da ich ein Hekim bin, so wurde ich geholt. Ich traf Marah Durimeh dort und rettete die Kranke.«

»Hast du der Alten gesagt, daß du nach Gumri und Lizan gehen würdest?«

»Ja.«

»Hat sie dich nicht gewarnt?«

»Ja.«

»Und als du bei deinem Vorsatze bliebst, was tat sie da? Besinne dich. Vielleicht hat sie dir ein Wort gesagt, welches ich dir nicht nennen darf.«

»Sie sagte, wenn ich in Gefahr komme, so solle ich nach dem Ruh 'i kulyan fragen. Dieser werde mich beschützen.«

Kaum hatte ich dieses Wort genannt, so stand der Sprecher, welcher sich erst mir so feindselig gesinnt gezeigt hatte, vor mir und reichte mir die Hand entgegen.

»Emir, das habe ich nicht gewußt. Verzeihe mir! Wem Marah Durimeh dieses Wort gesagt hat, dem darf kein Leid geschehen. Und nun wird deine Rede vor unsern Ohren Achtung finden. Wie stark sind die Nasarah?«

»Das werde ich nicht verraten. Ich bin ebenso ihr Freund wie der eurige; ich werde auch ihnen nicht sagen, wie stark ihr gekommen seid.«

»Du bist vorsichtiger, als es nötig ist. Glaubst du wirklich, daß sie den Bey töten werden, wenn wir sie angreifen?«

»Ich bin überzeugt davon.«

»Werden sie ihn freigeben, wenn wir uns zurückziehen?«

»Ich weiß es nicht, aber ich hoffe es. Der Melek wird auf meine Rede hören.«

»Aber es sind mehrere der Unsrigen getötet worden; sie müssen gerächt werden.«

»Habt ihr nicht vorher Tausende der Nasarah getötet?«

»Zehn Kurden gelten höher als tausend Nasarah!«

»Und die Chaldani denken, daß zehn Nasarah höher gelten, als tausend Kurden.«

»Würden sie uns den Blutpreis bezahlen?«

»Ich weiß es nicht, aber ich gestehe euch offen, daß ich an ihrer Stelle es nicht tun würde.«

»So wirst du ihnen den Rat geben, es nicht zu tun?«

»Nein, denn ich rede sowohl bei euch als auch bei ihnen nur das, was zum Frieden dient. Sie haben wenige von euch getötet, ihr aber Tausende von ihnen; also wären nur sie es, die einen Preis zu fordern hätten. Außerdem haben sie den Bey in ihrer Gewalt, und wenn ihr ernstlich nachdenkt, so werdet ihr erkennen, daß sie euch gegenüber im Vorteile sind.«

»Sind sie sehr kriegerisch gestimmt?«

Eigentlich hätte ich jetzt »Nein« sagen sollen, ich zog es aber vor, eine ausweichende Antwort zu geben:

»Habt ihr sie gestern vielleicht feig gesehen? Meßt das Blut, welches den Zab hinabgeflossen ist; zählt die Knochen, welche noch heute das Tal des Flusses füllen, aber fragt ja nicht, ob der Zorn der Hinterlassenen groß genug zur Rache ist!«

»Haben sie viele und gute Gewehre?«

»Das werde ich nicht verraten. Oder soll ich auch ihnen sagen, wie ihr bewaffnet seid?«

»Haben sie auch ihre Habe auf das andere Ufer gerettet?«

»Nur der Unkluge läßt seine Habe zurück, wenn er sich flüchtet. Die Chaldani haben übrigens so wenig Eigentum, daß es ihnen nicht schwer fallen kann, es mit sich zu nehmen.«

»Tritt zurück! Wir werden jetzt beraten, nachdem wir alles gehört haben, was ich wissen wollte.«

Ich folgte diesem Gebote und erhielt dadurch Gelegenheit, Mohammed Emin mit dem bisherigen Inhalte unserer Verhandlung bekannt zu machen. Noch bevor die Kurden zu einem Entschlusse gekommen waren, näherten sich einige ihrer Krieger und brachten einen unbewaffneten Mann herbei.

»Wer ist das?« fragte der Agha.

»Dieser Mann,« antwortete einer, »schlich heimlich in unserer Nähe herum, und als wir ihn ergriffen, sagte er, daß er von dem Melek an diesen Emir abgesandt worden sei.«

Bei den letzten Worten deutete der Sprecher auf mich.

»Was sollst du bei mir?« fragte ich den Chaldani.

Diese Sendung wollte mir verdächtig oder doch wenigstens sehr unvorsichtig erscheinen. Jedenfalls aber gehörte ein ungewöhnlicher Mut dazu, sich unter die feindseligen Kurden zu wagen.

»Herr,« antwortete er, »du bliebst dem Melek zu lange aus, und so sandte er mich, um dir zu sagen, daß der Bey getötet wird, wenn du nicht sehr schnell zurückkehrst.«

»Seht ihr, daß ich euch recht berichtet habe?« wandte ich mich an die Kurden. »Laßt den Mann schleunigst umkehren. Er mag dem Melek sagen, daß mir nichts geschehen ist und daß er mich in kurzer Zeit wieder bei sich sehen wird.«

»Führt ihn fort!« gebot der Agha.

Man gehorchte, und dann wurde die Verhandlung schnell wieder aufgenommen.

Ich mußte mir gestehen, daß das Erscheinen dieses Boten von günstigem Einflusse auf die Entschließungen der Kurden sein werde; dennoch aber kam es mir sonderbar vor, daß dieser Mann abgeschickt worden war. Der Melek hatte sich doch kurz vorher nicht gar so blutdürstig gezeigt, und aus Rücksicht auf mich war die Drohung auch nicht nötig, da ich als Gastfreund des Bey doch von den Kurden nichts zu fürchten hatte.

Endlich waren die Assiretah zu einem Entschluß gekommen, und ich wurde wieder herbeigerufen. Der Anführer nahm das Wort:

»Herr, du versprichst uns, bei den Nasarah kein Wort zu sagen, welches zu unserm Schaden ist?«

»Ich verspreche es.«

»So wirst du jetzt zu ihnen zurückkehren?«

»Ich und mein Freund Mohammed Emin.«

»Warum soll er nicht bei uns bleiben?«

»Ist er ein Gefangener?«

»Nein.«

»So kann er gehen, wohin es ihm beliebt, und er hat beschlossen, an meiner Seite zu bleiben. Was soll ich dem Melek sagen?«

»Daß wir die Freiheit unseres Bey verlangen.«

»Und dann?«

»Dann mag der Bey bestimmen, was geschehen soll.«

Diese Bestimmung konnte einen gefährlichen Hintergedanken haben, darum erkundigte ich mich:

»Wann soll er ausgeliefert werden?«

»Sofort mit seinen Begleitern.«

»Wohin soll er kommen?«

»Hierher.«

»Ihr werdet nicht weiter vorwärts dringen?«

»Für jetzt nicht.«

»Aber dann wohl, wenn der Bey ausgeliefert worden ist?«

»Es wird dann geschehen, was der Bey bestimmt.«

»Und wenn der Melek ihn erst dann ausliefern will, wenn ihr friedlich nach Gumri zurückgekehrt seid?«

»Herr, darauf gehen wir nicht ein. Wir ziehen nicht eher von hier fort, als bis wir den Herrscher von Gumri bei uns sehen.«

»Was begehrt ihr noch?«

»Nichts weiter.«

»Dann hört, was ich euch noch zu sagen habe. Ehrlich habe ich gegen euch gehandelt und werde dies auch gegen den Melek tun. Ich werde ihn zu keinem Zugeständnis bereden, welches ihm Schaden bringt. Und vor allem merkt euch dies, daß der

Bey sofort getötet wird, wenn ihr diesen Ort verlaßt, ehe der Friede vollständig geschlossen ist.«

»Willst du etwa dem Melek zu diesem Mord raten?«

»Allah behüte mich davor! Aber ich werde auch nicht zuge-
ben, daß ihr den Bey nur zu dem Zweck zurückerhaltet, daß er euch dann gegen Lizan führt.«

»Herr, du redest sehr kühn und aufrichtig!«

»So merkt ihr wenigstens, daß ich es mit meinen Freunden ehrlich meine. Schicket euch in Geduld bis ich wiederkehre!«

Ich stieg aufs Pferd, Mohammed Emin ebenso. Wir verließen den Platz, und kein Kurde begleitete uns.

»Welche Botschaft hast du auszurichten?« fragte der Haddedihn.

Ich erklärte ihm meinen Auftrag und auch meine Bedenken. Während dieser Auseinandersetzung gingen unsere Pferde einen schnellen Schritt, und wir hatten beinahe den Fluß erreicht, als ich zur Seite von uns ein verdächtiges Rascheln zu vernehmen glaubte. Ich wandte mein Gesicht der Gegend zu und sah in demselben Augenblick das Aufleuchten zweier Schüsse, welche auf mich und Mohammed gerichtet waren. Sofort nach dem Doppelknalle rannte das Pferd des Haddedihn mit seinem Reiter durch die Büsche; auf das meinige hatte man besser gezielt: es brach augenblicklich zusammen, und da der Vorfall ganz unerwartet und blitzschnell über uns kam, so fand ich nicht einmal Zeit, meine Füße aus den Steigbügeln zu befreien. Ich stürzte mit und kam halb unter das Pferd zu liegen. Im nächsten Augenblick sah ich acht Männer beschäftigt, sich meiner Waffen zu bemächtigen und mich zu binden. Einer von ihnen war derjenige, welcher vorhin als ein Bote des Melek bei mir gewe-
sen war. So hatte mich mein Mißtrauen also doch nicht betro-
gen!

Ich vermutete eine Schurkerei des Raïs von Schohrd, des Nedschir-Bey, und wehrte mich aus Leibeskräften. Ich lag an der Erde, und mein rechtes Bein steckte unter dem Pferde; aber ich hatte doch die Arme zur Verfügung, und wenn man sie mir auch festzuhalten und zu fesseln suchte, so gelangen mir doch noch einige gute Stöße, ehe ich wehrlos gemacht wurde. Mit acht kräftigen Männern aber fertig zu werden, davon war natürlich keine Rede, zumal sie mir beinahe noch während des Sturzes die Waffen entrissen hatten.

Nun zogen sie mich unter dem Pferde hervor, so daß ich mich auf die Füße erheben konnte. Es war nicht das erste Mal, daß ich mich in Fesseln befand, aber auf eine so niederträchtige Weise war ich doch noch nicht gebunden worden. Man hatte mir nämlich Riemen an die Handgelenke geschlungen und mittels derselben den rechten Arm über die Brust hinweg auf die linke Achsel, den linken Arm aber auf die rechte Achsel gezogen und dann im Nacken die Riemen so fest geknotet, daß mir die Brust fast bis zur Atmungsunfähigkeit zusammengepreßt ward. Außerdem wurden die Knie so miteinander verbunden, daß ich keine weiten Schritte zu gehen vermochte; und um das Maß voll zu machen, ward ich mit einem Ellbogen an den Steigbügel eines der Buschklepper geschnallt, – sie waren zu Pferde, hatten aber ihre Tiere vor dem Ueberfalle hinter die Büsche versteckt.

Von dem Aufblitzen der Schüsse an bis zu dem Augenblick, wo ich an dem Pferde befestigt war, waren kaum drei Minuten vergangen. Ich hoffte, Mohammed Emin werde zurückkehren, wollte aber nicht um Hilfe rufen, um mir diesen Menschen gegenüber keine Blöße zu geben. Reden aber mußte ich nun doch einmal:

»Was wollt ihr von mir?« fragte ich.

»Nur dich wollen wir,« antwortete der mutmaßliche Anführer. »Auch dein Pferd wollten wir, aber du hattest es nicht bei dir.«

»Wer seid ihr?«

»Bist du ein Weib, daß du so neugierig bist?«

»Pah! Ihr seid Hunde im Dienste Nedschir-Beys. Er hat sich nicht an mich gewagt; drum sendet er seine Meute, damit ihm ja die Haut nicht geritzt werde!«

»Schweig! Weshalb wir dich gefangen nehmen, das wirst du bald erfahren. Doch verhalte dich still und schweigsam, sonst bekommst du einen Knebel in den Mund!«

Die Männer setzten sich langsam in Bewegung. Wir kamen an den Fluß, ritten – natürlich außer mir, da ich gehen mußte – eine Strecke an demselben hinab und hatten dann wohl eine Furt erreicht, denn wir gingen in das Wasser.

Am jenseitigen Ufer stand eine Schar Bewaffneter, die sich aber bei unserm Anblick sofort unsichtbar machte. Jedenfalls war es Nedschir-Bey, welcher das Gelingen seines Streiches dort abgewartet hatte und sich nun befriedigt zurückzog.

Das Bett des Flusses war hier mit scharfkantigen, schlüpfrigen Steinen besäet; das Wasser reichte mir stellenweise bis an die Brust, und da ich zu eng an das Pferd gefesselt war, so hatte ich mehr als genug auszustehen, ehe wir das andere Ufer erreichten. Dort blieben sechs von den Reitern zurück, während mich die übrigen zwei weiter schleppten.

Es ging am Flusse abwärts bis an ein wildes Bergwasser, welches sich hier von der linken Seite her in den Zab ergießt. Nun ritten die beiden längs dieses Wassers aufwärts. Es war für mich ein beschwerlicher Weg, zumal die Eskorte nicht die mindeste Rücksicht auf mich nahm. Kein Mensch begegnete uns. Nachher ging es seitwärts hin über wildes Gerölle, durch wirres Dorngestrüpp, und ich merkte, daß man auf diese Weise das Dorf Schohrd vermeiden wolle, dessen ärmliche Hütten und Häusertrümmer ich bald unter uns erblickte.

Später bogen wir wieder nach rechts und gelangten in eine wilde Schlucht, welche in das Tal von Raola hinabzuführen schien. Hier kletterten wir eine Strecke weiter, bogen um einige Felsen und gelangten endlich an ein Bauwerk, das einem vier bis fünf Ellen hohen, kubischen Steinhaufen glich und nur eine einzige niedrige Oeffnung zeigte, welche zugleich als Tür und als Fenster zu dienen schien.

Vor diesem Steinwürfel stiegen sie ab.

»Madana!« rief der eine.

Sogleich ließ sich in dem Innern der Hütte ein heiseres Grunzen vernehmen, und einige Augenblicke später trat ein altes Weib aus dem Loch hervor. Madana heißt auf deutsch: »Petersilie«. Wie die Alte zu diesem würzigen Namen gekommen war, weiß ich nicht; aber als sie jetzt ganz nahe vor mir stand, duftete sie nicht nur nach Petersilie, sondern es entströmte ihr eine Atmosphäre, welche aus den Gerüchen von Knoblauch, faulen

Fischen, toten Ratten, Seifenwasser und verbranntem Hering zusammengesetzt zu sein schien. Hätte mich die Fessel nicht an dem Pferde festgehalten, so wäre ich einige Schritte zurückgewichen. Gekleidet war diese schöne Bewohnerin des Zabtales in einen kurzen Rock, den man bei uns wohl kaum als Scheuerlappen hätte benutzen mögen; der Rand desselben reichte nur wenig bis über die Knie herab und ließ ein Paar gespenstische Gehwerkzeuge sehen, deren Aussehen vermuten ließ, daß sie bereits seit langen Jahren nicht mehr gewaschen worden seien.

»Ist alles bereit?« erkundigte sich der Mann und stellte eine lange Reihe von kurzen Fragen, die alle mit »Ja« beantwortet wurden.

Jetzt wurde ich losgebunden und mit weit niedergebogenem Haupte in die Hütte geschoben. Es gab doch einige Ritzen in der Mauer, durch welche ein Lichtstrahl einzudringen vermochte, und so konnte ich das Innere des Bauwerkes ziemlich genau erkennen. Dasselbe bildete einen kahlen, viereckigen, roh aufgemauerten Raum, in dessen hinterster Ecke man einen starken Pfahl tief und fest in die Erde gerammt hatte. Neben demselben lag ein mäßiger Haufen von Streu und Blätterwerk, und in der Nähe erblickte ich neben einem gefüllten Wassernapfe einen großen Scherben, der früher wohl einmal zu einem Krug gehört hatte, jetzt aber als Schüssel benützt wurde und eine Masse enthielt, welche halb aus Tischlerleim und halb aus Regenwürmern oder Blutegeln zu bestehen schien.

Zwar hätte ich mich trotz meiner Fesseln doch immerhin einigermaßen zu sträuben vermocht, aber ich ließ es ruhig geschehen, daß ich mit einem starken Strick an den Pfahl gebunden wurde. Dies geschah in der Weise, daß ich auf die Streu zu liegen kam. Meine Arme blieben nach wie vor auf den Achseln befestigt.

Das Weib war draußen vor dem Eingang stehen geblieben. Der eine meiner Begleiter verließ schweigsam die Hütte, der andere jedoch hielt es für notwendig, mir einige Verhaltungsmaßregeln zu erteilen.

»Du bist gefangen,« bemerkte er ebenso treffend wie geistreich.

Ich antwortete nicht.

»Du kannst nicht entfliehen,« belehrte er mich in sehr überflüssiger Weise.

Ich antwortete wieder nicht.

»Wir gehen jetzt,« fuhr er fort; »aber dieses Weib wird dich sehr streng bewachen.«

»So sage ihr wenigstens, daß sie draußen bleiben soll!« bemerkte ich endlich doch.

»Sie muß in der Hütte bleiben,« erwiderte er; »sie darf dich nicht aus den Augen lassen und soll dich auch füttern, wenn du Hunger hast; denn du kannst deine Hände nicht gebrauchen.«

»Wo ist das Futter?«

»Hier!«

Er deutete auf den wackern Scherben, dessen Inhalt mir so verführerisch entgegen lachte.

»Was ist es?« erkundigte ich mich.

»Ich weiß es nicht, aber Madana kann kochen, wie keine zweite im Dorfe.«

»Warum schleppt ihr mich hierher?«

»Das habe ich dir nicht zu sagen; du wirst es von einem andern erfahren. Mache keinen Versuch, dich zu befreien, sonst gibt Madana ein Zeichen, und es kommen noch einige Männer, um dich noch schlimmer zu fesseln.«

Jetzt ging auch er fort. Ich hörte die sich entfernenden Schritte der beiden Männer; dann kam die holde »Petersilie« hereingekrochen und kauerte sich neben dem offenen Eingang in der Weise nieder, daß ich grad vor ihrem Blicke lag.

Es war zwar keine angenehme Lage, in welcher ich mich befand, sie machte mir doch weniger Sorgen als der peinigende Gedanke an die Gefährten in Lizan. Der Melek lauerte mit Schmerzen auf mich, und die Kurden erwarteten wohl längst schon meine Wiederkehr. Und hier lag ich angebunden, wie eine Dogge in der Hundehütte! Was mußte daraus entstehen!

Einen Trost hatte ich doch. War Mohammed Emin nach Lizan gekommen, so hatte man sicher sofort den Platz aufgesucht, an welchem ich überfallen worden war. Man fand das tote Pferd und die Spuren des Kampfes, und im übrigen mußte ich dann auf den Scharfsinn und die Verwegenheit meines treuen Halef bauen.

So lag ich längere Zeit in Gedanken versunken und zermarterte mir vergebens den Kopf, um eine Art und Weise, wie die Flucht gelingen könne, zu ersinnen. Da störte mich die Stimme der holden Madana auf. Sie war ein Weib; warum sollte sie so lange schweigen!

»Willst du essen?« fragte sie mich.

»Nein.«

»Trinken?«

»Nein.«

Das Gespräch war zu Ende, aber die duftende Petersilie kam herbeigekrochen, ließ sich in der unmittelbaren Nähe meiner armen Nase häuslich nieder und nahm dann den von mir verschmähten Scherben auf ihren Schoß. Ich sah, daß sie mit allen fünf Fingern der rechten Hand in das geheimnisvolle Amalgam langte und dann den zahnlosen Mund wie eine schwarzlederne Reisetasche auseinanderklappte – ich schloß die Augen. Eine Zeitlang hörte ich ein mächtiges Geknatsch; sodann vernahm ich jenes sanfte, zärtliche Streichen, welches entsteht, wenn die Zunge als Wischtuch gebraucht wird, und endlich erklang ein langes, zufriedenes Grunzen, welches ganz hörbar aus einer wonnetrunkenen Menschenseele kam. O Petersilie, du Würze des Lebens, warum duftest du nicht draußen im Freien!

Nach langer Zeit erst öffnete ich die Augen wieder. Mein Schirm und Schutz saß noch immer vor mir und hielt die Augen forschend auf mich gerichtet. In diesen Augen schimmerte ein wenig Mitleid und viel Neugierde.

»Wer bist du?« fragte sie mich.

»Weißt du es nicht?« antwortete ich.

»Nein. Du bist ein Moslem?«

»Ich bin ein Christ.«

»Ein Christ und gefangen? Du bist kein Berwari-Kurde?«

»Ich bin ein Christ aus dem fernen Abendlande.«

»Aus dem Abendlande!« rief sie erstaunt. »Wo die Männer mit den Frauen tanzen? Und wo man mit Schaufeln ißt?«

Also der Ruhm unserer abendländischen Kultur war bereits bis zu den Ohren der Petersilie gedrungen: sie hatte von unserer Polka und von unsern Löffeln gehört.

»Ja,« nickte ich.

»Aber was willst du hier in diesem Lande?«

»Ich will sehen, ob hier die Frauen so schön sind, wie die unserigen.«

»Und was hast du gefunden?«

»Sie sind sehr schön.«

»Ja, sie sind schön,« stimmte sie bei, »schöner als in einem anderen Lande. Hast du ein Weib?«

»Nein.«

»Ich bedaure dich! Dein Leben gleicht einer Schüssel, in der weder Sarmysak noch Saljanghosch ist!«

Sarmysak und Saljanghosch, Schnecken in Knoblauch? Sollte dies das fürchterliche Gericht sein, welches vorhin in der »Reisetasche« verschwand! Und das hatte die Petersilie ohne »Schaufeln« bewältigt!

»Willst du dir kein Weib nehmen?« erkundigte sie sich weiter.

»Ich möchte vielleicht wohl, aber ich kann nicht.«

»Warum nicht?«

»Kann man es tun, wenn man so gefesselt ist?«

»Du wirst warten, bis du wieder frei geworden bist.«

»Wird man mir die Freiheit wiedergeben?«

»Wir sind Chaldani; wir töten keinen Gefangenen. Was hast du getan, daß man dich gebunden hat?«

»Das will ich dir erzählen. Ich bin über Mossul und Amadijah in dieses Land gekommen, um – – – «

Sie unterbrach mich hastig:

»Ueber Amadijah?«

»Ja.«

»Wann warst du dort?«

»Vor kurzer Zeit.«

»Wie lange bliebst du dort?«

»Einige Tage.«

»Hast du dort vielleicht einen Mann gesehen, der ein Emir und ein Hekim aus dem Abendlande war?«

»Ich habe ihn gesehen.«

»Beschreibe ihn mir!«

»Er hat ein Mädchen gesund gemacht, welches Gift gegessen hatte.«

»Ist er noch dort?«

»Nein.«

»Wo befindet er sich?«

»Warum fragst du nach ihm?«

»Weil ich gehört habe, daß er in diese Gegend kommen wird.«

Sie sprach mit einer Hast, welche nur von dem lebhaftesten Interesse hervorgebracht sein konnte.

»Er ist bereits in dieser Gegend,« sagte ich.

»Wo? – Schnell, sage es!«

»Hier.«

»Hier in Schohrd? Du irrst; ich habe nichts davon gehört!«

»Nicht hier in Schohrd, sondern hier in deiner Hütte.«

»In dieser Hütte? Katera aïssa – um Jesu willen, dann wärst du's ja!«

»Ich bin der Mann, nach dem du fragst.«

»Herr, kannst du dies beweisen?«

»Ja.«

»Wen trafst du in dem Hause der Kranken, welche Gift gegessen hatte?«

»Ich traf dort Marah Durimeh.«

»Hat sie dir einen Talisman gegeben?«

»Nein; aber sie hat mir gesagt, wenn ich hier in Not kommen werde, so solle ich nach dem Ruh 'i kulyan fragen.«

»Du bist's, du bist's, Herr!« rief sie, indem sie die Hände zusammenschlug. »Du bist der Freund von Marah Durimeh; ich werde dir helfen; ich werde dich beschützen. Erzähle mir, wie du in diese Gefangenschaft geraten bist!«

Dies war heut bereits zum drittenmale, daß ich die wunderbare Wirkung von dem Namen Marah Durimehs erlebte. Welche Macht besaß dieses geheimnisvolle Weib?

»Wer ist Marah Durimeh?« fragte ich.

»Sie ist eine alte Fürstin, deren Nachkommen vom Messias abgefallen und zu Muhammed übergetreten sind. Nun tut sie Buße für sie und wird ruhelos hin und her getrieben.«

»Und wer ist der Ruh 'i kulyan?«

»Das ist ein guter Geist. Die einen sagen, es sei der Engel Gabriel, und andere meinen, daß es der Erzengel Michael sei, der die Gläubigen beschützt. Er hat hier gewisse Orte und gewisse Zeiten, wo und wann man zu ihm kommen kann. Aber erzähle mir vorher, wie du gefangen wurdest!«

Die Erfüllung dieses Wunsches konnte mir nur Nutzen bringen. Ich überwand die Unannehmlichkeit meiner Körperlage und die Beschwerden, welche mir die Armfesseln verursachten, und erzählte meine Erlebnisse von Amadijah bis zur gegenwärtigen Stunde. Die Alte hörte mir mit der größten Aufmerksamkeit zu, und als ich geendet hatte, faßte sie fast zärtlich die eine meiner zusammengeschnürten Hände.

»Herr,« rief sie, »du hast recht vermutet: Nedschir-Bey ist es, der dich gefangen hält. Ich weiß nicht, weshalb er es getan hat, aber ich liebe ihn nicht; er ist ein gewalttätiger Mann, und ich werde dich retten.«

»Du willst mir diese Fesseln abnehmen?«

»Herr, das darf ich nicht wagen. Nedschir-Bey wird bald kommen, und dann würde er mich sehr bestrafen.«

»Was willst du sonst tun?«

»Emir, heut ist der Tag, an welchem man um Mitternacht hier zum Ruh 'i kulyan geht. Der Geist wird dich erretten.«

»Willst du bei ihm für mich bitten?«

»Ich kann nicht zu ihm; ich bin sehr alt, und der Weg ist mir zu steil. Aber« – – – sie hielt inne und blickte nachdenklich vor sich nieder; dann blickte sie mich forschend an: – – »Herr, wirst du mir eine Lüge sagen?«

»Ich sage dir die Wahrheit!«

»Wirst du fliehen, wenn du mir versprichst, es nicht zu tun?«

»Was ich verspreche, das halte ich!«

»Deine Arme schmerzen dich. Wirst du hier bleiben, wenn ich sie dir losbinde?«

»Ich verspreche es.«

»Aber darf ich sie dir auch wieder fesseln, wenn jemand kommt?«

»Auch das.«

»Schwöre es!«

»Die heilige Schrift gebietet: Eure Rede sei ja ja, nein nein; was darüber ist, das ist unrecht. – Ich schwöre nicht, aber ich verspreche es dir und werde mein Wort halten.«

»Ich glaube dir!«

Sie erhob sich halb und versuchte es, die Riemen in meinem Nacken zu lösen. Ich gestehe reumütig, daß mir in diesem Augenblicke der Duft der guten »Petersilie« nicht im geringsten widerwärtig war. Ihr Vorhaben gelang, und ich streckte die schmerzenden Arme mit Wonne aus und gönnte der so lange eingepreßten Brust einen tiefen Atemzug. Madana aber nahm von jetzt an ihren Platz draußen vor der Hütte, wo sie jeden Nahenden bereits von weitem sehen und hören konnte. Daß unsere Unterhaltung durch die Türöffnung fortgesetzt werden könne, bewies mir die brave Alte auf der Stelle.

»Wenn jemand kommt, werde ich dich einstweilen wieder binden,« sagte sie; »und dann – dann – – dann – – – o Herr, würdest du wiederkommen, wenn ich dir erlaube, einmal fortzugehen?«

»Ja. Wohin aber soll ich gehen?«

»Hinüber auf den Berg, zum Ruh 'i kulyan.«

Ich horchte erstaunt auf. Das war ja ein Abenteuer, wie mir noch selten eines geboten worden war. Ich sollte heimlich aus meiner Gefangenschaft beurlaubt werden, um den geheimnisvollen »Geist der Höhle« kennen zu lernen.

»Ich gehe, und du kannst dich darauf verlassen, daß ich ganz sicher wiederkomme!« versprach ich Madana mit Freuden. »Aber ich kenne den Weg ja nicht!«

»Ich rufe Ingdscha, welche dich führen wird.«

Ingdscha heißt »Perle«. Dieser Name war vielversprechend.

»Wer ist Ingdscha?« erkundigte ich mich neugierig.

»Eine der Töchter von Nedschir-Bey.«

»Von diesem?« fragte ich überrascht.

»Die Tochter ist anders als der Vater, Herr.«

»Aber wird sie mich auf den Weg führen, da sie weiß, daß es ihrem Vater gilt?«

»Sie wird. Sie ist der Liebling Marah Durimehs, und ich habe mit ihr gesprochen, auch von dem fremden Emir, welcher das Gift besiegt und dessen Waffen niemand widerstehen kann.«

Also war mein Ruf als Wunderdoktor selbst bis hierher gedrungen. Erstaunt fragte ich:

»Wer sagte das?«

»Dein Diener hat es in Amadijah dem Vater der Kranken erzählt, und Marah Durimeh hat es Ingdscha wiedergesagt. Sie ist begierig, einen Emir aus Frankistan zu sehen. Soll ich sie rufen, Herr?«

»Ja, wenn es nicht zu viel gewagt ist.«

»Dann aber muß ich dich vorher binden, doch bloß bis ich wiederkomme.«

»So tue es!«

Ich ließ mich unter diesen Umständen ganz gern wieder fesseln, und als dies geschehen war, verließ die Alte die Hütte. Bald kehrte sie zurück und meldete, daß Ingdscha kommen würde. Sie entfesselte mir die Hände, und ich fragte, ob sie im Dorfe gewesen sei, und äußerte die Besorgnis:

»Aber wenn man dich gesehen hat? Du sollst mich doch bewachen!«

»O, die Männer sind nicht daheim, und die Frauen, die mich ja gesehen haben können, werden mich nicht verraten.«

»Wo sind die Männer?«

»Sie sind gen Lizan gegangen.«

»Was tun sie dort?«

»Ich habe nicht gefragt. Was geht mich das Treiben der Männer an! Wenn Ingdscha kommt, wird sie es dir vielleicht sagen.«

Die Alte setzte sich wieder vor die Tür. Nach einiger Zeit aber stand sie eilig auf und lief einer sich nahenden Person entgegen. Ich hörte vor der Hütte ein leises Geflüster, und dann verdunkelte sich der Eingang, um die »Perle« einzulassen.

Gleich der erste Blick auf die Eingetretene sagte mir, daß der Name Ingdscha hier ganz an seinem Platze sei. Das Mädchen mochte neunzehn Jahre zählen, war hoch gebaut und von so kräftigen Körperformen, daß sie ohne Bedenken die Frau eines Flügelmannes aus der alten, preußischen Riesengarde hätte werden können. Dennoch war das Gesicht ein mädchenhaft weiches und hatte jetzt, dem Fremden gegenüber, sogar einen sehr bemerkbaren Anflug von Schüchternheit.

»Sallam, Emir!« grüßte sie mit fast leiser Stimme.

»Sallam!« antwortete ich. »Du bist Ingdscha, die Tochter des Raïs von Schohrd?«

»Ja, Herr.«

»Verzeihe, daß ich mich nicht erhebe, um dich zu begrüßen. Ich bin an diesen Pfahl gebunden.«

»Ich denke, Madana hat dich einstweilen frei gemacht?«

»Nur die Hände.«

»Warum nicht auch das übrige?«

Sie bog sich sofort zu mir nieder, um mir die Stricke zu lösen, ich aber wehrte ab:

»Ich danke dir, du Gute! Aber ich bitte dich dennoch, es nicht zu tun, da wir zu lange Zeit brauchen, um mich wieder zu binden, wenn jemand kommt.«

»Madana hat mir alles erzählt,« erwiderte sie. »Herr, ich werde nicht leiden, daß du hier am Boden liegst, du, ein Emir aus dem Abendlande, der alle Länder der Erde bereist, um Abenteuer zu erleben!«

Aha, das waren die Folgen von der Aufschneiderei meines kleinen Hadschi Halef Omar. Das Mädchen hielt mich für einen abendländischen Harun al Raschid, welcher Jagd auf Abenteuer machte.

»Du wirst es aus Vorsicht dennoch leiden müssen,« antwortete ich. »Komm, laß dich an meiner Seite nieder und erlaube, daß ich dir einige Fragen vorlege!«

»Herr, deine Güte ist zu groß. Ich bin ein armes geringes Mädchen, dessen Vater dich noch dazu tödlich beleidigt hat.«

»Vielleicht verzeihe ich ihm um deinetwillen.«

»Nicht um meinet-, sondern um meiner Mutter willen. Er ist nicht mein rechter Vater; der erste Mann meiner Mutter ist gestorben.«

»Armes Kind! Und der zweite Mann deiner Mutter ist wohl streng und grausam mit dir?«

Ihr Auge leuchtete auf.

»Streng und grausam? Herr, das sollte er nicht wagen! Nein, aber er verachtet sein Weib und seine Töchter; er sieht und hört nicht, daß sie sich in seinem Hause befinden; er will nicht haben, daß wir ihn lieben, und darum – darum ist es keine Sünde, wenn ich dich zum Ruh 'i kulyan geleite.«

»Wann wird dies geschehen?«

»Grad um Mitternacht muß man auf dem Berge sein.«

»Er befindet sich in einer Höhle?«

»Ja. Allemal um Mitternacht am ersten Tage der zweiten Woche.«

»Aber wie merkt man, daß er zugegen ist?«

»An dem Lichte, welches man mitbringen muß. Man setzt ein Licht vor den Eingang der Höhle und zieht sich zurück. Brennt es fort, so ist der Geist nicht da; verlöscht es aber, so ist er zugegen. Dann tritt man wieder hinzu, geht drei Schritte weit in die Höhle hinein und sagt, was man will.«

»In welchen Angelegenheiten darf man mit dem Geiste sprechen?«

»In allen. Man kann ihn um etwas bitten; man kann einen andern verklagen; man kann sich auch nach etwas erkundigen.«

»Aber ich denke, der Geist spricht nicht! Wie erhält man seine Antwort?«

»Wenn man den Wunsch gesagt hat, so geht man bis an das Bild zurück und wartet kurze Zeit. Beginnt das Licht wieder zu brennen, so ist die Bitte erfüllt, und nach kurzer Zeit, oft schon in der ersten Nacht noch erhält man auf irgend eine Weise die Nachricht, welche man erwartet hat.«

»Was ist das für ein Bild, von dem du redest?«

»Es ist ein hoher Pfahl, an welchem das Bild der heiligen Mutter Gottes befestigt ist.«

Das überraschte mich, da ich wußte, daß die Chaldani lehren, die heilige Maria sei nicht die Mutter Gottes, sondern nur die Mutter des Menschen Jesus. Der geheimnisvolle Ruh 'i kulyan schien sonach ein guter Katholik zu sein.

»Wie lange bereits steht dieses Bild?« fragte ich.

»Ich weiß es nicht; es steht schon länger als ich lebe.«

»Und hat noch kein Kurde oder Chaldani gesagt, daß es fort müsse?«

»Nein, dann würde der Ruh 'i kulyan für immer verschwunden sein.«

»Und dies wünscht niemand?«

»Niemand, Herr. Der Geist tut Wohltat über Wohltat in der ganzen Gegend. Er beglückt die Armen und beratet die Reichen; er beschützt die Schwachen und bedroht die Mächtigen; der Gute hofft auf ihn, und der Böse zittert vor ihm. Wenn ich den Vater bitte, dich frei zu geben, so verlacht er mich; wenn es ihm aber der Geist gebietet, so wird er gehorchen;«

»Warst auch du einmal des Nachts oben bei der Höhle?«

»Mehrere Male. Ich habe für meine Mutter und Schwester gebeten.«

»Wurde deine Bitte erfüllt?«

»Ja.«

»Wer brachte dir die Erfüllung?«

»Die ersten Male kam es des Nachts, und ich konnte nichts sehen; beim letzten Male aber war es Marah Durimeh. Der Geist war ihr erschienen und hatte sie zu mir gesandt.«

»So kennst du Marah Durimeh?«

»Ich kenne sie, seit ich lebe.«

»Sie ist wohl oft bei euch?«

»Ja, Herr. Und dann gehe ich mit ihr auf die Berge, um Kräuter zu sammeln, oder wir besuchen die Kranken, welche ihrer Hilfe bedürfen.«

»Wo wohnt sie?«

»Niemand weiß es. Vielleicht hat sie nirgends eine Wohnung, aber sie ist in jedem Hause willkommen, in das sie kommt.«

»Woher stammt sie?«

»Darüber wird sehr verschieden gesprochen. Die meisten erzählen, daß sie eine Fürstin aus dem alten Geschlechte der Könige von Lizan sei. Das war ein gar mächtiges Geschlecht, und ganz Tijari und Tkhoma war ihm untertan. Sie aßen und tranken aus goldenen Gefäßen, und alles andere war von Silber und

Metall gemacht. Da aber wandten sie sich dem Propheten von Medina zu, und der Herr schüttete die Wolken seines Zornes über sie aus; sie wurden verstreut in alle Lande. Nur Marah Durimeh war ihrem Gott treu geblieben, und er hat sie gesegnet mit einem hohen Alter, mit einem weisen Herzen und mit großen Reichtümern.«

»Wo hat sie diese Reichtümer, da sie doch keine Wohnung besitzt?«

»Niemand weiß es. Einige sagen, sie habe ihr Gold in der Erde vergraben. Viele aber behaupten, sie habe Macht über die Geister der Tiefe, welche ihr so viel Geld bringen müssen, als sie brauche.«

»Also sie hat dir von mir erzählt?«

»Ja, alles, was dein Diener in Amadijah von dir berichtet hat. Sie hat mir befohlen, sobald ich höre, daß du in diese Gegend gekommen seist, solle ich hinauf zur Höhle gehen, um den Ruh 'i kulyan zu bitten, dich vor allem Unfall zu behüten. Nun aber wirst du dies selbst tun.«

»Du gehst nicht ganz mit zur Höhle?«

»Nein. Wenn du selbst kommst, so kann ich fern bleiben. Hast du nicht Hunger, Herr? Madana sagte mir, daß du ihr erlaubt habest, dein Mahl zu verzehren.«

»Wer hatte dieses Mahl bereitet?«

»Sie selbst. Der Vater hat es bei ihr bestellt.«

»Warum nicht bei euch?«

»Weil wir nicht wissen sollen, daß er einen Gefangenen verbirgt. Der Mann Madanas ist sein bester Gefährte, und darum hat sie den Befehl erhalten, dich zu bewachen.«

»Wo sind die Männer eures Dorfes?«

»Sie werden sich in der Gegend von Lizan befinden.«

»Was tun sie dort?«

»Ich weiß es nicht.«

»Kannst du es nicht erfahren?«

»Vielleicht. Doch sage, Herr, ob du essen willst!«

Ich antwortete ausweichend:

»Ich verschmähte das Gericht, weil ich nicht gewohnt bin, Schnecken mit Knoblauch zu essen.«

»O, Emir, ich werde dir etwas anderes bringen. In einer Stunde ist es Nacht; ich eile, und dann komme ich wieder, um dir von allem zu bringen, was wir haben!«

Sie erhob sich eilig, und ich bat:

»Erkundige dich auch, was eure Männer tun!«

Sie ging, und es war dies just zur rechten Zeit geschehen; denn noch waren kaum zehn Minuten vergangen, so trat Madana, welche das Mädchen begleitet hatte, in höchster Eile herein.

»Ich muß dich fesseln!« rief sie. »Mein Mann kommt, gesandt von Nedschir-Bey. Er darf nicht wissen, daß wir miteinander gesprochen haben. Verrate mich nicht!«

Sie band mir die Arme wieder empor und hockte sich dann neben den Eingang nieder. Ihr altes, runzeliges Gesicht nahm dabei einen unnahbaren, feindseligen Ausdruck an.

Bereits nach wenigen Sekunden erscholl der Hufschlag eines Pferdes. Ein Reiter hielt vor der Hütte an, stieg ab und trat herein. Es war ein alter, hagerer Kerl, welcher jedenfalls nicht seinem Innern, wohl aber ganz gut seinem Aeußern nach zu meiner braven »Petersilie« paßte. Er trat ohne Gruß zu mir und untersuchte meine Fesseln; als er diese in Ordnung fand, wandte er sich barsch an sein Weib:

»Gehe hinaus und horche nicht!«

Sie verließ lautlos die Hütte, und er kauerte sich mir gegenüber auf dem Boden nieder. Ich war wirklich neugierig, was mir dieser Petersilius zu sagen habe, dessen Kleidern der bereits beschriebene Duft seiner Madana im Superlativ entströmte.

»Wie heißest du?« herrschte er mich an.

Natürlich antwortete ich ihm nicht.

»Bist du taub? Ich will deinen Namen wissen.«

Wieder erfolgte das, was der Musiker *tacet* nennt.

»Mensch, wirst du antworten!«

Bei diesem Befehle versetzte er mir einen Tritt in die Seite. Mit den Händen konnte ich ihn nicht fassen, aber die Beine konnte ich wenigstens so weit bewegen, als nötig war, ihm meine Ansicht von der Sache ohne alle theoretische Auseinandersetzungen beizubringen; ich zog die zusammengefesselten Knie empor, stieß sie wieder aus und schnellte mittels dieser

Bewegung den Mann vom Erdboden empor, daß er, wie von einer Katapulte geschleudert, an die Mauer flog. Sein Knochengerüst mußte von einer ganz vorzüglichen Dauerhaftigkeit sein; er besah sich zwar zunächst von allen Seiten, meinte aber dann im besten Wohlsein:

»Mensch, das wage nicht wieder!«

»Rede höflich, so antworte ich höflich!« entgegnete ich nun.

»Wer bist du?«

»Spare solche Fragen! Wer ich bin, das weißt du schon längst.«

»Was wolltest du in Lizan?«

»Das geht dich nichts an.«

»Was wolltest du bei den Berwari-Kurden?«

»Auch dies geht dich nichts an.«

»Wo hast du dein schwarzes Pferd?«

»Es ist sehr gut aufgehoben.«

»Wo hast du deine Sachen?«

»Da, wo du sie nicht bekommen wirst.«

»Bist du reich? Kannst du ein Lösegeld bezahlen?«

»Tritt näher, wenn du es haben willst. Merke dir einmal, Mann: ich bin ein Emir, und du bist ein Untergebener deines Raïs. Nur ich allein habe zu fragen, und du hast zu antworten. Glaube nicht, daß ich mich von dir ausforschen lasse!«

Er schien es doch für das Klügste zu halten, auf meine Ansicht einzugehen; denn er meinte nach kurzem Ueberlegen:

»So frage du!«

»Wo ist der Nedschir-Bey?«

»Warum fragst du nach ihm?«

»Weil er es ist, der mich überfallen ließ.«

»Du irrst!«

»Lüge nicht!«

»Und doch irrst du. Du weißt ja gar nicht, wo du dich befindest!«

»Meinst du wirklich, daß ein Emir aus Frankistan zu täuschen ist? Wenn ich von hier aus das Tal herniedersteige, komme ich nach Schohrd. Rechts davon liegt Lizan, links Raola, und da oben auf dem Berge ist die Höhle des Ruh 'i kulyan.«

Er konnte eine Bewegung des Erstaunens nicht verbergen.

»Was weißt du von dem Geiste der Höhle, Fremdling?«

»Mehr wie du, mehr wie alle, die in diesem Tale wohnen!«

Wieder war es Marah Durimeh, welche mich zum Herrn der Situation machte. Der Nasarah wußte offenbar nicht, ob er sich nun des ihm gewordenen Auftrags werde entledigen können.

»Sage, was du weißt,« meinte er.

»Pah! Ihr seid nicht wert, von dem Geiste der Höhle zu hören. Was willst du bei mir? Weshalb habt ihr mich überfallen und gefangen genommen?«

»Wir wollen von dir zunächst dein Pferd.«

»Weiter!«

»Deine Waffen.«

»Weiter!«

»Alle deine Sachen.«

»Weiter!«

»Und alles, was deine Begleiter bei sich haben.«

»O Mann, du bist bescheiden!«

»Dann werden wir dich freilassen.«

»Glaubst du? Ich glaube es nicht, denn ihr wollt noch mehr.«

»Nichts weiter, als daß du dem Melek von Lizan befiehlst, den Bey von Gumri nicht loszugeben.«

»Befiehlst? Bist du verrückt, Alter? – Du meinst, ich könne dem Könige von Lizan Befehle erteilen, und wagst es doch, mir Vorschriften zu machen, du, ein Wurm, den ich mit Füßen trete!«

»Herr, schimpfe nicht!«

»Ich schimpfe nicht; ich sage die Wahrheit. Schäme dich, Mensch! Du nennst dich einen Christen und bist doch ein ganz gemeiner Dieb und Räuber. Auch ich bin ein Christ und werde überall erzählen, daß die Chaldani schlimmer sind, als die kurdischen Wegelagerer. Die Berwari haben mich, den Christen, mit Freuden aufgenommen; die Nasarah aus Dschohrd aber haben mich hinterrücks überfallen und ausgeraubt.«

»Du wirst nichts erzählen, denn wenn du nicht tust, was ich dir sage, so wirst du niemals wieder ohne Fesseln sein.«

»Das wird sich finden, denn der Melek von Lizan wird mich von euch fordern.«

»Wir fürchten ihn nicht; er hat uns nicht zu befehlen und wir werden noch heut sehr mächtige Verbündete erhalten. Wirst du tun, was ich gefordert habe?«

»Niemals!«

»So wisse, daß ich erst morgen wiederkomme. Du bekommst niemand zu sehen, als nur mich und deine Wärterin, welche dir kein Essen mehr bringen darf. Der Hunger wird dich gefügig machen! Und da du mich mit den Füßen getreten hast, so sollst du zur Strafe auch dürsten müssen.«

Er schüttete das Wasser aus dem Napfe, machte noch eine verächtliche Gebärde gegen mich und trat dann hinaus in das Freie. Da hörte ich ihn einige Zeit lang in befehlendem Tone mit seinem Weib reden, dann stieg er aufs Pferd und ritt davon.

Ich wußte nun, warum man sich meiner bemächtigt hatte. Dem Raïs von Dschohrd war an einem Kampfe mit den Kurden gelegen, und daher sollte ich als Vermittler unschädlich gemacht werden; nebenbei konnte man sich dann auch mein Eigentum aneignen. Der angebliche Bote des Melek war von dem Raïs geschickt worden, um sich zu überzeugen, wo ich mich befände.

Nach einiger Zeit trat Madana ein.

»Hat er dich beleidigt, Herr?« war ihre erste Frage.

»Laß es gut sein!«

»Emir, zürne ihm nicht! Der Raïs hat es ihm geboten. Aber er war sehr zornig auf dich. Ich soll kein Wort mit dir sprechen und darf dir weder Essen noch Trinken geben.«

»Wann kommt er wieder?«

»Erst morgen, sagte er. Er muß noch in der Nacht nach Murghi reiten.«

»Kommen unterdessen andere Männer herbei?«

»Ich glaube es nicht. Es dürfen nur wenige wissen, wo du dich befindest. Er hat dir das Wasser ausgeschüttet; ich werde an die Quelle gehen, um dir anderes zu holen.«

Sie tat es und brachte auch einen Bündel Kienspäne herbei, um die Hütte zu erleuchten; denn es begann bereits stark zu dunkeln. Eben hatte sie den ersten brennenden Span in eine Mauerlücke gesteckt, als von draußen Schritte erschollen. Zum Glück war ich noch nicht entfesselt worden. Aber was war das? Diese hastigen Lungentöne gehörten sicher einem Hunde, der mit aller Gewalt an der Leine vorwärts strebte – jetzt ein kurzer scharfer Laut – o, diesen kannte ich, denn ich hatte ihn oft genug gehört.

»Dojan!« rief ich im frohesten Tone.

Ein lautes Bellen und ein menschlicher Ruf war zu vernehmen; dann sauste der Hund durch den Eingang herein, riß die brave »Petersilie« über den Haufen und stürzte sich, vor Freude heulend, über mich her. Und gleich im nächsten Augenblick erschien der drohende Lauf einer Büchse in der Tür, und eine Stimme fragte:

»Sihdi, bist du drin?«

»Ja, Halef!«

»Ist Gefahr?«

»Nein. Du kannst ohne Sorge eintreten!«

Nun schob der kleine Hadschi erst die Büchse, dann seinen zwölfhaarigen Schnurrbart und endlich sich selbst herein.

»Hamdullillah, Sihdi, daß ich dich habe! Wie kommst du an diesen fremden – – – Maschallah, du bist gefangen, du bist gefesselt! Von diesem Weibe? Von diesem Drachen? Fahre zur Dschehennah, du Ausbund aller Häßlichkeit!«

Er riß im höchsten Grimme seinen Dolch heraus.

»Halt, Halef!« gebot ich. »Ich bin zwar gefangen, aber diese Frau ist meine Freundin. Sie hätte mich errettet, auch wenn du nicht gekommen wärst.«

»Dich? Errettet, Sihdi?«

»Ja. Wir hatten uns den Plan bereits besprochen.«

»Und ich wollte sie erstechen!« – Er wandte sich mit strahlendem Gesichte zu ihr: »Preis sei Allah, der dich erschaffen hat, du schönste der Frauen in Kurdistan! Dein Haar ist wie Seide, deine Haut wie die Verschämtheit der Morgenröte, und dein Auge glänzt wie ein Stern des Himmels. Wisse, du Holde: ich bin Hadschi Halef Omar Ben Hadschi Abul Abbas Ibn Hadschi Dawud al Gossarah! Du hast meinen Freund und Gebieter mit der Güte deines Herzens erquickt, und darum – – «

»Halt ein!« unterbrach ich den Fluß seiner Rede. »Diese Frau versteht kein Wort arabisch, sondern nur kurdisch.«

Jetzt suchte er seinen ganzen kurdischen Wortvorrat zusammen, um ihr verständlich zu machen, daß er sie für die schönste und würdigste aller Frauen halte und daß sie sich für alle Tage ihres Lebens auf seine Freundschaft verlassen könne. Ich aber half ihm und ihr aus der Verlegenheit, indem ich ihr erklärte:

»Madana, du sprachst heut von meinem Diener, der dem Vater der Kranken in Amadijah von mir erzählt hatte. Dieser hier ist es! Er hat meine Spur gefunden und bis hierher verfolgt, um mich zu retten.«

»O Herr, was wirst du tun? Wirst du fliehen?«

»Sei unbesorgt! Ich werde nichts tun, ohne zuvor mit dir gesprochen zu haben. Setze dich ruhig nieder!«

Unterdessen hatte Halef meine Bande zerschnitten und neben mir Platz genommen. Ich befand mich jetzt in Sicherheit, denn mit ihm und dem Hunde fürchtete ich keinen Nasarah.

»Sihdi, erzähle,« bat er.

Ich berichtete ihm auf das ausführlichste, was mir widerfahren war, und es versteht sich ganz von selbst, daß ich von ihm häufig durch die lebendigsten Ausrufungen unterbrochen wurde. Endlich sagte er:

»Sihdi, wäre ich ein Pascha, so würde ich Madana belohnen und Ingdscha heiraten. Da ich aber kein Pascha bin und schon meine Hanneh habe, so rate ich dir: Nimm du die ›Perle‹ zur Frau! Sie ist groß und stark – wie du selbst!«

»Ich werde es mir überlegen,« erwiderte ich lachend. »Nun aber, vor allen Dingen, sage mir, wie es in Lizan steht, und wie du auf meine Spur gekommen bist.«

»O, Sihdi, das hat eine große Verwirrung gegeben. Es geschah, was du gesagt hattest: die Nasarah zogen sich über den Fluß zurück und warteten auf deine Rückkehr. Aber du kamst nicht – – – «

»Kam nicht der Haddedihn?«

»Er kam, und als er über die Brücke reiten wollte, wäre er beinahe erschossen worden; doch ich erkannte ihn noch zur rechten Zeit. Er erzählte, daß man unterwegs auf euch geschossen hätte. Sein Pferd war gestreift worden und mit ihm durchgegangen.

Es dauerte längere Zeit, bis er es zu zügeln vermochte; dann ritt er zurück und fand mein Pferd, das du geritten hattest, tot am Boden liegen; du aber warst verschwunden.«

»Holte er nicht schnell bei den Kurden Hilfe?«

»O nein, Sihdi. Er glaubte, sie seien euch heimtückisch nachgefolgt, um euch zu töten, denn ihr Anführer, der Kiaja, war ein böser Mann gewesen. Darum eilte der Haddedihn nun schnell nach Lizan, um uns herbeizuholen.«

»Jetzt kamt ihr in Verlegenheit?«

»Ich nicht, Sihdi, aber die andern. Ich wußte, was zu tun sei, und habe es später auch richtig getan. Sie jedoch hielten einen großen Rat, und es wurde beschlossen, eine Gesandtschaft zu den Kurden zu schicken; sie sollten dich oder deinen Leichnam herausgeben.«

»Gott sei Dank! So weit war es nicht gekommen!«

»Herr, wärest du von ihnen getötet worden; – bei Allah, ich wäre nicht eher aus diesem Lande fortgegangen, als bis ich alle Berwari nach und nach erschossen hätte! Du weißt es, daß ich dich lieb habe!«

»Ich weiß es, mein braver Halef. Doch weiter!«

»Die Gesandtschaft wurde von den Kurden sehr schlimm aufgenommen – «

»Wer war dabei?«

»Mohammed Emin, zwei Kurden, die mit uns von den Nasarah gefangen wurden, der Schreiber des Melek und ein Nasarah, der arabisch reden kann und den Dolmetscher des Haddedihn machen sollte. Zuerst wollten die Kurden nicht glauben, daß du überfallen worden seist; sie hielten das für eine Hinterlist von dem Melek. Als sie aber das tote Pferd sahen, glaubten sie es. Nun behaupteten sie, die Nasarah hätten dich beseitigt, weil sie keinen Vermittler haben wollten. Es wurden Botschaften hin und her gesandt. Dann kam auch Nedschir-Bey und sagte, du seist von den Berwari-Kurden erschossen worden; er habe es vom andern Ufer aus gesehen – – – «

»Der Schuft!«

»Das ist er, Sihdi. Aber er soll seinen Lohn erhalten! So wäre es beinahe zum Kampf gekommen; da aber ging ich zum Melek, der sich gerade bei dem Bey von Gumri befand, und bat ihn, sie sollten einen Waffenstillstand abschließen, und ich wollte während dieser Zeit sehen, ob ich dich finden könne. Sie glaubten, das sei unmöglich; aber als ich von unserm Hunde sprach, bekamen sie Hoffnung. Es wurde nun noch eine letzte Gesandtschaft fortgeschickt, mit der ich gehen sollte. Die Berwari zeigten sich einverstanden, daß beide Teile bis morgen mittag auseinander bleiben sollten; bist du dann noch nicht wieder da, so geht der Kampf los.«

»Nun, und du?«

»Wir gingen mit dem Hunde an die Stelle, wo das Pferd liegt. Dojan fand sofort deine Fährte und zog mich fort bis an den Fluß. Es war klar, daß du über das Wasser hinübergeschafft worden warest. Die andern meinten, ich solle erst nach Lizan zurück, um über die Brücke an das andere Ufer zu kommen; ich aber hatte keine Zeit dazu, denn der Abend war schon nahe. Ich zog mich aus, wickelte meine Kleider um den Kopf, legte die Waffen darauf und ging mit dem Hunde allein hinüber.«

»Fandet ihr die Spur sofort?«

»Ja, Sihdi. Wir folgten ihr, nachdem ich mich wieder angekleidet hatte – und da sind wir nun, Effendi!«

»Halef, das werde ich dir nicht vergessen!«

»Schweig, Herr! Du hättest ganz dasselbe und auch noch mehr für mich getan!«

»Was sagte der Engländer?«

»Man versteht seine Sprache nicht, aber er ist ganz wütend herumgelaufen und hat ein Gesicht gemacht, wie ein Panther, wenn er gefangen ist.«

»Weiß Nedschir-Bey, daß du mich suchst und den Hund bei dir hast?«

»Nein. Er war schon vorher wieder fort.«

»Sind dir hier Leute begegnet?«

»Niemand. Der Hund führte mich durch eine Gegend, wo kein Mensch zu gehen scheint.«

»Wo befindet sich mein Rappe?«

»Im Hofe des Melek. Ich habe ihn dem Haddedihn übergeben.«

»So ist er in guten Händen.«

Da erschollen leichte Schritte draußen. Halef griff nach seinen Waffen, und Dojan machte sich sprungfertig. Ich beruhigte beide, denn es war Ingdscha, die eintrat.

Das Mädchen blieb ganz erstaunt am Eingange stehen, als sie den Diener und den Hund erblickte.

»Fürchte dich nicht,« sagte ich; »dieser Mann und dieser Hund sind dir freundlich gesinnt.«

»Wie kommen sie hierher?«

»Sie haben mich aufgesucht, um mich zu befreien.«

»So willst du uns verlassen?«

»Jetzt noch nicht.«

»Bedarfst du noch des Ruh 'i kulyan?«

»Ja. Willst du mich noch zu ihm führen?«

»Gern, Emir. Hier habe ich dir Speise und Trank gebracht. Nun aber wird es nicht ausreichen für zwei und den Hund.«

Sie trug einen großen Binsenkorb, der voll bepackt war. Es hätten fünf Männer sich satt essen können.

»Sorge dich nicht, du Gute,« antwortete ich; »es reicht für mehr als für uns. Du und Madana, ihr beide sollt auch mit zulangen.«

»Herr, wir sind Frauen!«

»In meinem Vaterlande werden die Frauen nicht verachtet. Bei uns sind sie die Zierde und der Stolz des Hauses und nehmen beim Mahle den Ehrenplatz ein.«

»O, Emir, wie glücklich sind eure Frauen!«

»Aber sie müssen mit Schaufeln essen!« fiel die »Petersilie« in sehr mitleidigem Tone ein.

»Das sind keine Schaufeln, sondern kleine, zierliche Werkzeuge von schönem Metall, mit denen es sich ganz vortrefflich und noch viel appetitlicher essen läßt, als mit den nackten Fingern. Wer bei uns sich während des Essens die Hände mit Speise besudelt, der gilt für einen unreinlichen und ungeschickten Menschen. Ich will euch einmal zeigen, wie ein solcher Kaschyk[1] aussieht.«

1 Löffel.

Während Ingdscha ein mitgebrachtes Tuch auf den Boden breitete, um die Speisen darauf zu legen, nahm ich Halefs Dolchmesser und schnitt mit demselben einen tüchtigen Span aus dem Pfahle, um daraus einen Löffel zu schnitzen. Er war bald fertig und erregte, als ich ihnen den Gebrauch desselben an dem Wassernapfe zeigte, die Bewunderung der beiden einfachen Frauen.

»Nun sage selbst, o Madana, kann man dieses kleine Ding ein Kürek[1] nennen?«

»Nein, Herr,« antwortete sie. »Ihr braucht doch keine so großen Mäuler zu haben, als ich erst dachte.«

»Herr, was wirst du mit diesem Kaschyk tun?« fragte Ingdscha.

»Wegwerfen.«

»O nein, Emir! Magst du mir ihn nicht schenken?«

»Für dich ist er nicht schön genug. Für die Perle von Schohrd müßte er von Silber sein.«

»Herr,« meinte sie errötend, »er ist schön genug! Er ist schöner, als wenn er von Altyn und Gümisch[2] gemacht worden wäre; denn du hast ihn gefertigt. Ich bitte dich, schenke ihn mir, damit ich eine Erinnerung habe, wenn du uns verlassen hast!«

»So behalte ihn! Aber du sollst mich morgen mit Madana in Lizan besuchen und da werde ich euch noch etwas Besseres geben.«

»Wann willst du fort von hier?«

»Das wird der Ruh 'i kulyan bestimmen. Jetzt aber setzt euch herzu. Wir wollen unser Mahl beginnen.«

Ich mußte diese Bitte noch einigemal wiederholen, ehe sie erfüllt wurde. Halef hatte bisher gar nicht gesprochen, sondern nur immer das schöne Mädchen beobachtet.

Jetzt stieß mein kleiner Diener einen Seufzer aus und meinte in arabischer Sprache:

»Sihdi, du hast recht!«

1 Schaufel.
2 Gold und Silber.

»Womit?«

»Selbst wenn ich ein Pascha wäre, ich paßte nicht zu ihr. Nimm du sie, Sihdi! Sie ist schöner als alle, die ich gesehen habe.«

»Es wird hier schon ein Jüngling sein, den sie lieb hat.«

»Frage sie einmal!«

»Das geht nicht, mein kleiner Hadschi Halef; das würde sehr unhöflich und zudringlich sein.«

Ingdscha hatte wohl bemerkt, daß von ihr die Rede war; darum sagte ich zu ihr:

»Dieser Mann ist bereits ein guter Bekannter von dir.«

»Wie meinst du das, Emir?«

»Es ist der Diener, von dem dir Marah Durimeh erzählt hat. Die andern haben alle geglaubt, daß ich ermordet worden sei, und nur er allein hat es gewagt, mir nachzufolgen.«

»Er ist ein kleiner, aber ein treuer und mutiger Mann,« meinte sie mit einem Blick der Anerkennung auf ihn.

»Was sagte sie von mir?« fragte er, da er diesen Blick ganz wohl bemerkt hatte.

»Sie sagte, du seist ein sehr treuer und mutiger Mann.«

»Sage ihr, sie sei ein sehr schönes und gutes Mädchen, und es sei sehr schade, daß ich so klein und kein Pascha bin.«

Während ich seine Worte verdolmetschte, reichte er ihr die Hand entgegen, und sie schlug lachend ein. Dabei strahlte ihr Angesicht so lieb und gut, daß mich ein aufrichtiges und warmes Bedauern überkam, indem ich an das einförmige, freudenlose Leben dachte, das ihrer in diesem Lande wartete.

»Hast du nicht einen Wunsch, den ich dir erfüllen könnte?« fragte ich sie infolge dieser freundschaftlichen Aufwallung.

Sie blickte mir einige Sekunden lang nachdenklich in das Gesicht und antwortete dann:

»Ja, Herr, ich habe einen Wunsch.«

»Sage ihn!«

»Emir, ich werde sehr viel an dich denken. Wirst du dich auch zuweilen an uns erinnern?«

»Oft, sehr oft!«

»Scheint der Mond bei euch auch so wie bei uns?«

»Ganz so.«

»Herr, blicke am Abend eines jeden Vollmondes zu ihm empor; dann werden sich da oben unsere Augen treffen!«

Jetzt war ich es, der ihr die Hand hinüberreichte.

»Ich werde es tun – und ich werde auch an anderen Abenden deiner gedenken, wenn der Mond am Himmel steht. So oft du ihn erblickst, so denke, daß er dir meine Grüße bringen soll.«

»Und er dir die unsrigen!«

Jetzt stockte die Unterhaltung; wir waren ins Elegische geraten. Doch kehrte während des weiteren Verlaufs des Mahles die vorige Stimmung wieder zurück. Ingdscha war sogar die erste, die das Wort von neuem ergriff:

»Wird dein Diener mit zur Höhle gehen, Herr?«

»Nein. Er wird jetzt nach Lizan zurückkehren, um meine Gefährten zu beruhigen.«

»Das mag er tun, denn ihnen droht Gefahr.«

»Welche?« fragte ich anscheinend ruhig.

»Es waren vorhin zwei Männer hier. Der eine ritt zu dir, und der andere blieb im Dorfe zurück. Mit diesem habe ich gesprochen. Er sollte niemand etwas sagen, aber er hat mir doch genug verraten, was ich dir erzählen muß. Du glaubst, daß der Streit bis morgen mittag ruhen soll?«

»Ich hoffe es.«

»Es gibt viele Leute, die dies nicht wünschen, und diese Männer haben sich meinen Vater zum Anführer gewählt. Er hat Eilboten nach Murghi, Minijanisch und Aschitha, auch das Tal abwärts bis nach Biridschai und Ghissa gesandt, um alle waffenfähigen Männer herbeizurufen. Sie werden sich noch während der Nacht versammeln und dann am Morgen über die Berwari herfallen.«

»Welche Unvorsichtigkeit! Dein Vater wird das ganze Tal unglücklich machen!«

»Glaubst du, daß die Berwari uns überlegen sind?«

»An Kriegstüchtigkeit, ja, wenn auch heute noch nicht an Zahl. Aber wenn einmal der Kampf entbrannt ist, so wird er an allen Orten auflodern, und dann sind die Kurden euch hundertfach überlegen; denn die Chaldani sind von den Stämmen der Kurden auf allen Seiten eingeschlossen.«

»O Gott, wenn du recht hättest!«

»Ich habe recht, das darfst du mir glauben! Wenn es heut und morgen nicht gelingt, einen Frieden zu stande zu bringen, so brechen noch viel schlimmere Zeiten über euch herein, als zur Zeit von Beder-Khan und Nur-Ullah-Bey. Es ist dann sehr wahrscheinlich, daß die Chaldani mit Weib und Kind vollständig ausgerottet werden.«

»Ist dies wirklich dein Ernst, Emir?«

»Wirklich und wahrhaftig!«

»O Jesus, was sollen wir tun?«

»Weißt du, wo dein Vater die Streitsüchtigen versammeln will?«

»Nein; das konnte ich nicht erfahren.«

»Weißt du auch nicht, wo er sich jetzt befindet?«

»Er reitet von einem Orte zum andern, um die Männer zum Kampfe aufzumuntern.«

»So kann uns nur vielleicht der Ruh 'i kulyan helfen. Bis dahin aber muß ich Vorbereitungen treffen.«

»Tue es, Herr, und alle Friedfertigen werden dein Andenken segnen, wenn du längst nicht mehr bei uns bist!«

Das Mahl war beendet, und daher fragte ich Halef:

»Wirst du den Weg nach Lizan finden können, doch so, daß dich unterwegs niemand bemerkt?«

Er nickte, und ich fuhr fort:

»Du gehst zum Melek und zum Bey von Gumri und sagst ihnen, wie und wo du mich gefunden hast.«

»Soll ich sagen, wer dich überfallen hat?«

»Ja. Nedschir-Bey hat mich gefangen genommen, damit ich den Frieden nicht vermitteln könne. Er verlangt für meine Freiheit mein Pferd, mein Eigentum und alles, was meine Gefährten bei sich tragen.«

»Der Scheïtan soll's ihm geben!«

»Du siehst, daß man mir bereits alles genommen hat. Laß mir deine Pistolen und dein Messer hier. Auch den Hund behalte ich da.«

»Nimm die Flinte dazu, Sihdi! Ich komme auch ohne Waffen nach Lizan zurück.«

»Die Flinte könnte mir hinderlich sein. Erzähle dann dem Bey und dem Melek, daß der Raïs von Schohrd Boten gesandt hat in alle Orte auf- und abwärts von Lizan, um die Einwohner zum Kampfe aufzuwiegeln. Sie sollen sich während der Nacht an einem Orte versammeln, den ich leider nicht kenne, und dann wollen sie über die Berwari herfallen. Auch der Raïs selbst reitet überall herum; und ich lasse dem Melek sagen, daß er ihn sofort festnehmen soll, sobald er ihn erwischen kann.«

»Sihdi, ich wollte, ich träfe diesen Menschen jetzt unterwegs; ich habe ihn mir genau gemerkt und würde ihn unschädlich machen.«

»Du allein? Das laß bleiben! Du bist ihm nicht gewachsen; er ist zu stark für dich.«

Der kleine Mann erhob sich mit der Miene eines Beleidigten, reckte seine geschmeidigen Glieder und rief:

»Zu stark für mich? Was denkst du, Sihdi, und wo ist dein weises Urteil auf einmal hingeraten! Habe ich nicht Abu Seif besiegt? Habe ich nicht noch viele andere große Taten verrichtet? Was ist dieser Nedschir-Bey gegen den berühmten Hadschi Halef Omar? Ein blinder Frosch, eine lahme Kröte, die ich zertreten werde, sobald ich sie erblicke. Du bist Emir Kara Ben Nemsi, der Held aus Frankistan; soll ich, dein Freund und Beschützer, mich vor einem zerlumpten Chaldani fürchten? O Sihdi, wie wundere ich mich über dich!«

»Wundere dich meinetwegen, aber sei vorsichtig. Es kommt jetzt alles darauf an, daß du glücklich Lizan erreichst.«

»Und wenn sie nun fragen, wann du mir nachfolgen wirst; was soll ich ihnen antworten?«

»Sage ihnen, daß ich wohl bis zum Morgen bei ihnen sein werde.«

»So nimm hier die Pistolen und den Dolch, auch hier den Kugelsack, und Allah behüte dich!«

Dann trat er zu Ingdscha und reichte ihr die Hand:

»Lebe wohl, du schönste unter den Schönen! Wir sehen uns wohl wieder.«

Auch der guten »Petersilie« reichte er die Hand:

»Lebe wohl, auch du, liebliche Mutter der Chaldani! Meine Augenblicke bei dir waren süß, und wenn du dir auch einen Löffel wünschest, so werde ich dir sehr gern einen schnitzen, damit du denken kannst an deinen Freund, der von dir geht. Sallam, du Kluge, du Treue, Sallam!«

Sie verstanden zwar beide nicht, was er sagte, aber sie nahmen seine Worte freundlich auf, und Madana verließ sogar mit ihm die Hütte, um ihn eine Strecke zu begleiten.

Ich blickte durch den Eingang, um an dem Stand der Sterne die Zeit zu bemessen; denn auch die Uhr war mir abgenommen worden. Es mochte vielleicht zehn Uhr sein.

»Es ist zwei Stunden vor Mitternacht. Wann gehen wir?« fragte ich das Mädchen.

»In einer Stunde.«

»Meine Zeit ist sehr kostbar. Kann man mit dem Geist der Höhle nicht eher sprechen?«

»Die rechte Zeit ist genau um Mitternacht. Er wird zornig, wenn man eher kommt.«

»Bei mir wird er nicht zornig werden.«

»Weißt du das gewiß?«

»Ganz gewiß.«

»So laß uns gehen, sobald Madana zurückgekehrt ist.«

»Haben wir ein Licht?«

Sie zeigte mir schweigend einige kurze Binsenflechten, die mit Hammeltalg getränkt waren. Auch Feuerzeug hatte sie bei sich. Dann fragte sie:

»Herr, ich habe eine Bitte.«

»Sprich!«

»Wirst du meinem Vater verzeihen?«

»Ja; um deinetwillen.«

»Aber der Melek wird ihm zürnen!«

»Ich werde ihn besänftigen.«

»Ich danke dir!«

»Hast du nicht erfahren, wer meine Waffen erhalten hat und die anderen Sachen, die man mir abgenommen hat?«

»Nein. Der Vater wird sie wohl haben.«

»Wo pflegt er solche Dinge aufzubewahren?«

»Nach Hause hat er nichts gebracht; ich hätte es bemerkt.«

Jetzt kam Madana wieder.

»Herr,« sagte sie mit stolzer Miene, »dein Diener ist ein sehr verständiger und höflicher Mann.«

»Woraus schließest du dies?«

»Er hat mir etwas gegeben, was ich seit langer Zeit nicht mehr erhalten habe: – einen Oepüsch,[1] einen großen Oepüsch.«

Ich glaube, ich habe bei diesem naiv-stolzen Bekenntnisse ein sehr verdutztes Gesicht gemacht. Halef einen Kuß? Dieser alten, guten, duftigen »Petersilie«? Einen Kuß auf die »Reisetasche«, in deren Oeffnung die Schnecken mit Knoblauch verschwunden waren? Das war mir schier unglaublich. Daher fragte ich:

»Einen Oepüsch? Wohin?«

Sie spreizte mir die braunglasierten, dürren Finger der Rechten entgegen.

»Hierher, auf diese Hand. Es war ein Elöpüsch,[2] wie man ihn nur einem vornehmen, jungen Mädchen gibt. Dein Diener ist ein Mann, dessen Höflichkeit man rühmen muß.«

Also ein Handkuß nur! Aber trotzdem eine Heldentat meines wackeren Halef, zu der ihm jedenfalls nur seine Liebe zu mir Ueberwindung gegeben hatte.

»Du kannst stolz darauf sein,« antwortete ich. »Das Herz des Hadschi Halef Omar schlägt dir voll Dankbarkeit entgegen, weil du dich so freundlich meiner angenommen hast. Auch ich werde dir dankbar sein, Madana« – hierbei machte sie unwillkürlich eine Bewegung, als wolle sie mir die Finger zum Handkusse entgegenstrecken, und daher fügte ich sehr eilig hinzu: – »nur mußt du warten, bis ich wieder in Lizan bin.«

»Ich werde warten, Herr!«

»Jetzt werde ich mit Ingdscha zur Höhle gehen. Was wirst du tun, wenn jemand unterdessen kommt, um nach mir zu sehen?«

»Emir, rate mir!«

»Bleibst du hier, so trifft dich der Zorn des Betreffenden. Daher ist es besser, du versteckst dich, bis wir zurückkehren.«

---

1 Kuß.
2 Handkuß.

»Ich werde deinen Rat befolgen und an einen Ort gehen, wo ich die Hütte beobachten und auch eure Rückkehr bemerken kann.«

»So wollen wir aufbrechen, Ingdscha.«

Ich steckte die Waffen zu mir, und nahm den Hund an die Leine.

Die Jungfrau schritt voran, und ich folgte ihr.

Wir gingen eine Strecke weit den Weg zurück, auf dem ich zur Hütte gebracht worden war; dann stiegen wir rechts aufwärts und verfolgten die Richtung, bis wir die Höhe erklommen hatten. Dieselbe war mit Laubwald bestanden, so daß wir eng nebeneinander gehen mußten, um uns nicht zu verlieren.

Nach einiger Zeit lichtete sich die Holzung wieder, und wir hatten einen schmalen Felsensattel zu überschreiten, der zu einer steilen Falte des Berges führte.

»Nimm dich in acht, Herr,« warnte das Mädchen. »Von jetzt an wird der Weg sehr beschwerlich.«

»Das ist nicht gut für alte Leute, die zu dem Geist der Höhle wollen. Hier können nur junge Füße steigen.«

»O, auch die Alten können empor, nur müssen sie einen Umweg machen. Von jenseits führt ein ganz guter Pfad bis in die Nähe der Höhle.«

Indem wir einander gegenseitig stützten, kletterten wir Hand in Hand empor und gelangten schließlich in ein Gewirr von großen Steinblöcken, zwischen denen ich das Ziel unserer Wanderung vermutete, die bis jetzt über eine halbe Stunde gedauert hatte.

Jetzt bildeten die Blöcke eine Art offenen Gang, in dessen Hintergrunde sich eine dunkle Wand erhob. Ingdscha blieb stehen.

»Dort ist es,« sagte sie, auf das Dunkel deutend. »Du gehst gradaus und wirst am Fuße jener Wand eine Oeffnung sehen, in die du das Licht setzest, nachdem du es angezündet hast. Dann kehrst du zu mir zurück. Ich warte hier auf dich.«

»Kann man das Licht hier sehen?«

»Ja. Aber es wird jetzt vergebens brennen, denn es ist noch lange nicht Mitternacht.«

»Ich werde es doch versuchen. Hier ist die Leine; halte einstweilen den Hund und lege ihm die Hand auf den Kopf.«

Ich nahm die Kerzen und schritt vorwärts. Es war ein Gefühl außerordentlicher Spannung, das mich jetzt beherrschte, und dies war gar kein Wunder; sollte ich doch in das Geheimnis eindringen, das den »Geist der Höhle« umhüllte. Freilich, den eigentlichen Kern dieses Geheimnisses ahnte ich bereits.

Ich langte an der Felsenwand an und bemerkte die Höhle, deren Eingang gerade so hoch und breit war, daß ein Mann in aufrechter Haltung Zutritt nehmen konnte. Ich lauschte einige Augenblicke, hörte aber nicht das mindeste, und brannte dann eine der Kerzen an, die ich auf den Boden der Höhle niederstellte. Das ging sehr leicht, da die Kerze unten eine genügende Breite besaß.

Nun kehrte ich wieder zurück. Ich sagte mir, daß für einen nicht Unbefangenen schon ein gut Teil Mut dazu gehöre, in der Stunde der Mitternacht den Berg zu besteigen, um mit einem Geiste in Verkehr zu treten.

»Das Licht brennt. Nun warte, ob es verlöschen wird,« sagte Ingdscha.

»Es geht nicht der leiseste Lufthauch; wenn das Licht erlischt, so ist es also ein sicheres Zeichen, daß der Ruh zugegen ist.«

»Sieh!« meinte das Mädchen, mich hastig am Arme fassend. »Es ist erloschen!«

»So gehe ich.«

»Ich erwarte dich hier.«

Als ich wieder an die Höhle kam, bückte ich mich nieder, um nach dem Lichte zu fühlen – es war weggenommen worden. Ich hegte die Ueberzeugung, daß der Geist sich ganz nahe, vielleicht in einer Seitennische, befinde, um jedes Wort hören zu können. Ein anderer hätte nun einfach seine Angelegenheit in akroamatischer Weise vorgetragen und dann sich zurückgezogen; dies aber lag nicht in meiner Absicht. Ich trat zwei Schritte in die Höhle hinein.

»Ruh 'i kulyan!« rief ich halblaut.

Es erfolgte keine Antwort.

»Marah Durimeh!«

Wieder keine Antwort.

»Marah Durimeh, melde dich getrost; ich werde dein Geheimnis nicht verraten. Ich bin der Hekim aus Frankistan, der dein Urenkelkind in Amadijah vom Gifte befreite, und habe augenblicklich sehr notwendig mit dir zu sprechen.«

Ich hatte mich nicht getäuscht – seitwärts war ein Geräusch zu vernehmen, als ob sich jemand überrascht vom Boden erhebe; dennoch aber vergingen mehrere Sekunden, ehe eine Antwort erfolgte. Dann erklang es:

»Du bist wirklich der Hekim-Emir aus Frankistan?«

»Ja. Vertraue mir! Ich ahnte, daß du selbst der Ruh 'i kulyan bist; ich werde dein Geheimnis bewahren.«

»Es ist deine Stimme, aber ich kann dich nicht sehen.«

»Verlange ein Zeichen von mir!«

»Gut! Was hatte der türkische Hekim in seinem Amulett, mit dem er den Teufel der Krankheit vertreiben wollte?«

»Eine tote Fliege.«

»Emir, du bist es wirklich! Wer hat dir die Höhle gezeigt?«

»Ingdscha, die Tochter von Nedschir-Bey. Sie steht da draußen und erwartet mich.«

»Gehe noch vier Schritte vorwärts!«

Ich tat es und fühlte mich dann von einer Hand gefaßt, die mich nach seitwärts in eine Spalte zog, wo sie mich eine Strecke weiter führte.

»Jetzt warte. Ich werde das Licht anzünden.«

Einen Augenblick später brannte die Kerze, und ich sah Marah Durimeh vor mir stehen, eingehüllt in einen weiten Mantel, aus dem ihr wundersames Gesicht mir freundlich ernst entgegenblickte. Auch heut hingen ihr die schneeweißen Haarzöpfe bis beinahe zur Erde herab. Sie leuchtete mich an.

»Ja wirklich, du bist es, Emir! Ich danke dir, daß du gekommen bist. Aber du darfst keinem Menschen sagen, wer der Geist der Höhle ist!«

»Ich schweige.«

»Ist es ein Wunsch, der dich zu mir führt?«

»Ja. Aber er betrifft nicht mich, sondern die Chaldani, die einem großen Unglücke entgegengehen, das nur du vielleicht von ihnen abzuwenden vermagst. Hast du Zeit, mich anzuhören?«

»Ja. Komm, und setze dich.«

In der Nähe lag ein langer, schmaler Stein, der Raum genug für zwei bot. Er bildete wohl stets die Ruhebank des Höhlengeistes. Wir ließen uns nebeneinander darauf nieder, während das Licht auf einer Steinkante stand. Dann sagte die Alte mit besorgter Miene:

»Deine Worte verkünden Unheil. Rede, Herr!«

»Weißt du schon, daß der Melek von Lizan den Bey von Gumri überfallen und gefangen genommen hat?«

»Heilige Mutter Gottes, ist das wahr?« rief sie, sichtlich im höchsten Grade erschrocken.

»Ja. Ich selbst war dabei als Gast des Bey und wurde gefangen.«

»Ich weiß nichts davon, kein Wort. Ich war während der letzten Tage drüben in Hajschad und Biridschai und bin erst heut über die Berge gekommen.«

»Nun halten die Berwari-Kurden da unten vor Lizan, um morgen den Kampf zu beginnen.«

»O ihr Toren, die ihr den Haß liebt und die Liebe haßt! Soll sich das Wasser wieder vom Blute röten und das Land vom Scheine der Flammen? Erzähle, Herr, erzähle! Meine Macht ist größer, als du denkst; vielleicht ist es noch nicht zu spät.«

Ich folgte ihrem Gebote, und sie lauschte mit angehaltenem Atem meiner Darstellung. Kein Glied ihres Körpers bewegte sich, und keine Falte ihres Mantels zitterte; aber sofort, als ich geendet hatte, fuhr sie vom Steine empor.

»Emir, noch ist es Zeit. Willst du mir helfen?«

»Gern.«

»Ich weiß, du mußt mir auch von dir erzählen, aber nicht jetzt, nicht jetzt, sondern morgen; jetzt gibt es Nötigeres zu tun. Der Geist der Höhle ist stumm gewesen; noch nie hat ihn jemand sprechen hören; heut aber wird er reden, heut muß er reden. Laß dich von Ingdscha führen, Herr, und eile hinab nach Lizan. Der Melek, der Bey von Gumri und der Raïs von Schohrd sollen sogleich zum Ruh 'i kulyan kommen.«

»Werden sie gehorchen?«

»Sie gehorchen; sie müssen gehorchen, glaube es mir!«

»Aber der Raïs ist nicht zu finden!«

»Emir, wenn ihn niemand findet, so wirst doch du ihn finden; ich kenne dich. Auch er muß kommen, ob gleichzeitig oder ob später als die beiden Andern; wenn er nur bis zum Morgen erscheint. Ich werde warten.«

»Sie werden mich fragen, von wem ich den Auftrag erhalten habe. Ich werde antworten: ›Vom Ruh 'i kulyan‹; weiter kein Wort. Ist es so recht?«

»Ja. Sie brauchen nichts zu wissen, am allerwenigsten aber, wer der Geist der Höhle eigentlich ist.«

»Soll ich wieder mitkommen?«

»Du kannst sie begleiten, aber in die Höhle darfst du nicht mit eintreten. Was ich ihnen zu sagen habe, ist für keines Andern Ohr. Sage ihnen, sie sollen sofort in die Höhle treten und darin gradaus fortschreiten, bis sie in einen Raum gelangen, der erleuchtet ist.«

»Kannst du es bewirken, daß ich wieder erhalte, was man mir abgenommen hat?«

»Ja; trage keine Sorge. Aber jetzt gehe; morgen sehen wir uns wieder, und dann kannst du mit Marah Durimeh sprechen, so lange es dir gefällt!«

Ich ging und traf Ingdscha noch an demselben Platze, an dem ich sie verlassen hatte.

»Du warst lange dort, Herr,« sagte sie.

»Desto schneller müssen wir jetzt gehen.«

»Du mußt doch warten, bis das Licht wieder brennt, sonst weißt du nicht, ob dir deine Bitte erfüllt wird.«

»Sie wird erfüllt.«

»Woher weißt du es?«

»Der Geist sagte es!«

»O Herr, hättest du seine Stimme gehört?«

»Ja. Er hat sehr lange mit mir gesprochen.«

»Das ist noch niemals geschehen; du mußt ein sehr großer Emir sein!«

»Ein Geist beurteilt den Menschen nicht nach seinem Stande.«

»Hast du ihn vielleicht gar auch gesehen?«

»Von Angesicht zu Angesicht.«

»Herr, du erschreckst mich! Wie sah er aus?«

»Solche Dinge darf man nicht enthüllen. Komm, du sollst mich führen; ich muß schnell nach Lizan hinab.«

»Was wird da aus Madana, die auf dich wartet?«

»Du bringst mich zuerst auf den rechten Weg, und dann kehrst du zu ihr zurück, um ihr zu sagen, daß sie nicht mehr auf mich warten solle. Ich werde morgen nach Schohrd kommen.«

»Was aber soll sie meinem Vater sagen, wenn er dich von ihr verlangt?«

»Sie soll sagen, daß er sogleich zum Geist der Höhle kommen solle. Auch wenn du deinen Vater triffst, sendest du ihn sofort hinauf zur Höhle. Er muß kommen, er mag vorhaben, was er will. Wenn er nicht auf der Stelle gehorcht, so ist es um ihn geschehen.«

»Herr, mir wird bange. Komm, laß uns gehen!«

Ich nahm den Hund wieder bei der Leine und das Mädchen bei der Hand. So stiegen wir bergab, wobei es natürlich schneller ging, als vorher bergan. Als wir die Einsattelung erreichten, wandten wir uns nun nach rechts hinab anstatt nach links hinüber, und das Mädchen kannte das Terrain so genau und führte mich so sicher, daß wir bereits nach einer Viertelstunde den Weg erreichten, der Lizan mit Schohrd verbindet. Hier blieb ich stehen und sagte:

»Nun kenne ich den Pfad; wir müssen uns trennen. Als ich heut hier herabgeschleppt wurde, habe ich mir den Weg genau angesehen. Ich danke dir, Ingdscha. Morgen sehen wir uns wieder. Gute Nacht!«

»Gute Nacht!«

Sie hatte meine Hand ergriffen und einen kaum fühlbaren Kuß darauf gehaucht; dann eilte sie wie ein verscheuchtes Reh in das Dunkel der Nacht hinein. Ich stand eine volle Minute lang bewegungslos, dann schlug ich den Weg nach Lizan ein, während meine Gedanken sich – rückwärts nach Schohrd bewegten.

Ich mochte vielleicht die Hälfte der Strecke zurückgelegt haben, als ich den Hufschlag eines Pferdes vor mir erschallen hörte.

Ich trat zur Seite hinter einen Busch, um nicht gesehen zu werden. Der Reiter kam eilig näher und an mir vorüber – es war der Raïs. Schon war er vorüber, da rief ich ihn an:

»Nedschir-Bey!«

Er hielt sein Pferd an.

Ich machte Dojan von der Leine frei, um ihn in seinen Bewegungen nicht zu hindern, falls mir sein Beistand nötig würde, und trat dann zu dem Raïs.

»Wer bist du?« fragte er.

»Dein Gefangener,« antwortete ich, sein Pferd beim Maule fassend.

Er beugte sich vor und sah mir in das Gesicht. Dann griff er nach mir; ich aber war schneller und packte seine Faust.

»Nedschir-Bey, höre in Ruhe, was ich dir zu sagen habe. Der Ruh 'i kulyan sendet mich: du sollst sofort zur Höhle kommen.«

»Lügner! Wer hat dich befreit?«

»Wirst du dem Rufe des Geistes folgen oder nicht?«

»Hund, ich töte dich!«

Er langte mit seiner freien Hand nach dem Gürtel, zu gleicher Zeit aber gab ich ihm aus allen Kräften einen plötzlichen Ruck; er wurde bügellos und flog in einem weiten Bogen vom Pferde herab.

»Dojan, faß!«

Der Hund warf sich auf ihn, während ich mir Mühe geben mußte, das Pferd zu beruhigen. Als mir dies gelungen war, sah ich den Raïs bewegungslos am Boden liegen; Dojan stand über ihm und hatte zwischen seinem aufgesperrten Gebiß den Hals des Mannes.

»Nedschir-Bey, die kleinste Bewegung, oder das leiseste Wort kostet dir das Leben; dieser Hund ist schlimmer als ein Panther. Ich werde dich binden und dich mit nach Lizan nehmen; rührst du ein Glied falsch, oder sagst du ein lautes Wort gegen meinen Willen, so lasse ich dich zerreißen.«

Er sah den grimmigen Tod vor Augen und wagte nicht den geringsten Widerstand. Zunächst nahm ich ihm seine Waffen ab: – Flinte und Messer. Dann fesselte ich ihn mit der starken Hundeleine grad in der Weise, wie man mich gefesselt hatte, und endlich stieß ich ihn empor und band ihn an den Steigbügel, grad so, wie man es mir gemacht hatte.

»Erlaube, Nedschir-Bey, daß ich aufsteige; du bist heut lang genug zu Pferde gesessen. Vorwärts!«

Er folgte ohne Widerstand, denn er mußte einsehen, daß derselbe vollständig nutzlos wäre. Es fiel mir nicht ein, meine jetzige vorteilhafte Lage zu benutzen, um den Mann zu verhöhnen, und so verhielt ich mich vollständig schweigsam. Er selbst unterbrach die Stille, aber in einem so vorsichtigen Tone, daß ich die Befürchtung heraushörte, der Hund werde ihn beim ersten Laute packen.

»Herr, wer hat dich befreit?«

»Das hörst du später.«

»Wohin bringst du mich?«

»Das wirst du sehen.«

»Ich werde Madana peitschen lassen!« grollte er.

»Das wirst du bleiben lassen! Wo hast du meine Waffen und die andern Sachen?«

»Ich habe sie nicht.«

»Sie werden sich finden. Höre, Nedschir-Bey, hast du kein besseres Pferd als dieses?«

»Ich habe Pferde genug!«

»Das ist mir lieb. Ich werde sie mir morgen ansehen und mir eins derselben auswählen für das, das du mir heut erschießen ließest.«

»Der Scheïtan wird dir eins geben. Morgen um diese Zeit bist du wieder gefangen!«

»Wollen sehen!«

Jetzt trat wieder Stille ein. Er trabte gezwungenerweise nebenher, der Hund hart an seinen Füßen, und bald sahen wir Lizan vor uns liegen.

Der Ort hatte sich während meiner Abwesenheit in ein Heerlager verwandelt. Drüben auf dem rechten Ufer des Zab herrschte vollständige Dunkelheit, hüben aber brannte Feuer an Feuer, an welchem zahlreiche Männergruppen lagen oder standen. Das größte Feuer brannte vor dem Hause des Melek, wie ich schon von weitem bemerkte. Um jeden unnützen Aufenthalt zu vermeiden, setzte ich mein Pferd in Trab; der Gefangene mußte gleichfalls traben. Dennoch erkannte man mich allenthalben.

»Der Fremde, der Fremde!« erscholl es, wo ich vorüber kam. Oder es ertönte der Ruf: »Nedschir-Bey! Und gefangen!«

Wir hatten bald ein zahlreiches Gefolge hinter uns, das sich Mühe gab, mit uns Schritt zu halten. So gelangten wir zum Hause des Melek. Hier waren wenigstens sechzig Bewaffnete versammelt. Der erste, den ich erblickte, war – Sir David Lindsay, welcher behaglich an der Mauer lehnte. Als er mich sah, ging mit seinem gelangweilten Gesichte eine gewaltige Veränderung vor: – die Stirn schob sich empor, und das Kinn fiel tief herunter, als sei es in Ohnmacht gesunken; der Mund öffnete sich, als solle ein ganzer Fowling-bull verschlungen werden, und die Nase richtete sich auf, wie der Hals eines Gemsbockes, wenn etwas Verdächtiges in den Wind kommt. Dann tat der lange David einen herkulischen Sprung auf mich zu und fing mich, der ich soeben vom Pferde springen wollte, in seinen geöffneten Armen auf.

»Master, Sir!« brüllte er. »Wieder da? *Heigh-day*-heisa! *Huzza! Welcome! Hail, hail, hail!*«

»Na, erdrückt mich nicht, Sir David! Andere Leute wollen auch etwas von mir übrig behalten!«

»*Eh! Oh! Ah!* Wo habt Ihr gesteckt? Wo gewesen? Wie gegangen, he? Selbst befreit? *Lack-a-day,* Gefangenen mitgebracht! Wunderbar! Unbegreiflich! *Yes!*«

Da aber wurde ich bereits von der andern Seite gefaßt.

»*Allah illa allah!* Da bist du ja, Effendi! Allah und dem Propheten sei Dank! Nun sollst du erzählen!«

Es war Mohammed Emin. Und Amad el Ghandur, sein Sohn, der neben ihm stand, rief:

»*Wallahi,* das hat Gott geschickt! Nun hat die Not ein Ende. Sihdi, reiche uns deine Hand!«

Und dort seitwärts stand der kleine brave Hadschi Halef Omar. Er sagte kein Wort, aber in seinen treuen Augen funkelten zwei große Freudentropfen. Ich reichte auch ihm die Hand:

»Halef, das habe ich zum großen Teile dir zu danken!«

»Rede nicht, Sihdi!« antwortete er. »Was bin ich gegen dich?
Eine schmutzige Ratte, ein häßlicher Igel, ein Hund, der froh ist,
wenn ihn dein Auge mit einem Blick beglückt!«

»Wo ist der Melek?«

»Im Hause.«

»Und der Bey?«

»In der verborgensten Stube, weil er die Geisel ist.«

»Laßt uns hineingehen!«

Es hatte sich eine große Menschenmenge um uns versammelt. Ich schnürte den Raïs vom Bügel los und bedeutete ihm,
mit mir in das Haus zu treten.

»Du bringst mich nicht hinein!« knirschte er.

»Dojan, paß auf!«

Dieser Ruf genügte. Ich ging voran, das Ende der Schnur
in der Hand haltend, und der Gefangene folgte ohne Zögern.
Als die Tür geschlossen war, erhob sich draußen ein tosendes,
hundertstimmiges Murmeln: die Menge suchte sich den für sie
noch geheimnisvollen Vorgang zu erklären. Drinnen trat uns der
Melek entgegen. Als er mich erblickte, stieß er einen Ruf der
lebhaftesten Freude aus und streckte mir beide Hände entgegen.

»Emir, was sehe ich! Du bist wieder zurück? Heil und unverletzt? Und hier – – ah, Nedschir-Bey! Gefangen!«

»Ja. Kommt herein, und laßt euch erklären!«

Wir traten in den größten Raum des Erdgeschosses, wo Platz
für uns alle war. Hier ließen sie sich erwartungsvoll auf die Matten nieder, während der Raïs stehen mußte; seine Leine hatte der
Hund zwischen den Zähnen, der bei der geringsten Bewegung
des Gefangenen ein drohendes Knurren ausstieß.

»Wie ich in die Hände des Raïs von Schohrd geraten bin, und
wie man mich behandelt hat, das hat euch wohl hier Halef ausführlich erzählt?« fragte ich.

»Ja,« erklang es im Kreise.

»So brauche ich es nicht zu wiederholen und – – – «

»O doch, Emir, erzähle es noch einmal selbst!« unterbrach
mich der Melek.

»Später. Jetzt haben wir keine Zeit dazu, denn es gibt sehr
Notwendiges zu tun.«

»Wie wurdest du frei, und wie ward der Raïs selbst dein Gefangener?«

»Auch das sollt ihr später ausführlich hören. Der Raïs hat die ganze Gegend aufgestachelt, sich morgen früh auf die Berwari zu werfen. Das wäre das Verderben der Chaldani – – « 5

»Nein!« ließ eine Stimme sich vernehmen.

»Streiten wir uns nicht! Es gab nur einen, der hier helfen konnte, nämlich der Ruh 'i kulyan – – – «

»Der Ruh 'i kulyan!« erscholl es erstaunt und erschrocken.

»Ja, und ich ging zu ihm.« 10

»Wußtest du seine Höhle?« fragte der Melek.

»Ich fand sie und erzählte ihm alles, was geschehen war. Er hörte mir ruhig zu und sagte mir, ich solle – – «

»Er hat mit dir gesprochen? Du hast seine Stimme gehört? – Emir, das ist noch keinem Sterblichen widerfahren,« rief einer 15 der vornehmen Chaldäer, die mit uns eingetreten waren. »Du bist ein Liebling Gottes, und auf deine Stimme müssen wir hören!«

»Tut es, ihr Männer; das wird zu eurem Heile gereichen!«

»Was sagte der Geist der Höhle?« 20

»Er sagte, ich solle sofort nach Lizan gehen und den Melek, den Bey von Gumri und den Raïs von Schohrd zu ihm bringen.«

Ein lautes »Ah!« der Verwunderung ging durch die Versammlung, und ich fuhr fort:

»Ich eilte herab und begegnete dem Raïs. Ich sagte ihm, daß 25 er zu dem Ruh 'i kulyan kommen solle, und da er dem Rufe des Geistes nicht gehorchen wollte, so nahm ich ihn gefangen und brachte ihn hierher. Holt den Bey herbei, damit er es erfährt!«

Der Melek erhob sich. 30

»Emir, du scherzest nicht?« fragte er.

»Diese Sache ist zu ernst zum Scherze!«

»So müssen wir gehorchen. Aber ist es nicht gefährlich, den Bey mitzunehmen? Wenn er uns entflieht, so sind wir ohne Geisel.« 35

»Er muß uns versprechen, nicht zu entfliehen, und er wird sein Wort halten.«

»Ich hole ihn.«

Er ging und brachte nach wenigen Augenblicken den Bey mit sich herein.

Als der Herrscher von Gumri mich erblickte, eilte er auf mich zu.

»Du bist wieder da, Herr!« rief er. »Alochhem d'Allah – Gott sei Dank, der dich mir wiedergegeben hat! Ich habe die Kunde von deinem Verschwinden mit großer Betrübnis vernommen, denn ich wußte, daß meine Hoffnung nur auf dich allein zu setzen sei.«

»Auch ich habe an dich mit banger Sorge gedacht, o Bey,« antwortete ich ihm. »Ich wußte, daß du wünschest, mich frei zu sehen, und Allah, der immer gütig ist, hat mich aus der Gewalt des Feindes errettet und mich wieder zu dir geführt.«

»Wer war der Feind? Dieser hier?«

Er deutete bei diesen Worten auf Nedschir-Bey.

»Ja,« antwortete ich ihm.

»Allah verderbe ihn und seine Kinder nebst den Kindern seiner Kinder! Bist du nicht der Freund dieser Leute gewesen, so wie du der meinige gewesen bist? Hast du nicht gesprochen und gehandelt, wie es zu ihrem Besten diente? Und dafür hat er dich überfallen und gefangen genommen! Siehst du nun, was du von der Freundschaft eines Nasarah zu erwarten hast?«

»Es gibt überall gute und böse Leute, unter den Muselmännern und unter den Christen, o Bey; darum soll der Freund nicht mit dem Feinde leiden.«

»Emir,« entgegnete er, »ich liebe dich. Du hattest mein Herz erweicht, daß es Gedanken des Friedens hegte gegen diese Leute. Nun aber haben sie sich an dir vergriffen, und darum mag das Messer zwischen mir und ihnen reden.«

»Bedenke, daß du ihr Gefangener bist!« warf ich ein.

»Meine Berwari werden kommen und mich befreien,« antwortete er stolz.

»Sie sind ja bereits da, aber sie sind zu schwach an Zahl.«

»Es sind noch viele Tausend hinter ihnen.«

»Wenn diese kommen, so ist es um dich geschehen. Sie würden dich nur als Leiche finden. Du bist als Geisel hier und wirst den Angriff deiner Leute mit dem Leben bezahlen müssen.«

»So sterbe ich. Allah hat alles im Buche verzeichnet, was dem Gläubigen geschehen soll. Kein Mensch kann sein Kismét[1] ändern.«

»Bedenke, daß der Melek mein Gastfreund ist! Er hat nicht gewollt, daß mir Uebles geschehe, und nur der Raïs ist es gewesen, der ohne Wissen der übrigen feindlich gegen uns gehandelt hat.«

»Wie bist du entkommen, Herr?«

»Frage den Ruh 'i kulyan!«

»Den Ruh 'i kulyan?« rief er verwundert. »War er bei dir?«

»Nein, ich war bei ihm, und er wünscht, daß auch du zu ihm kommst.«

»Ich? Wann?« erkundigte er sich fast bestürzt.

»Sofort.«

»Herr, du scherzest! Der Ruh 'i kulyan ist ein gewaltiger, mächtiger Geist, und ich bin nichts als ein armer Oelidschi,[2] der vor dem Unsichtbaren zittern muß.«

»Er ist nicht unsichtbar.«

»Hast du ihn gesehen?«

»Ich habe ihn gesehen und mit ihm gesprochen.«

»Und du bist nicht sofort gestorben?«

»Wie du siehst, lebe ich noch.«

»Ja, ihr Emire aus Frankistan wißt, wie man mit Geistern zu verkehren hat!«

»Gibt es hier nicht viele Leute, die bei dem Ruh 'i kulyan gewesen sind, ohne darauf sterben zu müssen?«

»Sie haben zu ihm gesprochen, aber sie haben ihn nicht gesehen.«

»Ich habe dir nicht gesagt, daß du ihn sehen wirst. Er hat befohlen, daß der Melek, du und Nedschir-Bey sofort zur Höhle kommen sollt. Willst du diesem Befehle ungehorsam sein? Auch der Melek wird dahin kommen!«

---

1 Vorherbestimmung.
2 Sterblicher.

»Dann gehe auch ich mit.«

»Das wußte ich. Aber wirst du dabei nicht vergessen, daß du der Gefangene des Melek bist?«

»Glaubt er, daß ich ihm entfliehe?«

»Er muß vorsichtig sein. Willst du ihm versprechen, keinen Fluchtversuch zu machen, und gibst du ihm dein Wort, freiwillig wieder hierher zurückzukehren?«

»Ich gebe ihm mein Wort.«

»Reiche ihm die Hand!«

Er tat dies, und der Melek versicherte ihm:

»Bey, ich vertraue dir und werde dich nicht bewachen, obgleich mir der Besitz deiner Person jetzt wichtiger ist, als große Schätze. Wir werden nicht gehen, sondern reiten, und du sollst frei auf deinem Pferde sein.«

»Reiten?« fragte ich. »Ist dies nicht unmöglich bei diesem Wege?«

»Es gibt einen Umweg,« antwortete er, »der zwar länger ist, auf dem wir aber zu Pferd die Höhle eher erreichen, als wenn wir die Höhen mühsam erklettern. Du reitest mit, Herr?«

»Ja, obgleich ich nicht mit zum Geiste gehen werde.«

»Was aber soll mit Nedschir-Bey geschehen?«

Der Genannte wartete meine Antwort gar nicht ab, sondern sagte tückisch:

»Ich gehe nicht mit; ich bleibe hier!«

»Du hast gehört, daß dich der Ruh 'i kulyan verlangt,« warnte ihn der Melek mit ernster Stimme.

»Was dieser Fremde sagt, brauche ich nicht zu beachten!«

»So willst du dem Geiste nicht gehorchen?«

»Ich gehorche ihm, aber nicht, wenn er mir diesen Franken schickt!«

»Aber ich befehle es dir!«

»Melek, ich bin Nedschir-Bey, der Raïs von Schohrd; du hast mir nichts zu befehlen!«

Der Melek sah mich fragend an, darum wandte ich mich zu meinem kleinen Hadschi Halef Omar:

»Halef, hast du gesehen, ob es hier Stricke gibt?«

»Siehe, dort im Winkel liegen genug, Herr,« antwortete er.

»Nimm davon und komm!«

Der kleine Hadschi merkte, was geschehen solle. Er versetzte dem Raïs, der ihm in der Richtung stand, einen nicht sehr freundschaftlichen Rippenstoß und nahm dann die aus Leff[1] gearbeiteten Stricke vom Boden auf. Ich aber erklärte dem Melek:

»Will er nicht mit, so wird er gezwungen. Wir binden ihn auf das Pferd, so daß er sich nicht bewegen kann.«

»Versucht es,« drohte der Raïs. »Wer mir nahe kommt, dem tue ich so, wie du es mit dem Manne Madanas gemacht hast!«

»Was meint er?« fragte Halef.

»Er soll auf das Pferd gebunden werden, will aber einen jeden niedertreten, der es wagt, sich ihm zu nahen.«

»Maschallah, der Mensch ist verrückt!«

Bei diesen Worten tat der kleine Mensch einen Sprung, und im nächsten Augenblick lag der riesige Chaldani, der allerdings an den Händen gefesselt war, auf der Erde. Eine halbe Minute später waren ihm die Beine so fest und eng zusammengebunden, daß seine ganze Gestalt so unbeweglich war, als ob sie in einem Futterale stäke.

»Aber, Halef, er soll ja auf dem Pferde sitzen?« erinnerte ich.

»Ist nicht nötig, Sihdi,« antwortete er. »Wir legen diesen Dschadd[2] mit dem Bauch auf das Pferd; so kann er schwimmen lernen.«

»Wohl; schaffe ihn hinaus!«

Der Kleine faßte den Großen beim Kragen des Gewandes, hob ihn halb empor, drehte sich um, so daß Rücken auf Rücken kam, und schleifte ihn hinaus. Die Anderen folgten. Jetzt trat Lindsay zu mir heran.

»Master,« sagte er. »Habe nichts verstanden, *nothing not,* weniger als nichts. Wohin geht Ihr?«

»Zum Höhlengeist.«

»Höhlengeist? *Thunder-storm!* Darf ich mit?«

»Hm! Eigentlich nicht.«

»*Pshaw!* Werde diesen Geist nicht aufessen!«

---

1 Dattelfaser.
2 Großvater.

»Glaube es!«

»Wo wohnt er?«

»Droben in den Felsen.«

»Felsen? Gibt's da Ruinen?«

»Weiß nicht. Es war dunkel oben während meiner Anwesenheit.«

»Felsen! Höhlen! Ruinen! Geister! Vielleicht auch Fowlingbulls?«

»Ich glaube nicht.«

»Und dennoch gehe ich mit! War hier so lange allein; kein Mensch versteht mich. Bin froh, daß ich Euch wieder habe. Nehmt mich mit!«

»Nun wohl; aber zu sehen werdet Ihr wohl nichts bekommen.«

»*Disagreeable, uncivil!* Wollte auch einmal Geist sehen – Geist oder Gespenst! Gehe aber doch mit! *Yes!*«

Als wir aus dem Hause traten, war die ganze Bevölkerung Lizans vor demselben versammelt; doch herrschte trotz der vielen Menschen eine tiefe Stille. Man sah bei dem Scheine der Fackeln ganz deutlich, daß ich mit Halefs Hilfe den Raïs auf das Pferd befestigte; aber keine Lippe regte sich, um nach der Ursache dieses gewiß ungewöhnlichen Verfahrens zu fragen. Unsere Pferde nebst den nötigen Fackeln wurden herbeigeschafft, und dann erst, als wir aufsaßen, erklärte der Melek den Versammelten, daß wir im Begriffe ständen, den Ruh 'i kulyan aufzusuchen. Er befahl, bis zu unserer Wiederkehr nicht das geringste zu unternehmen, und dann ritten wir zwischen den erstaunten Zuhörern davon.

Voran ritt der Melek mit dem Bey; dann folgte Halef, der das Pferd des Raïs am Zügel führte, und der Engländer beschloß mit mir den kleinen Zug. Der Melek und Lindsay trugen die beiden Fackeln, die den Weg erleuchten sollten.

Dieser Weg war zunächst ein gebahnter Pfad; später wichen wir von demselben ab, hatten aber Raum genug für zwei nebeneinander gehende Pferde. Es war ein überaus phantastischer Ritt. Unter uns lag das bisher nur von höchstens vier Europäern betretene Tal des Zab im tiefsten, unheimlichen Dunkel. Diesseits, rechts von uns, glänzte die blutrote Lohe der Fackeln von Lizan zu uns herauf; links, jenseits des Wassers, zeigte ein mattheller Fleck die Stelle an, wo die Kurden lagerten; über uns dunkelten die Bergesmassen, auf deren Höhe der Geist hauste, der selbst mir ein Rätsel war, obgleich er mir erlaubt hatte, ihn zu »rekognoszieren«; und was nun uns sechs selbst betraf, so ritten wir zwischen den gespenstischen Reflexen unserer Kienbrände, bestanden aus einem Araber der Sahara, einem Engländer, einem Kurden, zwei Nasarah und einem Deutschen und hatten einen Gefangenen in der Mitte.

Da bogen wir um eine Felsenkante; das Tal verschwand hinter uns, und vor uns tauchten die weit auseinander stehenden Stämme des Hochwaldes auf, auf dessen weichem Boden wir aufwärts ritten. Das flackernde Licht der beiden Flammen wanderte von Ast zu Ast, von Zweig zu Zweig, von Blatt zu Blatt; neben, vor und hinter uns huschte, schwirrte und flatterte es wie zwischen den Spalten eines Gespensterromanes; der schlafende Wald atmete schwer rauschend, und die Huftritte unserer Pferde in dem tiefen Humusboden klangen wie die fernher tönenden Wirbel eines Trommlertrauermarsches.

»Schauerlich! *Yes!*« meinte der Engländer halblaut, indem er sich schüttelte. »Möchte nicht allein da zu dem Geiste reiten. *Well!* Ihr wart allein?«

»Nein.«

»Nicht? Wer war dabei?«

»Ein Mädchen.«

»*A maid! Good lack!* Jung?«

»Ja.«

»Schön?«

»Sehr!«

»Interessant?«

»Versteht sich! Interessanter als ein Fowling-bull.«

»*Heavens,* habt Ihr Glück! Erzählt!«

»Später, Sir. Ihr werdet sie morgen auch sehen.«

»*Well!* Werde beurteilen, ob sie wirklich interessanter ist, als Fowling-bull. *Yes!*«

Das leise geführte Gespräch verstummte wieder. Es lag etwas Heiliges, Unberührbares in dieser tiefen Waldesnacht, und von jetzt an gab es keinen andern Laut als nur zuweilen das Schnauben eines unserer Pferde. So kamen wir immer weiter empor, bis wir einen Bergkamm erreichten, wo die beiden Voranreitenden anhielten.

5 »Wir sind am Ziele,« sagte der Melek. »Hier drüben, zweihundert Schritte hinab sind die Felsen, in denen sich die Höhle befindet. Hier steigen wir ab und lassen unsere Pferde zurück. Gehst du mit?«

»Ja, um des Raïs willen, aber nur bis zur Höhle. Löscht die 10 Fackeln aus!«

Wir banden die Pferde, bei denen Halef und Lindsay zurückbleiben sollten, an die Bäume und knüpften dann den Raïs los. Damit er gehen konnte, wurden ihm auch die Bande von den Beinen genommen. Dojan, der Hund, stand dabei und beobach15 tete ihn mit Augen, die selbst in der Dunkelheit zu erkennen waren; sie hatten fast jenen phosphoreszierenden Glanz, den man an den Augen einer Tintorera[1] bemerkt, wenn des Nachts das Meerwasser leuchtet und man dieses fürchterliche Ungeheuer in der durchsichtigen Flut deutlich erkennen kann.

20 »Raïs, du folgst dem Melek und dem Bey. Ich gehe hinter dir. Zauderst du, so lernst du die Zähne dieses Hundes doch noch kennen!«

Mit diesen Worten gab ich das Zeichen, unsern Weg nun fortzusetzen. Die angegebene Reihenfolge wurde beibehalten, und 25 Nedschir-Bey weigerte sich nicht im mindesten, meiner Weisung Folge zu leisten. Wir schritten quer über den Bergkamm hinüber und dann eine Steilung hinab, von der aus ich die Felsen unter uns liegen sah. Nach kaum mehr als fünf Minuten standen wir an demselben Orte, an dem Ingdscha während meiner 30 Unterredung mit dem Ruh 'i kulyan auf mich gewartet hatte.

»Ihr sollt in die Höhle treten und dann so lange gradaus gehen, bis ihr Licht findet,« bemerkte ich.

Das Abenteuer schien die Beteiligten doch nicht so ganz gleichgültig zu lassen, wie ich aus ihren langen, tiefen Atemzü35 gen schloß; denn ihre Gesichter konnte ich nicht deutlich sehen.

---

1 Mittelamerikanischer Haifisch.

»Emir, binde mir die Arme los!« bat da der Raïs.

»Das wollen wir nicht wagen,« antwortete ich.

»Ich entfliehe nicht; ich gehe mit hinein!«

»Schmerzen sie dich?«

»Gar sehr.«

»Du hast sie mir ganz ebenso binden lassen, und ich muß-
te die gleichen Schmerzen noch viermal länger ertragen, als du.
Dennoch würde ich die Schnur lösen, aber ich glaube deiner
Versicherung nicht.«

Er schwieg; mein Mißtrauen war also wohl begründet gewesen. Die beiden andern nahmen ihn in ihre Mitte.

»Herr, bleibst du hier, oder gehst du zu den Pferden zurück?«
fragte der Bey.

»Wie ihr es wollt.«

»So bleibe hier. Dieser Mann könnte es doch noch notwendig
machen, dich zu brauchen.«

»So geht; ich werde euch hier erwarten.«

Sie gingen, und ich ließ mich auf einen Stein nieder. Der
Hund hatte seine Pflicht so gut begriffen, daß er dem Raïs so
lange folgte, bis ich ihn zurückrief. Nun kauerte er sich neben
mir nieder, legte mir den feinen Kopf auf das Knie und ließ sich
von meiner Hand streicheln.

So saß ich eine lange, lange Zeit allein im Dunkel. Meine
Gedanken schweiften zurück über Berg und Tal, über Land und
Meer zur Heimat. Wie mancher Forscher hätte viel dafür gegeben, hier an meiner Stelle sein zu können! Wie wunderbar hatte
mich Gott bis hierher geleitet und beschützt, während ganze,
große, wohlausgerüstete Expeditionen da zugrunde gegangen
und vernichtet worden waren, wo ich die freundlichste Aufnahme gefunden hatte! Woran lag dies? Wie viele Bücher hatte ich
über fremde Länder und ihre Völker gelesen und dabei wie viele Vorurteile in mich aufgenommen! Ich hatte manches Land,
manches Volk, manchen Stamm ganz anders – und besser gefunden, als sie mir geschildert worden waren. Der Gottesfunken
ist im Menschen niemals vollständig zu ersticken, und selbst der
Wildeste achtet den Fremden, wenn er sich selbst von diesem ge-
achtet sieht. Ausnahmen gibt es überall. Wer Liebe sät, der wird

Liebe ernten, bei den Eskimos wie bei den Papuas, bei den Aïnos wie bei den Botokuden. Mit so ganz heiler Haut war ich zwar auch nicht davongekommen, denn einige Schmarren, Schrammen und Löcher hatte diese Haut doch immerhin davongetragen; aber doch nur, weil ich sozusagen als »armer Reisender« gewandert war, und man weiß ja, daß selbst der »höflichste Handwerksbursche« zuweilen ein scharfes Wort oder gar einen unsympathischen Klaps mit in den Kauf nehmen muß. Dürfte ich doch ein Pionier der Zivilisation, des Christentums sein! Ich würde nicht zurückdrängend oder gar vernichtend unter meine fernen Brüder treten, die ja ebenso Gottes Kinder sind, wie wir stolzen Egoisten; ich würde jede Form der Kultur und auch den kleinsten ihrer Anfänge schätzen; es kann ja nicht der eine Sohn Allvaters grad so wie der andere sein, und nicht dem Eigennutze, sondern nur der Selbstlosigkeit kann es gelingen, mit wirklichem Erfolge das erhabene Wort zu lehren, das »den Frieden predigt und das Heil verkündigt«. Dieses Wort, es stammt ja nicht von einem Xerxes, Alexander, Cäsar oder Napoleon, sondern von Dem, der in einem Stalle geboren wurde, aus Armut Aehren aß und nicht wußte, wohin er sein Haupt legen sollte, und dessen erste Predigt lautete: »Selig sind die Friedfertigen, denn sie werden Gottes Kinder heißen!« –

So verging weit über eine Stunde, und noch saß ich allein. Ich wollte fast befürchten, daß den Gefährten in der Höhle ein Unfall widerfahren sei, und ging bereits mit mir zu Rate, ob es nicht besser wäre, ihnen zu folgen, als ich endlich Schritte hörte.

Ich erhob mich. Es waren die drei, und – wie ich gleich sah – man hatte dem Raïs die Fesseln gelöst.

»Du hast sehr lange warten müssen!« bedauerte der Melek.

»Ich bangte bereits für euch,« antwortete ich, »und wäre wohl in kurzem nachgekommen.«

»Das war nicht nötig. Herr, wir haben den Ruh 'i kulyan gesehen und mit ihm gesprochen!«

»Habt ihr ihn erkannt?«

»Ja. Es war – – – sage du zuerst den Namen!«

»Marah Durimeh?«

»Ja, Emir. Wer hätte dies gedacht!«

»Ich! Ich habe es geahnt schon seit längerer Zeit. Was habt ihr mit ihr gesprochen?«

»Das ist Geheimnis und wird Geheimnis bleiben. Herr, diese Frau ist eine berühmte Meleka,[1] und was sie zu uns redete, hat unsere Herzen zum Frieden gestimmt. Die Berwari werden unsere Gäste sein und Lizan dann als unsere Freunde verlassen.«

»Ist dies wirklich so?« fragte ich, herzlich erfreut.

»Es ist so,« antwortete der Bey von Gumri. »Und weißt du, wem wir dies zu verdanken haben?«

»Dem Ruh 'i kulyan.«

»Ja, aber zunächst doch dir. Emir, die alte Königin hat uns befohlen, deine Freunde zu sein, aber wir waren es ja bereits schon vorher. Bleibe bei uns in diesem Lande als mein Bruder und als unser aller Bruder!«

»Ich danke euch! Auch ich liebe das Land meiner Väter und möchte einst mein Haupt in demselben zur Ruhe legen; aber ich werde mit meinen Gefährten bei euch weilen so lange, als es meine Zeit gestattet. Wird Marah Durimeh auch fernerhin der Ruh 'i kulyan bleiben?«

»Ja, doch niemand darf es wissen, daß sie es ist. Wir haben geschworen, es zu verschweigen, bis sie gestorben ist. Auch du wirst nicht davon sprechen, Emir?«

»Zu keinem Menschen!«

»Sie wird dich morgen nach der Zeit des Mittages in meinem Hause besuchen, denn sie hat dich lieb, als ob du ihr Sohn oder Enkel seist,« bemerkte der Melek. »Jetzt aber laßt uns gehen.«

»Und die Chaldani, die Nedschir-Bey zusammengerufen hat?« fragte ich rasch, denn ich wollte sicher gehen.

Da trat der Erwähnte zu mir heran und reichte mir die Hand entgegen.

»Herr, sei auch mein Freund und Bruder, und verzeihe mir! Ich bin auf falschem Wege gewandelt und will gern umkehren. Du sollst alles wieder erhalten, was ich dir abgenommen habe, und ich werde gleich jetzt zum Versammlungsorte meiner Leute gehen, um ihnen zu sagen, daß Frieden ist.«

1 Königin.

515

»Nedschir-Bey, nimm meine Hand; ich verzeihe dir gern! Aber weißt du, wer mich aus der Gefangenschaft befreit hat?«

»Ich weiß es. Marah Durimeh hat es mir gesagt. Madana und Ingdscha sind es gewesen, und meine Tochter hat dich dann selbst zum Ruh 'i kulyan geführt.«

»Du zürnest den beiden?«

»Ich hätte ihnen sehr gezürnt und sie sehr hart bestraft; aber die Worte der alten Meleka haben mir die Erkenntnis gebracht, daß die beiden Frauen sehr wohl gehandelt haben. Erlaube, daß auch ich dich besuche!«

»Ich bitte dich darum! Nun aber kommt, ihr Brüder! Meine zwei Gefährten werden sich um uns sorgen.«

Wir verließen den geheimnisvollen Ort, klimmten die Anhöhe empor und fanden den Engländer und Halef wirklich in großer Sorge um mich.

»Wo bleibt ihr denn, Master?« rief mir Lindsay entgegen. »Beinahe wäre ich gekommen, um diesen *Hole-ghost* um euretwillen totzuschlagen!«

»Ihr seht, daß diese kühne Tat nicht nötig war, Sir.«

»Was gab es denn da unten?«

»Später, später; jetzt wollen wir aufbrechen.«

Da nahm mich Halef beim Arme.

»Sihdi,« raunte er mir zu, »dieser Mann ist ja nicht mehr gefesselt!«

»Der Geist der Höhle hat ihn befreit, Halef.«

»So ist dieser Ruh 'i kulyan ein sehr unvorsichtiger Geist. Komm, Sihdi, laß uns den Menschen sofort wieder binden!«

»Nein. Er hat mich um Verzeihung gebeten, und ich habe ihm verziehen!«

»Sihdi, du bist ebenso unvorsichtig wie der Geist! Aber ich werde klüger sein; ich bin Hadschi Halef Omar und verzeihe ihm nicht.«

»Du hast ihm nichts zu verzeihen!«

»Ich? Nicht?« fragte er verwundert. »O viel, sehr viel, Sihdi!«

»Was denn?«

»Er hat sich an dir vergriffen, an dir, dessen Freund und Beschützer ich bin, und das ist viel ärger, als wenn er mich selbst

gefangen genommen hätte. Wenn ich ihm verzeihen soll, so mag
er auch mich um Verzeihung bitten. Ich bin kein Türke, kein
Kurde und kein feiger Nasarah, sondern ein Radschul el arab,[1]
der seinen Sihdi nicht beleidigen und nicht kränken läßt. Sage
ihm das!«   5
»Vielleicht gibt es Gelegenheit dazu. Jetzt aber steige auf! Du
siehst, die andern sitzen bereits zu Pferde.«

Der Melek hatte neue Fackeln angebrannt, und der Rückweg wurde angetreten. Man war jetzt nicht so schweigsam wie
aufwärts, und nur ich beteiligte mich nicht an dem Gespräche,   10
das von den drei Eingeborenen in fließendem Kurdisch, zwischen Lindsay und Halef aber mittelst englischer und arabischer
Sprachbrocken geführt wurde, von denen die beiden gegenseitig
kaum den hundertsten Teil verstanden.

Unser Besuch auf dem Berge gab mir viel zu denken. Worin   15
bestand die Macht, die diese Marah Durimeh auf den Scheik
sowohl als auch auf den Bey von Gumri ausübte? Der Umstand, daß sie Königin gewesen war, konnte an und für sich
von keiner solchen Wirkung sein. Es gehörte mehr als dies
dazu, um in so kurzer Zeit zwei Gegner zu versöhnen, die   20
sich in Beziehung sowohl auf ihre Abstammung als auch auf
ihren Glauben so schroff gegenüber standen. Und fast ebenso
wunderbar war es, aus dem wilden, ungefügen Nedschir-Bey
so schnell einen freundlichen, lammfrommen Mann zu machen. Warum sollte dies alles Geheimnis bleiben, auch für   25
mich? Ein anderes Menschenkind hätte sich mit einem solchen
Einflusse, mit einer solchen Macht gebrüstet. Diese Marah
Durimeh war nicht nur ein geheimnisvolles Menschenkind,
sondern jedenfalls auch ein ungewöhnlicher, außerordentlicher Charakter. Welch ein Sujet für einen neugierigen Men-   30
schen, der sich in der weiten Welt umhertreibt, um interessante
Gegenstände für seine Feder zu finden! Ich gestehe, daß mir
jetzt das Geheimnis der alten Königin weit mehr am Herzen
lag, als vorher die Streitigkeit zwischen den Kurden und Chaldani.   35

---

1 Arabischer Mann.

Als wir die Lichter von Lizan wieder vor uns erblickten, meinte der Raïs von Schohrd:

»Jetzt muß ich mich von euch trennen.«

»Warum?« fragte der Melek.

»Ich muß an den Versammlungsort meiner Leute, um ihnen
zu sagen, daß Frieden ist, sonst könnten sie ungeduldig werden
und noch vor dem Morgen gegen die Kurden losbrechen.«

»So gehe.«

Er ritt von uns rechts ab, und wir waren in zehn Minuten
in Lizan. Die Leute empfingen uns mit neugierigen Gesichtern.
Die laute Stimme des Melek rief sie zusammen, und dann richtete er sich in dem Sattel empor, um ihnen zu verkünden, daß
aller Kampf zu Ende sei, weil der Ruh 'i kulyan es geboten habe.

»Wollen wir die Berwari bis morgen warten lassen?« fragte
ich ihn dann.

»Nein. Sie sollen es sofort erfahren.«

»Wer soll der Bote sein?«

»Ich,« antwortete der Bey. »Sie werden keinem so leicht glauben wie mir. Reitest du mit, Herr?«

»Ja,« stimmte ich bei, »nur warte noch ein wenig.«

Ich wandte mich zu demjenigen Chaldani, der mir am nächsten stand, mit der Frage:

»Du kennst den Weg nach Schohrd?«

»Ja, Emir.«

»So genau, daß du ihn auch im Dunkeln findest?«

»Ja, Emir.«

»Kennst du dort Ingdscha, die Tochter des Raïs?«

»Sehr gut.«

»Und vielleicht auch ein Weib, das Madana heißt?«

»Auch das.«

»So nimm jetzt ein Pferd und reite hin. Du sollst diesen beiden
sagen, daß sie sich ohne Sorgen zur Ruhe legen können, denn es
ist Frieden. Der Raïs ist mein Freund geworden und wird ihnen
nicht zürnen, daß ich aus der Hütte entkommen bin.«

Ich fühlte mich verpflichtet, den beiden braven Frauen Nachricht von dem glücklichen Ausgange der heutigen Verwicklungen
zu geben; denn ich konnte mir ja denken, daß sie in Beziehung

auf das Verhalten des Raïs sehr in Sorge sein würden. Und nun schloß ich mich dem Bey von Gumri an. Wir hatten unsere Pferde bereits in Gang gebracht, als uns der Melek nachrief:

»Bringt die Berwari mit! Sie sollen unsere Gäste sein.«

Ich kannte den Weg, trotzdem er durch Bäume und Sträucher sehr beschwerlich gemacht wurde. Aber wir hatten noch nicht viel über die Hälfte desselben zurückgelegt, als uns ein lauter Zuruf entgegenscholl:

»Wer kommt?«

»Freunde!« antwortete der Bey.

»Sagt die Namen!«

Jetzt erkannte der Bey den Posten an der Stimme.

»Sei ruhig, Talaf, ich bin es selbst!«

»Herr, du selbst bist es? Schükr' allah – Gott sei Dank, daß ich den Ton deiner Stimme vernehme! Ist es dir gelungen, zu entfliehen?«

»Ich bin nicht entflohen. Wo lagert ihr?«

»Reite grad aus, so wirst du die Feuer sehen!«

»Führe uns!«

»Ich darf nicht, Herr!«

»Warum nicht?«

»Ich gehöre zu den Wachen, die ausgestellt worden sind, und darf diesen Ort nicht eher verlassen, als bis ich abgelöst werde.«

»Wer befiehlt bei euch?«

»Noch immer der Raïs von Dalascha.«

»Da habt ihr euch einen außerordentlich klugen Anführer gewählt, Jetzt aber bin ich da, und ihr habt nur mir zu gehorchen. Die Wachen sind nicht mehr nötig. Komm und führe uns!«

Der Mann nahm seine lange Flinte über die Schulter und schritt uns voran. Bald sahen wir die Lagerfeuer zwischen den Stämmen der Bäume leuchten und gelangten an denselben Platz, wo wir am vorigen Tage die Beratung gehalten hatten.

»Der Bey!« erklang es rundum.

Alle erhoben sich voll Freude, um ihn zu begrüßen. Auch ich wurde umringt und mit manchem freundschaftlichen Händedruck bewillkommnet. Nur der bisherige Anführer stand von ferne und beobachtete die Szene mit finsterem Blick. Er sah, daß seine Macht am Ende sei. Endlich aber trat er doch herbei und reichte dem Bey die Hand.

»Willkommen!« sagte er. »Du bist entronnen?«

»Nein. Man hat mich freiwillig freigegeben.«

5 »Bey, das ist das größte Wunder, welches ich erlebe.«

»Es ist kein Wunder. Ich habe mit den Chaldani Frieden geschlossen.«

»Du hast zu schnell gehandelt! Ich habe nach Gumri gesandt, und in der Frühe werden viele Hunderte von Berwari zu uns
10 stoßen.«

»Dann bist du selbst es, der zu schnell gehandelt hat. Hast du nicht gewußt, daß dieser Emir nach Lizan ging, um Frieden zu machen?«

»Er wurde überfallen.«

15 »Aber du erfuhrst dann später, daß es nicht der Melek war, der ihn überfallen ließ.«

»Was bekommst du von den Chaldani für den Frieden?«

»Nichts.«

»Nichts? O Bey, du hast zu unklug gehandelt! Sie haben dich
20 überfallen und mehrere der Unserigen getötet. Gibt es keine Blutrache und kein Blutgeld mehr im Lande?«

Der Bey blickte ihm ruhig lächelnd in das Gesicht; aber dieses Lächeln war beängstigend.

»Du bist der Raïs von Dalascha, nicht?« fragte er mit sehr
25 freundlicher Stimme.

»Ja,« antwortete der Andere verwundert.

»Und mich kennst du wohl?«

»Warum sollte ich dich nicht kennen!«

»So sage mir, wer ich bin!«

30 »Du bist der Bey von Gumri.«

»Richtig! Ich wollte nur sehen, ob ich mich täuschte; denn ich dachte, dein Gedächtnis habe dich verlassen. Was glaubst du wohl, daß der Bey von Gumri dem Manne tun wird, der es wagt, ihn vor so vielen tapfern Männern unklug zu nennen?«

35 »Herr, willst du mir meine Dienste mit Undank lohnen?«

Da auf einmal nahm die Stimme des Bey einen ganz anderen Ton an.

»Wurm!« donnerte er. »Willst du gegen mich ebenso tun, wie du es zuerst mit diesem Emir aus Frankistan getan hast? Sein Mund wies dich zurecht, und seine Hand hat dich gezüchtigt. Soll ich mich vor dir fürchten, da sich der Fremdling nicht scheut, dich vom Pferde zu werfen! Welchen Dienst hast du mir geleistet, und wer hat dich zum Anführer ernannt? Bin ich es gewesen? Ich sage dir, der Ruh 'i kulyan hat uns geboten, Frieden zu schließen, und weil die Stimme des Geistes zur Milde geraten hat, so will ich auch dir vergeben. Aber wage nicht noch einmal, gegen das zu handeln, was ich rede und was ich tue! Du steigst sofort zu Pferde und reitest nach Gumri, um den Berwari zu sagen, daß sie ruhig in ihren Dörfern bleiben können. Gehorchst du nicht vollständig und augenblicklich, so bin ich mit diesen Kriegern morgen in Dalascha, und man soll von Behedri bis Schuraïsi, von Biha bis Beschukha im ganzen Lande Chal erfahren, wie der Sohn des gefürchteten Abd-el-Summit-Bey den Kiaja züchtigt, der ihm zu widerstreben wagt. Mache dich auf und davon, Sklave der Türken!«

Die Augen des Bey leuchteten so unheimlich, und sein Arm streckte sich so gebieterisch aus, daß der Raïs ohne ein weiteres Wort zu Pferde stieg und schweigend davonritt. Dann wandte sich der Bey zu den andern:

»Holt die Wachen herbei, und folgt uns nach Lizan! Ihr sollt von unsern Freunden bewirtet werden.«

Mehrere eilten fort; die andern löschten die Feuer aus, und ohne daß ein Wort der Frage oder des Widerspruchs gefallen war, hatten wir bereits nach zehn Minuten die Lichtung verlassen und ritten auf Lizan zu.

Als wir dort anlangten, bot sich uns eine sehr lebendige Szene dar. Man hatte mächtige Haufen Holzes errichtet, um die Feuer zu vermehren und zu vergrößern; viele Chaldani waren beschäftigt, Hammel zu schlachten, und sogar zwei prächtige Ochsen lagen am Boden, um abgehäutet, ausgenommen, zerstückelt und dann an den Feuern gebraten zu werden. Dazu waren alle Uejütasch[1] des Ortes zusammengeschleppt worden; sie bildeten eine

---

1 Mahlsteine.

lange Reihe, und an ihnen saßen die Frauen und Mädchen, um Körner in Mehl zu verwandeln und aus dem Mehl dann breite Brotfladen herzustellen.

Man begrüßte sich zunächst still, und die eine Schar mengte sich vorsichtig und noch mißtrauisch unter die andere; aber bereits nach einer Viertelstunde hatte man sich in Freundschaft vereinigt, und überall erklangen fröhliche Stimmen, die den Geist der Höhle lobten, weil er das Leid in Freude verwandelt hatte.

Wir Honoratioren (ich gebrauche dieses Wort natürlich mit ungeheurem Stolze) saßen im Parterre des Melek vereint, um beim Schmause über die Begebenheiten der letzten Tage zu reden. Natürlich war auch mein wackerer Halef dabei, der meine öffentliche Anerkennung seiner Treue und seines mutigen Verhaltens mit sichtlicher Genugtuung entgegennahm. Der Tag war bereits angebrochen, als ich mich mit den Gefährten in den oberen Raum des Hauses begab, um einige Stunden zu schlafen.

Als ich erwachte, hörte ich unten die bekannte Stimme des Raïs von Schohrd. Ich eilte hinab und wurde von ihm mit großer Freundlichkeit begrüßt. Er hatte mir alles mitgebracht, was mir abgenommen worden war; es fehlte nicht das geringste, und dazu sagte er mir, daß er zu jeder Genugtuung bereit sei, die ich von ihm fordern möchte. Natürlich wies ich das entschieden ab.

Vor dem Hause lagen Kurden und Chaldani wirr durcheinander. Sie schlummerten noch friedlich.

Da sah ich von unten herauf zwei weibliche Gestalten langsam nahen. Ich legte die Hand wie einen Schirm über die Augen und erkannte Ingdscha mit der holden »Petersilie«. Die alte, süße Madana hatte sich wahrhaft prachtvoll herausgeputzt, wie ich sah, als sie näher kamen. Ihr Haupt wurde beschattet von einem Hut, der bloß noch aus einer unendlich breiten Krämpe bestand, und um den übrigen Teil zu ersetzen, war ein großer Busch von Hahnenfedern über die klaffende runde Oeffnung gebunden. An Stelle der Schuhe aber waren zwei prachtvoll rote Fußlappen um die Füße gewickelt, leider aber war die Farbe nicht mehr zu erkennen. Von ihren Hüften wallte ein buntscheckiger Teppich hernieder, der die Stelle des Rockes zu vertreten hatte und von einer Schärpe festgehalten wurde, die ich an einem andern Ort für ein altes Küchenhandtuch gehalten hätte. Ihr Oberkörper war eingehüllt in ein Ding, für das den richtigen Namen zu entdecken selbst dem gründlichsten Garderobekenner nicht gelungen wäre. Es war teils Kasawaika, teils Kartoffelsack, teils Beduine und teils lateinisches Segel, teils Konzerttuch und teils Stuhlkappe, teils Saloppe und teils Geiferlatz. Zwischen diesem geheimnisvollen Toilettestück und dem Teppich guckte das Hemd hervor – aber, o süße Petersilie, ist dies Leinen oder Mastrichter Sohlenleder? Gibt es denn im Zab kein Wasser, traute Erretterin eines Emirs aus Germanistan?

Ganz anders wandelte Ingdscha nebenher. Ihr dichtes, volles Haar hing in zwei Zöpfen weit über den Rücken herab; auf dem Scheitel kokettierte ein kleines, in Falten gelegtes türkisch-rotes Tuch; schneeweiße, weite Frauenbeinkleider gingen bis zu niedlichen Smyrnaer Stiefelchen herab; ein blaues, gelbbeschnürtes Baschi-Bozukjäckchen reichte grad bis zur Taille, und darüber trug sie einen Saub[1] von dünnem, blauen Baumwollenstoff.

Als sie näher kam und mich erblickte, färbten sich die Wangen ihres bräunlichen Gesichtes dunkler. Meine »Petersilie« aber kam sofort mit Siebenmeilenschritten auf mich losgestiegen, legte die Arme über die Brust und forcierte eine Verbeugung, die so tief ging, daß die Spitzen ihrer Hüften fast über den wagrecht liegenden Rücken emporragten.

»Sabahh 'l ker – guten Morgen, Herr!« grüßte sie. »Du wolltest uns heute sehen, hier sind wir!«

Das war eine militärisch kurze Meldung; ich antwortete:

»Seid willkommen und tretet mit mir in das Haus. Meine Gefährten sollen die Frauen kennen lernen, denen ich meine Rettung verdanke.«

»Herr,« sagte Ingdscha, »du hast uns einen Boten gesandt; wir danken dir, denn wir waren wirklich in Sorgen.«

»Hast du deinen Vater bereits gesehen?«

---

1 Weites Obergewand, das von den Schultern bis zum Knöchel reicht.

»Nein. Er ist seit gestern nicht in Schohrd gewesen.«

»Er ist hier. Komm herein!«

Schon unter der Tür stießen wir auf den Raïs, der soeben das Haus verlassen wollte. Er machte ein einigermaßen erstauntes Gesicht, als er seine Tochter erblickte, fragte sie aber doch mit freundlicher Stimme:

»Suchst du mich?«

»Es ist Krieg, und ich habe dich seit gestern nicht gesehen,« antwortete sie.

»Aengstige dich nicht; die Feindschaft ist vorüber. Geht zur Frau des Melek; ich habe keine Zeit.«

Er schritt hinaus, schwang sich auf sein Pferd und ritt davon. Ich aber stieg mit den beiden nach oben, wo die Genossen soeben ihre Morgentoilette beendet hatten.

»*Heigh-day*, wen bringt Ihr da, Master?« fragte Lindsay.

Ich nahm die beiden Frauen bei der Hand und führte sie ihm zu.

»Das sind die beiden Ladies, welche mich aus der Höhle des Löwen befreiten, Sir,« antwortete ich. »Diese hier ist Ingdscha, die Perle, und diese andere heißt Madana, die Petersilie.«

»Petersilie, hm! Aber diese Perle ist prächtig! Habt recht gehabt, Master! Aber beide brav, alle beide. Werde ihnen ein Geschenk geben, gut bezahlen, sehr gut. *Yes!*«

Auch die andern waren erfreut, meinen Besuch kennen zu lernen, und ich darf wohl sagen, daß den beiden Chaldäerinnen sehr viel Achtung und Aufmerksamkeit entgegengebracht wurde. Sie blieben da bis Mittag, wo sie das Mahl noch mit uns einnehmen mußten, und dann begleitete ich sie eine Strecke Weges nach Schohrd zu. Als ich von ihnen schied, fragte Ingdscha:

»Herr, hast du dich wirklich mit meinem Vater ausgesöhnt?«

»So ist es.«

»Und hast du ihm vollständig verziehen?«

»Vollständig.«

»Und er zürnt mir nicht? Er wird mich nicht schelten?«

»Er wird dir nicht ein unfreundliches Wort sagen.«

»Wirst du ihn einmal besuchen?«

»Bin ich denn dir und ihm willkommen, Ingdscha?«

»Ja, Herr!«

»So komme ich bald, vielleicht schon heute, vielleicht auch morgen.«

»Ich danke dir. Lebe wohl!«

Sie reichte mir die Hand und schritt weiter.

Madana aber blieb bei mir stehen und wartete, bis das Mädchen außer Hörweite war; dann fragte sie:

»Herr, weißt du noch, was wir gestern gesprochen haben?«

Ich ahnte, was jetzt kommen werde, und antwortete daher lächelnd:

»Jedes Wort.«

»Und doch hast du ein Wort vergessen.«

»Ah! Welches?«

»Besinne dich!«

»Ich glaube, alles zu wissen.«

»O, grad das beste, das allerbeste Wort hast du vergessen.«

»So sage es!«

»Das Wort von dem Geschenke!«

»Meine gute Madana, ich habe es nicht vergessen. Verzeihe mir, ich komme aus einem Lande, wo man die Frauen höher hält, als alles andere. Sie, die so schön, so zart und liebenswürdig sind, sollen sich nicht mit schweren Lasten plagen. Darum haben wir euch eure Geschenke nicht mitgegeben. Ihr sollt sie nicht diesen weiten Weg nach Schohrd tragen müssen, sondern wir werden sie euch heute noch senden. Und wenn ich morgen komme, so wird dein Anblick mein Herz erfreuen, denn ich werde dich geschmückt sehen mit dem, was ich dir aus Dankbarkeit verehre.«

Die Wolke schwand und heller Sonnenschein glänzte auf dem runzeligen Angesicht der guten Petersilie. Dieselbe schlug die Hände zusammen und rief:

»O, wie glücklich müssen die Frauen deines Landes sein! Ist es weit bis dahin?«

»Sehr weit.«

»Wie viele Tagreisen?«

»Weit über hundert.«

»Wie schade! Aber du kommst morgen wirklich?«

»Sicher!«

»Dann lebe wohl, Herr! Der Ruh 'i kulyan hat gezeigt, daß du sein Liebling bist, und auch ich versichere dir, daß ich deine Freundin bin!«

Nun gab sie mir die Hand und eilte Ingdscha nach. Wäre Germanistan nicht so viele Tagreisen entfernt gewesen, so hätte meine Petersilie vielleicht versucht, aus eigener Anschauung kennen zu lernen, »wie glücklich unsere Frauen sind«!

Ich hatte den Rückweg noch nicht sehr weit verfolgt, als ich eine Gestalt rechts von der Höhe herabsteigen sah. Es war die alte Marah Durimeh. Auch sie hatte mich erkannt; sie blieb stehen und winkte mir. Als sie sah, daß ich ihrem Winke Folge leistete, drehte sie sich um und stieg mit langsamen Schritten wieder den Berg hinan, wo sie hinter einem Gesträuch verschwand. Dort erwartete sie mich.

»Der Friede Gottes sei mit dir, mein Sohn!« begrüßte sie mich. »Verzeihe mir, daß ich dich zu mir heraufsteigen ließ. Meine Seele hat dich lieb, und im Hause des Melek kann ich nicht allein mit dir sein; darum rief ich dich zu mir. Hast du ein wenig Zeit für mich?«

»So viel du willst, meine gute Mutter.«

»So komm!«

Sie nahm mich bei der Hand, wie es eine Mutter mit ihrem Kinde tut, und führte mich noch einige hundert Schritte weiter, bis wir einen moosbewachsenen Fleck erreichten, von dem aus man die ganze Gegend überblicken konnte, ohne selbst bemerkt zu werden. Sie setzte sich nieder.

»Komm, nimm an meiner Seite Platz!« bat sie.

Ich folgte ihrem Gebote. Sie ließ den weiten Mantel fallen, und nun saß sie neben mir so vornehm, so ehrwürdig, so Ehrfurcht gebietend, wie eine Gestalt aus der Zeit der Propheten Israels.

»Herr,« begann sie, »blicke auf, dahin zwischen Süd und Ost. Diese Sonne bringt Frühling und Herbst, bringt Sommer und Winter; ihre Jahre sind viele, viele Male über mein Haupt dahingegangen. Siehe dieses Haupt an! Es hat nicht mehr das Grau des Alters, sondern das Weiß des Todes. Ich sagte dir bereits in Amadijah, daß ich nicht mehr lebe, und ich habe die Wahrheit gesprochen; ich bin ein – Geist, der Ruh 'i kulyan.«

Sie hielt inne. Ihre Stimme klang geheimnisvoll, wie aus fernen Vergangenheiten heraus; aber sie vibrierte doch wie unter der Regung eines lebendigen Herzens, und die Augen, die auf das Gestirn des Tages gerichtet waren, zeigten einen lichten, feuchten Glanz.

»Ich habe viel gehört und viel gesehen,« fuhr sie fort. »Ich sah den Hohen fallen und den Niedern emporsteigen; ich sah den Bösen triumphieren und den Guten zu Schanden werden; ich sah den Glücklichen weinen und den Unglücklichen jubeln. Die Gebeine des Mutigen zitterten vor Angst, und der Zaghafte fühlte den Mut des Löwen in seinen Adern. Ich weinte und lachte mit; ich stieg und sank mit – dann kam die Zeit, in der ich denken lernte. Da fand ich, daß ein großer Gott das All regiert und daß ein lieber Vater alle bei der Hand hält, den Reichen und den Armen, den Jubelnden und den Weinenden. Aber viele sind abgefallen von ihm; sie lachen über ihn. Und noch andere nennen sich zwar seine Kinder, aber sie sind dennoch die Kinder dessen, der in der Dschehennah wohnt. Darum geht ein großes Leid hin über die Erde und über die Menschen, die sich nicht von Gott strafen lassen wollen. Und doch kann keine zweite Sündflut kommen, denn Gott würde keinen Noah finden, der der Vater eines besseren Geschlechtes werden kann.«

Sie machte eine neue Pause. Ihre Worte, der Ton ihrer Stimme, dieses stille und doch so sprechende Auge, ihre langsamen, müden und doch so bezeichnenden Gesten machten einen tiefen Eindruck auf mich. Ich begann die geistige Herrschaft zu begreifen, die dieses Weib auf die intellektuell armen Bewohner dieses Landes ausübte. Sie fuhr fort:

»Meine Seele zitterte, und mein Herz wollte brechen; das arme Volk erbarmte mich. Ich war reich, sehr reich an irdischen Gütern, und in meinem Herzen lebte der Gott, den sie verworfen hatten. Mein Leben starb, aber dieser Gott starb nicht mit. Er berief mich, seine Dienerin zu sein. Und nun wandere ich von Ort zu Ort, mit dem Stab des Glaubens in der Hand, um zu reden und zu predigen von dem Allmächtigen und Allgütigen, nicht mit Worten, die man verlachen würde, sondern mit Taten, die segnend auf jene fallen, die der Barmherzigkeit des Vaters bedürftig sind. Die alte Marah Durimeh und der Ruh 'i kulyan sind dir ein Rätsel gewesen; sind sie es dir auch jetzt noch, mein Sohn?«

Ich konnte nicht anders, ich mußte ihre Hand erfassen und an meine Lippen drücken.

»Ich verstehe dich!« sagte ich.

»Ich wußte es, daß es bei dir nur dieser Worte bedurfte; denn auch du ringst mit dem Leben, ringst mit den Menschen außer dir und mit dem Menschen in dir selbst.«

Ich schaute rasch auf zu ihr. War sie mit der Gabe des Sehens begnadet? Wie kam es, daß ihr Auge so tief drang und so richtig blickte? Ich antwortete nicht, und sie fuhr nach einer Weile fragend fort:

»Du bist ein Emir in deinem Lande?«

»Nicht das, was bei euch ein Emir ist. Bei uns gibt es Emire der Geburt, Emire des Geldes, Emire des Wissens und Emire des Leidens, des Duldens und des Ringens.«

»Zu welchen gehörest du?«

»Zu den letzteren.«

Sie blickte mich lange forschend an; dann fragte sie:

»Bist du reich?«

»Ich bin arm.«

»Arm an Gold und Silber, aber nicht arm an andern Gütern; denn dein Herz teilt Gaben aus, die andere erfreuen. Ich habe gehört, wie viele Freunde du dir erworben hast, und auch mich hast du beglückt. Warum bleibst du nicht daheim; warum gehest du in ferne Länder? Man sagt, du wanderst, um mit deinen Waffen Taten zu verrichten; aber dies ist nicht wahr, denn die Waffen töten, und du willst den Tod des Nächsten nicht.«

»Marah Durimeh, ich habe noch keinem gesagt, weshalb ich die Heimat immer wieder verlasse; du aber sollst es hören.«

»Weiß es auch in deiner Heimat niemand?«

»Nein. Ich bin dort ein unbekannter, einsamer Mann; aber diese Einsamkeit tut meinem Herzen wohl.«

»Mein Sohn, du bist noch jung. Hat dir Allah bereits solches Leid beschert, daß deine Seele einwärts geht?«

»Das ist es nicht, sondern es ist das, was dich noch leben läßt,« erwiderte ich.

»Erkläre es mir!« sagte sie.

»Wer in der Wüste schmachtet, der lernt den Wert des Tropfens erkennen, der dem Dürstenden das Leben rettet. Und auf wem das Gewicht des Leides und der Sorge lastete, ohne daß eine Hand sich helfend ihm entgegenstreckte, der weiß, wie köstlich die Liebe ist, nach der er sich vergebens sehnte. Und doch ist mein ganzes Herz erfüllt von dem, was ich nicht fand, von jener Liebe, die den Sohn des Vaters auf die Erde trieb, um ihr die frohe Botschaft zu verkünden, daß alle Menschen Brüder sind und Kinder eines Vaters. Und wie der Heiland aus den Höhen, wohin kein Sterblicher dringen kann, auf die kleine Erde herniederstieg, so gehen nun seine Boten hinaus in alle Welt, um das Evangelium der Liebe zu verkündigen allen, die noch in Finsternis wandeln. Das sind die Emire des Christentums, die Helden des Glaubens, die Meleks der Barmherzigkeit.«

»Aber nicht alle lehren das, was du jetzt gesprochen hast,« fiel sie ein. »Es gibt Sendlinge, die die Boten des echten Glaubens verfolgen. Siehe dieses Land an, über dem jetzt die Sonne leuchtet. Dieselbe Sonne hat Tausende hier sterben sehen, und derselbe Fluß, den du hier vor uns erblickst, hat Hunderte von Leichen mit sich fortgerissen. Und warum? Frage die Emire des Glaubens, die dort hinter den Bergen von Karitha und Tura Schina wohnten; frage die Scheiks der christlichen Fürsten, die bei den Statthaltern des Sultans waren und dies alles ruhig geschehen ließen! Hat nicht jeder christliche Sultan und Schah das Recht und die Pflicht, die Christen zu schützen, sie mögen sich befinden, wo es nur immer sei? Ich habe heut um Mitternacht die Christen dieses Tales vom Tode errettet, ich, das Weib; warum haben diese Emire weniger Macht als ich? Einst war ich Meleka; jetzt bin ich nur ein altes Weib; aber dennoch hören Türken, Kurden und Chaldani meine Stimme. Auch ich habe heut um Mitternacht das Christentum verkündet, aber nicht das Christentum des Wortes, über dessen Sinn die Abgefallenen

streiten, sondern das Christentum der Tat, daran niemand zweifeln kann. Züchtigt die Bösen, und sie werden es euch später
danken, während die Guten, die sich nach Erlösung sehnen,
euer Nahen mit Freudigkeit begrüßen werden. Sendet nicht
⁵ Boten, die wie einzelne Funken im Meere verlöschen, sondern
sendet Männer, vor denen sich der Unterdrücker fürchtet; dann
werden die Berge jauchzen und die Täler jubilieren; das Land
wird Segen bringen zu jeder Zeit, und es wird das Wort von
einem Hirten und einer Herde sich erfüllen. Hat nicht dieser
¹⁰ eine Hirt bereits seinen Statthalter auf Erden? Warum wendet ihr selbst euch von ihm weg? Kehrt zu ihm zurück; dann
seid ihr einig, und die Macht dessen, der euch sendet, wird die
Erde zu dem Belad el Kuds¹ machen, in dem Milch und Honig
fließt!«
¹⁵ Sie hatte während ihrer Rede sich erhoben. Ihre hohe Gestalt
stand aufrecht vor mir; in ihren Zügen zeigte sich sprühendes
Leben; ihre Augen leuchteten vor Begeisterung, und ihre Stimme erscholl laut und voll, als ob sie zu Tausenden rede. Es war
ein Augenblick, den ich nie vergessen werde. Jetzt hielt sie er-
²⁰ schöpft inne und setzte sich wieder nieder. Diese Frau mußte viel
gesehen und gehört, viel gefühlt und gedacht, vielleicht auch gar
manches gelesen haben. Was sollte ich ihr antworten?
»Marah Durimeh, tadelst du auch mich?« fragte ich sie.
»Dich? Warum meinst du das?«
²⁵ »Weil ich auch ein Bote bin.«
»Du?! Wer hat dich gesandt?«
»Niemand. Ich komme selbst.«
»Um zu lehren?«
»Nein, und doch auch ja.«
³⁰ »Ich verstehe dich nicht, mein Sohn. Erkläre es!«
»Du selbst hast gesagt, daß du Boten der Tat wünschest, aber
der Tat, die nicht im Meere verlischt. Gott teilt die Gaben nach
seiner Weisheit aus. Dem Einen gibt er die erobernde Rede und
dem Andern befiehlt er, zu wirken, bevor die Zeit kommt, da er
³⁵ nicht mehr wirken kann. Mir ist die Gabe der Rede versagt, aber

1 Heiligen Lande.

530

ich muß wuchern mit dem Pfunde, das Gott mir verliehen hat. Darum läßt es mich in der Heimat nimmer ruhen; ich muß immer wieder hinaus, um zu lehren und zu predigen, nicht durch das Wort, sondern dadurch, daß ich jedem Bruder, bei dem ich einkehre, nützlich bin. Ich war in Ländern und bei Völkern, deren Namen du nicht kennst; ich bin eingekehrt bei weiß, gelb, braun und schwarz gefärbten Menschen; ich war der Gast von Christen, Juden, Moslemin und Heiden; bei ihnen allen habe ich Liebe und Barmherzigkeit gesäet. Ich ging wieder fort und war reich belohnt, wenn es hinter mir erklang: ›Dieser Fremdling kannte keine Furcht; er konnte und wußte mehr als wir und war doch unser Bruder; er ehrte unsern Gott und liebte uns; wir werden ihn nie vergessen, denn er war ein guter Mensch, ein wackerer Gefährte; er war – – ein Christ!‹ Auf diese Weise verkündige ich meine Religion der echten, wahren Menschlichkeit. Und sollte ich auch nur einen einzigen Menschen finden, der diese Religion achten und vielleicht gar dann lieben lernt, so ist mein Tagewerk nicht umsonst getan, und ich will irgendwo auf dieser Erde mich von meiner Wanderung gern zur Ruhe legen.«

Es entstand eine lange, lange Pause. Wir beide blickten wortlos zur Erde nieder; dann ergriff sie langsam mit beiden Händen meine Rechte.

»Herr,« sagte sie, »ich liebe dich!«

Dabei sahen mich die alten Augen so mütterlich innig an, daß ich's nie vergessen werde!

»Mein Sohn,« sagte sie, »wenn du dieses Tal verlassen hast, so wird mein Auge dich nie wiedersehen, aber Marah Durimeh wird für dich beten und dich segnen, bis dieses Auge geschlossen ist. Du sollst nun auch der einzige sein, der außer den dreien, die um Mitternacht beim Ruh 'i kulyan waren, mein Geheimnis erfährt. Willst du?«

»Wenn Schweigen besser ist, so verzichte ich darauf; doch willst du es mir wirklich und gewiß gern anvertrauen, so nimm meinen Dank dafür.«

»Diese drei haben geschworen, nie ein Wort davon zu sagen – – –.«

»Auch ich werde nie darüber sprechen.«

»Zu keinem Menschen?«

»Zu niemand!«

»So sollst du alles hören.«

Und nun erzählte sie. Es war eine Geschichte, die als Sujet einen Autor berühmt machen könnte, eine lange Geschichte aus jener Zeit, in der die drei Teufel Abd-el-Summit-Bey, Beder-Khan-Bey und Nur-Ullah-Bey das Christentum im Tale des Zab ausrotteten, eine Geschichte, die mir die Haare sträuben machte. Es dauerte lange, ehe sie beendet war, und dann saß die Alte noch geraume Zeit in tiefem Schweigen neben mir. Nur ein leises Schluchzen unterbrach dann und wann die Stille, und ihre Hand langte nach den Augen, um die immerfort rinnenden Tränen zu trocknen. Dann legte sie ermüdet und ganz von selbst ihr Haupt an meine Schulter und bat mich leise:

»Verlaß mich jetzt! Ich wollte hinab nach Lizan gehen; aber ich steige nochmals zurück, um zu warten, bis mein Herz wieder ruhig schlägt. Am Abend komme ich zu euch.«

Ich achtete diesen Wunsch und ging.

Als ich in Lizan anlangte, sah ich keine Kurden mehr; aber der Bey hatte auf mich gewartet.

»Emir,« sagte er, »meine Leute sind fort, und auch ich scheide von hier; aber ich erwarte, daß du zurück nach Gumri kommst.«

»Ich komme.«

»Auf lange Zeit?«

»Auf kurze Zeit, denn die Haddedihn sehnen sich nach den Ihrigen.«

»Sie haben mir versprochen, mitzukommen, und wir werden dann beraten, wie ihr am sichersten den Tigris erreicht. Lebe wohl, Emir!«

»Lebe wohl!«

Der Melek stand mit meinen Gefährten dabei. Der Bey verabschiedete sich nochmals bei ihnen und eilte dann davon, um seine Kurden zu erreichen.

Marah Durimeh hielt Wort: sie kam des Abends; und als sie mich ungehört sprechen konnte, fragte sie mich:

»Herr, willst du mir eine Bitte erfüllen?«

»Von Herzen gern.«

»Glaubst du an die Macht der Amulette?«

»Nein.«

»Aber dennoch habe ich dir heut eins gemacht. Willst du es tragen?«

»Als Andenken an dich, ja.«

»So nimm es. Es hilft nicht, so lange es geschlossen ist; aber wenn du einmal eines Retters bedarfst, so öffne es; der Ruh 'i kulyan wird dir dann beistehen, auch wenn er nicht an deiner Seite ist.«

»Ich danke dir.«

Das Amulett war viereckig und in einem zusammengenähten Kattunlappen eingeschlossen. Da es mit einem Bande versehen war, hing ich es mir gleich um den Hals. Später sollte es mir allerdings sehr nützlich sein, trotz meines offen gestandenen Unglaubens; freilich konnte ich nicht erwarten, daß der Inhalt ein so überraschender sei. –

EDITORISCHER BERICHT

Entstehungsgeschichte des Orientromans (1)

D er große Orientzyklus, dessen exemplarische Bedeutung für das Schaffen und Fortleben Karl Mays im Editorischen Bericht zu KMW IV.1 ausgeführt wurde, teilt mit vielen seiner Werke eine Entstehungsgeschichte, die konzentriert, ja euphorisch anhebt, schon bald eine Ablenkung durch neue, ebenso enthusiastisch begonnene Projekte erfährt und, wenn überhaupt, nur nach viel Verzögerung und wiederholter Mahnung durch die ungeduldig werdenden Geschäftspartner zum Abschluss kommt. Während sich jedoch diese Motivationskurve sonst recht deutlich in der erzählerischen Qualität der Texte widerspiegelt, die nach ambitionierter Exposition zunehmend kurzatmig, repetitiv und nicht selten logisch inkonsistent werden, zeigt dieser umfangreichste seiner Reiseromane über viele hundert Seiten hinweg eher eine wachsende Stoffbeherrschung und auch in der zweiten Hälfte trotz langer Schreibpausen keinen merklichen Abfall von Originalität und Dichte der Komposition. Dies ist umso erstaunlicher, als der Autor während der acht Jahre, über die sich die Entstehung letztlich hinzog, den quantitativen Höhepunkt seiner Produktivität erreichte und neben dem Orientroman noch ein Vielfaches der Textmenge für eine Leserschaft mit ganz anderen inhaltlichen und stilistischen Erwartungen hervorbrachte.

Das angesehenste Verlagshaus, mit dem Karl May nach seiner Entlassung aus der Haft geschäftliche Beziehungen anzuknüpfen vermochte, war der 1826 gegründete, katholisch ausgerichtete Familienbetrieb Pustet in Regensburg, den damals in zweiter Generation Friedrich Pustet (1831–1902) leitete. Hier erschien seit 1874 die hochwertig gestaltete Wochenzeitschrift ›Deutscher Hausschatz in Wort und Bild‹, in der May ab 1879 kürzere Abenteuergeschichten zur Erst- oder Neuveröffentlichung unterbrachte. Der Abdruck des Orientromans begann im Januar 1881 im 7. Jahrgang des ›Hausschatzes‹ mit der Erzählung »Giölgeda padis̆hanün«. Reise-Erinnerungen aus dem Türkenreiche. *Deren* sechs Kapitel (die immerhin 16 Buchkapiteln in KMW IV.1–2 entsprechen) entstanden zwischen Dezember 1880 und Anfang Juni 1881 praktisch im Monatstakt, wie Roland Schmid (1984, A 24–27) anhand eines Taschenkalenders errechnete, in dem der Autor die Absendung der Manuskriptseiten 651–850 und einige Honorarzahlungen vermerkte. May vernachlässigte über dieser fieberhaften Tätigkeit seinen Fortsetzungsroman Die Juweleninsel, mit dem er seit August 1880 das Stuttgarter Unterhaltungsmagazin ›Für alle Welt!‹ versorgte, und ignorierte auch die verzweifeltsten Hilferufe der Redaktion, so dass die Zeitschrift ihren Erscheinungsrhythmus nicht aufrecht erhalten konnte, Abonnenten verlor und schließlich einging (→ EB-KMW II.2). Dagegen geriet ihm »Giölgeda padiśhanün« so voluminös, dass der ›Hausschatz‹ im September 1881 die Fortführung eines anderen Romans (Henry C. De Mille: ›Drei Glockenschläge oder: Das Geheimniß von Cozy Dell‹) zeitweilig aussetzen musste. Zwischen Januar und September 1881 nahm Mays Text rund 40% des Gesamtumfangs in Anspruch – ganz abgesehen davon, dass in den ersten zwölf Nummern des 7. Jahrgangs bereits seine Erzählung Der Kiang-lu. Ein Abenteuer in China (→ KMW IV.25) erschienen war.

Schon in der dritten Nummer des Folgejahrgangs wurde der Orientroman mit den Reise-Abenteuern in Kurdistan fortgesetzt; der Abdruck erstreckte sich, in deutlich kleineren Portionen, von Oktober 1881 bis März 1882. Eine sechswöchige Unterbrechung über den Jahreswechsel begründete die Redaktion mit einer anderweitig nicht belegten Erkrankung des Autors. Bereits im Oktober hatte sie auf eine Leserzuschrift hin mitgeteilt, May liege »in Folge einer wieder aufgebrochenen alten Wunde« krank darnieder. Im Januar 1882 kündigte sie an: »Die Reise-Abenteuer von Karl May werden allernächstens fortgesetzt werden, da die Wiedergenesung des Herrn Verfassers in erfreulicher Weise fortschreitet.«

Ganze zwei Seiten trennen das Ende der Reise-Abenteuer in Kurdistan vom Anfang der nächsten Teilerzählung Die Todes-Karavane in derselben März-Nummer der Zeitschrift. Die letzte Lieferung, Anfang Juni 1882, ist mit »Fortsetzung und Schluß des ersten Theiles« überschrieben. Ein Zweiter Theil *setzt im September 1882 mit dem 9. Jahrgang ein. Nach nur einwöchiger Pause schloss sich von November 1882 bis Januar 1883* In Damaskus und Baalbeck *an, doch die Episoden wurden immer kürzer. Im Februar und März folgte noch* Stambul, *dann trat eine anderthalbjährige Unterbrechung ein.*

May hatte offenbar schon bald nach dem Abschluss von »Giölgeda padiśhanün« *wieder andere Auftraggeber bedient. Die erbauliche Kurzerzählung* Christi Blut und Gerechtigkeit, *die Ende 1882 in der Stuttgarter Zeitschrift* ›Vom Fels zum Meer‹ *erschien (→ KMW IV. 24), gibt sich durch ihren Schauplatz Kurdistan und die Helden Kara Ben Nemsi und Hadschi Halef Omar als direkter Ableger des Orientromans zu erkennen. Sie beginnt mit einer ganzen Salve kurdischer Zitate aus Lerch 1858, 9ff., erwähnt den Besuch im Jesiden-Heiligtum Scheik Adi, wiederholt das Motiv kurdischer Habgier auf Waffen und Pferde und greift selbst einzelne Formulierungen wieder auf – man vergleiche zum Beispiel den Dialog* »Sihdi …, was heißt Spitzbube auf Kurdisch?« / »Herambaz.« *mit 382.6ff. des vorliegenden Bandes. Die Juweleninsel wurde im März 1882 mit Mühe und Not zu einem kümmerlichen Abschluss gebracht. Nebenher entstanden auch einzelne Humoresken (→ KMW I. 6) und kürzere Reiseerzählungen wie* Ein Oelbrand, Im »wilden Westen« Nordamerika's *(beide 1882–1883; → KMW IV. 27) und* Saiwa tjalem *(1883; → KMW IV. 26). Sogar im* ›Hausschatz‹ *selbst platzierte May unter dem Pseudonym* Ernst von Linden *zwischen dem ersten und zweiten Teil der* Todes-Karavane *noch die historische Erzählung* Robert Surcouf. Ein Seemannsbild *(1882; → KMW I. 28).*

Vor allem aber hatte er, seiner späteren Darstellung zufolge, im September 1882 in einem Dresdener Restaurant den Verleger Heinrich Gotthold Münchmeyer *(1836–1892) wiedergetroffen, für den er zwischen 1875 und 1877 als Redakteur tätig gewesen war, und sich von ihm bereden lassen, einen zugkräftigen Kolportageroman zu schreiben. Dieses Geschäftsverhältnis bescherte May, obgleich ihn Münchmeyer schamlos übervorteilte, für einige Jahre ein äußerst stattliches Einkommen (Griese 2005), brachte ihn aber auch mit einem literarischen Dunstkreis in Berührung, der sich schlecht mit dem hart erarbeiteten Image eines akademisch gebildeten Autors moralisch einwandfreier, belehrender Werke für die christliche Familie vertrug. In einem charakteristischen Akt von Camouflage und Gewissensberuhigung brachte May zunächst* Ein wohlgemeintes Wort *(1882; → KMW I.1) zu Papier, ein rhetorisch geschliffenes Pamphlet, das die Schmutz- und Schundliteratur mit all ihren realitätsfernen Stereotypen geißelt und eindringlich vor ihrer verderblichen Sog- und Suchtwirkung auf den schlichten Leser warnt – und schritt dann unter pompösem Pseudonym zur Fabrikation eines Paradebeispiels der Gattung:* Waldröschen oder die Rächerjagd rund um die Erde. Großer Enthüllungsroman über die Geheimnisse der menschlichen Gesellschaft von Capitain Ramon Diaz de la Escosura *(1882–1884; → KMW II.3–8). Es folgten, unter seinem eigenen Namen,* Die Liebe des Ulanen *(1883–1885; → KMW II.9–13) und, wieder »vom Verfasser des Waldröschens«,* Der verlorne Sohn *(1884–1886; → KMW II.14–19),* Deutsche Herzen, deutsche Helden *(1885–1888; → KMW II.20–25), sowie* Der Weg zum Glück *(1886–1888; → KMW II.26–31), der Mays Namen auf den Heftumschlägen trug – eine fünfstellige Zahl von Druckseiten voll krauser Abenteuer um männlich schöne Helden, bezaubernde Frauen mit schwerem Haar und zierlichen Füßen, diabolische Intriganten, leutselige Fürsten, leichtlebige Offiziere, nächtlich spukende Geheimbünde und vertauschte Kinder, die, parallel zum Orientroman und teilweise parallel zueinander ersonnen, seine Arbeitskraft, ja sein schieres körperliches Durchhaltevermögen bis an die Grenzen beansprucht haben müssen.*

Von der Ungleichheit des Gleichzeitigen

Obgleich die dialoglastigen Münchmeyer-Märchen nur in einzelnen Passagen an das gestalterische Niveau des Orientromans heranreichen, mussten sich bei dieser atemlosen Produktionsweise ganz von selbst so viele Ähnlichkeiten und Querbezüge zwischen den Texten einstellen, dass, hätten sich die Lesergemeinden der

Regensburger Wochenzeitschrift und des Dresdner Kolportageverlags stärker überschnitten, Tonfall, Topoi und Typenvorrat sehr leicht zur kompromittierenden Identifikation des Verfassers hätten führen können – ganz abgesehen davon, dass schon Scepter und Hammer (→ KMW II.1), der 1879/80 in ›All-Deutschland!‹ erschienene Originalroman von Carl May, alle Klischees der Schauer- und Enthüllungsliteratur aufgeboten hatte. Im Waldröschen gibt es einen deutschen Weltreisenden mit dem Vornamen Karl, der sich mit Schläfenhieb und Henrystutzen Respekt verschafft, und einen britischen Dampfjachtbesitzer namens Sir Lindsay, der Henry heißt, aber zweimal versehentlich David genannt wird (emendiert in KMW II.6, S. 2472). Wir stoßen auch wieder auf das arabische Vaterunser aus dem Konversationslexikon (→ KMW II.4, S. 1047), auf Seeräuber in Frauenkleidern (→ KMW II.5, S. 1645) wie am Roten Meer und auf einen tückischen Abgrund, über den nur ein schmales Brett führt (→ KMW II.5, S. 1514), wie im Karaul von Rugova. Explizit werden die beiden Erzählwelten durch die Erwähnung der aus Deadly Dust bekannten Westmänner Sans-ear, Shatterhand und Winnetou (→ KMW II.5, S. 1416) miteinander verwoben.

Besonders nahe stehen dem Orientroman durch ihre Handlungsmotive und Sprachproben naturgemäß die in Nordafrika und Konstantinopel spielenden Kapitel von Die Liebe des Ulanen und Deutsche Herzen, deutsche Helden. Das aus Leïlet (→ KMW I.8) in »Giölgeda padiśhanün« übergegangene, auch in Scepter und Hammer verarbeitete Motiv der ›Entführung aus dem Serail‹ wird in Deutsche Herzen, deutsche Helden zur idée fixe des Lord Eaglenest, der bis in die karierte Kleidung hinein ein Doppelgänger Sir David Lindsays ist. In der verballhornten Form padischamin (emendiert in KMW II.20, S. 215) und im Schlagwort vom wilden Kurdistan (→ KMW II.20, S. 11) klingen dort sogar Titel aus dem Orientzyklus an. Doch auch an mitteleuropäischen Schauplätzen wird nicht weniger gelauscht, verfolgt, entlarvt und befreit als in Wüste und Savanne. Im Weg zum Glück flüstert ein verschlepptes Mädchen ein fantasie-italienisches Pendant zum türkischen »Kurtar Senitzaji« (→ KMW IV.1, S. 97), und der dichtende Junglehrer Max Werner bedient sich gegen rohe, ungeschulte Kraft *(vgl. 429.10) derselben Kampftechniken wie andere Identifikationsfiguren Mays (→ KMW II.31, S. 3113; KMW II.27, S. 770ff.).*

Ein einziger nicht nur gradueller, sondern wesensmäßiger Unterschied besteht zwischen den beiden simultan von May erdachten Universen: Nur in den Lieferungsromanen bildet das erotische Begehren ein zentrales Movens sowohl der kerndeutschen Lichtgestalten als auch ihrer gottlosen Widersacher. Da praktisch jedem männlichen Akteur von Anfang an eine Partnerin zugeordnet oder zugedacht ist, treten Schwestern und Töchter, herzensgute Mutterfiguren und ehrvergessene Verführerinnen in ungefähr gleicher Anzahl auf wie jene. Der klassische Tugendkanon des Helden wird um romantische Empfindsamkeit, voreheliche Keuschheit und lebenslange Treue erweitert. Zum Katalog der literarischen Versatzstücke tritt die standardisierte Beschreibung voller bis üppiger weiblicher Formen, und die unfehlbar in letzter Sekunde eintretende Bewahrung jungfräulicher Reinheit vor den entehrenden Küssen hämischer Roh- und Lüstlinge liefert ein zusätzliches, unermüdlich variiertes Rettungsszenario.

Im Regensburger Orientroman dagegen, der konservativen Anstandsbegriffen genügen musste und von langer Hand die schmeichelhafte Gleichsetzung des weitgereisten Ich-Erzählers mit dem bürgerlichen Autor anbahnte, regt sich der Eros nur im Hinter- und Untergrund. Das einzige größere Verbrechen, das nicht materieller Habgier oder Rachsucht entspringt: die Vergewaltigung Amschas durch Abu Seïf, liegt in der Vorgeschichte. Halefs Verliebtheit ist eine humoristische Episode, und seine von Kara Ben Nemsi vermittelte Heirat mit der fünfzehnjährigen Hanneh bleibt für den Reiseverlauf (im Gegensatz zum Spätwerk) ohne Folgen. Der Effendi protegiert auch anderswo junge Liebesleute – Ikbala und Ali (→ KMW IV.4), Anka und Janik (→ KMW IV.5) –, aber die Haupthandlung entfaltet sich unter Männern ohne Sexualleben. Die finstere Sinnlichkeit Abrahim-Mamurs (der sich übrigens gegen die von ihm rechtmäßig erworbene montenegrinische Sklavin weit ritterlicher beträgt als später gegen andere Opfer seiner kriminellen Machenschaften) ist bezeichnenderweise ein Überbleibsel aus der sentimentalen Erzählung Leïlet.

Die tragische Gefühlsverstrickung des Leïlet-Erzählers selbst wurde bei der Übernahme in »Giölgeda padiśhanün« vollständig getilgt: *Kara Ben Nemsi handelt bei der Befreiung Senitzas ebenso kühlen Blutes wie später bei der Heilung der Vergifteten,* die lakonisch als ein sehr schönes Mädchen *klassifiziert wird, während die verlockende Haartracht der Kolportageschönheiten mit den konventionellen Attributen* schwer, voll *und* beinahe auf den Boden herab *die Urgroßmutter ziert (178.24ff.).*

Ganz unempfänglich für weibliche Reize ist der Ich-Erzähler indes nicht: Ohne den Leser so recht ins Vertrauen zu ziehen, scheint er im vorliegenden Band die mädchenhafte Verehrung der preußisch gewachsenen ›Perle‹ Ingdscha zu erwidern. Kein Gedanke daran, oder zumindest kein Wort davon, dass die schöne Nestorianerin den fremden Emir von seiner Heldenreise und Leidensbahn abziehen könnte, aber eine volle Minute *wirkt ihr schüchterner Handkuss in ihm nach (500.32), und die beim Abschied getroffene Vereinbarung, künftig im Angesicht des Mondes einander zu gedenken, ist in der Kolportage füreinander bestimmten Liebespaaren vorbehalten (vgl. KMW II.27, S. 724).* »Nimm du die ›Perle‹ zur Frau!« *rät denn auch Halef (484.24f.), der das Privileg genießt, laut zu sagen, was sich mit der Vorbildrolle des May-Vertreters nicht verträgt. Einen weiteren Heiratsvorschlag macht er seinem Sihdi im dritten Band des Orientromans, doch die als Schwester eines Freundes eingeführte Perserin Benda stirbt ebenso rasch wie Nscho-tschi in* Winnetou I *(→ KMW IV.12). Auch die betont religiös gehaltene Kurdistan-Erzählung* Christi Blut und Gerechtigkeit *endet mit einem Seufzer der Erinnerung an die (verheiratete) Kurdin Schefaka: … denkt jenes holde Weib zuweilen an mich? (→ KMW IV.24, S. 459). In solchen entsagungsvollen* »Beinahe-Romanzen« *(Maier 2012, 270) hat bei aller Selbstzensur die amouröse Motivik der Kolportage auf die am selben Schreibtisch entstandenen Reiseerzählungen abgefärbt.*

Dass Karl May es in den 1880er Jahren fertigbrachte, neben dem katholischen ›Hausschatz‹ die Münchmeyer'sche Kolportagema-schinerie mit passenden Texten zu versorgen oder, wie sich der Chefredakteur der ›Kölnischen Volkszeitung‹, Hermann Car-dauns (1847–1925), ausdrückte: »gleichzeitig in ›Missionsarbeit‹ und im Gegentheil zu machen« (Cardauns 1902, 537), sollte ihm später viel öffentliche Entrüstung und eine bis zu seinem Tode nicht mehr abebbende Prozessflut eintragen. Der ›Hausschatz‹-Redaktion gegenüber begründete er seine scheinbar nachlassende Produktivität ganz anders; im September 1883 erfuhren die Leser: »Die Fortsetzung der Reise-Erzählungen von Karl May wird in dem bald beginnenden neuen Jahrgang unserer Zeitschrift Statt finden. Der Herr Verfasser ist wieder auf Reisen.« Doch in diesem neuen, dem 10. Jahrgang konnte die Redaktion nur immer neue Vertröstungen weitergeben; Mays offizielle ›Heimkehr‹ verzögerte sich bis zum Februar 1884, und fortgeführt wurde der Orient-roman erst im 11. Jahrgang. Ab Oktober 1884 erschien, anknüp-fend an den ersten Titel, Giölgeda padiśhanün. Reise-Erinne-rungen aus dem Türkenreiche von Karl May. (Fortsetzung.) Der letzte Ritt. *Schon im Dezember wurde der Abdruck erneut unterbrochen. »Leider«, so die Erklärung, »ist ein von* Dr. Karl May *rechtzeitig an uns abgesandtes Manuscript-Packet bis jetzt noch nicht hier eingetroffen und wahrscheinlich auf der Post verloren gegangen.« Im Frühjahr 1885 blieb auch Münchmeyer vorübergehend ohne Manuskript für* Die Liebe des Ulanen. May *hielt sich mit seiner Frau Emma in Hohenstein-Ernstthal auf, wo seine Mutter Christiane Wilhelmine am 15. April ver-starb; kurze Zeit später erlitt sein Vater Heinrich August einen Schlaganfall, der ihn halbseitig lähmte. »Wir sind«, gab die ›Hausschatz‹-Redaktion bekannt, »zur Zeit ganz ohne Nachricht von dem Verfasser.«*

Erst Ende August 1885 wurde der Orientroman wieder auf-genommen. In einem Brief an die Redaktion vom 19. September versprach May: Der »l e t z t e R i t t« wird schon darum Ihre Leser höchlichst interessiren, weil diese Begebenheit unter den jetzt aufständischen Balkan-Völkerschaften spielt, *und kündigte sofort im Anschluss einen Roman über den ebenso aktuellen Mahdi-Aufstand im Sudan an.* (Einen Text des Titels Die erste Liebe des Mahdi *hatte er am 1. Juli 1885 gegenüber Joseph Kürschner [1853–1902], damals Redakteur beim Verlag Wilhelm Spemann in Stuttgart, als* bereits halb fertig *bezeichnet [May 2013, 76], doch verwirklicht wurde ein Mahdi-Roman erst ab Anfang 1890; → KMW IV.9–11.)*

Im 12. Jahrgang lief Der letzte Ritt *bis Februar 1886 weiter; dann ging dem ›Hausschatz‹ wieder das Manuskript aus, und May reagierte nicht mehr.* »Es ist uns höchst peinlich«, *gestand die Redaktion im Juni öffentlich,* »daß abermals – und ganz gegen unsere Erwartung – eine Unterbrechung in der Reise-Erzählung ›Der letzte Ritt‹ eingetreten ist. Leider haben wir bis jetzt das fehlende Manuscript noch nicht erhalten und entbehren zur Zeit jede Nachricht von dem Verfasser. In Zukunft werden wir freilich niemals mehr mit der Veröffentlichung irgend eines Werkes beginnen, ohne daß uns das Manuscript vollständig vorliegt.« *Die letzten Seiten, die man in der Hoffnung auf Ergänzung noch zurückgehalten hatte, wurden im September 1886 in die Schlussnummer des Jahrgangs eingefügt.*

Wieder war dem Autor ein neues Großprojekt dazwischengekommen, hatte er doch am 10. November 1886 von Kürschner das Angebot erhalten, »eine möglichst spannende anziehende Jugendschrift […] für ein neues Unternehmen« *zu liefern (May 2013, 99). Er begann offenbar unverzüglich mit der ersten seiner erfolgreichen Jugenderzählungen,* Der Sohn des Bärenjägers *(→ KMW III.1), die, flankiert von kleineren Beiträgen, schon ab Januar 1887 in der neu gegründeten Zeitschrift ›Der Gute Kamerad‹ erschien.*

Der Orientroman wurde erst ein Jahr später weiter- und nun tatsächlich ohne Unterbrechungen zu Ende geführt, obwohl May zeitgleich den letzten Münchmeyer-Roman Der Weg zum Glück *abschloss und für Spemann seine zweite Jugenderzählung* Der Geist der Llano estakata *(enthalten in KMW III.1) schrieb. Zweimal im Laufe des 13. Jahrgangs hatte die ›Hausschatz‹-Redaktion ungeduldigen Lesern Bescheid geben müssen, sie habe* noch kein Manuskript erhalten, ehe sie im letzten Heft den Eingang »einer neuen Reise-Erzählung von Karl May« ankündigen konnte. Der Abdruck des letzten Teils *Durch das Land der Skipetaren. Reise-Erinnerungen aus dem Türkenreich* begann, mit zwei hilfreichen Anmerkungen für neu einsteigende Leser, kurz nach Beginn des 14. Jahrgangs im Januar 1888 und endete im September. Weit davon entfernt, seinen Orientroman mit einer lieblosen Pflichtübung an einer zufälligen Stelle oberflächlich abzurunden, brachte May innerhalb weniger Monate ein fesselndes Finale zu Papier, das letztlich mehr als ein Drittel des Gesamtumfangs ausmachte und noch einmal rund 40 % der Zeitschrift füllte. Hierüber scheint sich nun eine andere Fraktion der Abonnentenschaft beschwert zu haben, denn im August 1888 äußerte die Redaktion verständnisvoll: »Wir selbst bedauern, daß die Erzählung ›Durch das Land der Skipetaren‹ mehr Raum einnimmt, als es im Interesse der Mannigfaltigkeit des gesammten Heft-Inhaltes zuträglich ist. Aber diese Erzählung muß im laufenden Jahrgang unserer Zeitschrift zu Ende geführt werden, und deßhalb bleibt uns nichts Anderes übrig, als redactionelle Abkürzungen darin vorzunehmen, wo sie eben thunlich sind, und sonstige größere Novellen auszuschließen.« Nach einer zwölfseitigen Lieferung war im vorletzten Heft des 14. Jahrgangs endlich die Briefunterschrift Hadschi Halef Omars erreicht. »Heiß wogt unter unseren Lesern der Kampf um die Romane des Reiseerzählers Carl May ...«, räumte die Redaktion gleich zu Beginn des folgenden Jahrgangs in einer Nachricht »An Viele« ein – und bereitete damit behutsam den Abdruck des nächsten May-Textes vor (*Der Scout;* → *KMW IV. 27*). Denn wie es sich Pustet nicht leisten konnte, aufgrund der peinlichen Verzögerungen die Zusammenarbeit mit May aufzukündigen, wusste der Autor die stets pünktlich eingehenden Regensburger Honorare – auch im Vergleich zur lässigeren Zahlungsmoral Spemanns – zu schätzen. Bis 1898 blieb nun kein ›Hausschatz‹-Jahrgang mehr ohne Beiträge von Karl May.

Dieser verlegte seine Abenteuerhandlungen zunächst wieder an andere Schauplätze: in den Wilden Westen, den Sudan, nach China und Südamerika. Auf Kara Ben Nemsi und Hadschi

Halef Omar griff er 1891 für die Marienkalender-Geschichte Mater dolorosa (→ *KMW IV.24*) *zurück (wo die Angaben zu Halefs Lebensgeschichte nicht mit der Chronologie des Orientromans übereinstimmen; Düsing 2005, 37f.). Vor allem aber steht das ungleiche Duo, psychologisch reinterpretiert, im Mittelpunkt der heterogenen Tetralogie* Im Reiche des silbernen Löwen (*1896–1903;* → *KMW IV.22–23, V.3–4) und der bedeutenden Altersallegorie* Ardistan und Dschinnistan (*1908–1909;* → *KMW V.5–6).*

Carl May's gesammelte Reiseromane, *Band 1–6*

Die Frage, ob Karl Mays Reiseerzählungen auch in Buchform erhältlich seien, wurde schon im November 1881 an die Redaktion des ›Deutschen Hausschatzes‹ gestellt und auch später noch mehrfach von ihr verneinend beantwortet. Die Jugenderzählungen aus dem ›Guten Kameraden‹ erschienen ab 1890 tatsächlich in prächtig ausgestatteten Bänden bei der neu gegründeten Union Deutsche Verlagsgesellschaft. Auf ein entsprechendes Angebot Pustets vom 13. November 1884 ging May nicht ein – was er im Rückblick damit begründete, dass der auf seinen seriösen Ruf bedachte Pustet den populären Vertriebsweg der Kolportage verschmäht habe. Im Sommer 1891 aber kontaktierte ihn der Freiburger Verleger Friedrich Ernst Fehsenfeld (1853–1933), der bis dahin nur ein kleines, recht bunt zusammengewürfeltes Programm aus Theaterstücken, Liederbüchern, Streitschriften u. Ä. vorzuweisen hatte. Rund die Hälfte der Titel stammte aus der Feder eines einzigen Schriftstellers, Curt Abel (1860–1938). Als dieser nach England emigrierte, begab sich Fehsenfeld offenbar auf die Suche nach neuen Autoren und lernte, seinen späteren Erinnerungen zufolge, mehr als zehn Jahre nach dem Beginn der Erstveröffentlichung im ›Deutschen Hausschatz‹ Karl Mays Orientroman kennen: »Ich begann zu lesen u. kam nicht mehr davon los. […] Diese Erzählungen in Buchform, *nicht in einer Zeitschrift zerstückelt, sollten der Deutschen Jugend geschenkt werden, das war mein Gedanke u. ich ging an's Werk. / Ich verschaffte mir Karl May's*

Adresse u. schrieb ihm eines schönen Tages, ob er mit mir in Verbindung treten wollte. Nach 4 Monaten, nachdem ich schon jede Hoffnung auf eine Antwort aufgegeben hatte, kam die Antwort: Soeben von einer meiner grossen Reisen zurück finde ich Ihren Brief. Kommen Sie!«

Erhalten sind weder Fehsenfelds erstes Anschreiben vom Sommer 1891 noch die von ihm zitierte Einladung nach Oberlößnitz, aber die erschwindelte Auslandsreise kann beinahe als Authentizitätsbeweis gelten. Schwer erklärlich bleibt, warum May mit seiner Antwort so lange zögerte: musste ihm doch nach seinem gewaltsamen Ausbruch aus dem Münchmeyer-Milieu und angesichts der ersten Spannungen im Verhältnis zu Spemann eine Zweitverwertung so umfangreicher früherer Arbeiten hochwillkommen sein. Fehsenfeld scheint Anfang November noch einmal nachgehakt zu haben, denn May erklärte sich in einem Brief vom 8. November 1891 (diesmal nach einer nur dreitägigen Inlandsreise) bereit, mit ihm zur Contractirung zu schreiten, *unter der Voraussetzung, dass die Bücher* in einem anständigen Kleide *erschienen und die Honorare im Voraus bezahlt würden. Einig waren sich die beiden darin, dass der Status einer gebundenen Werkausgabe den lukrativen Lieferungsvertrieb durch Kolporteure nicht ausschließen dürfe. Nun erst wurde wohl (per Telegramm?) das legendäre* »Kommen Sie!« *gesprochen, und bereits am 17. November unterzeichneten die Parteien einen* Verlags-Vertrag zur Buchausgabe der im ›Deutschen Hausschatz‹ und andern Zeitschriften bisher erschienenen Reiseromane. *Unter seine Unterschrift setzte Dr. Karl May den Segenswunsch* z[u] g[utem] Glücke! – *und der sollte sich, obgleich die Beziehung zwischen Autor und Verleger im Laufe der Jahre von mancherlei Misshelligkeiten getrübt wurde, letztlich auch erfüllen: Mehr als drei Viertel seines Lebenseinkommens als Schriftsteller verdankte May der an diesem Tag vereinbarten Zusammenarbeit mit Friedrich Ernst Fehsenfeld (Seul 2016, 12), gar nicht zu reden von der in vielfältig abgeleiteter Weise bis heute anhaltenden Massenrezeption, die seinen Texten in ephemeren Medien niemals beschieden gewesen wäre.*

Vom Augenblick des Vertragsabschlusses an entfaltete May im Dienste des gemeinsamen Projekts eine kalkuliert-mitreißende Betriebsamkeit: Er entwarf Reklamematerial, aktivierte nützliche Bekanntschaften, warb Besprechungen ein, verfasste mehrere Versionen eines programmatischen Vorworts, hielt seinen Geschäftspartner mit langen, elaborierten Briefen, heiteren Gelegenheitsgedichten und innigen Freundschaftsbekundungen bei Laune und ließ sich ein Briefpapier drucken, das Auf tausende von Anfragen *bekanntgab:* Meine gesammelten Werke erscheinen jetzt durch die rühmlichst bekannte Verlagsbuchhandlung von Fehsenfeld in Freiburg i. B. *(May 2007, 51). Insbesondere aber schickte er sich an, seine alten ›Hausschatz‹-Erzählungen bei dieser Gelegenheit einer kritischen Durchsicht zu unterziehen.*

Offenbar verstand es sich für beide Seiten von selbst, dass die neue Ausgabe mit jener großen Erzählung eröffnet werden müsse, die Fehsenfeld so beeindruckt hatte. Der Vertrag sah Bände von ungefähr 500 bis 600 Seiten *vor; in der Praxis strebte der Verleger einen Umfang von 640 Seiten, also 40 Bogen, an. Die hierfür vorgenommene Neueinteilung des Orientromans wurde in den Freiburger, Radebeuler und Bamberger Reihen und als letztgültige, wenngleich eher praktisch denn künstlerisch motivierte Entscheidung des Autors auch in der vorliegenden Historisch-kritischen Ausgabe beibehalten. Ihre Bandtitel wurden berühmt bis zur Volkstümlichkeit, während die Überschriften der ursprünglichen ›Hausschatz‹-Episoden längst nur noch Kennern ein Begriff sind. Anstelle von* »Giölgeda padiśhanün« *schlug May* Durch Wüste und Harem *vor, und zwar ursprünglich als Gesamttitel des Romans. Vielleicht war vorübergehend auch die Verdeutschung ›Im Schatten des Großherrn‹ im Gespräch, die der ›Deutsche Hausschatz‹ in einer Kaufempfehlung zum Weihnachtsfest 1892 nennt. Bei der Vorbereitung des zweiten Bandes setzte sich Fehsenfeld mit seiner Ansicht durch, dass Einzeltitel für den Käufer attraktiver seien – abgesehen davon, dass weder* Wüste *noch* Harem *die in Kurdistan, der Türkei und auf dem Balkan ablaufende Handlung treffend charakterisieren.*

Am 3. Dezember 1891 – das vereinbarte Honorar von 500.– Mark war bereits eingegangen – sandte May die ersten beiden Kapitel von »Giölgeda padiśhanün«, nun in vier kürzere Kapitel aufgeteilt und leicht revidiert, an den Verlag. Er streiche, schrieb er, einige Längen; die Vergleichslesungen zeigen, dass er hierbei vorwiegend an die fremdsprachigen Zitate dachte, deren Masse und Umfang in der Zeitschriftenfassung beinahe störend gewirkt hatten. Sollte die ›Hausschatz‹-Redaktion »redactionelle Abkürzungen« bei der Erstveröffentlichung nicht nur ihren skeptischen Lesern gegenüber vorgeschützt, sondern wirklich vorgenommen haben, so musste May, der für die Buchausgabe sicher nicht auf sein altes Manuskript, sondern auf den Abdruck zurückgriff, diese nun für die Buchausgabe übernehmen. Aus der erhaltenen Korrespondenz geht hervor, dass der Autor auch nach dem Satz noch einmal Korrektur las, obgleich er wohl im April 1892 mit der Jugenderzählung Der Oelprinz (→ KMW III.6) begonnen hatte, daneben einige Marienkalender-Erzählungen und für den ›Hausschatz‹ Teile der Trilogie verfasste, die später den Titel Satan und Ischariot erhalten sollte (→ KMW IV.15–17).

Am 18. Januar 1892 kündigte Fehsenfeld »Karl May's gesammelte Reiseromane in 10tägigen Lieferungen« im ›Börsenblatt für den Deutschen Buchhandel‹ an, und kurz darauf begann der Kolportageverkauf von Durch Wüste und Harem in zehn Lieferungen à 64 Seiten; dazu gab es einen Umschlag mit einer orientalischen Zeichnung von Peter Schnorr (1862–1912), die von einer Darstellung des Stadttors von Aqaba in Jordanien inspiriert ist (Hermesmeier/Schmatz 2005, 48f.). Der Preis von 50 Pfennig pro Lieferung, also 5.– Mark für den gesamten Band, war, wie May am 1. Februar zugeben musste, zu hoch angesetzt. Nach einiger Überlegung senkte Fehsenfeld, angeblich dem Rat seiner Gattin Paula folgend, den Lieferungspreis drastisch auf 30 Pfennig – schauderhaft, schrieb May am 12. März, aber Sie haben Recht: wir machen <u>viel</u> mehr Abonnenten. Am 23. März gingen die letzten Fahnen an die Hoffmannsche Buchdruckerei in Stuttgart zurück, die Fehsenfelds Cousin Felix Krais (1853–1937) als Enkel des Firmengründers leitete.

Nach Ausgabe der letzten Lieferung erschien Durch Wüste und Harem im Mai 1892 auch in Buchform: Carl May's gesammelte Reiseromane. Band I, ein 17.5 Zentimeter hoher grüner

Leinenband mit einem farbigen Deckelbild (von unbekannter Hand), goldenem Rückenschild und Rankenornamenten auf schwarzem Grund, definierte ein für alle Mal das Erscheinungsbild eines typischen Karl-May-Buches. Bis heute verleiht die für Unterhaltungsliteratur ungewöhnlich gediegen wirkende Gestaltung des Einbands, der von der Buchbinderei Carl Hermann Schwabe in Stuttgart hergestellt wurde, mit minimaler Variation den Gesammelten Werken des Karl-May-Verlags ihren unverwechselbaren Charakter. May hatte eine erste Probe unbekannten Aussehens als zu todt empfunden und eine freundlichere Farbe vorgeschlagen, sich aber mit seiner Präferenz Roth bleibt doch roth! nicht durchgesetzt. Ab 1895 verkürzte Fehsenfeld, ohne den Autor zu konsultieren, den Titel des ersten Bandes zu Durch die Wüste.

Während die Kolportagelieferungen des ersten Bandes vertrieben wurden, übersandte May am 12. März 1892 das noch fehlende Manuskript für die Bände 2 und 3. Zu diesem Zeitpunkt plante er bereits die Fortsetzung der Freiburger Reihe mit einem zweibändigen nordamerikanischen Roman, und Fehsenfeld war mit dem Absatz so zufrieden, dass er seinem Autor scherzhaft eine Villa in Aussicht stellte. Unter neuen Titeln wurden die Lieferungen nach dem Abschluss von Durch Wüste und Harem nahtlos fortgesetzt. Als Buch kam Band 2, Durchs wilde Kurdistan, im Juni auf den Markt. Am 22. Juni versprach May seinem Verleger zum Tausch für einen Honorarvorschuss noch in diesem Monate Manuscript für zwei Bände (May 2007, 82). Zunächst erschien im August Von Bagdad nach Stambul in Buchform; als Frontispiz wurde ein Porträt des Verfassers eingefügt. Das farbige Deckelbild der ersten drei Bände zeigt zwei Reiter, wohl Kara Ben Nemsi und Hadschi Halef Omar, vor einer orientalischen Stadt. Im Oktober folgte In den Schluchten des Balkan mit der Darstellung eines schwerbewaffneten Balkanbewohners von Max Mandl (1864 – ca. 1937) auf dem Vorderdeckel.

Am 19. November meldete Felix Krais die Fertigstellung des fünften Bandes, Durch das Land der Skipetaren; für den sechsten Band lagen ihm zu diesem Zeitpunkt 54 Manuskriptseiten vor. May hatte den Orientroman ursprünglich auf

3800 Fehsenfeld-Seiten veranschlagt, was sechs Bände zu rund 630 Seiten ergeben hätte. Tatsächlich füllte der überarbeitete Text am Ende nur 3655 Buchseiten, und da die ersten drei Bände rund 640 Seiten stark waren, blieben für Band 6 nur noch 535 übrig. Die Druckerei hatte jedoch bereits Buchdecken der gewohnten Rückenstärke herstellen lassen, und so hängte May eine 110 Seiten umfassende Reiseerzählung an, die von der Rückkehr Kara Ben Nemsis zu den Haddedihn, einer Auseinandersetzung mit dem neuen Scheik Amad el Ghandur und vom Opfertod des Hengstes Rih berichtet, wofür er sich zehn Manuskriptseiten vom Setzer zurückerbat. Dieser Anhang – der erste von vielen Texten, die, abweichend von der ursprünglichen Konzeption, direkt für Fehsenfeld verfasst wurden – verzögerte die für Dezember angekündigte Fertigstellung des Bandes, so dass Der Schut erst im Januar 1893 erscheinen konnte. Zu diesem Zeitpunkt wurden die Lieferungen an 3600 Abonnenten verkauft (May 2007, 127).

Die 1892 begonnene Kleinoktav-Ausgabe, die auch in Broschur und einigen luxuriösen Sonderausstattungen hergestellt wurde, blieb, ab Herbst 1896 unter dem neuen Reihentitel Karl May's gesammelte Reiseerzählungen, bis zum Tod des Autors praktisch unverändert auf dem Markt. Um die ›psychologische‹ Dimension des Spätwerks in rückwirkender Sinnstiftung sichtbar auf seine schlichten Reiseerzählungen zu übertragen, gab May im Jahr 1904 bei dem in Meißen arbeitenden Künstler Sascha Schneider (1870–1927) allegorische Deckelbilder in Auftrag, mit denen nach und nach Teile der jeweils neu gedruckten Auflagen versehen wurden. Schneider teilte dem Autor am 11. April 1904 mit, er habe »nun die hochinteressante Wanderung durch die Wüste, Kurdistan, Bagdad Stambul, Skipetaren, Schut & Balkanschluchten gelesen« und sich »fabelhaft an den Werken erfreut«. May hatte Fehsenfeld schon am 20. März verkündet, die Illustration zu Band 5 sei druckfertig gemacht; er erhielt die Zeichnung jedoch erst am 22. Juni in Radebeul: sie zeigt eine Justitia, die auf Wolken über nackte Sünder hinwegschreitet. Für den Rest des Orientromans zeichnete Schneider, unter Verzicht auf jedwedes orientalische Kolorit, unbekleidete Helden, die sich, den Blick auf ein leuchtendes Ideal oder betend gen Himmel gerichtet, in unspezifischen Landschaften und theatralischen Posen mit Gewehr, Schwert, Keule oder bloßen Händen gegen Skelette, Schlangen, Dornenranken und fliegende Pestdämonen zur Wehr zu setzen haben – wofür eine recht pauschale Kenntnisnahme der Romanhandlung genügt hätte. Die Vorlage für Band 2 übergab er am 7. September. Am 20. November übersandte er das Bild zu Band 1, eine Woche später folgte Band 4. Die Zeichnung für Band 3 wird im erhaltenen Briefwechsel nicht erwähnt, aber auch Von Bagdad nach Stambul erschien wie die bisher genannten noch im Jahre 1904 mit dem neuen Deckelbild; gebunden wurde diese Ausgabe in graue (1, 4) bzw. grüne (2, 3, 5) Leinwand. Für den Schut sandte Schneider am 9. Januar 1905 einen Entwurf, den May ablehnte, und eine neue Zeichnung am 25. Februar; der letzte Band des Orientromans wurde 1906 neu aufgelegt und in dunkelblaue Leinwand gebunden. Durch die Wüste erhielt ein neues Vorwort, das die symbolische Lesart der Indianer- und Beduinengeschichten als bereits vorherrschende Erkenntnis gut unterrichteter Leser proklamiert und Schneiders antikische Jünglingsakte als kongeniale Interpretation May'scher Gedankentiefen feiert. Aus kaufmännischer Sicht jedoch wurde die sogenannte Sascha-Schneider-Ausgabe ein Misserfolg, wie sie sich für Fehsenfeld häuften, seit sein Autor das angestammte Metier hinter sich ließ und Anschluss an die Hochliteratur suchte.

In allen Ausstattungsvarianten und einschließlich der Freiexemplare ergeben sich aus den Listen der Druckerei (nach Schmid 1983, A 42–47) bis 1912 folgende Auflagenhöhen für die Freiburger Kleinoktav-Ausgabe des Orientromans:

Durch Wüste und Harem / Durch die Wüste	73830
Durchs wilde Kurdistan	60600
Von Bagdad nach Stambul	55700
In den Schluchten des Balkan	54080
Durch das Land der Skipetaren	50600
Der Schut	52520

Nur die Winnetou-Trilogie verkaufte sich zu Mays Lebzeiten ähnlich gut.

Karl Mays Illustrierte Reiseerzählungen, *Band 1–6*

*In Unterschied zu den meisten der im ›Guten Kameraden‹ pub-
lizierten Jugenderzählungen erschienen Mays Beiträge im sonst
großzügig bebilderten ›Deutschen Hausschatz‹ ohne Illustrationen. Auch für die Vermarktung der gesammelten Reiseromane
wäre der damit verbundene Aufwand anfangs unwirtschaftlich
gewesen. May klang gleichwohl ein wenig eingeschnappt, als er
erfuhr, dass sein Verleger Abenteuerromane des Briten Henry
Rider Haggard (1856–1925) in einer illustrierten Reihe heraus-
zubringen gedenke:* Ich werde, *schrieb er am 17. August 1896,*
sogar neidlos seine <u>illustrirten</u> Erzählungen in die Hand nehmen, obgleich den meinen dieser Vorzug versagt geblieben ist.
Die Illustrationen zu meinen Werken brauchen nicht gezeich-
net und gedruckt zu werden; sie gehören dem Leben an. *Fehsenfeld hörte den intendierten Vorwurf heraus und unterbreitete
May in einem nicht erhaltenen Brief den Vorschlag, auch seinen
Reiseerzählungen den erwähnten Vorzug angedeihen zu lassen.
May erinnerte sich in einem Schreiben vom 6. Oktober an einen
Zeichner, der sich im vorigen Jahre (*gratis*) dazu angetragen
habe, und setzte die illustrierte Ausgabe auf die Tagesordnung
einer persönlichen Besprechung, die im Juni 1897 in Stuttgart
stattfand. Aus unbekannten Gründen wurde das Vorhaben fürs
Erste nicht weiterverfolgt. Stattdessen sprach man Mitte Januar
1898 bei einem Besuch des Ehepaars Fehsenfeld in Radebeul über
eine Serie von Werbepostkarten mit Illustrationen zu den bis
dahin vorliegenden Reiseerzählungen. Gedruckt wurde nur ein
erster Satz von zehn Karten, von denen vier zum Orientroman
gehören – von denen wiederum May nur eine einzige uneingeschränkt guthieß. Die Fortsetzung scheiterte an der vernichten-
den Kritik, der er, wohl nicht ganz zu Unrecht, die einseitige
Auswahl von Actionszenen, die irritierenden Abweichungen vom
Textinhalt und vor allem die unvorteilhafte Darstellung des Ich-
Helden unterzog. Indessen warb Adalbert Fischer (1855–1907),
der 1899 den Münchmeyer-Verlag übernommen hatte, ab 1901
mit dem Reihentitel ›Karl May's illustrierte Werke‹ für seine vom
Autor nicht genehmigte Neuausgabe der Kolportageromane.*

Im Sommer 1906 aber kam Fehsenfeld noch einmal auf die Idee einer illustrierten Ausgabe zurück. Das Renommee des Autors hatte seit der Jahrhundertwende durch das Ruchbarwerden seiner ›unsittlichen‹ Kolportageproduktion, etliche in die Öffentlichkeit gezerrte unrühmliche Fehden und die unvermeidliche Demaskierung seiner alle Grenzen von Klugheit und Takt hinter sich lassenden Großmannssucht sehr gelitten. *Der Absatz der* gesammelten Reiseerzählungen *ging zurück, und das neue ästhetische Programm, das sich May nach seiner Rückkehr von der großen Orientreise der Jahre 1899–1900 vorgenommen hatte, zeitigte lauter schwer verkäufliche Erzeugnisse: handlungsarme, reflexionslastige Romane, kindlich naive Lyrik, eine Mappe mit Sascha Schneiders Titelzeichnungen, ein schwerfälliges Drama … Dem Verleger war es folglich um eine dezidiert populäre Maßnahme zur Wiederankurbelung seines Geschäftes zu tun. Am 10. Februar 1907 schloss er mit May bei einem Zusammentreffen in Radebeul einen* Verlags-Vertrag *über eine illustrierte Ausgabe; mündlich wurde eine Herstellung der ersten sechs Bände bis Weihnachten vereinbart. Die Reihenfolge der letztlich 30 Bände stimmt nicht ganz mit der Nummerierung der Kleinoktav-Ausgabe überein, doch stellte auch diesmal niemand die Spitzenposition des Orientromans in Frage. Fehsenfeld hielt Ausschau nach Künstlern und ließ Probebilder anfertigen; Krais studierte die ersten Bände, um geeignete Szenen auszuwählen, und May machte sich zum zweiten Mal an die Revision seines Textes. So entstand im Laufe des Jahres 1907 die Fassung letzter Hand, die dieser Historisch-kritischen Ausgabe zugrunde liegt.*

Die zunächst für den 1. März versprochene Absendung des Manuskripts für Durch die Wüste *verzögerte sich bis zum 20. Mai, als May für einen guten Monat zur Kur ins schlesische Bad Salzbrunn aufbrach. Am 27. Juli ließ ihm Fehsenfeld Peter Schnorrs Illustrationen für den ersten Band zukommen; May reagierte am 3. August mit detaillierten* Bemerkungen über die Schnorrschen Zeichnungen, *in denen er allerlei sachliche Fehler bemängelte und eine konsequente, jugendliche und* ideale *Darstellung des Protagonisten Kara Ben Nemsi anmahnte. Am 9. August übersandte Fehsenfeld erste Proben von Willy Moralt (1884–1947), der* Von Bagdad nach Stambul *illustrierte. May ließ sich die Adressen der Künstler mitteilen und korrespondierte zumindest mit Moralt und dem dritten Zeichner Claus Bergen (1885–1964) direkt. Der Letztere scheint ihm seine Vorlagen für* Durchs wilde Kurdistan *bei einem Zusammentreffen in Radebeul persönlich übergeben zu haben; May schickte sie am 21. September zurück. Mitte Oktober kündigte Fehsenfeld im ›Börsenblatt‹ die illustrierte Ausgabe »in 30 Bänden oder 300 Lieferungen« an.*

Der von May mehrfach eingeforderte Weihnachtstermin ließ sich nur für zwei Bände einhalten; dem Verleger war es ohnehin unklug erschienen, den gesamten Orientroman auf einmal in den Handel zu bringen. Am 15. November 1907 lag Karl Mays Illustrierte Reiseerzählungen. Band I *fertig vor. Mit einer Höhe von 20 Zentimetern ist die neue Oktav-Ausgabe deutlich größer als die* gesammelten Reiseerzählungen; *der Satzspiegel umfasst 38 Zeilen (gegenüber 33 der Kleinoktav). Die Ausstattung wirkt, einem etwas moderneren Geschmack verpflichtet, nicht weniger dekorativ: Leicht verspielte Titel- und Akzidenzschriften zollen dem Jugendstil Tribut; die Pagina fassen anstelle karger Geviertstriche punktsymmetrisch angeordnete Fleurons ein. Der graublaue Leineneinband mit goldener Schriftprägung trägt, offenbar einem Vorschlag von Krais folgend, ein kleines, quadratisches Farbbild auf dem Vorderdeckel. Der Block enthält ein farbiges Frontispiz, zehn ganzseitige Bildtafeln und 15 Textillustrationen. Für die ab Dezember vermarktete Lieferungsausgabe schuf Peter Schnorr wieder ein Umschlagbild. Am 1. Dezember erschien auch* Durchs wilde Kurdistan; *Claus Bergens Frontispiz ist eine stimmungsvolle Nachtansicht des Tals von Scheik Adi mit dem illuminierten Jesiden-Heiligtum.*

Am 9. Januar 1908 übersandte Fehsenfeld Bergens Illustrationen zu Der Schut; *zu diesem Zeitpunkt lagen May auch bereits Moralts Abbildungen zu* Durch das Land der Skipetaren *vor; für den 20. Januar hatte Schnorr die Bilder für* In den Schluchten des Balkan *zugesagt. Die weiteren Bände des Orientromans erschienen im Januar, März, August und September 1908.*

Die Gesamtauflage der Illustrierten Reiseerzählungen *betrug bis zu Mays Tod (nach Schmid 1983):*

Durch die Wüste	*10600*
Durchs wilde Kurdistan	*9240*
Von Bagdad nach Stambul	*9240*
In den Schluchten des Balkan	*7420*
Durch das Land der Skipetaren	*7420*
Der Schut	*7420*

Insgesamt wurden demnach zu Mays Lebzeiten 398670 Bände des Orientromans gedruckt; freilich häuften sich bei Fehsenfeld in den letzten Jahren große Lagerbestände an (vgl. z. B. May 2008, 175). Andererseits sind für die tatsächliche Verbreitung des Textes auch die Leihbibliotheken zu berücksichtigen, sowie die Auflage des ›Deutschen Hausschatzes‹, die in der Größenordnung von 30000–40000 lag und, da es sich um ein repräsentatives Familienblatt handelte, das gerne jahrgangsweise gesammelt und aufbewahrt wurde, leicht ein Mehrfaches an Lesern erreicht haben kann.

(Die Darstellung der Entstehungsgeschichte gründet sich auf die biographischen Fakten aus Sudhoff / Steinmetz 2005f. und die Briefeditionen May 2007, 2008, 2009 und 2013. Die Mitteilungen der ›Hausschatz‹-Redaktion sind erstmals publiziert bei Klußmeier 1973a und 1973b.)

Durchs wilde Kurdistan

Wie sich aus der Entstehungsgeschichte ergibt, bildet der hier vorgelegte zweite Teil des Orientromans keine konzeptionelle Einheit. Nur zufällig summieren sich die ungleich langen ›Hausschatz‹-Erzählungen »Giölgeda padiśhanün« *und* Reise-Abenteuer in Kurdistan, *an willkürlicher Stelle unterteilt, zu zwei Bänden des Freiburger Buchformats.* Durchs wilde Kurdistan *führt also zunächst die Jesidi-Episode aus den letzten beiden Kapiteln von* Durch die Wüste *zu ihrem Höhepunkt. Dank Sir Austen Henry Layard (1817–1894), von dem May augenzwinkernd sogar den Satz* Es war ja sehr leicht möglich, daß vor mir noch niemals ein Europäer ... *übernimmt (93.25f.; vgl. Layard 1854, 144), vermag Kara Ben Nemsi seinen Lesern allerlei über die Anschauungen und Bräuche der Jesiden zu vermelden, und wie bereits im Tal der Stufen sorgt er auch in Scheik Adi dafür, dass ein Überfall durch Einkesselung des Feindes praktisch kampflos zurückgewiesen wird. Das eigentliche Ziel des Rittes, den er mit Hadschi Halef Omar und Scheik Mohammed Emin im Lager der Haddedihn antrat, ist die türkische Grenzfestung Amadijah, wo Amad el Ghandur, der Sohn des Scheiks, gefangen gehalten wird. Das von glücklichen Fügungen begünstigte Auskundschaften der örtlichen Verhältnisse und die listige Befreiung des Verschleppten nehmen, angereichert mit humoristischen Genrebildern, fast ein Drittel des Bandes ein. Wie schon in Kbilli und Mossul erweist sich auch hier der osmanische Verwaltungs- und Militärapparat als skurril und ineffizient. Ein weiteres Mal macht sich Kara Ben Nemsi – diesmal mit einer metaliterarischen Distanzierung von dem* verbrauchten Schriftstellercoup *(207.16) – den heimlichen Penchant frommer Muslime zum Alkohol zunutze, und ein weiteres Mal dreht er vor dem Mutesselim eine gegen ihn erhobene Anklage um, so dass die Kläger an seiner Stelle ins Gefängnis wandern. Mit dem eiligen Abschied von Amadijah endet* »Giölgeda padiśhanün«.

Die Reise-Abenteuer in Kurdistan *ereignen sich auf den ersten Etappen der Rückkehr ins Gebiet der Haddedihn, wo Kara Ben Nemsi freilich erst in der Mitte des dritten Bandes – und zwar ohne den Scheik und seinen befreiten Sohn – eintreffen wird; im Widerspruch zu seinem Titel spielt auch* Von Bagdad nach Stambul *mit den ersten drei Kapiteln noch im wilden Kurdistan. Bis dahin geschieht so manches, was den Erzähler, der die kurdische Gastfreundschaft zunächst für keiner Hintergedanken fähig hielt (231.14ff.), eines Besseren belehrt haben sollte. Er ist als Besitzer eines kostbaren Pferdes und hochwertiger Waffen seines Lebens nicht sicher und gerät zwischen die Fronten des immer wieder aufflammenden Religionskrieges zwischen Muslimen und nestorianischen Christen. Nur durch die Anrufung eines deus ex machina, des Geistes der Höhle, vermag er am Ende ein Blutbad zwischen den verfeindeten Bevölkerungsgruppen zu verhindern,* das die unvergessenen Gräuel früherer Zeiten in den Schatten gestellt hätte. Neben Kampfkraft und militärischen Führungsqualitäten spielen in diesem Band also diplomatische Fähigkeiten wie Verhandlungs- und Verstellungskunst eine wichtige Rolle, und in einer einsamen Stunde unter dem Sternenhimmel Kurdistans träumt Kara Ben Nemsi gar davon, als Repräsentant eines toleranten, ja beinahe pluralistischen Christentums Frieden und Erlösung zu predigen (513.23ff.). Andererseits kann er für einen selbsternannten Sendboten der göttlichen Liebe ausgesprochen grob auftreten: sein Prinzip »Wenn er mich beleidigt, schlage ich ihm ins Gesicht« (454.28f.) führt ganz unnötig zu lebensgefährlichen Eskalationen mit Lindsays Arnauten, dem Bruder des Melek von Lizan und dem Nestorianerführer Nedschir-Bey. Mehrfach braucht er selbst keinen Finger zu rühren, um sich Respekt zu verschaffen, da ihm Dojan vom Augenblick der Übergabe an fast gedankenleserisch zu Diensten ist: gelangte nämlich Kara Ben Nemsi bei den Haddedihn recht wohlfeil zu einem unvergleichlichen Pferd, so ermogelt er sich in Spandareh durch ein wertloses Kettchen aus gefälschtem Bernstein und ein bisschen Quellwasser noch einen unbezahlbaren Windhund – eine Wunderwaffe, die so unpersönlich-perfekt agiert, dass die Konfliktschilderungen schon bald monoton zu werden drohen. Rih, der in diesem Band gleich zweimal seinen Reiter verliert und bei einem Hinterhalt in einem namenlosen Dorf angeschossen wird, erlebt seine dramatische Aristie zwischen Felswand und Abgrund in den kurdischen Bergen (408.1ff.).

Ganz nebenbei lernt der deutsche Reisende in wenigen Tagen so viel Kurmandschi, dass er allen kommunikativen Herausforderungen gewachsen ist und kurzzeitig gar mit dem Bey von Gumri verwechselt werden kann. Halef hingegen, der noch in Mossul sehr keck mit osmanischen Militärs umsprang, scheint sein Türkisch weitgehend verlernt zu haben – selbst das aus dem Arabischen entlehnte Wort für ›Wein‹ ist ihm nunmehr unbekannt (175.32ff.). Nicht zu Unrecht beklagt sich der Freund und Beschützer in Amadijah über eine gewisse Zurücksetzung (230.25), denn solange der Buluk Emini für Bedienung und comic relief zur Verfügung steht, ermangelt er jeder literarischen Funktion.

Seine große Stunde schlägt erst, als er mit Dojans Hilfe seinen gefangenen Sihdi in Schohrd aufspürt. Zeitweise gewinnt auch David Lindsay, der in Spandareh unerwartet wieder zur Reisegruppe stößt, an Statur: der als Clownfigur angelegte und infolge seiner mangelnden kulturellen Anpassungsfähigkeit zumeist hinderliche Lord beweist Mut, Einfallsreichtum und Schießkunst und nimmt sogar, was wenigen gelingt, verdächtige Geräusche vor Kara Ben Nemsi wahr (329.2ff.).

»Hast du schon einmal ein Gefängnis gesehen, Emir?« (151.7f.) – wo denkt die »Myrte« hin? Ein deutscher Schriftsteller im Gefängnis! Doch einige Anfechtung muss der Ich-Erzähler in der sächsischen Heimat erfahren haben, um sich im Zwiegespräch mit Marah Durimeh zu den Emiren des Leidens, des Duldens und des Ringens (528.19f.) zählen zu können. Ein überraschendes Eingeständnis für den Leser, der seinen Kara Ben Nemsi bis dahin nicht als problematischen Charakter kennengelernt hat: es war nicht Jagd- und Abenteuerlust oder wissenschaftliches Interesse, was den jungen Karl in die Ferne trieb, sondern der Wunsch, Liebe zu finden und Liebe zu spenden. Ein seltsam melancholischer Schluss obendrein für eine glücklich ausgegangene Abenteuererzählung, in dem bereits der verinnerlichte Ton, der Missionsgestus und die Chiffren des Spätwerks anklingen. Nachdem das weibliche Element in diesem zweiten Band insgesamt eine bemerkenswerte Präsenz entfaltet hat – karikaturartig in Mersinah und Madana, ehrwürdig in der Mutter des Meleks von Lizan, jugendlich-rein in Ingdscha –, wird dem einsamen Helden von der (Groß-)Muttergestalt Marah Durimeh auf den letzten Seiten Verständnis, Geborgenheit und Liebe zuteil. Marah Durimeh tritt innerhalb des Orientromans nicht mehr auf, doch ihre Prophezeiung, sie werde ihren Schützling nie wiedersehen (531.28), erfüllt sich nicht: Durch die fortschreitende Verjüngung und Veredelung, die bereits innerhalb des vorliegenden Werkes ihren Anfang nimmt (→ S. 579), wird sich die so beiläufig eingeführte Kurdin vom ›Silberlöwen‹ an zu einer – neben dem ähnlich verklärten Winnetou – zentralen Instanz in Karl Mays Privatmythologie entwickeln und dem Ich in Welten wiederbegegnen, von denen der Autor beim

Abfassen seiner Reise-Abenteuer in Kurdistan *selbst noch nichts ahnte.*

Textzeugen

Der in diesem Band vorgelegte Text erschien zu Karl Mays Lebzeiten in insgesamt 17 Ausgaben. Die angegebenen Erscheinungsdaten folgen Plaul 1988, soweit nicht seither veröffentlichte Quellen eine genauere Datierung gestatten.

Z-I »Giölgeda padiśhanün«. Reise-Erinnerungen aus dem Türkenreiche von Karl May. *In: Deutscher Hausschatz in Wort und Bild. 7. Jahrgang. [52 Nummern bzw. 18 Hefte]. Nummer 41–52. – Regensburg, New-York, Cincinnati: Verlag von Friedrich Pustet. Von September 1880 bis September 1881. 4°. – Reprint der Karl-May-Gesellschaft und der Buchhandlung Pustet in: Karl May: Giölgeda padiśhanün. Reise-Abenteuer in Kurdistan. Einführung von Claus Roxin. Regensburg 1977, S. 161–253.*

Erschienen Anfang Juli bis dritte Septemberwoche 1881.

Nummernanfänge: **41** *(ab S. 648, rechte Spalte, Zeile 3) 9.4 /* **42** *19.17 /* **43** *41.18 /* **44** *61.8 /* **45** *81.27 /* **46** *98.3 /* **47** *130.3 /* **48** *160.28 /* **49** *190.32 /* **50** *238.18 /* **51** *273.33 /* **52** *310.6*

Z-II Reise-Abenteuer in Kurdistan. Von Karl May. *In: Deutscher Hausschatz in Wort und Bild. 8. Jahrgang. [52 Nummern bzw. 18 Hefte]. Nummer 3–9, 16–26. – Regensburg, New-York, Cincinnati: Verlag von Friedrich Pustet. Von September 1881 bis September 1882. 4°. – Reprint wie oben, S. 255–407.*

Erschienen zweite Oktoberwoche bis vierte Novemberwoche 1881 und zweite Januarwoche bis dritte Märzwoche 1882.

Nummernanfänge: 3 315.3 / 4 319.31 / 5 328.9 / 6 336.30 /
7 341.7 / 8 347.16 / 9 354.27 / 16 370.3 / 17 397.15 /
18 404.24 / 19 413.11 / 20 427.32 / 21 440.25 / 22 458.26 /
23 474.6 / 24 488.32 / 25 506.4 / 26 525.7

Im Folgenden steht die Sigle Z je nach Textstelle für Z-I oder Z-II.

B¹   Durchs Wilde Kurdistan. Reiseerlebnisse von Carl May.
[1. – 7. Tsd.] – Freiburg i. B.: Verlag von Friedrich Ernst
Fehsenfeld, o. J. 2 Bl., 638 S., Kl. 8°. = Carl May's gesam-
melte Reiseromane. Band II. – Reprint des Karl-May-
Verlags: ›Freiburger Erstausgaben‹, herausgegeben von
Roland Schmid, Band 2. Bamberg 1982.

Erschienen in 10 Lieferungen von April bis Juni 1892, in
einem Band im Juni 1892. (Eine Teilauflage gelangte mit
einer falschen Kapitelzählung in den Verkauf; → S. 576.)

B²   Durchs Wilde Kurdistan. Reiseerlebnisse von Carl May.
Zweite Auflage. [8. – 10. Tsd.] – Freiburg i. B.: Verlag
von Friedrich Ernst Fehsenfeld, o. J. 2 Bl., 638 S., Kl. 8°.
= Carl May's gesammelte Reiseromane. Band II.

Erschienen 1893.

B³   Durchs Wilde Kurdistan. Reiseerlebnisse von Carl May.
Dritte Auflage. [11. – 13. Tsd.] – Freiburg i. B.: Verlag
von Friedrich Ernst Fehsenfeld, o. J. 2 Bl., 638 S., Kl. 8°.
= Carl May's gesammelte Reiseromane. Band II.

Erschienen 1894.

B⁴   Durchs Wilde Kurdistan. Reiseerlebnisse von Karl May.
14. – 18. Tausend. – Freiburg i. Br.: Verlag von Friedrich
Ernst Fehsenfeld, o. J. 2 Bl., 638 S., Kl. 8°. = Karl May's
gesammelte Reiseromane. Band II.

Erschienen 1895.

B⁵ Durchs Wilde Kurdistan. Reiseerlebnisse von Karl May. *19. und 20. Tausend. – Freiburg i. Br.: Verlag von Friedrich Ernst Fehsenfeld, o. J. 2 Bl., 638 S., Kl. 8°. = Karl May's gesammelte Reiseerzählungen. Band II.*

Erschienen 1896.

B⁶ Durchs Wilde Kurdistan. Reiseerlebnisse von Karl May. *21. bis 25. Tausend. – Freiburg i. B.: Verlag von Friedrich Ernst Fehsenfeld, o. J. 2 Bl., 638 S., Kl. 8°. = Karl May's gesammelte Reiseerzählungen. Band II.*

Erschienen 1897. (Notiz Fehsenfelds: »bestellt 29/3 97« lt. May 2007, 221.)

B⁷ Durchs Wilde Kurdistan. Reiseerlebnisse von Karl May. *26. – 30. Tausend. – Freiburg i. Br.: Friedrich Ernst Fehsenfeld, o. J. 2 Bl., 638 S., Kl. 8°. = Karl May's gesammelte Reiseerzählungen. Band II.*

Erschienen 1898.

B⁸ Durchs Wilde Kurdistan. Reiseerlebnisse von Karl May. *31. – 35. Tausend. – Freiburg i. Br.: Friedrich Ernst Fehsenfeld, o. J. 2 Bl., 638 S., Kl. 8°. = Karl May's gesammelte Reiseerzählungen. Band II.*

Erschienen 1899.

B⁹ Durchs Wilde Kurdistan. Reiseerlebnisse von Karl May. *36. – 40. Tausend. – Freiburg i. Br.: Friedrich Ernst Fehsenfeld, o. J. 2 Bl., 638 S., Kl. 8°. = Karl May's gesammelte Reiseerzählungen. Band II.*

Erschienen 1900. (Druckbeginn von Fehsenfeld geplant für 15. August lt. May 2007, 334.)

B¹⁰   Durchs Wilde Kurdistan. Reiseerlebnisse von Karl May. *41. – 45. Tausend.* – *Freiburg i. Br.: Friedrich Ernst Fehsenfeld, o. J. 2 Bl., 638 S., Kl. 8⁰. = Karl May's gesammelte Reiseerzählungen. Band II.*

Erschienen 1902.

B¹¹   Durchs Wilde Kurdistan. Reiseerzählung von Karl May. *46. – 50. Tausend.* – *Freiburg i. Br.: Friedrich Ernst Fehsenfeld, o. J. 2 Bl., 638 S., Kl. 8⁰. = Karl May's gesammelte Reiseerzählungen. Band II. (Ein Teil dieser Auflage wurde erstmals mit einem Deckelbild von Sascha Schneider ausgestattet.)*

Erschienen 1904.

B¹²   Durchs Wilde Kurdistan. Reiseerzählungen von Karl May. *51. – 55. Tausend.* – *Freiburg i. Br.: Friedrich Ernst Fehsenfeld, o. J. 2 Bl., 638 S., Kl. 8⁰. = Karl May's gesammelte Reiseerzählungen. Band II.*

Als erschienen angekündigt am 23. November 1906, aber ausgeliefert frühestens in der zweiten Januarhälfte 1907 (May 2008, 13).

B¹³   Durchs Wilde Kurdistan. Illustrierte Reiseerzählung von Karl May. *Erstes bis fünftes Tausend. (Mit 1 farbigen Frontispiz, 10 Schwarz-Weiß-Tafeln und 16 Textillustrationen von Claus Bergen.)* – *Freiburg i. Br.: Friedrich Ernst Fehsenfeld, 1. XII. 1907. 2 Bl., 528 S., 8⁰. = Karl Mays Illustrierte Reiseerzählungen. Band II.*

Erschienen in 10 undatierten Lieferungen, in einem Band am 1. Dezember 1907.

B¹⁴   Durchs Wilde Kurdistan. Reiseerzählungen von Karl May. *56. – 60. Tausend.* – *Freiburg i. Br.: Friedrich Ernst*

Fehsenfeld, o. J. 2 Bl., 638 S., Kl. 8°. = Karl May's gesammelte Reiseerzählungen. Band II.

Erschienen 1908. (Von Fehsenfeld geplant für November lt. May 2008, 176.)

B¹⁵ Durchs Wilde Kurdistan. Illustrierte Reiseerzählung von Karl May. *Sechstes und siebentes Tausend. (Mit 1 farbigen Frontispiz, 10 Schwarz-Weiß-Tafeln und 16 Textillustrationen von Claus Bergen.) – Freiburg i. Br.: Friedrich Ernst Fehsenfeld, November 1908. 2 Bl., 528 S., 8°. = Karl Mays Illustrierte Reiseerzählungen. Band II.*

Erschienen im November 1908 (vgl. May 2008, 192).

B¹⁶ Durchs Wilde Kurdistan. Illustrierte Reiseerzählung von Karl May. *Achtes und neuntes Tausend. (Mit 1 farbigen Frontispiz, 10 Schwarz-Weiß-Tafeln und 16 Textillustrationen von Claus Bergen.) – Freiburg i. Br.: Friedrich Ernst Fehsenfeld, Dezember 1909. 2 Bl., 528 S., 8°. = Karl Mays Illustrierte Reiseerzählungen. Band II.*

Erschienen im Dezember 1909.

Im Folgenden steht die Sigle B zusammenfassend für alle Kleinoktav-Ausgaben, also B¹⁻¹² und B¹⁴.

Die Großschreibung Wilde *auf der Titelseite der Buchausgaben ist nicht als orthographische Entscheidung (zur Kennzeichnung oder Schöpfung einer festen Wortverbindung wie z. B. ›Wilde Jagd‹) zu werten, sondern rein typographisch bedingt: Da der Titel im gewünschten Schriftgrad nicht in eine Zeile passte, wurde (parallel zu* Durch / Wüste und Harem*) nach* Durchs *umbrochen. Das so an den Zeilenanfang gerückte Adjektiv erhielt nur des optischen Gleichgewichts halber einen Versal. Auf der gegenüberliegenden Reihentitelseite steht in kleinerer Schrift, folglich ohne Zeilenumbruch,* Durchs wilde Kurdistan, *was auch der*

Schreibweise auf dem Buchdeckel und dem Umschlag der Lieferungsausgabe entspricht. Handschriftliche Belege Mays bestätigen dies; publiziert z. B. bei Sudhoff/Steinmetz 2005, Bd. III, 218. Auf der Manuskriptseite 420 von Am Jenseits verweist May in einer Fußnote auf Durchs wilde Kurdistan. Für KMW IV. 2 wurde daher an der von ihm intendierten und längst eingebürgerten Kleinschreibung des Adjektivs festgehalten.

Die genaue Zusammensetzung der in Stuttgart gedruckten und gebundenen Bücher zeigt, bedingt durch die Gepflogenheiten des Betriebs, eine kaum überschaubare Variation. In der Regel wurden dem auf Seite 1 beginnenden Text zwei Blätter mit Titelei und Inhaltsverzeichnis vorangestellt. Doch sind auch Exemplare bekannt, in denen der Buchbinder das Inhaltsverzeichnis hinten einfügte; manchmal kommen Werbeseiten hinzu. Da die Rohbogen einer Auflage nicht sogleich komplett aufgebunden und die Titeleien oft separat gedruckt wurden, kann ein konkretes physisches Buch leicht Einband, Titelei und Buchblock ganz unterschiedlicher Fertigungszeitpunkte und Auflagen in sich vereinen.

Am 27. März 1906 schrieb May an Fehsenfeld, er habe vom Zeitungsabdruck einer Erzählung ›In den Teufelsbergen‹ erfahren, welche <u>mein</u> Erlebniß unter den Teufelsanbetern enthält und dem II. Bande unserer Reiseerzählungen entnommen sein soll (May 2007, 512). Tatsächlich enthält der Jahrgang 1905 des in Mainz gedruckten, mehreren deutschen Zeitungen beigelegten ›Sonntags-Blattes zur Unterhaltung und Belehrung‹ in zwanzig Lieferungen von № 27 (2. Juli 1905) bis № 46 (12. November 1905) den Text ›In den Teufelsbergen. Reiseerzählung aus Mesopotamien‹. Der Zusammenhang mit Durchs wilde Kurdistan ist nicht von der Hand zu weisen, doch handelt es sich nicht um einen unerlaubten Nachdruck, sondern um eine plumpe Nachahmung aus der Feder des italienischen Priesters Dr. Ugo Mioni (1870–1935), der sich für seine zahlreichen Abenteuererzählungen immer wieder ungehemmt bei Karl May bediente. Sein Roman ›Nei monti del diavolo‹, für das ›Sonntags-Blatt‹ ins Deutsche übersetzt von Hedwig Berger (geb. 1839), war im Jahre 1901 in Turin erschienen (Schleburg 2018).

Die ›Fassung letzter Hand‹

Unserer historisch-kritischen Edition von Durchs wilde Kurdistan liegt im Sinne einer vom Autor, wenn nicht in allen Details verantworteten, so doch implizit gebilligten ›Ausgabe letzter Hand‹ B[16], die letzte zu seinen Lebzeiten gedruckte Auflage der Illustrierten Reiseerzählungen, zugrunde. Ohne Einzelnachweis wurden für KMW IV.2 folgende äußerliche Anpassungen und Systematisierungen vorgenommen:

– Zeilen- und Fußnotenzählung sowie die Formatierung von Überschriften, Initialen und Fußnoten folgen den Konventionen der Historisch-kritischen Ausgabe. Fußnotenzeichen werden den Inter-punktionszeichen grundsätzlich nachgestellt.

– Anführungszeichen werden in der Form » › ‹ « vereinheitlicht und bei Rede innerhalb der Rede nach der Logik platziert: Interpunktionszeichen, die zur jeweiligen Redeebene gehören, stehen innerhalb der Anführungszeichen. Interpunktionszeichen, die zum übergeordneten Satz gehören, stehen, mit Ausnahme der Kommata bei wörtlicher Rede, außerhalb.

– Da der Frakturtext der Vorlage in Antiqua wiedergegeben wird, tritt für Antiqua der Vorlage die Kursive ein. Dabei werden unmittelbar anschließende Satzzeichen ebenfalls kursiv wiedergegeben, Anführungszeichen jedoch nur dann, wenn die gesamte eingeschlossene Zeichenfolge markiert ist. Nicht kursiviert werden diakritisch ergänzte Einzelbuchstaben wie é und ï, die rein technisch bedingt aus Antiqua gesetzt wurden.

– Unabhängig von den Textzeugen werden innerhalb von Wörtern Bindestriche, zwischen Wörtern und beim Abbruch von Wörtern oder Konstruktionen Halbgeviertstriche verwendet (45.31f. »meine Na – – – ooh – aah – – was war das?«). In Schreibungen wie 119.24 um-e-m, 182.9 Sin-ek folgt May ganz mechanisch seinen Quellen – hier Boschkowitsch 1864, 121 (mit didaktischer Segmentierung eines morphologischen Paradigmas) und Berswordt 1839, 157 (Bindestrich ohne erkennbare Bedeutung).

– Nicht einzeln dokumentiert sind 19 eindeutige Setzerfehler wie 131.23 Federmaus, 195.19 bedenkeu, 197.1 Gäßchchen, *die nur ihrer Zahl nach ein Licht auf die Sorgfalt des Satzes werfen, aber für die Ermittlung der Absichten des Autors ohne Belang sind.*

Alle weiteren Abweichungen sind unten im Verzeichnis der Herausgeberkorrekturen aufgelistet. Da May zwar hin und wieder Korrekturen las, aber den Druck seiner Werke schon aus Zeitgründen nicht systematisch überwachte oder überprüfte, schlichen sich bei jedem Neusatz auch zufällige Veränderungen in den Text ein. Unsere Ausgabe korrigiert die Überlieferung von B[16] an 149 Stellen, wo mit hoher Wahrscheinlichkeit ein Fehler vorliegt oder frühere Textzeugen eine deutlich überlegene Variante bieten. Einige der von uns verbesserten Lesungen wären für sich genommen ohne Weiteres zu rechtfertigen, weichen aber in so belangloser Weise von Z und B ab, dass ein Versehen des Setzers ungleich plausibler erscheint als ein bewusster Eingriff Karl Mays.

Die vorgenommenen Korrekturen zielen nicht darauf ab, die historische Bedingtheit von B[16] wegzuretuschieren. Erhalten bleiben folglich zahlreiche Inkonsequenzen in Schreibung und Morphologie, die sich durch Wechselwirkungen der Schriftsprache mit Dialekten und Soziolekten, durch das Nebeneinander konservativer und ›reformierter‹ Rechtschreibsysteme, durch Unsicherheit im Umgang mit Fremdsprachen, die Verwendung unterschiedlicher Quellen und natürlich auch durch Flüchtigkeit erklären. Gewiss spiegelt nicht jede einzelne Stelle des Drucktextes ungefiltert die jeweiligen Präferenzen Karl Mays wider (der beispielsweise für seine Person an einer um die Jahrhundertwende schon archaisch wirkenden Orthographie festhielt), doch in ihrer Gesamtheit ist die Inkonsistenz und Instabilität des Textes charakteristisch für die Entstehungs- und Publikationsbedingungen von Trivialliteratur im ausgehenden 19. Jahrhundert. Beibehalten sind also:

— *Orthographische Variation wie* ebenso viel ~ ebensoviel, hier zu Lande ~ hierzulande, Knie *(Plural)* ~ Kniee, o ~ oh *(mit und ohne Komma)*, so daß ~ sodaß, so lange ~ solange, so weit ~ soweit, zu viel ~ zuviel; Zehnpiasterstück ~ Zehn-Piasterstück; Badinankurden, Berwarikurden, Zibarkurden ~ Badinan-Kurden, Berwari-Kurden, Zibar-Kurden.

- *Konkurrierende Formen und Umschriftsysteme oder verschiedene Grade der Eindeutschung in der Schreibung von Fremdwörtern und Namen, z. B.* Abd-el-Summit – Abd el Summit, Anadoli Kasi Askeri – Anadoli Kasi Askerie – Anatoli Kasi Askeri, Bagdad – Baghdad, Backschisch – Bakschisch, Budjeruldi – Bu-djeruldi, Delmamikan – Dilmamikan *(in derselben Aufzählung 357.21ff.),* Divan – Diwan, Dschibuk – Tschibuk, Ferman – Firman, Heif – heïfi, Hemdscher – hemscher, kehrim – kerihm, kulian – kulyan, Missionar – Missionär, Muhammed – Mohammed, muhammedanisch – mohammedanisch, Mutessarif – Mutessariff, Mutesselim – Mutessellim *(der korrekten arabischen Konsonantenstruktur kämen übrigens ›Mutesarrif‹ und ›Mutesellim‹ am nächsten),* Nessorah – Nestorah, Sallam – Sellam, Gürtelschal – Shawl, Schohrd – Schuhrd, Seif – Seïf.
- *Endungsvariation wie* anderen – andern, oberen – obern *(vgl. z. B. 371.4 und 2),* unserem – unserm *(z. B. 44.24 und 28). Unbetontes e ist auch unstabil in* Arzenei – Arznei.
- *Das Schwanken zwischen schwachen und starken Verbformen wie* fragte – frug, klimmte – klomm.
- *Die Verwendung unmarkierter und markierter Genitivformen bei Fremdwörtern:* des Bey, eines Emir, des Gouverneur – des Beys, eines Emirs, des Gouverneurs.
- *Das Nebeneinander der (korrekten arabischen) Pluralform* Moslemin *und der (falschen) Pluralform* Moslemim, *die, offenbar in Analogie zu hebräisch ›Cherubim‹ und ›Seraphim‹, auch in anderen May-Texten auftritt.*
- *Die uneinheitliche Verwendung der Antiqua für fremdsprachige Ausdrücke, vor allem aus dem Englischen:* immense, Fowling-bull, Mayor, Quarrel, Pshaw, Scold – Dumb, Hatbox, Nothing, tedious, Pshaw. *Türkische Wendungen sind nirgends, die häufigen arabischen Ausrufe* Allah illa allah! *und* Wallahi *nur in 503.27 bzw. 503.31 so hervorgehoben.*
- *Die Setzung bzw. Nichtsetzung von Kommata vor und nach Nebensätzen sowie zwischen Adjektiven:* 477.2 es steht schon länger als ich lebe; 224.19f. Dann warte ich, bis die Wächter

schlafen und öffne Amad die Zelle; *112.22* der hohe, graue
Zylinderhut, der lange dünne Kopf.

— *Die Flexion nominaler Fußnoten, die zum Teil den Kasus des
erläuterten Wortes aus dem Text übernehmen, zum Teil den
neutralen Nominativ verwenden, z. B.* 530.*Fußnote* Heiligen
Lande, *512.Fußnote* Mittelamerikanischer Haifisch.
Als Einzelformen bemerkenswert sind 145.3 Pilsenkräuter *und
416.36* begleitete *für* ›bekleidete‹ *(umgekehrte Schreibung infolge
mundartlicher Aussprache, sehr häufig bei May), sowie aus der
Sicht des modernen Standards die Zusammensetzung 203.Fuß-
note* Gefangenhaus *(laut Duden noch in der österreichischen
Amtssprache«), die schwache Verbflexion in 477.9* Er ... beratet
und das feminine Genus in 480.2 einer Katapulte. *Die sonst als
Neutra verwendeten Substantive* Versteck *und* Bakschisch *haben in 351.22 bzw. (seit B¹) 365.35 einen maskulinen Begleiter
bei sich. Die Formulierung 316.7ff.* wer eines von diesen drei
Dingen besitzt, der ist bei diesen räuberischen Völkerschaften
nie sicher, es zu verlieren, *bedeutet streng genommen das Gegenteil des Gemeinten:* ›sicher davor, es zu verlieren‹. *Unfreiwillig
komisch wirkt die Vermeidung der Satzklammer in Konstruktionen wie 43.25f.* so wird vor mich treten deine Gestalt, und
ich werde hören alle Worte deines Mundes. *Sie soll biblische
Feierlichkeit ausstrahlen, erinnert aber zugleich an das negativ
konnotierte Pseudo-Jiddische, das in der illegalen Weinstube zu
Amadijah erklingt; vgl. 197.25* Soll ich brennen an die Lampe?

*Ein besonderes textkritisches Problem fast aller Reiseerzählun-
gen Karl Mays stellen die zahlreichen fremdsprachigen Einspreng-
sel dar, die auf sämtlichen Stadien von der ersten ethnographi-
schen oder linguistischen Quelle bis zum letzten Setzer besonders
anfällig für Entstellungen und weder nach (historischen oder gar
modernen) grammatischen Normen noch nach wissenschaftlichen
Transliterationssystemen zu beurteilen sind. Auch der vorliegende Band enthält trotz sehr umfassender Streichungen gegenüber
der* ›Hausschatz‹*-Version neben dem stiltypischen Fremdwortgut
und den Orts- und Eigennamen zahlreiche Gesprächsbeiträge in
einem* ›Türkischen‹*, das als May'sche Eigenkreation auf deutscher Grundlage ebenso uneingeschränkt dokumentierenswert ist*

wie seine Aneignung kurdischer Sprachproben und seine Vor-
stellungen von der Pragmatik des Englischen. Anzustreben ist
aber die Korrektur simpler Lese- oder Satzfehler der Druckerei.
Solche Versehen liegen nahe, wo einzelne Textzeugen von der
bei May üblichen Schreibung eines häufig verwendeten, prak-
tisch zum erweiterten Grundvokabular gehörigen Fremdwortes
abweichen (Alla, Shidi)*. Als Korrektiv für speziellere Zitate*
kann manchmal eine eindeutig identifizierbare Quelle dienen:
Layards Reisebericht legt in 186.7 gegen alle Textzeugen die Na-
mensform Maglana *nahe; in 354.7 stützt Lerchs Glossar die Les-*
art desti *Z, B gegenüber* desi *B[16]. Umgekehrt werden die suspek-*
ten Schreibungen 119.21 pucshke *und 120.5* Nemacschka *durch*
die Transliterationstabelle in Boschkowitsch 1864, 2 erklärbar.
Behutsame Eingriffe auf dieser Grundlage sind unten dokumen-
tiert; viele weitere Stellen bleiben trivialer Fehler verdächtig: So
könnte 21.13 schiwan *durch Verlesung aus ›schivian‹ hervorgegan-*
gen sein (vgl. ›sívian‹ bei Lerch 1857, xvi), doch häufen sich gera-
de in dieser Liste der astronomischen Objekte die Abweichungen
von der Vorlage, so dass eine Intention Mays nicht auszuschließen
ist – ganz abgesehen davon, dass er, absichtlich oder versehent-
lich, für den Planeten Venus ein Kurmandschi-Wort verwendet,
das einen Teil des Sternbilds Großer Bär bezeichnet (ebd., xxv).
Da q im gängigen lateinischen Alphabet nicht ohne folgendes u
vorkommt, wurde baqa *(vgl. Lerch 1857, 17) zu 448.16* baqua*;*
auch 122.9 Schefag *endet bei Lerch 1858, 136 mit* q*. In 119.24* öno
bölje *steht* ö *für den mit einem serbischen Akzentzeichen ver-*
sehenen Buchstaben ö *(vgl. Boschkowitsch 1864, 67 bzw. 56),*
aber es ist ungewiss, ob diese graphischen Anpassungen von May
oder vom Setzer vorgenommen wurden. Wenn 119.17 Tschit-i
mit »ħутите« bei Boschkowitsch 1864, 175 zusammenhängt, wäre
vielleicht zu ›Tschut-i‹ zu emendieren. Die objektiv falsche Form
90.20 Kufjundschik *(für ›Kujjundschik‹), die auch in* Durch die
Wüste *vorkommt, ist subjektiv durch das Druckbild von Mays*
Kartenmaterial gerechtfertigt (Lieblang/Kosciuszko 2016, 400).

Die von uns vorgenommenen Eingriffe betreffen in den meisten Fällen nur einzelne Buchstaben und Interpunktionszeichen und stellen in der Regel die Lesart eines früheren Textzeugen wieder her. Hervorzuheben aus der folgenden Liste sind die bedeutungsrelevanten Korrekturen in 75.6, 117.10, 130.21, 154.3–4, 355.9, 411.8 und 478.2.

11.8	Aïram, > Aïran, Z, B *(vgl. Rich 1837, 28)*
16.20	danke, > danke Z, B
19.7	eine > ein Z, B
21.Fußnote 1	Bär.) > Bär). Z
23.1	meinen > meinem Z, B
23.16	ein > einen Z, B
23.23	unbekannt > unbekannt. Z, B
24.26	»Emir > »Emir, Z, B
25.17	»Herr > »Herr, Z, B
31.1	Ihnen > ihnen Z, B
33.21	»Nun > »Nun, Z, B
35.36	einige > einzige Z
41.20	Shidi, > Sihdi, Z, B *ebenso 349.4*
49.5	büßen? > büßen! Z, B
49.13	zurück. > zurück! Z, B
50.31	richtig! > richtig; Z, B
51.14	Hand > Hand, Z, B
53.30	Parlamentär > Parlamentär, B *(Parlamentair, Z)*
64.35	Markredsch > Makredsch Z, B
64.37	bewillkommen > bewillkommnen Z, B
67.5	stehen!« > stehen?« Z, B
67.7	gefangen! > gefangen; Z, B
72.13	deine > deinen Z, B
73.13	Bu-kendium > Bu-kendim Z, B *(vgl. Berswordt 1839, 20)*
75.6	Stellung > Steilung Z, B
92.30	zu > zur Z, B *(›zu Sprache kommen‹ ist korrekt, entspricht aber nicht Mays sonstigem Gebrauch)*

94.19	keit > keif *Z, B (vgl. Lerch 1858, 100; May fasste die Form inim ›[ich] genieße‹ fälschlich als Imperativ auf)*
94.36	und und *(am Zeilenumbruch)* > und *Z, B*
105.7	Genosse > Genosse, *Z, B*
107.34	es. > es.« *Z, B*
108.14	»Herr > »Herr, *Z, B*
109.33	Vizihn > Bizihn *Z (Verwechslung des Frakturversals; vgl. Lerch 1858, 158)*
113.34	hierher!« > hierher?« *Z, B*
116.21	Kurde! > Kurde? *Z, B*
116.30	ihr > Ihr *Z, B*
117.10	»Meinetwegen!« / »Dann > »Meinetwegen! Dann *(Kara Ben Nemsi spricht weiter)*
117.24	Urubaschi?« > Urubadschi?« *Z, B (vgl. Berswordt 1839, 78f.)*
119.21	dobo > dobro *(vgl. Boschkowitsch 1864, 191; von May transliteriert)*
120.28	Weshalb!« > Weshalb?« *B (Weßhalb?« Z)*
121.6	Dolmetscher > Dolmetscher, *Z, B*
130.21	»Well!« / »Dorf > »Well! Dorf *(Lindsay spricht weiter)*
131.29–30	Fleder – – – > »Fleder – – – « *Z, B*
132.34	Zoologe? > Zoologie? *Z, B*
135.36	»Sihdi > »Sihdi, *Z, B*
136.8	eine > ein *Z, B*
136.25	mir > wir *Z, B*
141.29	fragt > fragte *B (frug Z ebenfalls Präteritum)*
145.11	Nicht!« > Nicht?« *Z, B*
149.33	Sir, > Sir. *Z, B*
149.33	Geld?« > Geld!« *Z, B*
153.21	»Alla > »Allah *Z*
154.3–4	ebenfalls > allenfalls *Z, B (sicher nicht autobiographische Aktualisierung Mays nach Pielenz 1977, 14, sondern Versehen: vgl. ebensoviel im selben Satz)*
155.31	kehre > kehrte *Z, B*

156.21	Parade > Parade, *Z*, *B*
156.28	tscharyn: > tscharyn! – *Z (tscharyn: – B)*
157.34	zu > zu: *Z*, *B*
157.37	es?« > es.« *Z*, *B*
161.16	gegeben > gegebenen *Z*, *B*
161.23	Kein > »Kein *Z*, *B*
165.20	geheim: > geheim, *Z*
182.4	»Nun > »Nun, *Z*, *B*
186.7	Maglone > Magla*n*a *(Maglano Z, B; vgl. 315.8 und Layard 1854, 92)*
193.9	versuchen?« > versuchen!« *Z*
193.22	Lindsay-Bey.« > Lindsay-Bey?« *analog Z, B (fehlerhaft Linsay-Bey?«)*
195.7	Liebesklaven > Liebessklaven *Z*, *B*
205.21	»Ja > »Ja, *Z*
206.16	ja > ja, *Z*, *B*
209.1	Vater > Vater, *Z*, *B*
209.10	Siehe > Siehe, *Z*, *B*
213.35	pakten > packten *Z*, *B*
214.3	glatte > *platte (vgl. 140.21, 322.25; Mays* p *ist oft sehr flüchtig geschrieben)*
216.2	waren > waren, *Z*, *B*
219.8	Aly > Ali *Z*, *B*
227.35	ihr > Ihr *(Z ohne Aussagekraft)*
236.35	einem > einen *Z*, *B (umgangssprachliches ›angehen‹ mit Dativ kommt bei May vor, ist aber als Korrektur unwahrscheinlich)*
239.4	noch, > doch, *Z*
252.12	Jetzt, > Jetzt *Z*, *B*
256.33	»Hier > »Hier, *Z*, *B*
257.25	auch > auch, *Z*, *B*
263.13	auf.« > auf!« *Z*, *B*
274.7	Nacht. > Nacht, *Z*, *B*
274.21–22	Piaster > Piastern *Z*, *B*
277.31	Agha?« > Agha!« *Z*, *B*
280.23	vor > von *Z*, *B (vgl. Layard 1854, 111: »Fünf chaldäische Dörfer liegen im Districte von Tkhoma«)*

281.20	muß > mußte *Z, B*
281.37	bringen. > zu bringen. *Z, B*
283.22	die Hände, > Hände, *Z, B*
287.21	Stadt. > Stadt.« *Z, B*
301.4	Teil. > Teil.« *Z*
321.33	wenig.« > wenig!« *Z, B*
339.37	Gottes > Gottes, *Z, B (aber ohne Komma ist für May nicht untypisch, aber als Korrektur unwahrscheinlich)*
347.23	töten!« > töten?« *analog Z (tödten?«)*
354.7	desi > desti *Z, B (vgl. Lerch 1858, 91)*
355.9	Eselin, > Eselein, *Z, B (vgl. Lerch 1858, 125)*
357.18	Elegan-Kurde > Alegan-Kurde *analog Z, B (Alegankurde; vgl. Lerch 1858, 83f.)*
360.24	ihm > ihn *Z, B*
366.27	ging, er > ging. Er *Z, B*
367.12	ein > eine *Z, B*
367.34	Lippen .... des > Lippen an .... des *Z, B*
377.25	alten > Alten *Z, B*
379.12	wendet > wendete *Z, B*
380.17	Ordination, > Ordination. *Z, B*
388.16	meinen > meinem *Z, B (gemeint ist nur Lindsay)*
388.29	euch > euch, *B (Euch, Z)*
394.20	ihr > Ihr *B (Z ohne Aussagekraft)*
397.28	Ihr > ihr *B (Z ohne Aussagekraft)*
402.10	erzählt. > erzählt? *Z, B*
404.15	gewinnen: > gewinnen; *Z, B*
411.8	Hauptteile > Haupttale *analog Z (Hauptthale)*
411.22	gewendet. > gewendet? *Z, B*
417.18	ihr > Ihr *(Z ohne Aussagekraft)*
419.15	fort. > fort: *Z, B*
424.25	können?« > können.« *Z, B*
427.27	Abdel-Summit-Bey > Abd-el-Summit-Bey *Z, B (Abd- B am Zeilenende, vom Setzer als bloßer Trennstrich missverstanden)*
429.28	Kinder > Kindern *Z, B*
434.35	sie. > sie: *Z, B*

436.36	gewaschen! > gewaschen. *Z, B*
440.20	Komm.« > Komm!« *Z*
444.36	Gastfreund: > Gastfreund; *Z (vgl. auch die parallel konstruierte Antwort Kara Ben Nemsis)*
452.18	weist, > weißt, *Z, B*
455.17–18	Assiretha?« > Assiretah?« *Z (vgl. 454.9)*
458.12	schreit > schreit zu *Z (vgl. Genesis 4, 10)*
461.14	Chaldana > Chaldani *Z, B*
461.19	tun.« > tun?« *Z, B*
462.3	nehmen. > nehmen.« *Z, B*
466.14	ergießt, > ergießt. *Z, B*
468.19	Dorfe?« > Dorfe.« *Z, B*
471.34	»Dies > Dies *Z, B*
478.2	schüttelte > schüttete *Z (vgl. auch Psalm 79, 6; Jeremia 10, 25)*
480.36	kulyan. > kulyan.« *Z*
481.11	»Weiter.« > »Weiter!« *Z (vgl. auch 481.13 und 15)*
494.13	Oepisch? > Oepüsch? *Z (vgl. 494.7 und Berswordt 1839, 167)*
499.8	kulyan;‹ > kulyan‹; *analog Z (kulyan;««)*
503.19	*Heighday*-heisa! > *Heigh-day*-heisa! *Z, B (Heigh- B am Zeilenende, vom Setzer als bloßer Trennstrich missverstanden)*
509.29	»Master« > »Master,« *Z, B*
509.32	*Thunder-strom!* > *Thunder-storm! Z*
512.30	hatte.« > hatte. *Z, B*
514.37	»Ja. > »Ja, *Z, B*
516.1	»Nedschir Bey, > »Nedschir-Bey, *Z, B*
516.17	*Holeghost* > *Hole-ghost Z, B (Hole- B am Zeilenende, vom Setzer als bloßer Trennstrich missverstanden)*
520.12	machen.« > machen?« *Z*
521.20	zu > so *Z (zu wird von daß nicht korrekt fortgesetzt)*
523.7	Kasawiaka, > Kasawaika, *Z*
523.29	Meldung, > Meldung; *Z*
526.9	sind!« > sind«! *Z*

527.11   werden! > werden; *Z, B*
528.21   du? > du?« *Z, B*
529.35   hab > habe *Z, B (Wegfall des -e vielleicht durch*
             folgendes heut *verschuldet)*

Die in der ersten Auflage von KMW IV.2 vorgenommene Emen-
dation 158.17 verziehe > verzeihe *ist unnötig: das vorliegende*
Verb ist ›verziehen‹ im Sinne von ›warten, verweilen‹.

In 48.18 ist die Beobachtung, dass sich in einer großen, panisch
vorübergaloppierenden Reiterschar vier *blutige Soldaten befin-*
den, inhaltlich weniger plausibel als die ursprüngliche Variante
Viele *Z bzw.* viele *B, doch erscheint die Annahme einer zufälli-*
gen Entstellung von viele *zu* vier *gewagt.*

In 284.6 kommentiert Kara Ben Nemsi die Vermutung des
Mutesselim, dass der aus dem Gefängnis geflohene Amad el Ghan-
dur noch am Leben sein könnte, laut Z, B mit dem Satz: »So
wünsche ich ihm, daß er sich nicht irren möge!« *Dies ist sinn-*
voll, weil der Sprecher innerlich hofft (bzw. weiß), dass der Had-
dedihn nicht in den Abgrund gestürzt ist, und nach außen hin
dem Beamten die Wiederergreifung des Flüchtigen gönnen muss.
In der Fassung letzter Hand fehlt die Negation des Nebensatzes,
was – wenn kein Flüchtigkeitsfehler vorliegt – bedeuten müsste,
dass Kara Ben Nemsi dem Mutesselim, mit dem er zum Schein
befreundet ist, weitere Unannehmlichkeiten ersparen wolle (im
Sinne der Stelle 299.11–12).

In 503.19 bleibt zweifelhaft, ob das überlieferte »Heigh-day-
heisa!« *eine zusammengehörige Äußerung Lindsays bilden soll*
oder vielmehr »Heigh-day – heisa!«, *also ein englischer Ausruf*
mit deutscher Übersetzung, zu lesen ist.

Textgeschichte

Der vorliegende Band setzt zu Beginn ohne inhaltlichen Einschnitt
das Kapitel Der Merd-es-Scheïtan *der ›Hausschatz‹-Erzählung*
»Giölgeda padiśhanün« *fort. Deren letzter Abschnitt* Der Ruh 'i
Kulyan *bildet Kapitel 2–4 von* Durchs wilde Kurdistan, *und*

der Rest des Bandes entspricht der Erzählung Reise-Abenteuer in Kurdistan *aus dem Folgejahrgang des ›Deutschen Hausschatzes‹, die in die Kapitel 5–7 unterteilt wird. Band 3 der gesammelten Reiseromane,* Von Bagdad nach Stambul, *beginnt also mit einem neuen ›Hausschatz‹-Text.*

Da May bei der Revision der Zeitschriftenfassung die Bandeinteilung der Freiburger Buchausgabe nicht genau vorherzusehen vermochte, nummerierte er die neu eingeteilten Kapitel fortlaufend, wies aber Fehsenfeld eigens darauf hin, dass der zweite Band im Satz wieder mit einem ersten Kapitel beginnen müsse (May 2007, 69). Diese Umstellung scheint bei der Anfertigung der ersten Auflage eine gewisse Konfusion hervorgerufen zu haben: es sind einzelne Exemplare bekannt (erstmals Jendrewski 2008), die zwar im Inhaltsverzeichnis die gewünschte Nummerierung aufweisen, im Text jedoch die Kapitel 2 und 7 als »Vierzehntes« *bzw.* »Neunzehntes Kapitel« *bezeichnen, also die Zählung der zwölf Kapitel von* Durch Wüste und Harem *fortführen. Zusätzlich sind die Kapitel 4 und 5 mit* »Zweites« *bzw.* »Viertes Kapitel« *überschrieben. Diese Fehler wurden offenbar sehr bald nach Beginn des Druckvorgangs bemerkt und behoben.*

Obgleich explizite Erwähnungen des ›Deutschen Hausschatzes‹ in B¹ wegfielen, ist dem Text an einigen Stellen bis zuletzt die ursprüngliche Darreichungsform anzumerken. Bei ihrem ersten Auftreten in den Reise-Abenteuern *werden Mohammed Emin und Hadschi Halef Omar, die dem Leser des Buches seit Hunderten von Seiten vertraut sind, als* der Häuptling der Haddedihn *und* mein kleiner arabischer Diener *glossiert (319.19 und 24). Der Zeilenumbruch und die Wiederholung an der Stelle 81.26ff.* Ali Bey nickte befriedigt mit dem Kopfe. / Nach einer kleinen Pause machte der Dschesidi-Häuptling … *erklären sich durch den Beginn einer neuen ›Hausschatz‹-Lieferung. Ebenso wird in 413.15 der unmittelbar vor der wörtlichen Rede erwähnte Sprecher gleich im Anschluss noch einmal identifiziert (*So fragte höhnisch der Bruder des Melek*), weil das Zitat eine neue Lieferung einleitete. Derartige Orientierungshilfen an den vom Autor gar nicht abzusehenden Bruchstellen wurden zweifellos durch die Zeitschriftenredaktion eingefügt, doch da Karl*

May bei zweimaliger Durchsicht des Textes keinen Anstoß daran nahm, dürfen sie für sanktioniert gelten, zumal er den Übergang an anderen Stellen tatsächlich glättete: So strich er vor 370.3 die Anknüpfung Wir schliefen gut im Hause des Bey von Gumri, mit der die Erzählung im ›Hausschatz‹ nach mehrwöchiger Unterbrechung neu ansetzte, und verband in 427.32 zwei ursprünglich durch die Lieferungsstruktur getrennte Sätze durch ein Darum.

Die durchgreifendste Veränderung, die der Autor für B^1 vornahm, betraf wie bereits im ersten Band die türkischen Reden, von denen nur ein Bruchteil übrigblieb. Welche grammatischen und damit auch stilistischen Einschränkungen ihm die ›Rückübersetzbarkeit‹ ursprünglich auferlegte, geht aus der Kindlichkeit der deutschen Dialoge hervor, die Hauptmann und Leutnant in 28.15ff. und 31.9ff. noch in der Ausgabe letzter Hand führen. Die weniger kreativen kurdischen und englischen Sprachproben waren von den Streichungen nicht betroffen, doch fiel der Revision das bemerkenswerte Substantiv Calf-bit (für ein Stück Schaffleisch in 424.14) zum Opfer. Gekürzt wurde auch die ausführliche und im Satz aufwendige Beschreibung der jesidischen Urne in 78.18.

Dass May über diese eher mechanischen Anpassungen hinaus mit kritischer Aufmerksamkeit vorging, verrät die Korrektur stilistischer Unschönheiten und unscheinbarer Fehler: In 167.17 ersetzte er wie nach dem Komparativ durch als (während es in 176.28 bis B^{16} erhalten blieb). In 227.13 wurde eine Wortwiederholung vermieden (in 317.4 hingegen eine eingeführt). In 241.8 tilgte er einen falschen Sprecherwechsel, in 361.30 eine unlogische Wendung des Dialogs, und in 471.1 behob er eine Zeilenvertauschung.

Ergänzt wurden vielerorts Redekennzeichnungen wie antwortete Halef und rief ich aus. Das Relativpronomen welcher wurde in B^1 sehr häufig durch der, das für May typische zurückverweisende Pronomen derselbe einige Male durch weniger schwerfällige Formen ersetzt. Den resultierenden Gewinn an Lesbarkeit mag beispielhaft die Stelle 75.1–5 illustrieren, die in Z noch lautete: Wir folgten ihr und langten bald an der Stelle an, an welcher ich mit meinem Dolmetscher hinabgestiegen war. Hier stand eine Wache, welche den Auftrag hatte, jeden Unberufenen abzuweisen. Wir stiegen von den Pferden und ließen dieselben oben. *Der sprachlichen Modernisierung dienen auch die Streichung der Dativendung -e und die Verkürzung der Verb-Endung -est in der 2. Person Singular zu -st, doch finden sich daneben auch Änderungen in umgekehrter Richtung.*

Weitere punktuelle Verbesserungen nahm May bei der neuerlichen Durchsicht des Textes für die illustrierte Ausgabe B[13] vor: So wurden in 98.9 nach einem Vierteljahrhundert wünschen wissen zu wissen wünschen *umgestellt, in 127.37 eine Wiederholung von* also*, in 154.12 ein fehlerhafter Sprecherwechsel behoben. Andere Varianten sind durch ganz triviale Faktoren bedingt, etwa in 108.35, wo wegen des Zeilenendes im Neusatz ein Gedankenstrich wegfiel.*

Innerhalb der seit 1892 erschienenen Kleinoktav-Ausgaben konnten nur sehr wenige Varianten festgestellt werden, darunter jedoch solche von großer Bedeutung für Aussage und Wirkung des Textes. Zum einen war May angesichts der öffentlichen Querelen um seine Konfessionszugehörigkeit offenbar bestrebt, sich einer allzu speziellen dogmatischen Einordnung zu entziehen, und entschärfte nach der Jahrhundertwende einige Formulierungen, die im katholischen ›Hausschatz‹ allenfalls am Platze gewesen, aber nun geeignet waren, bestimmte Teile einer viel breiteren Leserschaft vor den Kopf zu stoßen. Von B[11] an, also ab dem Jahre 1904, bekennt sich sein Sprachrohr Kara Ben Nemsi in 380.8 nicht mehr zum Zölibat der Priester; ja, selbst Christus wird in 421.25 nicht mehr mit der nicänischen Formel wahrer Gott *(die doch kaum eine moderne christliche Konfession diskriminierte), sondern nur noch als* Gottes sprechender Mund *bezeichnet. In der illustrierten Ausgabe entfallen darüber hinaus die Annahme des Erzählers, dass die Rückkehr* zur heiligen christkatholischen Kirche *der Mannhaftigkeit der Chaldäer zugute komme (102.2–3), und die pauschale Verdammung anglikanischer Missionare (439.2). Auch predigt Kara Ben Nemsi durch seine Taten nun nicht mehr seinen* Glauben*, sondern eine* Religion der echten, wahren Menschlichkeit *(531.15).*

Waren diese Abmilderungen durch äußere Rücksichten auf Markt und Reputation motiviert, so folgt der bereits erwähnte Wandel, den die Gestalt Marah Durimehs in der Geschichte unseres Textes durchmacht, aus einer genuinen Entwicklung im Selbst- und Kunstverständnis Karl Mays. Interessanterweise nehmen die Beschreibungen bereits innerhalb der ursprünglichen Textfassung, die bis B^{10} erhalten blieb, an Wärme zu: Wirkt die noch namenlose Alte bei der ersten Begegnung in Amadijah trotz Rosenkranz und Haarpracht durch ihre skelettartige Hagerkeit grauenerregend auf den Erzähler, so tritt schon bei seinen nächsten Besuchen alles Abstoßende zurück, und beim Abschied stellt die unvorbereitete Erwähnung des mächtigen Höhlengeistes klar, dass Marah Durimeh keine überzeichnete Randfigur bleiben wird. Mit jeder Nennung ihres Namens verstärkt sich die mysteriöse Aura der ungreifbaren und doch allgegenwärtigen Greisin, die als vormalige Königin noch immer in Völkerschicksale eingreift, und in der Schlussszene kehrt sie als prophetenhaft-erhabene Erscheinung wieder, deren anhaltende Knochigkeit einer zärtlichen Mutter-Sohn-Beziehung nicht mehr im Wege steht. Durch spätere Modifikationen des Textes wird Marah Durimeh, während ihr Alter vom Menschlichen ins Mythische wächst, zunehmend jugendlicher in ihrer Ausstrahlung und damit von einem halbwegs realistischen Individuum zu einem überzeitlichen Symbol. Bereits im Jahre 1896 erwähnte May gegen Fehsenfeld einen Roman des Titels Marah Durimeh: 3 Bände, mein Hauptwerk, welches meine ganze Lebens- und Sterbensphilosophie enthalten wird (May 2007, 213). Hierbei schwebte ihm, so vage seine Vorstellungen von dem nie in Angriff genommenen Hauptwerk auch gewesen sein dürften, sicher längst nicht mehr die gespenstische Hässlichkeit ihres ersten Auftretens in Amadijah vor. Nachdem er Marah Durimeh im zweiten Teil der ›Silberlöwen‹-Tetralogie und durch eine Bemerkung in Und Friede auf Erden! (1904; → KMW V.2, 439.26–35) vollends ins Allegorische gehoben hatte, wandte er mit B^{11} rückwirkend auch ihre Einführung in Durchs wilde Kurdistan ins uneingeschränkt Positive: die tief gebeugte Gestalt richtet sich auf, der Knochenschädel setzt weiche Züge an, das Schauerliche wird seltsam schön, und die Assoziationen *von Tod und Grab verschwinden. In der illustrierten Ausgabe schließlich, für die er dieselben Stellen noch einmal überarbeitete, ohne an bestehende Seitenumbrüche gebunden zu sein (Hermesmeier/Schmatz 2003, 352), sind alle Falten geglättet.*

Die hier exemplarisch erwähnten und alle weiteren aussagekräftigen Textveränderungen zwischen Z und B[16] sind unten im Variantenverzeichnis nachgewiesen. Nicht einzeln aufgeführt sind lediglich folgende mehr oder weniger systematische Abweichungen der äußeren Textgestalt:

– *In den Kontraktionen* auf's, für's *und* in's, *beim Genitiv von Eigennamen* (Amerika's, Ali Bey's) *und im (deutschen) Plural fremder Wörter (*Effendi's, Silah's*) verwendet Z Apostrophen. Umgekehrt fehlt der Apostroph in* ists.

– *Die Pronomina der zweiten Person (*Du, Ihr *und ihre Flexionsformen) sind in Z grundsätzlich groß geschrieben. Die Buchausgaben folgen dem von uns vereinheitlichten System,* Du *klein und* Ihr *nur dort groß zu schreiben, wo es sich um die höfliche Anrede einer einzelnen Person handelt. Natürlich gilt Großschreibung auch für die Anrede mit* Sie. *Einige bei dieser Umstellung unterlaufene Fehler sind in unserer Ausgabe emendiert.*

– *Z verwendet* th *im Anlaut zahlreicher Wörter und Wortbestandteile, jeweils einschließlich ihrer Flexionsformen und Ableitungen:* Thal, Thaler, That, Thau, Theer, vertheidigen, Theil *und* Urtheil, theuer, Thier, Thon *(im Sinne von* ›Lehm‹*),* Thor *(im Sinne von* ›Eingang‹ *und* ›Dummkopf‹*),* Thräne, -thum, thun, Thür, Thurm; *einige dieser Schreibungen setzen sich in B fort. Im Wortinneren steht* th *in* Athem, Blüthe, miethen, Ruthe, *am Ende in Formen und Ableitungen von* Fluth, Gluth, Heirath, Loth, Muth *und* Gemüth, Noth, Rath, roth, werth, Wirth, Wuth.

– *Z schreibt Doppelkonsonanten nach Kurzvokalen in* sammt *(*sämmtlich*) und* Sammt. *In* deßhalb, weßhalb *und im Suffix* -niß *steht scharfes* ß. Kariert *wird in Z und B mit* rr *geschrieben. Das feminine Suffix* -in *hingegen hat in Z auch im Plural nur ein* n: Chaldäerinen, Dienerinen, Lügnerinen, Tänzerinen.

- *Die Formen von* erwidern *haben durchgehend* ie *in Z. Die Stammform* gib- *von* geben *hat* ie *in B, nicht aber in Z.*
- *Ohne Dehnungs-e werden in Z zumeist das Verbsuffix* -iren *und seine Flexionsformen und Ableitungen geschrieben.*
- *Z kennzeichnet Vokallänge durch Doppelschreibung in* Heerde, Kameel, Loos *(auch B)*, Schaar *(auch B)*, bescheeren, Schooß *(auch B)*, Waare.
- *Weitere veraltende Schreibungen in Z sind* ächt, Brod, endgiltig, erschrack, gähren, Geberde, gescheidt, Hülfe, kauderwälsch, Packet, Schänke, stack *(stäcke)*, todt *(tödten)*, Wallnuß.
- *In vielen Fremd- und Lehnwörtern, die später stärker eingedeutscht werden, verwenden Z und zum Teil auch die Kleinoktav-Ausgaben noch alternative, meist dem Lateinischen, Französischen bzw. Englischen näherstehende Schreibungen, z. B.* Accord, Amulet, annectiren, Bakschisch *(teilweise auch in B[16])*, Bazar, blokiren, Cavalcade, Ceremonie, Civilisation, Citrone, Club, Commandant, complicirt, Concert, confisciren, Conflict, confus, Constitution, Consul, Continent, Contribution, correct, Corridor, couvertirt, Creatur, Cultur, Cursus, Cylinder, Cypresse, damascirt, delicat, District, Divan *(noch 368.21)*, Effect, Elephant, Escorte, executiren, gallopiren, Guirlande, Guitarre, Hyacinthe, inspiciren, Instinct, intellectuell, Khalif, Krystall, Lieutenant, lucullisch, Manuscript, Ocularinspection, Parlamentair, Pommade, Prädicat, raisonniren, Recept, recognosciren, Sanct, Satisfaction, scandalös, Scene, Secte, Sectirer, Soirée, Sopha, Tättowirung, Vice-.
- *Z benutzt Großschreibung für substantivisch verwendete Adjektive, Pronominalformen und Zahlwörter, z. B.* der Aeltere und der Weisere, der Schlimmste von Allen, Du Schönste; Alles, Andere *(vielfach wieder eingeführt in B[13])*, Beide, Derjenige, Einer *(noch 530.33)*, Einige, Einzige, Etwas, Jedermann, Jemand, Jener *(noch 96.32)*, Keiner, Mancher, Mehrere, die Meisten, Niemand, Solche, Nichts, Viele, Weniges; Zwei, Dreierlei, mit allen Vieren; Erste, Erstere *(noch 273.22)*, Zweiter, Dritte *(noch 240.36)*; Letzte,

Letztere, Nächste, Vorige. *Hierin, wie in den folgenden Merkmalen, verfahren die orthographisch nach und nach modernisierten Buchausgaben sehr inkonsequent.*

– *Z schreibt substantivische Elemente auch in phraseologischen Einheiten und in adverbialer Verwendung entgegen dem späteren (inzwischen zum Teil wieder reformierten) Gebrauch groß, z. B.* in Acht nehmen, im Allgemeinen, ein Bißchen, Dein Eigen, im Geheimen, nicht das Geringste *(noch 294.2)*, Gleiches mit Gleichem, im Klaren, in Kurzem, den Kürzeren ziehen, im Mindesten, sein Möglichstes, von Neuem, Recht haben, ins Reine kommen, Schade, Schuld sein, im Stillen, im Uebrigen, bei / von Weitem; heute Abend, früh Morgens, heute Morgen, heute Nacht, Vormittags.

– *Univerbierte Phrasen trennt Z häufig, aber keineswegs konsequent in ihre syntaktischen Bestandteile, z. B.* dem gemäß, dort hin, hinter her, in so weit, in wie fern – in wiefern, neben her, so eben, so wie, so zu sagen, wie so; dritten Male, Stunden lang; Besorgniß Erregendes, tief gerührt, wohl ausgerüstet; bei Seite, hier zu Lande, im / zu Stande, in Folge *(dessen)*, von Seiten, zu Grunde, zu Leide, zu Mute; zwei und siebenzig; lebwohl, das Vater unser. *Hierzu gehören auch die Zusammensetzungen mit* einander *(zu einander noch 65.18) und* Weise *(füglicher Weise neben* klugerweise*), sowie trennbare Verben wie* Acht geben, Stand halten, Statt finden; aus einander gelesen, auseinander reißen, da liegen, empor zu kommen, entgegen rennen, fest halten, fort grollen, frei lassen, herein zu rufen, herunter kommen, hinaus zu lassen *(noch 267.9)*, hinter einander stehen, sicher stellen, weg zu fischen, wieder kommen, zuvor zu kommen. *Doch gibt es nicht wenige umgekehrte Fälle, und in diesem Punkt weicht noch B[16] beträchtlich von der späteren Norm ab.*

– *Für* danach, wonach, mittels *stehen in Z* darnach, wornach, mittelst *(außer 429.22).*

– *In Z hat* fragen *überwiegend die ablautende Vergangenheitsform* frug. *Diese blieb an drei Stellen bis zur Ausgabe letzter Hand erhalten (178.37, 251.9, 283.20), wurde sonst aber durch das regelmäßige* fragte *ersetzt.*

Verzeichnis der Varianten

Das folgende Variantenverzeichnis basiert auf einer von Joachim Biermann erstellten Zusammenfassung der Vergleichslesungen von Marcus Höhn.

ERSTES KAPITEL. **9.**1–4 Erstes *bis* zurück. *fehlt Z* **4** letzten Höhe] Höhe vor dem Dorfe Z **5** der Teufelsanbeter] des Heiligen Z **7** ungeheuren] ungeheueren Z ungeheuern B **11** Opferhaufen] Kurban-kalabalik *[Fußnote:]* Opfer-Haufen. Z **15** Heiden] Putperestler *[Fußnote:]* Heiden. Z **10.**2 worauf] auf welches Z *ebenso 18.4* **5** eurer] Euerer Z **7** sodaß] so daß Z **11** Mohammedanern] Muhammedanern Z **12** hat.] hat! Z, B **23** mohammedanischen] muhammedanischen Z **30** der] welcher Z *ebenso 10.30, 16.11, 18.18, 24.6, 30.15, 75.2, 78.6, 101.37, 110.5, 110.15, 129.4, 137.27, 302.2, 315.6, 368.24, 438.2, 444.8, 486.1, 486.6, 487.17, 494.20, 495.14, 497.3, 498.4, 499.16, 500.23, 503.30, 519.15 (zweites Vorkommen), 510.28 (zweites Vorkommen), 517.31, 518.21, 523.2, 524.3, 527.15, 527.24, 529.7, 532.7* **11.**6 die] welche Z *ebenso 13.18, 30.37, 40.17, 41.27, 41.33, 46.34, 47.5, 48.28, 74.36, 75.3, 75.18, 77.27, 80.21, 88.8, 89.7, 89.9, 101.30, 103.11, 105.23, 110.17, 121.11, 121.33, 123.29, 128.37, 130.9, 136.26, 137.17, 140.20, 286.23, 304.4, 368.21, 427.7, 429.20, 429.21 (zweites Vorkommen), 431.12, 435.21, 440.5, 444.9, 447.11, 449.32, 454.30, 474.24 (zweites Vorkommen), 485.24, 487.4, 490.11, 493.24, 493.35, 495.18, 495.26, 496.12, 497.22, 497.36, 507.27, 510.31, 512.15, 515.27 (zweites Vorkommen), 519.22, 522.7, 522.23, 523.3, 523.24 (drittes Vorkommen), 527.6 (zweites Vorkommen), 527.30 (erstes Vorkommen), 528.3 (erstes Vorkommen), 529.12 (erstes Vorkommen), 529.21 (erstes Vorkommen), 529.26, 529.27 (zweites Vorkommen), 530.5, 531.31* **14** Tale] Thalde B (Fehler) **22** nach] hinter Z **24** Vorschein] Vorscheine Z, B **25** unserem] unserm Z, B Sitz] Sitze Z **26** hohen] hohen, Z, B **13.**18–19 ohne zu] ohne sie zu Z, B **36** sonst] sonst vielleicht Z, B **14.**26 Du] Du, Z, B **16.**7 das] welches Z *ebenso 17.35, 19.21, 23.12, 40.23, 41.32 (zweites Vorkommen), 46.33, 47.29, 83.12, 93.4, 96.19, 134.34, 106.22, 111.2 (erstes Vorkommen), 121.13, 128.2, 131.9 (zweites Vorkommen), 136.28, 140.18, 435.33, 449.28, 489.26, 496.4, 496.6, 502.24 (zweites Vorkommen), 503.5, 514.16 (zweites Vorkommen), 517.11, 518.29, 523.5, 523.Fußnote, 531.1* den] die Z **23** andre] andere Z, B **31** damit] mit denselben Z **17.**2 zweitenmal] zweiten Male Z **18.**1 worin] in welchem Z

2 dem] welchem *Z ebenso 26.4, 30.23 (zweites Vorkommen), 370.13, 437.1, 489.12, 495.8, 497.16, 499.23, 508.18, 512.29, 526.26, 529.22, 530.13* **7** ihren Inhalt] den Inhalt derselben *Z* **15** ihn] denselben *Z* **31** der] von der *Z, B* **19.30** Gespräch] Gespräche *Z* **21.6** »Alte«.] »Alte.« *Z* **13** »Es] Es *Z* ***Fußnote 1*** Bär.)] Bär). *Z* **22.16** in] von ihr, in *Z* **23.2** Ali Bey] Ali *Z, B* **24.31** mir,] mir *Z, B* **25.17** mich auch] auch mich *Z* **27** müssen,] müssen *Z* **31** gerade] grad *Z, B ebenso 486.1* **35** es] dasselbe *Z* **26.11** gar,] gar *Z, B* **16** hier,] hier *Z, B* **27.13** hatten] hatte *Z, B* **17** hatte,] hatte – *Z* **29** Kanoniere] Topdschi *[Fußnote:]* Kanoniere. *Z* **34** Hauptmann] Jüs Baschi *[Fußnote:]* Hauptmann. *Z* **35** Leutnant] Mülasim *[Fußnote:]* Lieutenant. *Z* Hauptmann] Jüs Baschi *Z ebenso 28.15* **37** dicker,] dicker *Z, B* **28.3** Leutnant] Mülasim *Z ebenso 28.16* **7** dem] meinem *Z, B* **9** Schön] Schön' *Z* **15** Unsere] Toplerimiz chosch – unsere *Z* **16** Sehr] Pek chosch – sehr *Z* **17** Wir] Atar-iz, atar-iz hepsi – wir *Z* **18** Alles] Hepsi – Alles *Z* **19** Wir] Japar-iz kazangdschü – wir *Z* **20** Viel] Tschok kazangdschü – viel *Z* **21** Wir] Oladschag-iz jijid – wir *Z* **22** Sehr] Pek jijid – sehr *Z* **23** Wir] Binar-iz – wir *Z* **24** Hoch] Jüksek, ghajet jüksek – hoch *Z* **25** Dann] Tütar-iz sonra tütünü adschemli – dann *Z* **26** Tabak] Tütünü schirazli – Tabak *Z* **27** Und] Ile itschar-iz kawehji arabli – und *Z* **28** Kaffee] Kawehji mokkahli – Kaffee *Z* **29** Die] Dschesidiler gerek olar-lar ölmek hepsi – die *Z* **30** Alle] Hepsi – alle *Z* **31** Die] Fenalar – die *Z* **32** Die] Oghanlar – die *Z* **33** Die] Na paklar, utanmazlar – die *Z* **34** Die] Kiöpekler – die *Z* **35** Wir] Oeldirar-iz onlari – wir *Z* **36** Morgen] Jarin sabah tiz – morgen *Z* **37** Natürlich] Tabiatli, dir doghru – natürlich *Z* **29.23** Infanteristen] Askeri *[Fußnote:]* Infanteristen. *Z* **32** sofort *fehlt Z* Laternen] Feneri *[Fußnote:]* Laternen. *Z* **30.1** achtzig,] achtzig *Z, B* **16** ab] da ab *Z* **31.9** Scheik] Scheik Adi kem juwa – Scheik *Z* **11** Ganz] Jum juwa – ganz *Z* **12** Die] Chalk onda scheïtana etar-lar – die *Z* beten dort] dort beten *Z* **13** Den] Scheïtani; Allah onlari döjsun de jassilt-sun de – Den *Z* **14** Das] Bu kylar-iz – das *Z* **15** Ja] He, onlari jirtar-iz – ja *Z* **16** Ganz] Büz bütün – ganz *Z* **20** Man] Bir kemse gel-yr – man *Z* **22** Wer] Kim dir olan – wer *Z* **23** Es] Iki atlilar dirler; onu ischa-im – es *Z* es.] es! *Z, B* **25** den] welchen *Z ebenso 36.20, 45.36, 78.16, 100.27, 416.6, 512.16* **31** den gleichen] ganz denselben *Z* **34** antwortete Halef. *fehlt Z, B* **32.2** Der] Scheïtan sizi jer – der *Z* **3** Also,] Also *Z* **8** Allah il] Allahil *Z, B* **10** Grad] Jarisi jük – grad *Z* **11** So] O kadar – so *Z* **14** Ah] Ah, sizi

584

war-benim – ah *Z* **18** Ihr] Köle olar-siz – Ihr *Z* **20** Ihr] Oghular scheïtanün siz – Ihr *Z* **21** Herunter] Aschaghy atlardan – herunter *Z* **34.13** eure] Euere *Z ebenso 36.34, 68.2, 73.4, 77.34, 318.22 (erstes Vorkommen), 331.34* **35.10** auf,] auf und *Z* Gesicht *bis* ihn:] Gesicht. *Z* **11** Leutnant] Mülasim, ne sen-der – Lieutenant *Z* **13** Nichts] Hitsch, sim hitsch – nichts *Z* **22** Allah] Allah bizi koruny-sun – Allah *Z* **35** abend] Abend und heute Morgen *Z* abend und heute morgen *B* **36.18** Ihr] Köle olar-siz – Ihr *Z* **39.5** durch nur] nur durch *Z, B* **33** euren] Eueren *Z* **41.7** fort,] fort *Z, B* **20** Schlafmütze] Ujkudischi *[Fußnote:]* Schlafmütze. *Z* **36** befinde und] befinde, und werde *Z, B* **42.26** bleibe.] bleibe! *Z, B* **37** hohlen] hohlen, tiefen *Z, B* **44.27** Hamdullillah] Hamdullilah *Z, B* **45.2** Nichtsnutz] Suzhitsch *[Fußnote:]* Wörtlich: »Ohnenichts«, also nichts, gar nichts, nicht einmal nichts, der geringschätzendste Ausdruck, dessen sich ein Türke bedienen kann. *Z* **5** sage!«] sage?« *Z* **31–32** ooh – aah] oooh – aaah *Z, B* **47.4** kam aber] aber kam *Z, B* **11–12** Regimentskommandeurs.] Regimentscommandeur. *Z* **48.18** vier] Viele *Z* viele *B* **50.12** »Wurm] »Kurd, sen – Wurm *Z* **32** Abhang] Abhange *Z, B* **53.2** Geleite,] Geleite *Z, B* **54.6** anderen] andern *B ebenso 107.15, 470.11* **16** dich,] Dich *Z* dich *B* **55.3–4** der andere] und der Andere *Z* **6** wichtigste] wichtigste Tag *Z* **7** hatte!] hatte? *Z* **25** dennoch, –] dennoch – *Z, B* **56.4** avancierten,] avancieren, *B* **57.1** ihnen,] ihnen *Z, B* **2** hierher] hieher *Z ebenso 274.16* **58.4** schriftliche] eine schriftliche *Z* **9** Geh,] Gehe *Z, B* **25** er] er, *B* **27** Furcht und Heimtücke] nur die Furcht und die Heimtücke *Z* Furcht und die Heimtücke *B* **59.28** kehrim,] kerihm, *Z* **60.4–5** Beziehung:] Beziehung. *Z, B* **61.6** aber *fehlt Z* **63.15** nun *fehlt Z, B* **16** Augenbrauen] Brauen *Z, B* **34** ihm] ihnen *Z* **64.5** nicht] noch nicht *Z, B* **15** demselben] denselbigen *Z* **65.23** meinige – «] meinige – – – « *Z* **25** Schweige] Sus ol – schweige *Z* **31** entwickle,] entwickele, *Z* **66.9** Oberstleutnant] Kaimakam, kim bu katschyk – Oberstlieutenant *Z* **67.28** gehe!] gehe. *Z, B* **30** Felsen,] Felsen *B* **32** »Bleib!«] »Bleibe!« *Z, B* **68.22** Eurigen] Euerigen *Z* **69.6** eurem] Euerem *Z* **24** Gouverneurs] Gouverneur *Z, B* **70.14** Granaten;] Granaten, *Z* **17** Geh] Gehe *Z, B* **18** ihnen,] ihnen *Z, B* **73.12** unterzeichneten,] unterzeichneten: *Z, B* **74.18** hin,] hin *Z, B* **34** Heiligtums] Heiligthumes *Z* Heiligtumes *B* **75.5** sie] dieselben *Z, B¹* **23** Unsrigen?«] Unserigen?« *Z* **76.3** Dort] Orata ölüm ne mozar ne, adschy ne tasa ne; orata ebedi atschyk ile zewk – dort *Z* **5** denn] zira tanry jakin dir – denn Z **15–16** der Freund] »dost insanün, son günahnun, ipita saadetün« – der Freund Z **26** Brüder] Kardaschlar, fikirimiz ona jakin ol – Brüder Z gedenken] gedenken *[Fußnote:]* Wörtlich: »Unser Gedanke sei bei ihm!« Z **37** konnte:] konnte. Z, B **77.3** sind] seien Z, B **26** Töpfer] Tschömlekdschi *[Fußnote:]* Töpfer. Z **29** Grabe] Mezar *[Fußnote:]* Grab. Z Sarges] Tabut *[Fußnote:]* Sarg. Z **30** Urne] Kilja *[Fußnote:]* Urne, Thongefäß. Z **78.18** eingebrannt.] eingebrannt. Die Zeichnung stellte einen fliegenden Vogel mit gabelförmigem Schwanz und spitzen Flügeln vor. Welcher Art dieser Vogel sein sollte, sagte mir die Unterschrift: Hadschi Hadschik, der Pilger unter den Pilgern, d. i. die Schwalbe. / Rund um den Vogel und die Unterschrift waren acht Worte in folgender Ordnung zu sehen:

Speïda.

Mezaal.   Isterik.

(Abbildung der Schwalbe.)

Kabirstan.   Adef.

(Hadschi Hadschik.)

Toprasch.   Azman.

Ross.

In deutscher Sprache würden die acht Worte also lauten:

Morgenröthe.

Grabmal.   Stern.

(Abbildung der Schwalbe.)

Kirchhof.   Sonne.

(Hadschi Hadschik.)

Erde.   Himmel.

Tag.

Die Bedeutung dieser Inschrift ist so klar, daß es gar nicht nöthig ist, eine besondere Erklärung derselben zu geben. Ich deutete auf den Vogel und frug einen der Scheiks: / »Ist die Schwalbe ein heiliger Vogel der Dschesidi?« / »Sie ist ein Symbol der irdischen Pilgerschaft. Wenn der Herbst kommt, zieht sie in schönere Länder, und wenn der Sommer des Menschen vorüber ist, so rüstet auch er sich, abzuscheiden von den Bergen, an denen er sein Nest erbaute, und hinüberzugehen in eine bessere Welt. Jenseits des Grabes, des Friedhofes und der Erde geht auf die Morgenröthe und der Tag eines anderen Sternes, einer reineren Sonne, der Tag des Himmels, welcher kein Ende kennt und keine Nacht besitzt. Hier auf dieser Kilja steht es geschrieben.« Z **35** euren] Eueren Z **80.3** Maurer] Duwarschi's [Fußnote:] Maurer. Z Zimmerleute] Dägerler [Fußnote:] Zimmerleute. Z **17** Thinarbaumes] Thinarbaumes [Fußnote:] Ahorn. Z **81.16** Begleitung] Begleitung, Z, B¹⁻⁷ **19** Kaimakam] Kamaikam Z ebenso 81.32 **83.24** womit er] mit welcher er Z, B **85.15** suchte] suchte, Z **86.17** Ich] O bir gün gel-yr-im jen-mek itschin – ich Z **21** einigemal] einige Male Z, B **27** Padischah] Padischa Z **28** Russen] Urus [Fußnote:] Russen. Z der] Giöj jüksek, thsaar uzak – der Z **87.17** Dolche] Dolche, Z, B **88.2** zehn] 10 Z **8** Der] Dieser Z **10** den bis wo] denjenigen Platz aufsuchte, an welchem Z **90.11** anderen] Andern Z andern B **19** heute,] heute Z, B **91.30** ihn] ihn gerner B **33** fragte ich ihn. fehlt Z, B **92.30** zu] zur B **95.20** kleinen,] kleinen Z, B **96.17** Geschmähten] Geschmäheten Z **30** Merd-esch-Scheïtan] Merd-es-Scheïtan Z, B

ZWEITES KAPITEL. **98.1–2** Zweites Kapitel. Dojan.] Der Ruh 'i Kulyan. Z **9** wissen wünschen,] wünschen wissen, Z, B **15** Gottes,] Gottes: Z, B **27** heiligen] hl. Z **99.16–17** dessen ungeachtet] dessenungeachtet B **100.23–24** König; und] König, und Z, B **26** zeigen.«] zeigen.« – – Z, B **27** Tatarenkönig] Tartarenkönig Z, B ebenso 101.4 **101.30** Missionare] Missionäre Z, B **102.3** unter bis stehen,] zur heiligen christkatholischen Kirche zurückgekehrt sind, Z, B **36** Endlich] Gestern endlich Z **103.1** in] heute in Z **7** Lebewohl] lebewohl B ebenso 129.1 **104.14** gehst] gehest Z **105.9** Geleit] Geleite Z **106.18** Malkoegund] Malkoe-gund Z **31** Frosches;] Frosches, Z, B **32** Gurke] Chyjar [Fußnote:] Gurke. Z **107.27** es,« bis Dorfälteste.] es.« Z **108.14** dir.] Dir! Z dir! B¹ (Teilauflage) dir B¹ (Teilauflage) B²⁻⁹ **35** ich – «] ich – – « Z, B (Zeilenende in B¹³⁺¹⁵⁻¹⁶) **110.5** etwas fehlt Z **12** Mastix] Fistik [Fußnote:] Mastix. Z **15** Reis] Pirindsch [Fußnote:] Reis. Z **15–16** Zwiebeln] Pivaz [Fußnote:] Zwiebeln. Z **111.1** andern] anderen Z ebenso 111.9, 410.24 **11** Bär] Hirtsch [Fußnote:] Bär. Z **13** besser] besser, Z, B **15** Tatze] Nanuhk [Fußnote:] Kralle, Tatze. Z **16** Nimm,] Nimm Z, B **21** Birnen und Pflaumen] Hermeh und Eruhks [Fußnote:] Birnen und Pflaumen. Z **23** sehr] sehr fremd und Z, B **26** Kürbisse] Kundir [Fußnote:] Kürbis. Z **27** Zucker] Schukir [Fußnote:] Zucker. Z Butter] Rune kehl 'e [Fußnote:] Butter. Z (vgl. kél'e in Lerch 1858, 148) Käse] Panir [Fußnote:] Käse. Z **28** Knoblauch] Sir [Fußnote:] Knoblauch. Z Maulbeeren] Tu [Fußnote:] Maulbeeren. Z **29** Sonnenblumen] Guli roschyan [Fußnote:] Sonnenblume. Z **35** Aepfel und Weintrauben] Sev und

Scherabi *[Fußnote:]* Aepfel und Weintrauben. *Z* **36** Raki] Racki *Z, B* **112.**21 Herdes] Aryuhn *[Fußnote:]* Herd. *Z* **22** lange] lange, *Z, B* **24** Schlips] Shlips *Z* **30** rief ich aus. *fehlt Z* **113.**14 sehr] sehr, *Z, B* **32** Master] Sir, Master *Z, B* **114.**21 gefunden?«] gefunden? *Z* **115.**14 nun?«] nun!« *Z* **116.**20 nicht] nicht ganz *Z* **21** schauderhaft.«] schauderhaft!« *Z, B* **32** wird.«] wird. *Z* **117.**1 »Schwarzrot!«] »Schwarzroth?« *Z* »Schwarzrot?« *B ebenso 117.11* **14** noch] auch noch *Z, B* **118.**6 ist] sieht *Z, B* **29** bediente.] bediente.« *Z* **32** klein] klar *Z* **34** Olivenöl] Dune zeitun *[Fußnote:]* Olivenöl. *Z* **Fußnote** Heuschrecken.] Heuschrecke. *Z* **119.**14 Pistole und rief:] Pistole. *Z* **16** Dschehennah] Dschehenna *B* **22** Waffe] Waffen *Z, B* **121.**2 Der Arnaute] Er *Z* **7** abgelohnt,] abgelehnt, *Z* **23** ein] einer *Z* **36** Bernsteins,] Bernsteines, *Z, B* **37** hätte] hatte *Z* **122.**14 tapferen] tapfern *Z ebenso 414.15, 446.13, 451.29* **15** erfreut,] erfreut *Z, B* **18** nicht,] nicht *B* **20** Gebieter,] Gebieter! *Z* **31** dir dieser Emir] dieser Emir Dir *Z* dieser Emir dir *B* **Fußnote 6** Opfer«.] Opfer.« *Z* **123.**2 Schnurrbartes] Simbehl *[Fußnote:]* Schnurrbart. *Z* **124.**24 hin;] hin, *B* **27** des] dieses *Z* **125.**20 Glück. Kurz] Glück. / Kurz **126.**5 – 6 Er sprach weiter: *fehlt Z, B* **20** Geheimen] geheimen *B* **29** »Im] Im *Z* **127.**37 wird] wird also *Z, B (Wortwiederholung)* **129.**7 an] an und *Z* **8** Paket und sagte:] Packet. *Z* **24 – 25** Andern] andern *B ebenso 292.2, 328.2, 329.37, 337.10, 401.18, 412.17, 415.29, 424.10, 428.26, 435.11, 443.11, 499.5, 499.14 – 15, 530.34*

DRITTES KAPITEL. **130.**1 – 2 Drittes *bis* Festung. *fehlt Z* **131.**11 Zoologe] Zoolog *Z, B* **16** trapezoide] trapezoïde *Z, B* **133.**33 denn *fehlt Z, B* **134.**29 »Herab] »Herab, *Z, B* **135.**11 geh hin,] gehe hin *Z, B* **33 – 34** Ich *bis* ihm: *fehlt Z* **137.**17 Verfalles] Verfallens *B* **20** die] diejenigen *Z* **138.**3 Aufseher] Nazardschi *[Fußnote:]* Aufseher. *Z* **24** sagst] sagest *Z, B* **139.**10 Frage] Fragen *Z, B* **24** Kreatur,«] Creatur!« *Z* **140.**21 waren,] waren. *B* **141.**18 Mersinah] Mersina *B ebenso 141.34, 142.10* **142.**6 es] das *Z, B* ich] ich die *Z* **23** richtig] richtige *Z* **146.**45 eigne] eigene *Z* **147.**7 respektvoll] sehr respektvoll *Z, B* **17** brauchst.«] brauchest.« *Z* **22** erkundigte sie sich. *fehlt Z* **148.**35 den *fehlt Z* **150.**26 Gefangenen] Esirler *[Fußnote:]* Gefangenen. *Z* **27** sich] sich hier *Z, B* **34** und] und auch *Z, B* **151.**6 ihnen?«] ihnen? *Z* **18** geben.«] geben. *Z* **28** uns] um uns *Z* **152.**6 könnten] konnten *Z, B* **37** ich] ich Dir *Z* ich dir *B* **153.**8 Piaster] Piaster *[Fußnote:]* 1356 Mark. *Z* **154.**1 Abu Seïf] Abu-Seïf *Z, B* **12** Ausgezeichnet! Aber] Ausgezeichnet!« / »Aber *Z, B (fehlerhafter*

Sprecherwechsel) **24** bezahlen,] bezahlen; *Z, B* **155.**20 Piaster!] Piaster? *Z* **27** zuviel,] zu viel, *Z, B* **156.**24 »Ajagda] »Ajakda *Z, B* dykatli] dykkatli *Z, B* **30** Trommel] Trempete *[Fußnote:]* Trommel. *Z* **157.**29 besseren] bessern *Z, B* **158.**15 unseres] unsers *Z* **30** freimütige] freimüthige, *Z* freimütige, *B* **159.**6 Berwarikurden] Berwari-Kurden *Z, B* **31** tapferen] tapfern *Z, B* **160.**8 Selim Agha] Selim-Agha *Z, B* **13** alten] alten, *Z, B* **14–15** hintern] hinteren *Z* **24** unteren] untern *Z, B* **27** daure.] dauere. *Z, B* **31** antwortete] antworte *Z* **161.**3 wie viele] viele *Z, B* **162.**21 schwarz-rote] schwarzrothe *Z* schwarzrote *B (Trennung am Zeilenende nach* schwarz-) **23** Hacke] Kazma *[Fußnote:]* Hacke *Z* **24** Sprache] Sprachen *Z, B* **26** Schulmeister] Chodscha *[Fußnote:]* Schulmeister. *Z* **163.**7 Hörensagen] Hören-Sagen *Z, B* **8** Fußtapfen] Fußstapfen *Z, B* **21** »Jedenfalls,] »Jedenfalls *Z, B* **29** es mir] mir es *Z, B* **32** »Sehr.«] »Sehr!« *Z, B* **164.**16 Vertrauter] Inandschi *[Fußnote:]* Vertrauter. *Z* **20** den] diesen *Z, B* **165.**17 Knabe] Gendschi *[Fußnote:]* Knabe. *Z* **32** Er] Es *Z* **166.**33 einem] einem kurzen *Z, B* **167.**17 als] wie *Z* **21** werde – – «] werde – – – « *Z* **24** fragte er. *fehlt Z ebenso 260.27, 305.1* **168.**5 erstenmal] ersten Male *Z ebenso 171.37, 258.9, 259.3* **16** Botschaft?«] Botschaft? *Z* **17** Frag] Frage *Z, B* **169.**3 Zilla] Zillah *Z* **170.**19 Sie] »Sie *Z* **171.**4 aufzutreiben,] aufzutreiben *Z* **175.**21 sagte ich. *fehlt Z ebenso 229.23* **176.**28 geh,] gehe *Z, B* **30** Mann] Fremden *Z* **177.**23 hier?«] hier? *Z* **178.**9 kniete] kniete mich *Z* **19–24** sah *bis* Von] sah eine alte Frau, deren Aeußeres mich schaudern machte. Sie schien ihre hundert Jahre zu zählen; ihre Gestalt war tief gebeugt und bestand wohl nur aus Haut und Knochen; ihr fürchterlich hageres Gesicht machte geradezu den Eindruck eines Todtenkopfes *[Totenkopfes B¹⁻¹⁰]*, aber von *Z, B¹⁻¹⁰* erblickte eine alte Frau, an der mein Auge mit Bewunderung hängen blieb. Sie war gewiß hundert Jahre alt, doch ihre Gestalt stand gerade und hoch aufgerichtet; ihre Augen hatten jugendlichen Glanz; ihre Züge waren seltsam schön und weich, von *B¹¹⁻¹²⁺¹⁴* **24–25** zwei *bis* silberweiße] schwere weiße *Z, B* **25** bis beinahe] fast bis *Z, B* **28** gefalteten] gefalteten, ausgedorrten *Z, B¹⁻¹⁰* ineinander gefalteten *B¹¹⁻¹²⁺¹⁴* **179.**3 habe.] habe.« *Z, B* **16** letztenmal] letzten Male *Z* **18** »Sie] Sie *Z* **22** Gift] Aghy *[Fußnote:]* Gift. *Z* **180.**1 anderem] Anderm *Z* **14** sagte er. *fehlt Z* **17** alte] alte, *Z* **181.**5 versprach] versprach, *Z* **9** um,] um *Z* **11** mehrere] mehrere – *Z, B* **28** – und] und – *Z, B* **33** nur,] nur; *Z, B* **182.**6 setz] setze *Z, B* **7** auf,] auf *Z, B* mach] mache *Z, B* **32** Haders]

Hadern Z, B **183.11** Drehm] Drem Z **184.18** fragte ich. *fehlt Z*
ebenso 198.31 **31** bald *fehlt Z* **186.8** erreichst] erreichest Z, B **13** an-
deren] andern Z, B *ebenso 275.16, 490.4* **187.16** Mohammedaner]
Muhammedaner Z **188.18** neugierig] neugierig und dankbar Z
22 Greisin] Alten Z, B **23** gekniet] gekauert Z, B **27** dürfen,« antwortete ich.] dürfen. Z, B **189.10** ein] vielleicht ein Z, B
VIERTES KAPITEL. **190.1–2** Viertes *bis* Festung. *fehlt Z*
191.15 Nervensystems,] Nervensystemes Z **16** Verdauung,] Verdauung Z, B **27** viele] sehr viele Z, B **35** deine] diese Z **192.16** »Siehst]
»Siehest Z **34** Arzneiflasche] Iladsch-schische *[Fußnote:]* Arzneiflasche. Z **193.31** ist] ist sehr Z **36** bedaure] bedauere Z **194.13** auch
fehlt Z **19** bereits] bereits einmal Z **24** Mutessariff] Mutessarif Z
195.12 dem Tabak] dem Commandanten *[Kommandanten B]*, dem
Emir Hadschi Kara Ben Nemsi, dem Tabak Z, B **34** dir] Dir da Z
dir da B **196.9** Arzneiflasche] Iladsch-schische Z **198.10** »Bring]
»Bringe Z, B **11** bring] bringe Z, B **13** wird,« sagte ich.] wird.« Z
200.8 und] und gleich Z **202.16** denn *fehlt Z* **203.11** beiden]
Beidem Z beidem B **28** sprangen] springen Z **204.7** aufschließen]
schließen Z, B **205.1** rechts] rechts, Z, B **19** geraten.] gerathen! Z
geraten! B **21** ich erfahre] wir erfahren Z **34** herum.] herum.« Z
206.19 länger] länger, Z **31** »Aber,] Aber Z **208.11–12** Vermitt-
lung] Vermittelung Z, B **15** Tünche,] Tünche Z **210.31** Haus-
türe] Thüre Z Hausthür B *ebenso 211.10* **32** besonders,] besonders
Z, B **211.14** fuhr *bis* an. *fehlt Z* **212.14** Serahru.«] Serahru.
Z, B **213.15** Agha.«] Bey.« Z, B **36–37** Hofseite] Hochseite Z, B
214.6 verschlossen:] verschlossen; Z, B **215.32** erwarten,« sagte er.] erwarten. Z **217.7** und] und das Z, B **22** anderer,] Anderer Z **29** Hof,] Hof Z, B **30** wies *bis* an. *fehlt Z* **31** allein] und
also allein Z, B **218.24** Kiajas] Kieijahs Z Kiajahs B **27** ist.«] ist.
Z, B **220.28–29** nachweisen] beweisen Z **221.10** viel] viele Z, B
223.26–27 erkundigte *bis* ihr. *fehlt Z* **225.24** gehst] gehest Z
226.30 Andere] andere B *ebenso 427.22, 520.26* **227.13** Doch]
Aber Z *(Wortwiederholung)* **31** Versteck] Verstecke Z, B **228.2** herunterfallen.] hinunterfallen. Z **29** Gürtelschal] Gürtelshwal Z, B
37 zur] vor die Z, B **229.16** Stirne] Stirn Z, B **35** hinauf,] hinauf
Z, B **230.5** glaube] glaube, Z **25** müssen.«] müssen. Z **27** blickte.]
blickte.« Z **231.8** ja] ja, Z, B **12** halbwilden] halbwilden, Z **25** un-
seres] unsers Z, B **36** »Hamdullillah,] »Hamdulillah, Z, B *ebenso*
307.27, 449.12, 483.18 **232.24** siehst] siehest Z **233.7** Mutessellim]

Mutesselim *Z, B ebenso 279.9* **21** »Ja,] »Ja *B* **26** Sollten] Sollen *Z, B*
235.8 Eingange] Eingange, *Z, B* **236.13** »Allah] »Alla *B eben-*
so 268.23 **23** andern] anderen *Z, B ebenso 320.16, 346.18* **237.5** kerihm,] kehrim, *B* **15** wollte.] wolle. *Z* **238.27 – 28** mich und antwortete:] mich. *Z* **239.9** ergeben.] übergeben. *Z* **240.7** sagst,] sagest, *Z* **22** eignes] eigenes *Z ebenso 242.17* **36** Dritten.«] dritten.« *B*
241.4 meinst] meinest *Z* **8** »Ja. Habt] »Ja.« / »Habt *Z (falscher Spre-*
cherwechsel) **242.26** antwortete der Beamte. *fehlt Z* **245.11** seufzte er. *fehlt Z* **37** du] Du auch *Z* **247.2** »O] »O, *Z* **3** Freundes;]
Freundes, *Z, B* **13** »Hamdullillah,] »Hamdulillah, *B* **15** auf.] auf:
Z, B **25** bildlich] mehr als bildlich *Z* O] Oh *Z, B* **248.15** Sorge!]
Sorge!« *B* **249.23** suche – – «] suche – – – « *Z, B* **28** bekommen]
bekommen, *Z* **250.4** Agha,] Agha zurück, *Z* **7** Faust, und] Faust
und, *Z, B* **14** nur] nur allein *Z* **21** pochst] pochest *Z, B* **33** das also]
also das *Z, B* **36** Juden. Selim] Juden. / Selim *Z* **251.1** Schlückchen]
Schlücken *Z* **5** daß *fehlt B* **252.10** reden!] reden. *Z, B* **23** meinst]
meinest *Z, B* **24** begann er. *fehlt Z, B* **31** in] noch in *Z* **253.17** in das]
in's *Z* **255.2** Agha. Ich] Agha. / Ich *Z* **21** Euch] euch *B (Fehler: nur*
Lindsay trinkt Wein) **28 – 29** zurück. / »Hier] zurück. Hier *Z* **37** sie,]
sie, *Z, B* **256.27** Oerümdschek] Oeremdschek *Z* **257.34** Arznei] Arzenei *Z* **258.9** Knien] Knieen *Z, B* **34** »Gut!] »Gut, Effendi! *Z* sagte
der Agha. *fehlt Z* **35** auf,] auf *Z, B ebenso 260.4* **259.13** Lampe] Laterne *Z* **260.14** geht] gehet *Z* **18** ab,] ab *Z, B* **19** stehen.] halten. *Z*
261.31 eingeriegelt.«] eingeriegelt. *B* **262.8** Darum bat ich: *fehlt Z*
263.25 Amad] Er *Z* **265.11** du!«] Du?« *Z* **266.4 – 5** hinauf, *bis*
lassen.] hinauf. *Z* **13** her,] her *Z, B ebenso 277.25* **34** steigst] stei-
gest *Z, B* **267.14** aus.] aus. Der Makredsch schien seinen Schwur
zweideutig formulirt zu haben. *Z* **15** sagte der Makredsch. *fehlt Z*
270.6 war] war, *Z* **271.27** ist.«] ist. *Z* **272.4** umgestürzt] umgestürzt, *Z* **273.8** kam] kam dann *Z* **19** einer] seiner *Z* **36** bei sich]
einstecken *Z* **274.9** ging] ging, *Z, B* **23** du dich] Dich *Z* dich *B*
freuen?«] freuen!« *Z, B* **275.10** einen] einen zu lauten *Z, B* **17** war]
war ganz *Z, B* **20** auch *fehlt Z, B* **25** bringen,« antwortete ich.] bringen. *Z* **276.2** fort, seine] fort. Ich hatte seine *Z* **30** laute] laute, *Z, B*
277.11 Gang] Gang hinein *Z, B* **26** entlang.] hinter. *Z* **279.23** bewillkommte.] bewillkommnete. *Z, B* **29** geschlagen] geschlagen, *Z*
ebenfalls] ebenso *Z* **30** herabhing.] hinabhing. *Z* **37** der] der da
Z, B **281.11** habe;] habe: *B* **18** keinen] nicht den mindesten *Z, B*
282.7 sagte er dabei. *fehlt Z* **20** viele] viele, *Z* **29** davon gegangen,]

davongegangen, B **283.10** »Weiter] Weiter Z **284.3** dir] Dir eine Z **6** sich] sich nicht Z, B **21** in Feindseligkeit] Feindseligkeit B **22** auf letzteres] auch auf Letztere Z auch auf letztere B **285.31–32** keinenfalls] auf keinen Fall Z **35** einem] seinem Z, B **286.5** Dach des] platte Dach eines Z **24** bereits] beinahe Z **287.18** ich] ich, Z **288.10** dir das] es Dir Z **24** O,] O Z, B **289.37** ich auch] auch ich Z **291.2** Dschehennah] Tschehennah Z **29** gelungen;] gelungen, Z, B **30** genützt,] genützt; Z, B **293.16** wieder,] wieder B **35** »O,] »Oh, Z, B ebenso 297.13, 320.7, 332.31, 333.29, 334.30, 343.19, 344.27, 355.30, 417.23, 432.11 **295.14** O,] Oh, Z, B ebenso 309.30, 334.23, 368.30 **296.27** unsicheren] unsichern Z, B **29** Tür] Thüre Z, B **297.6** sagst] sagest Z, B **298.6** erfreuen,] erfreuen Z, B **10** würde,] würde Z **19** nachsuchen] aussuchen Z **299.6** tun!«] thun.« Z **300.20** Gold –] Gold – – Z **20–21** Silber – – !] Silber – – – ! Z **25** deinige] meinige Z **302.32** stellten,] stellten Z, B **303.1** eignen] eigenen Z **304.6** ganz] fast ganz Z, B **27** »Ja;] »Ja, Z **305.8** erzählen?«] erzählen? Z **15** Gumri,« bis hinzu.] Gumri.« Z **16** »O,] »Oh, Z, B **23–24** Erlebnisse] Ergebnisse Z **306.12** beschlossen;] beschlossen: Z, B **18** welch] welch' Z **307.17** Agha,« bis ihr.] Agha.« Z **308.12** »Für] Für Z **19** »Dein] Dein Z Allah illa] Alla illa B **309.27** hinab] hinab, Z, B **310.5** billigsten] billigste Z sind] ist Z, B **8** wurden, bis Dann] wurden. Dann Z, B (bereits 1906 von einem Leser bemerkt; zitiert in Schmid/Schmid 2003, 82) **16** bald] bald ganz Z, B **311.31** und – – – «] und – – « B **32** drittenmal.] dritten Male. Z **312.6** wollte] wollte eben Z, B **313.7** anderer] Andrer Z **29** Weges] Wegs Z, B **314.3** Die] Diese Z, B **8** Anderen] anderen B ebenso 327.10, 328.30, 423.14 **24** Tura Ghara] Tura-Ghara Z, B **28** hauste. bis würden?!] hauste. / Bald mußten wir ein kurdisches Dorf erreichen. Meine Erlebnisse bei den Kurden und meine Begegnung mit dem »Geist der Höhle« werde ich ein ander Mal erzählen. Jetzt aber danke ich dem freundlichen Leser, der mich bis hieher begleitet hat. Z (Ende von »Giölgeda padiśhanün«)

FÜNFTES KAPITEL. (Beginn von Reise-Abenteuer in Kurdistan) **315.1–3** Fünftes bis führte] Die freundlichen Leser haben mich und meine Gefährten im vorigen Jahrgang des »Deutschen Hausschatzes« über die türkische Grenzfestung Amadijah hinaus begleitet – bis auf die Höhe, wo wir das Thal von Berwari in Kurdistan vor uns liegen sahen; ich lade sie nun ein, mir weiter folgen zu wollen. / Jetzt führte uns Z **3–4** bergab nach der] bergab. Wir folgten ihm langsam, um die Pferde zu schonen. Unten aber nahmen wir einen schnelleren Schritt an, und als wir die Z **4–5** Newdascht. *bis* angekommen,] Newdascht erreichten, Z **5** daß wir] daß sie mit vogelhafter Schnelligkeit Z **6–7** kennzeichnet, *bis* dahinflogen.] kennzeichnet, dahinbrausten. Z **316.7** Geld –] Geld: – Z, B **14** Bewohner] Bewohner derselben Z **33** Tschermaka *(zweites Vorkommen)*] Tschermaki Z, B *ebenso 317.3, 317.6, 320.23–24, 333.6, 335.19, 339.18* **317.4** wohnen] leben Z **16** Inglo *(zweites Vorkommen)*] Ingli Z, B *ebenso 317.19, 317.21* **319.31** Kurdenanführer] Kurden-Anführer Z **32** sein,] sein Z **320.2** Gegenteil] Gegentheile Z Gegenteile B **11** meinen] einen meiner Z, B **Fußnote 1** Gottes willen.] Gotteswillen. Z **321.4** hin] hin, Z, B **322.26** kleinen] kleinem Z, B **323.12** Weiden] Weide Z **325.27** hinab!«] hinab!» – Z, B **326.15** Beleuchtung] Beleuchtung, Z **327.32** »Hallo!«] »Halloh!« Z **328.4** schaffte den Hund] stieg hier mit dem Hunde Z **17** Amad.] Amed. Z *ebenso 362.27* **329.29** dies] dieses Z, B **33** kurze] kurze, Z, B **330.5** nicht] nicht, Z, B **331.23** könnte] konnte Z **26** störst?«] störest?« Z **332.10** ihr] Ihr kein Z **333.30** eurer] euer B¹⁻⁷ **335.26–27** hast *bis* mir] selbst hast mir Z **336.20** des Hauses] desselben Z, B **337.1** dies] dieses Z **18** sicher! –] sicher! Z **338.9** dich,] dich Z, B **19** nicht so] nicht Z nicht genug B **341.16** teure] theure Z teuere B **342.19** Eure] Euere Z **344.10** die] an die Z, B **345.2** aussehen] aussehen, Z **6** Euern] Euren Z, B **23** andern] Anderen Z anderen B *ebenso 524.24* **347.32** anders,] anders Z, B **349.23** Muße] Muse Z **350.14** der] der nächsten Z **351.9** eine *fehlt* Z, B **24** nicht] sicher nicht Z, B **36** vollständiger] vollständiger und gegenseitiger Z, B **353.9** Dolch] Chantscher *[Fußnote:]* Dolch. Z **25** Nachbar] Dschiran *[Fußnote:]* Nachbar. Z **354.21** Gewandes] Dschil *[Fußnote:]* Kleid, Gewand, Rock. Z **Fußnote 2** Dereman] Dareman Z **355.14** geradezu] gradezu B **357.3** edlen] edelen Z **18** *(vgl. Korrektur)* Alegan-Kurde] Alegankurde Z, B **358.5** Moslemin] Moslemim Z, B **359.1** Sitze] Sitz Z, B **12** liebsten?«] liebsten? B **360.5** »O,] »Oh Z »Oh, B **361.11** Menschen, was] Menschen. Was Z **13–14** Anatoli] Anadoli Z, B **30–31** geahnt.« / »Wäre] geahnt.« / »Dann ist es ihm zu gönnen.« / »Warum? Sind die Araber nicht Feinde der Kurden?« / »Sie sind freie Männer, die Türken aber sind Betrüger und Verräther. Wäre Z **363.4** floß] schoß Z, B **14** Flößen] Flössen Z *ebenso 429.20* **17** Zibarkurden,] Zibar-Kurden, Z, B **32** Bären] Hirtsch *[Fußnote:]* Bär. Z Bär B **364.22** Pferd] Hasp *[Fußnote:]* Pferd. Z

Hund] Sa *[Fußnote:]* Hund. *Z* **34** Zicklein] Karik *[Fußnote:]* Zicklein. *Z* **365.**9 erhalten,« antwortete ich.] erhalten.« *Z* **23** hatten.]
hätten. *Z, B* **35** einen] ein *Z* **366.**21 Bettler] Dilendschi *[Fußno-
te:]* Bettler. *Z* **22** mich selbst] selbst mich *Z* **367.**19 und] und zur
Z, B **27** sie] sie sich *Z, B* **368.**22 sehen] bemerken *Z* **26** so] sehr *Z*
369.19 konnten.] konnten. / So endete unsere Reise von Amadijah
nach Gumri. / Und nun lege ich einstweilen die Feder weg, mit dem
Vorbehalte, ein anderes Mal den geneigten Lesern des »Deutschen
Hausschatzes« meine ferneren Erlebnisse in Kurdistan zu erzählen. *Z*
*(Im Abdruck der Reise-Abenteuer in Kurdistan tritt ab hier eine Pause
ein; die Erzählung wird erst sieben Nummern und knapp zwei Monate
später fortgesetzt.)*
    SECHSTES KAPITEL. **370.**1 – 3 Sechstes *bis* Am] Wir schliefen
gut im Hause des Bey von Gumri. *[Fußnote:]* Sieh S. 139 des »Deutschen Hausschatzes«. D. R. / Am *Z* **3** eigener] eigner *B* **371.**8 ab]
ab, *Z, B* **373.**4 einen] seinen *Z, B* **375.**11 Unterholze] Unterholze, *Z, B* **24** lautes] lautes, *Z* **376.**4 nieder] nieder, *Z* **10** Fowling-
bull] Fowling-Bull *B* **377.**1 verloren.] verloren: *Z* **378.**1 Jäger]
Seïdvar *[Fußnote:]* Jäger. *Z* **3** Gewehr] Tufank *[Fußnote:]* Gewehr. *Z*
28 hängen;] hangen; *Z, B* **31** zweitenmal;] zweiten Male *Z* zwei-
tenmale *B* **379.**7 – 8 Hemd und Hose] Giömlek und Donn *[Fuß-
note:]* Hemd und Hose. *Z* **380.**8 »Vielen *bis* verboten.«] »Er soll
unvermählt bleiben.« *Z, B*¹⁻¹⁰ **32** sind.«] sind. *B* **381.**17 hängt]
hängt Ihr *Z* hängt ihr *B* **382.**13 meinem] meinen *Z* **21** überhaupt
nicht] nicht überhaupt *Z, B* **383.**27 schon] sehr *Z, B* **31** Mähren]
Mären *Z* **384.**32 »*Well!* Ich] »*Well;* ich *Z, B* **385.**31 Sinn,] Sinn *Z*
386.6 kann!«] muß!« *Z, B* **387.**18 tat] that, *Z, B* **388.**16 diese] diese
beiden *Z, B* **391.**11 bergab] bergab, *Z* **30** die] den *Z, B* **392.**24 eu-
ern] Euren *Z* euren *B* **393.**9 ein] als *Z, B* **19** Kaffee, Pfeifen] Pfeifen,
Kaffee *Z, B* **29** Ackerbauern,] Ackerbauer, *Z, B* **33** unseres] unsers
Z, B **395.**16 Augenblicke] Augenblick *Z, B* **396.**26 Unsrigen] Unserigen *Z ebenso 461.*10 **397.**29 Nestorah.] Nestorah! *Z* **398.**17 gerichtet,] gerichtet haltend, *Z* **399.**11 Christen] Christen, *Z, B* **20** sie]
Sie *Z* **30** andre] andere *Z, B* **401.**9 Held] Scheri *[Fußnote:]* Held. *Z*
11 keines] keins *Z* **19** auf] dabei auf *Z* **402.**9 gerade] g'rade *Z*
403.9 »So schlimm!«] »So! Schlimm?« *Z, B* **405.**29 Flüchtigen]
Flüchtlingen *Z, B* **407.**26 vorsichtig] vorsichtig und langsam *Z, B*
409.13 Augenblick] Augenblick lang *Z, B* **22** ergreifest,] ergreifst,
Z, B **410.**1 mir] mir Alles *Z* **34** ich *fehlt Z, B* **411.**3 Fuß] Fuße

Z, B **36** behalten] erhalten *Z* **413.11** wieder gefangen] wiedergefangen *Z, B* **14** und] und die *Z* **414.6** das Messer] den Chantscher *[Fußnote:]* Dolchmesser. *Z* **16** mehr] eher *Z* **415.33** »angehobbelt«,] »angehobbelt,« *Z* **416.5** Hammel] Hämmel *Z, B* **7** errungen] gewonnen *Z* **23** diesem] diesem folgten *Z* **24–25** unserem] unserm *Z* **26** angelegt;] angelegt: *Z, B* **27** auch unten] unten auch *Z, B* **418.13** meinen] den *Z* **419.19** Wisse,] Wisse: *Z* **35** drei – – «] drei – – – « *Z* drei – – – – « *B* **420.14** indem er] indem er sich *Z* **24** Feindseligkeiten] Feindseligkeit *Z* **35** unseres] unsers *Z* **36** tollen Hund] Kutschiki-har *[Fußnote:]* Toller Hund. *Z* **37** muß. Das] muß. Oder ist ein Quamsi *[Fußnote:* Verräther.*]* besser als ein solcher Kutschiki-har? Das *Z* **421.25** Gottes sprechender Mund] zugleich wahrer Gott *Z, B^{1–10}* **422.18** du auch] auch Du *Z* **25** die] diejenige *Z* **423.6** letztenmal,] letzten Male, *Z* **424.4** »Inwiefern?«] »In wie ferne?« *Z* **6** Andern] Anderen *Z* anderen *B* **14** Fleischbissen] Calf-bit *Z* Mund] Munde *Z, B* **19** Viktoriasalon] Viktoria-Salon *Z, B* Skatingring] Skating-Ring *Z, B* **33** nicht!«] nicht.« *Z, B* **426.13** Mahl] Mal *Z* **20** das] dasjenige *Z* **34** und Nachhut] und eine Nachhut *Z, B* **427.8** Jacke] Jake *Z* **15** an. »Sabbah'l] an. / »Sabbah'l *Z* **32–33** Darum *bis* nun] Nun wandte ich mich *Z* **429.6** ist,] ist: *Z, B* **22** großer] großer, *Z, B* **430.6** denen] welchen *Z* **25** wohl ich] ich wohl *Z, B* **35–36** stehen – – –!«] stehen – –!« *Z* **431.10** Komm,] Komm *Z, B* **29** Gesicht;] Gesicht, *Z* **432.25** Vogel] Teïr *[Fußnote:]* Vogel. *Z* **28** nicht] nicht, *Z, B* **37** kulian] Kulian *Z, B* Höhle«] Höhle«, *Z, B* **433.1** Marah] Mara *Z* **7** eigner] eigener *Z* **16** Andern] Anderen *Z* andern *B* **434.12** ihnen] ihnen, *Z* **13** Eid] Eid, *Z* **14** abliefern.] übergeben. *Z* **17** leichter;] leichter: *Z, B* **435.30** Mann,] Manne, *Z* **436.2** »Hier] »Hier, *Z* **7** steif] steif, *Z* **18** trauern.«] trauern!« *Z, B* **437.33** lieb] ganz lieb *Z* **438.6** meinem Weg] meinen Wegen *Z, B* begleiten!«] begleiten?« *Z* **20** schwer,] schwer *Z, B* **23** komm,] komm *Z, B* **439.2** er sagen wollte] sich überhaupt über diese Leute sagen läßt *Z, B* **440.25** vorüber gehen] vorübergehen *Z, B* **441.20** erst] ja erst *Z, B* **31** tue] thue, *Z, B* **442.26** nach,] nach *Z, B* **27** rief,] zurief, *Z* **443.34** Kampfe] Kampf *Z, B* **445.17** bleiben:] bleiben; *Z, B*

SIEBENTES KAPITEL. **447.1–2** Siebentes *bis* Höhle. *fehlt Z*
448.15 Verräter] Ka'in *[Fußnote:]* Verräther. *Z* **20** kam] trat *Z* hervor,] hervor und *Z* **21** heran und fragte:] heran. *Z* **449.5** komm,] komm *Z* **14** Aber,«] Aber« – *Z* **27–28** starkknochigen] starkknochigen, *Z, B*

450.1 meinigen] meinigen, *B* **20** schlag] schlag' *Z* **451.8** Tritt] Tritt,
Z, B **452.9** Tributeinsammler] Tribut-Einsammler *Z, B* **32** Dscher-
manistan] Tschermanistan *Z, B* **453.7** übertragen,] übertragen *Z*
454.9 – 10 andern] Anderen *Z* **31** guten] guten, *Z, B* **455.22** Arab-
esch-Schammar.] Arab-es-Schammar. *Z* **34** Berwarikurden,] Berwari-Kurden, *Z, B* **35** Freunde] die Freunde *Z* **456.17** Manne] Mann
Z, B **19** Codschah] Chodscha *Z, B* **24** Gewehrs] Gewehres *Z, B*
458.14 Namen] Name *Z* **15** Blutsrache] Blutrache *Z, B* **16** rächt.]
rächt? *Z* **25 – 26** habt.« / »Die] habt.« / *(Nr. 22)* / Meine Standrede
hatte noch nicht den gewünschten Erfolg. / »Die *Z* **459.24** du nur]
nur Du *Z* nur du *B* **461.10** worden;] worden: *Z, B* **462.20** wagen.] wagen: *Z* **463.10** ein] Euer *Z* euer *B* **19** haben,] haben; *Z, B*
21 »Sofort] »Sofort, *Z, B* **464.9** Geduld] Geduld, *Z, B* **22** meinige]
meinige aber *Z, B* **34** steckte] stack *Z* **465.15** einem] dem einen *Z, B*
16 geschnallt,] geschnallt: *Z* **467.7** Knie] Kniee *Z, B* **468.23** noch
fehlt Z, B **470.13** bedaure] bedauere *Z* **471.1** »Ich habe ihn gesehen.« / *fehlt Z (falsche Platzierung des Satzes; vgl. die folgende Variante)* **4** hatte.« / »Ist] hatte.« / »Ich habe ihn gesehen.« / »Ist *Z*
14 »Wo? –] »Wo? *Z, B* **18** deiner] dieser *Z* **472.13** zur] zu der *Z*
30 an:] an *Z, B* **473.21** erlaube,] erlaubte, *Z* **474.1** Weg] Berg *Z*
3 habe] habe bereits *Z* **4** gesprochen, auch] gesprochen *Z, B* **6** selbst
bis hierher] schon nach Kurdistan *Z* **475.32** armes] armes, *Z, B*
35 willen.] willen, Herr. *Z, B* **476.29** noch] noch, *Z* **477.1** steht]
stehet *Z ebenso 477.2* **2** länger] länger, *Z* **5** dann] denn dann *Z, B*
29 wohnt] wohnet *Z* **479.13** den] dem *Z, B* **480.4** aber dann] dann
aber *Z* **26** der *fehlt Z, B* **481.12** Waffen.«] Waffen!« *Z* **22** Alter? –]
Alter? *Z* **23** Könige] König *Z* **30** überall] allüberall *Z* **33** und] und
mich *Z* **482.1** nicht] nichts *Z* **13** Weib] Weibe *Z* **15** warum] weßhalb *Z* **20** befände.] befinde. *Z* **483.1** nicht] nicht wieder *Z* **35** darum – – «] darum – – – « *Z, B* **37** arabisch,] Arabisch, *Z* kurdisch.«]
Kurdisch.« *Z* **484.11** du] Du nun *Z* du nun *B* **485.6** töten,] tödten; *Z* töten; *B* **16** worden;] worden: *Z* **31 – 32** hin und her gesandt]
hin- und hergesandt *Z* **486.2** wollte] wolle *Z* **488.19** Gümisch]
Gümüsch *Z* **29** einigemal] einige Male *Z, B* **490.10** vorige] vorherige *Z* **491.36** Waffen] Waffe *Z* **492.28** wirst;] wirst *Z* **493.24** mir
schweigend] schweigend mir *Z* **494.21** Ueberwindung] die Ueberwindung *Z, B* **495.5** mir,] mir *Z, B* **10** die Richtung,] diese Richtung, *Z, B* **496.8** an der] vor der *Z, B* **21** erlischt,] verlöscht, *Z, B*
26 erloschen!«] verlöscht!« *Z, B* **497.25** anzünden.«] anbrennen.« *Z*

28 wundersames Gesicht] hageres Gesicht Z, B^{1-10} hochehrwürdiges, orientalisch schönes Angesicht $B^{11-12+14}$ **28–29** mir freundlich ernst entgegenblickte] wie dasjenige eines Todtenkopfs [Totenkopfs B^{1-10}] mir entgegengrinste Z, B^{1-10} mir entgegenschaute $B^{11-12+14}$ **498.3** Komm,] Komm Z, B **25** Darstellung. Kein] Darstellung. Es war, als hätte ich den Tod neben mir sitzen, und doch hing von diesem skelettartigen, geheimnißvollen [geheimnisvollen B^{1-10}] Wesen vielleicht das Leben von Hunderten ab. Kein Z, B^{1-10} Darstellung. Es war, als hätte ich das Schicksal neben mir sitzen, denn von diesem geheimnisvollen Wesen hing sehr wahrscheinlich das Leben von Hunderten ab. Kein $B^{11-12+14}$ **499.31** es!«] es.« Z **500.18** es] wir Z **19** ging,] abwärts kamen, Z **20** nun *fehlt* Z **22** einer] einer starken Z, B **501.29** Bewegung,] Bewegung Z, B **502.30** Füßen,] Fersen, Z, B **35** welchem] welchen Z, B **504.23** herein,] herein Z **505.4** Gegend] Umgegend Z **6** eine Stimme sich] sich eine Stimme Z, B **13** solle – –«] solle – – – « Z **506.6** »Alochhem] »Alochhm Z *(vgl.* »*Alahhm« in Lerch 1858, 9)* **508.18** Pferd] Pferde Z, B **36** Stricke] Hhabalun *[Fußnote:]* Stricke. Z **509.14** Mensch] Mann Z, B **29** *nothing not,*] *nothing-not*, Z **33** Eigentlich] eigentlich B **511.3** dunkelten die Bergesmassen] dunkelte die Bergesmasse Z, B **19** Trommlertrauermarsches] Trommler-Trauermarsches Z, B **513.12** gehst] gehest Z, B **15** noch *fehlt* Z, B **34** sie] es Z waren.] war. Z **37** sät,] säet, Z, B **514.5** ich] ich, Z sozusagen] so zu sagen, Z **6–7** »höflichste Handwerksbursche«] höflichste »Handwerksbursche« Z **8** Klaps] Klapps Z **9** Pionier] Pionnier Z Christentums] Christenthumes Z **17** verkündigt«.] verkündigt.« Z **516.23** Mann] Sabej *[Fußnote:]* Gefangene. Z **31** sein;] sein: Z, B **521.33** lagen] lagen erschlagen Z **522.11** ungeheurem] ungeheuerem Z **523.17** zu] zu den Z **19** zur] zu der Z, B **525.30** schwand] schwand, Z, B **526.29** bat sie. *fehlt* Z, B **30** vornehm,] greis, Z, B **36** viele] viele] mehr als hundert Z, B **527.4–5** geheimnisvoll, wie aus fernen Vergangenheiten] dumpf und hohl, wie wirklich aus dem Grabe Z, B **7** lichten,] leichten, Z, B **27** stille] todte Z tote B **528.7** Hand] dürre Knochenhand Z, B^{1-10} **8** drücken.] drücken und zu ihr sagen: $B^{11-12+14}$ **9** sagte ich. *fehlt* Z, B **529.20–21** hast,« *bis* »Es] hast. Es Z, B **530.1** daran] da Z **15** hohe] vorher gebeugte Z, B^{1-10} hochragende $B^{11-12+14}$ **16** Zügen] erstorbenen Zügen Z, B^{1-10} erwachenden Zügen $B^{11-12+14}$ sprühendes] plötzliches Z, B **17** Augen] tief eingesunkenen Augen Z, B^{1-10} tief aufblickenden Augen $B^{11-12+14}$

33 Einen] einen *B* **531.15–16** meine *bis* Menschlichkeit.] meinen Glauben. *Z, B* **17** diese Religion] diesen Glauben *Z, B* **532.13** ihre] die knöcherne *Z, B*$^{1-10}$ die bebende *B*$^{11-12+14}$ **15** mich leise] mit leiser Stimme *Z, B* **16** »Verlaß mich] »Gehe *Z, B* **533.11** dir.«] Dir!« *Z* **17** sei. –] sei. – – – *Z*

Literaturverzeichnis

Vorlagen und Quellen

von der Berswordt: Neueste Grammatik der türkischen Sprache für Deutsche zum Selbstunterricht. Nebst einer reichhaltigen Sammlung von Gesprächen, so wie einer türkisch-deutschen und deutsch-türkischen Wörtersammlung. Berlin 1839.

Boschkowitsch, Stanoje: Theoretisch-praktisches Lehrbuch zur Erlernung der serbischen Sprache. Pest 1864.

Layard, Austin [sic] Henry: Niniveh und seine Ueberreste. Nebst einem Bericht über einen Besuch bei den chaldäischen Christen in Kurdistan und den Jezidi oder Teufelsanbetern; sowie einer Unter-suchung über die Sitten und Künste der alten Assyrier. Deutsch von Dr. N. N. W. Meißner. Leipzig 1854.

Lerch, Peter: Forschungen über die Kurden und die iranischen Nordchaldäer. Erste Abtheilung: Kurdische Texte mit deutscher Übersetzung. St. Petersburg 1857.

— Forschungen über die Kurden und die iranischen Nordchaldäer. Zweite Abtheilung: Kurdische Glossare, mit einer literar-historischen Einleitung. St. Petersburg 1858.

Rich, Claudius James: Reise nach Kurdistan und dem alten Ninive, nebst dem Bericht einer Reise den Tigris entlang nach Bagdad, und eines Besuchs von Schiras und Persepolis. II. Abtheilung. In: Atlas. Zur Kunde fremder Welttheile. In Verbindung mit Mehren herausgegeben von August Lewald. Fünfter Band. Stuttgart 1837, 1–86.

Literatur von und zu Karl May

Cardauns, Hermann: Herr Karl May von der anderen Seite. In: Historisch-politische Blätter für das katholische Deutschland. CXXIX (1902), 517–540.

Düsing, Hans-Jürgen: Anmerkungen zum seltsamen Lebenslauf einer Romanfigur oder die Vergesslichkeit des Autors. In: Mitteilungen der Karl-May-Gesellschaft Nr. 146 / Dezember 2005, 34–41.

Griese, Volker: Über Karl Mays Autorenhonorar während der Kolportagezeit. In: Mitteilungen der Karl-May-Gesellschaft Nr. 146 / Dezember 2005, 28–31.

Hermesmeier, Wolfgang / Schmatz, Stefan: Entstehung und Ausbau der Gesammelten Werke. Eine Erfolgsgeschichte seit 110 Jahren. In: Schmid / Schmid 2003, 341–486.

— Traumwelten nicht nur erträumt. Zu den Quellen der Illustratoren Karl Mays. In: Karl May & Co. 99 / 2005, 46–52.

Jendrewski, Edmund-Kara: Eine ungewöhnliche Kapitel-Nummerierung von Durchs Wilde Kurdistan. In: Mitteilungen der Karl-May-Gesellschaft Nr. 156 / Juni 2008, 38–40.

Klußmeier, Gerhard: Karl May und Deutscher Hausschatz. Bibliografische Dokumente aus 30 Jahren. In: Mitteilungen der Karl-May-Gesellschaft Nr. 16 / Juni 1973, 17–20.

— Karl May und Deutscher Hausschatz II. In: Mitteilungen der Karl-May-Gesellschaft Nr. 17 / September 1973, 17–20.

Lieblang, Helmut / Kosciuszko, Bernhard: *Geografisches Lexikon zu Karl May. Bd. 1: Afrika.* Husum 2013.

— *Geografisches Lexikon zu Karl May. Bd. 2.1 und 2.2: Asien – Ozeanien.* Husum 2016.

Maier, Katharina: *Nscho-tschi und ihre Schwestern. Frauengestalten im Werk Karl Mays.* Bamberg, Radebeul 2012.

May, Karl: *Briefwechsel mit Friedrich Ernst Fehsenfeld. Mit Briefen von und an Felix Krais u. a. Erster Band: 1891–1906.* Hrsg. von Dieter Sudhoff unter Mitwirkung von Hans-Dieter Steinmetz. (Karl May's Gesammelte Werke und Briefe Band 91.) Bamberg, Radebeul 2007.

— *Briefwechsel mit Friedrich Ernst Fehsenfeld. Mit Briefen von und an Felix Krais u. a. Zweiter Band: 1907–1912.* Hrsg. von Dieter Sudhoff und Hans-Dieter Steinmetz. (Karl May's Gesammelte Werke und Briefe Band 92.) Bamberg, Radebeul 2008.

— *Briefwechsel mit Sascha Schneider. Mit Briefen Schneiders an Klara May u. a.* Hrsg. von Hartmut Vollmer und Hans-Dieter Steinmetz. (Karl May's Gesammelte Werke und Briefe Band 93.) Bamberg, Radebeul 2009.

— *Briefwechsel mit Joseph Kürschner. Mit Briefen von und an Wilhelm Spemann u. a.* Hrsg. von Hartmut Vollmer, Hans-Dieter Steinmetz und Wolfgang Hainsch. (Karl May's Gesammelte Werke und Briefe Band 94.) Bamberg, Radebeul 2013.

Pielenz, Annelotte: *Karl Mays illustrierte Reiseerzählungen Band I–IX »Ausgaben letzter Hand«? Ergebnis einer Vergleichslesung.* (Sonderheft der Karl-May-Gesellschaft Nr. 9.) Hamburg 1977.

Plaul, Hainer: *Illustrierte Karl May Bibliographie. Unter Mitwirkung von Gerhard Klußmeier.* Leipzig 1988.

Schleburg, Florian: Giolgèda padis hanün. Ein Nachahmer zweiter Ordnung im herzlich faden Kurdistan. In: Karl May & Co. 152/2018, 20–25.

Schmid, Lothar/Schmid, Bernhard (Hrsg.): Der geschliffene Diamant. Die gesammelten Werke Karl Mays. Bamberg, Radebeul 2003.

Schmid, Roland: Tabellen der Freiburger Druckauflagen. In: Karl May: Satan und Ischariot II. Band. (Karl May. Freiburger Erstausgaben. Hrsg. von Roland Schmid. Band 21). Bamberg 1983, A 41–64.

— Die Entstehungszeiten der Reiseerzählungen. In: Karl May: Auf fremden Pfaden. (Karl May. Freiburger Erstausgaben. Hrsg. von Roland Schmid. Band 23). Bamberg 1984, A 19–42.

Seul, Jürgen: Wie reich war Karl May wirklich? Ein Streifzug durch die Finanzen des Schriftstellers. In: Mitteilungen der Karl-May-Gesellschaft Nr. 190/Dezember 2016, 2–16.

Sudhoff, Dieter/Steinmetz, Hans-Dieter: Karl-May-Chronik. Fünf Bände. Bamberg, Radebeul 2005–2006.

Danksagung

Dank gebührt an erster Stelle meinen Mitherausgebern Marcus Höhn für den Vergleich mehrerer Textfassungen und Joachim Biermann für aufwendige Zuarbeit, kritische Überprüfungen und Ratschläge aller Art. Historische Buchexemplare stellten außer Joachim Biermann auch Steffen König (Nehren), Herbert Wieser (München), das Karl-May-Museum (Radebeul) und das Archiv der Karl-May-Gesellschaft (Radebeul) zur Verfügung.

Als hilfreich erwiesen sich die Vergleichslesungen von Annelotte Pielenz (1977), die von Hermann Wiedenroth für die erste Auflage (1988) erhobenen Daten und die bisher erschienenen Bände des ›Geografischen Lexikons‹ von Helmut Lieblang und Bernhard Kosciuszko (2013, 2016). Rudi Schweikert (Mannheim) teilte wie immer sehr bereitwillig seine unpublizierten Erkenntnisse mit mir. Wolfgang Hermesmeier (Berlin) und Ruprecht Gammler (Bonn) bewahrten den Editorischen Bericht durch ihre gründliche Durchsicht vor betrüblichen Missgriffen. Für die Interpretation der Befunde und etwa verbliebene Fehler ist allein der Unterzeichnete verantwortlich.

Für die mittlerweile bewährte Zusammenarbeit danke ich Bernhard Schmid und Roderich Haug vom Karl-May-Verlag, für Auskünfte und Hilfestellungen auch Hans Grunert und Hans-Dieter Steinmetz (Dresden), einer ungenannten Leserin aus Salching, sowie der Sächsischen Landesbibliothek – Staats- und Universitätsbibliothek Dresden, der Universitätsbibliothek Freiburg, der Stadtbibliothek Mainz und der Universitätsbibliothek Regensburg.

Florian Schleburg

Nachbemerkung zur zweiten Auflage

Die erste Auflage von Durchs wilde Kurdistan *im Rahmen der Historisch-kritischen Ausgabe erschien 1988 in der Greno Verlagsgesellschaft, Nördlingen, unter der Herausgeberschaft von* Hermann Wiedenroth und Hans Wollschläger. *Ihr lag als Textgrundlage die Ausgabe letzter Hand, die Ausgabe des Werks im Rahmen von* Karl Mays Illustrierten Reiseerzählungen, *zugrunde. Diese Grundentscheidung wurde auch für die vorliegende zweite Auflage beibehalten.*

Für die vorliegende Ausgabe standen auch die Arbeitsmaterialien von Hermann Wiedenroth und Hans Wollschläger *zur Verfügung. Während die Erstherausgeber allerdings ihre editorische Arbeit im Wesentlichen nur auf eine Vergleichslesung mit den Zeitschriftenfassungen* »Giölgeda padişhanün« und Reise-Abenteuer in Kurdistan *sowie der Erstauflage von* Durchs wilde Kurdistan *stützten, wurden für die zweite Auflage sämtliche Vorgängerauflagen und Varianten des Textes herangezogen, was in einzelnen Fällen zu anderen Entscheidungen bezüglich der Bearbeiterkorrekturen führte. Insofern sind die beiden Auflagen dieses Bandes hinsichtlich des May-Textes nicht vollständig textidentisch.*

Gegenüber der Erstauflage wurde zudem zwar der Satzspiegel beibehalten, jedoch eine andere Variante der Schriftart Garamond verwendet. Dies führt dazu, dass die beiden Auflagen nicht seiten- und zeilenidentisch sind.

Eine gegenüber der Erstauflage abweichende Entscheidung für den Orientzyklus (KMW IV.1–6) wurde schließlich auch hinsichtlich des Editorischen Berichts getroffen. Die Erstherausgeber hatten vorgesehen, diesen vollständig im sechsten Band Der Schut *zu veröffentlichen. In der zweiten Auflage enthält nunmehr jeder der sechs Bände einen eigenen Editorischen Bericht mit der zugehörigen Entstehungsgeschichte einschließlich der Bibliographie der Textzeugen, eines Korrekturenverzeichnisses und eines Variantenapparats.*

J. B.

SUBSKRIBENTEN

Wolfgang Aanstoot (Neukirchen-Vluyn) / Hanns Adler (Münchhausen) / Arnold Aerdken (Ravensburg) / Theodor van Aken (Bedburg-Hau) / Roland Albert (Gemünden) / Tobias Albert (Plauen) / Volker Amann (Geislingen) / Ernst Arold (Erlenbach am Main) / Thorsten Backwinkel-Pohl (Lautertal) / Markus Bartel (Auerbach/Vogtland) / Franz Bartholomes (Saarbrücken) / Michael Bauer (Puchheim) / Michael Baumgartner (München) / Dr. Ludwig Baumm (Hamburg) / Gerd Benner (Hohenahr) / Klaus Berning (Mettmann) / Matthias Bette (Münster) / Jörg Bielefeld (Remscheid) / Joachim Biermann (Lingen) Hans Biesenbach (Grünberg) / Lutz Bittner (Marklohe) / Dr. Horst Bock (Memmingen) / Wolfgang Böcker (Recklinghausen) / Markus Böswirth (Puchschlagen) / Gerhard Karl Bohrer (Landau-Nußdorf) / Detlev Boltersdorf-de Vries (Kronberg/Taunus) / Klaus-Jürgen Borchardt (Leingarten) / Friedrich Borde (Rhauderfehn) / Benno Borheier (Bochum) / Engelbert Botschen (Detmold) / Wolfgang Brand (Datteln) / Dr. Stefan K. Braun (Frankfurt am Main) / Walter Braun (Saarbrücken) / Matthias Brokmeier (Iserlohn) / Felix Bucher (Düsseldorf) / Gerd Buder (Pulheim) / Rudolf Bürgi (Bätterkinden/Schweiz) / Dr. Alexander Christ (Meschede) / Dr. Robert Ciza (Wien/Österreich) / Rainer Clodius (Hann0ver) / Michael Conzelmann (Downingtown/USA) / Dr. Giesbert Damaschke (München) / Dieter Dehen (Andernach) / Beatrix Didzoleit (Bonn) / Roy Dieckmann (Erfurt) / Uwe Döring (Freiberg) / Dr. Franziska Dokter (Soest) / Christoph Dompke (Berlin) / Oliver Dreeßen (Geesthacht) / Ilona Dubalski-Westhof (Radevormwald) / Dr. Gerhard Düchting (Heiligenhaus) / Thomas Dürr (Heimsheim) / Dr. Harald Eggebrecht (München) / Irmgard Elhachoumi (Hamburg) / Jürgen Enser (Dinkelsbühl) / Klaus Farin (Berlin) / Robert Fels (Mannheim-Neuhermsheim) / Kurt Feuerstein (Innsbruck/Österreich) / Michael Finkbeiner (Bad Saulgau) / Nicolas Finke (München) / Wolfgang Florianski (Berlin) / Anton Jakob Flügge (Frankfurt am Main) / Gerhard Frank (Neuhaus) / Dr. Henning Franke (Chemnitz) / Thomas Fricke (Dresden) / Manfred Fritsch (Rosche) / Werner Fröhlich (Hamburg) / Dr. Peter Fuhrmann (Sonthofen) / Bernd Fumič (Marktredwitz) / Ruprecht Gammler (Bonn) / Manfred Gaß (Betzdorf) / Dr. Ralf Gehrke (Bad Homburg) / Mag. Michael Gerner (Braunau am Inn/Österreich) / Rainer Gladys (Hamburg) / Gerhard Glemser (Scheinfeld) / Dr. Christian Gloria (Hattingen) / Prof. Dr. jur. Albrecht Götz von Olenhusen (Düsseldorf) / Bernd Gogl (Kleinwallstadt) / Gabriele Gordon

(Neuruppin) / Dieter Gräfe (Tuchenbach) / Dr. Andreas Graf (Köln) / Thomas Grafenberg (Hürth) / Gerhard Greiner (Ludwigsburg-Oßweil) / Werner M. Grimmel (Lindau) / Sebastian Groß (Uchtelfangen) / Daniel Grotzer (Hannover) / Silvia und Hans Grunert (Dresden) / Josef Grymbowski (Aachen) / Josef Gulden (Grafrath) / Thomas Gurt (Osterbruch) / Claus-Dieter Hackmack (Wentorf) / Wolfgang Hainsch (Dresden) / Jürgen Hallmeyer (Königsfeld) / Lutz Harder (Glückstadt) / Kerstin und Ralf Harder (Hohenstein-Ernstthal) / Andreas Hartmann (Berlin) / Thomas Heberlein (Hamburg) / Peter Heinze (Oberhausen) / Sigbert Helle (Preten) / Klaus-Dieter Heller (Bonn) / Uwe Henning (Oranienbaum-Wörlitz) / Bernhard Hermann (Hechingen) / Wolfgang Hermesmeier (Berlin) / Ulrich Herrlein (Hamburg) / Gerhard Hippel (Bergisch Gladbach) / Marcus Höhn (München) / Prof. Dr. Peter Hofmann (Augsburg) / Ulrich Hoppe (Dortmund) / Karl-Josef Huber (Berching) / Thomas Ilchmann (Haiming) / Bernd Ingenbleek (Eitorf) / Hans Josef Ingenhoven (Düsseldorf) / Martin Jansen (Köln) / Edmund Jendrewski (Berlin) / Siegfried B. Jessen (Hamburg) / Anna und Ulrich John (Frankfurt am Main) / Thomas Jox (Gießen) / Leopold Jungbauer (Graz/Österreich) / Timm Kabus (Potsdam) / Tobias Kaiser (Bremen) / Jens Kammler (Hamburg) / Nico Karpinski (Pößneck) / Norbert Karrenbauer (Zürich/Schweiz) / Helmut Keiber (Rülzheim) / Heinz Kiebler (Schwäbisch Gmünd) / C. J. Andreas Klein (Schwenningen) / Florian Kluge (Wolfenbüttel) / Dr. Harald König (Braunschweig) / Georg Korte (Merzenich) / Kuno Kotz (Groß-Gerau) / Wolfgang Kotzich (Garbsen) / Reinhard Kranz (Hamburg) / Clemens Krause (Sallmannshausen) / Peter Krauskopf (Bochum) / Reinhard Kraut (Stuttgart) / Dr. Kai Kreutzmann (Wuppertal) / Uwe Kriening (Dortmund) / Volker Krischel (Pelm) / Dr. Detlef Küchler (Ornex/Frankreich) / Torsten Kühler (Berlin) / Hartmut Kühne (Hamburg) / Dieter Kursawe (Frankfurt am Main) / Walter-Jörg Langbein (Lügde) / Achim Lederle (Mühlheim/Main) / Uwe Lehmann (Gera) / Theo Lehmkuhl (Issum) / Günter Lempelius (Hamburg) / Heinz Lepper (Bonn) / Heinz Lieber (Bergisch Gladbach) / Helmut Lieblang (Marienheide) / Peter Linden (Solingen) / Peter Lindig (Sohren) / Udo Lippert (Eschau) / Steffen Lissowski (Radebeul) / Helmut List (Augsburg) / Prof. Dr. Wolfgang Löwer (Bonn) / Prof. Dr. Christoph F. Lorenz (Köln) / Dr. Martin Lowsky (Kiel) / Franz Mader (Mettlach) / Dr. Bernd Märker (Stammham) / Peter Mäurer (Daun) / Manfred Mahr (Hamburg) / Günter Marquardt (Berlin) / Jörg Maske (Reutlingen) / Horst Mayerhofer (Passau) / Dr. Christian Miks (Bingen) / Christoph Miethe (Rheine) / Matthias Mindt (Dortmund) / Rolf Minter (Rastatt) /

Manfred Mischke (Gummersbach) / Jürgen Möderisch (Fischach) / Andreas Moll (Kappelrodeck) Lutz Moser (Berlin-Kladow) / Raimund Moser (Bürstadt) / Dr. Stefan Mühlhofer (Dortmund) / Dr. Andreas Müller (Wissen) / Günter Muhs (Hamburg) / Michael Neuhaus (Solingen) / Hans Nitsche (Kassel) / Wilhelm Nottbohm jr. (Wendesse) / Dr. Norbert Olf (Büchlberg) / Dr. Olaf Otting (Nidderau) / Wilfried Papenfuß (Bergheim) / Willi Peters (Delmenhorst) / Roger Pfister (Frankfurt am Main) / Torsten Pflaum (Weimar) / Thomas Pilz-Lorenz (Plauen) / Michael Platzer (Bassum) / Dr. Hainer Plaul (Lommatzsch) / Ulrich Plaumann (Altenberge) / Dirk Plumbohm (Flensburg) / Dieter Poluda (Aerzen) / Axel Präcklein (Pforzheim) / Thomas Pramann (Freiberg) / Walter Preiß (Calw) / Frank Preller (Wolfenbüttel) / Heike und Reiner Pütz (Zülpich) / Birgit Raschtuttis (Wallrabenstein) / Günther Ratzenberger (Rosenheim) / Prof. Dr. Alexander Rauchfuß (Saarbrücken) / Dieter von Reeken (Lüneburg) / Klaus Reichenbach (Inzlingen) / Birger Reichert (Neuglobsow/Mark) / Walter Rentel (Paderborn-Dahl) / Dietmar Reuber (Herford) / Wolfgang Richert (Burg b. Magdeburg) / Dr. Helmut Rockelmann (Schwalbach am Taunus) / Prof. Dr. Dr. h.c. mult. Claus Roxin (Stockdorf) / Oliver Rudel (Magdeburg) / Michael Rudloff (Gundelfingen) / Friedrich Wilhelm Rüther (Lünen) / Dr. Michael Sachs (Eching) / Wolfgang Sämmer (Würzburg) / Olaf Sauer (Erndtebrück) / Wolfgang Schäfer-Klug (Mühltal) / Stefan Schawe (Berlin) / Barbara Scheer (Bornheim-Merten) / Dr. Ulrich Scheinhammer-Schmid (Neu-Ulm) / Christoph Schewe (Montreal/Kanada) / Dr. Claus Schliebener (Straßlach) / Prof. Dr. Stefan Schmatz (Göttingen) / Felix Schmid (Baden-Baden) / Stefan Schmidt (Merzig) / Prof. Dr. Helmut Schmiedt (Köln) / Michael Schmitt (München) / Ingrid Schmitz (Bad Neuenahr-Ahrweiler) / Siegfried H. Schneeweiß (Stockenboi/Österreich) / Michaela Schneider (Kaiserslautern) / Uwe Schneider (Zwönitz/Erzgeb.) / Thilo Scholle (Lünen) / Thorsten Scholz (Dissen) / Ralf Schönbach (Hennef) / Dr. Klaus Schröter (Lauf) / Martin Schulz (Mülsen) / Dr. Walther Schütz (Dossenheim) / Rudi Schweikert (Mannheim) / Volker Seekamp (Bremen) / Wolf-Dietmar Seidel (Neustadt) / Thomas Seyffert (Repau) / Günter Sieweke (Detmold) / Norbert Simmerl (Parkstein) / Wolfgang Sonnleitner (Leichlingen) / Hans Bernd Sonntag (Fritzdorf) / Dr. Gunnar Sperveslage (Köln) / Gernot Spiecker (Eckental) / Dr. Karl-Eugen Spreng (Menden) / Dr. Frank Starrost (Wiemersdorf) / Torsten Stau (Koblenz) / Hans-Jürgen Staudenmaier (Pfinztal) / Hans-Dieter Steinmetz (Dresden) / Arnold Steinmüller (Dettelbach) / Gerd Steins (Berlin) / Ludwig Stimpfle (München) / Dirk Stoll (Kassel) / Alexander Strauch (Leipzig) / Jörg Streckenbach (Köln) / Jörg Streller (Bayreuth) / Willi Stroband (Ahlen) /

Gerhard Stühmer (Delve) / Uwe Teusch / Dr. Andreas Theisen (Willich) / Ralf Thoß (Reichenbach) / Dr. Ralf Tiemann (Leverkusen) / Thomas Trippenfeld (Berlin) / Tanja Trübenbach (Weißenohe) / Anja Tschakert (Pegnitz) / Konchong Tsering / Claudia Tugemann (Neu-Ulm) / Michael Uchtmann (Essen) / Ingolf Utecht (Höchstädt) / Matthias Veit (Erlangen) / Dr. Wilhelm Vinzenz (Maisach) / Erich Voigt (Ahrenshagen) / Karl-Heinz Vogl (Göppingen) / Herbert Volk-Duchêne (Mörfelden-Walldorf) / Dr. Andreas Wachholz (Hildesheim) / Ernst Wälti (Münchenbuchsee/Schweiz) / René Wagner (Dresden) / Prof. Dr. Volker Wahl (Weimar) / Karl-Heinz Wahlen (Köln) / Markus Walter (Luftenberg/Österreich) / Prof. Dr. Helmut G. Walther (Jena) / Ulrich Wasserburger (Schwanstetten) / Hermann Weber (Stuttgart) / Wolfgang Weiß (Plauen) / Dieter Westermilies (Paderborn) / Dr. Gerhard Weydt (Ebersberg) / Heinz Weyer (Wertherbruch) / Thomas Wilk (Lachendorf) / Dr. Greogor Will (Leverkusen) / Dr. Wolfgang Willmann (Hagen) / Dr. Hermann Wohlgschaft (Günzburg) / Hartmut Wörner (Schorndorf) / Günther Wüste (Düsseldorf) / Stefan Wunderlich (Eichenau) / Joern Zahmel (Neubrandenburg) / Dr. Silvia Zahner (Affoltern/Schweiz) / Dr. Gert Zech (Heidelberg) / Dr. Johannes Zeilinger (Berlin) / Frank Zimmermann (Dortmund) / Otto Zirk (Niederwerrn) / Prof. Dr. Volker Zotz (Grimmenstein/Österreich)

Buchhandlung Wilhelm Meurer (Aachen) / Beck Freizeit + Reisen eK. Antiquariat und Versandbuchhandlung (Albstadt-Ebingen) / Buchhandlung Ekkehard Bartsch (Bad Segeberg) / Karl-May-Verlag (Bamberg und Radebeul) / Otherland Buchhandlung Hannes Riffel (Berlin) / Jannsen Universitätsbuchhandlung GmbH (Bochum) / Stroemfeld Verlag (Frankfurt) / Buchladen Männerschwarm (Hamburg) / Husum Druck- und Verlagsgesellschaft, Ingwert Paulsen (Husum) / Margarita-Verlag Hermann Weische (Köln) / Buchhandlung Steffen König (Nehren) / Antiquariat Cobra, Cornelia Branscheidt (Oberursel) / Buchhandlung Schreiber Kirchgasse (Olten/Schweiz) / CMZ-Verlag Winrich C.-W. Clasen (Rheinbach) / Buchhandlung Otto Harrassowitz (Wiesbaden) / Fraetz Jurbuchvertrieb (Zürich/Schweiz)

Freie Universität Berlin, FB Philosophie und Geisteswissenschaften, Philologische Bibliothek (Berlin) / Freie Universität Berlin, Universitätsbibliothek (Berlin) / Sächsische Landesbibliothek, Staats- und Universitätsbibliothek (Dresden) / Universität GH Essen, Hochschulbibliothek (Essen) / Stadt- und Universitätsbibliothek Frankfurt am Main (Frankfurt a. M.) / Albert-Ludwigs-Universität, Universitätsbibliothek (Freiburg i. Br.) /

Albert-Ludwigs-Universität, Deutsches Seminar II, Institut für Neuere Deutsche Literatur (Freiburg i.Br.) / Karl-May-Haus, Bibliothek (Hohenstein-Ernstthal) / Deutsches Literaturarchiv, Bibliothek (Marbach am Neckar) / Universitätsbibliothek Marburg (Marburg) / Archiv der Karl-May-Gesellschaft (Radebeul) / Karl-May-Museum (Radebeul) / Universität des Saarlandes, FR 8.1 Germanistik, Bibliothek (Saarbrücken) / Zentralbibliothek Zürich (Zürich/Schweiz)

KARL MAYS WERKE

Historisch-kritische Ausgabe
Herausgegeben von der Karl-May-Gesellschaft
Begründet von Hermann Wiedenroth
und Hans Wollschläger

Literaturverzeichnis
Abkürzungen der angeführten ...

Abkürzungen der ausgewählten ...
Hermann, Wolfgang ... Karl Marx, Leben und Werk,
...

NzfA Neue Bibliothek
SHB ... Bibliographie. Die ... Frühschriften,
... und weiter Abteilungen

Abkürzungen
Die Abteilunge der Werke Schiller...
... Verzeichnis und des Buchhandels ... archiviert
Kritische Edition
... Buchhandlung Berlin erschienen...